国家社科基金青年项目“朝鲜王朝法律史研究”（16CFX006）最终成果

朝鲜王朝法律史研究

张钧波　著

中国社会科学出版社

图书在版编目（CIP）数据

朝鲜王朝法律史研究／张钧波著．—北京：中国社会科学出版社，2021.6
ISBN 978－7－5203－8557－2

Ⅰ.①朝…　Ⅱ.①张…　Ⅲ.①法制史—朝鲜　Ⅳ.①D931.25

中国版本图书馆 CIP 数据核字(2021)第 109167 号

出 版 人　赵剑英
责任编辑　范晨星
责任校对　韩天炜
责任印制　王　超

出　　版　中国社会科学出版社
社　　址　北京鼓楼西大街甲 158 号
邮　　编　100720
网　　址　http://www.csspw.cn
发 行 部　010－84083685
门 市 部　010－84029450
经　　销　新华书店及其他书店

印　　刷　北京明恒达印务有限公司
装　　订　廊坊市广阳区广增装订厂
版　　次　2021 年 6 月第 1 版
印　　次　2021 年 6 月第 1 次印刷

开　　本　710×1000　1/16
印　　张　42.5
插　　页　2
字　　数　653 千字
定　　价　228.00 元

凡购买中国社会科学出版社图书，如有质量问题请与本社营销中心联系调换
电话：010－84083683

序言　中华法文明的旁观者

朝鲜半岛与我国相邻，历史上长期深受中华文化的影响，史料典籍存留丰富，是探究中国法律在域外生长变通的一块宝地。

1997 年我在韩国安东大学度过了一年的时光，当时曾特别留意朝鲜半岛受惠于中华文化影响的典籍文献。记得安东大学校博物馆 1997 年出版过《幽谷驿关联古文书集》，我是第一时间得到的，但因对韩国古文书的整理研究缺乏了解，始终未能派上用场。十年前一度起意研究《大明律》对李氏朝鲜时期（1392—1910 年）的影响，并从韩国购买了全套《推案及鞫案》（原版 331 册由首尔大学奎章阁收藏，1978 年韩国学文献研究所据奎章阁底本编辑成 30 卷出版发行），但在 2013 年草成《朝鲜王朝法律文献〈推案及鞫案〉初解》一文（载《中国古代法律文献研究》第 7 辑）后，未再继续深入。

之所以搁置下对朝鲜古代法制的研究，有多方面的原因，其中一个重要因素便是研究的门槛——语言关短时间内难以突破，因而无法深入了解韩国学者的相关成果并形成对话，遂转而致力于对本土中华法系的重构研究。

2018 年在评审国家社科基金青年项目时，惊喜地读到了一部结项成果——“朝鲜王朝法律史研究”，当时并不知作者是谁。细细阅读后，对作者掌控一手史料的能力由衷钦佩。当时写下的评审意见是：

> 该成果是目前为止我国首部较全面研究朝鲜王朝法律史的学术专著，对朝鲜王朝法律体系及中华法系对朝鲜王朝的影响做了系统梳理，创新之处颇多，具有填补学术空白的意义。

在学术梳理方面，作者熟知中国学者的相关研究成果，对韩国学者的研究现状和学术史掌握详备，并大量利用韩文一手文献，内容饱满。作者据以研究的史料多元，包括朝鲜官方典籍，如《朝鲜王朝实录》、典章等，民间史料，如文书、日记等，并配以大量图片、表格，史事丰富，观点明晰，结论可信。

作者在以“平视”的视角分析朝鲜王朝500年法律发展史的同时，也采用“外部视角”，反观中华法系在朝鲜半岛的影响，强调中华法系各子法本身也具有重要价值。该成果对《大明律》在朝鲜半岛的影响做了纵深考察，并将观察的视野延及当代（《大韩民国刑法》），对中华法系在朝鲜半岛的综合影响，做了细致分析……

不久，在筹办第二届中国古文书学研修营的过程中，从报名表上得知所评审成果的作者竟是位未满而立的青年才俊，不由赞叹后生可畏，也愈发觉得自己早先放弃对朝鲜法制史的研究实乃明智之举。

钧波君的高等教育主要在韩国完成，他曾在世界韩国学（Korean Studies）的中心——韩国学中央研究院受过多年的学术训练。钧波君在韩国相继获得了文学学士、政治学学士、文学硕士、文学博士学位，并于2020年10月荣获大韩民国第19届茶山学术奖。十余年的境外学习生活，使他熟练掌握了现代韩语和朝鲜古代文献的阅读能力，自然也成为他研习朝鲜半岛法律史的利器。

就法律史的核心议题——中华法系的研究而言，母法和子法相辅相成，本土和域外不可偏废。而探究中华法系对东亚诸国的影响亦非一个新的话题，20世纪30年代杨鸿烈先生所著《中国法律在东亚诸国之影响》中，即阐述了我国古代法律对朝鲜、日本、琉球、安南等国的影响。而在此书之前，杨氏首先完成了《中国法律发达史》和《中国法律思想史》两部对本土法制进行综合研究的基础之作。杨氏在研究中华法系对东亚诸国的影响之时，曾大量利用日本收藏的一手史料，并广泛借鉴和引用各国学者的成果，其通晓多国语言的天赋，是其宏观视角和开创性研究的要件。但由于其不通古代朝鲜语，杨氏对朝鲜史料中常见的“吏读”汉字难解其意。钧波君在前人研究的基础上，通过脚注和附录对“吏读”的用法加以注释和疏解，为我国学者解读朝鲜古代法律文献扫清了文字上的障碍。

钧波君的新作共分七篇十五章，附图五十余张，出注近一千五百次，在史料爬梳、数据分析和比较研究等方面下了很大的功夫。如就《大明律》460 条在朝鲜的适用而言，他梳理出约有 220 条在实践中真正应用过，其他法条因国情不同或相关犯罪情形未在朝鲜出现而不曾适用。朝代更替与法源的多样性，也是一个充满挑战性的难题。尤其是两国的朝代更替并非同步，新旧法律的适用有时成为两难选择。书中对朝鲜王朝法律体系的构成和演化，以及周制、唐制、宋制、元制、明制、清制对朝鲜半岛的交错影响和制度转换的原因进行分析探讨，提出了不少有见地的观点，如“作为中华法系子法法域的朝鲜半岛，其法律文明虽深受我国影响，但其本国的法律体系却是相对完整而独立的”，“《大明律》在朝鲜半岛地位之确立，其根本原因乃是改朝换代的政治需要而不是因为明律本身比唐律、元律更为优越”，“儒学作为朝鲜王朝五百年的统治思想和精神寄托，对其经典教义的阐释和实践贯穿朝鲜王朝立法的全程，渗透于朝鲜王朝各个层级的法律法规之中”等结论，均有充分的论据支撑。

新书的一大亮点便是对韩国学界研究现状的学术综述。几十年来，韩国学者对诸如朝鲜“三法司”与明朝的异同、朝鲜的台谏制度、暗行御史、诉冤制度、坟山诉讼、刑事侦查和法医检验等方面的研究，均不乏代表性论著。这些“他者”视角的研究，既是审视中华法系在朝鲜半岛落地生根、枝繁叶茂的必要路径，也是反观中华法系特质的镜像窗口。

新书主要考察的时段是从朝鲜王朝立国到甲午更张之前，即 1392—1894 年这五百年的法律史。对 1894—1910 年的法制虽着墨不多，但仍有涉猎。甲午更张后朝鲜废凌迟、修刑律等改革措施，开启了朝鲜半岛法制的近代化历程。这一时期的法制变革剧烈，相关史料极为庞杂，宜有专门的研究详加论述。联想到我国的清末修律，两国近代似曾相识的变法路径，以及变法中遭遇的相似难题，究竟是偶然还是必然，是本土和域外法律史研究的共同议题。

相信新书的作者定会在中华法系子法领域不断拓荒，因而对之寄予厚望。期待他于故纸堆中重塑完整的中华法系域外发展史，为中华法系的整体研究开辟出崭新的境界。

是为序。

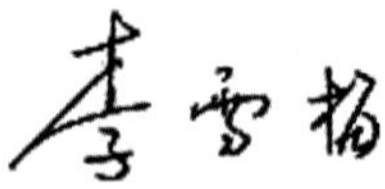

中国政法大学法律古籍整理研究所所长

辛丑年夏于京城

目　录

第一篇　总论

第二篇　国法·天下

第三篇 职制

第四篇 刑狱

第六篇 诉讼

第七篇 文学与人物

图目录

表目录

第一篇

总　论

第 一 章

总　　论

第一节　选题的意义

我国历史悠久，曾创造出科学而严谨的制度文明，法律制度就是其中的重要组成部分。我国古代的法律制度文明不仅在时间上绵延数千年，而且在空间上分布广泛，其光芒远播至周边的朝鲜半岛、日本列岛、中南半岛、琉球列岛、中亚腹地等广大区域。这些域外的广大地区与中国一道，在数千年的历史长河中享有同种类型的法律制度文明，共同构建了恢宏灿烂的中华法系。

借助费孝通先生提出的“差序格局”概念，不仅可以解释中国传统社会结构，还可用于解释中华天下秩序和受中国深刻影响的周边国家的社会结构。通过“差序格局”这一概念也可把握朝鲜王朝法律史的要义。这一差序格局极具中国特色，其核心可以概括为内外有别的、呈波纹状的同心圆结构，具体表现在朝鲜王朝的宗藩关系、阶级关系、家族关系三个方面。

首先，这一差序格局体现在宗藩关系上。朝鲜与中华的关系，始终是朝鲜王朝最重要且永远无法绕过的对外关系，朝鲜在《马关条约》签订前五百年的漫长时间里，自始至终保持着中华天下秩序之中诸侯国的角色，其完全独立自主之地位由《马关条约》第 1 款①才得以确立。也就是说，在 1895 年 4 月 17 日以前的漫长时间里，朝鲜并非“完全无缺之独立

① 《马关条约》第 1 款，“中国认明朝鲜国确为完全无缺之独立自主国。故凡有亏损其独立自主体制，即如该国向中国所修贡献典礼等，嗣后全行废绝”。

自主国”，而是被置于中华天下秩序的差序格局（如“甸服”“侯服”“宾服”“要服”“荒服”五服）之中，这是我们首先需要明确的。笔者认为，可将这种同心圆般的中华天下秩序称作“中华法系国际法”，这种天下秩序至少是“属土（主权）—属邦（宗主权）—外国（非主权）”三分的差序格局，与今天“国内（主权）—国外（非主权）”的二分格局有着本质的区别。三分意味着渐进、可缓冲，并允许灰色地带存在的，而二分则意味着排他和对立，意味着非黑即白与不可调和。虽然这种宗藩关系上的差序格局在今日的国际体系中已不复存在，但仍不同程度地留存于中国和朝鲜半岛民众的思想意识中，并对国家间的交往有着或多或少的影响。因此，了解这一不同于现代国际秩序的宗藩关系中的差序格局，对理解朝鲜王朝法律史很有必要。

其次，这一差序格局体现在朝鲜的阶级关系上。朝鲜王朝与同一时期的我国明清两代相比，有着严格的阶级划分。朝鲜将本国之人划分为士族（两班）、中胥（中人和胥吏）、良人和贱人四个等级，这种阶级上的差序格局导致各阶级在法律面前严重不平等，各自有着不同的权利和义务，特别是朝鲜前期的阶级界限尤为分明。而朝鲜到16—17世纪时，在历经“倭乱”与“胡乱”两大劫难后，其阶级基础开始动摇。可见朝鲜时期在社会结构及发展阶段上显然滞后于同期的明清两代。笔者认为，将“唐宋变革说”类比朝鲜王朝的前期与后期可能会比较合适。朝鲜前期类似我国唐代，其奴婢人口众多，女子的地位相对较高、商业不够繁荣、程朱理学的影响还未渗透到广大基层民众的生活中。而“倭乱”与“胡乱”两难时期虽与我国明清易代的社会动荡大致同时，但却可以将之比作我国的五代十国时期。这一时期因为战乱频繁，世家大族失去了可以使之保持上流地位的经济基础而逐渐走向没落。到了朝鲜后期，程朱理学开始占据朝鲜的主流意识形态并已在普通民众之中普及，随之而来的便是女子地位的显著下降。朝鲜后期的教育已开始普及于广大的平民阶层，商业也变得繁荣起来，奴婢们通过自身努力积聚财富后开始逐步改变自身的阶级身份，士族的地位明显下降，奴婢制度趋于解体，阶级制度因而在朝鲜后期逐步走向瓦解。因此，理解阶级关系中的差序格局，对理解朝鲜王朝法律史也很重要。

再次，这一差序格局体现在朝鲜的家族与宗族的关系上。朝鲜王朝自继受《大明律》后，将家族关系中的差序格局（如“斩衰”“齐衰”“大功”“小功”“缌麻”五服）适用于法律，奉行同罪不同罚的特殊主义（particularism）原则。这种将伦理关系中的差序格局直接适用于法律的做法影响深远，至今仍不同程度地保留于韩国《刑法》的条文之中。《大韩民国刑法》第250条、第257条、第258条、第260条、第271条、第273条、第283条规定，凡对本人及本人配偶的直系尊亲属施以杀人、伤害、重伤害、暴行、遗弃、虐待和胁迫等情形的，要比对一般人施以同种犯罪的处罚重，《大明律》“殴祖父母父母”“谋杀祖父母父母”等条文的影子仍然依稀见于当今韩国的刑法之中。而《大韩民国刑法》第328条、第344条、第354条、第361条、第365条却规定，凡对直系血亲、配偶、同居亲属及其配偶犯有妨害行使权利、盗窃、恐吓、非法侵占财产或未尽相应义务及与赃物相关的犯罪时，法律不予处罚或告诉才处理，孔子“亲亲相隐”的理想仍鲜明地体现在韩国的现行法之中，这令人感动。由此可见，在当今韩国，凡涉及家族成员间犯罪的情形，在法律面前的人与人依然是不那么“平等”的。因此，理解家族关系中的差序格局，对理解朝鲜王朝法律史也非常重要。

由此来看，历史的影响无处不在，历史与现实间仍存在频繁的互动。因此，要想更好地了解现实，就有必要研究这一地区制度和法律的历史。遗憾的是，我国学界目前对中华法系的研究还主要集中于中华法系母法的研究上，而对空间上同属于中华法系的朝鲜、日本、越南、琉球等中华法系子法地区的法律史尚未展开过系统而深入的研究。对中华法系外延部分的研究，是作为中华法系策源地的中国学界的应有之义。伴随着我国在全球事务中发挥越来越大的影响力，中国制度和中国经验将会更具吸引力，而对历史上各个国家如何借鉴我国制度文明先进成果的研究，正可以为今天的我们提供历史的借鉴。

诚如尤陈俊教授所言，“甚至直到今天，仍然罕见有系统研究中国法律在历史上对其他国家（特别是除日本之外的朝鲜、安南等国）之影响的学术作品问世，即便有之，也多是一些零星的论文，而几乎未见到像杨鸿烈《中国法律在东亚诸国之影响》那样的专著"①。基于此，笔者力图对历史上深受我国制度文明影响的朝鲜王朝法制做初步探索，并尝试勾勒出朝鲜王朝法律制度和法律实践的大致轮廓，以弥补我国学界对中华法系子法研究的遗憾。

第二节 历史分期

依照朴秉濠教授的观点，可以将朝鲜半岛法制史分成七个阶段。

第一阶段是"氏族法时期"（远古—公元前 4 世纪），即新石器时代，是原始的氏族共同体施行自律性规范秩序的时期。

第二阶段是"部族法时期"（公元前 3 世纪—公元 373 年），古朝鲜、扶余、高句丽、沃沮、东濊、三韩，直到三国时代的初期。这一时期的部族社会乃至部族联盟社会中有各自的部族法和部族间的共同法，此时期可视为固有的不成文法和习惯法的存续时期，直至高句丽颁布律令为止。

第三阶段是"律令法前期"（公元 373 年—公元 10 世纪），以 373 年高句丽颁布律令为起点，直至律令体系的全盛期为止，是成文法时代的初期。

第四阶段是"律令法后期"（11—14 世纪），即整个高丽时期，是以唐代律令为主并继受部分宋元律令的时代。这一时期的律令不过浮于形式，王命及判例法、习惯法等经常取代律令，敕令常常取代律而成为统治的基干，是律令法的末期。

第五阶段是"统一法典时期"（15 世纪—19 世纪末），指的是 1894 年甲午改革以前的整个朝鲜时期。这一时期的朝鲜通过继受大明律并制定以六典为编纂体例的统一法典，作为其治理国家的基本手段。法治主义是朝鲜王朝执政者的理想，连续的法典编纂与修订是这一时代的重要特征。

第六阶段是"西欧法的继受时期"（19 世纪末—1945 年），即从 1894 年的甲午改革开始，到日据时期结束为止。这一时期的朝鲜主要是被动地继受西欧法，传统的法制与通过日本殖民而引进的近代法之间存在一定的

---

① 尤陈俊：《中国法系研究中的"大明道之言"——从学术史角度品读杨鸿烈的中国法律史研究三部曲》，《中国法律评论》2014 年第 3 期。

矛盾和对立。

第七阶段是“现代”（1945 年至今），即从 1945 年朝鲜半岛光复开始，到今日为止。韩国以资本主义民主作为基本理念，以大陆法与英美法作为其学习和继受的对象直至今日。①

作为韩国法制史领域的权威，朴秉濠教授对朝鲜半岛法制史的分期有重要的参考意义，但我国学者可不必完全认同，如他将公元 373 年高句丽颁布律令作为朝鲜半岛从部族法时期进入律令法时期的标志的这一说法，其是否妥当就有待商榷。而他描述朝鲜半岛的现代法制时，以韩国学者的视角仅描述了朝鲜半岛南半部的大韩民国的法治历程，却在无意间忽略了朝鲜半岛北半部的朝鲜民主主义人民共和国的现代法制史。而朝鲜民主主义人民共和国的现代法治进程理应作为朝鲜半岛法制史的重要研究对象。朝鲜作为社会主义阵营中的一员，其法律与政治制度受苏联的影响较大。

从朴秉濠教授对韩国法制史的分期中，我们可以看到朝鲜王朝（1392—1910）法制史被分成了两段。前一时期是从李氏朝鲜立国到甲午改革以前（1392—1894），而后一时期是从甲午改革到朝鲜王朝灭亡并沦为日本殖民地之前（1894—1910）。前一时期可称为传统时期，也可以称作中华法系子法时期，而后一时期可称作近代化的初期。传统时期的法制承继高丽，继受的是包括《大明律》在内的中国传统的法律与制度文明。19 世纪末 20 世纪初的近代化时期则与我国清末修律等法制改革的内容和性质相近，是仿照日本等国对西方法律与制度文明继受的起始阶段，因而 1894 年的甲午更张可以视作韩国近代法制史的起点。依照郑肯植教授的观点，这短短的十几年又可分为三个阶段。

第一个时段可以称作“改革期”（1894 年 5 月到 1895 年 11 月）。此时的朝鲜在日本的强制下被迫进行了内政改革，于 1894 年 7 月设置“军国机务处”，以“军国机务处”的议案和国王诏敕的形式推进朝鲜的法制改革。与此同时，日本又在朝鲜设置了内阁和中枢院，以法令的形式来推进改革。从此时起，朝鲜开始正式继受西洋的法律，开始实现行政与司法的相互分离，以及国家与王室的相互分离，因而具有划时代的意义。这一时期设立的“法官养成所”和“法律基础委员会”被保留下来，此外，

① 박병호，2012，《한국법제사》，민속원，21—22 면，略有改动。

对政府的公文格式也进行了改革，这为日后的法制改革奠定了基础。①

第二个时段可以称作"复古期"（1896 年 1 月到 1905 年 12 月）。中日甲午战争以后，随着三国列强的干涉，国王高宗去往俄国驻朝鲜公使馆避难（史称"俄馆播迁"），各国列强在朝鲜达到了某种程度上的势均力敌，因此这一时段的朝鲜短暂地获得了一定程度的自主权，高宗因而在 1897 年 10 月建元称帝，宣布建立"大韩帝国"并使用"光武"年号。此时的朝鲜官府废止了"改革期"颁行的各类法令，一定程度上复归于传统的法制，并以国王为中心来推进制度上的变革。这一时期朝鲜立法上的特点可概括为"旧本新参"。朝鲜在 1899 年颁行了《大韩国国制》，通过参酌传统时期的《大明律》《大典会通》等法律，并在一定程度上吸收"改革期"的立法，最终在 1905 年 4 月 29 日颁行了这一时期最具代表性的法典——《刑法大全》。②

第三个时段可以称作"统监府期"（1906 年 1 月到 1910 年 8 月）。朝鲜于 1905 年 11 月和日本签订了《乙巳条约》，根据这一条约，日本于 1906 年 2 月在汉城设立了"统监府"，在地方上设立了"理事厅"，朝鲜的立法权由此进入朝鲜政府与统监府的二元分立时期。统监府虽然在名义上仅代替朝鲜掌管其外交事务，但其通过在朝鲜各政府部门设置顾问的方式，掌握着当时朝鲜的实权。③

朝鲜王朝法律史的第二个时期虽然只有短短的十几年，但却是朝鲜半岛法制发生剧烈变动的时期，也是朝鲜半岛从传统法制到现代法制转型的关键时期，需要考察的内容很多且资料庞杂，需留待日后做专门而系统的研究。因此本书主要考察的对象是从朝鲜王朝立国到甲午改革以前的传统法制时期，即从公元 1392 年到 1894 年这五百年的法制史，也对 1894 年到 1910 年的法制略有涉及。笔者认为，这五百年的朝鲜法制史又可分为三个阶段。

第一个阶段是 1392 年到 1485 年，即从李氏朝鲜立国开始，到《经国大典》颁布最终版本为止，可以将之称作"前《经国大典》时期"。这一

---

① 정긍식, 2002,《한국근대법사고》, 박영사, 42—50 면.

② 정긍식, 2002,《한국근대법사고》, 박영사, 43—44 면, 50—53 면.

③ 정긍식, 2002,《한국근대법사고》, 박영사, 45 면, 53—56 면.

时期的朝鲜通过继受《大明律》等中国法律制度，编纂了《经济六典》（1397）、《续六典》（1413）、《新续六典》（1426）、《新撰经济续六典》（1433）等法典，四次颁布了《经国大典》（1466年、1469年、1471年、1474年）并最终在1485年颁行了最终版本的《经国大典》。至此，朝鲜王朝法制的基本框架和轮廓得以确立。

第二个阶段是从1485年到1746年，即从《经国大典》最终颁行开始，到《续大典》颁行为止，我们可将其称作“后《经国大典》时期”。这一时期的朝鲜通过颁行《大典续录》（1492）、《大典后续录》（1543）、《经国大典注解》（1555）、《各司受教》（1571/1636）、《受教辑录》（1698）、《新补受教辑录》（1743）等法规，有益地补充了《经国大典》存在的不足，并通过及时立法解决新出现的法律问题，为《续大典》的颁行做了长期的准备和积淀。

第三个阶段是从1746年到1894年，即从《续大典》的颁行开始，到甲午更张为止，可将之称作“后《续大典》时期”。这一时期的朝鲜通过颁行《大典通编》（1785）、《大典会通》（1865）等法典，对《续大典》做了必要的修订和补充，但由于“祖宗成宪”不可不遵，因此这类修订也仅是局部的修补，始终无法跟上社会迅速发展的步伐，传统法制的缺陷日益暴露，但在原有的框架下却始终无法有大的突破，直到甲午改革引入西方法制后才得到改观。

第三节　相关史料

朝鲜王朝崇尚文治，注重记录和传承历史，因而留下了许多宝贵的历史资料，其中便不乏与法律制度有关的各类史料，为学者的研究提供了资料上的便利。浅见伦太郎先生于大正十一年（1922）出版的著作《朝鲜法制史稿》的最后，附有朝鲜法制史研究的“参考资料目录（追补）”[①]，这一目录将参考资料分成“六典律令类”“仪注家礼类”“故事记事类”“野史杂纂类”“碑板地志类”“政治法制类”六大类，较为详细地列举了与朝鲜半岛法制史相关的史料，具有重要的参考价值。由于其部分资料

① 淺見倫太郎，大正11年（1922），《朝鮮法制史稿》，東京：岩松堂書店，443—455页。

类型与朝鲜时期法制史研究的关系不大，或已超出了本书所框定的范围，因此根据本书的具体实际，并结合当下的研究现状，笔者将朝鲜王朝法制史研究中所用到的资料分类列举如下。

首先，朝鲜王朝与法制相关的史料可分成法制类史料和一般性史料两大类。

先来看法制类的史料。法制类的史料中最基础的就数“法典类”史料了。朝鲜王朝历经五百余年，这期间朝鲜的官方编纂和修订了各种法典，包括《经济六典》《经国大典》《续大典》《大典通编》《大典会通》《大明律直解》等，这些都属于朝鲜王朝的根本大法。第二类则是“续录类”史料，包括《大典续录》《大典后续录》《各司受教》《受教辑录》《新补受教辑录》《典录通考》《典录通补》，“录”的法律效力仅次于法典。第三类则是“便考类”史料，包括《万机要览》《居官大要》《居官要览》《百宪总要》《词讼类聚》《受教定例》《律例要览》《两铨便考》《刑典事目》《钦恤典则》《惠政要览》《国朝五礼仪》《银台条例》《六典条例》《临官政要》《牧民心书》《经世遗表》等。第四类是“案例类”史料，包括《推案及鞫案》《审理录》《钦钦新书》《秋官志》《交邻志》《度支志》《春官志》《通文馆志》等。日据时期的朝鲜总督府为了统治需要，派多人调查了朝鲜半岛的制度和民事习惯，并对朝鲜王朝遗留的原始法典和续录类资料加以影印和出版，当时使用的底本主要是奎章阁所藏的台本，同时参照了各类异本加以校对，或在栏外添加注释后正式出版，这些资料至今仍是研究朝鲜法制史的重要参考书。朝鲜半岛光复以后，韩国法制处曾于20世纪40年代末到80年代末陆续出版了各类朝鲜王朝法制资料的朝鲜语译本，称为“法制资料丛书”，为韩国学者研究本国法制史提供了便利。首尔大学奎章阁馆藏有大量朝鲜时期的原始资料，奎章阁自1997年起，陆续将馆藏的各类法制资料影印出版，在版本的选择上精选善本并附以学者对法制资料的“解题”，对学者日后的研究提供了帮助。

而与朝鲜王朝法制史研究相关的一般性史料主要有编年体史料、古文书、士人的日记、文集与小说等资料。朝鲜王朝官撰的编年体史料有《朝鲜王朝实录》《备边司誊录》《承政院日记》《日省录》等，以及将卷帙浩繁的《朝鲜王朝实录》集约后整理出的《增补文献备考》

等。除此之外，还有各官衙的行政记录如《各司誊录》等各类“誊录类”资料。

古文书具有极高的史料价值，且留存至今的文书在内容上大多与当时的法制生活密切相关。通过研究古代文书，可以深入了解法律在实践中是如何操作和运用的，通过古文书可以使许多历史上的小人物纷纷出场亮相，使得法制史研究变得更加生动有趣。通过古代文书，还可以弥合“书本上的法律”和“行动中的法律”之间的隔阂，从而能够考察法律与社会间是如何互动的，对了解当时民众的法律意识和如何运用法律很有裨益。朝鲜半岛现存的古代文书主要以民间文书为主，其中又以朝鲜半岛各地的士族宗家、书院、乡校等收藏的古代文书为主要类型，官方背景的古代档案文书则由于朝鲜半岛数次遭受外敌侵略而大多被焚毁。在遗存至今的古文书中，有与继承相关的“许与文记”“和会文记”等分财记，有将案件的审判全程记录下来的“决讼立案”和“所志”，有与日常交易相关的“买卖文记”，有与结社有关的“契文书”，有与地方行政运作相关的“官文书”等，种类十分丰富。韩国学中央研究院（原“韩国精神文化研究院”）自 1981 年以来将散落在韩国各地的朝鲜时期文书加以调查、整理并影印出版，截至 2016 年底，以《古文书集成》命名的大型丛书共计出版 119 册。首尔大学奎章阁也对所藏的古文书影印出版，截至 2017 年底，大型丛书《古文书》已有 52 册问世。高丽大学、岭南大学和韩国各地的博物馆也曾结集出版过各类古代文书资料，但规模都较小。

日记类资料根据编纂的主体，可分为“个人日记”和“官府日记”，个人日记又可再分为“官员日记”和“生活日记”。个人日记真实生动地反映了当时的社会现实和日记主人的日常生活，其中的许多内容涉及当事人与法律有关的活动。个人日记与古文书一样，均为非官撰史料，可以真实而不加雕琢地反映当时日常生活中的法律运作，作为历史主体的具体的个人始终在场，为引入新文化史和微观史的研究视角提供了史料上的基础。较有代表性且本书中常用到的文人日记有柳希春（1513—1577）的《眉岩日记》（1567—1577），李文楗（1495—1567）的《默斋日记》（1535—1567），吴希文（1539—1613）的《琐尾录》（1591—1601），具尚德（1706—1761）的《胜聪明录》（1725—1761），卢尚枢（1746—

1829）的《卢尚枢日记》（1763—1829），徐有榘（1746—1845）的《完营日录》（1833—1834）等。

此外，文集、野史等资料都体现了文人生前的智力成果，士大夫文集中的诗文、书信、上疏中也有不少能与当时法制相互佐证的内容，而野史逸事更是真实生动地反映了当时的社会和民众的法律意识，任埅（1640—1724）的《天倪录》、成大中（1732—1812）的《青城杂记》以及李德懋（1741—1793）的《青庄馆全书》就是其中的代表。另外，朝鲜的公案小说则以文学的形式生动有趣地反映出当时人们的法律意识，也是法制史研究中不可多得的资料。

第四节　研究现状

要论我国学界最初对朝鲜半岛等中华法系子法开展研究的学者，则当属杨鸿烈先生无疑。早在 1937 年 2 月，上海商务印书馆就出版了杨鸿烈先生的《中国法律在东亚诸国之影响》[①] 一书，书中分述了历史上我国法制文明对朝鲜、日本、琉球、越南等周边地区法制所产生的广泛深远的影响。其中对中国古代法制在朝鲜半岛影响的论述，内容丰富而详尽，虽然在今天看来不无局限，但作为中国学者研究朝鲜半岛法制史之开山之作，其学术价值和学术意义值得高度肯定。特别是在当今我国学界对中华法系子法的研究相对薄弱，且罕见有系统研究中华法系子法的专著问世的情况下，民国时期杨鸿烈先生在子法领域的开拓更显得弥足珍贵。现当代学者中，张春海教授对朝鲜半岛法制史的关注较多，虽然他主要关注高丽以前的半岛法制，但对朝鲜王朝的法律史仍有部分涉及。[②] 其研究以中国法制对周边诸国的影响为视角，主要关注中华法系母法与子法间的法制交流和继受。在张春海教授的指导下，其多位弟子的学位论文均对朝鲜王朝的法

---

① 杨鸿烈：《中国法律在东亚诸国之影响》，商务印书馆 1937 年版。

② 张春海：《论唐律对朝鲜王朝前期法制之影响 ——以“华化”与“土俗”之关系为中心》，《中外法学》2010 年第 4 期；张春海：《论朝鲜王朝前期的“华化”与“土俗”之争》，《暨南学报》2012 年第 11 期。

制做出了精彩的专题论述。[①] 但不无遗憾的是，其对子法本身的系统性研究稍显不足，且受史料种类的限制，在研究的视野和方法上存在一定的局限。

相比我国学界，朝鲜半岛对其本土法制史的研究成果则比较丰富。朝鲜半岛学界对朝鲜王朝法律史的研究始于20世纪初叶。准确地说，在朝鲜王朝覆灭前后，有关其法律史的研究就业已展开。最初研究朝鲜王朝法律史的是朝鲜日据时期与朝鲜总督府有关的日本学者。韩日合并前后，日本方面便开展了对朝鲜旧有的“惯习”等民事、商事等习惯法的调查和整理，朝鲜总督府于1911年、1912年、1913年三次出版了《惯习调查报告书》，朝鲜总督府中枢院又于1933年和1945年发行了《民事惯习回答汇集》和它的续编稿，又于1938年发行了《朝鲜“习惯”制度调查事业概要》等。朝鲜总督府还整理、校注和出版了朝鲜王朝历代的法典、续录和受教等，1935年出版了《大典续录・大典后续录・经国大典注解》和《续大典》，1938年出版了《经国大典》，1939年出版了《校注大典会通》，1943年出版了《各司受教・受教辑录・新补受教辑录》等。另外，朝鲜总督府中枢院于1936年出版了麻生武龟先生的《李朝法典考》，于同年发行了中桥政吉先生的《朝鲜旧时的刑政》[②] 和喜头兵一先生的《朝鲜的财产相续法》[③]，又于1940年出版了野村调太郎先生的《朝鲜祭祀相续法论序说》等。

花村美树教授也一直关注朝鲜法制史领域，其出版的《朝鲜法制史》曾被杨鸿烈先生在撰写《中国法律在东亚诸国之影响》一书时所参考。此外，浅见伦太郎先生的学位论文《朝鲜法制史稿》于1922年由东京岩松堂书店出版，吉武繁先生的《朝鲜亲族相续法要论》于1931年由东京岩松堂书店出版。浅见伦太郎的《朝鲜法制史稿》分六编论述了朝鲜半

① 陆建泉：《朝鲜王朝“杀狱”审断程序研究——以“恤刑”为视角》，南京大学，硕士学位论文，2012年；王子尧：《论朝鲜王朝的伦理化司法——以〈秋官志〉为中心的考察》，南京大学，硕士学位论文，2012年；朱云飞：《论朝鲜王朝妇女的财产权利》，南京大学，硕士学位论文，2013年；宦伟：《“华化”与“土俗”背景下的朝鲜王朝奴婢制度》，南京大学，硕士学位论文，2013年；杨柳青：《纲常下的犯罪：朝鲜王朝妇女犯罪问题研究》，南京大学，硕士学位论文，2015年。

② 中橋政吉，1936，《朝鮮舊時の刑政》，朝鮮總督府。

③ 喜頭兵一，1936，《李朝の財産相續法》，朝鮮總督府中樞院。

岛从原始时代到李朝时代的法制历程，具有首创性。其第一编为总论，分别论述朝鲜的姓族、相续、所有权、契约、诉讼手续和犯罪。第二编是原始时代的法制，分别论述了三韩民族和北部民族的法制。第三编是三国时代的法制，分别论述高句丽王国、百济王国和新罗王国的法制。第四编是后高丽时代的法制，分别论述了高丽时期的职官组织、兵马制度、财赋制度、刑罚制度、私法及诉讼制度等。第五编是李朝时代的法制，分别论述了李朝国初的法制、李朝六典的编纂、六典制度的内容、六典制度的废止、明律与《刑法大全》、半岛上的民事习惯等。此书的“附编”部分则简要论述了从朝鲜末期到此书出版前的朝鲜法制。值得一提的是，此书最后的参考资料目录部分详细列举了可供学者研究的朝鲜法制各类参考史料，其列举之详尽即便是当今的韩国学者也难以超越。日本殖民时期对朝鲜法制史的研究虽不可避免地带有某种殖民色彩和为殖民统治服务的目的，但却无法否定其对朝鲜法制史研究做出的卓越贡献，尤其是日本学者严谨认真的治学态度是光复后许多韩国学者所难以企及的。

朝鲜半岛光复后迅速走向分裂，这里主要论述朝鲜半岛南半部的大韩民国在朝鲜法制史领域的研究现状，而对于朝鲜半岛北半部的朝鲜民主主义人民共和国的相关研究则因笔者资料所限暂不做论述，但这并非意味着朝鲜半岛北半部未曾对朝鲜法制史做出过相应的研究。

光复后最初的韩国法史学论著是田凤德（1910—1998）律师于 1948 年在刊物《法政》上发表的名为《韩国法的构造与性格》的论文，这一论文首次使用“韩国法”这一名称。至此以后，韩国学界对本国法史学的研究论著均冠以“韩国”这一称谓。而在此前朝鲜半岛对本国法制则使用不同的名称，如朝鲜后期学者丁若镛称本国法为“吾东法”，日据时期则称作“朝鲜法”或“旧韩国法”等。田凤德律师毕业于日据时期朝鲜的京城帝国大学（今首尔大学的前身），受过日本法学家的指导，他作为韩国第一代法制史研究的代表人物，主要有《韩国法制史研究》[①]《韩国近代法思想史》[②]《经济六典拾遗》[③]等论著。他的著作广泛涉猎各类

① 전봉덕, 1968,《한국법제사연구》, 서울대학교 출판부.
② 전봉덕, 1981,《한국근대법사상사》, 박영사.
③ 전봉덕, 1993,《〈경제육전〉 습유》, 아세아문화사.

史料，注重文献的考证，其娴熟的汉文和外语能力是之后的韩国学者难以望其项背的。而他的研究兴趣也随时代变化而有着不同的侧重，如他在20世纪50年代主要研究上古、中古等较久远的法制，到了60年代在撰写博士论文时又将兴趣点转移到朝鲜时期的法制上来，到了十几年后的20世纪80年代则又对朝鲜末期的法制史加以关注，90年代开始他又重新关注朝鲜王朝的法律典籍。他研究方向的不断变化反映出韩国法制史领域研究空白时期第一代法史学人对确立体系的渴望。正如朴秉濠教授所言，“比起中国和日本来，因看到有如荒芜之地一般的韩国法制史研究的处境而感到郁愤，所以都有迅速研究从而尽快确立完整体系的冲动”[①]。

与田凤德律师以法学视角研究法制史不同，原首尔大学法学院的朴秉濠（1930—）教授则主要以史学视角关注韩国法律史，并注重社会史和法律史的结合。作为韩国法制史领域的拓荒者之一，朴秉濠教授从20世纪50年代起便埋头于首尔大学奎章阁，在故纸堆里让韩国法制史这一不毛之地慢慢生根发芽，为后人的研究奠定了很好的基础。至今为止，朴秉濠教授已经发表了论文百余篇，出版专著十余部。他尤其擅长家族法、土地法的研究，并将视野扩展到了习惯法、法律意识等与普通民众密切相关的部分，至今仍笔耕不辍。其主要著作有《韩国法制史考》[②]《家族法论集》[③]《近世的法与法思想》[④] 等。首尔大学法学院的崔钟库教授也是韩国首屈一指的法史学家，他主要以法学视角对韩国法律思想史[⑤]、韩国法学史[⑥]与法学家[⑦]展开了系统的研究，尤其在韩国近现代法制史领域造诣很深。[⑧] 不仅如此，崔钟库教授的学术视野已经扩展到法律与宗教、法律与美术等跨学科诸领域。另外，李相佰教授、丘秉朔教授和李光奎教授等前辈学者在家族法、身份法等领域有过研究。而《法史学研究》作为韩国法律史学界唯一的学术期刊，从1974年发刊起，已连续发行51期，刊

---

① 박병호，1974，《한국법제사고》，법문사，서문.

② 박병호，1974，《한국법제사고》，법문사.

③ 박병호，1996，《가족법논집》，진원.

④ 박병호，1996，《근세의 법과 법사상》，진원.

⑤ 최종고，1989，《한국 법사상사》，서울대학교 출판부.

⑥ 최종고，1990，《한국 법학사》，박영사.

⑦ 최종고，2008，《한국의법학자》，서울대학교 출판부.

⑧ 최종고，1982，《한국의서양법수용사》，박영사.

登研究本国与外国各历史时期法律史的论文，其中不乏研究朝鲜王朝法制史的文章出现。

原东国大学法学院的金在文教授主要研究朝鲜时期的民事法制，他对朝鲜时期的债权、物权和担保制度等民商法领域有过深入的研究。[①] 他为了自费收集研究所需的古文献资料，曾抵押房产向银行举债，克服了种种研究上的困难，其精神尤其值得敬重。

韩国学中央研究院的沈载祐教授主要以史学视角研究朝鲜王朝的法制史，尤其是对朝鲜王朝的犯罪与刑罚等刑事法有过系统的论述和独到的见解，是这一领域的代表人物。其博士论文对正祖时期的《审理录》有过系统的论述[②]，并对朝鲜王朝的连坐刑[③]、凌迟刑[④]、妇人犯罪[⑤]、外知部（讼师）[⑥]、御史朴文秀[⑦]、《刑法大全》与明律的关系[⑧]等主题都有过专门研究，共发表过数十篇学术论文，在韩国法制史领域产生了很好的影响。

成均馆大学东亚学术院的朴昭贤教授则主要涉猎法律与文学领域的研究，主要侧重中国古代法律文化和中韩古代法文化间的比较。比如她曾对朝鲜名臣丁若镛所著《钦钦新书》所收录的中国判例和文学故事加以研究[⑨]，还从《钦钦新书》所载中朝两国配偶间杀人案来解读 18 世纪两国性别政治的异同[⑩]，得出朝鲜比清代政府在夫权的滥用上较为宽容的结

---

① 김재문，1983，《조선왕조의담보제도에 관한 연구》，동국대학교 대학원 박사학위논문.

② 심재우，2005，《〈심리록〉 연구：정조대 사형범죄 처벌과 사회통제의 변화》，서울대학교 대학원 박사학위논문.

③ 심재우，2011，“조선시대 연좌제의 실상：《연좌안》분석을 중심으로”，《한국문화》55，87—113 면.

④ 심재우，2011，“조선시대 능지처사형 집행의 실상과 그 특징”，《사회와 역사》90，147—174 면.

⑤ 심재우，2013，“조선시대의 법과 여성의 몸”，《역사화 실학》51，147—179 면.

⑥ 심재우，2016，“조선시대 소송제도와 외지부의 활동”，《명청사연구》46，107—137 면.

⑦ 심재우，2010，“역사 속의 박문수와 암행어사로의 형상화”，《역사와실학》41，5—36 면.

⑧ 심재우，2007，“조선말기 형사법 체계와《대명률》의 위상”，《역사와 현실》65，121—153 면.

⑨ 박소현，2011，“법률 속의 이야기，이야기 속의 법률：《흠흠신서》와 중국 판례”，《대동문화연구》77，413—450 면.

⑩ 박소현，2013，“18세기 동아시아의 성 정치학：《흠흠신서》의 배우자 살해사건을 중심으로”，《대동문화연구》82，301—333 면.

论，其留学美国的背景使得她的研究能灵活运用西方各类学术理论，因此表现出法律史与新文化史相结合的研究路径。

延世大学的沈义基教授多年来一直以法学的视角关注韩国法制史，他为教学出版的《韩国法制史讲义》① 以全新的角度解读了韩国法制史的概貌，影响较大，其对韩国历史上习惯法的研究②和对朝鲜时期奴婢私刑的探索③同样令人瞩目。

郑肯植教授主要以法学视角关注朝鲜时期的民事法领域，特别是对朝鲜的宗族法和继承法④领域有过深入的研究，他不仅探讨了适用于朝鲜王朝的各类中国法源⑤，领衔译注了《经国大典注解》⑥ 及《大典词讼类聚》⑦ 等朝鲜时期重要的法律典籍，还对朝鲜王朝法律科学（法学）成立的可能性有过初步的探讨。⑧

韩国学中央研究院的全灵穆教授是研究朝鲜半岛的古文书学的大家，其博士论文系统运用18—19世纪的民间法律文书，对朝鲜后期的坟山诉讼进行过深入的研究⑨，其后多从朝鲜王朝的民间文书中发掘有代表性且生动有趣的个案加以论述⑩，系统研究和整理出版了朝鲜后期地方衙门的

---

① 심희기, 1997,《한국법제사강의》, 삼영사.

② 심희기, 2012, "조선시대 지배층의 재판규범과 관습: 흠흠신서와 목민심서를 소재로 한 검증", 《법조》61—2, 5—36 면; 심희기, 2012, "동아시아 전통사회의 관습법 개념에 대한 비판적 검토",《법사학연구》46, 205—246 면.

③ 심희기, 2001, "16 세기 이문건가의 노비에 대한 체벌의 실태분석", 《국사관논총》97, 151—174 면.

④ 정긍식, 2000, "《유연전》에 나타난 상속과 그 갈등", 《법사학연구》21, 83—100 면; 정긍식, 2010, "조선시대의가계계승법제",《서울대학교 법학》51—2, 69—101 면.

⑤ 정긍식, 2009, "조선전기 중국법서의 수용과 활용", 《서울대학교 법학》50—4, 35—80 면.

⑥ 정긍식 田中俊光 김영석, 2009,《역주〈경국대전주해〉》, 한국법제연구원.

⑦ 정긍식 조지만 田中俊光, 2012,《잊혀진 법학자 신번: 역주〈대전사송유취〉》, 민속원.

⑧ 정긍식, 2013, "조선법학사 구상을 위한 시론", 《서울대학교 법학》54—3, 645—670 면.

⑨ 전경목, 1996,《조선후기산송 연구: 18—19 세기고문서를 중심으로》, 전북대학교 대학원 박사학위논문.

⑩ 전경목, 2013,《고문서, 조선의 역사를 말하다》, 휴머니스트; 전경목, 2014, "숨은 그림 찾기: 유희춘의얼녀방매명문",《장서각》32, 78—107 면.

胥吏们编成的《儒胥必知》[①]，从而使我们能近距离地窥见朝鲜王朝地方官衙的诉讼实态。全炅穆教授能灵活运用古文书和文人日记等非官撰史料，以微观史的视角再现当时人的生存战略和喜怒哀乐，对本书研究帮助极大。另一位对坟山争讼加以深入研究的是金景淑教授，她的博士学位论文从社会史的角度深入研究了朝鲜时期的山讼问题[②]，而且出版了有关山讼的大众读物[③]。

京仁教育大学的金澔教授主要关注朝鲜时期的人命案件和法医学，他不仅翻译校注了我国元代著名法医学家王与所著、朝鲜名臣崔致云注释的朝鲜通行本《新注无冤录》[④]，还深入研究了首尔大学奎章阁所藏19世纪末的“检案”文书（命案发生后的供词与尸检报告）[⑤]，力图通过命案以及当事人的供述来窥见100余年前朝鲜的社会状况，在其研究中试图引入西方新文化史，如卡洛·金斯伯格等意大利微观史家的视角。他与多位学者合著的《杀人的进化心理学》中，力图用心理学的视角来解析19世纪末的家庭成员及配偶间的命案。[⑥] 另外，他对义气杀人[⑦]、威逼人致死[⑧]、借尸图赖[⑨]等关于人命案件的具体类型都有过专门的探讨，并试图从中解读茶山先生丁若镛的法律思想。

崇实大学的林相赫教授主要以法学视角研究朝鲜时期的民事诉讼，其

---

① 전경목, 2006, 《유서필지: 고문서 이해의 첫걸음》, 사계절; 전경목, 2006, “19 세기《유서필지》편간의 특징과 의의”, 《장서각》 15, 131—170 면.

② 김경숙, 2002, 《조선후기 산송과 사회갈등 연구》, 서울대학교 대학원 박사학위논문.

③ 김경숙, 2012, 《조선의 묘지 소송: 산송, 옛사람들의 시시비비》, 문학동네.

④ 왕여 저, 최치운 외 주석, 김호 역, 2003, 《신주무원록: 억울함을 없게하라》, 사계절.

⑤ 김호, 1998, “규장각 소장 ‘검안’ 의 기초적 검토”, 《조선시대사학보》 4, 155—229 면; 김호, 2001, “100 년 전 살인사건, 검안을 통해 본 사회사”, 《역사비평》 56, 272—350 면.

⑥ 최재천 한영우 김호 외 저, 2003, 《살인의 진화심리학: 조선후기의 가족 살해와 배우자 살해》, 서울대학교출판부.

⑦ 김호, 2012, “의살의 조건과 한계—다산의 《흠흠신서》 를 중심으로”, 《역사와 현실》 84, 331—362 면.

⑧ 김호, 2013, “조선후기 ‘인간위핍률’ 의 이해와 다산 정약용의 비판”, 《진단학보》 117, 119—145 면.

⑨ 김호, 2015, “조선후기의 ‘도뢰’ 와 다산 정약용의 비판”, 《한국학연구》 37, 447—477 면.

博士论文《朝鲜前期民事诉讼与诉讼理论的展开》① 是研究朝鲜王朝民事诉讼法的代表性论著。在此基础上，他撰写的专著以诉讼为视角观察当时的法律与社会②，并通过以论文形式对朝鲜前期田产、奴婢等民事纠纷的个案展开的深入研究③，再现了当时民事诉讼的全过程，对本书研究有很大的启发。

首尔大学藏书阁的金伯哲研究员以研究朝鲜后期的政治史见长，他对藏书阁所藏的朝鲜时期原始资料有过细致的爬梳，并通过大量参考《朝鲜王朝实录》和法律典籍等官撰史料，以专著的形式分述了朝鲜初期国法体系的形成④和朝鲜后期国法体系的再造⑤，力图从官方的视角论述朝鲜王朝的国法体系。除此之外，他还详细分述过朝鲜后期编纂的各类法律典籍⑥，对我们了解朝鲜后期的立法有较大帮助。

另外，原韩国学中央研究院李成茂教授作为朝鲜王朝史领域的大家，其对朝鲜王朝的台谏、暗行御史等监察制度有过深入的研究⑦，对本书研究帮助很大。赵志晚教授对朝鲜刑事法及《大明律》的适用有过深入的研究，其博士论文就专门通过《大明律》与朝鲜国典来解读朝鲜时期的刑法。⑧ 以罗马法和民法见长的首尔大学法学院崔秉祚教授有着很深的法学理论功底，其从法学角度详细解析了发生在 15 世纪朝鲜的两例有关奴

---

① 임상혁, 2000,《조선전기 민사소송과 소송이론의 전개》, 서울대학교 대학원 박사학위논문.

② 임상혁, 2010,《나는 노비로소이다: 소송으로 보는 조선의법과 사회》, 너머북스.

③ 임상혁, 2007, "1586년 이지도 · 다물사리의 소송으로 본 노비법제와 사회상",《법사학연구》36, 5—38면; 임상혁, 2013, "1583년 김협 · 고경기의 소송으로 나타나는 법제와 사회상",《고문서연구》43, 131—155면.

④ 김백철, 2016,《법치국가 조선의 탄생: 조선 전기 국법체계 형성사》, 이학사.

⑤ 김백철, 2016,《탕평시대 법치주의 유산: 조선후기국법체계재구축사》, 경인문화사.

⑥ 김백철, 2007, "조선후기 숙종대《수교집록》편찬과 그 성격",《동방학지》140, 131—194면; 김백철, 2007, "조선후기 영조대《속대전》위상의 재검토",《역사학보》194, 75—126면; 김백철, 2008, "조선후기 숙종대 국법체계와《전록통고》의 편찬",《규장각》32, 63—107면; 김백철, 2008, "조선후기정조대법제정비와《대전통편》체제의구현",《대동문화연구》64, 337—382면; 김백철, 2008, "조선후기 영조대 법전정비와《속대전》의 편찬",《역사와 현실》68, 189—236면.

⑦ 이성무, 2009,《조선은 어떻게 부정부패를 막았을까: 목숨 걸고 직언하고 가차 없이탄핵하다》, 청아.

⑧ 조지만, 2007,《조선시대의형사법: 〈대명률〉과 국전》, 경인문화사.

婢的个案。[①] 德成女子大学的韩相权教授对朝鲜王朝的诉讼制度特别是上言击铮等诉冤制度有过深入的研究。[②] 作家安吉正（音译）用整整四年，挖掘了朝鲜时期的各类史料特别是大量的民间资料并参酌各类研究后，按地方官衙的空间构成完成了《官衙故事》上下两卷，[③] 其内容翔实而又生动有趣，是了解朝鲜时期地方官衙和地方行政司法的重要参考书。忠南大学的张炳仁教授深入研究过朝鲜时期的强奸和通奸犯罪。[④] 徐桢旼的博士学位论文系统研究了朝鲜初期的诬告罪和反坐律。[⑤] 柳承喜博士对朝鲜王朝后期汉城府的犯罪有过深入的研究。高成勋博士曾对朝鲜后期民间的谋逆和抵抗运动有过深入的研究。[⑥] 整体上来说，韩国法制史特别是朝鲜王朝法律史的研究在韩国史学界和法学界均处于相对弱势的边缘位置，韩国在本国法制史方面的研究人员较少，但仍不乏一些有代表性的论著问世。

第五节　研究方法与创新

本书在史料方面注重选取史料的多样性，力求将官撰史料（如各类法典、实录）和民间史料（如各类文书、日记）相结合，注重法典与判例的综合考察。其中，《朝鲜王朝实录》和《经国大典》等法律典籍是本书最基础、最重要的史料。在研究视角方面，本书力求法律制度与法律实践相结合，既注重书面上的法律，也注重行动中的法律。在具体案例的分析中，充分利用士大夫日记等史料，用讲故事的手法，力求做到事件史与连续史的结合，从日常生活的连续当中还原具体的个案，将事件融入连续的历史之中。通过所运用史料的多样性，力求上层的历史和下层的历史有

---

① 최병조, 2011, “15세기후반 조선의법률논변: 사비근비사건을 중심으로”,《서울대학교 법학》52—1, 1—53면; 최병조, 2012, “조선 전기 노비와 주인 관계에 대한 지배층의 관념: 성종8년(1477) 주인 모해사건을 중심으로”,《서울대학교 법학》53—1, 215—265면.

② 한상권, 1996,《조선후기시회와 소원제도: 상언·격쟁연구》, 일조각.

③ 안길정, 2000,《관아 이야기》상·하, 사계절.

④ 장병인, 2001, “조선시대성범죄에대한 국가규제의변화”,《역사비평》56, 228—250면; 장병인, 2003, “조선 중·후기 간통에대한 규제의 강화”,《한국사연구》121, 83—116면.

⑤ 서정민, 2012,《조선초기 무고죄와 반좌률에 관한 연구》, 서울대학교 대학원 박사학위논문.

⑥ 고성훈, 1993,《조선후기 변란연구》, 동국대학교 박사학위논문.

机结合，并展现上下间的互动，通过透视下层民众是如何以自身的具体行动来“反制”上层统治阶级的法律“规制”并实现自身利益最大化的事例来透视历史时空中人的主观能动性，以展现这一时空中法律和具体个人间别开生面的互动格局。通过结合人类学研究的视角，尽量还原当时当地人的想法和生存境况，以求将当时当地人的内部视角与研究者的外部视角有机统一起来。

笔者认为，对制度史和政治史的阐述是法律史研究的基础和主干，但对社会史与文化史的关注也同样不可或缺。朝鲜王朝的法律史不仅是其统治者制定和施行法律的历史，更是普通民众主动运用法律争取自身权利、维护自身合法利益，体现其能动性的历史。当今法律史研究中对具体小人物的研究略显不足。本书通过案例以展示具体的个人，特别是历史上小人物之间的矛盾和斗争，来体现法律史研究中生动与动态的一面。本书通过让生活在朝鲜王朝各个时期的各类人物的缤纷登场亮相，以第一人称开口说话的方式讲述他们自己的法律故事，使我们可以倾听到当事人的声音，观察其中人性善恶的交锋交融，及在大环境下个人微弱的力量，从而弥合因时空遥远而造成的距离感，感受到人性的相通，生发出对个人命运之悲悯。

朝鲜时期的法制资料中常见有吏读的汉字，包括杨鸿烈先生在内的我国研究者大都不知其解。本书对正文中出现所有吏读汉字均依韩国学界的惯例使用下划线加以标注，并在脚注和附录中对部分吏读用法加以注释和疏解，一定程度上可为我国研究者解读朝鲜古代法律文献扫清文字上的障碍。另外，本书注重对具体案例的分析，注重法典和判例的相互结合，在坚持学术性的同时力求生动有趣，因而在每章的最后大都收录并分析了朝鲜各个时期具有代表性的各个类型的案例，共计十余例。与此同时，本书收集了与朝鲜王朝法制史密切相关的各类刑罚、监狱、衙门等空间的图片资料五十余张，将其附于本书的相关文段之中。

第二篇

国法·天下

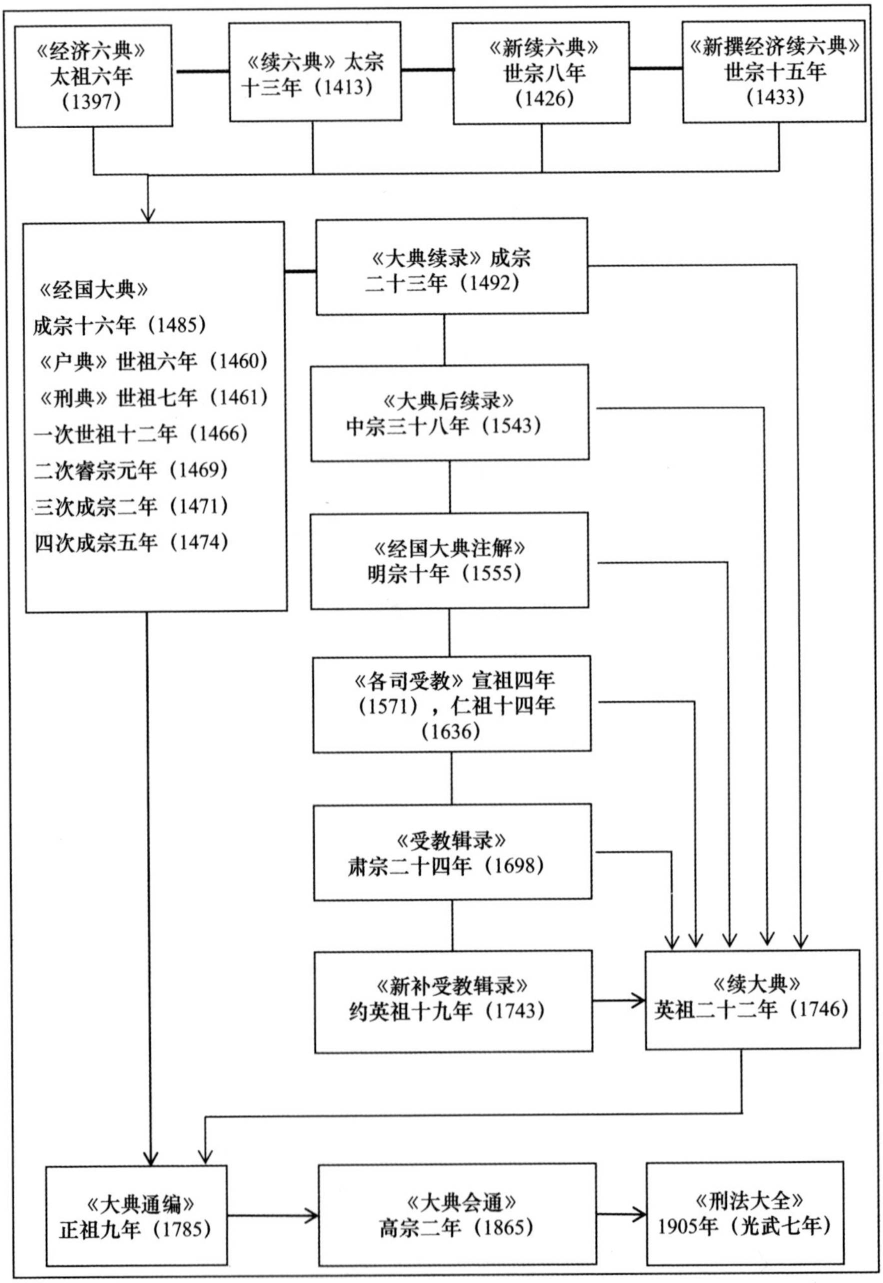
《经济六典》太祖六年（1397）
《续六典》太宗十三年（1413）
《新续六典》世宗八年（1426）
《新撰经济续六典》世宗十五年（1433）
《经国大典》
成宗十六年（1485）
《户典》世祖六年（1460）
《刑典》世祖七年（1461）
一次世祖十二年（1466）
二次睿宗元年（1469）
三次成宗二年（1471）
四次成宗五年（1474）
《大典续录》成宗二十三年（1492）
《大典后续录》中宗三十八年（1543）
《经国大典注解》明宗十年（1555）
《各司受教》宣祖四年（1571），仁祖十四年（1636）
《受教辑录》肃宗二十四年（1698）
《新补受教辑录》约英祖十九年（1743）
《续大典》英祖二十二年（1746）
《大典通编》正祖九年（1785）
《大典会通》高宗二年（1865）
《刑法大全》1905年（光武七年）

图1　朝鲜王朝的立法历程及各法典的相互关系

第二章

律　令

第一节　朝鲜王朝的法律体系

朝鲜王朝的法律体系如图 2 所示。

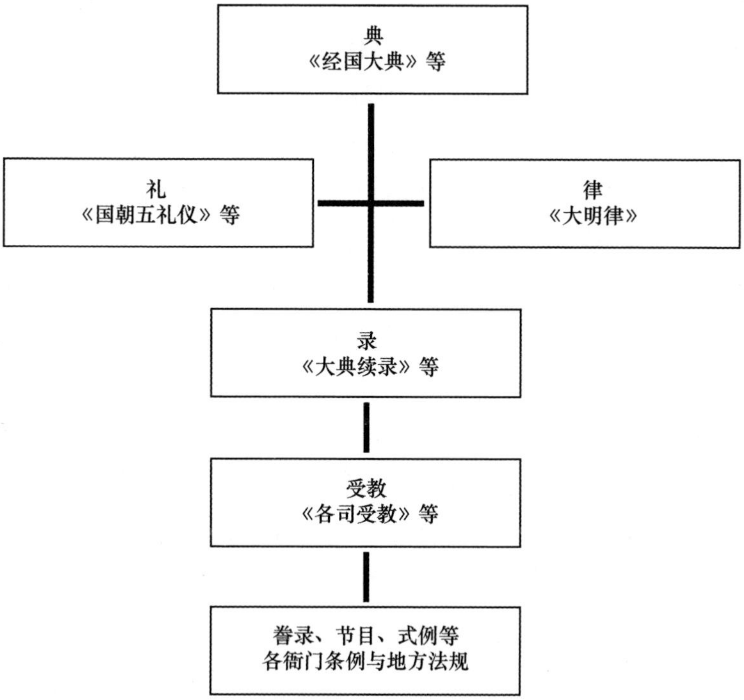

图 2　朝鲜王朝的法律体系

以《经国大典》的最终颁行为标志，朝鲜的国家制度和法律体系基本成形。这一法律体系是以行政法为主的《经国大典》（典/令，其后为其修订增补版之《续大典》《大典通编》《大典会通》）为基本法，具有相当于今日之宪法的地位。在基本法《经国大典》之中，又以具体法条的形式确认了《大典》之外的两种下位法也同样具有法律效力，从而以本国立法的形式赋予了两种下位法以现行法的地位。这两种现行法分别是《国朝五礼仪》[①]（礼，其后为其修订增补版之《续五礼仪》）和刑事法《大明律》[②]（律，因明律是皇明所制定的外来法，所以朝鲜本国无权对其修订或增补），“礼”与“刑”在此并行不悖，并一同作为基本法之有效补充而作为朝鲜《经国大典》的下位法出现，其法律效力由作为上位法的《经国大典》所确认。至此，国典、礼仪和刑律三者共同构成了朝鲜王朝的法律体系的基本框架。

而《大明律》等下位法中的规定不得与作为其上位法的《经国大典》中之规定相冲突，如若发生冲突，将优先适于作为上位法的《经国大典》中之规定。又因为《大明律》在朝鲜属于外来法，是大明天子所颁行，因而作为诸侯国的朝鲜无权对其修订或增补，只能在《经国大典》这一上位法中另行规定符合本国国情的刑事法，从而使下位法之《大明律》的部分条文在朝鲜自动失效。因此，在朝鲜的刑事法领域，《大明律》是刑法的一般法，而《经国大典》有关刑事方面的规定则是刑法的特别法。由此可见，作为中华法系子法法域的朝鲜半岛，其法律文明虽深受我国影响，但其本国的法律体系却是相对完整而独立的。

在国典、礼仪和刑律之下，是作为国典有益补充以及国典立法渊源的“录”和“受教”。“受教”是国王颁行的个别法令，其不断累积后就有相互冲突的内容，因此将一段时间的受教删定整理之后便上升为“录”，而“录”中需要永久遵循的部分最终上升为“典”，因此，“受教”“录”和“典”三者在立法上是层层递进的关系。以上均为国家层面所制定和

---

① 《经国大典》，礼典，仪注，“凡仪注用《五礼仪》”；《续大典》，礼典，仪注，“参用《续五礼仪》”。

② 《经国大典》，刑典，用律，“用《大明律》”；《续大典》，刑典，用律，“依原典用《大明律》，而原典、续典有当律者从二典”。

颁行的“国法”。与“国法”相对的概念是“邑例”，其包括“节目”“式例”和“誊录”等，是各地自行制定的地方性法规，中央各衙门的“誊录”也属于这一层面，如《备边司誊录》等。在茶山先生丁若镛的《牧民心书》中，曾明确地阐述过“邑例”的缘起和弊端。

> 法者，君命也。不守法，是不遵君命者也。为人臣者，其敢为是乎？案上置《大明律》一部，《大典通编》一部，常常披阅，具知条例，以之守法，以之行令，以之决讼，以之处事，凡法条所禁者，不可一毫干犯。虽流来邑例，沿袭已久，苟于王法，显相违越者，不可犯也……邑例者，一邑之法也。其不中理者，修而守之。列邑诸库，皆有旧例，名之曰“节目”。创立之初，本多未善，后来之人，变乱增损，总以私意，利己剥民，荒杂苟陋，不可按行。于是废其节目，任行新令。凡剥民之条，岁增月衍，民不聊生，职此由也。上官既数月，取诸库节目，逐条查问，知其利害，其中于理者，表而章之，其违于理者，革而去之。物价古贱而今贵者，议而增之；古贵而今贱者，因而厚之。民户古盛而今衰者，议而蠲之；古寡而今众者，移而均之；非理而赡官者，革而除之；无法而杂出者，画而限之。精思密察，博询勇断，虑后弊而杜之，依舆情而顺之。立之为金石之典，守之如关和之法，则发号施令，庶几无愧于心矣。我去之后，后人之遵与不遵，虽不可知，我在之日，按而行之，不亦可乎？旧节目，旧式例（名之曰誊录），宜一一收聚，烧之灭之，永绝根本。若一叶存留，则后来者冯藉古例，弊复如初矣。①

茶山先生在此论述了“国法”与“邑例”的关系，他认为，《大明律》和《大典通编》等国法是地方官一切决讼和行令的根本指南，而作为地方法规的邑例不得与国法相冲突，若有与国法相违背的条文则需对其加以修订。茶山先生认为邑例的繁杂是导致民不聊生的重要原因之一，因此主张在任的地方官应对其逐条加以查问，其中合理的规定应发扬光大，对不合理的部分则须立即革除，对于已经不合时宜的地方法规则应及时加

① 《牧民心书》，奉公六条，守法。

以销毁。从中可见，茶山先生部分肯定了邑例存在的合理性而非将之完全加以否定。他认为地方官首先要做的就是精读明律和大典。

《大明律》在朝鲜的法律地位最终是由《经国大典》所赋予和承认，因而将《大明律》视作《经国大典》及其后所修订的国典的下位法是没有问题的，但当时的朝鲜人却不一定这样看待。通过士人的文集和《实录》的诸多记载可知，朝鲜的士人多将明律和国典并举，由此可见，他们多认为《大明律》和《经国大典》二者的关系是平行且同等重要的。笔者在通读《经国大典》等朝鲜本国法典后认为，朝鲜本国法典除了其中的刑典以外，大多是无罚则的规定，而其中的刑典则作为《大明律》的特别法，以补充朝鲜本国在适用《大明律》时的不足。因而，从部门法体系的视角来看，《大明律》是朝鲜王朝的一般刑法，而《经国大典》等朝鲜本国法典则是以行政法和特别刑法为主，外加一些民法和诉讼法规定，二者大致是“律”与“令”的关系，在部分法体系中是平行且互为补充的。因此，既可以将朝鲜本国法典和《大明律》视作上位法和下位法的关系，又可以将二者视作平行的法律，笔者认为这两种观点都有合理的一面。

另外，应将“五经”等中国先秦时期经典视为位于整个朝鲜法律体系之上的存在，其在朝鲜作为“天理”而有近乎自然法的地位。儒学作为朝鲜王朝五百年的统治思想和精神寄托，对其经典教义的阐释和实践贯穿朝鲜王朝立法的全程，渗透于朝鲜王朝各个层级的法律法规之中。因此，中国各类经史典籍虽不直接体现在王朝的基本法律体系之中，但它却是无所在而又无所不在的。此外，乡约、族规、家法以及各类习惯法等也可以纳入朝鲜王朝广义上的法律体系之中，在此不再赘述。

第二节 《大明律》的继受与《大明律直解》

从上节的分析可知，朝鲜王朝法律体系的主轴是以《经国大典》《续大典》等本国法典作为行政法，以《大明律》这一外来法典作为刑事法的“律令并行”的格局。那么，大明律是如何成为朝鲜王朝世代遵循的基本法典呢？《大明律》传入朝鲜的具体时间尚并不明确。《高丽史》是朝鲜半岛最早记载《大明律》的史料，来自高丽禑王十四年（1388）9

月典法司的上疏：

> 政以立法，刑以补理，法如不行，不可无刑以齐之。然《书》曰“敬哉敬哉，惟刑之恤哉”，又曰“明德慎罚”，则刑者，所不能无者，而亦不可不恤者也。自古，理天下国家者，必先修其典，轻重有差，而临刑者不迷，受罪者无嫌矣。前元有天下，制以《条格》《通制》，布律中外，尚惧其烦而未究，复以中国俚语为律，而名之曰《议刑易览》，欲令天下之为吏者，皆得而易晓也。然本朝俚语，与中国不通，则尤难晓之，又无讲习者，故凡施刑者，皆出妄意，而或受贿赂，或谄权势，或讳亲故，而罪虽可杀，尚不受一笞一杖。而无辜，或陷于极刑，至于愚妇赤子，咸被杀戮，恨成怨积，而干文失道，地怪屡警，岁不登，而民不聊生，兵不暂停，而国以日缩，三韩之业，几复坠矣。
>
> 今殿下，年方幼冲，人心所归，递即父位，鉴何远取？伏惟殿下，远小人，亲君子，鸡鸣而兴，暮夜而休，不废学业，崇信德教，平其政刑，以事大国。今大明律，考之《议刑易览》，斟酌古今，尤颇详尽，况时王之制，尤当仿行。然与本朝律不合者有之，伏惟殿下，命通中国与本朝文俚者，斟酌更定。训导京外官吏，一笞一杖，依律而施行之，若不按律，而妄意轻重者，以其罪罪之。①

从上文的记载中可知，《大明律》至迟在1388年就已经传入朝鲜半岛。高丽末期没有统一的法典，再加上《条格》《通制》《议刑易览》等元代法典因为语言的障碍而使朝鲜半岛的官吏们无法准确地理解，再加上适用法律时没有统一的标准，所以导致了当时法制的混乱，有权有钱之人可以法外开恩从而逃脱法律的制裁，而无辜百姓则饱受冤抑，经常被处以极刑。使得高丽末年民不聊生，国家遭遇严重的统治危机。高丽王朝的典法司认为《大明律》可以仿效，其原因一是明律“斟酌古今、尤颇详尽”，二是因为明律乃“时王之制”。典法司对明律在朝鲜半岛的适用也做过初步的规划。首先要扫除语言的障碍，命令通晓中国和朝鲜语言之人

---

① 《高丽史》，志卷38，刑法1，职制。

对《大明律》斟酌更定。二是督导中央和地方官吏，要求一切刑罚均要按照律文施行，否则将严加处罚。然而，朝鲜开国君主李成桂在禑王十四年（1388）时已经掌握了实权，并在当年8月就已“都总中外诸军事”，所以值得怀疑这一上疏中对《大明律》的赞誉和欲加仿效与对当时国祚“日缩”的描述到底是谁意志的体现。况且《高丽史》编纂于朝鲜文宗元年（1451），对前朝法制混乱、民不聊生的描述正是树立本朝对其取而代之，从而拥有执政合法性的有力证明。而如果上文的典法司上疏是朝鲜太祖李成桂意志的体现，则我们可以认为《大明律》开始真正在朝鲜半岛加以奉行应始于太祖李成桂掌权起，即始于朝鲜代高丽而兴和朝鲜王朝的开国。朝鲜开国前四年（1388—1392）的史料若体现的是太祖李成桂意志的话，则其名为高丽时期史料，实质上可视作朝鲜王朝史料的一部分。上文中对元代法制的间接否定以及对大明法制的褒扬，对元亡明兴新制度和新气象的肯定，隐喻了民不聊生的高丽亦如元制一样将会成为历史，隐喻了朝鲜半岛上亦要如大明代元而兴一般，与大明同步兴起一股新势力，而这也必然要求其有不同于前朝的新制度、新气象，必然要求其标榜大陆上同为新兴势力的大明王朝。我们假设如果李成桂未能篡夺高丽政权，那么《大明律》至少应不会在朝鲜半岛得到如此迅速的适用，也不会在朝鲜半岛被迅速定于一尊。因此可以推知，《大明律》在朝鲜半岛地位之确立，其根本原因乃是改朝换代的政治需要而不是因为明律本身比唐律、元律更为优越。朝鲜尊奉《大明律》本身，其本国内的政治需要远大于朝鲜对大明事大的外部要求。

上文的上疏发生于1388年，也就是在颁行洪武二十二年（1389）律以前。所以说，文中所提到的《大明律》必然是洪武二十二年之前的明律版本。即《大明律》早期的几个版本传到了朝鲜并引起了当时决策者的关注。在蒙元势力退居草原后的高丽末期，亲元势力和亲明势力共存于朝鲜半岛，两股势力明争暗斗，高丽虽然在恭愍王十九年（1370）七月“始行洪武年号”①，但在禑王执政初期亲元一派重新得势后的禑王三年（1377）二月，“今中外决狱，遵《至正条格》”。② 可见当时的半岛政局

① 《高丽史》，世家卷42，恭愍王5。

② 《高丽史》，列传卷46，辛禑1。

深受大陆政局的影响，大陆政局的任何变动都会传递到位于大陆末端的朝鲜半岛。也就是说，是国际政治的大势对朝鲜半岛采纳和适用何种法律文本起了决定性作用。

而除了政治上的原因外，明律本身的科学性和合理性也成为朝鲜适用《大明律》的重要原因。《至正条格》内容庞杂，判例丰富，但却缺乏一贯性。而《大明律》在继承唐律的基础上，对体系和篇均有所创新，首次采取以《周礼》六官为基准的六分法，从唐律的十二篇变为了六部为主的体系。而且明律将唐律中散见于“盗贼”“斗讼”“杂律”中的人命犯罪统一集中到刑律中的“人命”篇中，使得明律在编纂体例上较唐律更为科学。不仅如此，明律因其浓厚的儒教理念而受到朝鲜新兴士大夫的欢迎，这一新兴阶级推崇新儒学，因此在众多法源中，明律更合乎其价值观。

诚然，高丽名臣郑梦周在朝鲜开国的前夜曾结合《至正条格》《大明律》和高丽朝法令编辑成“新律”。[①] 但后来因为他反对太祖李成桂篡权而被太祖暗杀，他编纂的新律也就无疾而终了。换句话说，他与李成桂本来就代表了不同的政治势力，而不同的势力所援引的法源必然存在相当的差异。朝鲜开国以后也必然不会使用政敌所编写的“新律”。因此在朝鲜开国之时，《大明律》便在太祖的即位教书中公开亮相：

> 洪武二十五年七月十六日乙未，都评议使司及大小臣僚合辞劝进曰：“王氏自恭愍王无嗣薨逝，辛禑乘间窃位，有罪辞退，子昌袭位，国祚再绝矣。幸赖将帅之力，以定昌府院君权署国事，而乃昏迷不法，众叛亲离，不能保有宗社，所谓天之所废，谁能兴之者也。社稷必归于有德，大位不可以久虚。以功以德，中外归心，宜正位号，以定民志。”予以凉德，惟不克负荷是惧，让至再三，佥曰：“人心如此，天意可知。众不可拒，天不可违。”执之弥固，予俯循舆情，勉即王位。国号仍旧为高丽，仪章法制，一依前朝故事……前朝之季，律无定制，刑曹、巡军、街衢各执所见，刑不得中。自今刑曹，掌刑法、听讼、鞫诘，巡军掌巡绰、捕盗、禁乱。其刑曹所决，虽犯

① 《高丽史》，列传卷117，郑梦周传。

笞罪，必取谢贴罢职，累及子孙，非先王立法之意。自今京外刑决官，凡公私罪犯，必该《大明律》，追夺宣敕者，乃收谢贴；该资产没官者，乃没家产。其附过还职、收赎解任等事，一依律文科断，毋蹈前弊；街衢革去。[①]

朝鲜王朝开国于洪武二十五年（1392）七月十六日。这一天，大小群臣都认为是天意让高丽朝社稷不保，而国不可一日无君，因而集体奉劝李成桂荣登大宝、正位号。太祖推让再三后，考虑到众意和天意不可违抗，遂勉为其难即位成为新国王，朝鲜半岛由此改朝换代。此类叙事在我国历史上也经常见到，所以太祖的即位作为一种“仪式”，是君臣相互配合而共同出演的一场大戏。而“仪章法制，一依前朝故事”则与“国号仍旧为高丽”一样，其存续时间是极为短暂的，只是出于形式上的考虑而暂且安定民心罢了。其对“官员犯公私罪”依照《大明律》处罚则是出于太祖李成桂的本意。而后面有关《大明律》的文句，则可以有两种理解。一是可以理解为今后所有刑事犯罪均依照《大明律》；二是可理解为仅在谢帖的收夺、家产的没收、附过还职、收赎解任等文武官员所犯公罪和私罪方面依照《大明律》[②]，以此来否定前面所述高丽朝“刑曹所决，虽犯笞罪，必取谢贴罢职”的不合理规定，以此来稳定军心，减小官员的反对以及改朝换代可能遇到的阻力。而第二种理解可能较为准确，太祖的即位教书中关于《大明律》的叙述虽暗含了执政者日后遵照明律的意思表示，但主要意图还是仅局限在文武官员犯公私罪方面对百官的恩惠，是一种怀柔的政策。从日后都评议使司的上言中发现的类似言论也可确知这一点：

都评议使司上言：“宪司劾六品以上官，虽笞罪，必收职牒，实为前朝弊法。乞依朝廷律文，凡内外大小军民衙门官吏，犯公罪该笞者，官收赎；凡文官犯私罪笞四十以下，附过还职；笞五十者，解见任别叙之律；六品以上员所犯罪状，准备推考，以罪状轻重，杖以上

---

① 《朝鲜王朝实录》，太祖实录卷1，1年7月28日。

② 《大明律》，名例律，文武官犯公罪、文武官犯私罪。

罪申闻，收谢牒鞫问；笞罪不许收职牒，以公缄问备，罪状缘由具录，呈使司量罪，移文巡军，决笞还任。”上从之。[①]

由上文可见，直到太祖六年（1397），官员笞罪而收职牒的弊端依然未得到彻底解决。这一上言与五年前太祖即位教书中言及《大明律》的部分在内容和结构上如出一辙，由此可以确证即位教书关于《大明律》的叙述，其意图仅限于在文武官员犯公私罪时适用明律，而并非指当时的所有刑事案件均适用《大明律》。而且，在太祖年间的《朝鲜王朝实录》中，极少有提及《大明律》及其具体条文的记载。但却有同意任用通晓律学之人以及令良家子弟学习律学的记录。[②] 这里所提到的律学即是指以《大明律》为首的律科的学问。随着太祖四年（1395）朝鲜《大明律直解》的编成和刊行，《大明律》作为朝鲜的一般刑事法的地位得到进一步确立。《大明律直解》采用朝鲜的吏读法，是为了让汉文实力稍弱的书吏等人更好地理解《大明律》而编，正如其跋文中所言：

《大明律》科条轻重，各有攸当，诚执法者之准绳。圣上思欲颁布中外，使仕进辈传相颂习，皆得以取法。然其使字不常，人人未易晓，况我本朝三韩时，薛聪所制方言文字，谓之吏道，土俗生知习，未能遽革，焉得家到户谕，每人而教之哉？政丞平壤伯赵浚，乃命检校中枢院高士褧与予嘱其事，某等详究反复，逐字直解于虖。予二人草创于前，三峰郑先生道传、工曹典书唐诚润色于后，岂非切磋琢磨之谓也欤？……而试颁行。[③]

从跋文中可知，《直解》中所用的文字乃传说中新罗时薛聪所创制的吏读，即用汉字的音或训来表示朝鲜语的语尾和助词的书写方式。这种书写方式更符合朝鲜当地民众的语言习惯，从而便于《大明律》传播和适用。那吏读以后的明律究竟以何种面貌出现呢？笔者通过列举《大明律

① 《朝鲜王朝实录》，太祖实录卷 12，6 年 9 月 19 日。

② 《朝鲜王朝实录》，太祖实录卷 4，2 年 7 月 14 日；2 年 10 月 27 日。

③ 《大明律直解》，金祗跋文。

直解》中的几条原文来加以说明：

> 一曰谋反。社稷乙[①]危亡为只为[②]作谋为行卧乎事[③]。（一曰谋反。谓谋危社稷。）
>
> 二曰谋大逆。宗庙、山陵、宫阙等乙[④]毁亡为只为 作谋为行卧乎事。（二曰谋大逆。谓谋毁宗庙、山陵及宫阙。）
>
> 三曰谋叛。本国乙 背叛为遣[⑤]，彼国乙 潜通谋叛为行卧乎事。（三曰谋叛。谓谋背本国，遣从他国。）
>
> 四曰恶逆。祖父母 及[⑥]父母果[⑦]，夫矣[⑧]祖父母 及 父母 等乙 打伤为旀[⑨]谋杀为旀，父矣兄弟在[⑩]伯叔父果 伯叔妻在 母果、父矣 同生妹在 姑果、吾矣 兄果 长妹果、母矣 父母果 夫果 等乙 谋杀为行卧乎事[⑪]。（四曰恶逆。谓殴及谋杀祖父母父母，夫之祖父母父母，杀伯叔父母、姑、兄姊、外祖父母及夫者。[⑫]）

从上文可知，由于在吏读后加上了朝鲜语的语尾和助词，因而《大明律直解》比起明律原文来变得长了许多，语序也由《大明律》原文中汉语的主谓宾（SVO）结构变成了与朝鲜语语序一致的主宾谓（SOV）结构。如“谋危社稷”变为“社稷危亡作谋”，“谋背本国”改为“本国背叛”，“遣从他国”改为“彼国潜通谋叛”等，动词始终置于句子的最后。

---

① 乙：吏读，朝鲜语目的格助词“을（를）”，放在宾语后使用，表示前面的词是宾语。

② 为只为：吏读，古代朝鲜语“하기암”“하기삼”，相当于现代朝鲜语“하도록、“하기 위하여”，“使之”“使得”之意。

③ 为行卧乎事：吏读，古代朝鲜语“하잇누온일”，相当于现代朝鲜语“하였는 일”“한 일”，“已做之事”之意。

④ 等乙：吏读，古代朝鲜语“들을”，名词复数“들”加表宾语的目的格助词“을（를）”。

⑤ 为遣：吏读，朝鲜语“하고”，用作动词或形容词之后表连接，“和”“与”之意。

⑥ 及：吏读，朝鲜语“및”“또”“그리고”，表并列，“和”“与”“及”之意。

⑦ 果：吏读，朝鲜语“과（와）”，表并列，“和”“与”之意。

⑧ 矣：吏读，朝鲜语所有格助词“의”，“的”“之”之意。

⑨ 为旀：吏读，朝鲜语“하며”，表连接或并列，“和”“与”之意。

⑩ 在：吏读，古代朝鲜语“건”，相当于现代朝鲜语“인것”。

⑪ 《大明律直解》，名例律，十恶。

⑫ 《大明律》，名例律，十恶。

并且在称谓等诸多的用词方面，《大明律直解》根据朝鲜本国的习惯对明律进行了解释或变通，如“伯叔父”解释为“父之兄弟”，“姑”解释为“父之同生妹”，“姊”变通为“长妹”，“外祖父母”变通为“母之父母”，可见当时的朝鲜在亲属称谓等名词概念的发达程度上远逊于我国，所以只能通过这样的解释来加以说明，从而使《大明律》的条文更符合朝鲜当地的语言习惯。除此之外，《大明律直解》还对中国的计量单位、货币单位、徒流刑地名等加以替换，使其更符合朝鲜的实际。然而变通的过程中也会不时出现误差，如太宗十二年（1412）时对土地计量单位转换就出现了错误，并发现和更正：

> 议政府启改正律文翻译。上书曰：“丰海道①观察使报：‘有谷州人张永盗耕他人田三十负。按律，田一亩以下，笞三十，每五亩加一等罪，止杖八十。’得此，考究田法，中朝田一亩准本朝二十二负。以此观之，永罪当笞四十，今监司断以四十，上加一倍，盖因律文翻译内，以唐田一亩准乡田一负，故差谬至此。其按律，率皆若是，乞令中外改正。”从之。②

当时朝鲜丰海道谷州发生了盗耕他人田地的案件。所盗耕的土地面积是朝鲜的三十负，应适用《大明律》的“盗耕种官民田”条③加以处罚。但我国明代的土地面积单位是“亩”，而朝鲜当时的土地计量单位却是“负”，两种计量单位间应如何准确地换算，是适用《大明律》时必须扫除的障碍。然而《大明律直解》中将中国的一亩视作朝鲜的一负④，因而形成了巨大的误差。将这一误差应用在本案中，当事人张永被处以杖八十的处罚。但议政府详考田法后认为中国的土地一亩相当于朝鲜的土地二十

① 丰海道：朝鲜半岛古地名，即今朝鲜的黄海道。太祖四年（1395）由西海道所改，并在太宗十八年（1417）改为黄海道，名称沿用至今。

② 《朝鲜王朝实录》，太祖实录卷23，12年3月24日。

③ 《大明律》，户律，田宅，盗耕种官民田。

④ 《大明律》，户律，田宅，欺隐田粮，“凡欺隐田粮脱漏版籍者，一亩至五亩，笞四十，每五亩加一等，罪止杖一百”；《大明律直解》，户律，田宅，欺隐田粮，“……一负至五负，笞四十，每五负加一等，杖一百为限遣”。

二负，因此，对当事人张永的处罚显然过重，他本应被处以笞四十的处罚。这一误判最终得到及时的更正。通过本案，可以证实《大明律直解》对明律的解释曾适用于当时的个案，但也反映出《大明律直解》的缺陷和不完善。虽然日后群臣几次提议要再行翻译《大明律》，但流传至今的《大明律直解》仍然是太祖四年（1395）的版本，可见再次翻译的设想最后以失败告终。

而对于《大明律直解》所参考的明律底本也值得深究。既然其依据的是太祖四年（1395）的版本，那么其底本就一定不是洪武三十年（1397）律。那么《大明律直解》是不是以洪武二十二年（1389）律作为底本的呢？在其“徒流迁徙地方”条[①]中，其所用地名杨广道、西海道、交州道等，都是太祖四年（1395）甚至高丽恭让王（1388—1392 年在位）以前的地名。比如交州道在恭让王元年（1389）已改为交州江陵道，又于太祖四年（1395）再次改为江原道，又如杨广道这一区划名称在恭让王二年（1390）已被革除，旋即设立京畿左右二道，西海道在太祖四年（1395）改名为丰海道等，地名在改朝换代前后曾发生过明显的变更。也就是说，《大明律直解》中出现的地名多为高丽时期的地名，且大多是不恭让王元年（1389）以前的地名，而这一年恰好是洪武二十二年律颁布的时间。而《大明律》从中国传入朝鲜应该需要一定的时间，颁行当年便立即传入朝鲜的可能性很小。因此，笔者推测朝鲜半岛对《大明律》的直解（吏读）应开始于恭让王元年（1389）以前，那么，由此推定其依据的《大明律》底本可能并非通常认为的洪武二十二年律。

洪武二十二年律以前颁行的《大明律》有洪武七年（1374）律或洪武九年（1376）律等版本。而洪武七年律因仿照唐律的编纂体例而为十二篇，与后来颁行的版本差异很大，因此作为《大明律直解》底本的可能性大致被排除。且《大明律直解》与《大明律讲解》也存在细微的区别，若与首尔大学奎章阁所藏的《大明律讲解》比较，二者在内容上存在差异的条目多达九条，比如“飞报军情”条[②]在通行的洪武三十年律以及《大明律讲解》中都存在，但却并未出现在《大明律直解》中。况且

---

① 《大明律直解》，名例律，徒流迁徙地方。

② 《大明律》，兵律，军政，飞报军情。

作为律文注解书的《律解辨疑》依据的是洪武十九年（1386）的版本，其编纂体例已按照六部的执掌划分。由此可以推断，按《周礼》六官的模式六分的《大明律》编纂体例至迟在洪武十九年就已经出现。以此为据，并考虑传入朝鲜和编纂所需要的时间后可知，《大明律直解》编纂时所参酌底本的出现时间应不早于洪武九年（1376），且不晚于洪武二十二年（1389）。编纂《大明律直解》时以洪武二十二年律为底本的可能性不大，在编纂过程中参考过洪武九年律的可能性较大，并且不排除编纂时同时参考多个明律版本的可能性。

但是，《大明律直解》在朝鲜官方的地位远没有《大明律》本身和明人编纂的各类明律的注解书重要。《朝鲜王朝实录》中，在案件发生时援引的律文均是《大明律》的原文，而从来未引用过《大明律直解》。朝鲜在16世纪出现的《词讼类聚》《决讼类聚补》等词讼类书也都只是引用《大明律》的原文。最初编纂《大明律直解》的意图可能仅仅是为了扫清文字和理解上的障碍，从而让《大明律》尽快在朝鲜半岛适用。但是随着朝鲜对《大明律》原文理解能力的逐步提高，以及对律文准确性的要求，作为二手资料转译的《大明律直解》逐渐不被朝鲜的君臣待见，而对明人撰写的注解等源自中国的法律解释却青眼有加。《大明律直解》的作用最终只停留在让朝鲜本土居民更容易地读懂《大明律》的辅助性用途上，而并不作为朝鲜王朝判决或法律解释时的非正式法源。这种现象从表面上来看是源自《大明律》法源地的明人撰写的注解书更加准确和权威，但从更深层面来讲，则是贯穿整个朝鲜时期的对中国文化的崇尚，和对吏读、谚文等本土文字与文化的鄙夷。

第三节　《大明律》以外的中国法源

虽然朝鲜王朝法律体系的主轴是以《大明律》和《经国大典》《续大典》等本国法典为两翼而构成，但此外朝鲜也存在着许多《大明律》以外的中国法源，因而其法源是多重和复合的，其法律文化更是多声部的交响。朝鲜王朝运用过的中国法源包括唐代的《唐律疏议》《唐六典》两种，元代的《无冤录》《吏学指南》《大元通制》《至正条格》《议刑易览》五种，明代的《大明律》《大明律讲解》《律学解颐》《律解辨疑》

《御制大诰》《大明令》《律条疏议》《启蒙议头》《对款议头》《详刑追议》十种，另外还包括众多被国王和朝臣阅读过的中国经史典籍和文学作品中涉及法律的部分，它们作为朝鲜王朝的正式或非正式法源共同建构了朝鲜王朝的法律体系。①

《唐律疏议》《唐六典》《唐律疏议》与《唐六典》早在高丽朝时就已经传入朝鲜，并成为制定《高丽律》（已失传）时的基础。《唐律疏议》首次载于《朝鲜王朝实录》是在世宗九年（1427）。这一年的三月，国王令“颁铸字所印《唐律疏议》于中外官”②，从而使唐律在朝鲜全境刊行。而在三年后的世宗十二年（1430），《唐律疏议》正式成为朝鲜王朝律科考试的正式科目。③《唐律疏议》在世宗朝在内的朝鲜初期对朝鲜法制产生过很大影响，其后也间或对朝鲜的法制存在影响，其影响贯穿朝鲜王朝的始终。④《唐律疏议》在朝鲜始终作为立法的典范和对明律加以解释和纠偏时的重要法源。而《唐六典》的记载首见于世宗十七年（1435）：

> 行释奠祭。初五日上丁⑤，以皇帝丧，停释奠。礼曹按古制以启曰：“《至正条格》：‘延祐六年二月丁亥朔日食，适当释奠，礼部呈：“按《礼·曾子问》，当祭日食，牲至未杀则废。又《唐六典》，释奠遇大祭祀，改用仲丁，即今牲未诣庙，宜合于十一日丁酉行礼。”都省准拟。’今因大行皇帝丧，文宣王释奠，未得行于上丁，乞依古制，改用仲丁。”从之。⑥

这一年（1435）的农历正月末，恰逢宣德皇帝明宣宗朱瞻基驾崩。而本来要在这一年的上丁日（二月初五）祭奠孔子的朝鲜因逢大行皇帝

① 郑肯植教授对朝鲜前期明律以外的中国法律典籍有过深入的研究：정긍식，2009，“조선전기 중국법서의 수용과 활용”，《서울대학교 법학》50—4，35—80 면，本节有所参考。

② 《朝鲜王朝实录》，世宗实录卷35，9年3月23日。

③ 《朝鲜王朝实录》，世宗实录卷35，12年3月18日。

④ 以《朝鲜王朝实录》为例，《唐律》在世宗、端宗、成宗、燕山君、宣祖、光海君、英祖等朝实录中均有提及。

⑤ 上丁：农历二月的第一个丁日，朝鲜王朝每年在这一天祭祀孔子。

⑥ 《朝鲜王朝实录》，世宗实录卷67，17年2月15日。

之丧而未能祭奠孔子。在大行皇帝和文宣王孔子之间应何去何从，此时的朝鲜遇到了较为严重的礼法冲突。因为作为天下共主的大明皇帝，不仅是大明直辖各州县的皇帝，也是作为自治区域的藩属诸邦的皇帝。这时礼曹在考察古制后，见《唐六典》中有关于这一冲突的解决方案[①]，因而遵照《唐六典》的规定执行。而到了世宗二十四年（1442），朝鲜又依《唐六典》在东宫设立了詹事院：

> 谓承政院曰："皇太子既置讲官，又立詹事府，以决庶务。我国东宫僚属，虽有书筵官，既任进讲，又兼庶务，不合古制，治事之官，不可不立，况古制既明，其传教吏曹，置治事之官。"……谨按《大唐六典》，太子詹事府詹事一人正三品，少詹事一人正四品。上詹事之职，统东宫三寺十率府之政令，举其纲纪而修其职务，少詹事为之二。乞仿古制设詹事院，置左右詹事各一人、同詹事一人，皆从三品官，在艺文直提学之上。主事二人正八品阶，除七品去官，使专掌宫中庶务，以分职任。上欲令世子裁决庶务，故置此官。[②]

国王为了培养世子的从政能力，让其练习裁决庶务，又模仿《唐六典》中詹事府的相关规定[③]在朝鲜东宫设置了詹事院。在上文援引的两件案例中，都有"乞仿古制"或"乞依古制"的字眼，说明在当时朝鲜人的认知中，所谓的古制在一定程度上指的是唐制。唐代典章制度所代表的中国古典制度文明，在唐亡五百年后的异域仍被视为珍宝而被始终不渝地遵循。

《至正条格》　《至正条格》是元代的代表性法典。2002 年，在韩国庆州孙氏的宗家发现了元刊本的《至正条格》，其作为世界上唯一的古本，现藏于韩国学中央研究院。在研究院众多教授学者的共同努力下，于 2007 年出版了《至正条格》的校注本和影印本。[④]《至正条格》完成于

---

① 《唐六典》卷 21，国子监，"国子祭酒，司业之职。……凡春秋二分之月上丁，释奠于先圣。……若与大祭祀相遇，则改用中丁"。

② 《朝鲜王朝实录》，世宗实录卷 97，24 年 7 月 18 日。

③ 《唐六典》卷 26，太子詹事府。

④ 韓國學中央研究院編，2007，《至正條格 校注本》《至正條格 影印本》，휴머니스트.

1345年，在朝鲜世宗在位时曾被普及过。世宗五年（1423），国王命刊印《至正条格》五十件①，并在世宗十六年（1434）“颁赐《至正条格》于文臣”。② 世宗八年（1426），国王提议另设训导官让精通律文的文臣讲习《至正条格》等中国法典：

> 上曰：“人法并用，今不如古，故不得已以律文比附施行，而律文杂以汉吏之文，虽文臣，难以悉知，况律学生徒乎？自今择文臣之精通者，别置训导官，如《唐律疏议》《至正条格》《大明律》等书，讲习可也。其令吏曹议诸政府。”③

可见当时除《大明律》之外，作为我国唐代法典的《唐律疏议》和元代法典的《至正条格》在朝鲜同样得到了很高的重视。但由于朝鲜远在异域，语言与中国不同，所以即使是文臣也不易读懂中国历代律文以窥其原貌，所以朝鲜就有讲解和学习这些法律典籍的必要。世宗十二年（1430），详定所列的儒学、武学、汉吏学④、译学⑤、阴阳学、医学、乐学、算学和律学等诸学取才的经书诸艺中，《至正条格》被明确列为“汉吏学”考试的必考科目，而《唐律疏议》《大明律》和《无冤录》则被列为律学考试的必考科目。⑥ 世宗二十三年（1441），承文院建议每天检查汉吏学生徒学习《至正条格》和《大元通制》的情况，得到了国王的准允：

> 承文院提调等启：“择吏文生徒文理通晓者，每日来往李相处，学《至正条格》《大元通制》等书。本院官员二三人轮次来往，质问吏文，又令讲肄生六人来往读书。”从之。⑦

---

① 《朝鲜王朝实录》，世宗实录卷22，5年10月3日。

② 《朝鲜王朝实录》，世宗实录卷66，16年12月28日。

③ 《朝鲜王朝实录》，世宗实录卷34，8年10月27日。

④ 汉吏学：又称吏文学，与中国往来文书所使用的特殊文体被称作吏文，汉吏学即与此有关的学问。

⑤ 译学分汉训、蒙训和倭训。

⑥ 《朝鲜王朝实录》，世宗实录卷47，12年3月18日。

⑦ 《朝鲜王朝实录》，世宗实录卷94，23年11月6日。

日后，朝鲜依然继续推广《至正条格》。成宗元年（1470），吏曹建议将官员掌握《至正条格》的情况作为其升迁任免的重要依据，并得到国王的允准：

吏曹启："承文院博士以下，初以年少聪敏者，择差五六年而后去官，故用心习读，则汉学可能精熟，只缘赏罚不严，专不动学。今后自九品升八品，则《老乞大》《朴通事》；自八品升七品，则《直解小学》《至正条格》等书习读，逐日置簿，每当四仲朔，都提调合坐，上项所读书，三次考讲，俱略以上，随例迁转；粗通者，依殿最中等例，勿迁；不通者罢黜。"从之。命校正厅，添录《大典》。[1]

从上文可知，当时《至正条格》是朝鲜的部分官员从八品升至七品官的必考科目。与此同时，国王命令将这一规定载入《经国大典》，以便长期地遵循。《经国大典》中，我们也能确认这一规定的存在。[2] 成宗九年（1478）时，朝鲜又做出如下规定：

传于吏曹、礼曹、承文院曰："拣择年少聪敏文臣，使之专业吏文。如《至正条格》内文义未晓处抄录，每赴京之行，令习读官从行质正，译以汉文而来。"[3]

国王命令将《至正条格》中难解的地方抄录下来，在每次赴北京朝贡之时，让习读官翻译订正后的准确汉文一并带回朝鲜。上文中的"京"指的是大明的首都北京，而非朝鲜国都汉城，在此折射出成宗大王怎样的天下观呢？我们推测，作为诸侯国君的朝鲜国王极可能认为只有大明的首都才真正是自己的京师。《至正条格》除了作为吏文用书加以使用之外，本为元代法典的《至正条格》，其内容本身也对朝鲜的礼法加以规范：

---

① 《朝鲜王朝实录》，成宗实录卷5，1年5月8日。

② 《经国大典》，礼典，奖励。

③ 《朝鲜王朝实录》，成宗实录卷97，9年10月3日。

门下府劾奉常少卿金瞻。瞻建议："本朝国学，遇春秋二丁，祭文宣王，僭用太牢，未合于礼。乞依《至正条格》，诸郡县品式，只用羊三。"然本朝用太牢久矣，瞻欲轻改，故劾之。①

上文中的案例发生在定宗二年（1400）。当时的奉常少卿金瞻通过援引《至正条格》，主张祭祀孔子时的祭品应改用三只羊，因此朝鲜历来使用太牢祭祀孔子的做法不合于礼。可见当时《至正条格》也作为法源的一种被援引。但他的这一建议却遭到了门下府的弹劾，认为太牢已成为惯例，不得轻易更改。在针对刑事案件的量刑和立法上，《至正条格》在朝鲜前期也多次被援引，从而对朝鲜的法律起到过一定的规范作用：

集贤殿启："今考《至正条格》中统圣旨内一款：'诸告人罪者，皆须明注年月，指陈实事，不得称疑，诬告者抵罪反坐。如有论告本管官司者，许令直赴上司陈告，其余并不得越诉，如有冤枉屡告不理及决断不公者，亦令直赴上司陈告。'"上曰："然则古有诉告主司之法，岂拘于陵上之禁，而不诉冤抑哉？向者许稠所言，矫枉过直，不宜施行。"安崇善等曰："君门远于千里，堂下远于百里，使民不得自伸，则含冤负屈，愁叹于下，而君不知矣。禁民不告冤抑之事，甚非为政之体。"上曰："待详定所议得，然后决其可否。"②

上文讲述了世宗十三年（1431）时，朝鲜君臣共同商讨"部民告诉禁止法"的适用，便援引了《至正条格》规定中元代中统年间（1260—1263）的圣旨来加以推断。《至正条格》中所载的圣旨允许民众赴上司陈告本管官司，而国王世宗和朝臣同样认为应该为伸张冤抑的普通民众打开一条通道。又如世宗二十年（1438），发生在全罗道高敞的疯人姜峻德砍伤了父母、兄长和地方官，这一案件就参照了《至正条格》中所载至元十七年（1280）发生在济南路的疯人申柳温案和大德十年（1306）发生在真定路静安县的张佛留案的相关判例进行了裁决：

① 《朝鲜王朝实录》，定宗实录卷3，2年1月24日。

② 《朝鲜王朝实录》，世宗实录卷53，13年7月4日。

全罗道监司启："高敞人姜峻德刃伤父母兄及其官守令，虽在禁身死，加刑弃市。"令刑曹议之。刑曹启："峻德实是癫狂之人，请勿加刑弃市。"议政府驳议云："参考《至正条格》，至元十七年八月，刑部呈：'济南路申柳温因风病举发，游走到家，见母阿李，用杏木窗棂一根，于阿李脑后打讫，一下，即时身死。参详，柳温虽因狂风，终犯恶逆，拟合处死。'都省准拟。大德十年五月，刑部议：'得真定路静安县张佛留用棒将父张二打死。本人在禁病死，拟合将尸支解于市。'都省准拟。今峻德虽有癫狂之疾，刃伤父母兄及其县官，身犯恶逆之人也。依监司所启，依律加刑。"从之。①

《至正条格》的编纂体例完全不同于《唐律疏议》及《大明律》，其"断例"的部分主要记载了众多具体载有人名地名的真实判例，这一部分类似是具有法律效力的判例的汇编，从而力求元代官员在判决时有可以遵循的先例，为中国法制史上的判例法典范。本案中，全罗道刃伤父母兄长及地方官的疯人姜峻德，其本人已经在狱中死亡。刑曹认为，罪犯乃是疯人，即意为他是限制刑事责任能力人或无刑事责任能力人，因此不便再将其尸身加刑弃市。而议政府则通过两则发生在中国元代的判例，推导出作为本案当事人的疯人姜峻德应该处以弃市的刑罚。首先，议政府援引了《至正条格》所载的发生于至元十七年（1280）的济南路疯人申柳温案。元代疯人申柳温在精神病发病时将母亲阿李击打致死，元代官员在此案判决时认为"虽因狂风，终犯恶逆"，所以判决将其处死。通过援引这一发生在本案一百多年前的中国判例，议政府驳斥了刑曹强调本案当事人为限制刑事责任能力人的说法，认为恶逆之罪不应区分"正常人"与"非正常人"。也就是说，在恶逆罪面前，对精神病发病时的限制刑事责任能力或无刑事责任能力不予认可，应将其视同完全刑事责任能力人。依照元代的先例推导出对恶逆罪人的处罚不区分完全刑事责任能力人和限制刑事责任能力人的前提下，议政府又再次援引《至正条格》中的判例，论证当事人的尸身可被执行弃市。议政府所援引的法源是发生在大德十年（1306）

① 《朝鲜王朝实录》，世宗实录卷82，20年7月25日。

真定路[①]静安县张佛留案，系发生于本案一百多年前的一则中国判例。张佛留与本案当事人的情形一样，均是恶逆犯人在囚禁期间死亡。张佛留案中，犯人将父亲张二击打致死，其在狱中病死后仍然将其“尸身支解于市”。议政府认为，既然通过援引的第一则判例可以推定本案的犯罪嫌疑人姜峻德应负完全刑事责任，那么就可比照第二则判例中十恶犯人在狱中死亡时同样被加刑弃市的先例对本案当事人做出裁决，这一论断作为最终量刑标准得到了国王的认可。议政府在本案中援引的《至正条格》的两则判例，通过层层推理得出了本案主犯应被弃市的结论，法律逻辑极为缜密。从中可见，《至正条格》中的发生在元代的中国判例在朝鲜初期是可被援引的法源之一，具有一定的法律约束力。而直到成宗二十一年（1490），在《朝鲜王朝实录》中仍可见到援引《至正条格》中的规定加以判决的案例：

> 义禁府启：“韩欢殴妻赵氏罪，律该杖八十，捶杀婢吉云罪，律该杖六十徒一年，从重决杖六十徒一年。”命议领敦宁以上及政府。沈浍议：“依所启施行何如?”尹弼商、洪应、卢思慎、尹壕、成俊议：“欢既驱妻父，又驱其妻，夫妻之义已乖，子婿之道亦绝，势难同住。其妻离异，余依启本施行何如?”传曰：“初赵智山欲离异，今议者亦云可离异，是以妻而离夫也，于义可乎?”尹弼商等启曰：“《至正条格》云：‘婿辱妻父，则其妻离异。’今欢既驱妻父，则是欢不以智山为妻父，智山亦不肯以欢为婿，而欢之夫妻，又不以夫妻相待也。如此则势难同居，不得不离异。”传曰：“韩欢外方付处，其妻离异。”[②]

在本案中，因丈夫韩欢殴打妻子赵氏并捶杀婢女，同时触犯了两条罪名，依二罪俱发从重论[③]判决其杖六十徒一年。但问题是当事人韩欢殴打妻子和岳父，岳父赵智山请求国王判决女儿和女婿离异。这时的国王便遇

① 真定路治所在今河北省正定县。

② 《朝鲜王朝实录》，成宗实录卷247，20年7月25日。

③ 《大明律》，名例，二罪俱发从重论。

到了一个伦理上的难题，即妻子一方主动提出的离婚请求是否合乎情理的问题。大臣尹弼商等人的奏议中援引《至正条格》“婿辱妻父，则其妻离异”的规定，认为可以判决二人离异，最终得到国王的采纳并判决二人离婚。可见在15世纪末的朝鲜，大臣在奏议时仍会援引《至正条格》的观点，《至正条格》在当时仍然具有相当的说服力。

朝鲜虽然一遵《大明律》，但“因时俗事势，或轻之，或重之，或别立新条者多”①。所以，对于《大明律》中与本国国情不符的规定，朝鲜大多会在量刑上有所加减。这时，《唐律疏议》和《至正条格》便成为《大明律》以外的另一重要参照系，发挥着独特的作用。例如在世宗二十八年（1446）关于如何处罚“匿父母夫丧”的讨论：

> 下书议政府曰：“本国之俗，行百日之丧，自高丽之季，始行三年之丧……中国世俗之情，如彼其薄，制律者岂不知不孝莫大之罪，而曰匿父母夫丧者杖六十徒一年？是因世俗之情，不得已而轻其罪也。……匿父母夫丧之罪，止于杖六十徒一年可乎？予谓当今立法匿父母夫丧者及奉养父母有阙者，皆置极刑，然就其中或有情理之重与不重，推鞫之明与不明，是可虑也。故杀之则太重，以杖一百流三千里施行，何如？……”
>
> 黄喜、河演、皇甫仁、金宗瑞、郑苯、郑甲孙以为：“……其匿不举哀者，杖六十徒一年，虽若罪重而律轻，然考之唐律及《至正条格》，或流或徒而无杖，或有杖而无徒流，皆不至杖一百流三千里，至《大明律》，流徒杖参酌而制焉。但《至正条格》：‘杭州路推官高德懋父亡，不即丁忧，刑部议除名不叙。都省准拟。’《大明律》匿父母夫丧条一款：‘若官吏父母死，应丁忧，诈称祖父母伯叔姑兄姊之丧，不丁忧者，杖一百罢职役不叙。’照依此制，凡亲丧及国丧一应忘哀之罪，各照本律论断后，并皆除名不叙，以征薄俗。”②

从上文可知，世宗大王对于《大明律》“匿父母夫丧”的处罚仅止于

---

① 《朝鲜王朝实录》，世宗实录卷112，28年6月7日。

② 《朝鲜王朝实录》，世宗实录卷112，28年6月7日。

杖六十徒一年的规定[①]颇有异议。他认为这是由于中国“薄俗”而使得立法者不得不对这一行为减轻处罚的结果。国王认为，当时的朝鲜对“匿父母夫丧”之人处以极刑的做法显然过重，希望减轻为“杖一百流三千里”，并为此询问大臣的意见。黄喜等大臣认为，在考察《唐律疏议》和《至正条格》后可知，对这一罪名的处罚均不至于“杖一百流三千里”。其中唐律对这一情形的处罚较重，对“闻父母夫丧而匿不举哀者，流二千里”[②]。认为可综合参酌《唐律疏议》《至正条格》及《大明律》中关于这一罪名的法定刑量，来确定朝鲜本国如何处罚隐匿父母或丈夫丧事的人。众大臣援引《至正条格》中杭州路推官高德懋的案例，并援引《大明律》“匿父母夫丧”条的另一款规定，认为在《大明律》“杖六十徒一年”的基础上另加“永不叙用”的处罚较为合理适中。众臣根据中国历代立法做出的理性推导，反驳了世宗大王的感性认知，认为并非直观上认为的重罪就必然要对应很重的刑罚。在朝鲜以《大明律》为一般刑法的前提下，作为中国前朝法典的《唐律疏议》《至正条格》为弥补《大明律》的不足提供了重要参照，成为朝鲜前期不可或缺的重要法源。清代学者薛允升将明律的特点总结为“轻其轻者，重其重者”。而朝鲜在执行《大明律》时，也认为明律有些条文规定的处罚显然过轻，使得朝鲜在司法实践时在某种程度上有向唐律回归的趋势。

《吏学指南》《吏学指南》是元代徐元瑞在大德五年（1301）为从事司法实务的胥吏熟悉法律知识而编纂的一部法律用语注解书，类似今天的法律词典。朝鲜史料在太宗五年（1423）首次记载《吏学指南》，当时承政院启奏国王请求刊印《吏学指南》十五件，国王则命令印五十件。[③] 对法律用语有详细解释的《吏学指南》对朝鲜理解和阐释《大明律》有很大的帮助。比如发生在世宗十二年（1440）的“奇尚廉案”便是如此：

> 义禁府启：“奇尚廉诬指异母弟尚质，奸继母金氏，合结两人，断其发告官，金则已依律文干名犯义条放之。今考《吏学指南》云：

① 《大明律》，礼律，仪制，匿父母夫丧。

② 《唐律疏议》，职制，匿父母夫丧。

③ 《朝鲜王朝实录》，世宗实录卷22，5年10月3日。

‘撮挽鬓发，擒领、扼喉，亦同殴打。’《大明律》云：‘继母与亲母同。’又云：‘欧父母者斩。’请将尚廉处斩……”从之。①

在本案中，当事人奇尚廉诬告其同父异母的弟弟奇尚质与继母金氏通奸，将二人捆绑后切断了二人的头发并将之告官。而朝鲜的官府对如何处置奇尚廉，则取决于如何定义其切断继母的头发的行为和如何定义继母身份这两个要素。朝鲜的官员通过考察《吏学指南》，得出“撮挽鬓发”的行为可视为殴打，所以奇尚廉切断继母头发的行为可以视同殴打继母。与此同时，明律又规定了继母等同于亲生母亲。所以通过这两步推导，最终将奇尚廉切断继母头发的行为和殴打亲生母亲之间画上了等号。因此，义禁府认为应将奇尚廉处斩，得到了国王的准允。官府对同年（1440）发生在全罗道全州的“姜磨之奴同良攘臂触齿案”② 的处理上也同样援引了《吏学指南》中这条“谓以手足殴伤人者，举手足为例，头击之类亦是。若以撮挽鬓发、擒领、扼喉，亦同殴例”的法律解释。③ 可见《吏学指南》对法律行为及法律概念的解释使得某些不易被明确定义的犯罪行为可比附律文的相应规定加以处罚，从而扩大了明律的适用范围。到了16世纪中叶，朝鲜在明宗十年（1555）编纂《经国大典注解》时也大量参考了《吏学指南》的注解，《吏学指南》的830条注解中被《经国大典注解》直接或间接引用的就达86条。到了朝鲜后期，文臣李义凤（1733—1801）于1788年完成的多语言词典《古今释林》的“元明吏学”部分之中，对《吏学指南》的用语也多有收录，可见《吏学指南》的价值和其在朝鲜产生的影响。

《议刑易览》《议刑易览》今已不存，因而无法得知其成书的时期和作者。早在高丽末期典法司在上疏时，曾建议编纂法典时可参照《议刑易览》的记载可知，《议刑易览》的成书时间应在元代以前。通过其书名可以推测，这是一本综合记录官员刑事案件判决要领的典籍。世宗在位时，有关盗窃罪的讨论便参考过《议刑易览》：

---

① 《朝鲜王朝实录》，世宗实录卷47，12年3月5日。

② 《朝鲜王朝实录》，世宗实录卷50，12年12月1日。

③ 《吏学指南》，狱讼，手足。

议政府启："《大明律》窃盗条云：'凡窃盗三犯者绞，以曾经刺字者为坐。'而不分赦前赦后。因此，刑曹以窃盗三犯则赦前刺字，并计为坐，实为未便。今按《议刑易览》内：'诸盗经断后，仍更为盗，须据赦后为坐。'今后窃盗三犯者，须据赦后为坐，外方窃盗，刺字后辞缘及日月，明白置簿，随即报刑曹，罪案施行，以凭后考。"从之。①

议政府依据《议刑易览》认为盗窃三犯之人应以赦后作为基准。可见《议刑易览》能阐释许多《大明律》未能言明的内容。另外，世宗五年（1423）发生的"疯妻弑母案"中，也援引了《议刑易览》"心风杀母，终犯恶逆"的法律解释而对犯人处以死刑。②

《大明律讲解》《大明律讲解》为明人所撰，后来流传到朝鲜半岛，中国和日本今已不存，却在朝鲜半岛保存至今。因为《大明律讲解》没有序文和跋文，所以无法确知其作者和编纂的年代。《大明律讲解》所载律文与洪武三十年（1397）律有一定出入，推测其依照的是洪武二十二年（1389）律。《大明律讲解》的正文有"讲曰"（或"解曰"）等对律文加以解释的注释部分。《朝鲜王朝实录》将《大明律讲解》称作"讲解律"或"大明讲解律"，实际上都指的是《大明律讲解》。

"讲解律"这一用语在世宗二十五年（1443）年首次出现，因此可以推定《大明律讲解》至迟于1443年就已传入朝鲜半岛。世祖十二年（1466），国王命大司宪梁诚之将《大明律讲解》校正后刊印五百件发行于朝鲜全境。③ 世宗二十六年（1444）在关于如何惩处盗窃犯的讨论中，官府便依据了《大明律讲解》中对律文的解释部分：

议政府据刑曹呈启："窃盗临时拒捕人，不分得财与否，并皆论斩，其来久矣。今考《讲解律》，窃盗临时拒捕注云：'窃盗得财，事主知觉捕捉。却将事主拒捕者，虽不伤人，皆斩。'且其窃盗，事

---

① 《朝鲜王朝实录》，世宗实录卷18，4年12月20日。
② 《朝鲜王朝实录》，世宗实录卷22，5年11月22日。
③ 《朝鲜王朝实录》，世祖实录卷39，12年7月1日。

> 主知觉，弃财逃走，事主追逐，因而拒捕，自依罪人拒捕律科罪，注云：'谓如窃盗弃财逃走，合以不得财论，笞五十；因而拒捕者，各于本罪加二等，杖七十。'而我国因循旧例，不分得财与否皆斩，不可。今后窃盗临时拒捕者，依批注施行。"从之。①

从上文可知，朝鲜本国的旧例等习惯法对盗窃犯的处罚与《大明律》的规定不同。得财与否和拒捕与否是盗窃罪两大构成要件，对量刑至关重要。依照《大明律讲解》中的解释可知，得财而拒捕者，斩；不得财者逃走者，笞五十；不得财但事主追逐因而拒捕者，杖七十。可见得财与否在量刑上存在着很大差别。朝鲜本国的习惯法对盗窃拒捕之人不分得财与否皆斩的做法显然不符合《大明律讲解》注释部分对盗窃罪各类情形的解释，因此议政府奏请国王依照《大明律讲解》的注解施行，并得到国王的准允。而成宗五年（1474）对于犯人身死后赃物征收与否的讨论中，也援引了《大明律讲解》中给出的理由来加以解释：

> 户曹启："今承传教：'身死勿征节目，商议以启。'臣等参详宣德八年二月刑曹受教，节该《大明律》名例云：'若以赃入罪，正赃现在者，还官主，已费用者，犯人身死勿征，另犯身死者亦同。'《唐律疏议》云：'已费用死及配流勿征。'《大明律讲解》曰：'律云犯人身死勿征者，谓其既被刑戮，已费用故不追征'，此是受教及律文本意。但无应征不应征之条，故今于分征之际，不无任意出入之弊。请依启目后条件施行，添入续录……"从之。②

《大明律讲解》中对犯人"身死勿征"给出了"谓其既被刑戮，已费用故不追征"的法律解释，以说明《大明律》立法的合理性。朝臣援引这一解释来说明律文和先前受教的本意，《大明律讲解》在此起到了释法的效果。

《律学解颐》《律解辨疑》《律学解颐》与《律解辨疑》二书是当时

① 《朝鲜王朝实录》，世宗实录卷104，26年4月15日。

② 《朝鲜王朝实录》，成宗实录卷48，5年10月19日。

明人对《大明律》的注解书，我国原已不存，却在朝鲜半岛保存至今。其中的《律解辨疑》收录于杨一凡教授主编的《中国珍稀法律典籍续编》第四册。[①] 从《经国大典注解（后集）》中可略知这两部法律著作的作者信息，《律学解颐》是“大明慈利丞、萧思敬所撰”，《律解辨疑》是“大明河广等人所撰”。[②] 在朝鲜王朝竭诚事大的整体氛围下，明人撰写的著作本身于朝鲜就自带某种权威性。《律学解颐》与《律解辨疑》作为朝鲜解释《大明律》的重要参考，曾是朝鲜前期律科初试和复试的必考科目。[③] 世祖十二年（1466），国王命大司宪梁诚之将二书校正后刊印五百件，以传播至朝鲜全境：

> 上出内藏《大明讲解律》及《律学解颐》、《律解辨疑》等书，命大司宪梁诚之校正。分送《讲解律》于庆尚道，《解颐》于全罗道，《辨疑》于忠清道，使之刊印各五百件，广布中外。[④]

在具体案件发生以后，朝鲜官府也积极参考《律学解颐》与《律解辨疑》中对相关法律概念的解释，两部著作对朝鲜做出的具体判决产生过积极意义。如成宗九年（1473）朝臣在商讨对柳子光、任士洪、朴孝元、金彦辛等人交结朋党、紊乱朝政罪时，便引用了《律学解颐》中“奸党”条的相应解释：

> 尹继谦、李克均议：“《律学解颐》奸党条：‘奸者，奸回之俦，党者，朋党之人也。若人本无罪，或有罪不至死者，俱被此等奸邪朋党之人妄进谗谮之言，而左使杀人者斩。’……”[⑤]

可见明人所撰的《律学解颐》等律学注解类著作对朝鲜适用《大明

① 杨一凡等主编：《中国珍稀法律典籍续编·第4册：明代法律文献（下）》，黑龙江人民出版社2002年版。

② 《经国大典注解（后集）》，礼典，取才。

③ 《经国大典》，礼典，诸科，律科初试、律科复试。

④ 《朝鲜王朝实录》，世祖实录卷39，12年7月1日。

⑤ 《朝鲜王朝实录》，成宗实录卷92，9年5月6日。

律》起到过很大帮助。其对“奸”“党”等具体法律概念的阐释类似于今天的法律解释，在当时被朝臣所直接引用，具有一定的说服力和约束力。而在五年后的成宗十四年（1478）发生了一起案件，全罗道漕船千户河习、领船金允和等二十一人漕船回泊而误期，他们因害怕被问罪而诈称路遇倭贼。朝廷对能否适用《大明律》“造妖书妖言”条展开了辩论：

> 郑昌孙、沈浍、尹弼商、卢思慎议：“河习等罪状，今比造妖书、妖言律，然《解颐》云：‘妖书者，谓妖异非常之书也，妖言者，欺罔奸邪之言也。若以谶纬、妖书、妖言，预占国家兴废及传用惑众者，皆斩。’以此观之，则河习等之罪，当以妄言、诈伪论之，似不可以妖书、妖言罪之，改律为便……”①

郑昌孙等朝中大臣对本案可否适用“造妖书妖言”条的规定提出了质疑，其依据便是《律学解颐》中对“妖书”和“妖言”等法律概念的解释。大臣们通过援引《律学解颐》做出了类似释法的说明，认为本案的情形与“造妖书妖言”条的法定情形不符，应该以“妄言、诈伪”等罪名对犯人加以处罚。

《律解辩疑》作为明人撰写的律文注解类著作，在朝鲜同样得到了重视和应用。如朝鲜对死囚禁刑之日的规定便完全照搬了《律解辨疑》的解释：

> 下书诸道观察使曰：“《律解辨疑》死囚覆奏待报注云：‘其大祭祀、其致斋、朔望、上下弦、二十四气、夜未明、雨未晴、十直日、禁屠月，不得行刑。’②《大典》云：‘凡用刑，皆用《大明律》。’则凡死囚行刑，当依《律解辨疑》施行，虑有官吏不审律文，以《大典》内无举论死囚，辄于禁刑日行刑，今后审考律文，施行。”③

---

① 《朝鲜王朝实录》，成宗实录卷157，14年8月10日。

② 《律解辨疑》，刑律，断狱，死囚覆奏待报，“议曰”部分。

③ 《朝鲜王朝实录》，成宗实录卷18，3年5月27日。

《律解辨疑》一书中的详尽解释弥补了《大明律》的未尽说明。正如上文国王对各道观察使的教旨中所言，官府为严格贯彻执行禁刑之日，《律解辨疑》对禁刑之日的解释直接纳入了本国编纂的《经国大典》正文之中。① 可见即使是朝鲜本国的法典，其中的许多规定也是直接采集自中国的法制资料。

又如在成宗二十一年（1472）发生的私奴万山与私奴性仇之二人的斗殴杀人案中，众臣朝议时便引用了《律解辨疑》中关于“斗殴及故杀人”的解释：

> 左承旨金应箕将刑曹启本启：“顺天居私奴万山，以私奴性仇之所骑马踏损其田，与之相诘，性仇之以两膝压触万山胸膛，万山拔所佩刀，刺性仇之腹肚杀害罪，律该斗殴故杀人斩待时。”上顾问左右。大司宪李世佐对曰：“刺杀明矣。但其初心非欲杀之也。”……李克均、柳轾、郑崇祖、金自贞、权侹议：“臣等谨按《律解辨疑》：‘斗殴者原无杀心，因相殴杀人者绞，以刃相殴而用刀，即有害心，又非因斗争无事而杀，是名故杀，虽因事而用兵刃杀者，与故杀同。’② 今万山虽初无杀心，又因殴斗，然至用金刃，加之致命之处，即有害心，未免故杀，律当处斩。”③

《律解辨疑》对斗殴致人死亡的情形的详尽解释，使得本案当事者万山在斗殴时致使被害人性仇之死亡的情形被定性为故意杀人（“故杀”）。而万山犯罪时恰好是在大赦之前，因而免于一死。从中可知，《律解辨疑》等明人撰写的注解类著作在朝鲜被当作《大明律》的司法解释一般而具有释法的功能，其本身也具有一定的法律效力。

《律条疏议》《律条疏议》是明人张楷于明天顺五年（1461）编写的明律注解书，现存版本是明嘉靖二十三年（1544）的重刊本。《律条疏议》于成宗十一年（1480）年传入朝鲜，由从北京返回朝鲜的奏闻使鱼

---

① 《经国大典》，刑典，禁刑日。

② 《律解辨疑》，刑律，人命，斗殴及故杀人，“解曰”部分。

③ 《朝鲜王朝实录》，成宗实录卷 277，24 年 5 月 3 日。

世谦所献出。[①] 两年后，国王传旨中央各衙门，要求日后照律时须同时参考《律条疏议》。[②] 成宗十五年（1484）的金崇汉强占田宅一案，便援引了《律条疏议》中的条目：

> 先是行护军金崇汉欲买邻居私奴家，其奴卖与他人，崇汉疾之，撤其瓦，断其椽，又掘其檐下为水田种芹，司谏院鞫之。至是，谏院启曰："崇汉以强凌弱，残暴莫甚，以侵占律，照得未便。请依《律条疏议》强占人田宅条论断。"命领敦宁以上议之。郑昌孙议："金崇汉之罪，若坐以侵占律，则过轻，若坐以强占人田宅，则过重。以不应为事理重论断。"韩明浍、洪应议："金崇汉罪，照以《疏议》过重，依本律科罪。"沈浍、李克培、尹壕议："金崇汉不畏邦宪，侵占民家，以至断椽撤瓦，固宜重论。然有正律，何用《疏议》？"卢思慎议："律云：'侵占人田宅者，渐次侵占之谓也；强占人田宅者，以威力尽夺之谓也。'金崇汉之罪，断以强占，则似乎过重；以侵占律罪之，则似乎过轻。于本律，加等何如？"御书曰："崇汉不畏邦宪，陵人之弱，断椽撤瓦，虽断以强占，无暧昧然。依领议政议，施行。"[③]

本案中，金崇汉的邻右是一私奴，该名私奴拥有房产。金崇汉想要购买该私奴的房产，但该奴却将房产卖给了别人。金崇汉出于愤恨而对该奴的房屋和周边进行了破坏。金崇汉的犯罪事实到底应适用哪一法条，众臣展开了激烈的争论。与这一犯罪情形相关的法条一是《大明律》的"侵占"条，二是《律条疏议》的"强占人田宅"条，三是对前两者的折中，即以"不应为"罪中的"事理重者"加以论断。[④] 也就是说，当事人金崇汉的犯罪行为构成了法条上的竞合。这里共有三处争论的焦点。一是相

---

① 《朝鲜王朝实录》，成宗实录卷 116，11 年 4 月 12 日，"奏闻使鱼世谦，回自京师，进《文翰类选》《五伦书》《律条疏议》《国子通志》、赵孟頫书簇四轴，命赐毛马妆"。

② 《朝鲜王朝实录》，成宗实录卷 138，13 年 2 月 29 日，"传旨刑曹、兵曹、司宪府、司谏院、义禁府、汉城府、宗簿寺曰：'今后凡照律时，并用《律条疏议》。'"

③ 《朝鲜王朝实录》，成宗实录卷 169，15 年 8 月 5 日。

④ 《律条疏议》，盗卖田宅，"问曰：'上言田宅，皆有等第，侵占者，罪止杖八十徒二年。此言强占官民山场等项，皆不分多少，何也？'答曰：'上文俱无强字，故罪轻，此言强占，故罪重。一以禁强暴之心，一以情重乎物，故也。'"。

对于犯罪事实而言，量刑时的刑量适中与否（过轻或过重的问题）；二是正律《大明律》与作为其“疏议”的《律条疏议》间的优先适用问题；三是对“强占”和“侵占”两种法律行为的区分问题。最后经过国王的裁决，认为其犯罪行为可认定为强占而不是侵占，应依照大臣郑昌孙的见解而在量刑上采取折中的方法，以“不应为事理重论断”。① 也就是说，当犯罪行为产生法条竞合时，朝鲜官府采取了“二罪俱发从重论”，在拟定罪名时认定其行为属于“强占”，但在最终量刑时却适用了“侵占”罪和“强占”罪以外的“不应为”罪中对“事理重者”的刑量，从而对法条竞合时的刑量加以折中，因而对犯人金崇汉处以杖八十的刑罚。

又如在燕山君二年（1496），国王燕山君想给作为自己生母的废妃尹氏立庙，但却有违先王成宗的遗教，这时便有大臣举出《律条疏议》的观点，来证明亲子当政后为生母立庙的合理性：

> 领事慎承善曰：“臣以病不与议。然近观《律条疏议》，妇人夫在被出者，其子为官者，得与子之官品同，为母子无绝道故也。以此观之，今之立庙，未为失也。”②

也就是说，虽然妇人因遭受丈夫的离弃而不再与之存在婚姻关系，但母子间天然的血缘关系永远不会断绝，所以在妇人的亲子为官后，被出妇女可得享和儿子相同的官品。大臣通过这一观点为燕山君的生母正名，从而使得废妃尹氏在其儿子当政期间为其建造新庙十余间并得受祭享。又如在燕山君九年（1503）朝廷对“金奉山强盗案”如何定性的讨论中，也引用了《律条疏议》的法律解释：

> 刑曹启：“金奉山强盗，三覆，下议政府议之。成俊议：‘金奉山所夺赃物不多，姓名接处亦不讳，似非真强盗。且凡盗人财物者，或元有盗心，或临财生心。无乃初无盗心，而直言姓名接处乎？迹其

① 《大明律》，刑律，杂律，不应为：“凡不应得为而为之者，笞四十；事理重者，杖八十。”

② 《朝鲜王朝实录》，燕山君日记卷18，2年10月2日。

所为，不得不以强盗论。’李克均、柳洵议：‘《律条疏议》云：“强盗或明火、持杖，攻劫居民；或啸聚拥兵，掠夺商贾，其状非一。”奉山等虽非啸聚拥兵，而掠夺商贾，即强盗也。但末山迷弱易制，不即灭口，似为可疑，减死何如？’”传曰：“特减死。”①

本案中，对犯人金奉山的犯罪行为如何定性存在争论。《律条疏议》对强盗各种类型的列举中明确载明了“掠夺商贾”的情形，使得本案可毫无疑问地定性为强盗案。

上面所论述的这些法律典籍均作为非正式法源在朝鲜时期被参考，但这就会出现一个问题，即这些非正式法源的法律解释间若是存在相互矛盾或冲突之处，朝鲜官府应如何适用或取舍的问题。这一情形的典型案例就是发生在燕山君二年（1496）李守长与其堂妹通奸案：

刑曹启：“晋州接李守长奸同姓从妹。……刑律文各异，请禀。”传曰：“《辨疑》、《解颐》、《疏议》等律，果有相违。如此死罪重事，予不能独断。其议于曾经政丞及政府、六曹。”②

本案刑曹的奏议中就提到了多重法源，有《大明律》《律解辨疑》《律学解颐》《律条疏议》等，可见朝鲜在法律适用时法源的多重性和复合性。因此，刑曹在考察这些典籍的规定后，发现了“刑律文各异”的情况。我们将上述法源中关于奸从父姊妹的规定列举如下。《大明律》规定：“若奸从祖母姑、从祖伯叔母姑、从父姊妹、母之姊妹及兄弟妻、兄弟子妻者，各绞；强者，斩。”③《律解辨疑》则认为：“从父姊妹，谓之堂姊妹。”④《律学解颐》解释为：“从父姐妹者，谓父之堂姊妹也。”⑤《律条疏议》认为：“从父之姊妹，即已之堂姊妹。”⑥

---

① 《朝鲜王朝实录》，燕山君日记卷50，9年6月18日。
② 《朝鲜王朝实录》，燕山君日记卷20，2年12月7日。
③ 《大明律》，刑律，犯奸，亲属相奸。
④ 《律学辨疑》，刑律，犯奸，亲属相奸，“议曰”部分。
⑤ 《律条解颐》，亲属相奸，“解曰”部分。
⑥ 《律条疏议》，亲属相奸。

通过考察上述法源后发现，只有《律学解颐》与其他典籍的解释不一致。其他典籍都将“从父姊妹”解释为从父所出的姊妹，即自己的堂姊妹，而只有《律学解颐》将“从父姊妹”认定为从父的姊妹，即父亲的堂姊妹、自己的堂姑。其他法源均认为与自己的堂姊妹通奸应处以绞刑，只有《律学解颐》将这一情形的处罚解读为杖一百徒三年，其刑量与同母异父姊妹通奸的情形相同。这就使得朝鲜在适用《大明律》时，对其正文中规定的亲属关系及对应的刑罚无法准确地释读。由于《大明律》字面规定的简洁和不严谨，所以使得明律的各注解类著述中出现的解释并不完全一致。众臣在讨论后认为：

> 卢思慎、鱼世谦、郑文炯、韩致亨、成俊议：“……然律文奸尊属，皆称‘伯叔母姑’，如此则父之姊妹，于己宜称伯叔母，不应曰‘姊妹’也。是《解颐》之所谓‘父之堂姊妹’者，误也。安可以一《解颐》之误，疑其异也?”李克墩、尹孝孙议：“……以情法言之，奸罪轻重，由亲至疏而渐轻。若父之堂姊妹则绞，己之堂姊妹，则不处死，可乎? 况《疏议》《唐律》皆谓己之堂姊妹。……《解颐》非官府所定，乃一人私撰也，不可引以为据。”李世佐、申浚、卢公弼、许琛、安琛、李淑瑊、金敬祖、曹淑沂、李荪、成世明、李堪议：“谨按，《礼》云大功，九月。其正服为从父兄弟姊妹，谓伯叔父之子也。观此则律所谓从父姊妹，乃己之堂姊妹明矣。《律条疏议》之说为是，而《解颐》之说恐无所据。”赵益贞议：“今观刑曹所论李守长之罪，与律互相抵牾，莫适所从，正是疑狱。谨按，《书》曰：‘罪疑惟轻。’”从益贞议。
>
> 议臣等佥启：“今日佥议之意，只在律文姊妹分辨之事，非议守长之罪也，而从益贞之议。益贞之议但云‘罪疑惟轻’与收议之意相反。律文未莹处，必须商议归一，以为万世之典。今若从益贞之议，则后或有奸堂姊妹者，亦难定罪，请归一定法，然后观其人之罪情，若可疑则轻之可也。”传曰：“《辨疑》以为死罪，而予意其太重，故从益贞议。今闻卿等之言，甚是。”遂从思慎等议。[①]

① 《朝鲜王朝实录》，燕山君日记卷20，2年12月19日。

从上文看出以下几点。第一，朝臣举出《大明律》对父之姊妹（包括祖父之姊妹）均称为“姑”，而非称作“姊妹”，从明律的文字习惯上对《律学解颐》的说法提出异议。第二，朝臣在法律解释上使用类推的方法，认为即使认可《律学解颐》将“从父姊妹”解释为从父之姊妹（即父亲的堂姊妹）的解释，那么根据“奸罪轻重，由亲至疏而渐轻”的法律原则，既然与父亲的堂姊妹通奸都要处以绞刑，那么与自己的堂姊妹通奸也理所当然判处绞刑以上的刑罚。第三，众臣认为《律学解颐》为明人私撰的著述，并非官方所颁行，所以其效力理应居于《大明律》的正式条文之下，只能对正文起到解释说明的作用，而不得与律文相抵触。事实上通过本案也可以发现，朝鲜援引的众多法源中只要存在一种与其他法源的解释不一致的情形，就会在当时的朝野中引起较大的混乱，并造成“互相抵牾，莫适所从”的困境，因而能反证出《律学解颐》等私撰的注解类著述本身具有说服力和约束力。第四，朝臣在此援引了《唐律疏议》的解释，可见当时的朝鲜对如何适用明律存在疑问时，以唐律为代表的中国历代法典起到了释法的作用。第五，当明律及其注解类著作存在相互抵牾的情形时，众臣会上溯中国古代经义，以正本清源。朝臣在此援引了《礼记》中对五服的规定，认为从父所出的兄弟姊妹的服制为大功，据此来推定律文中的“从父姊妹”为从父所出的姊妹（即本人之堂姊妹）无疑。第六，朝臣赵益贞认为，在各种法律解释互有冲突的情况下，本案可认定为“疑狱”，他因此援引《尚书》中“罪疑惟轻”（疑罪从轻）的原则，认为法律适用存在争议的情况下应从轻判决，最终得到了国王的准允。仅仅在本案的处理中，群臣便援引了《礼记》《尚书》等“五经”中的二经，可见当时的经史皆法。甚至在作为“时王之制”的明律条文存在争议的情况下，“五经”作为最高级别的法律形式出现而一锤定音，其可以用来解释作为当时现行法的《大明律》，可见“五经”在朝鲜王朝的地位近于自然法。

对于国王的这一判决，众臣又提出了佥议。他们在认可国王判决的同时，表示对律文的辨析应与本案的判决分开加以讨论。众臣认为律文不明之处应“商议归一，以为万世之典”，以便于日后的法律适用，而在遇到具体的个案时可根据案情酌情从轻发落，得到了国王的准允。本案中众臣在《大明律》正文的含义并不明确且各种注解书的相关解释互不一致时，通过援引多种法源加以勘误，整个论证过程的论据非常充分，体现出高度的理性思辨精神，其对法律的解释和推理过程丝毫不亚于当代，充分体现出中华法系高度的理性内核。

第四节 《经国大典》的诞生

我国很早就发展出了以律令格式为基本表现形式的法律体系，这种律令并行的法律体系对周边各国产生了广泛而深远的影响，成为中华法系各国所共有的基本特征。《唐六典》曰："律以正刑定罪，令以设范立制，格以禁违止邪，式以轨物程事。"① 可见"律""令""格""式"各自有其不同的职能，若把"律""令"比作根本大法，那么"格""式"便是其补充法规。"律"相当于今日的刑法，而"令"相当于广义的行政法。"令"以教之于先，"律"以齐之于后，独立的刑法系统和独立的行政法系统、刑法与行政法分立互补的格局构建了东亚地区绚烂的制度文明。

"令"可防其未然，"律"可惩其已然，两者互为表里，缺一不可。如《高丽史》刑法志中所言："刑以惩其已然，法而防其未然。惩其已然，而使人知畏，不若防其未然，而使人知避也。然非刑则法无而行，此先王所以并用而不能偏废者也。"② 又如朝鲜王朝开国功臣郑道传在《朝鲜经国典》中所言："圣人之制刑也，非欲恃此以为治，唯以辅治而耳。"③ 从中可知，在古代朝鲜半岛，"令"为阳而"律"为阴，"令"相对于"律"来说，占据着优先的位置。而朝鲜虽于刑法上可直接参照中国制度，但在行政体制和官僚体系等本国的国家制度方面则无法完全照搬中国，因此非量身定做合乎本国国情的典章制度不可。因而比起刑法来，编纂本国的行政法典就成了朝鲜开国之初的当务之急。朝鲜王朝历时五百余年，于"律"，则继受《大明律》作为朝鲜刑法的一般法，与国情不合而需变通之处则于本国法典特别规定之；于"令"，则是编纂《经国大典》《续大典》等本国法典，以构建朝鲜本国的典章制度。朝鲜王朝法律

---

① 《唐六典》卷6。

② 《高丽史》，刑法志，序文。

③ 《三峯集》卷7，朝鲜经国典，治典总序。

体系的基本特征可总结为“典律并行”（或“律令并行”）的体制，朝鲜的“典”大致与我国历史上的“会典”内容相当，可权且理解成会典。下面就让我们来回顾朝鲜《经国大典》的诞生历程。

“自古国家之始，必有一代之典章”①，在朝鲜开国不久的太祖三年（1394）三月，郑道传便编写了朝鲜王朝最早的法典——《朝鲜经国典》。《朝鲜经国典》依照《周礼》天、地、春、夏、秋、冬的体例分为治、赋、礼、政、宪、工六典。因为《朝鲜经国典》的具体内容已不可考，当时朝鲜王朝立国仅有几年，因而郑道传在编纂《朝鲜经国典》时主要参照高丽时期法令的可能性较大。朝鲜其后在太祖李成桂的命令下，设置了“检详条例司”以着手编纂法典，于太祖六年（1397）十二月创制了最初的《经济六典》。《经济六典》是朝鲜王朝最早的统一成文法典，分为吏、户、礼、兵、刑、工六典。但因为《经济六典》收录的主要是之前颁布的各类单行法令，且法典中夹杂着许多的朝鲜方言和吏读，所以看似不够成熟和规范。所以到了定宗元年（1399）的十一月，为完善《经济六典》的不足，朝鲜又临时设置了“条例详定都监”，后又在太宗七年（1407）八月设置“续六典修撰所”，命令将方言和吏读的部分加以修订，以成为完善的法条。太宗十三年（1413），朝鲜终于完成了《经济六典元典》（简称《元典》）和《经济六典续典》（简称《续典》）的编纂工作，并将之颁布施行。

但《元典》与《续典》之间，以及和新颁布的法令间还存在不少矛盾之处，因此太宗十五年（1415）时，国王又要求以《经济六典元典》为本位，将与元典冲突的部分删除，并规定以在元典后追加小注的形式修订，从而确立了“尊重元典”和“祖宗成宪”的立法原则。后又在世宗四年（1422）临时设置了“六典修撰色②”，以对《经济六典续典》加以增修，并于世宗八年（1426）十二月完成了《新续六典》六册和誊录一册，于世宗十五年（1433）完成了《新撰经济续六典》。然而上述各法典现都已佚失，其中的具体内容已不可考。在增修《经济六典续典》时，朝鲜王朝确立了另一重要的立法原则，即将“经久之法”收录于“典”

① 《三峯集》卷14，附录，教告文。

② 色：吏读，朝鲜语“빗”，多指衙门中的一个部门。

（相当于“律令”），而将临时施行的“权宜之法”收录于“录”（相当于“格式”），“典”和“录”的分离和互补成为朝鲜王朝五百年的基本立法准则。

世祖即位后，放弃了不断增补“续典”的法典编纂方式，决定将《元典》《续典》和新颁布的法令结合成一部统一的、可以传之万世的根本大法。因而，世祖大王设置了“六典详定所”，开始了对法典的编修工作。朝鲜在世祖六年（1460）完成了“户典”的编纂，于世祖七年（1461）完成了“刑典”的编纂，并将二者颁布施行。世祖十二年（1466），其余的四典也最终编纂完成，计划于世祖十四年（1468）正式颁布施行，但由于世祖的突然离世而推迟。睿宗大王即位后，《经国大典》于睿宗二年（1470）元月一日正式在朝鲜颁行，后历经三次校订，其最终版本在成宗十六年（1485）正式施行，这就是今天我们看到的《经国大典》，而前三个版本均已失传。

《经国大典》作为朝鲜半岛现存最早的综合性法典，在朝鲜法制史上具有里程碑式的意义。而先前所编纂的法典和《经国大典》的前三个版本之所以失传，很可能是由于朝鲜王朝在颁布新的法典后就将原来的版本回收和销毁，以免当时的官吏使用旧法。《经国大典》作为朝鲜王朝的根本大法，在其最终颁行时距离朝鲜立国有九十余年之久。也就是说，直到成宗年间，朝鲜的法制才逐渐趋于完备，在朝鲜各衙门所得到的国王教旨中，相互矛盾或重复的内容也越来越多，编写一部统一的综合性法典成了朝鲜的当务之急。

法典的条文多源自朝鲜各代国王的王命，国王的命令又可分为“教旨”和“判旨”。教旨指的是国王自行颁布的王命，而判旨则是朝鲜各司（六曹）等衙门针对具体问题奏请国王后，国王对相应问题做出的“裁可”。以各衙门的立场来看，国王的教旨可称作“受教”，而国王的裁决可称为“受判”，两者统称为“受教”。受教日积月累成法律条文后，称为“条例”（也称“条令”“条件”等），各官衙在加注年月日后将之编纂成册，称之为“誊录”。

然而，各衙门累积的誊录中矛盾或重复的内容必然会逐渐增多，其中有些规定是可以永久施行的，而有些规定仅出于一时之用，因而就有编纂一部统一法典的必要了。《经国大典》的编纂也大多是对各衙门辑录受教的整理和删定罢了。各衙门累积的受教可分为“经久之法”和“权宜之法”，将可以永久施行的“经久之法”以六曹为单位分类整理后编成“大典”，而权宜之法则单独整理后辑录成受教“辑录”或“续录”，这就是朝鲜时期立法的主要流程。

《经国大典》的体例与《大明律》相同，分为吏、户、礼、兵、刑、工六典。

“吏典”分为内命妇、外命妇、京官职、奉朝贺、内侍府、杂职、外官职、土官职、京衙前、取才、荐举、诸科、除授、限品叙用、告身、政案、解由、褒贬、考课、禄牌、差定、递儿、老人职、追赠、赠谥、给假、改名、相避、乡吏 29 项。[①]

“户典”分为经费、户籍、量田、籍田、禄科、诸田、田宅、给造家地、务农、蚕室、军资仓、常平仓[②]、会计、支供、解由、兵船载粮、鱼盐、外官供给、收税、漕转、税贡、杂税、国币、奖劝、备荒、买卖限、征债、进献、徭赋、杂令 30 项。

“礼典”分为诸科、仪章、生徒、五服、仪注、宴享、朝仪、事大、待使客、祭礼、奉审、致祭、陈弊、奉祀、给假、立后、婚嫁、丧葬、取才、玺宝、用印、依牒、藏文书、奖劝、颁冰、惠恤、雅俗乐、选上、度僧、寺社、参谒、京外官迎送、京外官相见、京外官会坐、请台、杂令、用文字式 37 项。

“兵典”分为京官职、杂职、外官职、土官职、京衙前、伴倘、外衙前、军官、驿马、草料、试取、番次都目、军士给仕、诸道兵船、武科、告身、褒贬、入直、掷奸、行巡、启省记、门开闭、侍卫、迭鼓、迭钟、符信、教阅、属卫、名簿、番上、留防、给保、成籍、复户、免役、给假、救恤、城堡、救恤、军器、兵船、烽燧、厩牧、积刍、护船、迎送、路引、改火、禁火、杂类、用刑 51 项。[③]

“刑典”分为用律、决狱日限、囚禁、推断、禁刑日、滥刑、伪造、恤囚、逃亡、才白丁团聚、捕盗、赃盗、元恶乡吏、银钱代用、罪犯准

---

① 《续大典》吏典中新增“署经”“杂令”两项。

② 《续大典》户典中将“军资仓”“常平仓”合为“仓库”一项。

③ 《续大典》兵典中新增“军士还属”“驿路”“杂令”三项。

计、告尊长、禁制、诉冤、停讼、贱妾、贱妻妾子女、公奴婢[①]、私贱、贱娶婢产、阙内各差备、跟随、诸司差备奴跟随奴定额、外奴婢、奴婢决讼定限[②] 29 项。[③]

工典分为桥路、营缮、度量衡、院宇、舟车、栽植、铁场、柴场、宝物、京役吏、杂令、工匠、京工匠、外工匠 14 项。

吏典主要规定了朝鲜的官制等中央和地方的各级行政组织，主要包括王室、中央官府、地方官府等行政组织的设置以及官吏的任免与考核等规定。朝鲜时期的官制大致分为文官和武官两类，文官的官制在吏典中规定，而武官的官制则在兵典中规定。《经国大典》官制的特点是官位与官职相分离、京官和外官相区分，并另行规定了平安道和咸镜道等北部地区设置的土官职（类似于土司）。除内外命妇外，所有官吏原则上均由男子担任。

户典规定了与经济和财政有关的事项，包括户籍、土地、税务、俸禄、通货、债务等相关制度，以及商业、杂业、仓廪、漕运、渔场、盐场等相关事项，并对土地、房屋、奴婢和牛马的买卖和登记（立案）、债务和利率有着详细的规定。各级衙门财政经费的管理也在户典中明文规定，户典的首句便是“凡经费，用横看及贡案”[④]。“横看”指的是官府支出的明细，而“贡案”则是官府收入的明细，明确规定了国家机关的收支。户籍作为朝鲜王朝管理土地和百姓等国家资源的基础资料，须每三年调查一次，及时把握户口变动的信息。而官府通过“量案”及时掌握朝鲜境内的土地信息。朝鲜时期的土地每二十年测量一次，量案成籍后分为五份，其中户曹、土地所在的道、邑[⑤]各保管一份。[⑥] 量案明确记录了土地的编号、等数[⑦]、状态、面积、长度、四标[⑧]以及土地所有者的名字等信

① 《续大典》刑典中将“公奴婢”项改为“公贱”项。

② 《大典通编》刑典中革除“奴婢决讼定限”项。

③ 《续大典》刑典中新增“杀狱”“检验”“奸犯”“赦令”“赎良”“补充队”“听理”“文记”“杂令”“笞杖徒流赎木”“决讼该用纸”等十一项。

④ 《经国大典》，户典，经费。

⑤ 道以下的行政单位，如郡、州、县在朝鲜时期都称作邑。

⑥ 《经国大典》，户典，量田。

⑦ 朝鲜将土地分为六等，分别是一等田到六等田。（《经国大典》，户典，量田）

⑧ 四标标明四方的境界。

息。除法律明文规定严禁开垦的山林和川泽外，任何个人都有对山林川泽占有、使用和取得收益的权利。田地和房屋等有关土地的所有权发生纠纷时，其诉讼时限为五年。

“礼典”规定了朝鲜的文教和外交等事项，包括文科和杂科的科举，外交、官吏的仪章、祭礼、丧葬、墓地、官印等，以及丧服、奉祀、立后与婚姻等家族法规，另外附有25种常用的公文格式。如在外交方面就详细规定了大明使臣到来时的各类礼仪，包括入境时所派的远接使、中途迎接的宣慰使，迎入汉城慕华馆后王世子及百官的拜礼[①]，以及为大明使臣举办的各类宴会[②]等，在“礼典”中均有详细的规定。

“兵典”规定了朝鲜的军事法制，包括武官官制、武举、训练、邮驿、城堡、烽燧等。朝鲜在中央设有作为总司令部的五卫都总府，在各道设置兵马节度使和水军节度使，节度使一般由各道的观察使兼任。在节度使之下设有节制使、佥节制使、同佥节制使、万户都慰等陆上和水上的军事官职。朝鲜时期的所有良人男子都有服军役（兵役）的义务，朝廷为把握服军役的人数而规定军籍簿须每六年更新一次，军役可通过交纳米布等军役税的形式替代。朝鲜在交通管理方面仿照我国施行驿递制度，每隔30里设置驿站一处，驿站有驿馆、驿马和驿田等，在边境设立烽火制度，国都汉城的宫城和都城施行严格的宵禁制度。

“刑典”规定了朝鲜的刑事法规和奴婢制度。户典的首句便开宗明义规定了“用《大明律》”，从而将《大明律》确定为朝鲜的一般刑法，刑典中的其他内容则作为朝鲜刑法的特别法规定之，包括诉讼的程序法、刑具的使用、公私奴婢等各类考虑朝鲜国情而作的规定。

“工典”规定了朝鲜的道路、桥梁、度量衡、铁场、工匠等。其规定朝鲜都城内的道路分为大、中、小三等，外方的道路每隔十里设一小堠，每隔三十里设一大堠，类似今天的公路里程碑。工典还规定了宫阙和各级官衙建筑的检修、下川与海岸渡船的修缮、度量衡标准等。

《经国大典》颁行后，朝鲜的立法进程仍未停止。朝鲜于成宗二十三年（1492），将《经国大典》之后新颁行的法令汇编为《大典续录》，又

---

① 《经国大典》，礼典，朝仪。

② 《经国大典》，礼典，待使客。

在中宗三十八年（1543）将《大典续录》之后颁布的法令汇编为《大典后续录》。明宗十年（1555），官方对《经国大典》条文中难解的概念和条文加以注释，编成了《经国大典注解》。肃宗二十四年（1698），对《大典后续录》之后颁布的法令汇编为《受教辑录》。英祖十六年（1740），对《受教辑录》后颁布的法令汇编为《新补受教辑录》。这些“辑录”和“续录”与《经国大典》一道，是朝鲜当时的现行法律。

然而，因“辑录”和“续录”等已历时几百年，有许多矛盾之处，有些在后来早已失效，所以容易引起适用法律时的混乱。因此，在英祖即位后，决定将这些“续录”和“辑录”中仍然存在法律效力的条文编纂成一般永久性的法典，名为《续大典》。《续大典》在英祖十六年（1740）开始着手编纂，并在英祖二十年（1744）设置“纂辑厅”，任命堂上和郎厅等官员加以编纂，最终于英祖二十二年（1746）完成并颁行。《续大典》对《经国大典》213 项中的 137 项予以增补和修订，并在“户典”“刑典”中新增了 18 项规定，成为在《经国大典》颁行 260 余年后朝鲜王朝的第二部综合法典。

正祖大王在位时又将《经国大典》《续大典》和其后颁行的法令统合，正祖十年（1786）一月最终完成了《大典通编》并颁行，是朝鲜王朝的第三部综合法典。《大典通编》的各条文按《经国大典》《续大典》以及其后颁行法令的顺序排列，在《经国大典》各条文前加注“原”字、在《续大典》各条文前加注“续”字、在《大典通编》新增补的条文前加注“增”字以示区别。出于尊重祖宗成宪的原则，对《经国大典》和《续大典》中实际上已废止不用的条文也照常收录。《大典通编》共增加吏典 212 条、户典 73 条、礼典 101 条、兵典 265 条、刑典 60 条、工典 12 条共计 723 项条文。《大典通编》的颁行意味着在《经国大典》颁行的 300 年后，朝鲜再次将法典统一起来，成为从 18 世纪末到朝鲜王朝灭亡时朝鲜半岛的通用法典。19 世纪的朝鲜对《大典通编》以后颁行的法令追加进《大典通编》中，在高宗二年（1865）九月颁行了《大典会通》。《大典会通》是朝鲜王朝最后颁行的统一法典，其仅对《大典通编》略有增补而已。

除了上述正式颁行的“典”“录”之外，官方还编纂了一些“便览”，如肃宗三十二年（1706）年的《典录通考》，英祖十六年（1740）

的《增补典录通考》，正祖十年（1786）的《典律通补》，正祖二十年（1796）的《百宪总要》，纯祖八年（1808）的《万机要览》，以及高宗四年（1867）模仿我国会典体例编成，并收录朝鲜各类行政法规的《六典条例》等。

第五节　《大典续录》与《大典后续录》

《经国大典》颁行后，朝鲜又于成宗二十三年（1492）颁行了《大典续录》（下文简称《续录》），于中宗三十八年（1543）颁行了《大典后续录》（下文简称《后续录》），它们都是在《经国大典》的基础上编纂并附属于《经国大典》的法规。下面让我们看这两部法典的立法经过。

"大典则只录其纲领，而前后续录颇详耳。"[①]《经国大典》作为宪章性的法典，其规定多是纲领性的、原则性的，而具体的实施细则多出现在《续录》和《后续录》之中。对《续录》和《后续录》的性质及在朝鲜王朝的法律体系中的位置，一般有两种看法。第一种看法将《续录》和《后续录》归为"录"，或"誊录"一类的资料；而另一种看法则认为《续录》和《后续录》如同《经国大典》一般，是需要永久施行的，因而不同于一般的"录"，而应视为"典"。两种说法都有一定的道理。

"续录"本身是将国王颁行的受教中可以长久施行的内容选出后汇编而成的。随着时间的推移和受教累积增多，各受教间相互抵牾之处也多了起来，因而需要将其中不合时宜或相互矛盾之处删定，并将可以长期奉行的受教进一步明确其法律效力。因此，编纂"续录"的必要性就凸显了出来，而续录本身随着时代的变化也需要不断地增补和修订。正如《大典续录》的序文中所言：

> 夫创业之主，立经陈纪，勒成一王之典，若法久弊生，当损益之时，而徒守旧章，不能变通，则胶柱鼓瑟，何足尚哉？……若曰我世祖大王，受命中兴，留心制作，斟酌元·续典 以成大典，第缘时异事殊，近来新科别条，或相抵牾，官吏眩于奉行，其取大典后教令可

① 《朝鲜王朝实录》，显宗实录卷9，5年11月3日。

为恒法者纂集以进。①

从这一序言中，我们可知朝鲜编纂续录的目的和初衷。首先，其是为了弥补或变通《经国大典》中的不足，因而并不“徒守旧章”，而是对《经国大典》有所损益。其次，是为了整理近来颁行的各类受教，因为这些“新科别条”间不乏相互冲突之处，造成官吏们法律执行的困难，因此将其中可以长期奉行的法令（“恒法”）加以汇编，并明确其法律地位。由此可见“续录”与“大典”的区别。《经国大典》在朝鲜王朝是永世不变的根本大法，而续录作为大典的实施细则，需要根据时宜的变化而不断加以修订和完善。续录的这一性质在其编纂过程中体现得十分鲜明。

表面来看，《大典续录》是于成宗二十二年（1491）时，将成宗十六年（1485）最终版本的《经国大典》（即“乙巳大典”）以后六七年间的受教中可以永久施行的教旨选出后整理而成，但若仔细地分析，就会发现事实并非如此简单。因为从《大典续录》中不难发现“乙巳大典”之前颁行的受教，这些受教为何未被收录入修订后的《经国大典》中，而存于《大典续录》中呢？这是因为在《大典续录》之前就曾有续录的存在，《大典续录》仅是对之前续录的增补。成宗五年（1474）时，“改撰《经国大典》，颁于中外，其不录《大典》者，名为《续录》，共七十二条，并颁之”②。依时间推算，这里所说的《经国大典》并非成宗十六年（1485）所颁行最终本的“乙巳大典”，而是于成宗五年（1474）编纂完成的“甲午大典”，而与大典一同颁行的还有大典未收录的72项规定，将这些规定单独另作“续录”后，与“甲午大典”一同颁行，这可能就是最早的《大典续录》，可称作“甲午续录”。而从成宗十六年（1485）时司谏院提出在署经时应考察官员妻子的四祖，并建议“大典未尽条件，今将添入续录”③的记载来看，“大典”和“续录”的功能原本就是分离的，续录是作为实施细则以弥补大典的未尽之处，这在最终版本的“乙巳大典”颁行前后也不例外。因此，“甲午续录”并非在整理后汇入了最

① 《大典续录》，大典续录序。

② 《朝鲜王朝实录》，成宗实录卷38，5年1月2日。

③ 《朝鲜王朝实录》，成宗实录卷38，5年1月2日。

终版本的“乙巳大典”中，《大典续录》也绝非仅仅是成宗十六年（1485）颁行“乙巳大典”后数年中可“永久施行”受教的结集。即不应以时间划分《经国大典》和《大典续录》，而应以功能和类型来划分，二者是上位法与下位法、总则与细则间的关系。由此可知，现存的成宗二十二年（1491）版的《大典续录》应源于成宗五年（1474）的“甲午续录”，并在其基础上增补修订而成。

“续录”的法律地位低于“大典”，所以续录应根据时宜及时增补和修订，并在名称上统一称作《大典续录》才是，那么又为何衍生出了《大典后续录》呢？这与当时燕山君被废和中宗反正这一政治事件有关。在燕山君被废掉国王之位和中宗大王掌权以后，中宗将燕山君一朝的政绩全都予以否定，因此其反正之后在法律方面一遵成宗时期的法令。但在中宗反正后，燕山君颁行的许多受教仍旧作为当时的现行法，如何看待和处理这一问题就变得十分棘手。

燕山君时期的法制不拘泥于“大典—续录—受教”间上位法和下位法的关系，燕山君依据政局的需要颁布了大量的受教，主要以他本人的教令来经理国政。他的这种执政方式遭到群臣的反对。大臣们对此批判道：“所谓成宪者，如大典如续录，勒成一代之典，以为子孙万世法者是也。若赐牌受教，只一时事，断不可并谓之成宪也。”① 从中可知，在当时的朝鲜群臣眼中，作为“成宪”的大典和作为“一时事”的受教具有不同的地位《经国大典》和《大典续录》是属于成宪，须长期遵守，而国王应一时之事而颁布的受教仅仅是一时之法，在法律体系中的位置绝不能与大典和续录比肩。在臣僚的意识中，《大典续录》具有与《经国大典》同等的高度，与大典同属于“成宪”而为子孙万世之法，并对于燕山君不遵守祖宗成宪而以自己颁行的教令治国的执政方式深感不满。

中宗反正后认为燕山君时期的国政“遂尽变祖宗旧典而纷乱”②，因此即位后“一应法制，并依成宗朝例”③，即重新确立《经国大典》和《大典续录》万世之法的地位，《大典续录》也因为是成宗朝的旧法而受

---

① 《朝鲜王朝实录》，燕山君日记卷12，2年1月9日。

② 《朝鲜王朝实录》，中宗实录卷1，1年9月2日。

③ 《朝鲜王朝实录》，中宗实录卷1，1年9月3日。

到极大的推崇，续录在朝鲜重新恢复了约束力。然而，由于燕山君主要以受教的形式治国理政，所以在反正后留存了大量燕山君时期的受教，这些受教仍然被沿用而成为当时的现行法，因此就有必要对其进行删改和订定。“废朝时，可行条件事，非独废朝时立法，成宗末年及即位后受教，亦多可行者，令李荪李諿，斧正入启依续录颁行。”① 国王命令依照《大典续录》的编纂体例将成宗末年、燕山君执政时期和成宗初年的受教中可以继续施行的部分整理汇编成续录。中宗八年（1513）时，受教经删订后重新颁行，这就是作为日后《大典后续录》雏形的“后续录”，因是癸酉年颁行，可称为“癸酉后续录”。《癸酉后续录》今已不传，但当时为其题写序言的文臣申用溉的文集中保留了这一“后续录”的序言：

> 噫！祖宗良法美意，半毁于废朝之乱政。自我圣上中兴，尽去其荒杂而改纪之，一遵先王旧章。然间有未尽删者，教令犹在簿案，官吏不免因循，且自续录以后，新立科条亦非一二，而前后相乖，与时异宜，奉行者伤于浩杂，眩于执守，不约而要之，难以行也。圣上惟是之虑命左赞成李荪右赞成李諿等，纂集诸条，芟其芜冗，复命三公六卿，精其取舍，一其抵牾，务令简要，悉蒙允可书进，命名《后续录》，猗乎美哉！其祖宗权损益以通世务之诚心乎！②

序文中说明了《癸酉后续录》的编纂目的，即将《大典续录》颁行后的新立科条中不合时宜的内容删繁就简，以进一步完善朝鲜的法制。正如申用溉所言：“大典之法，不宜轻改，然法者，所以济时务，当斟酌损益，与时宜之，若弊而不改，则其末流，将何以救之？”③ 他在承认《经国大典》宪章地位的同时，也认为法律应根据时代的变化而不断修订和变通，如果只是固守旧法而不能因应时代的发展，那法律就将无法满足现实的需要。那么中宗时期为何不直接对《大典续录》加以增补和修订，而是别作“后续录”呢？这是因为《大典续录》是成宗在位时颁行祖宗

---

① 《朝鲜王朝实录》，中宗实录卷7，3年11月8日。

② 《二乐亭集》卷7，后续录序。

③ 《朝鲜王朝实录》，中宗实录22，10年6月8日。

成宪，而后续录中含有大量燕山君在位时颁行的受教，如果直接将这些受教，在反正后“一应法制，并依成宗朝例”① 的中宗大王看来，将废王时期的受教追加到祖宗成宪之中，明显不符合他反正的名分，更无法体现祖宗成宪的权威性。废王的法制原则上是不可混入祖宗成宪之中的，但燕山君时期的法制作为现行法一部分的事实却无法否认，法律需要解决现实中遇到的问题，因此只能别作一部“后续录”。

《癸酉后续录》在形式上仅仅是对《大典续录》的一次补充，特别是其中包含了大量燕山君颁布的受教，因而《后续录》本身是否有存在的必要，引发了大臣们的激烈争论。当时针对《癸酉后续录》的存废问题，朝廷中的勋旧派和士林派各执一词。以台谏为中心的新兴士族们对《后续录》持批判立场。这种批判主要体现在与《经国大典》中的规定相互抵牾的《后续录》的条目应该如何处理的问题上，如对衣着违法的处理就是一例：

> 宪府又启曰：“《后续录》云：‘工商贱人，衣紬绡交绮者，以制书有违律论断。’《大典》云：‘着罗纱绫缎者，杖八十。’用乡物者，其罪反重，类此抵牾者亦多，请勿用。”②

鉴于《大明律》对制书有违律的处罚是杖一百，因而对工商贱人身着“紬绡交绮”等朝鲜所产衣物（“乡物”）的处罚（杖一百）反而比身着“罗纱绫缎”等中国所产衣物（“唐物”）的处罚（杖八十）要重，这便在情理和法理上都说不通。这种相互抵牾的情况还有很多，原因是燕山君主张严刑峻法，所以很多违法犯罪在量刑上均远远重于《经国大典》等之前颁行的法律。比如燕山君为了使“风俗丕变”而模仿我国秦代法制，“欲立夷三族之法，以为革俗之别典”，柳洵等大臣认为“夷三族之法，虽云肇自秦世，然只于李斯有夷三族之文，此外无闻焉，故后世无有明言某某族为三族。自汉后历千百世不行之法，方今圣世恐不可举行”。但燕山君却认为“此虽秦法，革俗之时，特设别典，不亦可乎?”③。从中

---

① 《朝鲜王朝实录》，中宗实录卷1，1年9月3日。
② 《朝鲜王朝实录》，中宗实录卷20，9年2月12日。
③ 《朝鲜王朝实录》，燕山君日记卷55，10年8月7日。

可见燕山君的法制思想和当政之时的刑罚均与朝鲜之前的国王有着很大不同。废除燕山君时期的恶法正是中宗反正及其执政合法性的依据之一。特别在中宗时期引起广泛争议的“全家徙边律”被收录在《癸酉后续录》之中，这一酷刑被臣僚视为废王燕山君在位时最具代表性的恶法，士林派因此主张“后续录”多承自燕山君的恶法，理应全部废止。因此司谏院上疏说：“《后续录》命署经而刊行，窃为未便。立法虽多，无益于治道，今《后续录》多有妨害处，决不可刊行。”[①] 可见司谏院对《后续录》持全盘否定的态度。但“全家徙边律”并非燕山君时才出现的，成宗朝时就已经存在。如对恶米犯禁者成宗时处以全家徙边，反而在燕山君时期在量刑上有所减轻，改为杖一百徒三年收赎，中宗二年又恢复了成宗朝时的量刑。[②] 因此燕山君不应对这一恶法承担全责。之所以把恶名全部算在燕山君头上，其实是出于当时政治的需要。当时的士林派受到儒教的深刻影响，主张构建如中国三代一般的理想政治，并模仿中国在婚礼上施行亲迎之礼等做法，主张全面革新朝鲜的制度和习俗，以达到向中国制度全盘靠拢的目的。两派的交锋源于保守主义和激进主义的价值对立，勋旧派的元老大臣对士林派相对激进的改革主张持相对保守的态度。他们认为，祖宗未曾实现之事很难在当下制定出具体的实施细则，不顾朝鲜风俗一味照搬中国制度的想法很难在朝鲜落地生根，因而勋旧派认为法律制度应该具有连续性，若高举《后续录》等先前的法制，便可以对士林派的新政加以制约。而废止《后续录》则在客观上为士林派制定新法和开创新制创造了有利的条件，若《后续录》如士林派所愿而遭到废止，那么士林派为实现至纯的儒家理想政治，即便《经国大典》也会有变动和逾越的可能了。围绕《后续录》废止与否的问题正是在立场相反的两派政治势力的交锋中展开。

但是，勋旧派也无法否定废除恶法、广施仁政的大义，因此士林派暂时占据了上风。中宗九年（1514），朝廷下令废除《后续录》，不再将其称作“续录”而只称“受教”。

台谏以《新续录》不可行，言之者久矣。其后命该曹，议可削者

① 《朝鲜王朝实录》，中宗实录卷20，9年9月29日。
② 《朝鲜王朝实录》，中宗实录卷13，6年2月25日。

削之，亦已多矣。其中又有不可行者，随请随削，今则存者，已无几矣。虽其存者亦多舛谬，又有与《大典》旧法相妨，或行或否，人莫为信，其不可为经远之典，明矣。……朝廷初意，必以为近来受教浩繁，莫适所从，若撰次续典，断为成法，则无有纷纭之弊。……今新续录之中，其未削者，不以“续录”名，不与《大典》并，只称曰受教，与今受教参用，随其弊生去之。①

从中可知，《癸酉后续录》经过删削和“随请随削”后，其中的部分条文逐渐丧失了法律效力。而台谏仍然认为《癸酉后续录》不应保有“续录”的地位，其条文只能称作“受教”。从上文可知，部分被保留的条文仍然具有现行法地位，只是以受教的名义存续罢了。而这次对《癸酉后续录》的废止是不彻底的，只是于法律体系中将其从“录”降格为“受教”而已，因而在法律实践中未能有太大的变动。士林派在己卯士祸（1519）后失势，其势力被逐出朝堂，作为保守势力的勋旧派开始把持朝政，因此《癸酉后续录》在朝鲜法律体系中的地位得到了很大恢复。中宗三十四年（1539）时，在针对李芑是否适合出任兵曹判书的问题上，对“后续录”的争议又重新展开，原因是李芑的岳父是一名“赃吏”。

上亲政于思政殿，书李芑名，下于吏曹判书柳灌等曰：“此人兵曹判书可当，故为之。”柳灌等回启曰：“李芑，多识边事，固为可当，但其妻父为赃吏。《大典》‘署经’条云：‘并考妻四祖。’此则必恐其或有庶孽而然矣。《后续录》云：‘赃吏女婿勿叙。’政府吏、兵曹等职，此法行用，故人物可当，而未曾拟望耳。妻与已敌体，若其家法不正，则不可，故并其四祖而考之，然物议以为，宰相则不可拘于此也云，《后续录》之法，亦有用者不用者。臣等每欲与朝廷议之，而未果耳。未知何以为之也。”②

《经国大典》规定，在任命官员前须考察其妻子的父亲、祖父、曾祖

① 《朝鲜王朝实录》，中宗实录卷22，10年6月8日。

② 《朝鲜王朝实录》，中宗实录卷92，34年12月20日。

父、外祖父四祖的背景后方能得到任命。而《后续录》规定了有受赃情形的官吏的女婿不得出任要职。而当事人李芑的岳父曾有过贪赃等公职犯罪记录，属于《癸酉后续录》规定中被禁止出任议政府、吏曹及兵曹要职的情形。当时的《后续录》是否具有法律效力，其中的法条是否能够直接援用，官方没有明确的定位，后续录的法条中有一直适用的，也有不再适用的，这就为当时的法制带来了混乱，因此有重新整备法制的必要。针对《后续录》的法律效力问题，当时在群臣中有两种不同的意见：

领议政尹殷辅等，同吏曹议启曰："……《后续录》所云，赃吏女婿勿授政府等显职之条，不知何所据也，此必当初，未委并考妻四祖之意，别有所在，而臆料及此，创为新条也。《后续录》所载之法，率多类此，鲜有可行。往在乙亥，谏院具由论启曰：'虽或有可行条件，请去《后续录》之号，称受教用之。'其意以为，凡受教者，例皆因事判付，用之一时，弊生乃已，故欲以《后续录》，不为定法，而有所变更也。……李芑在六卿之列，拘于法外新条，不授政曹，恐妨用人之路。"①

宪府启曰："……大抵国家立法改制，要须详密，合于人情，传之无穷，永为恒式。此承传，乃为一李芑，只授政曹之职而已，其余堂下官及后来他人，不与焉。至于李芑，只许政曹，不及他职，为一人通一曹之职，乃人君一时恩宠之私，非万世公共之法。且《后续录》赃吏女婿，勿授显职之条……恐必有其初立法本意。若考《日记》，则可知始末。知立法本意，然后明立通行之法，依《大典》署经，出牒而后施行，近日承传，请勿举行。夫法者，坚如金石，信如四时，使民耳目，习于闻见，然后知有所避，而法得行焉。夫《后续录》，如不可行，举而废之，可也；如可用也，遵而守之，亦可也。岂可人人异议，而自手涂抹，或行或否乎？此已为不可，今又为一人，而议毁之，此可谓国有成法乎？……禁制俱在《大典》，而因俗轻重，纷纭设立，民不知所守。法立不行，莫如不立。古之帝王，不能善治者，非法之不备也。当今之弊，莫甚于此。近年受教，并与

① 《朝鲜王朝实录》，中宗实录卷93，35年3月29日。

商榷，请与《后续录》可行条件，并署经出牒刊行，则犹或可救其弊也。"①

第一条记载是宰相尹殷辅等人与吏曹商议后启奏国王的上疏。他们认为，"后续录"中"赃吏女婿勿叙"的规定是针对《经国大典》"署经"条中"并考妻四祖"的臆测，属于"法外新条"，因此对其法律效力持否定立场。第二条记载是司宪府对宰相尹殷辅等人观点的批驳。司宪府认为，国家的法律应具有权威性和延续性，不可朝令夕改。《后续录》中的这一规定即使有问题，也应该通过查阅《朝鲜王朝实录》中的燕山君日记，在考察当时的立法本意后再决定法条的存废。但条文的存废需要有明确统一的说法，必须非此即彼，不可因具体的案例或个人而有所游移。司宪府还认为近年来颁行的受教应与当年《后续录》中可继续施行的法条一同删订整理，从而颁行新的"后续录"，以防止法制的模糊与混乱。

因此，现存的《大典后续录》开始了它的编纂历程，从中宗三十五年（1540）司宪府的这一提议开始，到中宗三十八年（1543）《大典后续录》的颁行为止，历经三年时间而得以完成。虽然当时大司宪林百龄建议不将其称作"后续录"而只称作"受教"，但最终因为如下的理由而延续了其"后续录"的地位。

政府议启曰："近来诸司各自受教，法条纷扰，中外用法各异，弊甚不赀。故各司所在承传受教，无遗搜聚，彼此参考，反复商榷，斟酌损益，可行者存之，可祛者删之，裒集成书，启奉圣俞，遂移两司，查勘署经，请名之曰《后续录》，至序卷编。今方印出，期在广布，而遽改《续录》之号，称为受教，则是法条始颁，而先示以不可久之意，中外官员，拟为更变，只在朝夕，莫之信也。如《大典》乃祖宗成宪所在，永世遵守，而古今异宜，犹有不可行者多矣。今此法条，虽称《续录》，后若有妨政之条，则自可废不举行，不必称为受教，而后有所更，为《后续录》称号，恐为无妨……"②

① 《朝鲜王朝实录》，中宗实录卷93，35年4月15日。
② 《朝鲜王朝实录》，中宗实录卷101，38年9月23日。

从上文可知，为了树立永久之法的权威，称“后续录”更为妥当。如果之后发现其中的部分条文已不合时宜，那么仍可加以修订完善，这并不妨碍适用“后续录”这一称谓。从这一名称可知，《大典后续录》沿用了《癸酉后续录》的名称，所以其是在中宗八年（1513）《癸酉后续录》的基础上增补删定而成的，也证明了《癸酉后续录》的部分法条在中宗三十八年（1543）《大典后续录》颁行之前一直在朝鲜适用。

“后续录”的地位经过如此反复后，在其基础上加以修订增补的余地已经不大了。因此《大典后续录》颁行后的法令在整理时不再对“后续录”进行增补，而是以另行编纂受教“辑录”的形式汇总，如日后的《受教辑录》《新补受教辑录》和《典录通考》等。

第六节 《经国大典注解》

《经国大典注解》是明宗十年（1555）朝廷对《经国大典》中难以理解或易产生歧义的内容所做的具有法律效力的有权解释，对后来朝鲜民间编纂《词讼类聚》《大典词讼类聚》《决讼类聚补》等词讼类书的影响很大。由于《经国大典》本身是在先前法典的基础上增添后来的各类教旨后汇编而成，因此其中的各类规定也有不少矛盾或冲突的地方。亦或者在制定《经国大典》时，其立法本意是明确的，但随着时代的变化，在实践过程中产生了许多歧义。由于朝鲜王朝的各代国王都将祖宗成宪视作绝对的权威，因此对之前的立法就不便做随意的修订，而出于维护法律权威和社会的安定，也出于对社会现实的回应，就有必要对《经国大典》做出法定的解释。注解《经国大典》的建议早在成宗十二年（1481）就曾经提出：

> 御经筵。讲《资治通鉴》，至“散骑常侍刘卲等，删约汉法，制新律十八篇”，侍读官金䜣启曰：“《大典》多难解处，官吏莫适所从，请加批注，令人易晓。”知事徐居正曰：“官吏眩于奉行，以我国法令不一也。闻高皇帝定律戒后世曰：‘改此者，以谋叛论。’是故，法一而民知所从。”上曰：“近年受教烦数，或与《大典》抵牾，

不可不参证更定。”①

这一提议出现在《经国大典》最终版本颁布之前。当时在经筵之上，侍读官金䜣向成宗大王建议说《经国大典》难以理解之处很多，官吏因而不知如何适用和执行，希望能对大典加以注解。名臣徐居正则认为，正是因为朝鲜法令的不统一，才造成了官吏们不知如何施行的弊端，他举出高皇帝朱元璋不许后世更改《大明律》中一字的例子，认为法令必须统一，这样百姓才便于遵照执行。国王也认为近年颁布的许多教旨有不少与《经国大典》相互冲突的部分，各类规定有统一的必要。而注解《经国大典》的必要性在《经国大典注解》的序文中也有明确的说明：

> 古今载籍之行世者，必有注疏，发明羽翼，然后读者，不迷其宗旨，而无所疑难。至若条章令式之书，于句读文义之释，尤致详焉，所以资其诵习，而便于奉行也。历代法书，皆有讲明之说，如大明律《疏议》《辨疑》《解颐》，即其一也。惟我国家自太祖太宗以降，作述典章，曰《元典》《续典》《续集》，而各有誊录，俾官吏得以沿其门类而溯其源本，不眩于施用，其虑远矣。第篇帙浩穰，卒难考阅，且不免有牴牾混杂之患，议者病焉。逮至世祖大王，思欲变而通之，爰取《元典》等诸书，删繁就简，取舍悉当，名曰《经国大典》，至今遵行，然其遣辞措意，惟务简奥，不顾人所难解，夫既不通于其文，则其瞀于用法，无足怪矣……臣窃惟自古有天下国家者，恪守旧章，而修其弊缺，要以纳民于轨物也。我朝盛典，作于创业之初，而述于守成之世。作之于前，似无待于必述，而不得不述之于后，则《大典》之书，虽不待于批注，而批注之作，其势不容已也。其作而述，述而解，实因时损益之宜，而参互发挥之意，寓于其间，何可少哉。自是厥后，当官者，因解而晓其文，因文而达其意，措之政事之际，发诸号令之间，莫不随应曲当，则斯不负批注之意也。②

① 《朝鲜王朝实录》，成宗实录卷133，12年9月17日。

② 《经国大典注解（前集）》，序。

为《经国大典注解》作序的名臣郑士龙首先列举出《律条疏议》《律解辨疑》《律学解颐》等明人注解《大明律》的著作，认为古今的典籍特别是法律典籍必定在有注疏以后，阅读它的人才便于通晓它的本意而不会迷失它的宗旨。而后他回顾了朝鲜王朝从立国到《经国大典》颁布前近二百年的立法史，认为因不乏相互抵牾和过于简略之处而使人诟病和不易理解，给法律的适用与执行带来了诸多不便。他认为，朝鲜的法制（典章制度）草创于立国之初（“作”，以《经济六典元典》和《经济六典续典》等法典的颁行为标志），而完成于15世纪后期的守成之世（“述”，以《经国大典》的颁行为标志）。他主张好的法律应是“作而述，述而解”的，即立法者对法律的“作”（立法）、“述”（修法）与“解”（法律解释）三者应是层层递进、环环相扣的关系，其根本动因则是“因时损益”，即法律需要根据时代的发展变化而变通和有所发展，并做出合理的解释。唯有如此，各级官员才能够通达和明晓相关的法律条文，实践中也才能更加准确而恰当地执行和适用这些条文。

特别是到了《经国大典注解》诞生时的16世纪中叶，对作为现行法的《经国大典》有关条文做出解释正是出于当时的时代需要。成宗朝时颁行的《经国大典》历经燕山君执政后，原处的立法本意遭到不同程度的破坏，再加上15世纪朝鲜在编纂《经国大典》时，其许多规定特别是家族法规参考承袭自《朱子家礼》等中国礼法，有意无意间忽略了朝鲜的现实，致使许多法律条文与国情不符而在适用时不易推行，这就需要立法者对不易理解和容易产生歧义的条文做出统一合理的法定解释，以维护《经国大典》的权威。

留存至今的《经国大典注解》共有两种版本。第一种是郑士龙题写序文的版本，通常称为《经国大典注解（前集）》，第二种是安玮（1491—1563）作序的版本，通常称之为《经国大典注解（后集）》。两者在内容上截然不同。依照序文，两种版本的编纂过程如下。

《经国大典注解（前集）》（以下简称《前集》）在明宗五年（1550）的春天为注解工作而专门在礼曹设置了机构（“设局”），由通礼院的左通礼安玮、奉常寺正闵荃“通抄《大典》内文字之过约、推行之最碍者若干条，各系注其下”，而后由礼曹判书郑士龙、参判沈通源、参议李梦弼等大臣校阅（“质订”）后完成了初稿，后经过领议政沈连源、左议政尚震、右议政尹溉三公的修正最终得以完成，并得到国王“经国大典注解”的赐号，即意味着被赋予了法律效力。

而《经国大典注解（后集）》（下文简称《后集》）的编纂过程则不同。《后集》的序文中说，明宗大王在即位之初[①]便命令议政府和礼曹注解《经国大典》中难以理解的部分。领议政沈连源、左议政尚震、右议政尹溉和礼曹判书郑士龙等人在“覃思研艺，发挥精微”后完成，并在得到议政府刊行的命令后，于明宗十年（1555）在忠清道清州刊印。《后集》虽是在国王的授意下编纂的，但因其没有得到国王这一最高立法者的最终承认（“上闻”），因而《后集》并不能被完全视作有权解释，而接近于任意解释。通过对比《前集》和《后集》的序文可知，三政丞和礼曹判书郑士龙同时出现在《前集》和《后集》的编纂者中，但《前集》中提到了一些《后集》中不曾出现过的编纂之人，《前集》对撰述和成书具体过程的描述也比《后集》更详细。但从序文最后部分的日期来看，《后集》是“嘉靖三十三年（1554）十月”，而《前集》则是“嘉靖三十四年（1555）正月”，可见后集比前集率先完成。以清州版本为例，《后集》在等待《前集》完成后，于明宗十年（1555）春一并在忠清道清州刊行，其中《前集》一卷而《后集》两卷，共计三卷。而实际主导《经国大典注解》编纂工作的很可能是《后集》序文的撰写者安玮[②]，他在《经国大典注解》刊行之时任清洪道（忠清道）观察使，并受命出版《注解》一书。

《经国大典注解（前集）》中法律解释的构成如表1所示。《前集》共对《经国大典》的30项62条（78款）加以注解，这多出的十几款源于“取才”条[③]中对“子孙”二字的详细解释。这些法律解释有的是对法律用语或法律概念的定义说明，有的是对立法当时的背景或立法本意的解释，有的是对法律条文中疏漏的补充，而有的则是针对个别条款与其他条款的关系（或在其他情形下的适用问题）所做出的统一解释。

---

① 明宗于1545年7月即位。

② 정긍식　田中俊光　김영석，2009，《역주〈경국대전주해〉》，한국법제연구원，16면。

③ 《经国大典注解（前集）》，吏典，取才。

表1 《经国大典注解（前集）》中各法律解释的分布①

区分	各项的注解数	总注解数
吏典（8项）	京官职（4），外官职（2），荐举（2），诸科（2），取才（1②），褒贬（2），考课（2），乡吏（1）	16
户典（5项）	量田（2），诸田（2），田宅（3），备荒（1），进献（3）	11
礼典（4项）	诸科（1），奉祀（4），立后（1），丧葬（1）	7
兵典（8项）	外官职（1），番次都目（1）③，军士给仕（1），入直（1），复户（1），免役（1），兵船（1），厩牧（1）	8
刑典（4项）	赃盗（1），贱妾（1），贱妻妾子女（5），私贱（11）	18
工典（1项）	舟车（2）	2
总计（30项）	62条（78款）	

《经国大典》共有18处条文出现了“子孙”二字，但子孙二字到底指代的“子”和“孙”两代，还是泛指“子子孙孙”，这在适用时极易产生歧义。鉴于在适用时出现了无法确指的概念，那么对这一概念提供有法律效力的解释就显得很有必要了。因此在《经国大典注解》中，对《经国大典》中凡出现“子孙”二字的所有条文均做出了有效解释，共计18处：

> 大臣议得内，《大典》所载“子孙”之语，各有所指。本典④“荫子弟”条注：二品以上子孙，原从功臣则子孙，实职三品者之子孙；“限品叙用”条注：二品以上妾子孙；兵典“忠顺卫”条注：有荫子孙；“补充队”条：未去官身死者，许子孙继役；“复户”条注：六品以上从仕者之子孙，二品以上闲散者之子孙，犯不忠不孝者之子孙；刑典“贱妻妾子女”条注：有荫子孙；“推断”条注：有荫子孙；“私贱”条注：父母、祖父母、外祖父母之于子

① 根据“정긍식 田中俊光 김영석, 2009,《역주〈경국대전주해〉》, 한국법제연구원, 19면,〈표2〉”补充修改而成。

② “取才”项中的一条中有18款具体条文的解释。

③ “番次都目”项中并无具体的法律解释。

④ 即《经国大典》吏典，下同。

孙。乃谓子及孙也。

本典“限品叙用”条：良妾子孙、贱妾子孙；“乡吏”条：并免子孙役；户典“田宅”条：功臣田，传子孙注——移给继姓子孙，嫡室无子孙者，传良妾子孙，无良妾子孙则贱妾子孙，传受子孙被罪移给他子孙；同条：立庙家舍，传于主祀子孙；礼典“诸科”条注：庶孽子孙；兵典“忠义卫”条注：功臣子孙属焉，妾子孙承重者亦属；“忠赞卫”条注：原从功臣及子孙属焉，妾子孙承重者亦属；刑典“贱妻妾子女”条注：无嫡子孙者之妾子孙；“私贱”条：放役奴婢后所生，许子孙役使者。乃谓子子孙孙也。①

把以上十八处对“子孙”二字的解释集中放在吏典“取才”条中，其原因是“取才”条是《经国大典》中首次出现“子孙”二字之处，因而为了方便起见，《经国大典》中所有出现“子孙”这一概念的条文全部汇集到《经国大典注解》的“取才”条下。其中，对八处出现“子孙”概念的条文解释为“子及孙”，即条文中“子孙”二字仅及于当事者本人近两代的直系血亲卑亲属；而对另外十处出现“子孙”概念的条文则解释为“子子孙孙”，即条文中的“子孙”是泛指当事者本人所有的直系后代，而不只及于两代。这样一来，对条文中“子孙”的概念就被明确辨识了，各级官员在适用法律时也就不会存在概念上的模糊或无所适从的问题。

《经国大典注解（前集）》中直接引作法律解释的典籍有《经济六典续典》《朱子语类》《唐会要》《兵政》《资治通鉴》等。其中《经济六典续典》和《兵政》是朝鲜本国典籍，《兵政》是世祖朝时编纂的一本兵书，其余均为中国典籍。即《朱子语类》和《唐会要》等我国古代典籍在朝鲜直接可作为对法律进行有权解释的法源而出现于《经国大典注解》之中，其主要体现在男子有两位以上妻子时，其奉祀应如何处理的问题上：

士大夫二妻以上，并祔。二妻以上者，自第二至三四，未定数之

① 《经国大典注解（前集）》，吏典，取才。

称，或以文势，疑其为自二遡一称二妻，余皆不可祔也。古礼虽有不再娶之说，后世无禁，本典既为妾子承重者，著祭其母私室之礼，而不为三四妻之子奉祀者，著祭生母之礼，非阙典也，以皆得并祔也。《朱子语类》云："家庙之制，伊川只以元妃配享。盖古者，只是以媵妾继室。故不容与嫡并配。后世继室，乃是以礼聘娶，自得为正。故唐会要中，载颜鲁公家祭，有并配之仪。"① 又云："古人无再娶之礼，娶时便有一副当人了，嫡庶之分定矣。故继室不可并配。今人虽再娶，然皆以礼聘，皆正室也。祭于别室，恐未安。如伊川云，奉祀之人，是再娶所生，则以所生母配。如此则是嫡母，不得祭矣。此尤恐未安。"② 今以《语类》为正。③

《经国大典注解》针对士族二妻以上的情形下如何家祭的问题给出了法定解释。《经国大典》中仅规定妾生之子奉祀时，应在私室祭祀自己的生母，但并未规定后娶之妻所出之子在奉祀时，应如何处理父亲的原配妻子和作为继妻的本人生母二人的奉祀问题。《注解》对此解释到，这并非出于《经国大典》规定的缺失，而是士大夫在有两位以上妻子时，两位妻子本就应该同时得到公开的祭祀。做出这一法律解释的根据源于《朱子语类》中伊川先生程颐和朱熹二人的观点。程朱二人的观点认为，上古时期大多以媵妾作为继室，所以继室不得与嫡妻并列享受后代的祭祀。而后世的继妻都是明媒正娶的，因合乎六礼而自然同样享受正妻的地位，因而不便将继室单独放在别室祭祀。如果是继妻所生之子奉祀的话，那么理应祭祀自己的母亲。如此若只有一位妻子可以享受公开祭祀的话，原配妻子便不能享受后人的祭祀了，这样当然是不合理的，因而继妻和原配妻子理应同时得到公开的祭祀，并举出《唐会要》中颜真卿的祖室有殷、柳两氏，颜鲁公在家祭时将两位夫人并祔的案例，从而对并祔的合理性予以说明。程朱二人对二妻并祔的观点得到《经国大典注解》编纂者的采纳并上升为国家的有效法律解释。

---

① 《朱子语类》卷90，礼七。

② 《朱子语类》卷90，礼七。

③ 《经国大典注解（前集）》，礼典，奉祀。

与《经国大典注解（前集）》相比，未得到国王最终承认的《经国大典注解（后集）》收录了《前集》中未做出解释的许多内容，共对《经国大典》189项的832条中的法律用语做出了解释，其中礼典和吏典最多，各有36项314条和72项283条，刑典次之（24项96条），而工典最少（9条16项）。[①]《经国大典注解（后集）》的内容主要分为用语解释和法律解释两大类，其中用语解释又可分为对一般用语的解释和对官制等法律专业术语的解释两类。解释用语时一般只说明这一概念的词源或定义，有的还按照先中国后朝鲜的顺序对该名词或制度的历史沿革加以考释。《后集》在内容和性质上很接近我国元代法学家徐元瑞所撰的《吏学指南》，《后集》编纂时对《吏学指南》的援引也最多。这里仅举“律令”一词作为示例：

> 律令：律，累也，累人心使不得放肆。[②] 令，领也，理之使不得相犯也[③]；又王者之言，臣下守之，而为令也。高皇帝定《大明律》，又有《大明令》，凡言违令者，《大明令》内有禁制，律无罪名者[④]。[⑤]

从上文可知，《经国大典注解》的编纂者在解释“律令”一词时参考了《吏学指南》和《大明律》的原文，在将二者加以综合后，完成了对“律令”这一法律概念的解释。而鉴于《后集》多是对法律名词在字义上的解释，所以在法律意义及实际效力上不及《前集》，但在《朝鲜王朝实录》中仍能够找到适用《后集》的实例。如光海君九年（1616）时，司宪府对于时年64岁的官员能否出任地方官的论议中，吏曹便考证出《经国大典注解（后集）》中有“凡守令六期而递，年六十五者，满六期则为

---

① 정긍식　田中俊光　김영석，2009，《역주〈경국대전주해〉》，한국법제연구원，22 면，〈표4〉。

② 《吏学指南》，五科，律，《释名》曰：“累也。累人心，使不得放肆也。”

③ 《吏学指南》，五科，令，《释名》曰：“领也。理领之，使不得相犯。”

④ 《大明律》，刑律，杂犯，违令，“凡违令者，笞五十。谓令有禁制而律无罪名者”。

⑤ 《经国大典注解（后集）》，吏典，六曹，律令。

七十，故勿外叙”的法律解释，并得到光海君的采纳。[①] 可见《后集》仍在一定程度上具备法律效力。

《后集》对各类文物制度详加考释并做出了广泛的说明，其所蕴含的价值不容小觑，仅通过《后集》各类法律解释援引之广泛就可见一斑。《后集》中直接引用的典籍有：朝鲜典籍《经济六典》《高丽史》《韵会玉篇》《吏文集览》，中国典籍《高丽志》《九经古义》《国语》《论语》《大明律讲解》《孟子》《文献通考》《埤雅》《三国志》《尚书》《说文解字》《诗经》《新唐书》《礼记》《尔雅》《吏学指南》《籍田赋》《汉书》《周礼》《易经》《天中记》《左传》《春秋公羊传》《太平御览》《通典》等，其中朝鲜典籍四种，中国典籍二十余种。而《后集》中间接引用的典籍有：朝鲜典籍《大明律直解》《朝鲜王朝实录》（太宗、世宗实录等）《乐学轨范》《新增东国舆地胜览》，中国典籍《郡斋读书志》《唐律疏议》《大学衍义补》《独断》《读左日钞》《名义考》《白虎通》《宾退录》《史记》《山堂肆考》《宋书》《诗经》《两汉博闻》《元史》《仪礼》《张果星宗》《正字通》《通志》《韩诗外传》《洪武正韵》《后汉书》等，间接引用的朝鲜典籍有三种，中国典籍近二十种。

《经国大典注解（后集）》援引的我国古代典籍之多，足以让我们慨叹古代中华文明何其恢宏，对周边国家和域外文明的影响又是何其深远。相比中国典籍而言，《后集》编纂者解释时所援引的本国典籍数量就相形见绌了。当然，编纂者也许并未直接读过部分间接引用的典籍，而可能是对《通典》《太平御览》《通志》及《文献通考》等大型类书的有效利用。值得注意的是，被引用的典籍中不乏明人的撰著，在《经国大典注解（后集）》问世的16世纪中叶，这些典籍即使在中国亦可谓最新发行的图书。这些图书竟能如此迅速地流传至朝鲜半岛，并为朝鲜的士人所熟练运用于法律的解释，可见这些图书传播之深入广泛，同时也足见从事法律事业的朝鲜士大夫们对包括明人最新撰著在内的中国典籍是多么烂熟于胸。仅从法律解释的出处和来源来看，朝鲜半岛确实是受中华制度文明影响最深的域外地区。

① 《朝鲜王朝实录》，光海君日记卷121，光海君9年11月9日。

第七节　《受教辑录》

在完成《经国大典》（1485）、《大典续录》（1492）、《大典后续录》（1543）、《经国大典注解》（1555）、《各司受教》（1571）后，朝鲜前期的法制建设基本告一段落。经过壬辰倭乱的破坏，朝鲜半岛的秩序亟待重建，由此进入了朝鲜后期。仁祖三年（1625），大臣崔鸣吉上疏，主张对《经国大典》为代表的朝鲜前期法制加以整理和恢复。

> 行副提学崔鸣吉上箚曰："……我国家法制，具载《大典》，备细详悉，皆可为法，而行之既久，视为寻常，大小臣僚，一任私情。于是《大典》为虚套，而国无法矣。今欲复祖宗之治，当修祖宗之法，而但此书之刊，已过百年，或有窒碍而不可行者，或有晦奥而不可晓者。其后又有《续录》则尤为烦复，有难适从，只为吏胥弄奸之资。且我国喜用前规，凡出于一时之谬例者，踵而行之视为成法，不敢更改，其谬尤甚。臣谓宜取《大典》及《续录》等书，更加删定，凡窒碍者变而通之，晦奥者疏而明之，废堕者修而举之，删其烦复而补其遗漏。至于京外大小衙门，各有一切之例，使人人奉行，而不敢违越可也……"答曰："省箚具悉。深嘉卿惓惓之忠，予敢不服膺而力行哉？但事多更张，似难猝变，当与大臣议处焉。"①

可见15世纪颁行的《经国大典》经过一百多年，在17世纪初的权威性和实际效力已经大打折扣，因时代的变化而不能适用和不易理解的内容逐渐增多，且《经国大典》和其后的《大典续录》等续录在规定上存在相互矛盾之处，使得奸猾的胥吏们利用法律漏洞自己牟利。因此崔鸣吉主张应整备法制，对先前的法典加以修订，以维护法律的尊严和效力。但是他的主张在当时并未得到足够的重视，国王仅以"事多更张，似难猝变"为由将他的提议暂时搁置。直到仁祖十四年（1636）时，朝鲜才对《各司受教》予以增补而添加了5条"追录"。与《大典续录》《大典后

---

① 《朝鲜王朝实录》，仁祖实录卷8，3年3月14日。

续录》等《经国大典》的下位法不同，《各司受教》是对国王先前下达受教的原文按衙门分类后整理编辑而成的，分为“吏曹受教”“户曹受教”“礼曹受教”“兵曹受教”“刑曹受教”“工曹受教”等六曹受教和“汉城府受教”“掌隶院受教”，外加“追录”的部分，因此未形成一定的体系从而未能颁行全国。显宗在位时，大臣曾因先王颁行的受教无法考证而引起了相关的争论：

> 正言元万里引避曰：“……仁祖朝既因相臣崔鸣吉之请，许令主祀，儒臣金长生于《疑礼问解》中，亦引注为证，而有受教之语，岂非可据乎？至于受教之不得考出，抑亦有说。《大典续录》之刊行，在于嘉靖，去今百有余岁，其后列圣受教，皆无成书之可考。而况仁祖下教，累经兵燹，荡失无余，则不得考出，又何足怪乎？在人耳目，昭然可征，而犹以文书之无见，终至废坠不行，则岂不有嫌于监先王成宪之义乎？此无非臣之不见信于君父之罪，请递。”时礼曹以文书中不得考出，受教覆启，则上曰：“然则以受教争之者非也，谏院似当引避矣。”①

这一争论虽起于人事上的任免，但从中却可以看到朝鲜在经过“壬辰倭乱”和“丙子胡乱”两场浩劫后，包括先王教旨的许多法制资料都因兵燹而荡失无余。因此，许多先前的立法已不可考，法制的重建举步维艰。国王显宗逐渐认识到重新整理先王教旨的必要性。次年（1664），君臣再度讨论了关于厘定法制的问题：

> 上曰：“近观《大典》，多有窒碍处矣。”右相许积曰：“《大典》则只录其纲领，而前后《续录》颇详耳。”领相郑太和曰：“累朝受教，久未厘正，宜如《续录》之规，厘正刊行，使官吏有所遵守也。”上曰：“若欲厘正刊行，则必设局耶？”太和曰：“不必设局。右相方有推案考阅之举，使之并行受教厘正，似当矣。”②

---

① 《朝鲜王朝实录》，显宗实录卷6，4年4月4日。

② 《朝鲜王朝实录》，显宗实录卷9，5年11月3日。

众臣认为先王的受教已经很久没有整理修订，有必要像《大典续录》一样经整理而后刊行，从而让官吏们有法可依。虽然君臣达成了这样的共识，但并未付诸实践，仅仅在显宗九年（1668）时曾重新刊印过《经国大典》。而真正将这一夙愿变为现实的是肃宗大王在位期间。肃宗九年（1683），国王命李翊、尹趾完等人着手对历代先王的受教加以编辑并结集。[①] 但这一任务极为艰巨，因为从中宗三十八年（1543）编成《大典后续录》后，再也没有整理结集过国王的受教，这意味着要整理从 1543 年至 1682 年整整 139 年间历代国王颁行的教旨。不仅如此，随着编纂工作的推延，国王颁行的最新教旨也需要在结集时编入其中，使得这一整备法制的工作变得尤为艰巨复杂。然而，随着己巳换局（1689）和甲戌换局（1694）等政变的发生，完善法制的事业又因两次政变而有所耽搁。通过《朝鲜王朝实录》引用的案例和《受教辑录》完成后撰写的序文，可知《受教辑录》的完成时间大概是在肃宗二十四年（1698）前后。

《受教辑录》与先前的《各司受教》存在许多不同之处。第一，两者在法制史上的地位不同。《各司受教》仅仅是国王教旨的结集，而《受教辑录》则是《大典后续录》之后所有法制的集大成者，是作为法典“续录”出现的。第二，两者在编纂体例上有所区别。《各司受教》以八个主要中央衙门为单位进行分类，而《受教辑录》则是依照《周礼》并严格按法典编纂时奉行的六典体例进行分类，从而使得《受教辑录》在采纳《各司受教》的同时，在条文分类上进行过明显的调整。而《受教辑录》在采纳《各司受教》时也有所取舍，《各司受教》总计 143 条受教中仅有 80 条反映在《受教辑录》的 85 条受教中，占其总数的 55%。而《受教辑录》共计 986 条受教，可见其在编纂时共新增 901 条，新增条文比例达到 91%。[②]

《各司受教》包括了从明宗元年（1546）到仁祖十四年（1636）的受教，这意味着《受教辑录》要新增从仁祖十五年（1637）到肃宗二十四年（1698）的受教。从《受教辑录》收录受教的年代分布来看，从太宗到肃宗朝的受教都被网罗在内，可见《受教辑录》在时间范围上包括了

---

① 《朝鲜王朝实录》，肃宗实录卷 14，9 年 5 月 5 日。

② 김백철, 2016,《탕평시대 법치주의 유산: 조선후기 국법체계 재구축사》, 경인문화사, 21—22 면.

《大典续录》和《大典后续录》前的受教。但是仁祖以前的受教仅占总数的26%，而孝宗之后的受教则占总数的74%[①]，并以肃宗一朝的受教最多，可见《受教辑录》收录的受教在时期上以朝鲜后期为主。从肃宗八年（1682）开始推进这一编纂事业，到肃宗二十四年（1698）正式颁行，《受教辑录》的编纂前后共用17年，可见其工作量之巨大。从其所辑录受教的年代分布也可得知《受教辑录》对现行法的强调。其不仅继述了先王的受教，还将当朝的受教文化，兼顾了历史和现实、先王与时王。而同一事案在有不同的受教时，则以最近颁行的受教为准，可知《受教辑录》是以完善现行法作为其落脚点。《受教辑录》中也不乏引用《经国大典》《大典续录》中的法条，足见其遵循先例的努力和王朝法制的某种连续性。

《受教辑录》在编纂时所参考的法源同样是多元的。不仅有《经国大典》《大典续录》《大典后续录》等朝鲜前期具有较高权威性的法律典籍，也有作为现行法而颁行的各种“事目”，以及遇到新类型的犯罪时参考的先前判例等，不一而足，融合了先王之法、现行之法，一定程度上解决了法律未能规范的新问题如何适用法律的问题。《受教辑录》对朝鲜本国法律和源自中国的法律皆有反映。在《受教辑录》各条的开头，“依……例”的表达基本意味着此条文乃是本国的法律，而“以（依）……律”则表明引自《大明律》。以刑事法律规定为例，其引用的朝鲜本国法条（含典录、事目、判例等）和《大明律》各占101处和76处，本国法的引用数量略多。《受教辑录》的完成也为朝鲜后世的法制建设打下了坚实的基础。在其后完成的《续大典》中，《受教辑录》中的167条受教以多种形式收录于《续大典》中，可见《受教辑录》对后世的影响之深。

在《受教辑录》所收录的九百余条受教中，在数量上以刑典最多，以工典最少。工典共收录了7条受教，而刑典受教则多达400余条，可见在《受教辑录》的六典体系中，刑典占据了核心的位置。而当时对刑事的重视也不仅仅反映在刑典中，其他五典也有不同程度的反映，六典是有机结合在一起的。仅以刑量为例，《受教辑录》结合朝鲜本国的实际，细

① 김백철, 2016，《탕평시대 법치주의 유산：조선후기 국법체계 재구축사》，경인문화사，22 면.

化了《大明律》的法定刑量，创造性地发展了《大明律》并出现了多种变形（如表2所示）。

表2　《大明律》《经国大典》《受教辑录》中所涉刑量之对比①

刑量	《大明律》	《经国大典》	《受教辑录》
极刑	绞刑、绞不待时、斩刑、斩不待时、凌迟处死	绞刑、斩刑	不待时处斩、斩刑、不待时处绞、绞刑、不待时枭示、枭示、一罪、死罪、正刑、赏命
徙民	杖一百迁徙	全家入居、全家徙边	全家、全家徙边、全家入居、全家定配、全家实边、极边入居、役一年全家徙边、役三年全家徙边、杖一百徒三年全家徙边、杖一百全家徙边、杖一百极边全家徙边、严刑三次全家徙边、全家徙边勿拣赦前
为奴	为奴	为奴、杖一百极边残驿奴婢永属、永属诸驿奴婢、永属所在官奴婢、绝岛各邑永属为奴、属残驿奴婢、杖一百永属残驿吏、永属本道残驿吏、永属他道残驿吏	为官奴、绝岛为奴、绝岛为奴勿拣赦前、绝岛为奴永属、极边为奴、残驿为奴、为他道官奴、为远道官奴、妻子为官奴婢、妻子为奴、子女属公、永定皂隶
充军	杖一百充军、杖一百边远充军	杖一百身充水军	充军、杖一百充军、边远充军、极边充军、水军充军、骑兵充军、步兵充军、漕军充军、徒二年充军、限一年边远充军、边远充堡、以实边圉、杖一百边远充军、杖一百边远守御

① 김백철, 2016,《탕평시대 법치주의 유산: 조선후기 국법체계 재구축사》, 경인문화사, 33 면.

续表

刑量	《大明律》	《经国大典》	《受教辑录》
流刑	杖一百流两千里、杖一百流两千五百里、杖一百流三千里、安置	杖一百流三千里、安置、付处	杖一百流三千里、杖一百流两千里、定配、减死定配、拿问定配、不限年定配、不限年边远定配、边远定配、远配、西北绝远定配、绝岛定配、仍本役绝岛定配、推考定配、刑推定配、严刑定配、严刑三次定配、决杖定配
徒刑	杖六十徒一年、杖七十徒一年半、杖八十徒二年、杖九十徒二年半、杖一百徒三年	杖一百徒三年、杖八十徒二年永不叙用	杖一百徒三年、杖一百徒三年定配、杖六十徒一年、杖徒、徒一年、残驿定属三年、残驿徒三年定配、徒年定配、徒三年定配
笞杖	笞一十、笞二十、笞三十、笞四十、笞五十、杖六十、杖七十、杖八十、杖九十、杖一百	笞一十、笞五十、杖六十、杖七十、杖八十、杖九十、杖一百、杖一百永不叙用	笞五十、杖六十、杖七十、杖八十、杖九十、杖一百、杖一百罢职永不叙用、刑推三次、刑推、决棍、拿问定罪
其他	刺字、收赎	刺字、收赎	收赎

《大明律》五刑以外虽有徙民、为奴、充军等刑罚，但这些刑罚在习惯上被归在流刑之中，并未有很深的拓展。但在朝鲜特别是到了朝鲜后期，这些刑罚被细化并被广泛适用，如果不单独列出，则难以窥见当时朝鲜刑罚的全貌。“为奴”和“徙民”等刑罚在《大明律》中的规定较为简略，在《受教辑录》中却分别扩展为12种和13种类型，“充军”则从《大明律》中的2种类型扩展到《受教辑录》中的14种具体类型。而为奴、充军和移民实边等处罚正是基于当时朝鲜国家政策的需要，间接反映出当时官府劳动力的短缺和边疆的空虚，以及国防对人口的巨大需求。朝鲜按刑量的轻重，将刑罚依次分为死刑、全家徙边、为奴、充军、流刑、

徒刑、笞杖，全家徙边是仅次于死刑的重刑。除上述身体刑和收赎外，还有针对纲常罪犯的邑号降等、破家潴宅，以及对于官员的罢职、永不叙用、推考等处罚。

肃宗一朝不仅编纂完成了《受教辑录》，而且刊行了《典录通考》。《典录通考》的编纂始于《受教辑录》刊行三年后的肃宗二十七年（1701），完成于肃宗三十二年（1706），刊行于肃宗三十三年（1707）。肃宗十四年（1688），吏曹判书朴世采上疏辞职，并附以论时务12条，其中的第9条便对当时朝鲜的法制提出了许多革新的建议：

> 其九，论述祖典。……我国《大典》，成于成宗，金科玉条，固已详密，而行之二百年，疵弊日生，中经兵乱，或废或变，无有准的。又有《续录》《后续录》，皆已通行，而各司所用列圣手教，亦多不同。盖缘一时事情互异，以致如此，官吏临事，莫适所从，殊非细故，顷闻圣上，用近臣言，别定一官，厘整手教，而事久未竣，今当并此二书，同加修正，以入新制也。……今既厘革弊政，以述祖典，则所当定着为一书，名曰《续大典》，以垂永世，使后率章之君，克宪之臣，有所持循，以至国治于上，民安于下，久而不坏，方为大正矣。大抵此事，欲备《大典》之未尽者。如皇朝《修正会典》之类可见，则只欲法祖宗之遗意，采臣僚之宏议，俾革昔时之弊而新一代之制也。必能如此，然后可以变通治法而有成矣。①

吏曹判书朴世采认为，虽然《经国大典》的规定翔实，但因其成书久远，而朝鲜又历经战乱，许多的条文已经不合时宜，官吏在适用法律时无所适从。他首次提出了全面修订《经国大典》《大典续录》《大典后续录》而编纂名为《续大典》的新法的倡议，并举出《大明会典》的编纂可作为朝鲜效仿的榜样，认为只有通过修法才能效法祖宗并革除时弊。这一设想与之前启动的《受教辑录》的编纂工作在性质上存在着根本差异。辑录只是侧重整理历代国王留下的教旨（法令），而编纂《续大典》的构想则是将重心放到了重新构建朝鲜法制体系的宏大框架之下，并成为将

---

① 《朝鲜王朝实录》，肃宗实录补缺正误卷19，14年6月14日。

《经国大典》和“三录”[1] 融合成《典录通考》的契机。《典录通考》凡例的叙述廓清了朝鲜当时的法律体系：

> 《经济六典》《朝鲜经国典》等书，是大典之权舆；前后《续录》《受教辑录》等书，是大典之羽翼；《五礼仪》虽统于礼典[2]，实系国家之仪章；刑法用《大明律》[3]；三录外诸书，虽不合为一通，自当参取而考定，谨论之如此。[4]

编纂《典录通考》的官方看来，朝鲜的法律体系集中体现在“典录”“礼仪”和“刑律”三方面。《经国大典》上溯至朝鲜立国之初的《经济六典》《朝鲜经国典》，之后又有《大典续录》《大典后续录》《受教辑录》“三录”作为《经国大典》的补充和延续，这是朝鲜法律体系最重要的部分。而作为与《经国大典》并立的《国朝五礼仪》和《大明律》，则作为“礼”与“刑”的代表独立于《大典》体系之外，其地位略低于《经国大典》。因为《典录通考》综合了从朝鲜立国到18世纪初的法制，所以有必要在其序言中对立国以来各代先王法制建设的历程做出回顾和总结：

> 恭惟我本朝，继丽氏而立国。太祖太宗创业垂统，规摹宏远，世宗著《经济六典》，定为一王之法。世祖因《六典》而增修，为《经国大典》，至睿宗初年而书始成，刊布颁行，金科玉条，粲然大备。后来列圣，恪遵谨守，行之今三百有余年矣。第以法久而弊生，俗移而政革，礼制宪令，代有损益，至成庙而《续录》作焉，及中庙而《后续录》出焉。中间百余年，变乱相仍，有未遑于编述。我殿下承仁庙中兴之烈，继两朝累洽之治，临御既久，政化维新，命公卿诸宰，取累朝以来增定教条，修为《受教辑录》，臣锡鼎亦与闻编摩之

---

① 三录：指《大典续录》《大典后续录》和《受教辑录》。

② 《经国大典》，礼典，仪注。

③ 《经国大典》，刑典，用律。

④ 《典录通考》，凡例。

役。辛巳秋，申命庙堂，裒辑法典诸书，汇分类合，俾有统属。臣锡鼎，时忝政府，与左议政臣李世白、右议政臣申琓，相议陈启，令备局郎厅臣李彦经等掌其事，取《经国大典》、前后《续录》、《受教辑录》等书，合为一通，名曰《典录通考》。[1]

《典录通考》在序言中肯定了先王和时王的法制业绩，论述了将先前的法律典籍整理和集成的必要性。从文中可知，《典录通考》结合了《经国大典》，前、后《续录》和《受教辑录》等历代法律典籍和当时法制建设的最新成果，将各法律典籍合为一体，以试图维护王朝法制的统一性和权威性，并方便法律的适用和实践。在综合各部法典的过程中，也体现出法典间的轻重之别。"大典如经书，三录如传注；大典则书于极行，三录则低一字书之，以示轻重之别。"[2]《经国大典》是朝鲜王朝的根本大法，"三录"对大典加以阐释和注解，二者的关系有如"经"和"传"的关系。

在勘定完成的《典录通考》中，共收入了国王的受教计 1714 条。其中收录《大典续录》404 条受教中的 394 条，约占通考受教条目的 23%；收录《大典后续录》348 条受教中的 334 条，约占通考受教条目的 19%；收录《受教辑录》994 条受教中的 986 条，约占通考受教条目的 58%。[3]可见《典录通考》对先前的国王受教略有删减，而新近完成的《受教辑录》的条目则在数量上占据了绝对的优势。

第八节 《续大典》

英祖即位后继续完善朝鲜的法律体系。其前期编纂了《新补受教辑录》和《增补典录通考》，后期完成并刊行了《续大典》。《新补受教辑录》的编纂始于英祖十五年（1739），完成于英祖十九年（1743），主要收录了《受教辑录》刊行后的教旨，肃宗以后的受教占《新补受教辑录》

① 《典录通考》，序。
② 《典录通考》，凡例。
③ 김백철, 2016,《탕평시대 법치주의 유산: 조선후기 국법체계 재구축사》, 경인문화사, 64—65 면.

的八成左右，其中肃宗一朝的受教占47%，景宗一朝受教占3%，英祖一朝的受教占29%[①]，《新补受教辑录》主要对从肃宗在位后期到英祖在位初期的受教加以结集，所收录的受教以英祖十四年（1738）为下限。与《大典续录》《大典后续录》对《经国大典》补充完善的编纂目的不同，《受教辑录》和《新补受教辑录》是对当时所施行的主要现行法令加以结集，因而两者不乏重复之处。《新补受教辑录》完成以后，又与肃宗时编纂的《典录通考》合辑，完成了《增补典录通考》。《增补典录通考》对《经国大典》和"四录"[②] 进行了删订和重新分类排序，并加注了《大明律》的法定刑量等内容，为日后《续大典》的编纂提供了重要参考。但《新补受教辑录》和《增补典录通考》均未正式刊行，因为英祖认识到这两者仅是日后编纂《续大典》的阶段性成果。

《续大典》的编纂始于英祖二十年（1744），取肃宗时朝臣朴世采上疏中提议而取名曰"续大典"。同年（1744）八月，英祖大王亲撰《续大典》序文[③]；同年十一月，《续大典》的初稿完成。[④] 次年（1745）五月，英祖命刊行《续大典》[⑤]，并在第二年（1746）的四月得以最终刊行。[⑥]

《续大典》有时被归为"续录"一类，因为该书不像其后的《大典通编》收录《经国大典》《续大典》全文一般将《经国大典》全文纳入，而仅仅是在"四录"的基础上编纂而成的，于体系上略有不完善之处。但从日后《大典通编》将《续大典》全文悉数收录的情况来看，它与之前编纂的续录在类型和法律地位上都存在根本的差异，《续大典》的地位应是"典"而不是"录"。如同《经国大典》是在《经济六典》《续六典》《誊录》的基础上修订完成一般，《续大典》是在《大典续录》《大典后续录》《受教辑录》和《新补受教辑录》的基础上删订完成的。《经国大典》最终完成于成宗十六年（1485），距离朝鲜立国之初编纂《经济

① 김백철, 2016, 《탕평시대 법치주의 유산: 조선후기 국법체계 재구축사》, 경인문화사, 79 면.

② 指《大典续录》《大典后续录》《受教辑录》和《新补受教辑录》。

③ 《朝鲜王朝实录》，英祖实录卷60，20年8月24日。

④ 《朝鲜王朝实录》，英祖实录卷60，20年11月28日，"领事宋寅明曰：'《续大典》，今既告成，必一番校正，然后可以入刊。请差校正堂、郎，使轮直举行。'允之"。

⑤ 《朝鲜王朝实录》，英祖实录卷61，21年5月28日。

⑥ 《朝鲜王朝实录》，英祖实录卷63，22年4月11日。

六典》（1397 年）经过了近一个世纪，随后直到完成《经国大典注解》的明宗十年（1555），均可看作《经国大典》的形成和完善时期。而《续大典》从《各司受教》（1571）完成，到《受教辑录》在《各司受教》的基础上新增仁祖十五年（1637）到肃宗二十四年（1698）并结集刊行，再到《续大典》的最终刊行（1746），其间也历经了长达一两个世纪的积累。由此可见，《经国大典》和《续大典》诞生的历程十分相似。

但是，《经国大典》和《续大典》在内容的构成上也存在不小的差异。《经国大典》形成于朝鲜初期，因此其宗旨在于全面厘定和规范国家的各项制度，而《续大典》则把焦点放在了因岁月变迁而新生的法律问题的解决方案上。如果说《经国大典》宏观框定了朝鲜的治国方略的话，那么《续大典》则微观地规范了具体法律问题的适用。《续大典》起于各“续录”中国王针对具体事例而颁布的教旨，因此《续大典》的法条虽不像《经国大典》那般抽象和具有普遍性，但却也努力将之抽象化为与大典地位相符的法条，因此其在抽象性和普遍性上介于《经国大典》和各“续录”之间。在抽象化为大典条文的过程中，其运用的方法亦是多元的。《续大典》的条文或是照搬受教原文的条文，或是将多个受教融合而成新法条，或是对教旨的立法精神加以抽象并结合当下现实而出台新的规定，或是直接创制新法，不一而足。

《大典续录》387 条受教中的 40 条、《大典后续录》335 条受教中的 28 条，《受教辑录》996 条受教中的 171 条、《新补受教辑录》1400 条受教中的 150 条在加工后被不同程度地编入《续大典》中，其中《受教辑录》和《新补受教辑录》占绝大多数。“四录”的 3118 条受教中被编入《续大典》的仅有 389 条，仅占其中约 10%，《续大典》的 1215 条法条中，新创或将原来受教融合而成新法条的比例约占 88%，共计 1076 条。[①] 可见与之前辑录国王受教的“四录”相比，《续大典》创制新法的色彩更加浓厚，所以可将其视作与《经国大典》地位齐平的法典。在《续大典》的序言中，下面这段话表明了朝鲜治国的体系：

---

① 김백철, 2016, 《탕평시대 법치주의 유산: 조선후기 국법체계 재구축사》, 경인문화사, 92 면.

> 夫圣王制治之道，其本在于五教，而所以弼之，则亦惟曰五刑五服，此虞庭畴咨，既命司徒，而复有皋陶之作士也。然而敷教则曰宽，服刑则曰明，圣人道齐斯民者，何其深且远也。①

《续大典》在序言中援引《尚书》，指明朝鲜是以“五教”（典）、“五刑”（律）、“五服”（礼）作为其治国基本框架的。“敷教”（国典）和“服刑”（明律）相辅相成，缺一不可。英祖年间编纂《续大典》以补充《经国大典》之不足，编纂《国朝续五礼仪》以补充《国朝五礼仪》之不足，在“五教”和“五服”上都有创造性的发展。但在不断发展本国法典的情形下，必然使朝鲜的本国法典和《大明律》的法条在适用时产生竞争关系，从而在一定程度上削弱了《大明律》在朝鲜法律体系中的地位。每位朝鲜国王在位时，都会根据朝鲜本国的现实状况颁布教旨，用以替代《大明律》的条文或补充其不足，这一过程持续了几百年，这些教旨最终作为“典”或“录”成为朝鲜法律体系的一部分。又如《受教辑录》和《新补受教辑录》中刑典部分的比重都高达40%，这在一定程度上缩小了《大明律》在朝鲜的适用范围。与《经国大典》刑典规定朝鲜基本的刑法准则相比，《续大典》刑典的规定多源于各“续录”中国王对个案的判决，所以在汇集于《续大典》后多体现为具体实施细则和各具体情形的刑量。《经国大典》刑典共计法条204条，而《续大典》的刑典则有287条，两者相加则共计491条，从而使本国法典中的刑事规定大幅增加。如本书附表1所示，《大明律》460条中在朝鲜共有220条左右在司法实践中被适用过，其他法条因国情不同或相关犯罪情形未在朝鲜出现而不曾适用。因此，朝鲜前期本国法典与明律的条文数目之比为204：220（理论上为460条），而在《续大典》出现后的朝鲜后期，其本国法典与明律条文的数目之比为491：220（理论上为460条），其实际应用的比例从朝鲜前期的1：1上升为朝鲜后期的2：1，上升幅度明显。

针对朝鲜后期《大明律》地位的变化，笔者认为有以下几点原因。明清易代后，在同一时空中已不存在大明这一政治实体，朝鲜蔑视清朝而

① 《续大典》，序。

追慕大明，又因其完整保留了大明衣冠而以中华自居。因此，在文物礼乐、典章仪制等文明的象征上，朝鲜自认为已经与中国本土存在某种程度断裂，中国已不是其效仿和趋同的对象，因此其本土性得以强化。朝鲜从与中国（大明）具有文化同质性而自豪，变成以与中国（清朝）文化的异质性而自豪。随着朝鲜前期不断华化的努力，半岛到朝鲜后期在文化和理念上较朝鲜前期更接近古典中国，在文化的异质性表现明显时，需要以贯彻《大明律》来体现其正统性，而在文化异质性不那么明显时，朝鲜反而不会过于强调中国法了。因此，在朝鲜后期的法制在看似更加本土化的表象之下，不能忽略这时的朝鲜半岛已经变得更像"中华"的时代背景。此时，中华古典制度文明已经彻底融入朝鲜文化的血液之中，在经历了学习和被动模仿的阶段后，必然是更富能动性的主动创造。然而，这一变化的根本原因在于，朝鲜王朝统治的合法性始终与标榜其文化正统性相始终，而无法截然二分。无论是朝鲜前期极力尊慕大明，还是朝鲜后期以中华自居、突出其本土性而与清王朝统治时的中国相切割，位于大陆外围的朝鲜半岛，挥之不去的始终是华夷之辨的理念，不变的则是朝鲜王朝对中华古典制度文明始终如一的推崇，这也构成了当时朝鲜士人最强烈的自尊。

《大明律》在朝鲜适用范围的收缩并不意味着中华制度文明在朝鲜的衰落。以儒教立国的朝鲜一向主张先礼而后刑，礼和刑始终是体与用的关系，礼才是治国之根本。包括朝鲜本国和《大明律》在内的律法均以"周礼"作为立法的出发点和落脚点。这在《经国大典》等朝鲜本国法典的序文中有着明确的说明：

> 臣窃念，天地之广大也，万物无不覆载；四时之运行也，万物无不生育；圣人之制作也，万物无不欣睹焉！信乎圣人之制作，犹天地与四时也，自古制之隆，莫如成周，周官以六卿，配之天地四时，六卿之职，阙一不可也。……其曰六典，即周之六卿，其良法美意，即周之关雎[①]、麟趾[②]，文质损益之宜，彬彬郁郁。孰谓大典之作，不

① 《诗经》，国风，周南，关雎。
② 《诗经》，国风，周南，麟之趾。

与《周官》《周礼》，而相为表里乎？[①]

作为朝鲜王朝根本大法的《经国大典》，其立法的本意是效法周礼和周制，并与之互为表里。周制是朝鲜在设计国家制度时取之不尽而用之不竭的源泉。某种程度上说，周礼和周制高于《经国大典》和《大明律》，隐而不见却又占据着最核心的位置，是宪章中的宪章，朝鲜王朝五百年的立法皆由此而生。

第九节 《大典通编》

正祖即位后朝鲜的法制进一步趋于完备。朝鲜从正祖元年（1777）开始编纂《钦恤典则》，并于次年（1778）刊行。《钦恤典则》的内容较为单一，主要厘定了朝鲜是刑具格式和军棍格式等，补充了《续大典》中刑具相关规定[②]的不足。虽然《钦恤典则》内容简短，但其试图融合《大明律》和《经国大典》《续大典》而追求法制统一的意图为日后法典的编纂提供了指南。而正祖一朝整备法制的提议则始于正祖八年（1784）：

我国刑书，遵用《大明律》，而又有《续大典》及《受教辑录》，按以行之，故拟律无冤，用法得中。然而节目犹或阙遗，举行间多疑难，故我殿下，粤自御极之初，酌以古今之同异，参以情犯之轻重，多因受教，著为定式。钦恤之意，明慎之德，凡在臣民，孰不钦仰，而第无一统裒辑之例，八路刊行之举，故内而法司之举行，外而营邑之按用，或不无不察不遵之弊，是岂我圣上先甲申令之意乎？请令掌法之臣，一依先朝《续大典》例，立纲分类，辑成刊布，仍使晓谕京外，俾无如前违越之弊焉。[③]

---

① 《经国大典》，序。

② 《续大典》，刑典，推断；《续大典》，刑典，滥刑。

③ 《承政院日记》，正祖8年3月14日。

从《承政院日记》的这一记载来看，正祖的法制整备事业将依照《续大典》的体例立纲分类，其不满足于“续录”的集成，而是想编成一部有如《经国大典》那样的法典。为此，正祖与群臣有过如下商讨：

> 仍下教曰：“《受教辑录》《经国大典》《续大典》《大典续录》《后续录》等书，注书出去持入，可也。”……上曰：“《受教辑录》，当时所编，非不详尽，而到今观之，凡例多未尽处，予意则今番纂辑凡例，一依《渊鉴类函》《考事新书》《佩文韵府》例，合《经国大典》《大典续录》，通为一书，首书《经国》，次书《续录》，又次今番补编，则考之无烦，行之有要，未知卿等之意何如?”①

上文中所言的《大典续录》是指的《续大典》。也就是说，正祖大王打算在《经国大典》和《续大典》的基础上加以补充后，合为一部综合性的法典。而文中的“补编”主要是指将英祖在位的后期至正祖在位前期的受教加以删订后编入大典的体系之中，而狭义的《大典通编》就是仅指这一“增补”的部分。编纂工作的效率很高，在当年（1784）七月其初稿就已完成，取名为《大典通编》②，又经过一年的修订，最终在正祖九年（1785）年完成并颁行全国。③《大典通编》在内容上由《经国大典》《续大典》和最新增补的条文等三部分构成，并分别以“原”字、“续”字、“增”字来加以区分。《大典通编》中将三者并列，因而可视三者具有同等的法律地位。

在《大典通编》完成之年，朝鲜又开始着手另一部法律典籍的编纂了，这便是《典律通补》。《典律通补》的初稿原是英祖年间由私人所撰，而流传至今的版本则是正祖在位时官府依国王之命编成的。这一法制资料不仅增补了私人撰写的《百宪总要》，同时承继《大典通编》之余绪，可视为正祖一朝法制整备事业的重要一环。如果说《百宪总要》是当时法律实务指南的话，那官府增修而成的《典律通补》则是集当时朝鲜基本

---

① 《承政院日记》，正祖8年3月22日。

② 《承政院日记》，正祖8年7月27日。

③ 《朝鲜王朝实录》，正祖实录卷20，9年9月11日。

法制的大成。

仅看《典律通补》的名称，就能知道它统合了朝鲜本国的“大典”和《大明律》二者。名义上虽然整合了朝鲜本国法和《大明律》，但实际上则主要将朝鲜的法制以现行法为中心重新加以整理，其范围并不局限于大典和明律，还包括了法式和礼制类的资料等，网罗了作为朝鲜 18 世纪后期现行法的所有法律条文。表 3 统计了《典律通补》所载内容的出处。

表 3 **《典录通补》的出处①** 单位：条

出典	《大明律》	《经国大典》	《续大典》	《大典通编》	补充	其他
吏典	4	349	282	195	209	2
户典	15	51	232	117	165	3
礼典	26	169	236	138	274	155
兵典	22	190	417	263	323	14
刑典	127	141	272	66	92	15
工典	9	21	35	29	15	0
补别编	0	59	3	11	81	61
条目小计	203	980	1477	819	1159	250
占比	4%	20%	30%	16%	23%	5%
中国法与本国法的条文数	203	4685				

从上表可知，《典律通补》收录的条文以《经国大典》《续大典》和《大典通编》为主，除此之外对大典加以补充完善的条目也高达 23%。表 3 中所示其他部分的出处涵括了《经国大典注解》《无冤录》《国朝五礼仪》《国朝续五礼仪》《钦恤典则》《国朝丧礼补编》《通文馆志》等法制资料，内容丰富而庞杂。《典律通补》中朝鲜本国法典和《大明律》的条文数量各为 4685 条和 203 条，约为 23∶1。六典之中，《大明律》在刑典的占比最大，刑典部分朝鲜本国法典和《大明律》的比例约为 4.6∶1。由此可知，随着朝鲜法制的不断完备，《大明律》在朝鲜的应用范围有逐渐缩小的趋势。与其他五典中《大明律》条文以注释（“细注”）的方式

---

① 김백철, 2016,《탕평시대 법치주의 유산: 조선후기국법체계재구축사》, 경인문화사, 119 면, 표 28.

呈现不同，在《典律通补》刑典之中，《大明律》以正文（“大文”）的方式出现，可见《大明律》在朝鲜后期仍作为其刑事法的中心。

以《典录通补》刑典为例，《大明律》除“名例律”中有关刑罚的规定外，刑律又分贼盗、人命、斗殴等11卷，而《大典通编》的刑典部分共分为37项，《典律通补》在综合二者后分为33项。首先，《大典通编》刑典中的“推断”“囚禁”“逃亡”“赦令”“奸犯”“检验”“听理”“公贱”“私贱”“赎良”“杂令”，以及户典中的“征债”共12项直接反映于《典律通补》刑典之中。其次，《大明律》刑律中的“贼盗”“骂詈”“受赃”“诈伪”等4项直接作为《典律通补》刑典的项目收录其中，而作为其刑典项目的“杀伤”“辜限”“私和”“发塚”“失火”等，则是源自明律的具体条文或法律概念，在编纂时被直接援用。另外，《典律通补》刑典中的“五刑图”“狱具图”“名例”等项则是源于《大明律》“刑律”以外的其他部分。而在刑狱的司法实践中经常用到的“逆狱”“纲常”“收赎”“分财”等概念在《典律通补》刑典中则被单独立项。因为这些类型的案例在实践中十分常见，但原来的相关规定却较为分散，所以有必要将其归于一类，以方便日后查找和适用。可见《典律通补》的分类方式是在综合了朝鲜本国法典和《大明律》之后，对其进一步归纳和创新，以更适合朝鲜本国的实际。

而值得注意的还有六典以外的“补别编”，这正是《典律通补》的一大创新。“补别编”分为“皇朝纪年”（指大明纪年）、“清纪年”、“国朝纪年”（指朝鲜纪年）、“宫园”、“坛庙”、“祭馔图说”、“五服图”、“功臣名号”、“使臣外官贺拜迎受仪”、“京外官相接仪”、“事大文字式”、“交邻文字式”、“本朝文字式”、“吏文”、“民总”、“军总”、“田总”、“谷总”、“厩驿马总”、“各道战船”、“量田法”、“城阙”、“五部坊名”、“各道城堞”、“八道程途”、“中原路程”、“日本路程”、“工匠各色”、“筹法”、“诸尺图”等内容。这些关于礼仪、路程（空间）、纪年（时间）、公文格式、度量衡等涉及内政外交的各种图示和列表等，都是日常实践中最常用也最实用的工具书类型的知识，这些实用知识均被归总在《典律通补》的“补别编”中。从中反映出朝鲜处在大国间的特殊地理位置，使其关于外交和外部的知识需求较多。

除了《大典通编》和《典律通补》外，正祖年间还整备礼制并编纂了《春官通考》，使得作为朝鲜法制三大支柱的“典”“礼”“律”得到进一步完善。另外，作为法制支脉的“节目”和“事目”，特别是兵典的“节目”类被进一步完善。对六典加以补充并记载各衙门沿革和行政事务的《通文馆志》《秋官志》《奎章阁志》《弘文馆志》《度支志》等也在正祖年间编纂完成，许多的法规和案例被记载其中，是对朝鲜法制的有益补充。而分别作为刑典和礼典补充细则的《钦恤典则》和《字恤典则》也在这一时期完成。另外，《增修无冤录》及其谚解的问世，汇编正祖大王审理重囚的《审理录》等法制资料都编纂于这一时期，国王对法治的重视使正祖一朝的法制建设事业达到了前所未有的高峰。

第十节 《刑法大全》与《大明律》

虽然朝鲜后期的刑法中本国立法的比重有所增加，但《大明律》在朝鲜刑事法中的核心地位从来不曾动摇。1894 年甲午改革以后，朝鲜半岛在法制上进入近代化的新时期，《大明律》在朝鲜的地位也有了较大变化。[①] 甲午改革之前朝鲜本国所颁行的刑事法规多数仅止于对《大明律》条文中的构成要件或刑量进行一定幅度的调整或变更，而在甲午改革之后，朝鲜制定的新法令则完全不同于《大明律》以人的身份而加减刑量的特殊主义原则，而开始在法律面前对全体国民一视同仁。从甲午改革开始的 1894 年到朝鲜王朝覆灭的 1910 年这短短十几年，是朝鲜法制从中华法系到大陆法系急速转型的过渡期，这时的朝鲜同时受到新法和旧法两种法律文化的影响，这一时期新制定的法律也不免呈现出两种法律文化的混合。因此，我们看到，即便到了 19 世纪末 20 世纪初，《大明律》对朝鲜法制的影响仍然是全面而深刻的。

1894 年朝鲜设立军国机务处以来，短短的数月间朝鲜便制定和颁布了大量的新法令。与此同时，士族、奴婢等身份制度被相继废除，连坐

---

① 有关甲午改革后朝鲜刑事法的代表性研究有：심재우，2007，“조선말기 형사법 체계와《대명률》의 위상”，《역사와 현실》65，121—153 면，本节有所参考。

制[①]和凌迟刑被废止，设立监禁刑等刑罚制度的重大改革也相继实现。如朝鲜在1894年废止了凌迟处死（车裂）这一残酷的刑罚，改为普通罪犯绞首、军人罪犯枪杀的方式执行[②]，在审讯犯人时严禁带有身体折磨的拷讯[③]，对狱中囚犯仅设置枷等三种刑具，佩戴刑具时须征得审判长的同意[④]等。在1895年颁布的《惩役处断例》[⑤]中，废除了原《大明律》中笞、杖、徒、流、死五刑中的徒刑和流刑，而代之以监禁刑。另外，朝鲜在各地还设立了裁判所，实现了司法权的独立和行政与司法的分离，逐渐显露出近代法制的雏形。

而在1897年“大韩帝国”成立后，朝鲜开始重新审视甲午改革时期疾风骤雨般的新法令，因为这些新法令无法简单地适用于一个有着深厚的中华法系传统的国度，以“旧本新参”为法制改革指导原则的折中做法显示出19世纪末的朝鲜重新有向传统法制的某种回归。何况即便是甲午改革期颁布的新法令，也未能完全脱离传统法制的窠臼。

因此，朝鲜在甲午改革后的短短十几年内，其刑事法呈现出两种倾向，一是近代性质的立法，二是对《大明律》等朝鲜传统刑事法律的修改和补充，显示出传统法制与近代法制的混合。如1896年制定的用于处罚强盗和盗窃犯罪的《贼盗处断例》[⑥]，就将贼盗分成强盗、盗窃、窝主和准盗窃四大类，共计26项条文。这一法令中虽然在类型和内容上多取自《大明律》等先前的法律，但再未涉及有关奴婢的法制，奴婢等阶级身份不再成为区别对待的类型，开始体现出法律面前人人平等的理念。又如1898年为防止朝鲜境内的反政府活动而制定的《依赖外国致损国体者处断例》[⑦]，其中明文规定依照《大明律》“谋叛”条[⑧]加以处罚，可见在一些重大问题的立法上，朝鲜末期的立法者们对以《大明律》为代表的

---

① 議案，“緣坐를 勿施하는件”（本节所出现的甲午改革后法令参考自송병기，1970—1972，《한말근대 법령자료집》，국회도서관，下同）。

② 敕令제30호，“處斬·凌律을 廢止하되用絞用砲하는件”。

③ 議案，“罪人을 訊問함에 있어榜刑을 禁하는件”。

④ 奏本，“刑具를 제한하는件”。

⑤ 法律제6호，“懲役處斷例”。

⑥ 法律제2호，“賊盜處斷例”。

⑦ 法律제2호，“依賴外國致損國體者處斷例”。

⑧ 《大明律》，刑律，贼盗，谋叛。

传统法制仍有相当程度的依赖。另外，直至20世纪初，《大明律》仍作为朝鲜新式的“法官养成所”的学生教材使用：

> 法部大臣李载克奏：“法官养成所学徒教课律书，行将计人颁给。各道裁判所及各郡所用，亦系年久，多有闟[①]失，遇有拟照，每患窘窒。而臣部素乏储置，无以需用矣。现行《大明律》，姑先量宜排帙，开板刊出何如?”允之。[②]

通过1903年8月的这一奏疏可知，即便是到20世纪初，《大明律》仍然作为朝鲜培养新式法官的教材使用，仍然作为朝鲜各道裁判所和各郡司法事务的重要参考书使用，朝鲜在“大韩帝国”时期对《大明律》的利用率仍然很高。因为在1905年前，各类新法令和《大明律》等旧律法在朝鲜同时混用，两种法律体系均具有一定的法律效力。而直到1905年朝鲜颁行《刑法大全》后，《大明律》作为朝鲜正式法源的历史才算真正结束。《刑法大全》的颁布虽使得《大明律》在朝鲜的法定地位发生了根本变化，因而不再作为正式法源出现，但这绝不意味着《大明律》的影响力就此消失。细观《刑法大全》的立法内容，《大明律》的诸多规定仍广泛地融入其中。

《刑法大全》是朝鲜半岛历史上首部以“刑法”命名的法典，是朝鲜法制近代化历程中的集大成法典。“大韩帝国”政府废止了1897年由日本的法律顾问制定的《刑法草案》，于1898年设立了“法律基础委员会”，开始独自制定新式的刑法典。草案制定后又任命刑法校正官加以审议和修正，于1905年正式颁行。通过分析《刑法大全》的结构和条文，可以确知《大明律》对《刑法大全》的巨大影响。《刑法大全》在当时的社会并没有实施的条件，因为20世纪初的朝鲜不仅没有系统的法政教育，也没有熟悉《刑法大全》的司法实务者，因此《刑法大全》的规定多数停留在了字面上，但它的颁行仍然有划时代的意义。

《刑法大全》共由5编17章158节680条构成，使用汉文谚文混用的

---

① 闟：朝鲜汉字，意为失物。

② 《朝鲜王朝实录》，高宗实录卷43，40年8月3日（公历）。

形式书写。《刑法大全》摆脱了《大明律》和朝鲜国典中吏、户、礼、兵、刑、工的六分法，而是采用了法、罪、刑、律的四例体系，艰难地突破了作为朝鲜“祖宗成宪”的六典体系。《刑法大全》中的“法”“罪”“刑”类似今天的刑法总则，“律”类似今天的刑法分则。虽然《大明律》也有类似总则的“名例律”，但《刑法大全》大幅增加了总则的比重，已经具有近现代刑法的雏形。下面分别论述《刑法大全》的“法”“罪”“刑”“律”四例。

法例由一章、八节构成，规定了《刑法大全》的适用范围、管辖、拘留和搜查的法定程序、民事与刑事案件的时效和审判期限，并简要说明了法典中出现的法律用语。作为其第一节的“本法律施用权限”，有如下特点。第一，第 1 条明确规定了法典的适用对象，即一般人民中的犯罪者。这里的一般人民（民人）指的是除军人外的一般官吏、庶人和使役。① 第二，规定了《刑法大全》可以像《大明律》的“引律比附”一样对法律做出类推解释，但明确禁止了关于死刑犯罪的类推解释。②

罪例由一章、九节构成，规定了犯罪的一般定义及皇室犯、国事犯（政治犯）、公罪、私罪、首犯、从犯等各类和犯罪有关的概念。如第 66 条中首次引入了“法益”的概念，将之规定为“违背国家之常典或人民之通义，侵害或坏乱公益私益或公权私权”的行为。

刑例由一章、十九节构成，规定了刑罚的种类和刑罚的加重和减轻原则等事项，将甲午改革后数次变革的刑罚制度加以整理和明确，涵括了主刑和附加刑等刑罚的执行程序，共犯、未遂犯和自首人员的刑量，以及关于赎钱的征收等规定。

律例作为刑法分则，分为上编和下编，由十四章 122 节构成，详细规定了各类具体犯罪行为的处罚和刑量，其中的许多条文直接取自《大明律》，并将散在于吏、户、礼、兵、刑、工律中的条文按新的分类方式重新进行了整合。

在法典的最后是一条附则（第 679 条），其中规定了《刑法大全》制定以前的所有刑事法律全部废止，从而结束了甲午改革后新法和旧法并用

---

① 《刑法大全》41 조，“民人이라稱은軍人을 除外에一般官吏와庶人과使役을 謂이라”。

② 《刑法大全》2 조。

的混乱状况，《大明律》至此正式退出朝鲜半岛的法制舞台。而在《刑法大全》的凡例中，就明确说明了其制定时参酌的法源，“本法律是《大典会通》与《大明律》、新颁律参互而集成之”，并“因古今异宜而刑名不同，故有加重减轻之折衷”，点明了《大明律》仍是其制定时所参考的重要法源。

那么《大典会通》与《大明律》、改革后新颁布的法律在《刑法大全》中各占多大比重，其又是如何加减折中的呢？这些问题对考察《刑法大全》与传统刑律的关系，以及《大明律》在朝鲜法律体系中地位的变化有重要意义。这就需要确知《刑法大全》各项规定的出处和来源（见表4）。

表4　《刑法大全》各项规定的法律来源①　单位：条，%

参考法典		《大明律》	《大典会通》	改革后法令	增补	合计
规定的数量及占比	法理、罪例、刑例	69 (36.9)	14 (7.5)	65 (34.8)	39 (20.9)	187 (100)
	律例	444 (60.5)	10 (1.4)	85 (11.6)	195 (26.6)	734 (100)
	总计	513 (55.7)	24 (2.6)	150 (16.3)	234 (25.4)	921 (100)

表4中的“改革后法令”指的是朝鲜在1894年甲午改革以后制定颁布的《贼盗处断例》《刑律名例》《邮递事项犯罪人处断例》等各类法令，以及《陆军法律》《刑法草案》等刑事法典。而“增补”类指的是在《大典会通》《大明律》和改革后新颁布的法律中均无法找出其来源，而在制定《刑法大全》时首次追加的各项规定，包括为具备近代法典的形式而新制定的条文，以及与警察和裁判所有关的规定，与外国和外国人相关的规定等为适应近代社会而新制定。因此《刑法大全》中按出处划分为“改革后法令”和“增补”的部分属于朝鲜在近代化时期新颁布的

① 심재우, 2007, “조선말기 형사법 체계와《대명률》의 위상”,《역사와 현실》65, 145—146 면.

法律规定。

我们先看《刑法大全》中相当于刑法分则的律例部分。这一部分的规定中，源于《大明律》的规定达到 60% 以上。如作为律例上编第一章“反乱所干律”第一节的“反逆律”，其三项规定就直接取自《大明律》的“谋反大逆”条①。第二章“职权所干律”的各项规定多数源于包括《大明律》“祭享”条②在内的吏律、礼律、兵律、工律的各项规定，只是根据近代法典相应的犯罪类型对散见于《大明律》各处的法律规定加以整合而已。改革后新制定的法规在《刑法大全》分则部分的比重则不到四成，而作为朝鲜本国法典代表的《大典会通》在分则部分的比重最小，几乎可以忽略不计，可知立法者并未太多参考本朝的传统立法。据此可知，《大明律》在《刑法大全》规定各类具体犯罪的律例部分所占的比重具有压倒性的优势。

而相对于作为分则的律例来说，作为刑法总则的法例、罪例和刑例的情况就略有不同了。法例、罪例和刑例中《大明律》所占比重略低，而新制定法令的比重则超过半数。这一时期“旧本新参”的立法原则体现为分则以“旧本”为主，而总则以“新参”为主。而即便是如此，总则部分源于《大明律》的法规数量仍超过 1/3。法例、罪例和刑例之中援引的传统时期律法主要有《大明律》的“名例律”，《大典会通》刑典“听理”“恤囚”“禁刑日”项的相关条文，礼典“祭祀”“丧葬”“五服”项的相关条文等。甲午改革后颁布的新法令中，总则部分引用最多的要数 1900 年制定的《陆军法律》中的条款了。

由于 19 世纪末 20 世纪初的朝鲜仍处于从中华法系向近现代法制转换的过渡时期，所以《刑法大全》仍残存了大量传统法制的特征。如罪刑法定原则相悖的“引律比附”（第 2 条）和“不应为”（第 678 条，即正文的最后一条），以及虽名为“刑法”，但却保留了许多非刑事法条文而带有某种综合法典的特征等，以及民刑不分、重刑轻民的特征等。又如其许多法律条文直接照搬《大明律》的相关规定，因此也有许多显得烦琐和不尽合理的地方。另外，对死刑的最终决定权仍在国王手中（第 102

---

① 《大明律》，刑律，贼盗，谋反大逆。

② 《大明律》，礼律，祭祀，祭享。

条），有关击铮和上言的禁止条款（第 275、276 条）和部民告诉禁止法（第 279 条）等都带有传统时期社会控制的特点。

《刑法大全》的颁行使朝鲜传统的刑罚制度得到了根本转变，刑罚的基本类型从原来的笞、杖、徒、流、死等类型变成了笞刑、禁狱刑、役刑、流刑和死刑这五种类型。死刑仅有绞刑一种类型；流刑仅对叛乱罪和官员的公职犯罪适用，分为一年、一年半、两年、两年半、三年、五年、七年、十年、十五年和终身十等；役刑也分为一年、一年半、两年、两年半、三年、五年、七年、十年、十五年和终身十等；禁狱刑分为一个月到十个月共十等；笞刑分为笞一十到笞一百共十等。相较传统时期，《刑法大全》合并了笞刑和杖刑，统一成笞刑一种类型，引入了剥夺犯罪嫌疑人自由的监禁刑，除政治犯和公职犯罪外，将原来流刑和徒刑统一替换为监禁刑。不仅如此，《刑法大全》将死刑犯的处决方式人性化，将原来的斩刑和凌迟刑（车裂刑）等残酷的处决方式全部废除，仅保留了绞刑这种留有全尸的死刑执行方式。当然，斩首作为一种历史悠久的刑罚，其废除也不是一蹴而就的，其从甲午改革时被正式废除，到 1900 年时又暂时恢复，而通过《刑法大全》的颁布，斩刑终于结束了其在朝鲜半岛上的历史。

综观《刑法大全》的法定刑罚种类可知，虽然其仍保留了笞刑这一身体刑，但却用监禁刑替代徒流，并废除斩刑、凌迟等死刑的执行方式，能够看出朝鲜末期的刑罚朝着现代刑罚体系迈出了一大步。另外，连坐刑的废除也使朝鲜法制中的刑事责任开始仅限于当事者本人，其家庭成员及近亲属不再受到株连，也可以称作历史的进步。而《大明律》作为刑事法的核心贯穿朝鲜王朝五百年，与李氏朝鲜相始终，直到 20 世纪初仍不曾动摇，其在近代朝鲜的立法者心中仍具有崇高的地位，从而反映出以中国传统法制为核心的中华法系自有其内在的合理性，中华法系于一定程度上可以与现代法制相融合而有着较强的可塑性。

第三篇

职　　制

第三章

中　央

第一节　国初的官制改革

开国之初的朝鲜基本沿袭了高丽时期的官制，直到太宗五年（1405）方才基本确立朝鲜自身的官制。依照太祖即位当年（1392）颁布的中央官制，中央最高政务衙门是“都评议使司”（也称“都堂”）、“门下府”、“中枢院”和“三司”，“六曹”则为其执行衙门。太祖初期的门下府作为行政衙门之首而总理万机，包括对上奏的传旨、官吏的任免、百官的谏诤和地方的行政事务等。六曹则受领门下府之命执行其所辖事务，但却不得干预政务。三司负责包括会计和审计在内的中央财政事务。都评议使司是“议政府”的前身，是当时的最高议政衙门，所有大小政事都由都评议使司决议。立国初期的国王除握有兵权外，基本不掌握其他实权，所有的国政都由都评议使司决议后，经门下府而颁行全国。都评议使司由门下府、三司和中枢院三个衙门中的二品以上重臣组成。都评议使司下设“经历司”和“检详条例司”，经历司负责钱谷出纳、事件记录和调查以及公文处理，检详条例司负责有关法制的事务。

随着分权的必要性日益凸显，朝鲜于定宗二年（1400）进行了第一次官制改革。[①] 第一次官制改革废除了都评议使司而新设立了议政府。中枢院的军政事务移交于“义兴三军府”，因而其不再掌握军权。将原中枢院官员按职能分到新设立的“三军府”和“承政院”两个机构之中。中枢院作为国王秘书的职能由承政院代替。原来在官制外的三军府这时纳入

① 《朝鲜王朝实录》，定宗实录卷4，2年4月6日。

正式官制之中，其升格也意味着原来大多由宗亲豢养的私兵被改编而纳入国军的编制。朝鲜同时规定三军府的在职军官不得加入议政府，从而保证了行政和军队间的分离。

但是，因组成议政府的主要官员多是门下府的宰臣，所以议政府和门下府在职能上就有了重叠。因而在中枢府被革除一年多后，朝鲜在太宗元年（1401）七月为强化王权又进行了第二次官制改革。[①] 这次改革一是废除了门下府而将“百揆庶政”的宰臣们全都移至议政府；二是新设立“司谏院”以行使原门下府的谏诤职责；三是将三司改称“司平府”；四是将“艺文春秋馆”一分为二，“艺文馆”负责制撰而“春秋馆”负责记录国史；五是将义兴三军府改称“承枢府”。这次改革使得军务和政务相互分离，国王直接掌握军务，武官和宗亲不得干预政务。

朝鲜在太宗五年（1405）又进行了第三次官制改革[②]，这次改革最终确立了以“议政府—六曹体制”为核心的朝鲜官制。这次改革一是废除了司平府，将其所辖政务移交给户曹；二是废除了承枢府，将其所辖政务移交兵曹；三是将“尚瑞司”任免文武官僚的职能分别移交吏曹（文官）和兵曹（武官），从此以后朝鲜文武官员的人事任免由六曹中的吏、兵两曹负责；四是议政府的庶务按其职能分别编入吏、户、礼、兵、刑、工六曹，有先例参照的事务可由六曹直接决定而不必再经议政府决议，从而扩大了六曹的权限；五是由于六曹权限的扩大，改变了六曹单纯为执行衙门的性质，六曹从正三品衙门一跃成为正二品衙门，可直接参与朝廷政务；六是确立了属衙制度，确定了六曹各自的所属衙门，使得大部分官衙都分属六曹。

第三次官制改革的意义深远，它使得六曹的权力大增，使国王和六曹间建立了直接联系，庶务移交给六曹便意味着议政府几乎无法干预日常的行政事务，使得宰相们的权力大减。因而改革意味着强化王权而削弱相权，朝鲜中央集权的体制得到进一步强化，因而官制的改革从提出到真正实施又经历了多次的反复和论辩。这一漫长阶段是从第三次官制改革开始，到《经国大典》对中央官制的最终确立为止。如太宗八年（1408）

---

① 《朝鲜王朝实录》，太宗实录卷2，1年7月13日。

② 《朝鲜王朝实录》，太宗实录卷9，5年1月15日。

左政丞成石璘关于明确议政府和六曹权责的上奏中，就援引宋代名臣上官均、司马光的奏议加以论述：

> 始以议政府庶务，归之六曹。左政丞成石璘等上言："谨按宋臣上官均、司马光奏议，其略云：'宰相不当关决细务，盖位有卑高，则事有烦简，事有烦简，则心有劳逸。位尊者宜逸，不逸则不足以谋天下之大务；位卑者宜劳，不劳则不足以理天下之庶事。夫宰相之职，弼谐人主，运旋枢极，其视百官，位尊任重，天下之事，无所不总。然而所该者众，则力有所不逮，致详于小，则大有所不及，此势之必然。今之六部尚书，分领列部，委寄选任，不为不重。乞以省中事务，类分轻重，旧有条例，事不至大者，并委六部长官，应奏上者奏上，应行下者行下；其有或改条贯及事关大体，非六部所能专决者，即申都省。若六部尚书判断不当及住滞不决，则别委不干碍官，定夺是非。所贵上下相承，各有职分。如是则位愈高者任愈大，任愈大者事愈简。事简心逸，则天下之大务，得以熟虑而详究，长策远驭，建万世之基业。较省览诉牒劳心细务，利之大小，固相远矣。'我朝议政府六曹之设，与宋朝同制，其议论又切中今时之弊。今六曹判书，皆增其秩，以曾经两府者为之，其委任各有所掌，又有其属，本府则无所不总，而持其大体者也。今乃劳于烦冗细务，反若六曹之所役属，大失设官分职之体。自今凡事之有前例者，皆委各曹，有别例，然后呈报本府。本府参酌轻重，应启闻者启闻，应行移者行移；其各曹所为，如有错误住滞者，本府考察勤慢，定夺是非。如此则大小相维，烦简相济，宰相不劳于细务，庶官不至于旷职，纲举目张，其于治道，庶几得体矣。"从之。①

从左政丞成石璘的上奏可知，虽然在太宗五年（1405）的改革中已经明确将议政府的庶务归于六曹管辖，但直到太宗八年（1408）才开始正式施行。无论是朝鲜的第三次官制改革，还是成石璘的奏议，其官制（政府职能）的设计理论基本都源于我国宋代的官制。正如其在上奏中所

① 《朝鲜王朝实录》，太宗实录卷15，8年1月3日。

言，“我朝议政府六曹之设，与宋朝同制”。因此可以断言，奠定朝鲜王朝五百年基业的朝鲜初期的制度设计，其直接模仿和效法的对象应是宋制。宋代监察御史上官均认为，“位尊者宜逸”而“位卑者宜劳”，宰相（都省）不应当决断细碎的事务，而应该腾出时间和精力来谋划天下大事。各项庶务则应由六部分管。成石璘则认为，在朝鲜与宋朝同制的情况下，上官均等人的观点正好切中了朝鲜的时弊，所以朝鲜也应像宋朝一般，将“大务”归属议政府，将“细务”归属六曹，使得“大小相维，烦简相济”，这样才是纲举目张的制度设计。他的这一建议得到了太宗大王的准允。而到了太宗十四年（1414），大臣们对六曹的权限也有过广泛讨论：

> 分政府庶事，归于六曹。初，河仑请见启曰：“宜革政府，使六曹启事。”俄而，上召礼曹判书偰眉寿曰：“向者革政府之议，出自予心。去冬台谏因小失，请革之，予乃不从。今左政丞告予云：‘我朝之制，皆仿中朝，宜以政府之事，分付六曹，以效六部之例。’卿等参定以闻。”于是，礼曹上启目曰：“谨按《文献通考》，虞、夏、商设三公四辅，参职天子。周立三公三孤，论道经邦，寅亮天地之任，使六卿分职，以天官卿为冢宰，以佐王均邦国。汉初置丞相，成帝置三公，比丞相。唐以三省长官为宰相，宋以同平章事为宰相。今朝廷罢中书省，使六部分职，此即成周之遗意。然不置冢宰，六部各以职事直奏，奉旨施行。有所拟议，六部长官会于主议部，同议以闻。乞令六曹各以职事直启，奉旨施行，有所拟议，六曹长官同议以闻。以年德俱高、识达治体者，置议政府，有军国重事，会议以闻。”……上曰：“功臣岁久年耆，则当为府院君，而年德高迈者多。六曹位少，宜仍置政府以处之。”初，上虑政府权重，思有以革之，郑重未遽，至是行之。政府所掌，唯事大文书及覆按重囚而已。今虽革议政府权重之弊，然权分六曹，无所统一，庶事莫适禀承，事多碍滞云。①

① 《朝鲜王朝实录》，太宗实录卷27，14年4月17日。

仅仅时隔六年后，朝鲜官员对议政府和六曹职能、官府的权力架构方面的看法就发生了极大变化。朝鲜在太宗八年（1408）时效法的对象是宋制，而到了太宗十四年（1414），效法的对象就已从宋制变为明制了。而如果连同从朝鲜立国之初所短暂延续的高丽旧制更类似唐制的这一事实来看，朝鲜初期短短的二三十年间就经历了从唐制到宋制，再从宋制进一步想要改为明制的快速转变。在倾慕中国制度文明的背景下，朝鲜初期仅用了短短几十年的时间就完成了中国几百年才完成的中央集权的渐进历程，朝鲜中央集权的速度之快、决心之大可见一斑。而上文中礼曹在考察了舜帝、夏代、商代、周代、汉代、唐代、宋代等历代官制的变迁和大明的中央官制后认为，大明废中书省而分职于六部的做法乃是遵循了周代之遗教，朝鲜理应模仿大明而扩大六曹的权限。左政丞甚至认为朝鲜应该追随大明废除丞相（议政府）制度。因为国王担心议政府权力过大，所以有心将之革除，在实际操作时仅保留了议政府关于对明事大文书和复核重罪囚犯等职能，议政府的职能在这时几乎被架空，仅仅充当“年德高迈者”顾问的角色，从中可见朝鲜初期王权与相权的此消彼长。议政府和丞相的职能被架空而国王独掌大权后，因为没有统一的决议机关而使得中央的行政效率下降，政事堆积如山而又得不到及时处理。因相权被削弱后带来的行政效率低下等弊端，所以日后于世宗年间，议政府决议政务的职能又有一定程度的恢复：

> 教曰：“唐虞之际，百揆统九官十二牧；成周之时，冢宰统六卿六十属，而冢宰实三公兼之。或以为：‘汉陈平不对钱谷之数，为得大臣之体。’然不知实亏大臣之职，而汉相之失权，自平始矣。自汉以后，历代之治乱，皆由任相之得失。我太祖开国之初，设都评议使司，以总一国之政，后改为议政府，其任如初。岁在甲午，礼曹启：‘以大臣不宜亲小事，军国重事，议政府会议以闻，其余令六曹各以所职，直启施行。’自是以后，事无轻重大小，皆归于六曹，而不关于政府，政府所与闻，唯论决死囚而已，有违古者任相之意。甲午立法之本意，亦不至于如此也。况此皆祖宗之成宪，但随时损益而已！今依太祖成宪，六曹各以所职，皆先禀于议政府，议政府商度可否，然后启闻取旨，还下六曹施行，唯吏兵曹除授、兵曹用军、刑曹死囚

外刑决，仍令本曹直启施行，随即报于政府。如有未当，政府从而审驳，更启施行。如此则庶合古者专任宰相之意。惟尔礼曹，晓谕中外。”①

上文的国王教旨在先后考证了尧舜、周代、汉代等中国历代的中央官制后认为，历代的治乱，皆取决于宰相一职的选任。同时教旨又考察了朝鲜王朝自立国以来中央官制的流变，认为政事无论轻重大小都归属六曹管辖的改革方案违背了古人任用宰相的本意。因此国王决定，日后除了吏曹和兵曹对于官员的任免、兵曹对于用兵和刑曹对于死囚外的犯人执行等个别政务外，六曹须先禀告议政府，由议政府决议后再奏请国王，从而扩大了议政府的权限，相权得到了一定程度的恢复。世宗十八年（1436）的这一教书使朝鲜的中央权力架构又重新回归到了太宗八年（1408）以前的状态，即从明制又回归到宋制。

世宗之后的朝鲜国王是懦弱的文宗和幼主端宗，因而议政府的宰相们趁机强化了相权，使得王权被极度弱化。而在1455年首阳大君通过发动政变即位为世祖大王后，随着他对权力的专断，中央官衙又重新回到了六曹署事制度，议政府的职能则被再度剥夺。与此同时，扩大了承担国王秘书职能的承政院的权力，因而出现了任命承政院官员为宰相的“院相制”。“院相”承担了国王和六曹间的沟通职责，扮演了原来议政府的角色，但此时的院相还未上升成正式制度。直到世祖十四年（1468）申叔舟等官员成为院相并议决庶务，以及睿宗即位（1469）后申叔舟、韩明浍等重臣担任院相后，院相制才正式成为朝鲜的官制并逐渐发展出类似先前议政府决议政事的相关权责。②

随着六曹权力的扩大和院相制的产生，议政府的职能逐渐虚化。《经国大典》将议政府的职责规定为“总百官、平庶政、理阴阳、经邦国”③，虽在形式上仍是以议政府为中心的宰相制，但是许多具体职能在《经国

① 《朝鲜王朝实录》，世宗实录卷72，18年4月12日。

② 《朝鲜王朝实录》，成宗实录卷67，7年5月3日，“汉城府录宫阙临压家名数以启，传曰：‘四百余家，不可一朝尽撤。然将何处而可？其议于院相。’”

③ 《经国大典》，吏典，京官职，议政府。

大典》中被遗漏，比如议政后启闻和行移的权力，以及监督六曹和定夺是非的权力都被有意忽略。而议政府的职责在《经国大典》礼典和吏典中出现的最多，其主要集中于礼典的“朝仪”“事大”和吏典的“京官职”等项，以礼仪的、形式上的内容居多。当然，《经国大典》对其他衙门职责的规定也较为抽象和模糊，大都尽量避免细节性的内容，这样便为后世的变通留下了余地，并能持久发挥其作为朝鲜根本大法的生命力。

第二节 中央官制

朝鲜的中央官制与同期的我国明代有许多的共同点。第一，在中央行政上，朝鲜是以“议政府—六曹”为主的体系，而明初则是以“中书省（内阁）—六部”为核心的体系。洪武帝在废除中书省后，六部尚书可以直接上奏皇帝，而朝鲜和大明类似，也允许六曹直启。大明在弘治年间用内阁取代了中书省，而朝鲜于《经国大典》颁布后明确规定六曹归议政府统辖和指挥，从而调整了朝鲜初期议政府与六曹分庭抗礼的局面。

第二，在中央军政上，朝鲜是以“五卫都总府—兵曹”为主的体系，而大明是以“五军都督府—兵部”为核心的体系。明初曾有“大军都督府”总揽军政，在被洪武帝革废后军权分散到前、后、左、右、中“五军都督府”之中。而朝鲜初期同样有“三军都总制府”，后经多次官制改革后，在《经国大典》中定为“五卫都总府”。但与明代的五军各有指挥部不同，朝鲜只有一个总的指挥部。与大明由兵部握有人事权、由五军都督府握有军令权相同，朝鲜也由兵曹握有人事权、由五卫都总府握有军令权。

第三，在中央刑政上，朝鲜与大明都由“三法司”承担司法职能。朝鲜的“三法司”指刑曹、司宪府和义禁府（或汉城府），而大明的“三法司”是指刑部、都察院和大理寺。刑曹和刑部作为主要的司法机构，司宪府和都察院则是监察机构，大理寺和义禁府作为特别司法机构。朝鲜的大案和要案由议政府、台谏和义禁府共同参与，称为“三省推鞫”，命案则需全体朝臣集议，称为“三覆”。大明则由刑部、都察院和大理寺共同施行，称为“三法司会审”，大狱也由全体朝中大臣集体“朝审”。

第四，在地方的民政、兵政和刑政上，朝鲜由观察使（主管民政、刑政）和节度使（主管军政）负责，而大明是由布政司（主管民政）、都司（主管兵政）和按察司（主管刑政）负责。道和布政司以下，朝鲜和大明的地方官均总领当地的民政、兵政和刑政事务。可见，在地方官制上，朝鲜与大明也有许多相似之处。

朝鲜王朝的官僚分为文班（东班）和武班（西班），合称为“两班”，因此朝鲜常常以两班指代士族。东、西两班又各自分为京官职（中央）和外官职（地方）。朝鲜王朝的官职共分成九品，每品又分正、从二等，共计十八品阶，而正三品又分为上下两阶，即“堂上官”和“堂下官”。正三品上阶以上的官员称为“堂上官”（尊称为“令监”），正三品下阶以下的官员称作“堂下官”，其中从六品以上官职称为“参上官”，正七品以下官职称作“参下官”。由参下官升任参上官是仕途中的一道重要门槛，称作“陞六”或“出六”。而官职按性质又分为“流内”的实职和“流外”的散职（也称“影职”或“杂职”），实职又分为“禄官”和“无禄官”，禄官又分为“正职”和“递儿职”[①]。其中四品以上文官和二品以上武官称“大夫”，五品以下文官称“郎”，三品和四品武官称“将军”，五品和六品武官称“校尉”，七品以下武官称“副尉”。官职全称以“阶、司、职”为序，如位极人臣的议政府领议政官职的正式名称是“大匡辅国崇禄大夫（阶）议政府（司）领议政（职）”。

我国的勋爵制度很早就传入了朝鲜半岛。高丽时期的勋号分“上柱国”和“柱国”二等，爵位分公、侯、伯、子、男五等，“公”又分成“国公”和“郡公”。朝鲜立国后，因尊奉大明而谨行事大之礼，因而朝鲜主动废除了勋爵制度。宗室诸公改封为“府院大君”，臣僚的侯、伯等爵位改称“府院君”或“君”。随着时间的推移，朝鲜的封君有泛滥的趋势，因而《经国大典》规定只有王妃的父亲和二品以上宗亲、功臣才能封君。[②] 朝鲜的君号依照惯例，嫡出的王子封“大君”，庶出的王子封为

① 递儿职：无固定俸禄、每季按业绩发放俸禄的官职。“递儿”是朝鲜语“아나”的训读，官员去官后如没有递迁的职位，多半会被任命为递儿职。递儿职分文官递儿、武官递儿和杂职递儿，数量上以武官居多。

② 《经国大典》，吏典，京官职，封君。

“君”，两者是不计入品阶的；世子、大君、王子君的子、孙、曾孙按是否嫡长和辈分亲疏分别封为“君”（正一品至从二品）、“正”（正三品）、“副正”（从三品）等[①]；国舅封为“府院君”，正一品；功臣封为“君”，正一品至从二品不等，功臣的封号可以世袭。

朝鲜王朝中央官制的基本架构是“国王—议政府—六曹”。中央官制可分为一般的中央官制和特殊的中央官制。一般的中央官制中有作为国王秘书处的承政院，有作为中央监察机构的司宪府和司谏院，还有作为咨政机关的弘文馆、艺文馆、春秋馆、义禁府等，这些衙门都不受议政府和六曹的节制。而受议政府和六曹节制的则有汉城府、水原府、广州府、开城府和江华府等。虽然地理位置上广州府、水原府、开城府和江华府不在京城，但因为其是旧都或要塞之地，并且全部位于京畿重地，负有拱卫京师的职责，因此均将其作为“京官职”。

朝鲜特殊的中央官衙则有宗亲府、忠勋府、仪宾府、敦宁府、内外命妇、内侍府等。宗亲府是宗室诸君的衙门；忠勋府是“诸功臣之府”[②]；仪宾府是“尚公主、翁主者之府”[③]，类似于驸马府；敦宁府是“王亲、外戚之府”，是太宗十四年（1414）为防止王族和外戚等人干政而专门设置的，朝鲜王亲、外戚的范围是“宗姓九寸、异姓六寸以上亲，王妃同姓八寸、异姓五寸以上亲，世子嫔同姓六寸、异姓三寸以上亲”。[④] 另外，常伴国王左右而能对国王施加影响的有内外命妇与内侍府。

内命妇 内命妇分为“王”和“世子宫”两大类，又各分为“侧室”和“宫人职”（宫女）两类，王妃和世子嫔作为国王和世子的正妻不列入其中。国王的侧室共有正一品到从四品八个等级，分别是嫔（正一品）、贵人（从一品）、昭仪（正二品）、淑仪（从二品）、昭容（正三品）、淑容（从三品）、昭媛（正四品）、淑媛（从四品）；国王的宫人共有正五品到从九品十个等级，分别是尚宫·尚仪（正五品）、尚服·尚食（从五品）、尚寝·尚功（正六品）、尚正·尚记（从六品）、典宾·典

① 《经国大典》，吏典，京官职，正一品衙门，宗亲府。
② 《经国大典》，吏典，京官职，正一品衙门，忠勋府。
③ 《经国大典》，吏典，京官职，正一品衙门，仪宾府。
④ 《经国大典》，吏典，京官职，正一品衙门，敦宁府。

衣·典膳（正七品）、典设·典制·典言（从七品）、典赞·典饰·典药（正八品）、典灯·典彩·典正（从八品）、奏宫·奏商·奏角（正九品）、奏变徵·奏徵·奏羽·奏变宫（从九品）。世子的侧室共分四等，分别是良娣（从二品）、良媛（从三品）、承徽（从四品）、昭训（从五品）；世子宫的宫人共分为四等，分别是守闺·守则（从六品）、掌馔·掌正（从七品）、掌书·掌缝（从八品）、掌藏·掌食·掌医（从九品）。①

外命妇 外命妇包括国王之女、王妃之母、王世子之女、大殿乳母、宗亲之妻、文武官员之妻等，国王的嫡女称“公主”，国王的庶女称“翁主”，王妃的母亲为“府夫人”（正一品）、国王的乳母称“奉保夫人”（从一品）、王世子的嫡女为“郡主”（正二品）、王世子的庶女为“县主”（正三品）。宗亲之妻分别封为府夫人、郡夫人、县夫人、慎夫人、慎人、惠人、温人和顺人等，品阶从正一品至正六品不等。文武官员的正妻分别封为贞敬夫人、贞夫人、淑夫人、淑人、令人、恭人、宜人、安人、端人和孺人等，品阶从正一品到从九品不等。②

内侍府 内侍府是宫中宦官的衙门，其掌管“大内监膳、传命、守门、扫除之任”③，共设140人，其中有品阶的共计59人，宦官的级别是从二品的“尚膳”至从九品的“尚苑”共十五等。由于内侍在国王的侧近，因此常常对朝鲜的政治施加影响。

议政府、备边司 议政府的职能是“总百官、平庶政、理阴阳、经邦国”，是名义上的中央最高行政机构。设领议政和左右议政各一员（即三公，正一品）、左右赞成各一员（从一品）、左右参赞各一员（正二品）、舍人二员（正四品）、检详一员（正五品）、司录二员（正八品）。④议政府的权责随王权与相权的消长而不断变化。随着倭寇和女真势力的侵扰而使得朝鲜更加重视边防，到中宗十二年（1517）始置“备边司”，明宗十年（1555）将备边司纳入正式官制，其职责是“总领中外军国机务”。⑤

---

① 《经国大典》，吏典，内命妇。

② 《经国大典》，吏典，外命妇。

③ 《经国大典》，吏典，内侍府。

④ 《经国大典》，吏典，京官职，议政府。

⑤ 《续大典》，吏典，京官职，备边司。

朝鲜中期后的备边司掌握政务和军务，成为总领内政外交、财政、军事等一切军国机务的最高权力机构。虽然其名称一直称备边司，但其职能已与议政府无异。备边司设都提调（正一品）和提调（从二品以上），都提调由前任和现任议政大臣兼任，提调则不限定人数，吏、户、礼、兵等曹判书和高级武官均可兼任，基本上整合了议政府和六曹的主要职能。议政府在官制上虽然延续到朝鲜末期，但其实权却早已被备边司取代。其间也有大臣曾主张让备边司的职能回归议政府，但直到朝鲜末期，备边司一直掌握着实权。

六曹　六曹分为吏曹、户曹、礼曹、兵曹、刑曹、工曹，均是朝鲜的正二品衙门。每曹均设判书一员（正二品）、参判一员（从二品）、参议一员（正三品）①，这三位大员并称为"三堂上"。其僚属则有正郎三员（正五品）、佐郎三员（正六品）②，正郎和佐郎并称为"郎官"。另外，户曹和刑曹还各有掌握专业技术的官吏，如户曹设"算学"九人，刑曹设"律学"九人。

太宗大王掌握实权后，于太宗五年（1405）推行了以周制为蓝本的三公六卿制的改革，其主要参酌《周礼》六官和《尚书·周官》中的三公说，形成了以"议政府（三公）—六曹（六卿）"为核心的中央官制。三公即议政府的三政丞，分别是领议政、左议政、右议政，而六卿则是指六曹的长官。因此，《周礼》中六官的称谓也成为朝鲜六曹的别称。六曹分别对应了六官中的天官（吏曹）、地官（户曹）、春官（礼曹）、夏官（兵曹）、秋官（刑曹）、冬官（工曹）等。六曹的长官也分别对应于《周礼》中六官的名称，即冢宰（吏曹判书）③、司徒（户曹判书）④、宗伯（礼曹判书）⑤、司马（兵曹判书）⑥、司寇（刑曹判书）⑦、司空（工曹判书）⑧，朝鲜对中国古典制度的钦慕可见一斑。六曹的职责在《经国

① 兵曹另加正三品参知一员。

② 兵、刑两曹另各加正郎、佐郎一员。

③ 首见于《朝鲜王朝实录》，中宗实录卷38，15年3月4日。

④ 首见于《承政院日记》，康熙七年（显宗9年）9月17日。

⑤ 首见于《朝鲜王朝实录》，睿宗实录卷5，1年5月20日。

⑥ 首见于《朝鲜王朝实录》，世祖实录卷25，7年8月17日。

⑦ 首见于《朝鲜王朝实录》，成宗实录卷109，10年10月1日。

⑧ 首见于《朝鲜王朝实录》，成宗实录卷181，16年7月8日。

大典》中规定如下。

吏曹“掌文选、勋封、考课之政”，辖文选司、考勋司、考功司三个属司。[①] 文选司掌管宗亲、文官、杂职、赠职的除授，告身、禄牌、文科、生员、进士的赐牌、差定、取才、改名及赃污、败常人录案等事务；考勋司掌管宗宰、功臣的封赠、谥号、享官、老职以及命妇爵帖、乡吏给帖等事务；考功司掌管文官的功过、勤慢、休假，诸司衙前仕日，辨理乡吏子孙等事务。吏曹辖 7 个属衙，分别是忠翊府（从二品）、内侍府（从六品）、尚瑞院（正三品）、宗簿寺（正三品）、司饔院（正三品）、内需司（正五品）、掖庭署（从六品）。[②]

户曹“掌户口、贡赋、田粮、食货之政”，辖版籍司、会计司、经费司三个属司。[③] 版籍司掌管户口、土田、租税、赋役、贡献、劝课农桑、考验丰凶及赈贷、敛散等事务；会计司掌管首都和地方的储积、岁计、解由、亏欠等事务；经费司掌管京中的支调以及倭人粮料等事务。户曹辖 17 个属衙，分别是内资司（从六品）、内赡司（从六品）、司䆃寺（从四品）、司赡司（正三品）、军资监（正三品）、济用监（正五品）、司宰监（从四品）、丰储仓（正四品）、广兴仓（正四品）、典设司（从六品）、平市署（正五品）、司醞署（正五品）、义盈库（从六品）、长兴库（从六品）、司圃署（从六品）、养贤库（从六品）、五部（正五品）。[④]

礼曹“掌礼乐、祭祀、宴享、朝聘、学校、科举之政”，辖稽制司、典享司、典客司三个属司。[⑤] 稽制司掌管仪式、制度、朝会、经筵、史官、学校、科举、印信、表笺、册命、天文、漏刻、国忌、庙讳、丧葬等事务；典享司掌管宴享、祭祀、牲豆、饮膳、医药等事务；典客司掌管使臣、倭人和野人的迎接、外方朝贡宴设、赐与等事务。礼曹辖 30 个属衙，分别是弘文馆（正三品）、艺文馆（正三品）、成均馆（正三品）、春秋馆（正三品）、承文院（正三品）、通礼院（正三品）、奉尚寺（正三品）、校书馆（从二品）、内医院（正三品）、礼宾司（从六品）、掌乐院

---

① 《经国大典》，吏典，京官职，正二品衙门，吏曹。

② 《经国大典》，吏典。

③ 《经国大典》，吏典，京官职，正二品衙门，户曹。

④ 《经国大典》，户典。

⑤ 《经国大典》，吏典，京官职，正二品衙门，礼曹。

（正三品）、观象监（正三品）、典医监（正三品）、司译院（正三品）、世子侍讲院（正三品）、宗学（正四品）、昭格署（正五品）、宗庙署（正五品）、社稷署（正五品）、冰库（从六品）、典牲署（从五品）、司畜署（从六品）、惠民署（从六品）、图画署（从六品）、活人署（从六品）、归厚署（从六品）、四学（从六品）、文昭殿、延恩殿、畿内诸陵殿[①]。[②]

兵曹"掌武选、军务、仪卫、邮驿、兵甲、器仗、门户、管钥之政"，辖武选司、承舆司、武备司三个属司。[③] 武选司掌管武官、军士、杂职的除授、告身、禄牌、附过、给假及武科等事务；乘舆司掌管卤簿、舆辇、厩牧、程驿、补充队、皂隶、罗将、伴倘等事务；武备司掌管军籍、马籍、兵器、战舰、点阅军士、训练武艺、宿卫、巡绰、城堡镇戍、备御征讨、军官军人的差送番休、给保给假、侍丁、复户，以及火炮、烽燧、改火禁火、符信、更签等事务。兵曹辖 6 个属衙，分别是五卫（正三品）、训练院（正三品）、司仆寺（正三品）、军器寺（正三品）、典设司（从六品）[④]、世子翊卫司（正五品）。[⑤]

刑曹"掌法律、详谳、词讼、奴隶之政"，辖详覆司、考律司、掌禁司、掌隶司四个属司。[⑥] 详覆司掌管详覆大辟等事务；考律司掌管律令、按核等事务；掌禁司掌管刑狱、禁令等事务；掌隶司掌管奴隶、簿籍、俘囚等事务。刑曹辖掌隶院（正三品）、典狱署（从六品）两个属衙。[⑦] 刑曹的职责在下一节中做详细说明。

工曹"掌山泽、工匠、营缮、陶冶之政"，辖营造司、攻冶司、山泽司三个属司。[⑧] 营造司掌管宫室、城池、公廨、屋宇、土木工役、皮革、毡罽等事务；攻冶司掌管百工制作、金银、珠玉、铜镴铁的冶铸、陶瓦、权衡等事务；山泽司掌管山泽、津梁、苑囿、种植、炭、木、石、舟车、

---

① 以上三殿为非正规衙门。

② 《经国大典》，礼典。

③ 《经国大典》，吏典，京官职，正二品衙门，兵曹。

④ 典设司与户曹重复所属。

⑤ 《经国大典》，兵典。

⑥ 《经国大典》，吏典，京官职，正二品衙门，刑曹。

⑦ 《经国大典》，刑典。

⑧ 《经国大典》，吏典，京官职，正二品衙门，工曹。

笔墨、水铁、漆器等事务。工曹辖 7 个属衙，分别是尚衣院（正三品）、缮工监（从三品）、修城禁火司（正四品）、典涓司（从四品）、掌苑署（从六品）、造纸署（从六品）、瓦署（从六品）。[①]

在此之外，有十四个官衙并不分属六曹，分别是宗亲府、议政府、忠勋府、仪宾府、敦宁府、中枢府六个正一品衙门，义禁府、五卫都总府两个从一品衙门，汉城府一个正二品衙门，司宪府、开城府两个从二品衙门，以及承政院、司谏院、经筵（厅）[②] 三个正三品衙门。而《经国大典》的六典虽与六曹有着一定关联，但却不可等同。因为六曹仅仅是正二品的衙门，但六典却依据《周礼》而六分，基本规定了国家统治所需的全部章程。如吏典中不仅囊括了六曹的全部属司，还包含有品阶远高于吏曹的议政府等许多中央衙门。与六曹的各个属司全部规定于吏典中不同，对六曹属衙的规定则全部分散在六典之中，如户曹的属衙全部规定于户典，礼曹的属衙全部规定于礼典等。朝鲜中央官僚分为东、西两班，东班为文官，西班为武官，其人事制度也以文武二分，吏典明确了全部文班之职，而兵典则规定了全部武班的官职。所以说，六典在内容体系上并不完全以六曹区分。

承政院 承政院“掌出纳王命”[③]，是掌管王命下达和复命等秘书事务的朝鲜最大机密机构。京城和地方的文书和上奏均经过承政院之手。承政院由六名正三品的堂上官组成，称为“六承旨”，分别是都承旨、左承旨、右承旨、左副承旨、右副承旨、同副承旨各一员，另有正七品的注书二员和事变假注书一员。六承旨分别分担六房的事务，都承旨掌吏房、左承旨掌户房、右承旨掌礼房、左副承旨掌兵房、右副承旨掌刑房、同副承旨掌工房。承政院不仅发挥了国王和百官庶民之间的媒介作用，还可通过入侍和登筵等对时事发表自己的意见，从而在政治上发挥影响力。六承旨有时也可直接奉行王命，或者陪同国王出行。另外，六承旨均兼任经筵的参赞官和春秋馆的修撰官，都承旨还可兼任艺文馆的直提学和尚瑞院的院正，全部占据着中央要职。承旨则负责记录日记和颁行朝报，这些事务有

---

① 《经国大典》，工典。

② 经筵（厅）为非正规衙门。

③ 《经国大典》，吏典，京官职，正三品衙门，承政院。

时只是形式上的。

弘文馆 弘文馆“掌内府经籍、治文翰、备顾问”①，即主要负责管理宫内的经书和史籍、处理官方文书及向国王提供咨询等，是正三品衙门。弘文馆只任用文官，提学（从二品）以上的官职均由其他高官兼任。弘文馆所有官员均兼任经筵官。从副提学（正三品）至副修撰（从六品）均兼任制述国王教旨的“知制教”一职。弘文馆设领事一员（正一品，由议政兼任）、大提学一员（正二品）、提学一员（从二品）、副提学一员（正三品）、直提学一员（正三品）、典翰一员（从三品）、应教一员（正四品）、副应教一员（从四品）、校理二员（正五品）、副校理二员（从五品）、修撰二员（正六品）、副修撰二员（从六品）、博士一员（正七品）、著作一员（正八品）、正字二员（正九品）。

艺文馆 艺文馆“掌制撰辞令”②，主要负责以国王名义起草文书等代拟公文的工作，是正三品衙门。艺文馆只任用文官，提学（从二品）以上官职均由其他高官兼任。艺文馆设领事一员（正一品，由议政兼任）、大提学一员（正二品）、提学一员（从二品）、直提学一员（正三品）、应教一员（正四品）、奉教二员（正七品）、待教二员（正八品）、检阅四员（正九品）。奉教以下的官吏初次任职时，须通过考试方能任用，考试内容包括《通鉴》《左传》和各类史书。

春秋馆 春秋馆“掌记时政”③，主要负责记录当时的政治状况，是正三品衙门。春秋馆的职位均由其他衙门的官员兼任。设领事一员（正一品，由领议政兼任）、监事二员（正一品，由左、右议政兼任）、知事二员（正二品）、同知事二员（从二品）、修撰官（正三品）、编修官（正三品至从四品）、记注官（正、从五品）、记事官（正六品至正九品）。

成均馆 成均馆“掌儒学教诲之任”④，负责文庙祭礼和教育，是朝鲜王朝最高学府。成均馆知事以上官职由其他高官兼任，设知事一员

---

① 《经国大典》，吏典，京官职，正三品衙门，弘文馆。

② 《经国大典》，吏典，京官职，正三品衙门，艺文馆。

③ 《经国大典》，吏典，京官职，正三品衙门，春秋馆。

④ 《经国大典》，吏典，京官职，正三品衙门，成均馆。

（正二品）、同知事二员（从二品）、大司成一员（正三品）、司成二员（从三品）、司艺三员（正四品）、直讲四员（正五品）、典籍十三员（正六品）、博士三员（正七品）、学正三员（正八品）、学录三员（正九品）、学谕三员（从九品）。成均馆的馆生们有着很高的参政热情，经常上疏朝廷发表政见。馆生定额二百名，生员进士科合格者方能入学。

经筵 经筵“掌讲读论思之任”①，是向国王讲读经书、评论经史的机构，负有指导国王学问、提升国王学识的职责。经筵官多由其他衙门的官员兼任，设领事三员（正一品，由议政兼任）、知事三员（正二品）、同知事三员（从二品）、参赞官七员（正三品，由承旨和副提学兼任）、侍讲官（正四品，弘文馆的直提学、副应教兼任）、侍读官（正五品，弘文馆的校理、副校理兼任）、检讨官（正六品，弘文馆的撰修、副撰修兼任）、司经（正七品）、说经（正八品）、典经（正九品）。

第三节 中央司法机关

朝鲜王朝的司法制度基本沿袭自高丽而无大的革新，其特点是司法与行政无明确界限。朝鲜的司法机构在中央的主要有义禁府、司宪府（司谏院）、刑曹、汉城府，在地方主要是观察使和守令。

义禁府 义禁府“掌奉教推鞫之事”②，主要负责奉王命审理谋逆犯人和纲常犯人，是从一品衙门。义禁府的堂上官③共设四员，分为判事（从一品）、知事（正二品）、同知事（从二品），均由其他高官兼任，但没有明确记载其人数。编纂于1908年的《增补文献备考》中提到，义禁府设判事一员，知事一员，同知事两员，但如果正二品知事任命为从二品的话，则同知事可设三员，④ 其职制上表现出一定的弹性。义禁府的堂下官⑤共设十员，分别是经历（从四品）和都事（从五品）等。《续大典》

① 《经国大典》，吏典，京官职，正三品衙门，经筵。

② 《经国大典》，吏典，京官职，从一品衙门，义禁府。

③ 朝鲜正一品至正三品堂上称为堂上官。朝鲜官职分为九品，每品又分正、从，但唯有正三品又分为堂上和堂下，所以共计19阶。

④ 《增补文献备考》卷217，职官考4，义禁府。

⑤ 朝鲜正三品堂下及以下官职称为堂下官。

废除了《经国大典》的经历和都事，改设参上都事五员（从六品）和参外都事五员（从九品）。参外都事任期满九百天后，可擢升为六品官员。①

义禁府源于高丽时期的“巡军万户府”和“司平巡卫府”，太宗二年（1402）改称“巡卫府”，太宗三年（1403）改称“义勇巡禁司”，到太宗十四年（1414）最终改称“义禁府”。其名称的变化反映出义禁府职能上的转变。义禁府原是履行捕盗与禁乱等治安巡查，以及奉国王教旨捉拿和推鞫罪人等职能的公安机构。随着朝鲜官制的逐渐完备，到端宗元年（1453），其治安巡查等负责国都安全的职能移交给五卫都总府，义禁府仅负责依王命推鞫犯人和保卫国王御驾。据《增补文献备考》援引朝鲜文臣许筠的说法，高丽和朝鲜在义禁府的职能上存在显著区别：

> 义禁府故“执金吾”也。……在丽朝巡军府，……专掌禁卫亲军，初置狱以囚禁中犯军令者；中年国王亲决其囚，朝臣忤上旨者或直囚之，盖其时士大夫勿计高下犯罪，则急诣台狱而诏狱也；末叶为搢绅之狱，一命以皆就之。②

这段文字中明确说明了义禁府在职能上的演变，即从国王的禁卫军逐渐变为推鞫谋反大逆等重要案犯。义禁府的起源可直接上溯至我国汉代的禁卫武官——“执金吾”，而其负责诏狱的职能在高丽时期就已存在。义禁府转变职能后，与刑曹同样有着明确的分工。据《增补文献备考》援引的柳诚源的说法：“刑曹主治寇贼暴乱，禁府则古之诏狱也。朝廷大狱及中外久滞难断之事皆于是焉，归任尤重矣。”③

义禁府审理诏狱时依王命设置“鞫厅”，而在案件结束后随即撤销，“鞫厅”是临时性质的非常设机构。“鞫厅”作为义禁府的一种具体运行方式，其受国王之命委任陪席官员，并负责决定推鞫的场所。《推案与鞫案》作为义禁府推鞫的重要史料，记录了从宣祖三十四年（1601）到高宗二十九年（1892）共计 3 个世纪的所有推鞫案。其内容主要是义禁府

---

① 《续大典》，吏典，京官职，从一品衙门，义禁府。

② 《增补文献备考》卷 217，职官考 4，义禁府。

③ 《增补文献备考》卷 217，职官考 4，义禁府。

对变乱、谋逆、党争、邪学、凶疏、挂书、假称御史、陵上放火等相关重罪犯人的讯问和招供记录。推鞫又分为亲鞫、庭鞫、推鞫和省鞫。“亲鞫”是国王亲临现场讯问重罪案犯。“庭鞫”是在宫内庭殿之上对罪人展开的讯问，除国王不在场外，庭鞫在流程上与亲鞫完全相同。“推鞫”是国王委任的官员在义禁府对罪人展开的讯问。“省鞫”也叫作“三省推鞫”，是议政府、义禁府和司宪府三个衙门共同对犯人的讯问，其与推鞫的流程相同，设委官一人，问郎两人，主要审理由刑曹转给义禁府的纲常罪犯人。①

司宪府、司谏院 司宪府“掌论执时政、纠察百官、正风俗、伸冤抑、禁滥伪等事”②。司宪府起源于我国唐宋时期的御史台，高丽效法我国设立了御史台制度，在历经数次名称变更后，到朝鲜时期演变为司宪府。据《经国大典》记载，司宪府设大司宪一员（从二品）、执义一员（从三品）、掌令二员（正四品）、持平二员（正五品），监察二十四员（正六品）。③ 又据《续大典》记载，二十四员监察到世祖朝之后缩减为十三员，即文官三员、武官五员、荫官五员。遗憾的是，史料中未明确记载司宪府的下级吏属，只能通过高丽文宗时期的吏属加以推断。高丽时设录事三员、令史四员、书令史六员、计史一员、知班二员、记官六员、算士一员、记事十员、所由五十员。④ 而司谏院“掌谏诤论驳”⑤，设有大司谏一员（正三品）、司谏一员（从三品）、献纳一员（正五品）、正言二员（正六品）。

司宪府官员作为评论时政、纠察百官的言官和谏官，行使对公职犯罪提出处罚建议的检察权，所以司宪府的官员大多选用有政治远见和崇高政治威望，且气概刚直的官员担任。司宪府的官员并不因品阶高低而在职责上有所分化，而是由大司宪、执义、掌令和持平共同履行职责，在对政事共同商讨后启奏国王。

司宪府与刑曹、汉城府并称作“三法司”。其与司谏院并称“言论两

---

① 오갑균，1995，《조선시대사법제도연구》，삼영사，48—53 면.

② 《经国大典》，吏典，京官职，从二品衙门，司宪府。

③ 《经国大典》，吏典，京官职，从二品衙门，司宪府。

④ 《高丽史》卷 76，志卷 30，百官 1；《增补文献备考》卷 219，职官考 6，司宪府。

⑤ 《经国大典》，吏典，京官职，正三品衙门，司谏院。

司”，也合称“台谏”“言官”“谏官”“南司”，主理谏诤、弹劾、时政、人事等事务，负责监察中央各官衙钱谷、杂物等国库的出纳，具有审计职能。司宪府官员为履行监察职责，经常对朝廷的礼会、国库出纳、祭祀和科举等许多事务进行不定期的检察，以便及时纠察犯法之人。谏官们有时也受命分派到地方各道，对地方上的官员行使监察职责。

另外，司宪府还有执行官方禁令和平申冤抑等职责。但是，其审判权仅限于对违反禁令的处理，刑罚限于笞刑和赎钱，即类似今天的行政处罚，对重罪的审理和判决则不在其管辖之内。司宪府有单独审理冤案上诉的权限，但最终判决须在启禀国王后做出，国王实则为司宪府的最高裁判官。

司宪府与司谏院一齐劝谏国王被称作“两司合启”，司宪府、司谏院与弘文馆一齐劝谏国王则称作“三司合启”。如果对国王如此施压都无法改变其意志，两司或三司的官员们有时也会一同跪于阙门外以求国王虚心纳谏，这被称作“合司伏閤”。如世宗十年（1428）司谏金孝真在上疏中所言，因谏官的职责是与国王争论是非，所以其职责的必要与特殊不言而喻：

> 本院之职，专掌谏争，其任至重。是以历代皆重其职，非所以尊谏官之一身，实尊人主之耳目也。臣等窃闻谏官虽卑，与宰相等，天子曰是，谏官曰不是，天子曰必行，谏官曰必不行，立乎殿阶之间，与天子争是非者，谏官也。故盛朝亦重谏官，而其待之也殊异。[①]

司谏金孝真认为，历代均重视谏官之职，谏官的品阶虽然不高，但其责任却不亚于宰相。谏官存在的目的就是让天子听到意见相左的声音，因为兼听则明。谏官这一制度设计使朝鲜在王权专制之下能最大限度地保证国家政策不会出现大的偏差，谏官的职责即是为了给最高决策纠偏的。宪宗和哲宗等国王在位的朝鲜后期，也出现过因谏官长时间没有谏言，而被视作未能很好地履行职责而遭国王罢免的案例。“台谏”一节中将对司宪府、司谏院两司和台谏制度做详细说明。

刑曹 刑曹作为朝鲜的六曹之一，其职能相当于我国历史上的刑部。

---

① 《朝鲜王朝实录》，世宗实录卷39，10年3月22日。

刑曹主要掌管法律、详谳、词讼、奴隶等政务。刑曹下设详覆司执掌死刑的终审，下设考律司执掌律令的详考，下设掌禁司执掌刑罚、治狱、法令等相关禁止事项，下设掌隶司执掌奴婢账簿与俘虏等相关事务。①

刑曹设判书一员（正二品），参判一员（从二品），参议一员（正三品），正郎四员（正五品），佐郎四员（正六品），律学教授一员（从六品），别提二员（从六品），明律一员（从七品），审律二员（从八品），律学训导一员（正九品），检律二员（从九品）。并在衙前设录事八员（其中判书、参判各用一员）、胥吏三员（判书、参判、参议各用一员），共计三十一员。② 在《续大典》与《大典通编》中，其人数略有增减。

刑曹作为朝鲜总览全国狱讼和词讼的机关，负责受理京城内外的所有诉讼。刑曹除了将涉及官员案件移交义禁府，将涉及盗窃的案件移交捕盗厅，将涉及田民的案件移交汉城府外，其余的所有案件均由本曹处理。刑曹分为“四司”，四司又分成“九房”，九房统辖各中央官衙和朝鲜八道的所有刑政事务。

据《秋官志》“职掌”条记载，详覆司掌管死囚三审后的最终审理，下设详一房、详二房。详一房掌地方的详覆，并辖议政府、中枢院等中央官衙和咸镜道的刑政事务；详二房掌中央的详覆，并辖宗亲府、艺文馆、惠民署等中央官衙和京畿道的刑政事务。

考律司掌管律令的制定、修改与废止，以及对律令适用的调查，下设考一房、考二房。考一房掌律令，并辖户曹、忠勋府、内医院等中央官衙和江原道的刑政事务；考二房亦掌律令，并辖备边司、侍讲院、校书官等中央官衙和忠清道的刑政事务。

掌禁司掌管刑狱和禁令，下设禁一房、禁二房。禁一房掌刑狱和禁令，并辖工曹、仪宾府、司宪府、尚衣院等中央官衙和庆尚道的刑政事务；禁二房亦掌刑狱和禁令，并辖兵曹、承政院、禁卫营等中央官衙和平安道的刑政事务。

掌隶司掌管奴婢和俘虏的账簿，下设隶一房、隶二房。隶一房掌地方的奴婢，并辖礼曹、义禁府、司谏院、司译院等中央官衙和全罗道的刑政

---

① 《经国大典》，吏典，京衙前。

② 《经国大典》，吏典，京衙前。

事务。隶二房掌中央的奴婢，并辖吏曹、汉城府、弘文馆、成均馆等中央官衙和黄海道的刑政事务。以上八房各辖一道，涵括了朝鲜八道的刑政事务。也就是说，上述八房除了履行本职外，还要统辖中央各衙门和地方各道的刑政。

以上四司各辖有两房，却又单设了不属于四司管辖的“刑房”。刑房掌管禁乱和罪囚，并辖常瑞院、典狱署、奎章阁等中央官衙和众多陵园的刑政事务。除刑房外，上述八房也各辖三个左右王陵的刑政事务。上述九房负责接收和审理所辖范围内的状牒，论断罪状并上奏国王。（见图 3）

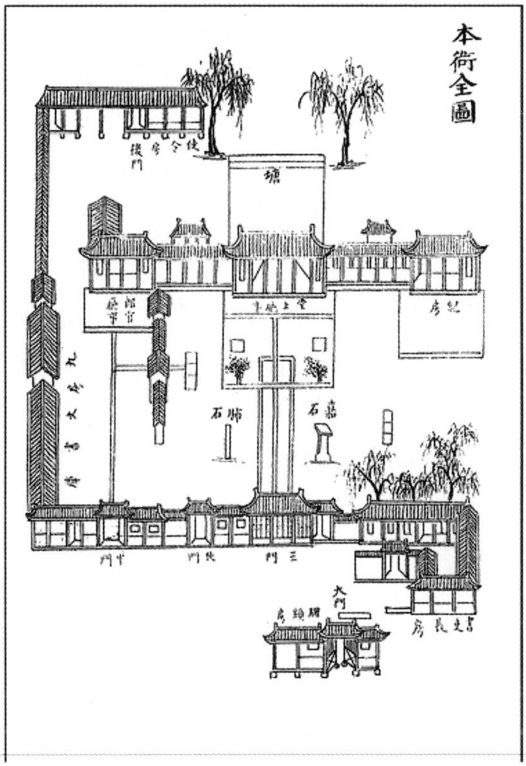

图 3　刑曹官衙全图①

① 本图出自 1781 年刑曹判书金鲁镇编撰的《秋官志》，可以看到图中在官衙中央的左右两侧立有嘉石和肺石，其设计理念出自《周礼・秋官志》。惩戒罪过较轻者时，命罪人坐在嘉石上，通过让其看上面的刻字，使其思善改过；而民有不平，可击肺石鸣冤，肺石赤色，石形如肺。

刑曹另下辖“掌隶院”和“典狱署”。掌隶院作为正三品衙门“掌奴隶簿籍及决讼之事”[①]，主要管辖朝鲜全境的奴婢文书和奴婢诉讼。掌隶院源自高丽时期刑部下设的“都官”，朝鲜初期与刑曹分理相关事务，刑曹主要负责全国的狱讼（刑事），而都官则主管奴婢和词讼（民事），包括关于奴婢所有权的诉讼、奴婢的簿籍、各司奴婢的配给、逃亡奴婢的逮捕与拘禁等事务，在诉讼时依证据判别良人与奴婢，决定奴婢属公或赎良等。掌隶院原为太祖元年（1392）时设置的刑曹都官，世祖十二年（1466）官制改革时将都官改称“辨定院”，一年后（1467）又改称“掌隶院”。掌隶院设判决事一员（正三品堂上官）、司议三员（正五品）、司评四员（正六品）。朝鲜初期因扩充良人的政策导致掌隶院的业务繁多，到朝鲜后期因奴婢人口的急剧减少，有关奴婢的诉讼开始由刑曹和汉城府负责，掌隶院的职责日益萎缩。因此，《续大典》中掌隶院只设司议一员、司评两员。[②] 英祖四十年（1764）掌隶院最终被革除，其职能主要交由刑曹的掌隶司负责。（见图 4）

作为刑曹下设机构的典狱署主要掌管朝鲜的监狱和罪囚。据《经国大典》记载，典狱署为从六品衙门，设副提调一员（由承旨兼任）、主簿一员（从六品）、奉事一员（从八品）、参奉一员（从九品），并在衙前设胥吏四员、罗将三十员。[③] 尽管为避免狱囚因冻饿或疾病死亡而设有相应恤囚制度，但史料中记载皂隶和杖首对狱囚压榨虐待，以及因管理疏忽而导致罪囚在狱中非正常死亡的案例还是非常多见。

刑曹中原来还下设有“司律院”，在世祖十二年（1466）官制改革革除后以“律学”的名义归属刑曹，设明律一员（从七品），审律二员（从八品），律学训导一员（正九品），检律二员（从九品）。[④] 后于英祖三十二年（1756）新设“律学厅”，作为专管法制运行和法制教育的衙门，设律学教授（从六品）、兼教授（从六品）、明律（从七品）、审律（从八品），律学训导（正九品）、检律（从九品）等职。律官会被派遣到各个

① 《经国大典》，吏典，京官职，正三品衙门，掌隶院。

② 《续大典》，吏典，京官职，正三品衙门，掌隶院。

③ 《经国大典》，吏典，京衙前。

④ 《朝鲜王朝实录》，世祖实录卷 38，12 年 1 月 15 日。

图4　19世纪末朝鲜的审判场景①

衙门，如义禁府的律官即由刑曹的律学教授兼任。而朝鲜八道、承政院、兵曹、司宪府、奎章阁、开城府、江华府会各派遣检律一员。

汉城府　汉城府"掌京都口帐、市廛、家舍、田土四山、道路、桥梁、沟渠、逋欠、负债、斗驱、昼巡、检尸、车辆、故失牛马烙契等事"②。汉城府是国都汉城的最高行政和司法机构。朝鲜初期开始，汉城府便与义禁府、刑曹等衙门同属"三法司"。汉城府具有笞刑以下刑罚的处决权，杖刑以上的处决须移交刑曹。根据《朝鲜王朝实录》和《秋官志》的记载：

> 缮工监正金灵雨曰："刑曹决生民罪辜，汉城府治田宅相争，掌隶院辨奴婢相讼，其为任至重。"③

① 照片原载于大韩帝国时期统监府所刊资料中，再现了19世纪末在官衙的东轩对诉讼进行审判的情景。朝鲜时期在审判时基本将官衙的厅堂作为法庭，地方官盘腿坐于地板之上，而原被告双方则跪于庭院中，六房书吏立于两侧并在其注视下进行审判。其审判空间因是半室外的，因而与我国明清时期地方官衙的审判场景存在较大差异。照片虽摄于19世纪90年代，但将其视作贯穿整个朝鲜时期的审判场景亦无大碍。

② 《经国大典》，吏典，京官职，正二品衙门，汉城府。

③ 《朝鲜王朝实录》，燕山君日记卷47，8年11月16日。

> 凡朝家之科治，京外之牒诉，必先关由于刑曹受其爰辞，朝士移王府，贼盗移贼曹，田民移京兆。①

从上文可知，汉城府逐渐与刑曹分担朝鲜全境的司法，主要负责朝鲜全境的田宅、坟墓等民事诉讼。随着社会的发展，朝鲜的奴婢数量逐渐减少，英祖四十年（1764）掌隶院革除后，汉城府开始负责部分与奴婢有关的诉讼。汉城府与刑曹虽在分工上存在重叠，但大致上刑曹负责刑事诉讼（狱讼），汉城府负责民事诉讼（词讼）。朝鲜后期逐步形成了三法司鼎足而立却各有分工的局面。除此之外，汉城府还负责国都汉城的治安和汉城内所发生命案的尸检等。

汉城府设判尹一员（正二品），与六曹的判书级别相同，行使行政和司法权，并设左尹、右尹各一员（从二品）。郎厅设庶尹一员（从四品）、判官一员（从五品）、主簿二员（从六品）。② 汉城府模仿中央六曹设“六房”，根据纯祖时《京兆府志》的记载可知，庶尹掌吏房，判尹掌户房，主簿一掌礼房、兵房，主簿二掌刑房、工房。

第四节　科举与人事制度

朝鲜的科举制度直接取法中国。科举在朝鲜半岛最早始于高丽光宗九年（958），并成为其后近千年朝鲜半岛选用人才的基本制度。朝鲜王朝的科举制承袭高丽旧制，将科举分为文科、武科和杂科三类。文科又分小科和大科，小科称作“生员进士科”，大科称为“文科”，在科举中最受重视，是朝鲜文官入职的必经之路。武科则不分大小科，是朝鲜武官入职必经之路。杂科分为译、医、阴阳、律等科，是朝鲜各类专业技术人才的入职考试。但是，朝鲜与我国科举“朝为田舍郎，暮登天子堂”这种极大促进社会阶层流动的制度不同，其科举主要是为士族子弟设计的，士族以外的平民、贱民等中下层民众则很少应试，因此朝鲜的科举制度表现出强烈的封闭性。

---

① 《秋官志》，官制，刑曹。

② 《经国大典》，吏典，京官职。

文科、武科和杂科都是三年定期举行一次，因而也称为“式年试”，子年、卯年、午年和酉年是朝鲜科举的“式年”，如遇到国丧则延期。式年前一年秋天（大概农历八月）在汉城府和朝鲜八道举行初试，第二年（式年）的初春（大概农历二月）在汉城举行复试。[①] 文科分大小科，武科和杂科不分大小科。文科通过初试和复试之人只能算是小科及第，称为“小成”。其后的文科大科又分为初试、复试和殿试三关，只有通过小科两关和大科三关之人才算真正金榜题名。

文科的第一关是小科的初试，由各道观察使主持。考试承袭高丽旧制，分“制述科”（进士科）和“明经科”（生员科）两种，以进士科为尊。进士科的考试内容是作赋一篇，选作古诗、铭、箴中的任意一篇。[②] 朝鲜后期取消了对铭、箴的考查，改为赋一篇，古诗一篇。[③] 生员科的考试内容是写作五经义和四书疑各一篇。[④] 各道按规定数额选出，进士科和明经科在全国各选拔 700 人（后改为 540 人），合计 1400 人（后改为 1080 人）。小科初试的替代性考试有成均馆大司成以四学儒生为对象举行的“升补”和“四学合制”，[⑤] 在地方上则有各道都事和开城、江华留守举行的“公都会”[⑥] 等，这类考试合格者的定额仅有数人，这类考试合格后同样可参加小科的复试。

文科的第二关是小科的复试，通过小科初试之人于次年的春天齐聚汉城，在礼曹主持下在成均馆参加复试。复试的考试内容与初试完全相同，从进士科和生员科各选出 100 人，共计 200 人。[⑦] 复试中初场的诗赋合格者称作“进士”，终场的经书疑义合格者称为“生员”。进士意味着有了士人的资格，生员意味着可以进入成均馆学习。两者逐渐合流后，合格者不仅可入学成均馆，也能同时得到士族身份和担任下级官吏的资格。由于大科多被有权势的士族子弟占据，地方出身的士子多难以大科及第，因此

① 《经国大典》，礼典，诸科。

② 《经国大典》，礼典，诸科，式年进士初试。

③ 《续大典》，礼典，诸科，式年进士初试。

④ 《经国大典》，礼典，诸科，式年生员初试；《大典通编》中将五经改为四经，《春秋》不列入考试范围。

⑤ 《经国大典》，礼典，诸科，升补、四学合制。

⑥ 《经国大典》，礼典，诸科，公都会。

⑦ 《经国大典》，礼典，诸科，式年进士复试、式年生员复试。

许多没有权势的士子满足于“小成”而不再挑战大科。

文科的第三关是大科的初试，也称“东堂初试”或“三场”。小科复试中合格的生员进士在观察使的主持下于式年前一年的秋天在朝鲜各地（汉城府和八道）应试。大科初试的考试内容随时代发展而有所变化。进士科的初场从四书五经的疑、义、论中任选两篇写作，中场从赋、颂、铭、箴、记中任选一篇写作，然后再从表、笺中选择一篇写作，终场写作对策一篇。[①] 到朝鲜后期改为初场从四书疑、论中任选两篇写作，中场作赋一篇并从表、笺中任选一篇写作，终场作对策一篇，[②] 考试内容上变得更加简略。生员科则只设单场，分初试和复试，以讲书的形式考察对四书五经的掌握，并对子、史略有涉及，因此也称“讲经科”。大科初试在全国共选拔 340 人（后改为 223 人）。大科初试可由成均馆大司成举行的“通读”替代，每次仅选拔 10 人。[③]

文科的第四关是大科的复试，也称东堂复试。大科初试的合格者于式年的春天齐聚汉城，在礼曹的主持下举行考试。进士科不设初场，中场和终场的考试内容与大科初试相同。生员科则只设单场，考查对四书三经的背诵，也可根据应试者的意愿允许背诵其余二经和子、史等典籍。两科合计选拔 33 人。[④]

文科的最后一关是大科的殿试，国王亲临现场举行。通过大科复试的 33 人均参加殿试，殿试将 33 人划分为甲科 3 人、乙科 7 人、丙科 23 人。殿试是单场考试，要求应试者从策、表、笺、箴、颂、制、诏中任选一篇写作[⑤]，朝鲜后期扩大了选择的范围，增加了论、赋、铭等。[⑥] 殿试及第者由国王赐花并唱榜游街以示祝贺。通过殿试者被视作人生的成功者，得到朝鲜普通百姓的艳羡。文科甲科第一人称为“状元”，授从六品官阶，文科甲科第二人称作“榜眼”、甲科第三人称为“探花”，均授正七品官阶。文科乙科及第者授正八品官阶，丙科及第者授正九品官阶。对原来已

---

① 《经国大典》，礼典，诸科，式年文科初试。
② 《续大典》，礼典，诸科，式年文科初试。
③ 《经国大典》，礼典，诸科，通读。
④ 《经国大典》，礼典，诸科，式年文科复试。
⑤ 《经国大典》，礼典，诸科，式年文科殿试。
⑥ 《续大典》，礼典，诸科，式年文科殿试。

有官阶而又于殿试及第之人，状元在原官阶上加四阶，榜眼和探花则各加三阶，加阶后阶穷者直接升为堂上官，乙科则在原官阶上加二阶，丙科加一阶，阶穷者授予准职，已准职者升为堂上官。如果所加后的官阶与本应授予的品阶相等或不及者，则在应授官阶的基础上再加一阶。[①]

上面讲述的是正规的式年试中最受重视的文科考试。除式年试以外，还有各种临时举办的不定期考试，称为“庆科”。如在国王即位、嘉礼以及元子诞生等重大喜庆时，朝鲜会开考“增广试”，逢一般庆典时会开考“别试”和“庭试”。另外，还有国王亲临昌庆宫春塘台时举办的“春塘台试”（宣祖五年特设），这些科试在内容和流程上与式年试大致相同。庆科到了朝鲜后期有泛滥之势，有时能达到一年一次或一年数次。除此之外，朝廷还为成均馆和四学的儒生设有特设的考试，称为“泮制”。泮制包括国王参谒文庙之日举办的“谒圣文科”[②]；国王随时出题后应试的“儒生应制”；遇正月初八、三月初三、七月初七、九月初九等节日而特设的“节日制”[③]；每年末济州岛柑橘上贡后，由国王赐给馆学儒生时特设的“黄柑制”[④]；每年春秋考评馆生出勤情况后，为达到一定出勤率的馆生特设的“到记科”等，此类特设科在性质上与庆科相仿，在级别上等同于大科的殿试，有时馆学儒生以外的士子也可参加，这类恩惠称作“通方外”。朝廷对边远地区的儒生予以特殊照顾，有时单独对其开科取士，称作“外方别科”[⑤]或“道科”。朝廷为广纳贤才也会临时举办“拔英试”“登俊试”“进贤试”等，还有为特殊身份之人开设的“宗亲科”“忠良科”“耕蚕科”和“耆老科”等，不一而足。此外，朝廷为了鼓励科举及第者继续精进而另设“重试”，重试源于高丽旧制，世宗九年（1427）专门制定了文武科的重试之法。为提高文臣的行政能力和培养文学人才，正祖大王还特设“抄启文臣亲试制”，从37岁以下的堂下文官中选拔文学卓越之人，每月考察讲读和制述，根据成绩来决定青年官员的晋升和行赏。

---

① 《经国大典》，吏典，诸科。

② 《经国大典》，礼典，诸科，谒圣文科。

③ 《经国大典》，礼典，诸科，节日制。

④ 《经国大典》，礼典，诸科，黄柑制。

⑤ 《经国大典》，礼典，诸科，外方别科。

与科举制相对的是朝鲜时期的“取才”制。取才是针对士族荫袭和录事、书吏等在中央衙门任职的吏胥等特殊身份之人的考试。值得注意的是，朝鲜开启了录事等在中央任职的胥吏通过“取才”而出任地方官的通道。[①] 录事在任命为地方官以前需考察其对四书五经、《大明律》和《经国大典》的背诵和对治民方略的制述。[②] 而书吏可以通过“取才”出任驿丞、渡丞等职。[③] 对武官的“取才”分为武艺取才和诸将取才。武艺取才的选拔对象是各沿海区域的万户（各道诸镇的从四品武官），诸将取才的选拔对象是宣传官或都总府的郎厅或武将（从六品武官）。

与科举和取才并行的是朝鲜的“荐举”制。每三年春天，三品以上文武官员可以从三品官到无官职人员中荐举三人。文官三品和武官二品以上的官员可在每年春天荐举合适担任守令、万户等地方官职的人选，但不得超过三人。若被推荐之人日后犯有贪污等职务罪，举荐他的官员将受到连坐。议政府和六曹的堂上官及司宪府、司谏院官员，可在每年春天荐举堪为观察使、节度使之用的合适人才，忠勋府则负责推荐可堪大用的功臣子孙。[④] 因为有荐举资格的官员和可荐举之人都为数不少，因而在朝鲜选用人才的实践中，到底是科举制还是荐举制占据上风就不易判断。此外，朝鲜曾出现过类似荐举的“贤良科”。贤良科是中宗朝时名臣赵光祖有感于科举制的弊端而作为一项改革措施推出的。赵光祖及通过荐举而出仕之人在当时被认为是新型政治的代表力量。但可惜不到一年的时间，他们就因反对派的诬陷而溃退，贤良科自然也被废除，朝鲜在仁宗元年（1545）又恢复了贤良科。

下面来看武科。武科不分大小科，分有初试、复试和殿试三关。初试是在式年的前一年秋天举行，中央由训练院主持选拔 70 人，称为院试；地方由各道兵使主持考试，朝鲜八道共选拔 120 人。武科主要考察步射、骑射、骑枪、击球等实战技艺[⑤]，朝鲜后期增加了贯革、柳叶箭、鸟铳和

① 《经国大典》，吏典，京衙前，录事。

② 《经国大典》，吏典，取才；制述科在《续大典》中被废除。

③ 《经国大典》，吏典，京衙前，书吏。

④ 《经国大典》，吏典，荐举。

⑤ 《经国大典》，兵典，试取。

鞭刍等内容。[①] 除武艺外，初试也考察武学理论，要求应试者能粗通“武经七书”[②]。武科共有考官三人，武官两人文官一人。初试的合格者在式年春天到汉城参加复试，复试由兵曹和训练院主持，除考察与初试相同的实战科目外，对理论要求也较高。复试要求应试者从四书五经中任选一书，从《武经七书》中任选一书，再从《通鉴》《兵要》《将鉴》《博议》《武经》《小学》六部著作中任选一书背讲。[③] 最后一关是殿试，殿试则比试骑击球和步击球两项，从复试合格的28人中选出甲科3人、乙科5人、丙科20人。武科和文科一样，除上述式年试外另有增广试、别试、庭试、谒圣试，另外还有春塘台试、外方别科等临时举办的考试，以及科举以外的“取才”制。

下面来看杂科。杂科不分大小科，只有初试和复试两关，且只设式年试和增广试。式年试和增广试的杂科录取人数大致相同。初试是式年的前一年秋天在中央各衙门的主持下举行，复试由用人衙门和礼曹共同主持。杂科根据种类的不同，其考试内容和主管衙门都不同。译科考试由司译院主持，分设汉学、蒙学、倭学、女真学（朝鲜后期改称清学）。初试时汉学考察四书的临文和《老乞大》《朴通事》等书目的背讲，以及《经国大典》的翻译，共录取23人，外加平安道观察使选拔的15人和黄海道观察使选拔的7人，对靠近我国辽东地区的朝鲜半岛西北部在汉学的录取份额上予以倾斜；蒙学、倭学、女真学考察相应语言文本的写字和对《经国大典》的翻译，各录取4人。[④] 复试的考试内容与初试相同，汉学录取13人，蒙学、倭学、女真学各录取2人。[⑤] 从译科的方向设置和录取人数上，我们可看到当时的朝鲜外交要同哪些民族和地区打交道，从中也可窥见朝鲜的地缘政治环境及对各周边区域的重视程度。

医科考试由典医监主持，初试录取18人，复试录取9人。医科的初

---

① 《续大典》，兵典，试取。

② 《武经七书》为北宋官方所颁行，是我国史上第一部军事教科书，包括了《孙子兵法》《吴子兵法》《六韬》《司马法》《三略》《尉缭子》《李卫公问对》七部兵书。《武经七书》传至朝鲜后被奉为武科的必考内容。

③ 《续大典》，兵典，试取，讲书。

④ 《经国大典》，礼典，诸科，译科初试；《续大典》，礼典，诸科，译科初试。

⑤ 《经国大典》，礼典，诸科，译科复试。

试和复试均要考察《纂图脉》和《铜人经》的背诵，以及《直指方》《得效方》《妇人大全》《疮疹集》《胎产集要》《救急方》《和剂方》《本草》和《经国大典》的临文[①]，朝鲜后期的笔试书目改为《直指方》《本草》《素问》《医学正传》《东垣十书》和《经国大典》。[②] 医科要考典籍几乎全部出自我国，从考试书目来看，朝鲜前期以我国宋元时期的医书为主，朝鲜后期加入了明人撰写的医书，由此可见我国医学对朝鲜半岛的全面影响。

阴阳科考试分天文学、地理学和命课学三门，由观象监主持。初试时天文学录取 10 人，地理学和命课学各录取 4 人，复试录取名额较初试减半。[③]

杂科中与朝鲜王朝法制最密切的就是律科了。律科考试由刑曹主持，初试录取 18 人，复试录取 9 人。律科考试分为初试和复试，其考试内容相同，包括《大明律》的背讲和《唐律疏议》《无冤录》《律学解颐》《律学辨疑》《经国大典》的临文。[④] 到朝鲜后期后，律科的考试科目仅剩《大明律》的背讲和《无冤录》《经国大典》的临文[⑤]，《唐律疏议》《律学解颐》《律学辨疑》等在朝鲜前期被认为很重要的法典和注解类著述均被排除。通过律科考试的内容，以及对书目所做的不同要求（背讲的难度高于临文）可知，朝廷对作为背讲书目的《大明律》最为重视，其次是作为临文书目的《无冤录》和《经国大典》。据此可知朝鲜时期对律学人才知识结构的要求和朝鲜王朝律学知识的基本体系（如图 5 所示）。

但是，朝鲜的律学知识体系绝不能简单地等同于其法律知识体系，律科的考试内容也无法涵括朝鲜完整的法律体系。因为律科仅是杂科中的一科，所选拔的是偏重专业技术型的官吏，因而律科的考查内容偏重于刑法、刑侦技术和法医学，其承担的职责类似今日公安机关刑侦大队和法医鉴定中心的职能。而在行政和司法无法分离的朝鲜时期，真正的“法官”多是通过荐举或科举出身的士族子弟，他们的知识结构是以“四书五经”

---

① 《经国大典》，礼典，诸科，医科初试、医科复试。

② 《续大典》，礼典，诸科，医科初试。

③ 《经国大典》，礼典，诸科，阴阳科初试、阴阳科复试。

④ 《经国大典》，礼典，诸科，律科初试、律科复试。

⑤ 《续大典》，礼典、诸科，律科初试。

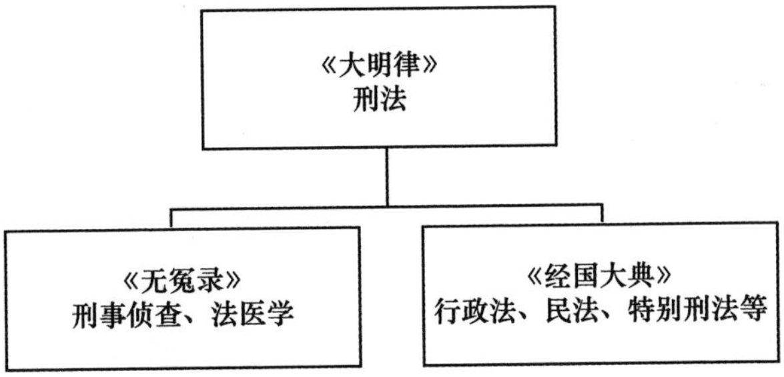

图5　朝鲜王朝律学知识的基本体系

等经史大义和文章之学为主，这与朝鲜时期重礼义而轻技术的基本理念不无关联。在译科、医科、阴阳科和律科四类正式的杂科以外，还有户曹主持的算学考试，图画署主持的画员考试，昭格科主持的道流考试，掌乐院主持的乐工、乐户考试等，这些考试多采用“取才”制选拔人才，每年举办四次。另外，在朝鲜初期还存在过僧侣以获得度牒为目的的“诵经”考试和为获得僧职的“僧科试”，以及在官府认可下禅宗和教宗为选拔本宗人才而举办的“禅宗试”和“教宗试”等。朝鲜半岛的科举历经千年的发展演变，其弊端也渐渐凸显，最终于1894年甲午改革时废除。

朝鲜王朝五百年中，荫袭（也称“南行”）和荐举一直是与文科、武科并行的入仕途径。到朝鲜后期，通过荫袭入仕的人数逐渐超过了科举入仕的人数。茶山先生丁若镛在其《经世遗表》中痛感荫袭入仕和科举入仕人数的比例失衡：

> 科举取人，非古圣王之法。然既设科取人，若将进用，乃旋弃之，而南行入仕者，一年再政，少不下二三十人，通计三年，必不下七八十人。文科则取三十余人，南行则取七十余人，其不均甚矣。①

茶山先生提到，朝鲜文科的式年试每三年只最终录取三十余人（大科殿试定额33人），而荫袭入仕者却每年不下二三十人，三年就有七八十人，其人数远多于通过科举走上仕途的人数。这一现象产生的时代背景

① 《经世遗表》卷3，天官修制，三班官制。

是朝鲜中期后，随着科举公正性的逐渐丧失，通过门荫入仕的官员整体素质反而高于科举入仕者。因此，文科、武科和荫袭构成了当时朝鲜士子进入官僚系统的三种基本途径。

《经国大典》对朝鲜官员的作息时间也有着明确的规定。一般情况下是卯时（5点到7点）上衙，酉时（17点到19点）放衙，而昼短夜长之时可在辰时（7点到9点）上衙，申时（15点到17点）放衙[①]，作息上相对灵活。朝鲜承袭高丽旧制，每年的6月15日和12月15日考核在职官僚，也称“殿最”。[②] 在中央任职的官员由各衙门长官负责考课，地方官由各道观察使负责考课。各衙门长官和朝鲜八道的观察使将属下官僚按政绩分别定为上、中、下三等，并对每位接受考核的官员做简短的评价或说明（称“四字题目”）后呈报中央。评为上等的官员将有机会升迁，评为下等的官员将被罢免，评为中等的官员，应转任他职或改任无禄官，但连续评为中等两三次后便会遭到罢免。地方守令政绩的判断基准是“守令七事”，即“农桑盛、户口增、学校兴、军政修、赋役均、词讼简、奸猾息”[③] 七个方面。而在刑曹、汉城府、开城府、掌隶院等处任职的堂下官，则须每三个月考核其判决案件的数量和业绩并上报。

同样在每年的6月和12月，朝廷会集中升迁和调任部分官员，称作“都目政事”，简称“都政”，也称铨选、铨注、京察、注拟、开政、大政等。“铨选”以官员一年的政绩为基础制作“都历状”后，文官交由吏曹，武官交由兵曹，由两曹的判书等高官审核，根据考核的结果决定官员的升职与调动。铨选职能在朝鲜初期从尚瑞司移交吏曹和兵曹负责，吏、兵两曹因负责文武官员的人事任免而被称作“铨曹”。官职如出现空缺，判书将根据考核结果从中选出候选人三员，列出姓名后奏请国王裁决，称之为“备三望”，推荐人选的名录称作“望记”或“望单子”。国王在三望中挑选一人，在望记上圈点选中官员的姓名，称作“落点”或“批下”，随后发布朝报。

发布朝报后，官员的任命流程并未结束，还要由吏曹（或兵曹）审

---

① 《经国大典》，吏读，考课，“诸司官员，卯仕酉罢；日短时辰仕申罢”。

② “殿”指考课成绩是下等，“最”指考课成绩是上等。

③ 《经国大典》，吏典，考课。

查该官员的身份背景，称作“署经”，类似今日的政审。吏曹（或兵曹）将该官员的本族、外族和妻族的父亲、祖父、曾祖父和外祖父列出后，交由司宪府和司谏院审查，在两司判定当事人的“三族四祖”的历史清白后，署经手续才算完成，任职人员也才算正式确定。之后由吏曹（或兵曹）向当事人出具称作“教牒”①（也称“告身”）的任命书②，整个任命手续才算完成。

九品以上文官和四品以上武官在得到任命的次日，在赴任前须到宫中向国王、王妃和王世子宫行拜谢之礼③，称作“谢恩肃拜”或“肃谢”。而新任命的中央与地方的堂下官和出使者，则须在被任命的十日内到议政府、吏曹（或兵曹）及本人所属之曹参谒④，这可以看作赴任前对其考察的最终环节，称之为“历辞”。特别是要到地方赴任的观察使、守令、兵水使等文武官员，在赴任前除了要拜谢王室成员外，还要到朝廷重臣和相关衙门、两司等处拜访和告辞，这已经是一种惯例。告辞时，朝廷的元老重臣会嘱托新上任的官员，提醒其需要注意的事项。若重臣们在这时认为当事人的言行确实不符合任职的条件，也可上疏加以阻拦。

朝鲜的士人要得到一官半职并非易事。如朝鲜初期自正一品到从九品的文官编制仅有五百二十余名，但朝鲜王朝五百年间的科举及第者总计却有一万五千多人。如此多的候选人和如此少的职位间存在着巨大的供需矛盾，官职成了最稀缺的资源。由此而演化出朝鲜士族及官僚间的激烈对立和党争，使当时的社会秩序受到了极大的影响。

朝鲜的官员都有一定任期，任满后即可调动或升迁，称作“仕满”或“个满”。一般情况下，朝鲜六品以上职位须任职满三十个月（约 900 日）后方可递迁，七品以下官员任职满十五个月（约 450 日）后才可递迁，无禄官任职满十二个月（约 360 日）后可以递迁。⑤ 其计算的方法并非以到任后的任职天数为准，而是从得到任命的当天开始计算。但实际上

---

① 四品以上官员的任命书以国王的名义起草，称为“教旨”，五品以下官员的任命书由吏曹或兵曹起草，称为“牒纸”，二者合称“教牒”。

② 《经国大典》，吏典，告身；《经国大典》，兵典，告身。

③ 《经国大典》，礼典，朝仪。

④ 《经国大典》，礼典，参谒。

⑤ 《经国大典》，吏典，京官职。

也有文科及第者不足五年便升任堂上官或不足十年便升任宰相的案例，可见任职天数的规定未被严格执行。

朝廷高官均谋求得到久任，其不太受任期的限制。与此同时，官员被任命为中央要职时，“朝拜夕迁，席不暇暖”等推让而不上任的情况并不少见，其托词一般是“一曰呈病，二曰避嫌”。[①] 但地方官的任期就严格得多。文官任期的最低要求是观察使和都事一年（360 日）、守令五年，堂上官或无家眷随行的守令和训导两年半；武官任期的最低要求是节度使、虞候、评事两年，无家属随行的佥使和万户两年半，[②] 这一期限称作“瓜限”，也称“瓜期”或“瓜满”。限制任期大致出于以下原因，一是担心一人长期担任特定官职的话，容易结党营私和滋生腐败，二是官员担任任一职位都需要有熟悉的过程，所以也应给出一定的时间以便适应。而一些技术官职，则不限于任期而可长期在任，其所在的官衙被称作“久任衙门”。这些职位包括判官、主簿和负责会计出纳的直长等。这类中下级的技术官需要有经验的专业人才，以便提高官府的行政效率。相对于文官，武官由于官职数目较少，能够得到升迁和调动的机会就更少，佥使、万户、别将和权管等边将均被视作“久勤”的岗位，不少人在其位置上终老。

朝鲜官员在卸任时有“解由”的惯例。[③] 解由制度起源于我国宋代，后被朝鲜仿效。解由在朝鲜是指对官员在职时的财政和资产等加以审计的制度，由户曹所属的算学厅实施，[④] 其中对中央钱谷衙门的官吏和地方官的审计尤为严格。在《经国大典》中载明了解由文书的格式：

> 某职某为解由事。当职，于某年月日，受本职，某年月日，礼任署事，至某年月日递代。今将历仕日月及杂凡缘故、该管物件，逐一开坐，备细照详，解由成给。为此合行移关，请照验施行。须至关者。

---

① 《磻溪随录》卷 13，任官之制。

② 《经国大典》，吏典，外官职；《经国大典》，兵典，外官职。

③ 《经国大典》，吏典，解由。

④ 《经国大典》，户典，解由。

今开 一，改名有无；一，实历几个日，告假、患病几个日；一，被劾有无；一，该管物件云云（如货谷、盐铁、军器、城子、船只、书册、册板、案籍、文书、印信、田税、贡物、楮田、莞田、桑漆、果木、公廨、公贱、畜产、冠服等一应公物，随其衙门所在，逐一开写）。

右　关，某衙门。

年　月　日（印）

（关）某职押①

通过这一公文格式可知，官员被任命、赴任和卸任的年月日，其任职期和因请假和患病等缘故而未在职的时间，是否曾被弹劾，是否更改过姓名，其所掌管的资产有无遗失等均要一一审核并记录。审核之人写成解由文书后，经过上级衙门的署押方能生效。

朝鲜时期的官员在得到升迁和任命时，中央很重视对其履职经历的考察，履历在一定程度上视作该官员是否有出任某一官职的资格。如文官特别是文官中的荫官出任地方官时，他的“词讼履历”就显得很重要，即该名官员是否曾在户曹、刑曹、汉城府、司宪府等衙门有过审理案件的经历。而武官在升迁时其“边地履历”就显得非常重要，如果武官想担任防御使、兵使和水使等要职，那就需要有守卫边境的相关经历。佐证官员能力与身份的重要材料是“政案”和“殿最”。其中政案是京官和地方官每隔三年对其姓名、出身和功过记录后上呈吏曹，② 以作为日后升迁和任用的重要依据。

朝鲜在任命中央和地方官员时施行“相避”制度。相避源自我国古代的回避制度，传入朝鲜半岛后被其仿效。朝鲜时期“相避”得到广泛适用，中央和地方官员不仅在任职时不得与在职官员有任何亲属关系，另外还涉及各职务间的相避、任职地区间的相避等，③ 其目的是保证中央政令畅通和遏制地方势力，防止官员贪污腐败、结党营私。

---

① 《经国大典》，礼典，用文字式，解由移关式。

② 《经国大典》，吏典，政案。后来改为吏曹和兵曹共同掌管。

③ 《经国大典》，吏典，相避。

朝鲜的宗亲和高官不仅生前可使自己的先祖得到国王的追封，在其死后还会得到国王颁赐的谥号。“立身行道，扬名于后世，以显父母”作为孝的终极标准，得到以儒教立国的朝鲜王朝的极大重视。宗亲及担任正二品以上实职的文武官员可以追赠三代，即高官本人的父母、祖父母和曾祖父母。父母可依照本人的品阶得到追赠，祖父母和曾祖父母各降一等追赠官职，① 朝鲜后来的追赠范围扩大到名儒、节臣和王室的私亲和外戚。② 而赠谥的范围最初仅限于宗亲、功臣和担任正二品以上实职的文武官员，③ 到朝鲜后期扩大到大提学、儒贤和节臣等。④

第五节 台谏

朝鲜王朝能持续统治朝鲜半岛五百年之久，必然有其科学合理的制度设计，其中最具代表性的就要数台谏制度了。司宪府官员称作“台官”，司谏院官员称为“谏官”，司宪府和司谏院合称“台谏”。朝鲜的台谏制度虽取法于中国，但这一制度却有自身的改进，与我国历史的台谏制度有所不同。

众所周知，绝对的权力导致绝对的腐败，因此在设计制度时，如何使权力相互制衡就显得格外重要，这在朝鲜时期也不例外。朝鲜的“王朝”性质使得国王看似应拥有绝对的权力，但实则不然。若是国王拥有了绝对权力，那王权自身因无法得到制约而必定走向腐败。因此，在朝鲜的制度设计上，即便是国王也无法拥有绝对的权力。但如果王权被架空也同样不可，这样臣子之中便会出现大权独揽的权臣，也无法抑制腐败的蔓延。朝鲜王朝除走向没落的最后六十多年由权臣把持朝政而一家独大外，其余时间均未出现权臣长期集权的情形。因此，如何使王权与臣权（相权）的任何一方都无法掌握不被制约的权力，这正是朝鲜王朝在制度设计时所苦心经营的。如何才能使权力分布达到某种均衡状态呢？朝鲜给出的答案是

---

① 《经国大典》，吏典，追赠。
② 《续大典》，吏典，追赠。
③ 《经国大典》，吏典，赠谥。
④ 《续大典》，吏典，赠谥。

其独特的台谏制度。

台谏也称作言官，他们通过积极的言论活动来牵制绝对权力的发生。朝鲜半岛最早有文字记载的监察机关是新罗在公元659年设置的“司正府”。高丽时期，其台官由御史台行使，谏官则未分化成独立衙门，而是由内史门下省所辖的郎舍职行使进谏职责。高丽时期的台官和谏官均处在宰相的统辖之下，作为御史台长官的判事由宰相直接兼任，因而高丽的台谏未能与相权实现分离，所以也就无法随意地弹劾宰相，更遑论弹劾国王了，因此高丽的监察多流于形式。

朝鲜立国以后，其制度虽直接承袭高丽，但却通过一系列改革，使台谏的地位得到了显著的提升，使台谏可以有效行使监察职责。太宗时期的改革使得司宪府的官制与高丽有了显著区别，作为司宪府长官的大司宪不再由宰相兼任。不仅如此，大司宪被升格为从二品官职，这一品阶使大司宪自然成为宰辅中的一员。至此，司宪府在中央官制中的位置有了明显上升。而改革中对谏官地位的提升则更加明显，原属于门下省的郎舍被分离出来并单独设置司谏院，司谏院成了独立的衙门，从而使朝鲜的台谏与高丽及中国历代王朝有了显著的不同。我国历史上的台谏除唐代以外，相对于言论来说，其监察的角色更加鲜明。而高丽的台谏则无法从宰相的指挥下独立出来。朝鲜的台谏制度则从制度上保障了其既可以制衡国王，又可以制衡宰辅。司宪府原本负责弹劾百官，而司谏院原本负责向国王进谏，但立国后不久两司的职责界限就变得模糊起来，两司之间既有分工，又有竞争与合作。司宪府和司谏院的一方若犯不法之事，另一方将毫不留情地弹劾和检举对方，这种两司间相互弹劾的做法逐渐创造和衍生出了“台”“谏”间互相监督制衡的“双核”监察模式，从而基本解决了“谁来监督纪委”这一重要问题。

由于台谏官员经常因弹劾而遭到罢免，如果司宪府在弹劾某一官员时，司宪府全体官员提出辞职或悉数遭到罢免的话，那么司谏院会接下司宪府手中的“接力棒”继续对这一官员加以弹劾，反之同样如此。如果弹劾之事事关重大的话，司宪府和司谏院官员则会密切配合，或者交替弹劾，或一同上疏弹劾，以起到震慑的效果。两司一起上疏弹劾时其组合方式也是多元的，如可由司宪府全员与司谏院全员一同上疏，也可由司宪府大司宪与司谏院大司谏一同上疏，或者司宪府执义与司谏院司谏一同，或司宪府掌令和司谏院大司谏一同，或司宪府掌令与司谏院司谏一同，或司宪府持平和司谏院大司谏一同上疏等，其组合并不局限于相同品阶的官员组合。如朝鲜后期实学家李重焕（1690—1756）在其《择里志》“人心”条中所言：

> 盖我国官制，异于上世，虽置三公六卿董率诸司，然归重台阁，设风闻避嫌处置之规，专以议论为政。凡内外除拜不于三公而专属吏曹，又虑吏曹权重，至于三司差拟，不归之判书而专任郎官。故吏曹正佐郎又主台阁之权，三公六卿官虽高大，少有不厌事，铨郎辄使三司诸臣论之。朝廷风俗崇廉耻、重名节，故一遭弹驳，不得不去职，是以铨郎之权直与三公等埒。此所以大小相维、上下相制三百年无大权奸而尾大难掉之患。此朝宗朝惩丽朝君弱臣强之弊，默寓防禁之机微也。[①]

李重焕在此言明了朝鲜王朝是如何使台谏制度在官僚集团的权力结构中显露实效的。台谏通过以风闻弹劾作为武器以制衡三公六卿等高官显爵，吏曹铨郎则通过行使人事权来制衡台谏，而三公六卿则可以上官的身份来制衡铨郎。因此，三公六卿、吏曹铨郎和台谏间所构成的三角关系使得权力均沾而又相互制衡，从而使朝鲜的中央权力结构达到最佳的均衡态势。李重焕认为，这种“大小相维、上下相制”的权力结构正是朝鲜王朝几百年间无权臣出现而使国祚长久的秘诀所在。在这三角形的权力结构图中，台谏就占据了其中一端，可见台谏的重要性。

朝鲜台谏制度的最初设计者是帮助太祖李成桂开国的朝鲜名臣郑道传。郑道传认为必须由第一流的人才担任台谏之职。而在朝鲜初期担任司宪府执义，之后在五十多岁时担任大司宪的名臣孙舜孝也有相似的观点。他认为：“古者设官，必重台谏，非重台谏，所以重朝廷也。台谏须用第一流，使奋不顾身，尽言不讳，然后朝廷正，而万民亦正矣。”[②] 可见台谏之职对官员素质的第一要求就是应奋不顾身而直言不讳。台谏官必须刚

---

① 《择里志》，卜居总论，人心。

② 《朝鲜王朝实录》，成宗实录卷242，21年7月11日。

直而清廉，以作为百官之表率。而朝鲜的官员一旦受到台谏弹劾，则很可能就意味着仕途的终止。正因为台谏如此重要，所以《经国大典》规定担任台谏的官员应享受特别的礼遇。“堂上官于司宪府、司谏院官员，从优答礼。”① 一般情况下，下官遇上官行礼时，上官可不必行答礼，而台谏则不同。即使是正三品以上堂上官，遇到台谏官员对其行礼时，即使他的品阶比该台谏官高，也必须郑重地答礼，以示对台谏的尊重。在退朝时，台谏官员要等到其他官员全部离开后方才退去，以示不与其他官员混淆。台谏官员经常作为国王的使臣或御史外出巡访，不受每年考核等次的限制而可以自由活动，在晋升时不受任职时间的限制而可随时获得晋升，因此台谏出身的官员比其他官员更容易成为宰辅大臣。一般官员自从六品升任到正三品堂上官大概需要三十年以上，而台谏官仅需要六年左右，可见晋升速度之快。此类设计均在制度上保障了台谏官员的权威和仕途之光明。因此，司宪府的掌令和持平、司谏院的献纳和正言等中下级台谏官员反而主导了朝廷的弹劾活动，比起大司宪、大司谏等两司长官来，他们的意见反而更容易被采纳。另外，中下级台谏官员弹劾大司宪、大司谏等本人顶头上司的情况也很普遍，之所以能如此是因为两司内部不存在严格的等级关系，从制度上保证了两司中的上级无法有效压制下级，从而使弹劾等履职行为不受职务高低的限制，真正做到了监察不留任何死角。

因为台谏乃百官之表率，则更须廉洁自律，其中表现最明显的就是相避了。如果台谏官员本人的近亲属与其同在朝廷为官的话，台谏官本人便会主动请辞，以示主动避嫌。成宗在位时，大司宪李克墩的做法便能很好地说明：

> 司宪府大司宪李克墩来启曰：“臣为大司宪，而臣兄克培为兵曹判书，克增今升都承旨，为吏房吏。兵曹政事之失，宪府当纠劾，而臣为大司宪，心实未安。况一家兄弟三人，俱长大官亦未安。请递臣职。”李克培亦请辞，传于院相曰：“克培、克墩之言皆是。处之如何?”申叔舟、韩明浍对曰：“三人之才，各当其职。宪府故事，虽

① 《经国大典》，礼典，京外官相见。

大司宪若有过，僚下员亦能弹劾；吏、兵曹政事之失，执义以下亦可纠劾。今虽不递大司宪，无妨也。”传曰：“然则俱勿辞。”①

成宗大王在位时努力践行儒教治国的政治理念，这一时期的勋旧元老大臣受到压制，在成宗大王的庇护下，新兴士大夫阶层开始大举进入朝堂，朝鲜的台谏制度也因而日趋活跃。又因台谏对勋旧大臣的持续弹劾，到世祖朝后勋旧元老们的势力迅速衰退。故事中的李克墩、李克培、李克增兄弟三人都很优秀，他们同时出任朝廷要职。李克墩为司宪府的大司宪，李克培为兵曹判书，李克增又升任都承旨。而兵曹等六曹官员的过失，都是司宪府纠察弹劾的对象。如上文中李重焕所言，在朝鲜中央的权力结构中，台谏是用来制衡六曹的。为了避嫌，李克墩、李克培兄弟二人皆主动请辞。而国王认为辞职上疏中的观点很有道理，所以成宗便询问申叔舟、韩明浍等院相应如何处理此事。院相们认为，他们三人的才能都完全胜任当下的职位，大司宪如果有过，属下官员完全可以弹劾，而兵曹等衙门若有过失，大司宪若因兄弟关系不便出面的话，司宪府的执义等下级官员也照样可以纠察，所以可以让其继续担任大司宪，因而他们的请辞未能获准。而在次年（1470）朝廷确立“告身署经之法”后，李克墩再次提出辞去大司宪之职。② 从《朝鲜王朝实录》日后官职的变化来看，国王在找到合适的递补人选后同意了他的辞职请求，将其改任为刑曹参判。③成宗一朝也是朝鲜王朝史上大司宪频繁更替的时期，成宗在位的 26 年中共有 68 人曾经出任大司宪一职，大司宪平均不到半年就交替一次。而因为台谏的弹劾对象主要是朝廷的中高级官员，如成宗在位的 26 年间遭到弹劾的高官就多达 2702 人，平均每年就有 108 位高级官员遭到弹劾。④ 特别是宰辅等身居要职的高官更是受到频繁的弹劾，以成宗在位期间（1469—1494）为例，这 26 年间宰相韩明浍共遭到 107 次弹劾，佐理功臣任元濬共遭到 20 次弹劾，其子任士洪遭到 140 次弹劾，郑麟趾共遭到 17

① 《朝鲜王朝实录》，成宗实录卷 1，即位年 12 月 30 日。

② 《朝鲜王朝实录》，成宗实录卷 1，1 年 3 月 22 日。

③ 《朝鲜王朝实录》，成宗实录卷 1，1 年 6 月 19 日。

④ 이성무，2009，《조선은 어떻게 부정부패를 막았을까：목숨 걸고 직언하고 가차 없이탄핵하다》，청아，83 면.

次弹劾，金国光遭到27次弹劾，柳子光遭到56次弹劾，[①] 这些弹劾案虽然大多未被国王采纳，但朝廷在言论上却始终保持包容开放的态度，从侧面反映出台谏制度的极度活跃与合理有效。如大司宪李克墩的请辞一般，台谏官员的相避成为当时的惯例，不仅司宪府或司谏院同一衙门中若有近亲属同时任职时须主动回避，司宪府与司谏院官员之间也要相避[②]，一般情况下是将需要相互避嫌的二人中的官职较低者改任其他官职。[③] 而避嫌之举也并非仅出于近亲等原因，若台谏官本人遭到他人弹劾，则无论弹劾之事有无实据，为了避嫌都要先行从台谏的位子上暂时退出。特别是到党争激烈的朝鲜后期，因避嫌成风导致台谏官员频繁交替，以至于几乎到了台谏无法正常运转的地步。如星湖先生李瀷所言：

> 台谏避嫌，自我中庙朝始，规避于是成风矣……东人[④]之厌事讳避，本来痼习，未闻有辞官逊禄之实。而一撞事端，抵死退步，托以避嫌，兼之呈病，满纸录证，猥屑无惮，此无佗。台阁清选，官衔既峻而原无肥己之实，朝递暮授而宦途无滞，故敢为自便之计如此。甚者，召牌临门而偃息不动，视为寻常，纪纲岂不堕坏哉?[⑤]

这种以称病等说辞为由而避嫌的风气之所以蔓延，根本上还是源于台谏责任的重大及对台谏官素质的极高要求，因为台谏弹劾其他官员的本职就要求其自身不能存在任何的把柄，否则极易遭到其他官员的检举。而台谏官员如有犯法行为，为保证台谏的权威，对他的调查不可由刑曹负责。而是将司宪府官员的犯罪行为交由司谏院调查，将司谏院官员的犯罪行为交由司宪府调查[⑥]，这种相互牵制的调查模式从成宗朝开始施行，直到明文规定于《续大典》之中，其“台”“谏”之间相互调查取证的“双核”

---

① 이성무, 2009, 《조선은 어떻게 부정부패를 막았을까: 목숨 걸고 직언하고 가차 없이 탄핵하다》, 청아, 83—84 면.

② 《续大典》中规定两司间可不必相避（《续大典》，吏典，相避，“两司官员勿为通避”）。

③ 《续大典》，吏典，相避，“一司应避者下位当递，右位则否”。

④ 东人：朝鲜在中国之东，故自称本国人为东人。

⑤ 《星湖先生全集》卷45，杂著，论台谏。

⑥ 《续大典》，吏典，杂令，“台官带推者，两司互勘，勿许引避。监察同”。

监察结构可见一斑，朝鲜王朝对监察制度的理性设计，直到今天依然有着很强的借鉴意义。

此外，纠察百官的职责也必然要求台谏官员具有良好的学识和相应的口才与文笔。台谏原则上只任用文科及第之人，特别是多选用二三十岁血气旺盛的青年官员担任，因为比起久经官场磨砺的政治家来说，新晋的年轻官僚们因无所忌惮而更适合出任台谏一职。不仅如此，朝廷对台谏官员的家庭出身也有很高的要求，经过对其父亲、祖父、曾祖父和外祖父“四祖”的背景和经历严格审查后，才能得到任命。因此，能出任台谏的官员皆是学问、家世俱好之人，若父祖之中有人犯谋逆等重罪或自身并非嫡出的话，就很难出任台谏。对其家世严格审查的一个重要原因就是台谏拥有的署经权。朝鲜时期任命五品及以下官员①时须经过台谏的署经（即署名同意），并对相应职缺提名者的能力、履职经历、门阀出身、品行和有无受赃记录等加以审查，以确认其是否存在不适合担任这一官职的任何情形。台谏署经权的行使在一定程度上制约着国王对人事任免的独断，即如果台谏认为国王提名的人选并不适合出任该职，则可在署经之时行使否决权，而台谏也大多充分利用署经的权力以彰显自身的职责。朝鲜时期因台谏署经时对国王的人事任命加以否决而无数次使得国王和台谏间的关系紧张。如果国王强迫要求台谏署经，台谏官员们便会集体请辞，官复原职后如若国王再次催促署经，他们便会再次全体辞职。极端情况下为了一件人事任命，台谏的辞职与复职竟多达几十次。

署经时由司宪府、司谏院官员各二到三人或者两司全体官员一同讨论后做出决定，这称作“圆议”或“完议”。如果他们一致认为国王要任命的这一官员不适合出任该职，则会署上“作不纳”三个字；如认为这一候选官员虽不适合出任“清要职”等关键职务，但却可以出任其他非重要职位的话，则署上“政曹外”三字；而当时对杂科出身的技术官僚、士族的庶子和书吏、乡吏等人都有品阶的限制，技术官和庶出之人最高只能担任正三品堂下官，乡吏最多只能担任正五品官职，而书吏最多只能担任正七品官职，重申这一限定时则署上“限品者”三字。朝鲜时期，不

---

① 台谏官员在朝鲜初期曾多次争取到任命一品至四品官员时的署经权，其后均因行使否决权而使国王感到自身权力受到台谏的极大限制而不得不取消了台谏在高官任命时的署经权。

仅人事任命需要得到台谏的署名同意，立法和修订法令也同样需得到台谏的署经，即立法过程台谏也参与其中。颁布教旨等法令时，其草案经议政府讨论后呈报国王，得到国王裁可并经过台谏的署经后并寄发到相应衙门，法令才算生效。因同时握有人事权和立法权，台谏可以说是处在朝鲜权力的核心。也正因台谏的职责如此重要而特殊，使得国王容易迁怒于台谏。朝鲜初期台谏遭到左迁、罢官和流放的案例很多。这类处罚成了阻碍言路畅通和台谏正常行使权力的障碍。到朝鲜中期以后，台谏官员们因进谏而遭到左迁、罢官和流放的情况明显减少。但多数的台谏官员并不以因为谏诤而遭贬官或罢黜为耻，反而以此为荣。他们认为因主张正义被贬正是其认真履行职责的最好证明，无激烈的谏诤而得以久居台谏之位反为士大夫们所不齿。左迁中最坏的情况就是台谏被贬到地方上任职，因为中央各衙门间的贬谪大多过不了多久便会官复原职或调任其他部门，但贬到地方后就不一样了。地方守令一般需要满一定年限后才可调任，且从地方调回中央任职也并非易事。因此，群臣在成宗二十一年（1490）时对能否让台谏官员出任（含平调、左迁和右迁）地方守令展开了激烈的争论：

> 议台谏出补守令便否。……卢思慎议：“守令贤否，生民休戚系焉，其任至重，故汉以博士谏官通政事者，出为守令，有时外补，自有故事，恐无不可。”李铁坚议：“台谏，朝廷纪纲，人主耳目，其任至重。当其注拟，必极朝廷之选，若曰守令为重，例以台谏，备荐则台谏反轻。然守令分九重之忧，出宰百里，生民休戚系焉，其为任亦重。间或以台谏右迁为守令，于大体何伤?”孙舜孝议：“古者设官，必重台谏，非重台谏，所以重朝廷也。台谏须用第一流，使奋不顾身，尽言不讳，然后朝廷正，而万民亦正矣。昔萧望之，以谏议大夫，外补上疏曰：‘出谏官以补郡守，所谓忧其末而忘其本也。朝无诤臣则不闻过。’此言似然。在世宗朝，集贤诸儒，出入台谏，或以守令中有清白爱民者，特授谏官，未闻台官外补。守令虽重，岂重于台谏？且人才有限，直道敢言之士有几？世宗朝河演为吏曹判书时，郑甲孙为大司宪，李宜洽为执义。一日于朝启，河演、郑甲孙皆入，甲孙直言河演受赂卖官事，未几，郑甲孙为咸吉道监司，李宜洽为永兴府使，至今言者曰：‘河演中之。’若例以谏官外补，则恐无直言

之士，虽有之，岂无如河演者中伤之乎？臣愿谏臣勿外补……”①

当时朝中群臣的意见分为两派，一派认为台谏出任郡守、县令等地方上的行政长官并无不可，以卢思慎、李铁坚等大臣为代表。另一派认为台谏绝不可出任地方守令，以孙舜孝等大臣为代表。卢思慎等人认为地方长官“分九重之忧”而“出宰百里”，直接与百姓打交道，因此其责任不亚于在中央任职的谏官，其给出的依据是我国汉代的先例，当时的朝廷曾让在中央任职的博士和谏官中通晓政事之人出任地方行政长官，所以“自有故事，恐无不可”，我国汉代的“故事”（先例）即可充分赋予在朝鲜施行同一行政行为的合法性。而大司宪孙舜孝给出的理由同样“遵循先例”，他的先例虽同出于我国汉代，但其遵循的是萧何后裔、汉代名儒萧望之上疏中的观点。其时萧望之曾任谏议大夫，因精通政事而被选为平原太守，他遂上疏主张这是“忧其末而忘其本”，认为这种谏官外任的行为并不合理。孙舜孝另外还举朝鲜本朝郑甲孙的一则先例来加以说明，他认为台谏的权责远重于地方官，在人才有限的情况下绝不可让台谏出补守令。因为朝臣的两派意见都有一定的道理，因此成宗大王做出了折中的裁决：

御书曰：“予惟古者建国，须使内外相制，轻重相权。而周、唐外重而内轻，秦、魏外轻而内重，轻重之偏，内外之别，夫岂可乎？国家用人，虽无内外之异，士夫实有轻重之心。台谏之任，予岂易之哉？为人主耳目，朝廷纪纲，格君心之非，攻宰相之失，所谓言及乘舆天子改容，事关廊庙宰相待罪。须养其锐气，借之重权，以折奸氓而清政治也。然我国壤地褊小，人才不众，而弘文博洽之士，极一时之选，朝夕侍从，辅益弘多。其中必有通于世务，明习吏事，用经术而宣教化，厚风俗而安田里者也。亲民之吏，自古帝王孰不重之？今以职官之拘，不使效其少学壮仕，辅君泽民之志，则将安所试其贤能耶？予欲均内外而通事体，选贤良而补守令，以安吾赤子，今观群

① 《朝鲜王朝实录》，成宗实录卷242，21年7月11日。

议，予未之及焉。然在特命，则无妨。”①

成宗大王认为台谏一般不可轻易出任地方官职，如有特别的情形需要让其出任地方长官时，需要得到国王的特命，大致上限制了台谏的外放，从而给台谏官员们的直言谏诤提供了制度上的保障。其后在成宗二十四年（1493），因地方守令找不到合适人选，成宗遂任命大司宪成伣为庆尚道观察使，司谏郑锡坚为金海府使，而由此引发了台谏官员们的激烈反驳。② 成宗将反对的台谏官员全部替换掉，但又引来弘文馆官员的反对，新上任的台谏官员们仍旧上疏激烈反对，从中可见台谏制度对国王所做决定的强大牵制力。面对群臣的激烈反对，国王在不久后不得不将成伣调回中央改任礼曹判书，郑锡坚也改任京官职。从此，台谏官员被调离外任的情形被完全封锁。

司宪府、司谏院虽能相互纠察制衡，但如果两司同时失职的话又由谁来监督呢？这时弘文馆的作用就凸显出来了。弘文馆在朝鲜中期后也参与到台谏的言论活动之中，它与两司一起被称作“言论三司”。弘文馆的前身是集贤殿，会集了朝鲜最优秀的知识精英，希望将经典中的理想社会付诸现实，他们都兼任国王的经筵官，在给国王讲授经史典籍的过程中，开始议论国政发挥政治上的影响力，并逐步起到了监督和制衡两司的作用。正如《朝鲜王朝实录》载中宗大王所言，“常时宪府之所失，谏院纠之，谏院之所失，宪府纠之，两司俱有所失，然后弘文馆启之矣”③。而台谏官员经过遴选可以任职弘文馆，弘文馆的官员在成宗二十二年（1491）后也可出任台谏，台谏和弘文馆的关系更加密切。弘文馆和台谏郎官的人事权均由吏曹掌握，他们并不由吏曹判书选拔，反而是吏曹的郎官（即“铨郎”）这类正五品、正六品的中下级官吏握有人事任免权。吏曹的铨郎有足以制约判书、政丞等高官的权力，使得正三品以上的堂上官遇见铨郎都要下马行礼，他们掌握和行使对议政府的舍人、乘政院的承旨、司宪府司谏院弘文馆的郎官等当时朝鲜士大夫们最想出任的“清要职”的人事权。

① 《朝鲜王朝实录》，成宗实录卷 242，21 年 7 月 11 日。

② 《朝鲜王朝实录》，成宗实录卷 280，24 年 7 月 29 日。

③ 《朝鲜王朝实录》，中宗实录卷 63，23 年 10 月 20 日。

作为中下级官员的铨郎反而握有“清要职”的人事权，这是朝鲜士林政治的一大特征，即朝鲜为了防止权臣的出现和权力的过度集中，在制度设计时其人事权并非完全集中在高官手中，而是上层和下层官员共享的格局。而吏曹铨郎则是从台谏和弘文馆官员中选拔，选拔时由上一任的铨郎从台谏和弘文馆官员中提名他的下一任铨郎，称作“自荐制”。从而使台谏、弘文馆和吏曹铨郎又构成了一种相互协助又相互制衡的三角关系。弘文馆牵制台谏，吏曹铨郎牵制弘文馆，而台谏和弘文馆又通过弹劾来牵制吏曹铨郎。他们在互相牵制的同时又相互合作形成统一战线来对抗国王和高官对权力的滥用，使得他们的权力无法过度集中，从而形成了上下级官员分权的态势。这种因三角制衡关系和上下分权而使权力分布相对均衡的绝妙格局正是朝鲜王朝得以延续五百年的秘诀所在。

第六节 暗行御史

“暗行御史”这一朝鲜时期的监察制度之所以在韩国被广为人知，是得益于朝鲜时期著名的文学作品《春香传》。《春香传》中暗行御史李道令作为救世主一般的存在，以及他亮明身份后所出现的剧情反转，增加了这一作品的可读性和趣味性，使《春香传》充满了现实感。李道令是国王派遣到地方的暗行御史，他化装成乞丐暗中调查卞学道鱼肉百姓的不法行径，甚至对自己钟情的成春香也隐瞒了身份。直到春香把刀架在他脖子上时，他才不得不说出了自己的真实身份，说他正是暗行御史李梦龙。全罗道南原府的百姓顿时狂热起来，他们欢呼雀跃，尽表对朝廷和国王的忠心。

而他对真实身份的隐藏正是出于暗行御史执行任务的需要。他们作为国王的秘密使臣，受命调查贪官污吏，倾听民怨，了解民间疾苦，使国王及时掌握地方上的真实情况。他们与普通御史最大的区别是他们是“微服单行”的，而这种制度设计正是为实现统治者“王道政治”的必然要求。国王在宫中从官僚口中所听到的民意，与民间的真实民意总会存在或多或少的不同，这就容易使国王被臣僚们蒙蔽。为了解真实的“民心”，化解百姓的痛苦和冤抑，就有必要派人到全国各地开展秘密调查，以便更好地了解民间的真实情况。而实现这一目的的机制就是朝鲜王朝独创的暗行御史制度，其与我国历代及朝鲜半岛高丽以前的御史制度都存在一定的差异，即公开性与隐蔽性的区别。

由于暗行御史职能的隐秘，其职制并不规定于《经国大典》等朝鲜本国法典中，因此暗行御史不被视作朝鲜的正式官职，但却丝毫不妨碍其职责的重要。那么到底何人会得到国王的委派而临时出任暗行御史一职呢？

首先，出任暗行御史的官员一般是正三品以下的堂下官。朝鲜国王的使臣之中，堂上官称作“使”，而堂下官称为“御史”，从“暗行御史”这一名称就可以看出，到各地微服巡访的官员属于堂下官。从历史经验来看，除朝鲜末期这一短暂的时期曾有过堂上官出任暗行御史外，朝鲜王朝五百年基本是由堂下官来出任暗行御史的。为什么不由作为朝廷高级官员的堂上官担任此职，而一定要由堂下官来出任呢？第一，暗行御史的任务主要就是秘密地监察在职官员滥用职权和贪污腐败等公职犯罪的，因而比起在官场久经考验的高层官僚来说，年轻的官员更适合担此重任。他们富于正义感，有初出茅庐的耿介与智慧，这些血气方刚的年轻官员也希望不辱使命，以期待日后受到国王的重用。因此，他们不易在秘密监察的过程中收受地方官员的贿赂，也就容易达到监察的预期效果。第二，暗行御史是一份苦差，每日需乘马驱驰百里，并忍受多日的饥饿之苦，巡察多地的话则更要做到如神出鬼没一般，因此也就要求出任暗行御史之人拥有极好的体力。当然，任用堂下官出任暗行御史也有一定的弊端，那就是他们很可能缺乏地方行政上的经验。由于其所调查的对象是朝鲜各地的地方官，那么就要求其对地方官日常履行的各项业务要有大致的了解，否则便容易被地方官员所蒙蔽。因此到了英祖在位之时，要求暗行御史的候选官员必须有担任过地方官的相关经验才行。

其次，暗行御史多从属于堂下官的“侍从臣”中选拔。所谓侍从臣，是指常在国王左右的近臣，一般指承政院、司宪府、司谏院、弘文馆、艺文馆等五司的所属官员，其中多从司宪府、司谏院和弘文馆等承担监察职能的三司官员中选拔。朝鲜初期时，在相应官员的选拔上却没有如此严格。当时担任监察任务的司宪府监察，其品秩不过正六品，他们被任命为暗行御史前身的“问弊使”及“察访”而赶赴地方后，有关其资质的争论就不绝于耳。因其品阶较低，所以在监察地方官时不易取得预期效果。因此在成宗之后，朝廷开始在侍从臣中选拔御史，并逐渐将其制度化。因为他们作为近臣常伴随国王左右，能更容易地把握国王的实际意图，所以比起其他官员能更好地履行暗行御史的职责。但因侍从臣身居要职而常随行于国王左右，因此有时很难抽身去各地微服，因而侍从臣以外的官员有时也作为暗行御史出使，偶尔还有并无官职的处士和儒生担任暗行御史，称“白衣御史”。另外，出任暗行御史的官员一般是科举的文科及第者，荫官一般不出任暗行御史，这保证了暗行御史大多是品学兼优者。

由于暗行御史职责的重要性与特殊性，其选拔过程非常严格。朝鲜初期的暗行御史一般由国王直接选派，国王在“小纸”上写上候选者的名字后交给承政院，由承政院向候选人传达国王的任命，被任命的暗行御史因而称作“小纸所付人”。随着御史派遣的频繁，国王已无法分出足够的精力来亲自选派，所以到中宗朝后，改为由议政府的三政丞推荐。为了在制度上防止选人的随意性，三政丞对推荐的候选人负有连带责任。政丞奉王命后对多名候选之人进行初步的审查和筛选，称为“抄择”。政丞大多是从侍从臣的名册（即“侍从官案”）中挑选合适的人选，候选人的范围是所有前任和现任的侍从臣。选中之人称作“被招人”，将被招人的名单呈送国王后，由国王最终“落点”决定。每次暗行御史的选用人数可以是一人，也可以是多人。

出于保密需要，暗行御史的任命流程也非常隐秘。被选的官员由承政院联络时，用红漆染成的长方形木牌，称作“牌招”。牌招的正面刻有“命”字，背面刻有要任命的官员姓名，因而也称作“命牌”。如果该官员拒绝国王的召唤，则要在命牌上写上“不进”二字以示拒绝，但也要做好可能受到处罚的心理准备。受到召唤的官员在看到牌招后一般先与国王见面，但保密性强的任命偶尔会在出行前不与国王见面。见到国王后，官员会接受国王授予的“封书”和“马牌”，不与国王见面的情形则由承政院将封书和马牌直接传达给暗行御史本人。封书是暗行御史的任命状，与封书一起而写明此次出行细则的是国王授予的“事目”。马牌是暗行御史在关键时刻亮明身份的印信。马牌原为木制，后来改成铁制，直径约 9—10 厘米，上断有一孔可穿绳系于腰间，如图 6 所示。马牌分上中下三等，根据官员的品阶授予不同等级的马牌，不同等级的马牌上刻有不同数量的驿马图，持有者最多只能使用与马牌所刻数量相同的驿马。暗行御史所用的马牌是“三马牌”，即表明他可以使用上等马一匹、驾驶用的下等马一匹和驮行李用的下等马一匹。有时暗行御史可以拿到两块马牌，也就意味着可以使用更多的马匹。暗行御史只有在持有马牌的情况下才能在朝鲜各地的驿馆换乘驿马，整个旅程也才能成行。实际上由于暗行御史微服的隐蔽性，为了防止走漏消息，实际使用驿马的次数不多，而使用本人马匹的情形却不少见。有了封书和马牌后，暗行御史就算正式任命了，其身份也就具有了合法性。另外，暗行御史还被授予一种叫作“鍮尺”的铜尺两把，以便准确地测量当地的度量衡，如笞和杖等刑具的实际尺度是否与法律的规定统一，征收税赋时是否为了巧取豪夺而有意使用不同的度量衡，从而监察地方官有无滥刑或鱼肉百姓的情形。暗行御史在任务结束后，会将马牌和鍮尺归还朝廷。

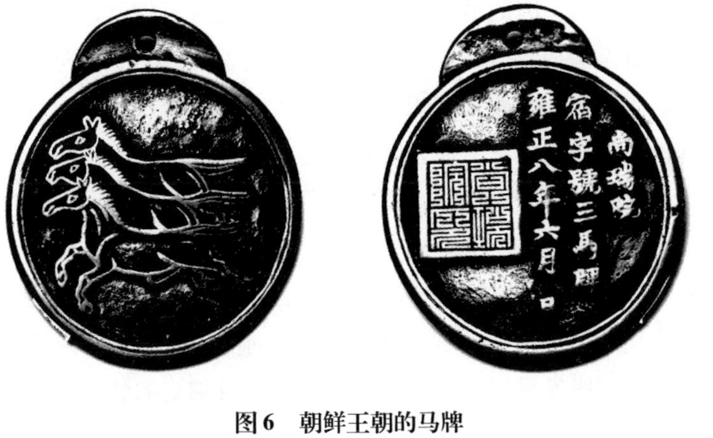

图6　朝鲜王朝的马牌

派遣暗行御史的保密性也体现在“抽栍”这一环节上，抽栍从成宗时开始用于选择暗行御史的出行地。抽栍类似现在的抽签，朝鲜时期也用于成均馆的讲论和科举考试的出题上。为防止泄密，国王事先并不指定暗行御史将要巡察的郡县，而是将刻有朝鲜全国360多个郡县的几百个竹签放在竹筒中任意抽取，抽中的郡县就是暗行御史本次要去的地方，郡县名会载入国王任命暗行御史的封书中，除暗行御史外的其他所有人都不得打开，而暗行御史本人也要等离开汉城的城池以后，在汉城的四大门①外方能打开阅览，这时的他才知道自己要去的地方。因此，在国王颁授的封书封皮上，大多写有“到南大门外开拆”或“到东大门外开拆”等字，暗含了接到封书后须立即出发的意思。所以说，知道暗行御史去向的只有国王、承政院中的一人和暗行御史本人，只要他们严守秘密，暗行御史所要巡察的地域就能得到保密。

出于保密，暗行御史的行装一律从简，严禁军官随行并尽量减少随从的数量。其随从们和暗行御史本人一样，也要扮装并隐瞒自己的真实身份。暗行御史的装扮必须与普通行人无异，暗行御史本人只有在到达目的地后，才会将本次将要巡察的郡县告诉随行书吏。然后他与随行之人分成几组在此郡县的辖区内巡视，以便获得有价值的信息，这种隐秘的微服出行在朝鲜称作“潜踪”。旅费在朝鲜时期称为“粮资”或“粮馔”，普通的御史因为手持类似旅行许可的“路文”，因而可以要求所到之处的地方官提供必要的饮食，因此他们无须准备出行的盘缠。相反，暗行御史因身份的保密性而无法得到地方所提供的食物，而朝廷为了尽量避免暗行御史的身份被暴露，因而一般要求暗行御史本人负担粮资，只有少数情形下才由朝廷负担。与普通御史由地方官提供地方衙门上的住宿不同，暗行御史只能选择到客栈借宿，而在盘缠不够时只能饿肚子或乞食，因而暗行御史在朝鲜也称作“乞丐御史”。

但暗行御史不会一直隐藏自己的身份，他们在掌握关键信息后便会亮明身份，这被称作“出道”或“露踪”。原则上要在巡察郡县的辖区内出道，不得在此区域外暴露身份。在大量派遣暗行御史的朝鲜后期，朝廷要求暗行御史不得在巡察郡县以外的地区行使检察权，否则被视为越权而遭受处罚。其目的是防止与其他暗行御史巡察的郡县重叠，以避免二人互相指责对方为冒牌御史。暗行御史出道时一般以衙役敲击马牌并高喊“御史出道”的方式进行，如果巡视的郡邑是大城市，那么多站在城中有名的楼阁上高喊出道。出道后该地的地方官应协同六房书吏将暗行御史迎入当地衙门。暗行御史此时会在军官的护卫下来到当地官衙中，并坐在地方

① 四大门，即朝鲜时期位于汉城正南的崇礼门、位于汉城正北的肃清门、位于汉城正东的兴仁门、位于汉城正西的敦义门。

官平时坐的椅子上，当地衙门的各房吏胥们分列左右并以礼相待。暗行御史出道后会检查衙内的各类官方文牒，查阅贡物和税赋账簿及诉讼文书，以确认地方衙门是否有违法行为，称作“查阅”。另外他还要检阅衙内仓库，将库中实物与账簿所载一一对照，以确认是否有贪污的发生，称作“反阅”。暗行御史若发现有不法文书，应立即将地方官的印信没收并查封仓库，称作“封库”。这时暗行御史持有的马牌就可充当他的官印，查封时会在纸面上写上“封库”二字后，将马牌用作落印的官印。封库后暗行御史会派军官严守，任何人未经其允许不得靠近。其后，暗行御史会去往衙内的监狱，以测量狱具是否合乎规格，录囚以确认是否有冤狱发生，如发现冤狱，则会立即释放被关押者。与此同时，他还会接收当地民众的诉讼，并旌表当地的孝子、孝妇及烈女等，褒奖有政绩的地方官，整个流程大概需要几天。在此过程中，暗行御史不得向当地衙门索要路费、酒食和妓女，一经发现便会遭到严惩。暗行御史的“出道”是巡察过程的必要环节，一般情况下暗行御史均会选择合适的时机在当地出道。个别未能“出道”便返回汉城的暗行御史多是经验不足的年轻官员，他们会引起国王的愤怒而受到重罚，如下文中正祖十九年（1795）李羲甲的案例。当时国王因此事颁下教旨说：“绣衣之不出道，潜往潜来，事未前闻。目击填壑，而不为出道，以致更往行查之举者，生疏之外，轻率莫甚。初再启体，亦皆做错，其为偾误，不可但以辱命言，当该御史李羲甲施以不叙之典。”① 当事者李羲甲仅仅因为未出道便归来，被处于永不叙用的重罚。而有不法行为的地方官最害怕的就是暗行御史的出道了，他们会对其出道百般阻挠。暗行御史出道后，有的贪官们不仅不将之迎入衙门，反而会闭门不纳甚至毒杀暗行御史，因此在暗行御史出道前后，不论其身份是隐藏还是暴露，他都面临一定的人身危险。

暗行御史完成任务回京后，要以“书启”和“别单”向国王复命。“书启”是指暗行御史对监察郡县的情况和国王颁授的封书和事目中指示的事项向国王复命的书函，主要记录了地方官的不法行为和民间疾苦。“别单”则作为书启的附件附于其后，主要记录了事目中未提示的内容，如监察郡县辖区外的情形，一路上所见所闻和沿途的民政、军政、民生状

① 《朝鲜王朝实录》，正祖实录卷42，19年5月22日。

况等，内容比记载特定事项的书启要多。“书启”和“别单”都是在返回汉城后所写，而另一种“状启”是指在其巡察过程中遇到紧急情况时请示国王的书信。

暗行御史行使的主要是封书赋予的权力和“封库罢免权”，其中对地方官的罢免权是暗行御史的鲜明特征，这种对各地守令直接处置的权力在当时称作“直断权”。直断权最初只赋予各道的观察使，暗行御史则不具备这种权限，而由司宪府对监察中发现的不法地方官行使处置权。16 世纪以后，朝廷逐渐将直断权赋予暗行御史，但前提是要有足够的物证以证明地方官违法。其罢免地方官的流程是发现不法物证—立即封库—向国王书启复命—罢免地方官共四步。暗行御史发现的非法文书主要是指带有地方官印信的、在暗行御史出道前已生效的文书，这些文书等相关物证须即刻寄回中央并得到国王阅览。因为暗行御史和各道观察使均能行使对地方守令的封库罢免权，因此两者在行使相关权力时也不时出现冲突。虽然在官制和品阶上观察使的权力远超过暗行御史，但实际中暗行御史的权力却凌驾于观察使之上。

第七节　丹骨吏的秘密（案例 1）

现存朝鲜时期的古文书中常见一种“告身”文书。告身是国王用于任命文武官员的任命书。因此对该名官员和他的家族来说都是巨大的荣誉，所以“告身”文书比其他文书得到更好的保管，因而留存至今的“告身”文书较多。

在不被人注意的告身文书背面，却隐藏着一些不为人知的秘密。许多告身文书的背面用小字写着“吏吏某人”或“兵吏某人”。那么他们的名字为什么会出现在文武官员任命书的背面呢？又为什么是用极小的字写上去的呢？通过这一线索我们可以获知哪些秘密呢？

图 7 是仁祖六年（1628）姜栢年被国王升为朝奉大夫（从四品）时的告身。他之前在庭试乙科中以第二名的成绩及第，并被任命为承文院副正字。朝鲜时期的士子在科举及第后，一般会分配到成均馆、承文院、校书馆等“三馆”中学习和熟悉各类行政事务，之后再被委以实职。这一告身的背面有一行小字，将其放大后赫然写着“吏吏沈麒”几个字。我

们再看与之类似的一例告身。

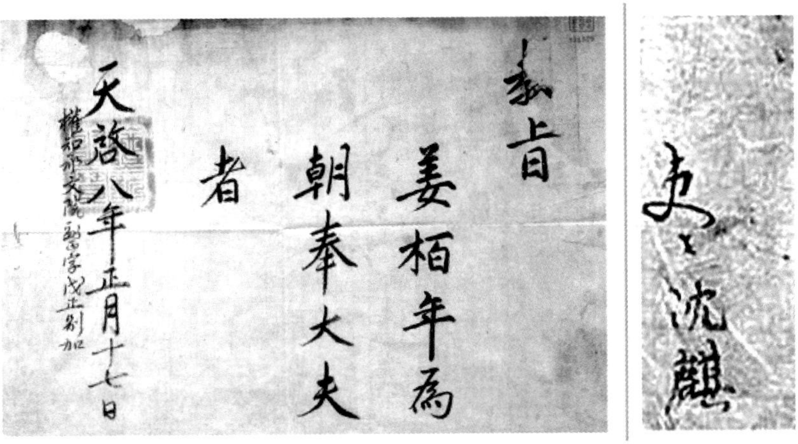
教旨
姜栢年爲
朝奉大夫
者
天啓八年正月十七日

图7　天启八年（1628）姜栢年的告身①

图8是哲宗二年（1851）权宅夏被国王任命为朝奉大夫（从四品）行义禁府都事时的告身。在这一告身的背面也有一行小字，将其放大后可知是“吏吏吴相麟”几个字。所谓“吏吏”，指的是在中央六曹的吏曹中工作的书吏，而“兵吏”则是指在中央六曹的兵曹中工作的书吏。告身作为朝鲜时期官员的任命状，文官的告身一般由吏曹书吏起草，而武官的告身基本由兵曹书吏起草。朝鲜前期起草文书的书吏的姓和签名一般会出现在告身的正面（仅限五品以下官员的任命），而到了朝鲜中后期，随着胥吏阶层地位的下降，他们的姓、名一般只用小字标注在告身背面，但签名却消失了（不限五品以下，而是包括四品以上的官员任命）。也就是说，在中央工作的吏曹和兵曹书吏的身份从朝鲜前期的较为公开，变为朝鲜后期的较为私密。

这些书吏与地方上世家大族出身的官僚士大夫之间形成了一种非同寻常的私密关系网。其原因是朝鲜地方上的世家大族对中央的人事任免动向不易把握，而对中央人事动向消息最为灵通的就数在中央工作的书吏了，

---

① 서울대학교도서관，1986，《古文書 1：國王文書，王室文書》，서울대학교도서관，No. 201。

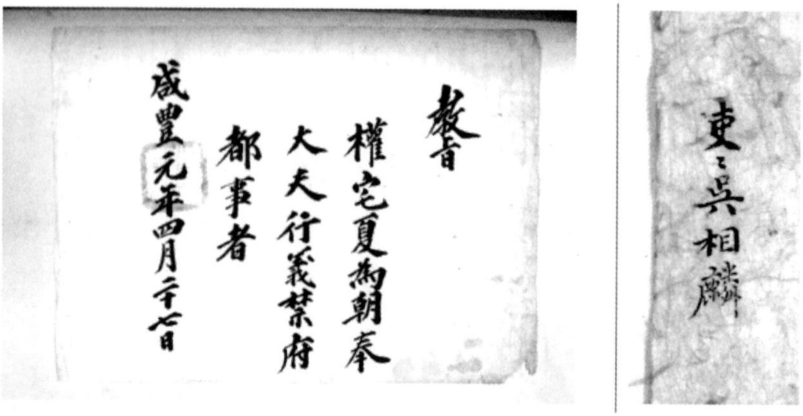

图8 咸丰元年（1851）权宅夏的告身①

其中尤以有铨选之责的吏、兵两曹书吏为甚。所以地方士族们便想方设法地与吏兵两曹的书吏建立某种严密的私人关系。中央官衙工作的书吏多为世袭，因此地方的世家大族更加珍视这种私人关系，并希望能子子孙孙维持下去，这种与地方大族交好的书吏被称作“丹骨”或“丹骨吏”。比如丰壤赵氏和书吏世家吴氏间的丹骨关系便保持了数百年，如表 5 所示。

表 5 丰壤赵氏与书吏世家吴氏间丹骨关系的推移②

世代	告身的主人	丹骨吏	丹骨期间
1	赵复阳	吏吏 吴癸生	1640. 01—1645. 07
		吏吏 吴以颋	1641. 01—1657. 09
		吏吏 吴邦立	1653. 02—1666. 09
		吏吏 吴以拆	1658. 02
4	赵汉纬	吏吏 吴舜兴	1710. 02
	赵汉辅		

① 原件由安东权氏权宅夏的后代所藏。

② 전경목, 2013, “황우영의고신, 관리와서리의은밀한관계를담다”,《고문서, 조선의역사를말하다》, 휴머니스트, 155 면.

续表

<table>
<tr><th>世代</th><th>告身的主人</th><th>丹骨吏</th><th>丹骨期间</th></tr>
<tr><td rowspan="2">6</td><td rowspan="2">赵象存</td><td>吏吏 吴宗瑞</td><td>1783. 01</td></tr>
<tr><td>吏吏 吴镇东</td><td>1800. 01</td></tr>
<tr><td rowspan="3">7</td><td rowspan="3">赵万元</td><td>吏吏 吴宗瑞</td><td>1794. 09—1799. 02</td></tr>
<tr><td>吏吏 吴镇东</td><td>1801. 09—1816. 06</td></tr>
<tr><td>吏吏 吴缵源</td><td>1816. 03—1822. 04</td></tr>
<tr><td rowspan="4">8</td><td rowspan="4">赵鹤年</td><td>吏吏 吴缵源</td><td>1827. 07—1834. 02</td></tr>
<tr><td>吏吏 吴相默</td><td>1835. 01—1835. 08
1849. 07—1853. 01</td></tr>
<tr><td>吏吏 吴镇男</td><td>1835. 09</td></tr>
<tr><td>吏吏 吴吉源</td><td>1835. 12—1848. 10</td></tr>
<tr><td rowspan="5">9</td><td>赵熙弼</td><td>吏吏 吴相默</td><td>1845. 12—1851. 12</td></tr>
<tr><td rowspan="4">赵熙哲</td><td>吏吏 吴吉源</td><td>1847. 10—1848. 03</td></tr>
<tr><td>吏吏 吴相默</td><td>1856. 09—1860. 02</td></tr>
<tr><td>吏吏 吴命焕</td><td>1863. 08—1883. 03</td></tr>
<tr><td>吏吏 吴在豊</td><td>1894. 01</td></tr>
</table>

京畿道华城是丰壤赵氏的世居地，而丰壤赵氏是代代出名人的地方大族。其家族原居住在汉城，赵复阳的五代孙赵象存时移居到华城，之后一直到朝鲜末期，丰壤赵氏一族都是此地的名门望族。赵氏一族遗留至今的古文书中共有告身482件，其中有152件告身的背面用小字赫然写有中央书吏的名字。[①] 这些书吏均为吏曹书吏，且几百年间均出于吴氏家门，可见朝鲜时期的中央书吏多为世袭。由上表可知，书吏世家吴氏一族和丰壤赵氏之间形成了如此长期而紧密的丹骨关系，几乎横跨我国有清一代。当然，也有不少地方士族为了更好地得到中央的消息，会不时更换消息更加灵通的丹骨吏。

而在士大夫所写的日记中也记载了不少和丹骨吏相关的秘密。作为朝鲜后期的著名文臣的清台先生权相一（1679—1759）所著的《清台日记》

① 전경목, 2013, "황우영의고신, 관리와서리의은밀한관계를담다",《고문서, 조선의역사를말하다》, 휴머니스트, 155 면.

中，便不乏和丹骨吏有关的记载：

> 十六日。午前伏承城主下书，今初十日都目亲政时，除授吏曹参议，铨曹下人想必未及到故走通云，闻极震恐。此是千万梦寐之外，南人之不为铨任，已五十六年。辛丑冬，沈台檀除授吏判，少论弹斥，不得行公而递矣。即修付答状于来人。夕后曹傔色掌丘从及丘从二名来到，官教二张及洪都正重寅、右尹重衡兄弟、李司谏光湜、权正言抗、权清河正宅诸书付来。丹骨吏李德涵，色掌书吏孙得瑜、金聃岭兴文告目亦来，朝报都政草亦来。①

英祖二十五年（1749）八月十六日这天，尚州牧使告诉权相一，说他已经被国王任命为吏曹参议。因为他在被任命为吏曹参议时还同时被任命为大司谏，所以权相一收到了两份任命书。日记中虽然未明确提到丹骨吏李德涵具体做过什么，但按照惯例，是由李德涵亲自书写了告身并寄给了权相一，同时告诉他赴任前的相关流程。而丹骨吏李德涵到底是何许人，在清台先生的日记中曾略有交代：

> 二十七日。往阙外依幕，卯时诣香室神室，移还安祝文六十八张。与香室正字，对同查准后，受香出来，至本寺，奉安正堂，因斋宿东边直房，丹骨书吏李德涵来见，此是李世亿之子，颇识字知人事，今正月已出庶儿郎阶来纳矣。②

从上文可知，书吏李德涵子承父业，此人知书达理，非常合乎清台先生的心意。王朝时期的官员可把自己考课的得分传给自己的子侄，而日记的主人公清台先生也是如此。所以他的庶子因此而得到了郎阶。后来他的三个儿子最后都官至通德郎（正五品文官）。日记中也清楚明白地写道，其庶子得到郎阶的任命书就是在这一年（1745）的正月由丹骨吏李德涵所写并亲自送来的。

---

① 《清台日记》，1749 年 8 月 16 日。

② 《清台日记》，1745 年 4 月 27 日。

朝鲜后期实学家颐斋先生黄胤锡（1729—1791）的一生也留下了庞大的日记资料，称作《颐斋乱稿》。他于英祖三十五年（1759）进士及第后，曾担任过庄陵参奉、司圃署直长、翊卫司翊赞、木川县监、全义县监等职。他在英祖四十二年（1766）在江原道宁越任庄陵参奉时的日记中，对地方官与吏曹书吏的关系有着非常有趣的记载：

> 是朝，吏曹政色书吏金文钦（即德峻之子）来见。先是德峻言，初出官教，既以他书吏李有纲姓名填尾，自完营下去矣。小人今当改正填名，且受禄时，须有官教禄牌俱存，然后方可凭照受禄。则官教尤不可不别出一件。以为留置京中之地，至是，果出别件官教……以金德峻填名而来，余问文钦曰："计仕之法若何?"文钦曰："小人之父，多年为吏曹计仕色矣，以参奉言之，自谢恩日，为使计仕。"……余曰："老亲顷年，以本道方伯学行别荐，曾拟庄陵矣，此后或复入望，汝须知姓字讳字年甲，以为待时，铭念可也。因录别纸付之。"……余曰："而既改正官教以来矣。吾若入番，或在乡，则京仓颁禄时，馆主人，例多代受。……今冬则当付馆主人，十二月颁明年禄时，应改禄牌，而则代受可也。"①

通过黄胤锡的日记，我们可以推测他和吏曹书吏金德峻、金文钦父子间的私密关系。从中可知，地方官和丹骨吏的关系绝非仅仅书写任命文书这样简单，还包括了咨询和出任相关的具体事项，以及请求其为家族成员谋得一官半职提供帮助，并请求其代收和管理自己的俸禄等许多业务往来。从日记中可知，地方官往往不太清楚自己的任职期从何时开始计算，黄胤锡开始就认为从到任之日开始计算，其实不然。又如他在江原道这样偏僻的地方任职时，也不太清楚如何区分当值和休班，因为他想尽快将当值日期填满，以尽快从参奉升职为奉事。而在中央工作的吏曹书吏对这些必要的信息却了如指掌，堪称专家。正是因为这种信息上的不对称，导致在中央工作的书吏能为地方官提供很多方便。因此，颐斋先生黄胤锡的疑问得到了丹骨吏的如下答复：

---

① 《颐斋乱稿》，1766 年 7 月 24 日。

以参奉言之，自谢恩日，为始计仕，两员每一朔，各分十五日，列书于陵所公座簿，送于吏曹，踏印凭照。而以日计仕，凡四百五十日，仕满十五朔，而两参奉各分半朔，故三十朔，乃许迁转矣。此乃不易之规，初无失仕之虑耳。①

在经过咨询后他才得知，任职期是从谢恩日开始计算，两位参奉每月轮值15天，并记录在一种称为“陵所公座簿”的出勤表上，然后寄往吏曹盖上官印后方能生效。而对于升迁时所需的最短任期，则是15个月共计450天，因为两位参奉要轮流当值，所以需要30个月才能升迁。这些十分有用的信息只有通过吏曹书吏才能准确获知。此外，他还请求其丹骨吏给自己出具加资文书和郎官文牒，这些对日后升迁或荫及子孙极为有用的公文书均由吏曹（文官）和兵曹（武官）管理，所以地方官非常需要书吏们的协助。除此之外，丹骨吏还向他们透露了有关人事任免的最新动态，从而让地方官更加准确地把握当前的政局。日后，黄胤锡还请求他的丹骨吏，以让自己转任他职，并向他的丹骨吏咨询如何才能避免担任闲职，等等。由此可见，丹骨吏对于地方官的仕途而言，是极为重要的人物。

然而，李德涵如此殷勤地“知人事”，以及金德峻、金文钦父子如此帮助黄胤锡，从而为其提供尽可能多的重要信息的动机又是什么呢？为何丹骨吏对官员的请托能够如此痛快地答应？难道仅仅出于情分和信任吗？当然不是。因为丹骨吏和地方官以及地方的世家大族间是彻彻底底的利益交换关系。

从上文可知，黄胤锡请求丹骨吏代收和代为管理自己的俸禄，虽然有出于自己身在江原道而不便领取的考虑，但让书吏代收本身就是出于咨询和帮助的一种补偿，可视作间接支付给丹骨吏相应的报酬。因为通过管理和代收这些地方官的俸禄，丹骨吏可进行高利贷和商业性投资，并不乏从中牟取巨额利润的书吏。当然，也有直接通过给予礼物和钱财来报答丹骨吏的情形。而最具代表性的礼物就是“夏扇冬历”了。夏扇是指端午节来临之际，丹骨吏一般会收到地方官送给他们的扇子，扇子在当时认为可

① 《颐斋乱稿》，1766年7月24日。

以招财和令人幸运，并能避免灾殃和恶鬼，官员送给丹骨吏扇子的寓意是祝愿其招财进宝、驱邪降福。而作为回报，丹骨吏一般在冬至时送给官员“册历”。册历即黄历，记载着一年的农耕和节气，并写有一年中每天的吉凶宜忌，为当时日常生活之必备。丹骨吏送给官员册历则寓意来年家事及农事风调雨顺、事事如意。例如在英祖四十三年（1767）的十二月，黄胤锡就收到了丹骨吏送来的青妆历和七政历各一件，中历和小历各十件。除了私人礼物外，每当地方官赴任时，还需要给予丹骨吏一定的“堂参钱”，这在当时已成为一种惯例。堂参钱又称“堂参债”，是官员任职地方时给予丹骨吏的经济回报。黄胤锡出任忠清道木川县监时的丹骨吏是“吏吏”张道兴、张孝彦父子。他在赴木川县任职没多久，书吏张孝彦便直接来到木川，找上门来索要堂参钱，黄胤锡按照前例给了丹骨吏25两堂参钱。而所给的数额根据各地的财政状况而有所区别，如与木川县相邻的忠清道礼山县，其惯例就是30两。①

为什么丹骨吏会直接找来索要酬劳呢？其原因大多出于书吏不像正式官员那样每月都有固定的俸禄，书吏们则没有固定工资。所以各官衙为了支付他们的俸禄则需要扩大财源，其中的常用办法就是征收各种名目的手续费等杂税。而堂参债很可能就是吏曹书吏的主要收入来源，所以他们一般在与本人有丹骨关系的官员任职地方官后，就会赶赴当地索要堂参债。除堂参债以外，新任地方官给予吏曹丹骨吏的“债”还有许多，比如参谒债、古风债、铺陈债、新除授笔债、署经债等，明目很多。虽然现在还不清楚这些“债”的具体内容，但可以推定，其中的一部分与堂参债一起成为丹骨吏的主要收入来源。

综上所述，地方士族若想维持自身的社会地位并有所图谋的话，那么至少需要与中央形成两种私密的关系网。第一种是与世居于国都汉城及附近的“京华士族”保持一定联系，京华士族一般每代都有科举及第者，且大多居于高位，只有与他们保持密切联系并得到他们的帮助，才不至于总是担任闲职或到地方赴任。如果子孙想得到荫职，那么京华士族的帮助就更不可少了。即使不想担任官职，与京华士族保持良好的关系也可以使

① 전경목, 2013, “황우영의고신, 관리와서리의은밀한관계를담다”,《고문서, 조선의역사를말하다》, 휴머니스트, 176 면.

自己的家族在地方上保持更有利的地位。第二种便是与中央书吏的私密关系了。只有与其保持丹骨关系，才能得到关于王室和中央衙门的准确信息，从而使自己的仕途更加顺利。在中央任职的书吏同时负责科举考试和人事管理，通过他们可以了解科举何时开考，哪个官位现在空缺，或哪个官位将要轮替等重要信息。通过书写在告身文书背面的蝇头小字为线索步步追踪，我们可以发现地方士族、地方官和中央书吏间那不为人知的秘密。

第四章

地　方

第一节　地方官制

朝鲜时期将地方上的行政区域分为京畿、忠清、庆尚、全罗、黄海、江原、咸镜、平安八道，每道设观察使一员，以管理各道的民政、军政和刑政等事务。在道的下面有府、大都护府、牧、都护府、郡、县等大小不等的郡邑共三百余个。

朝鲜的地方官称作“外官”，外官中居于首位的是各道的观察使（从二品），共计八员，其官衔称作“监营”。各道偶尔也被分成左右两道，各置观察使一员，但大体上还是以八道为准。观察使以下的地方官均称作“守令”，包括府尹（从二品）、大都护府使（正三品）、牧使（正三品）、都护府使（从三品）、郡守（从四品）、县令（从五品）、判官（从五品）、县监（从六品）等。各郡邑的守令间互不统属，他们在行政上均置于观察使的管辖下，其官名和品阶上的差异与各郡邑的面积大小和人口多寡有关。各郡邑的下面还有“面”（坊、社），“面”的下面是“里”（村、洞）和“统”。“面”和“里”等基层单位是基层自治组织，并无朝廷派出的地方官员。朝鲜初期的地方行政区划承袭自高丽，直到太宗十三年（1413）才根据左政丞河仑的建议将朝鲜全境设置为八道。[①] 至此，朝鲜的行政区划在15世纪时共设1个留都府、6个府、5个大都护府、20个牧、74个都护府、73个郡和154个县，共计333个地方行政单位。除汉城府、水原府、广州府、开城府和江华府等由中央直辖的京官职外，朝鲜时期其全境的地方行政区划和行政组织如表6所示。

---

① 《朝鲜王朝实录》，太宗实录卷26，13年10月15日，“以西北面为平安道，东北面为永吉道”。

表 6　　朝鲜王朝时期的地方行政组织①

	观察使	府尹	大都护府使	牧使	都护府使	郡守	县令	县监
京畿道②	一员			（左道）骊州 （右道）坡州、杨州③	（左道）富平、南阳、利川、仁川、通津（监）、竹山（监） （右道）长湍、乔桐（监）	（左道）杨根、安山、安城、金浦（令） （右道）朔宁、麻田、高阳、交河（监）、加平（监）、永平（令）	（左道）龙仁、振威、阳川、如兴④（监）	（左道）砥平、果川、阴竹、阳城、阳智 （右道）抱川、积城、涟川
忠清道⑤	一员			（左道）忠州、清州 （右道）公州、洪州	（左道）清风（郡）	（左道）丹阳、天安、槐山、沃川、报恩（监） （右道）林川、泰安、韩山、舒川、沔川、瑞山、温阳、大兴（监）、德山（监）	（左道）文义	（左道）堤川、稷川、怀仁、延丰、阴城、清安、镇川、木川、永春、永同、黄涧、青山 （右道）鸿川、平泽、定山、青阳、恩津、怀德、镇岑、连山、鲁城⑥、扶余、石城、庇仁、蓝浦、结城、保宁、海美、唐津、新昌、礼山、全义、燕歧、牙山

① 本表译自金云泰教授的研究成果：김운태，1983，《조선왕조행정사（근세편）》，박영사，115—118 면。本表以《大典会通》为基准制成，以体现朝鲜后期的行政区划，因为后期时行政区有不同程度的升格，所以括号内标注了《经国大典》所载的朝鲜前期的行政级别和区划，“（尹）”代表府尹，“（大府）”代表大都护府使，“（府）”代表都护府使，“（郡）”代表郡守，“（令）”代表县令，“（监）”代表县监，“（新）”代表朝鲜后期新设的行政区。

② 《经国大典》，吏典，外官职，京畿；《大典会通》，吏典，外官职，京畿。

③ 原丰德郡在世宗元年（1419）编入杨州牧。

④ 如兴县原为衿川县。

⑤ 《经国大典》，吏典，外官职，忠清道；《大典会通》，吏典，外官职，忠清道。

⑥ 鲁城县原为尼山县。

续表

	观察使	府尹	大都护府使	牧使	都护府使	郡守	县令	县监
庆尚道①	一员	（左道）庆州	（左道）安东（右道）昌原	（右道）尚州、晋州、星州	（左道）大丘、宁海、密阳、青松、蔚山（郡）、东莱（令）、仁同（监）、顺兴②（新）、漆谷③（新）（右道）金海、善山（令）、巨济（令）、居昌（监）、河东（监）	（左道）清道、永川、荣川、醴泉、兴海、梁山、丰基（右道）陕川、草溪、咸安、金山、昆阳、咸阳④	（左道）盈德、庆山、义城（右道）固城、南海	（左道）河阳、龙宫、奉化、清河、彦阳、真宝、玄风、军威、比安、义兴、新宁、礼安、延日、长鬐、露山、昌宁、机张、慈仁⑤、英阳⑥（右道）开宁、三嘉、宜宁、漆原、镇海、闻庆、咸昌、知礼、安义⑦、高灵、山清⑧、丹城、泗川、熊川
全罗道⑨	一员	（右道）全州		（左道）光州、绫州⑩（令）（右道）罗州、济州	（左道）南原、长兴、顺天、潭阳、茂朱（监）（右道）砺山（郡）、长城⑪（监）	（左道）宝城、乐安、淳昌（右道）益山、古阜、灵岩、灵光、珍岛、锦山、珍山、金堤、大静（监）、旌义（监）	（左道）昌平、龙潭（右道）临陂、万顷、金沟	（左道）光阳、玉果、南平、求礼、谷城、云峰、任实、长水、镇安、同福、和顺、兴阳（右道）龙安、咸悦、扶安、咸平、康津、高山、泰仁、沃沟、兴德、井邑、高敞、茂长、务安、海南

① 《经国大典》，吏典，外官职，庆尚道；《大典会通》，吏典，外官职，庆尚道。

② 顺兴府于世宗三年（1421）并入相邻的三个郡，又于肃宗九年（1683）复设。

③ 漆谷府于仁祖十八年（1640）新设。

④ 咸阳郡曾升格为府，后又降为郡。

⑤ 慈仁县于仁祖十五年（1637）新设。

⑥ 英阳县于肃宗二年（1676）新设。

⑦ 安义县原为安阴县。

⑧ 山清县原为山阴县

⑨ 《经国大典》，吏典，外官职，全罗道；《大典会通》，吏典，外官职，全罗道。

⑩ 绫州牧原为绫城县。

⑪ 原珍原县于宣祖三十三年（1600）并入长城县。

续表

	观察使	府尹	大都护府使	牧使	都护府使	郡守	县令	县监
黄海道①	一员			（左道）黄州 （右道）海州	（左道）平山、瑞兴、谷山（郡） （右道）延安、奉川、瓮津（令）	（左道）凤山、安岳、载宁、遂安、信川、金川②（新） （右道）白川	（左道）新溪、文化	（左道）兔山、长渊 （右道）长连、松禾、康翎、殷栗
江原道③	一员		（岭东）江陵	（岭西）原州	（岭东）襄阳、三陟（岭西）淮阳、春川、铁原、宁越（郡）、伊川（监）	（岭东）平海、通川、高城、杆城、旌善、平昌	（岭东）蔚珍、歙谷（岭西）金城	（岭西）平康、金化、狼川、洪川、杨口、麟蹄、横城、安峡
咸镜道④	一员	（南道）咸兴（郡）	（南道）永兴（尹）	（北道）吉州⑤（监）	（南道）安边（大府）、北青、德源、定平、甲山、三水（郡）、端川（郡）、长津⑥（新）、厚州⑦（新） （北道）镜城、庆源、会宁、钟城、稳城、庆兴、富宁、明川（监）、茂山⑧（新）	（南道）文川、高原		（南道）洪原、利原⑨

① 《经国大典》，吏典，外官职，黄海道；《大典会通》，吏典，外官职，黄海道。

② 原牛峰县与原江阴县于孝宗三年（1652）合并成为新的金川郡。

③ 《经国大典》，吏典，外官职，江原道；《大典会通》，吏典，外官职，江原道。

④ 《经国大典》，吏典，外官职，咸镜道；《大典会通》，吏典，外官职，咸镜道。

⑤ 吉州牧原为吉城县。

⑥ 长津府于正祖十一年（1787）新设。

⑦ 厚州府于纯祖十一年（1811）新设，后又废除，之后又于高宗六年（1869）以厚昌郡的名义划入平安道。

⑧ 茂山府于肃宗十年（1684）新设。

⑨ 利原县原为利城县。

续表

	观察使	府尹	大都护府使	牧使	都护府使	郡守	县令	县监
平安道①	一员	(西道)平壤、义州(牧)	(东道)宁边	(西道)安州、定州	(西道)昌城、朔州、肃川、龟城、中和(郡)、宣川(郡)、铁山(郡)、龙川(郡)、三和(令)、咸从(令) (东道)江界、成川、慈山(郡)、楚山②(郡)	(西道)嘉山、郭山 (东道)祥源、德川、价川、顺川、熙川、碧潼、云山、博川、渭原、宁远	(西道)龙冈、永柔、甑山、顺安、江西 (东道)三登	(东道)阳德、孟山、泰川、江东、殷山

上表所示的行政区划从朝鲜前期到朝鲜后期有部分变更，但大致延续到朝鲜末期。直到甲午改革后的高宗三十二年（1895），才将所有府、郡、县等行政名称统称为郡，将朝鲜八道改为23府，每府设观察使一员。到1896年，随着亲俄政权的倒台和开化政策的后退，朝鲜又重新依旧制将全境分为13个道，把庆尚道、全罗道、忠清道、平安道、咸镜道拆分为南北两道，并对行政区划进行了大幅改编。今日的朝鲜和韩国仍基本保留了朝鲜时期的地名和行政区域。下面来看作为其基本行政区划的朝鲜八道的历史沿革。

汉城府、开城府　朝鲜的国都于太祖三年（1394）从开城迁往汉阳（今韩国首尔特别市）后，新国都称作“汉城府”，其职制仿照高丽国都开城府（今朝鲜黄海北道开城特级市）之例。《经国大典》中将“汉城府”设为京官职中的正二品衙门，在衙门的序列上紧跟在六曹之后。开城府作为王朝的旧都，太祖迁都后在开城设立“留后司”行使守护和监督之责。世宗二十年（1438）改为从二品的开城府留守，睿宗朝时编入

① 《经国大典》，吏典，外官职，平安道；《大典会通》，吏典，外官职，平安道。

② 楚山府原为理山郡。

京官职序列。

京畿道 京畿在高丽一朝原是管辖以开城为中心的临近区域，恭让王二年（1390）将范围扩大到南阳、伊川和延白等地，其东南部称为左道，而西南部称为右道。太祖元年（1392）将平州（平山）、谷州（谷山）和载宁（新溪）等地划入西海道，而其余的部分则分为左右道，各置“都观察黜陟使”一员。太宗二年（1402）将左右道合二为一，改置观察使，其监营位于京畿西大门外（今韩国首尔特别市西大门区）。随着太宗十三年（1413）和世宗时对行政区划的调整，京畿道的范围开始与今日京畿道的管辖区域基本一致。

忠清道 忠清道在高丽时称作“杨广道”，于恭愍王五年（1356）改称忠清道。太祖初年杨州、广州等地重新划归京畿，太祖四年在忠州（今韩国忠清北道忠州市）置观察使。随着定宗元年（1399）和太宗十三年（1413）的行政区划调整，忠清道的范围开始与今日韩国忠清南北道的管辖区域基本一致。

全罗道 全罗道在高丽初期（1018 年）始称全罗道，朝鲜初期全罗道的范围已经与今日的全罗南北道基本一致。济州岛（今韩国济州特别自治道）在 12 世纪初并入高丽，高丽时就以耽罗郡（县）的名义隶属全罗道了。太祖元年（1392）按高丽职制置“按廉使”于全州（今韩国全罗北道全州市）开营。世宗二十九年（1447）将其改称“都观察黜陟使”，世祖十四年（1468）始称观察使。

庆尚道 高丽末期（1314 年）始称庆尚道，太祖元年（1392）置按廉都观察黜陟使，于尚州（今韩国庆尚北道尚州市）开营。太宗元年（1401）将其改为按廉使，太宗十三年（1413）将位于今天韩国忠清北道南部的永同、沃川、报恩等地重新划入忠清道，庆尚道的范围始与今日韩国庆尚南北道的管辖区域基本一致。世祖十年（1464）将按廉使改称为观察使。中宗十四年（1519）以本道事务繁杂为由，将庆尚道分为左右两道，各置观察使一员，两道以洛东江为界。两道在当年就又重新合二为一，其后在宣祖二十五年（1592）壬辰倭乱爆发后，重新将其一分为二。左道在庆州（今韩国庆尚北道庆州市）设营，右道在尚州（今韩国庆尚北道尚州市）设营，次年（1593）又重新将左右两道合一，并于星州（今韩国庆尚北道星州郡）设置监营。宣祖二十八年（1595）再次将庆尚道分为左右两道，于次年再次合并后将监营移往达城（今韩国大邱广域市达城郡）。倭乱结束后的宣祖三十二年（1599），朝鲜又将监营移至安东（今韩国庆尚北道安东市），两年后（1601 年）又移至大邱（今韩国大邱广域市）。从此到朝鲜末期，大邱一直是庆尚道的行政中心。

江原道 江原道的岭东地区原称作“沿海”，也称“溟州道”或“江陵道”，其岭西地区从高丽元宗四年（1263）起称作“交州道”或“淮阳道”。高丽禑王十四年（1388）时，将岭东和岭西地区合并成“交州江陵道”，太祖初年始称江原道。太祖四年（1395）在江原道置观察使，于原州（今韩国江原道原州市）开营。之后经过数次行政区划调整，直到世宗十六年（1434），江原道的范围才开始与今日江原道（横跨朝韩两国）的管辖区域基本一致。

黄海道 黄海道在高丽时期称作“西海道”，高丽恭让王二年（1390）曾因行政区划调整将黄海道的一些地方并入京畿地区，太祖、太宗两朝逐步将这些地区重新划归黄海道。太祖初年将西海道改称“丰海道”，太祖四年置观察使，于海州（今朝鲜黄海南道海州市）开营。太宗朝始改称黄海道，其名称一直延续到今日。

咸镜道 咸镜道在高丽初期称作“东界”或“东北面”，太宗十三年（1413）称作“永吉道”，太宗十六年改称“咸吉道”，设观察使，于咸兴（今朝鲜咸镜南道咸兴市）开营。因世祖十三年（1467）李施爱之乱的缘故，成宗元年（1470）将监营移至永兴，并改称“永安道”。中宗四年（1509）将道名重新改为咸镜道，将监营重新移归咸兴。

因为咸镜道与北方的女真、蒙古等游牧渔猎民族的势力相接，因此随北方民族势力的消长，朝鲜的北部边境一直变动不居。在高丽末期置镇后将明川、吉州、三水甲山、长津等地纳入其势力范围。后因太祖李成桂在位时，其高祖李安社的墓地在图们江附近，因此想经略此地并在此筑城。随着太宗十年（1410）受女真势力的攻击，朝鲜的势力向南撤退，并将先祖李安社之墓移葬于咸州（即咸兴）。其后朝鲜在太宗十六年（1434）再度北进，直到太宗三十一年（1449）完全占据了图们江以南地区。至此，朝鲜的北部边境才基本稳定下来。

平安道 平安道在高丽时期称作“北界”或“西北面”，太宗十三年（1413）称“平安道”，设观察使，于平壤（今朝鲜平壤直辖市）开营。

同咸镜道一样，平安道因北方女真等势力的消长，其清川江以北的土地归属一直变动不居。高丽时期，契丹、女真、蒙古等北方民族数次攻陷平壤并占据平安道。忠烈王十六年（1290），蒙古将平壤归还给高丽。其后的平壤除战乱以外，一直归属半岛政权管辖。

另外，朝鲜时期在习惯上把京畿道称作“畿湖”，把黄海道称作“关内”，把忠清道称作“汉南”，把全罗道称作“湖南”，把庆尚道称作“岭南”，把江原道称作“岭东”，把咸镜道称作“岭北”，把平安道称作“关西”①，这些习惯上的叫法许多保留至今。

观察使与其佐贰官 观察使也称作监司、方伯、道臣、道伯、藩任等，是高丽以来对各道行政长官的称呼。观察使作为一道的最高行政司法长官，一般还兼任兵马节度使、水军节度使、巡察使等职，并有时兼任道内驻地府州的牧使。观察使负责下达国王的谕示，监督辖区内的守令，呈报各地守令的公文，因执掌一方而责任重大。

观察使虽是从二品官职，但朝廷根据需要和惯例，有时对观察使的品阶加以升降。如京畿道因处于京师重地，在北部边境的平安道和咸镜道处在国防前沿，朝廷对这些区域极为重视，因此常常以正二品官职任命。而其他区域在战略地位上不像京畿和北部边境那样突出，因此时常任命正三品堂上官。英祖以后对全罗道、庆尚道等南部区域比以前重视很多。而忠清道、黄海道和江原道等非战略区域有时会派遣荫官或武官赴任。

“观察使”的字面意思是指巡察所辖区域，对地方官的治理状况和民间实情加以观察，因此本无固定居所，因而观察使必须兼任“巡察使”一职。除平安道、咸镜道等路途遥远、任期较长的地区外，其他各道均不得携家眷赴任。观察使成为专官后有了自己的监营，也开始允许其携带家属。因此，观察使去道内各地巡历的次数逐渐变少，仅限春秋各一次对辖下区域的巡视，后来连这类巡视也无法很好地执行。

为了能让观察使更好地行使行政和司法职责，中央会派遣经历（从四品）、都事（从五品）、判官（从五品）、中军（从二品）、检律（从九品）等人辅佐观察使。“经历”自高丽以来就是观察使的高级僚属，朝廷在世祖十一年（1465）废除了地方上的“经历”一职，仅设都事一员辅

① 《磻溪随录》，郡县制，各道。

佐观察使，民政事务的辅佐职能转交由“判官”负责。开城府、江华府和广州府等留守府衙在留守下设置经历和判官，广州府和江华府的经历后来全部改设为判官，唯有开城府保留了经历一职。都事一职由中央任命，任期一年，主要负责监察地方官和掌管地方科举等，因其职能与司宪府的台官相似，因而也被称作“外台”。判官主要负责观察使所在的监营和道内主要郡邑的民政事务，有时也负责道府所在地的行政事务。除此之外，根据特殊需要，在水运发达的地区也设置水运判官（如京畿道）和海运判官（如忠清道、全罗道）。“中军”则由兵曹推荐任命后派往地方，主要掌管地方上的军务，直接对兵曹负责。“检律”由刑曹推荐任命并派往地方，主要负责对律文的解释、适用和律法的执行。观察使具有流刑以下刑罚的处决权，死刑则必须上报中央并提请国王裁决。①

守令与其佐贰官　守令作为守护一方百姓的父母官，负责审理本地各类刑事与民事诉讼。守令负责处理本邑的所有民事诉讼，并具有刑事诉讼中笞刑以下的处决权，徒刑以上的刑事案件须上报观察使决断。② 因在郡县以下没有官方机构，所以各地的守令处于朝鲜行政体系的最末端。

朝鲜地方上的府设“府尹”、州设“牧使”、大县置“县令”、小县置“县监”，负责当地的民政、军政、税政、刑政等事务，是当地的最高行政司法长官。守令中品阶最高的是府尹。府尹为从二品官职，与观察使级别相当，一般情况下观察使驻地州府的府尹直接由观察使兼任。朝鲜王朝五百年间仅在六处设置府尹，分别是平安道的平壤、义州，庆尚道的庆州，全罗道的全州，咸镜道的咸兴，京畿道的广州。其中平壤府和庆州府承袭高丽旧制，二者均为某政权的故都，平壤是高句丽的旧都，而庆州为新罗的故都。全州府因是太祖李成桂（及历代国王）的故乡而在太宗三年（1403）设置府尹；咸兴为朝鲜的北方重镇，于太宗十六年（1416）设置府尹，又因李施爱之乱而于成宗元年（1470）降为郡，后又在中宗四年（1509）重新设置府尹；义州地处朝鲜北部边境，是朝鲜壬辰倭乱时的临时国都，朝鲜在倭乱结束后回到汉城，将义州升为府尹级别。广州位于京畿重地，是汉城的关门所在，因此于宣祖十年（1577）由牧使升

① 《经国大典》，吏典，推断。
② 《经国大典》，吏典，推断。

格为府尹级别，后又升格为留守级别，其后又在留守和府尹间多次变更。府尹多位于战略要地、旧都所在地或龙兴之地，因而地位特殊。

地方上仅次于观察使和府尹的是“大都户府使”，官居正三品。都护源自我国汉唐时期出于军事镇护而在边疆地区设置的官职。高丽时期在其境内的安东（今韩国庆尚北道安东市）、安西（今朝鲜黄海南道海州市）、安南（今韩国全罗北道全州市）、安北（今朝鲜平安南道安州市）四方要冲之地设置了“大都护府使并兼任兵马”之职，在高丽的地方官中高于州牧而处在最高级别。朝鲜时期演变成地方行政区划中的一级。朝鲜时期在庆尚道的安东和昌原、江原道的江陵、咸镜道的永兴、平安道的宁边等地设大都护府使。

排在府尹和大都护府使之后的是“牧使”，官居正三品。朝鲜时期以“州”命名的地方行政区划中，仅有二十处称作“牧”，州牧的行政长官称作“牧使”。正二品官员任牧使时称“领牧使”，从二品官员任牧使时称“判牧使”。守令中的第四级是“都护府使”，官居从三品。都护府使简称“府使”，朝鲜全境约有七十余处。守令中的第五级是“郡守”，官居从四品，在全境约有七十余处。守令中级别最低的是“县令”和“县监”。在面积较大、人口赋税较多的地方设置县令，官居从五品，朝鲜全境约有三十处。而面积较小、人口赋税较少的地方设置县监，为从六品的官员，朝鲜全境约有一百四十处。县令和县监在朝鲜并不重复设置，一县中有县令则无县监，有县监则无县令。这些地方官并非完全按照对应的品阶任命，实际上阶高职卑（行）和阶卑职高（守）等“行守”的情形大量存在。

观察使和守令等正式任命的地方长官之外，观察使、兵水使①和较大郡邑的守令们还有不少本人的幕僚，称为“裨将”。裨将是由即将赴任的观察使和守令们自己寻找合适的人选，然后带他们一起到当地赴任。如果某道的裨将为八员的话，那一般情况是其中六员监督六房事务，二员作为观察使的前陪（秘书）。

府、牧等较大的郡邑还设有指导乡校的“教授”（从六品）和“训

① 兵水使：兵马节度使和水军节度使的合称。

导”（从九品），他们都是没有俸禄的“无禄官”。[1] 另外，朝鲜还有“察访”（从六品）、“驿丞”（从九品）和“渡丞”（从九品）等官职，以管理全国驿站、渡口等交通要道。各道还设兼任的“察访”一到二员，在交通要道纠察非法行为，并允许其直接向国王启奏。[2] 在汉城和京畿的主要渡船所设置渡丞，各津官船要“录案定额”，而京江私船则要每年推刷，“船主姓名，具录成案，一年一度收税”[3]，以保证往来船只都是津船。

观察使和守令等地方官在组织上模仿中央六曹，设吏、户、礼、兵、刑、工“六房”，六房一般任命当地的胥吏。六房在组织形式上虽与六曹类似，但六曹和地方官衙的六房并无隶属关系，而仅作为辅佐和协助地方官的组织罢了。平安道和咸镜道还有为当地土著特设的“土官职”。土官承袭自高丽，因为平安、咸镜两道位于朝鲜北部边境而容易私通敌国，其中部分土地并入朝鲜的时间较短，且当地的民众勇猛好战而不易管理，如果不任用当地土官就无法怀柔当地民众。朝鲜时期对这平安、咸镜两道出身之人非常防范和警惕，西北两道之人基本没有到中央任职的机会。在对其压制的同时为了满足其自尊心，朝鲜为了怀柔他们也不忘设置土官职。土官职由观察使选拔当地之人后上报中央，由吏曹加以任命。设置土官的地区一般有平安道的平壤、宁边、义州、江界以及咸镜道的咸兴、永兴、吉州、富宁、会宁、钟城、庆兴和庆源等地，多是朝鲜半岛最北部的寒冷地带。土官在品阶和官职的名称上与正规官员略有区别，其品秩多在正五品到从九品之间，其文职由本道观察使在当地人中选用，武官由本道的节度使在当地人中选任，多数情况任用的是该地出身的吏胥。

除上述有品阶的官员以外，胥吏是一个无法被忽视的群体。朝鲜时期在地方官办公的厅舍（“东轩”）的前面坐落着胥吏办公的厅舍（“作厅”），所以胥吏在朝鲜又称作“衙前”。衙前又分为在中央工作的“京衙前”和在地方任职的“外衙前”（也称“乡吏”）。除个别在中央任职的年老书吏外，衙前们基本没有品阶。即使有品阶，其品秩也很难超过从七

① 《经国大典》，吏典，外官职。
② 《大典通编》，吏典，外官职。
③ 《续大典》，工典，舟车。

品。更重要的是他们没有固定的俸禄，所以他们必须发挥自己的能动性而广开财源，从而让自己有固定的收入来源。到朝鲜后期，因为胥吏这一职业的油水多，因而在朝鲜逐渐变成了热门职业，顺带也成了百姓眼中欺诈和强取豪夺的恶魔。因对地方上的衙前人数无明确限制，所以朝鲜各地的郡邑有为数众多的衙前，多的有几百名，少的也有六十名，像安东、罗州这样的大邑通常会有数百名吏胥。

衙前主要负责征收赋税，处理民事诉讼和刑事诉讼，草拟各类公文，联络中央和当地观察使，以及接待来访的官员，其业务几乎囊括了地方行政司法的所有领域。朝鲜的吏胥多为世袭，所以他们从小就在官厅中学习实践各类技能。与中央派来的郡守县令等地方官不同，他们都是土生土长的本地人，并且平生都在当地活动，所以对当地更加了解。衙前中的头领称为“座首”，若赴任的地方官没有一定背景，有时反而要看座首的眼色行事。地方官与衙前、地方世家大族共同成为朝鲜地方上的实际统治者。

地方官的僚属之中，还有负责军务和警务的“军校”和“使令”。军校分为将官、军官和捕校三类，其中军官主理兵房事务，捕校负责捕捉。军校的下级是“使令”，使令也称作皂隶、门卒、日守、罗将、军奴。许多人口较小的郡邑只有使令而没有军校。军校和使令都是武人出身，多半性格粗暴而不太听从地方官的教令。此外还有为地方官个人公共生活和私生活服务的官奴婢。官奴包括及唱、库直、驱从和房子等男子，官婢有妓生（酒场）、水汲（婢子）等妇女。他们多半整日劳作而不得空闲，身世极为可怜。

第二节 乡所与基层组织

地方官任职时会选用当地的士族（“乡班”）担任“乡任”，以辅佐地方官和提供咨询。乡任在朝鲜半岛的历史非常久远，可从我国汉魏时期在朝鲜半岛西北一带设置郡县之时说起。当时的朝鲜半岛土著曾被汉魏政权任命为候、邑君和三老等，这都是乡官的名称。其后于新罗时期，中央对一些不具备设置郡县条件的地区，或贱民阶层聚居的特殊地带设置“乡”或“部曲”。历经几番沿革后，到高丽显宗十三年（1022），乡和部曲的吏员开始被称作“长”，“乡长”之名由此而来。

“乡任”在职责上虽类似于我国历史上的县丞，但却在朝鲜的正式官制之外。乡任承袭了高丽时期的“事审官”，在朝鲜初期发展为“留乡品官”或“闲良官”，多由地方上的名门望族或致仕的官僚担任，近似地方士族门阀的结社。后逐渐演化成“乡所”，也称“乡厅”或“留乡所”，是朝鲜各地地方势力的大本营。高丽末期以来，居住在地方上的致仕官员和他们的子孙定期开会，以商讨当地的各类事务，这种类似地方自治组织的会议机构就是“乡所”。随着朝鲜王朝中央集权的推进，乡所和守令间的矛盾对立不断加深，成为朝鲜中央集权的一大障碍。因此，朝鲜时期的乡所出现了反复多次的废立。

朝鲜初期在各郡县设立乡所以后，由于地方势力对中央集权的反抗，使得中央在太宗六年（1406）废除了各地的乡所。后来朝廷逐渐认识到了乡所的必要性及实际上也不可能被废除的事实以后，又于世宗十年（1428）复设了乡所，确定了乡所的品官人数，并使其接受地方官和“京在所”的监督，乡所由此从地方士族的私人结社变成了地方官制的一部分。然而，世祖十三年（1467）爆发李施爱之乱后，叛乱者基本起家于咸镜道的乡所，他们反对朝鲜王朝中央集权的政策，要求从当地的士族门阀中选用地方官，甚至要求位于半岛东北部的咸镜道一带能够实行地方自治。这一叛乱使得朝廷对地方势力感到恐惧，因而再度废除了全国各地的乡所。

虽然乡所被暂时革废，但却不能忽视地方士族势力的抬头。他们渐渐对中央不满，并和朝廷派来的地方官对立，当时的中央对这些地方势力无能为力。最终在成宗二十年（1489），朝廷决心彻底改革这一制度，将地方士族中的年长者封为“座首”和“别监”，负责纠察一乡的风教，和乡所之前被纳入正式官制相比，改革后的乡所类似一种民间自治组织，但任命权在地方官手中。然而到成宗朝后，乡所开始出现腐败的势头，到燕山君在位时，地方上的生员进士组织了“司马所”，司马所的势头甚至压过了乡所。因此乡所在宣祖三十六年（1603）被再次革除，但实际上乡在此后仍存续过很长的时间。乡所被中央取缔后，在地方居住的致仕官僚和地方上的乡吏又逐步恢复重建了各地的乡所。

乡所在官衙内部有自己独立的建筑，因此可将乡所视作地方官衙的内部机构。因为乡所在地方官衙中仅次于地方官的办公场所“东轩”，以此被民众称为“二衙”，由此可见地方士族在当地的势力和影响力。朝廷与地方士族妥协并将之视为统治阶级的一员，因此地方的世家大族能够辅助地方官管理当地的各类事务，作为士族代议机构的乡所也就公然进入官衙，成了地方官衙的一部分，使得官方和社会势力共存于一个空间。乡所的组成人员称“乡任”，一般情况下府州设乡任四到五员，郡设乡任三员，县设乡任两员，随时代的发展人数不断增多。作为乡任头目的座首和别监的任期多为两年，有时会随守令的更迭而进行改选。座首又称监官、乡正或首乡，按惯例主要执掌具有实权的吏、兵两房，作为副手的左别监和右别监分别执掌户、礼两房和刑、工两房。有些较大郡邑的乡任超过十员，并有单独的仓监、库监等。

朝鲜时期各地虽设有乡所，但其对地方社会的影响力却随地域不同而呈现出很大差异。朝鲜八道中乡所最为发达、乡任最有权威的当数庆尚道。庆尚道中地方士族势力最大的当属安东府。安东乡所的座首均由当地德高望重且受到本乡民众景仰的名士出任，其中许多座首曾历任朝廷重臣，他们在致仕回乡后出任座首并被传为美谈。

能够干涉座首和别监等乡所要职任免的是位于国都汉城的“京在所”。京在所简称“京所”，朝鲜前期非常兴盛，是在中央任职的各地官员所自发设立的组织，这些中央官员通过京在所强化自身地缘意识，以便同乡间相互关照和扶持。[①] “京在所”的职能介于“某地在京官员老乡会”和“某地士族驻京办事处”之间。在京任职的高官们提供对和自身有亲缘关系的几个州县的官吏任命和赋税状况等信息，以便朝廷更好地掌控地方。此外，京在所还负有监督地方乡吏，任命官员时调查其身份、乡任的任免和换届、进上[②]的督促等职责，有时也接受本人出身郡县的一些请托。京在所的最高职位称“堂上”，另外和地方乡所一样也设有座首和别监。京在所有独立预算，当国王向当地派遣守令或监司时，京在所负责支付到该地赴任的官员的差旅费。当然，这些费用都是当地的乡所交来的。

① 对京在所的另一种说法是地方上的乡所为了本地的利益而挑选有能力的人，将其派驻在国都汉城，以便于首都和本地士族间的联络、及时获得可靠消息并与地方上的乡所一同来制衡当地守令的一种机制。

② 进上：地方向国王和高官进献土特产和地方珍品。

此外，乡所在新年和新的节气到来时，会向本地驻京的京在所送去礼物。

京在所是在京官员管理本人地方财产的最佳途径。他们赴京任职后，对留在家乡的家人、财产总会放心不下，比如奴婢的逃亡以及土地所有权的纠纷等就始终困扰着在京的官员们。地方官要到其家乡赴任时，在京官员们会在京在所对其热情款待，请求其赴任后协助追回自家的逃亡奴婢等，这种招待逐渐成为一种惯例。在京的官员通过京在所强行索要地方贡品或课以繁重的赋税成了当时舆论的焦点，最终在宣祖三十六年（1603）下令革除了京在所。但直到朝鲜末期，朝鲜各地的士族都不同程度保留了驻扎于汉城的联络机构，但势力已远远不及朝鲜前期的盛况。

地方上的世家大族为了独占处理当地事务的职权，他们制作了被称作“乡案”的名簿。乡案上写有姓名的士族称为“乡员”。只有乡员才有资格担任座首和别监，从而进入乡所来辅佐地方官和左右地方政治。乡员定期见面商讨地方事务，称为“乡会”。乡会中设长老、乡长、有司等职，他们投票选出担任乡所的头人“座首”。由此可见，作为地方“二衙”的乡所实际上处于乡会的控制之下。

乡会可以制约“衙前”。乡员们会制作一种类似功过格的“善恶籍”，以处罚贪婪无能的乡吏，并任命清廉的衙前担任户长或吏房，以便对衙前所在的“秩厅”施加影响。如庆尚道安东这类士族社会发达的地区，胥吏的户长、吏房、首刑吏（称作“三公兄”），每天早上都要早起到乡所向座首问安，并报告相关事项，当时已是一种惯例。[①] 可见在当时的官衙中，作为地方士族势力的“乡厅”压过了作为吏胥势力的“秩厅”。

士族通过乡会对百姓的日常生活加以干预，比如禁止赌博，旌表贞洁烈女以及处理邻居或亲属间的纠纷等，因而乡会的权力较大。因此，当地士族便都争取在乡案中载入自己的名字，以便成为乡会的一员而享有特权。然而乡会对此却有着严格的审查。即便是士族，如果不是嫡出，或者与普通平民结婚的，就很难加入乡会。朝鲜经过壬辰倭乱和丙子胡乱后，许多原来的乡员丧生，很多乡案也被焚烧，乡所因此遭到重创。因而在17世纪以后，通过支付一定数额的粮食或钱款就可以成为乡员了，这就为某些人打开了身份上升的大门。他们通过在凶年捐助粮食等获得了士

---

① 안길정, 2000,《관아 이야기》상권, 사계절, 192 면.

族的身份，从而使自己和家人免除了国家的赋役，这被称作“卖乡”，卖乡成为朝鲜后期各地普遍存在的一种地方官的致富手段。但旧士族认为和以钱财跃升身份的新晋士族共处有损他们的颜面，所以他们便从乡所迁到了书院和乡校，而新晋士族却对此并不介意，反而认为是自己的机会。旧士族和新晋士族在赋税和民库①等财政相关的问题上展开过激烈的角逐，被称作“乡战”。②

与乡所互为表里却又能发挥地方自治机制的乃是“乡约”。随着朝鲜中期以来社会的混乱和乡所的衰落，乡约在基层社会起到了劝善惩恶、教化乡里、相互扶助的作用。朝鲜的乡约源于我国宋代的蓝田吕氏在宋神宗熙宁九年（1076）所制定实施的《吕氏乡约》，《吕氏乡约》作为我国最早的成文乡约影响甚广。随着理学在朝鲜占据正统地位，《吕氏乡约》经朱熹补订后撰成的《朱子增损吕氏乡约》成为朝鲜所有乡约的源头。太祖李成桂亲自制定“乡家条目”，在他的乡邑咸兴一带施行。在赵光祖一派掌权的中宗十二年（1517）时，他曾经将《吕氏乡约》颁行于朝鲜八道。到明宗十一年（1556），朝鲜大儒李滉在庆尚道礼安（今庆尚北道安东市）任郡守时，曾与乡民协议制定了《礼安乡约》。宣祖四年（1571），另一位朝鲜大儒李珥在出任忠清道清州牧使时新制定了《西原乡约》，其后又在宣祖十年（1577）制定了《海州乡约》。随着两位朝鲜大儒于任职期间对乡约的创制，乡约逐渐在朝鲜本土化并得到广泛普及。

乡约在组织上常常以地方郡邑的乡校、书院和乡所为载体，主要以地方上有名望的士族、儒生和缙绅等组成。乡所的乡任们通过乡约会议选出，乡约的都约正、副约正和直月等兼任乡任的情况比较普通。乡约虽然是一种基础自治组织，但实际上它具有与官方类似的强制力，有权对民众行赏罚和施以笞刑。正因为乡约从地方官那里得到了部分司法权，使得乡约有被滥用的风险。因为乡约是地方上流阶层所制定的自治规范，乡约的理学背景又使其崇尚虚礼而更接近形式主义，所以很难唤起普通民众发自内心的认同，在实际生活中普通乡民一直游离于乡约之外。某些地方士族利用乡约威胁普通乡民，其间的腐败和奸恶层出不穷。士绅们则张扬跋

① 民库：朝鲜后期为征收杂役及其他官府经费而设置的财政机构。

② 안길정，2000，《관아 이야기》 상권，사계절，193—194 면.

扈，唆使乡民分立帮派。在全罗道南部地区的民众甚至分化成乡约派（约派）和乡校派（校派），两派间的矛盾斗争十分激烈。

与乡约相对的是地方百姓自发形成的一种称作“契”的民间自治组织。“契”兴盛于朝鲜中期以后，当时随着乡约在基层的普及，以及朝鲜后期吏治的腐败、财政的贫乏、胥吏的聚敛以及生产力的停滞，导致了平民生活的普遍贫穷，也因此促进了百姓间互相扶助的“契”的繁盛，很多如“面契”、“洞契”的小规模组织大量涌现。

以儒立国的朝鲜历来重视冠、婚、丧、祭等人生仪礼，而这些仪礼需花费大量的资金。为了筹集这些费用，名为“婚丧契”的组织应运而生。各种“贡契”和“军布契”等应对统治者苛捐杂税的组织也如雨后春笋般出现。另外，富裕的村庄或富户们为了应对苛政也结社成“契房”，富户们通过契房贿赂胥吏，以使他们享受免除课税的优惠。而这些苛捐杂税只能转嫁到更为贫穷的村庄和民众头上，使得穷苦的百姓苦不堪言，社会的两极分化也更加严重。

朝鲜的地方官制止于府州郡县，下面则是“面”、“洞”（“里”）、“统”等基层自治组织。“面”在平安道、黄海道等朝鲜西北地区称作“坊”，在咸镜道北部称为“社”，类似我国的乡镇。一个郡县大概有20—30个“面”，各“面”的人口和面积都有差距。“面”作为基础组织，负责向民众传达朝廷和官员的命令，督促赋税的征缴，管理“本”面的户籍，以及处理本面的小型民事纠纷。民众通过交纳相应的经费，以维持本面的日常开支和“面任”的酬劳。“面”的长官有面任、坊首、风宪、约定、执纲、管领或都尹等不同称谓，具有笞刑的执行权，任期一般为一年。选用面任的方法大概有以下几种。第一种是乡所的座首向地方官推荐居住在本面的有名望的士族后，由地方官任命；第二种是经本面的士族和庶民协商后，推举出面任的最终人选；第三种是由归属本面的洞长、里长推荐数名候选人，然后由地方官从中选出；第四种是由现任的面任提名下一任；第五种是由归属本面的洞长、里长在举出数名候选人后，向各户派发投票名簿后由各户投票，得票最多的候选人当选。其中最常见的是第一种方式，其次是第三种方式。县以下的基层组织本应以教化百姓为先，因而面任应由一乡的德高望重之人担任。但实际上因面任处理的事务非常庞杂，而被地方士族视为苦差，因此都极力避免担任这一职务，面任在选用上因此逐渐变得随意，面任渐渐沦落成了给地方衙门跑腿打杂的苦差。面任手下可设副面任一员，还可设“面主人”“别有司”和“书记”以处理户籍、田土和传达官命。“面主人”为传达官命一般常驻在地方官衙内，同时负责为本面的民众送达公文。地方官制甲午改革后的1895年被重新整顿，面（坊、社）的长官被统称为“执纲”，其下设“书记”、“下有司”和“面主人”。“书记”负责本面的账簿记录和报告文件，下有司负责本面事务的使役与执行，面主人则负责本面和下面各“里”的公文传达。

“面”的下面是基层单位“洞”或“里”，类似我国的村寨，“洞”（“里”）的面积和人口相差很大。较大的“洞”在设置“洞长”的同时还设有“里长”或“劝农”，较小的“洞”仅设“里长”或“劝农”。各地洞长或里长的选任方式有所不同，有面任直接指定洞长（里长），也有根据洞民的推荐选出的，还有本洞（本里）居民每年轮番担任的。在确定洞长人选后须报告给地方官，经简单的身份调查便加以任用。其掌管的事务和面任基本一致，主要负责督促税赋征缴、出生死亡等户籍变动、小型民事纠纷的化解以及协助官府捉拿盗贼等。一般情况下洞长（里长）一年的酬劳是米一石、麦一石，以村民每户春季交纳一斗麦，秋季交纳一斗米的方式筹集。

朝鲜时期还有比“洞”（“里”）还小的基层组织，称作“统”，又称“五家统制”。五家统制即每五户居民为一统，从中选出德高望重者担任“统首”。“五家统制”类似我国旧时的保甲制，近邻间守望相助，相互有担保和连带的责任，并鼓励互相检举揭发。《经国大典》规定“京外以五户为一统，有统主”①，以便摸清人口和达到维持治安、巩固统治的效果。“五家统制”源于我国周制，高丽时期在国都开城就存在过五部坊里之制，朝鲜立国后虽然迁都汉城，但仍承袭了这一制度，朝鲜中期后逐渐变得有名无实。这一源于我国的制度在朝鲜略微水土不服，因而未能得到严格执行。

第三节 吏胥

朝鲜时期的吏胥大多被称作“衙前”。朝鲜半岛历史上的胥吏一般是

---

① 《经国大典》，户典，户籍。

世袭，与我国历史上的胥吏存在明显区别。随着士族不断从国都移居地方，高丽末期和朝鲜初期时胥吏作为地方精英代表的局面被打破。胥吏一般跟随地方官居住在城中，地方士族则普遍居住在乡村，两者在居住地点上形成了分立的格局，这种趋势到了朝鲜后期愈加明显。这和我国明清时期相当一部分士绅居住在城市的格局形成了鲜明的对照。与我国明清时期城市居民构成相对多元的特征不同，朝鲜半岛传统时期的城市居民主要以官吏为主。除了庆尚道的大邱、全罗道的全州、忠清道的公州、平安道的平壤、黄海道的海州等几个观察使所在的城市是商铺和官衙并存的格局外，其他城邑基本没什么固定商铺，商人也不曾作为一个阶层聚居于城市中，这反映了朝鲜时期的商业是极不发达的。与我国历史上胥吏多元的出身背景和任用方式不同，朝鲜时期的胥吏集团的构成却十分单一。朝鲜大多数的城市居民都是在官衙中做事的胥吏和他们的家庭成员，可见当时朝鲜半岛的城市基本可与官衙画等号。而胥吏通过科举考试实现身份上升的可能性随着时间的推移变得越来越渺茫。因为他们即使通过了科举考试，也因为当时重视血缘和门第的传统而不被任用。

地方官衙模仿中央六曹，也设有吏房、户房、礼房、兵房、刑房、工房，简称“六房”。六房中以吏房居首。胥吏中以户长、吏房、首刑吏“三公兄”为首，“三公兄”主导了胥吏集团的运作并受到朝廷的认可，可视为政权和地方势力妥协的结果。“吏房”是胥吏之首，负责制定郡县行政的许多细则，管辖面任和里任，并承担向年轻胥吏讲授文章、算术等实用知识的职责。“户长”负责征收郡县的木柴、木炭等必需品，管理官奴婢和官妓等。观察使所在监营的“营吏”原则上从道内各地均匀选出，但实际上多被道内的少数几个郡县独占。比如位于大邱的庆尚道监营的营吏就大都出身安东、义城等少数几个乡吏家族。

朝鲜时期胥吏的最大特点就是世袭制，现存的许多“先生案”（也称“吏案”“坛案”）就是很好的证明。同地方士族的“乡案”类似，“先生案”是朝鲜时期担任户长或吏房之职的胥吏的家谱，记载了其家族几百年家系的传承。通过“先生案”可知，能担任户长或吏房等重要职务的胥吏几乎都出自胥吏世家，吏案中没有名字的人就很难担任中高级吏胥。这些家族间相互通婚，通婚范围狭窄且封闭排外，以维护胥吏的世袭特权。如庆尚道的庆州的“先生案”大约形成于1300年前后，在其后的

600 年间持续记载了当时胥吏的信息。从中可知，有些家族垄断当地的胥吏职位竟长达 700 年之久。其中有一胥吏世家的先祖在高丽后期（1218 年）曾担任户长之职，其子孙后代一直占据胥吏职位直到朝鲜亡国的 1910 年。也就是说，这些胥吏实际掌控地方权力近千年之久。而这还只是有明确记载的时间，其祖先很可能在高丽前期的地方制度改革时就已经出任当地的乡吏，因而可以推断这一家族垄断胥吏之职应超过 900 年。[①] 即使其他地方的胥吏世家没有这么长的历史，但 19 世纪后期的地方乡吏的先祖在 16 世纪末的壬辰倭乱后就已经出任乡吏的情况却十分普遍。

“先生案”记录了户长、吏房等历代地方衙门“三公兄”的姓名及担任相应职务的时间，以及他们父、祖、曾祖和外祖父“四祖”的姓名，每当户长或吏房的职位交替时，都会将前任的姓名、出身等信息记录在案，可见朝鲜时期地方衙门的胥吏业已形成一种排他性的既得利益集团。

这种格局的形成起因于朝鲜半岛历史上的地方自治传统。11 世纪时，高丽五百个左右的郡县中有 360 个左右的郡县没有中央派遣的地方官，而由当地的乡吏组成一种类似自治机构的“司”，定期决断地方上的各类事务。可见，比起直到 15 世纪才作为正式阶级登场的朝鲜士族来说，乡吏有着更为久远的历史。朝鲜中期以后，随着中央逐渐掌握全国的统治权，朝鲜的所有郡县都开始由中央派遣官员管辖，原来作为乡吏自治机构的“司”逐渐被吸收，而成了地方衙门的一部分，称为“作厅”[②]。胥吏的工作地点设于“作厅”。随着“还谷制”和“社仓制”等官府赈恤制度的完善，在城邑附近开始设仓和库，因此随之出现了管理郡县资产的“仓吏”和“库吏”。[③]

胥吏这一职业群体有着自己的独特信仰。如士族的祠堂一般，他们实现信仰的空间称为“府君堂”，里面供奉着胥吏们共同的守护神，就像典狱署等朝鲜各地监狱中崇拜奇形怪状的男根一样。如庆尚道尚州的府君堂中就供奉着帮助刘邦打天下的大汉开国功臣萧何，朝鲜的胥吏大多将萧何作

---

① 이훈상, 2003, “전근대 한국과 중국의 지방 통치와 이서집단의 종족 문제”,《중국사연구》27, 101—102 면.

② 作厅：朝鲜语“질청”的训读，有时音读为“秩厅”。

③ 仓吏、库吏：吏读，朝鲜语分别是“창빗”“고빗”。

为主神顶礼膜拜。与刘邦同乡的萧何原是家乡沛县的一名胥吏，后来官居大汉的丞相，又是大汉《九章律》制定者，是胥吏出身之人所能企及的最高境界，因而萧何在朝鲜半岛成了胥吏这一职业的主神。就像朝鲜王朝的武将们将关羽作为守护神一样，他们都尊奉中国古代这一职业中最出色的人物。户长、吏房等高级胥吏主管着守护神的祭祀。通过祭祀守护神，胥吏们不仅可以凝聚从业者的人心，还能维持他们的职业认同感和自尊心。[①]

当然，除了“作厅”的六房以外，胥吏们也在“县舍”（也称“邑舍”）、“书员厅”（也称“书厅”）、“通人厅”等处做事。其中“书员”主要负责在各“面”[②] 巡回，以调查田地的面积和耕作情况，并负责各“面”的赋税征收，因而许多书员利用职务便利榨取民脂民膏。书员的头目称作“都书员”或“都吏”，“都书员”这一肥缺使人在任职期间赚得盆满钵满，因此觊觎这一职位者甚多。从现存“先生案”的记载来看，胥吏们想要升到这一职位至少需要 30 年的时间，且多是在任职吏房后才能得到这一肥缺。

刑罚的实际执行者是“刑吏”。他们抓捕盗贼、处理各种案件，接收民事诉状并参与审理与判决，并根据地方官的指示草拟判决。刑事案件中，刑吏负责搜查、拘捕和护送罪犯，在法庭上记录供状，所以刑房书吏们不仅要精通律法，还要有很强的文字功底，并对《无冤录》和《决讼类聚》等常用到的法律典籍了然于心。其中抓捕犯人的称作“使令”，他们负责保卫官衙、护送罪人、执行笞杖等刑罚，向“面任”传达地方官的命令并督促赋税的缴纳等。

胥吏中地位最低的就是“通引”了。“通引”又被称作“知印”，原意是指在地方官身边侍奉并看管官印的年幼的侍童。朝鲜的乡吏一般在年幼时都经历过通引的训练，而后随着年龄的增长才能逐渐成长为胥吏。

胥吏有时根据需要还被外派到京城和观察使所在的监营，以方便联络和及时获取重要信息，他们分别称作“京邸吏”和“营邸吏”。京邸吏也称作“京主人”，营邸吏也称作“营主人”。京邸吏可视作各地衙门和中央的联络机制，他们是受一个或相邻几个郡邑的派遣而长期驻扎在汉城的

---

① 안길정, 2000, 《관아 이야기》 하권, 사계절, 21—22 면.

② 面：朝鲜半岛现行基层行政单位，相当于我国的乡镇一级。

胥吏。而营邸吏是各郡邑派驻到本道观察使监营中的胥吏，负责各郡县和观察使间的联络。京邸吏和营邸吏作为中间媒介，他们握有和上级有关的第一手信息，而正是因为这类信息的不对称导致了诸多贪腐案例的发生，比如虚报贡物，或与收纳贡物者勾结敛财等各类不法行径。

在“作厅”做事的胥吏们有着许多不成文的规矩。新进的胥吏要交纳“免新礼”，卸任的户长等人能接受在职胥吏们的“恭敬礼”。新户长的任命要经过元老会议的讨论后选出，一般是从前任户长的家族成员中选出合适之人继任。如同地方士族组成的乡会在背后操纵乡厅一般，退任后的元老胥吏为了维护自身的地位和等级秩序，形成了一种类似结社的自治组织，称作“安逸房”。他们通过这一组织掌控“作厅”的大权和人事任免。庆尚道庆州遗存的《安逸房考住录》以及庆尚道安东遗留下来的《安逸房誊录》详细记录了退任的胥吏是如何实际操控在职胥吏的。他们对现任户长等职的任命与晋升、对胥吏违纪的查处、对职位的分配和赏罚的决断、对官奴和免役事务、对丧事时的赙仪和免新礼的交纳等都有干涉的权力。除免新礼外，胥吏们每次升职都要按惯例交纳一定数额的礼钱。退任的胥吏们用这些礼钱作为红白喜事的礼金，以及在分配胥吏职位时说服地方官员的必要花费。当然，年老的胥吏为了行使权力而都希望加入安逸房，但安逸房在入会时同样要交纳高额的门槛费。从庆州李氏这一胥吏家族编写的《掾曹龟鉴》来看，组织安逸房的目的也在于优待年长胥吏，以筹措卸任胥吏的养老和丧礼等事宜。①

朝鲜地方衙门的胥吏们多聚居在一起。因为职业的世袭，所以他们的子弟幼时起便在官衙中做通引，不断学习实践后便成了胥吏的一员。庆尚道的丹城县完整地保存了朝鲜时期的户籍账簿，从中也能确认胥吏阶层的代代世袭。流传至今的开城府《长房完议》记录了“作厅”的教育方法。其中记载在每月的初一和十五日有测验“通引”是否具备一名合格胥吏的资质的“讲”，所谓“讲”就是背诵教材的考核方式。因而想成为一名合格的吏胥，不仅要对汉文（吏读）有很强的阅读写作能力，还需要有很好的誊抄和速记能力，另外还需要一定的运算能力和法律知识。胥吏一般用楷书和草书写作，书写要印刷成册的书时多用楷体，而在速记等其他

---

① 안길정, 2000,《관아 이야기》하권, 사계절, 43—45 면.

情况下多用草体。运算能力在编写户籍、军籍和记录赋税账簿，以及管理仓库、计算土地面积时都要用到。胥吏职业的训练过程中，当然少不了要跟随有实战经验的年长胥吏们见习，朝鲜时期培养以胥吏为代表的职业法律人多是采用一种类似师徒制的教育模式。

当时胥吏使用的文书多是吏读，吏读的历史可上溯到新罗时期，早于朝鲜文字（谚文）的发明。吏读是在汉文文言的基础上，借用汉字的音或训来标记朝鲜语语尾、助词和固有名词的一种书写方法。这种书写方法主要在胥吏阶层中流传，因此被称作“吏读”。其中代表性的“吏读”文本是刊行于19世纪的《儒胥必知》。《儒胥必知》记载了吏胥必须熟悉知晓的各种公文格式，是吏胥文化最集中的体现。本书“诉讼”篇中将对《儒胥必知》一书做详细说明。

第四节　1885年梁思宪赌债案（案例2）

本节将通过古文书来分析一桩发生于19世纪末的赌债案[①]，以窥见当时朝鲜的地方司法状况。首先来看因欠他人赌债而被关押的本案主人公梁思宪在地方衙门监狱中写的请愿书，原文如下（见图9）：

> 溪南谷里梁思宪在囚
>
> 右谨言，民不谨持身，至犯杂技，就囚受杖，已至多日。而杂技所负钱一百七十两内，五十两已报于李基赞是乎所。在一百二十两，艰辛变通，今为依分付，纳于官廷。而此等之钱，日后李基赞，更无侵索之弊是乎。乙喻，不无后虑，论理题下，以凭后考之地，参商行下为只为[②]。
>
> 行下[③]向教是事[④]。

---

① 全炅穆教授对本案有过深入研究：전경목，2013，“양사헌의 탄원서, 노름에 중독된 조선 후기를 들추어내다”，《고문서, 조선의역사를 말하다》，휴머니스트，74—129 면，本节有所参考。

② 行下为只为：吏读，古代朝鲜语“행하하기암”，相当于现代朝鲜语“명령하시도록”，“请指示”“请吩咐”之意。

③ 行下：吏读，古代朝鲜语“차하”，“命令”“指示”之意。

④ 向教是事：吏读，古代朝鲜语“아이산일”，敬语“所做之事”“要做之事”之意。

城主 处分

乙酉正月 日

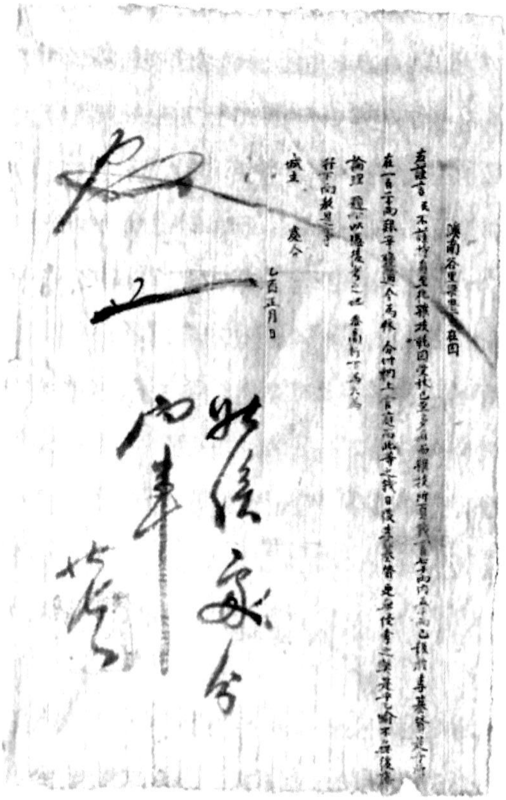

图 9 梁思宪的请愿书①

而文书中地方官的判决如下：

姑俟处分向事②。廿七日

官（押）

这份请愿书出自梁思宪（1858—1888）之手，写于乙酉年（1885）的

① 全北大学博物馆藏古文书 No. 13644。

② 向事：吏读，朝鲜语“한 일”“할 일”，“所做之事”“要做之事”之意。

正月。梁思宪是19世纪后期居住在全罗道长水县溪南面谷里的一名赌徒，通过其在请愿书中自称“民”，可知他的身份是一名士族，可能是朝鲜初期兵曹判书南原梁氏梁衡的后代。如今他身负赌债120两，被关在官府的大牢之中，家人想尽各种办法终于将120两凑齐，因而梁思宪将要被释放。但这时的他突然有种不祥之感，因而给地方官写了这份请愿书，通过这份文书表明他希望地方官写下题辞（判决），以证明他所欠的赌债业已还清。

我们通过这份请愿书，会产生许多的疑问。比如，梁思宪为什么担心债主李基赞日后可能会说并未收到钱，从而再度向他要债呢？守令为什么要求将债款交到官衙而不是直接交给债主本人？官府又为什么在寒冷的正月将士族出身的梁思宪关进牢中并鞭打他？债主李基赞为何敢公然讨要并不合法的赌债而提起诉讼？守令又为何对此事做出“姑俟处分向事”（让其静候处分）的判决？通过对这些疑问的探究，我们可以发现朝鲜后期地方法制运作的另一面。

首先，梁思宪为什么担心债主李基赞日后会说并未收到钱而再度向他要债，从而在狱中请求地方官写下一纸判决作为证明呢？朝鲜时期地方监狱的条件是极为简陋的，虽然英祖和正祖时期后条件略有改善，但在狱中病死者、饿死者仍不计其数。为了监视犯人，每个牢房都有一扇大窗，因此冬天牢中的温度和外面一样，牢房的地面是泥地或木板地，上面最多铺有草席或草袋，冬天没有任何取暖的方式。① 何况当事人梁思宪刚遭到鞭打，极易感染细菌。因此他的家人急于凑钱将他救出。家人向官府交付赌债时，一般能收到称作“尺文”的收据，那他本人又何必要求守令写下判文呢？

其次，守令为何一定要让当事人将债款交给官府？朝鲜时期一般的债务诉讼都是由守令督促债务人约定偿还期限，写下“侤音”② 并经过官府的公证后交给债权人保管。即官府在债务诉讼中只是扮演敦促和约定偿还期限的角色，而具体的钱债交易一般是当事人之间私下完成。而本案的蹊跷之处就在于守令直接出面，让梁思宪的家人将赌债交给官府。

通过当事人梁思宪的从兄梁思平（1855—1886）在1885年提交给全罗道长水县县监的请愿书，就更能觉得地方官态度的蹊跷。请愿书中

---

① 안길정 2000，《관아 이야기》상권，사계절，231—239 면.

② 侤音：吏读，朝鲜语“다짐”，原意是“下决心”“保证”，指当事人的供词或呈堂证供。

说道：

> 城主分付于民之从弟，右钱一百二十两限三日，官庭纳上教是故①，过限不纳是多可，又被严杖，故尽倾家产，输纳官庭……②

也就是说，守令让其在三日内缴清巨额的赌债，否则将对其施以鞭打等刑讯。

再次，官府为什么要在寒冷的正月将士族出身的梁思宪关进牢里严刑拷打？《经国大典》中明确规定："隆寒、极热时，自十一月初一日至正月晦日，自五月初一日至七月晦日，事干纲常、赃盗男人杖六十以上、女人杖一百以上外，其余杖一百以下收赎。自愿受杖者听。"③ 也就是说，当事人即使因赌博有伤风教，也可以通过赎钱免于刑罚，政府为了减少因寒暑导致的狱囚死亡，要求尽量收赎而不是在隆寒时节将当事人关在牢中。

要理解本案，首先应区分当时赌债的两种情形。第一种是赌博中产生的债务，第二种是向熟人借资后去赌博。若是第二种，则应视为正常的借贷，是合法的，应予以偿还。而如果是第一种，则属于非法债务，因为其不受法律保护而可以少还或不还，而如果赌博中采用了骗术的话，那么这类债务更应该认定为无效，所谓的债主反而应受到处罚。在本案中，原被告双方产生的债务属第一种情形。而作为本案原告的债权人李基赞为何敢公然对并不合法的赌债提起诉讼？朝鲜时期的赌博依《大明律》而属于犯罪行为，参与赌博者和提供场所等便利者（即"窝主"）均应受到处罚，场所内查处的财物一律归公。④ 若是如此，那么原告李基赞本人也将受到相应的处罚。那么他出于何种动机，一定要通过官方渠道追回这笔非法债务呢？有两种可能。第一种是李基赞隐瞒了赌债的这一事实，以一般债务的名义提起了诉讼，但是这在审问中定会暴露，因而这种可能性很小。第二种是原告李基赞对官员态度存在误判。因为朝鲜后期因赌博产生

---

① 教是故：吏读，古代朝鲜语"이신고로"，相当于现代朝鲜语"이신 고로""하신 고로"。

② 全北大学博物馆藏古文书 No. 13622。

③ 《经国大典》，刑典，恤囚。

④ 《大明律》，刑律，杂犯："凡赌博财物者，皆杖八十，摊场钱物入官，其开张赌坊之人，同罪。止据见发为坐……"

的民事纠纷很多，并有许多强力追索赌债的行为。他认为守令可能将赌债事务视为一般债务处理。但在本案中，守令对两造都予以了处罚。本案中守令在看过被告的请愿书后让其静等处分，而一般朝鲜后期的请愿都是经官方调查后在请愿书的最后写上“依愿，立旨成给事”的判决，即对事实所作的公证，称为“立旨”，因而本案中守令“姑俟处分向事”的判决就显得很特别了。

若根据守令的行为动机分析本案的话，守令直接让其将债款交于官府的行为，不得不让我们怀疑他有将这笔债款据为己有的动机。《大明律》的条文中也只是规定了“摊场钱物入官”，两造之间的债务关系不属于“摊场钱物”，其债务关系无效，因而不具备将其钱物没收的合法性。而如果守令将 120 两债款中的部分或全部占为己有，那么因赌债本身的非法性质，两造将无力对抗守令的此种行为。当然，地方官为达成这一目的，需要衙役们的帮助。

这其中应不排除地方官和债主李基赞合谋分赃的可能。朝鲜后期的赌债原本就很难全部偿还，债主若想要全部讨回，只能借助暴力或官府的权力。本案中的原告李基赞是否存在与守令私下交易的可能呢？有很大的可能。若不是如此，就很难解释守令在隆寒期将被告送入牢中，并让其三日内全部偿还巨额赌债，否则就将遭受更严酷的刑讯等一系列行为了。而关在牢中的被告梁思宪或许突然意识到守令独占债款或与原告分赃的可能，但却无法直接向守令明说，如果明说不仅不会顺利出狱，而且会遭受更多的酷刑，所以才想出了让守令书面证明他已经还债的办法，这样即便是守令独占了债款，但因他持有官方出具的书证，也就不担心日后遭受原告李基赞的折磨了。因为无论李基赞是否从官府那里拿到这笔债款，官府的书证都具有法律效力。

但老谋深算的地方官怎么会不知被告的心思呢？所以他做出了让其静等处分的处理意见，而意见背后的深意则是对被告的警告，地方官这里的潜台词是“如果不老实静候，将不会轻易放过你”。在此，地方官此时已沦落成讨债公司和打手了。

梁思宪不久便被释放出狱。如他预想的那样，原告李基赞并未因此善罢甘休。同年（1885）三月，李基赞便以需要偿还赌债利息为由，欲强占被告从兄梁思平的六斗稻田。梁思宪的父亲梁庆源（1825—1897）忍无可忍，只好向守令提交了诉状。而这时的守令却一反常态，表现出漠不关心的态度：

> 自官只知有杂技债，不知有他债是遣，设或有他债，债自债，畓自畓，岂可以司债多人田畓乎？语不成说之事，实不足烦题向事。①

被告父亲梁庆源不仅未能得以申冤，守令反而告诉他不要因这种小事而劳烦自己，间接驳回他的诉讼请求。而梁思宪家因忍受不了李基赞无休止的讨债折磨，又不得不再次向守令请愿，而这次守令的判决则是：

> 前题忘之？而又此烦渎耶？殆涉健讼向事。②

地方官的判词表现出了极不耐烦的态度，并给其贴上了“健讼”的标签，等于对被告父亲梁庆源的请求予以严重警告。因为守令在这类诉讼中得不到任何好处，只是劳神而已，所以守令对此不愿多管。通过此案，我们能够窥见朝鲜后期的地方官是何等的腐败和不作为。

① 全北大学博物馆藏古文书 No. 13645。

② 全北大学博物馆藏古文书 No. 13618。

第四篇

刑　　狱

第五章

刑　罚

第一节　五刑

适用《大明律》的朝鲜王朝在刑罚上与我国传统时期相近。朝鲜时期的刑罚的基本类型是笞刑、杖刑、徒刑、流刑、死刑。正刑中笞刑最轻。朝鲜依《大明律》将笞刑分为笞一十、笞二十、笞三十、笞四十、笞五十共五等。朝鲜的笞刑使用削去节目的小荆条，长三尺五寸（106.8厘米），大头径二分七厘（0.82厘米），小头径一分七厘（0.52厘米），用小头击打犯人臀部。① 行刑时将犯人捆绑在刑板上，脱去下衣，露出臀部，受刑时旁边的罗卒或吏属负责记录，或者大声喊出已击打的次数。除了犯奸妇女外，妇女在受刑时不脱去下衣（如图10所示）。

为了让犯奸妇女有羞耻之心，受刑时会与男子一样剥去下衣，对臀部施刑。当然刑吏为了满足其性想象，会让在妇女行刑时站立，一名刑吏与受刑妇女面对面并将她抱住，另一名刑吏用荆条的小头击打妇女的大腿。面对面受刑的妇女多是少女或妓女，是刑吏对受刑妇女的一种调戏。在妓女面对面站立而受刑时，有时会有意发出类似交合时的呻吟声，并请求刑吏手下留情，这时刑吏便会轻轻打她。这种受刑的姿势在金允辅所绘的《刑政图帖》中就有生动刻画（如图11所示）。

比笞刑重的正刑是杖刑。朝鲜依《大明律》将杖刑分为杖六十、杖七十、杖八十、杖九十、杖一百共五等。朝鲜的杖刑使用削去节目的大荆

---

① 《六典条例》，刑典，刑曹，刑具。

图 10 笞伐罪女（《刑政图帖》）

条，长三尺五寸（106.8 厘米），大头径三分二厘（0.98 厘米），小头径二分二厘（0.67 厘米），用小头击打犯人臀部。① 而实际上朝鲜笞杖所用的木材很可能不是《大明律》规定的荆、楚等灌木。因为朝鲜境内基本没有类似的灌木生长，从《钦恤典则》记载的军门所用棍杖，以及《秋官志》② 中记载的讯杖均是柳木制成的事实来看，朝鲜的所有木制刑具和狱具均使用柳木制成的可能性较大。沈载祐教授依照《增补文献备考》，统计出了朝鲜王朝适用笞杖刑的法定犯罪数目（见表 7）。

① 《六典条例》，刑典，刑曹，刑具。
② 《秋官志》，详覆部，讯杖。

图 11　楚挞罪女（《刑政图帖》）

表 7　　朝鲜王朝适用笞杖刑的犯罪数目①

分类	《大明律》	《经国大典》	《续大典》	《大典通编》
笞 10	34	2	3	0
笞 20	47	0	0	0
笞 30	29	0	0	0
笞 40	91	0	4	0
笞 50	58	1	6	1
杖 60	75	5	8	0
杖 70	25	1	0	0
杖 80	123	20	22	0
杖 90	24	2	1	0
杖 100	152	19	75	4
总计	658	50	119	5

① 심재우, 2003, “조선후기형벌제도의변화와 국가권력”, 《국사관논총》102, 111 면.

比杖刑重的正刑是徒刑，徒刑在朝鲜多是煎盐、炒铁的劳役刑。朝鲜依《大明律》将徒刑分为徒一年到徒三年五个等级，每半年为一等。徒刑与杖刑并罚，分为杖六十徒一年、杖七十徒一年半、杖八十徒二年、杖九十徒二年半、杖一百徒三年等。徒刑的年限从到达配所之日算起，徒刑犯人每日须煎盐三斤或炒铁三斤并上交。徒刑配所在世宗十二年（1430）时规定如下：

> 徒流迁徙地方，直隶府州，直属京畿左右道。京城则远处庆尚道，中间全罗道、杨广道，近处西海道、交州道，西海道则付处庆尚道盐所炒铁所，交州江陵道则付处全罗道盐所炒铁所，杨广道则平壤朔方道盐所炒铁所。流三等，照依地里远近，定发各处荒芜及滨海州县安置。直隶府州，京城则庆尚道安置，中间则全罗道安置。西海道则庆尚道安置，交州江陵道则全罗道安置，杨广道则平壤朔方道安置。①

从中可见，朝鲜时期根据罪行的轻重，将徒刑分为远、中、近三等，因而比起劳役的时间来，徒刑反而更接近根据距离远近量刑的流刑。也就是说，徒刑在朝鲜有时被流刑所稀释。朝鲜时期史料中极少能见到《大明律》规定的煎盐、炒铁的关于徒刑的记载，因而基本可以断定，朝鲜的徒刑执行方式与明律的规定相差较大。其原因很可能在于朝鲜时期的盐铁并非官营，国情上与我国有较大差别。朝鲜史料中有关徒刑的具体记载很少，仅有赴盐场或到造纸署制纸、到瓦署制瓦、到驿站从事杂役的零星记录。② 而作为徒刑中的一种，充军刑在朝鲜却很发达，其主要用于处罚军人。充军按刑罚的轻重分为杖一百充军、杖一百边远充军和杖一百水军充用三类。犯人在军队中从事最为低贱的苦役，其中因水军的死亡率最高，因此水军充用被视作充军刑中最严酷的一种。

比徒刑重的正刑是流刑。下节将对流刑做详细分析，这里仅做简要叙

---

① 《朝鲜王朝实录》，世宗实录卷48，12年5月15日。

② 《朝鲜王朝实录》，世宗实录卷77，19年6月24日；《朝鲜王朝实录》，仁祖实录卷19，6年12月6日。

述。朝鲜依照《大明律》将流刑分为杖一百流两千里、杖一百流两千五百里、杖一百流三千里三类。根据朝鲜的具体情况，流刑中又细分为迁徙、付处、安置等。“迁徙”指的是将犯人或犯人的亲属强行移居至外地的刑罚，其中最典型就是会连坐的全家徙边刑了。朝鲜为了充实边疆、开拓边地而设全家徙边刑，其目的地是朝鲜半岛最北边的咸镜道五镇。[①] 英祖二十年（1744）时，朝鲜彻底废除了全家徙边刑。[②] “付处”也称“中途付处”，主要针对官员和儒生等具有一定身份的犯人，是犯人在赴流放地点时，可于途中某地停留下来生活的一种刑罚，和迁居类似，在流刑中最轻。付处之人可以与家人同住，在不离开此地的前提下，犯人也可自由活动。付处的目的地分为本乡、外方、远方、私庄等，甚至还有让犯人自由选择流放地的“自愿付处”，另外还有在付处的基础上将犯人的身份贬为奴婢的实际案例。[③] “安置”主要是指将犯人隔离后幽居于某处，主要对王族和高官适用。根据刑罚的轻重，安置可分为本乡安置、绝岛安置和围篱安置，均不允许携带家眷。沈载祐教授依照《增补文献备考》，统计出了朝鲜王朝适用徒流刑的法定犯罪数目（见表8）。

表8　　朝鲜王朝适用徒流刑的犯罪数目[④]

分类	《大明律》	《经国大典》	《续大典》	《大典通编》
杖六十徒一年	34	0	12	0
杖七十徒一年半	25	0	0	0
杖八十徒二年	43	1	10	0
杖九十徒二年半	48	0	2	0
杖一百徒三年	138	11	91	0
杖一百流两千里	39	0	3	0
杖一百流两千五百里	4	0	0	0
杖一百流三千里	96	5	69	0
杖一百迁徙	4	0	1	0

① 《朝鲜王朝实录》，中宗实录卷7，4年2月4日。

② 《续大典》，刑典，推断，“尽除全家徙边律……以杖流施行”。

③ 《朝鲜王朝实录》，成宗实录卷246，21年10月18日。

④ 심재우，2003，“조선후기형벌제도의변화와 국가권력”，《국사관논총》102，111 면.

续表

分类	《大明律》	《经国大典》	《续大典》	《大典通编》
杖一百充军	15	0	12	0
杖一百边远充军	21	0	8	0
杖一百水军充军	0	1	6	0
徒配	0	0	6	0
杖一百定配	0	0	39	0
勿限年定配	0	0	9	0
杖一百远地定配	0	0	16	0
边远定配	0	0	4	0
极边定配	0	0	4	0
杖一百绝岛定配	0	0	15	0
减死定配	0	0	13	2
为奴	6	4	24	0
总计	473	22	344	2

比流刑重的正刑是死刑。朝鲜依照《大明律》将死刑分为绞刑、斩刑和凌迟处死三类。绞刑又分为“绞待时”和“绞不待时”，斩刑又分为“斩待时”和“斩不待时”。“待时”相当于我国历史上的“监候”，“不待时”相当于我国历史上的“立决”。“待时”囚犯会等到秋分后、来年春分前行刑，一般多在季冬（即农历的腊月）行刑。[①] 斩刑多被认为犯人会身首异处，但朝鲜“斩待时”在行刑时刽子手只会切割一半，因而身首并非完全分离，而“斩不待时”在行刑后则会身首异处。朝鲜在国王、王妃王世子的诞辰日，祭祀宗庙之日，二十四节气，每月初一、十五、上弦、下弦令节十直日（即农历每月初一、初八、十四、十五、十八、二十三、二十四、二十八、二十九、三十日），禁屠月，夜未明雨未晴时，禁止行刑。[②]

斩刑的刑场都位于国都汉城。以高宗初年为例，斩刑的行刑场所主要在汉城的“沙南基”（今首尔市龙山区二村二洞前的汉江白沙场）、“唐古

① 《续大典》，刑典，推断。
② 《经国大典》，刑典，推断。

介”（汉文称作“堂岘”，今首尔市龙山火车站附近）、“武桥”（今首尔市光化门邮政局到太平路间的清溪川上面的桥梁）和“昭义门”（俗称“西小门”，今首尔市盐川桥附近的公园一带）外，共计四处。斩待时的犯人一般在沙南基和唐古介行刑，斩不待时的犯人则多在武桥之上行刑。斩待时的犯人若有迅速行刑的必要，则会在押送到沙南基的途中，于西小门外就地执行。

朝鲜的行刑过程大致如下（见图 12）。首先，犯人被从监狱中拉出，让其站到牛拉的囚车里。开始时，赶车人会牵着牛慢慢行走，直到经过汉城的南大门时，赶车人会迅速抽走犯人脚下踩的踏板，犯人立刻被置于悬空中，这时赶车人加鞭而让牛飞奔，悬于囚车中的犯人在路上便会东倒西歪，其痛苦不言而喻。待到达刑场时，犯人已经被折磨得几乎与死人无异。在刑场的中央立着一根柱子，一根粗绳通过上面的铁环后垂了下来。犯人立于柱子前的踏板上，然后把其头上系着的白布条与粗绳的一端绑在一起，这时行刑之人将用力牵拉粗绳的另一端，从而使犯人顺着柱子被吊起来，等吊到他勉强才能接触到脚下的踏板时，行刑之人将踏板迅速抽掉后，刽子手以迅雷不及掩耳之势举刀砍下犯人的头颅。刽子手将砍下的头颅放在台子上，并接受捕将的监督确认。犯人的头颅在行刑之处枭示三

图 12　逆贼斩项（《刑政图帖》）

天后，连同犯人的尸体一起装到麻袋里，交还给犯人的亲人并允许其埋葬。大逆罪人有时在执行斩刑后，还要将他的四肢一同砍下，等于将其身体分成六份而形同凌迟。① 当然除上述执行方式外，朝鲜时期也时有让捆缚中的犯人趴在草地上从后面斩下头颅，还有直接让犯人趴在狱中的地上就地处决的情形。②

朝鲜凌迟处死的执行与我国明清时期不同，后面将做专门论述。枭首和弃市作为死刑的附加刑在朝鲜时期一直存在。沈载祐教授依照《增补文献备考》，统计出了朝鲜王朝适用死刑的法定犯罪数目（见表9）。

表9　　朝鲜王朝适用死刑的犯罪数目③

刑量	《大明律》	《经国大典》	《续大典》	《大典通编》	合计
一律④	0	0	27	0	27
枭示	0	0	12	0	12
绞待时	90	5	9	0	104
绞不待时	18	0	3	0	21
斩待时	103	5	10	0	118
斩不待时	34	0	34	0	68
凌迟处死	15	0	0	0	15
总计	260	10	95	0	365

从表9可知，朝鲜共有365种适用死刑的法定犯罪，约占法定犯罪总数的18%。朝鲜根据本国实际，在《经国大典》《续大典》中又追加了一些关于绞刑和斩刑的罪名，但凌迟刑却仅止于《大明律》规定的15种罪名，凌迟占适用死刑犯罪数的4%。朝鲜没有在适用凌迟这一极刑上增加新的立法，可见对凌迟的适用有较严格的限制。沈载祐教授列出了朝鲜王朝五刑的法定犯罪总数（见表10）。

① 中橋政吉，1936，《朝鮮舊時の刑政》，朝鮮總督府，192—193页。

② 中橋政吉，1936，《朝鮮舊時の刑政》，朝鮮總督府，189页。

③ 심재우，2011，“조선시대 능지처사형 집행의 실상과 그 특징”，《사회와 역사》90，151—152 면.

④ 一律：指死刑。

表 10　　朝鲜王朝五刑的法定犯罪总数①

分类	《大明律》	《经国大典》	《续大典》	《大典通编》	合计
笞刑、杖刑	658	50	119	5	832（40.8%）
徒刑、流刑	473	22	344	2	841（41.2%）
死刑	260	10	95	0	365（17.9%）
总计	1391	82	558	7	2038（100%）

以上五刑均为正刑。除正刑以外，朝鲜也存在对文武官员等特殊身份之人施加的闰刑。官员犯罪依《大明律》中的规定予以收赎、降等、罚俸等处罚。②《经国大典》中关于官员犯罪的规定基本承袭了《大明律》：

> 犯私罪杖六十者，启闻，追夺告身一等，七十，二等，八十，三等，九十，四等，一百，尽行追夺送吏、兵曹……文武官及内侍府有荫子孙、生员、进士，犯十恶、奸盗、非法杀人、枉法受赃外，笞杖并收赎，公罪徒，私罪杖一百以上，决杖。③
>
> 律称罚俸钱一十日准笞一十，半月笞二十，一月笞三十，两月笞五十。④

可见朝鲜时期的官员作为特权阶级，可以用本人的品阶抵罪，但仅限于杖一百以内的刑罚。而官员罚俸也仅止于笞杖刑。除此之外，朝鲜还有针对官员的“禁锢”刑。“禁锢”指的是在一定期间内不得为官的处罚。虽不知禁锢刑源于何时，但世宗朝时就已存在：

> 详定所启：“史草遗失者，征银禁锢之法，未知起于何代。以今观之，恐不可变，仍旧何如?”上曰：“禁锢之法太重，其下政府更

① 심재우, 2011, “조선시대 능지처사형 집행의 실상과 그 특징”,《사회와 역사》90, 151—152 면.

② 《大明律》，名例，文武官犯公罪、文武官犯私罪、职官有犯。

③ 《经国大典》，刑典，推断。

④ 《经国大典》，刑典，罪犯准计；此规定在中宗三十年（1535）有所改正，详见《朝鲜王朝实录》，中宗实录卷 80，30 年 10 月 22 日。

议。”黄喜、孟思诚、权轸等以为：“当身及子孙遗失者，除禁锢，征银二十两，已身不叙。”上曰：“令春秋馆立法以启。”①

禁锢又分为终身禁锢和有年限的禁锢两种。终身禁锢相当于“永不叙用”，而有年限的禁锢则根据犯罪的轻重来决定官员禁锢的时间。有年限的禁锢主要针对官员犯受赃罪时：

照律计赃，自禁府计其石数，以送吏曹。则自吏曹依其石数，勘定年限禁锢。②

不法守令，随其所犯轻重，照律勘罪。而米一百石以上，三年禁锢；二百石以上，五年禁锢；三百石以上，十年禁锢。③

从上述规定可知，朝鲜时期根据官员贪污的具体数额来确定削夺其为官资格的年限，分三年、五年、十年等几种不同的期限，以此作为对官员贪赃枉法的处罚。崇尚儒教的朝鲜认为“士可杀不可辱”，为了让王族或高官等士族体面地死去，一般会执行“赐死”刑。国王所赐毒药的成分多认为是砒霜，或由附子与砒霜混合之后制成的。朝鲜的制毒技术并不发达，常见服药后不能立刻死亡的案例，所以义禁府的都事来执行赐死时一般会携带弓弦，在当事人服药后若不能立刻死亡，便会用弓弦将其绞死。在党争激烈时，朝鲜对已死的官员也不放过，对其施以剖棺追斩、车裂等刑罚。赐死与剖棺都属于对官员的法外之刑（见图 13）。

除了正刑和闰刑以外，朝鲜依《大明律》还存在过刺字、没官④和给予被害人家属埋葬银、医药费等经济赔偿⑤的附加刑，其中以刺字刑的实践为多。刺字刑主要针对贼盗等犯罪，适用《大明律》而刺“窃盗”“盗

---

① 《朝鲜王朝实录》，世宗实录卷 56，14 年 6 月 16 日。

② 《新补受教辑录》，吏典，守令，雍正丙辰承传。

③ 《新补受教辑录》，吏典，守令，雍正癸丑承传。

④ 《大明律》，名例，给没赃物。

⑤ 《大明律》，刑律，人命，戏杀误杀过失杀伤人、车马杀伤人、窝弓杀伤人、威逼人致死；《大明律》，刑律，斗殴，斗殴。

图 13　赐药于两班（《刑政图帖》）

官钱”“盗官粮”“盗官物”“抢夺”等字，[1] 并根据朝鲜本国实际适当调整。世宗二十六年（1444）时，刑曹针对被刺字之人受刑后自行洗去痕迹的弊端而启奏国王：

> 刑曹启：“谨按《大明律》刺字之法，每字各方一寸五分，每画阔分五厘，上不过肘，下不过腕。我国刺字之法，无所依据，且刺字之后，随即放遣，刺字之人，或洗去或吮墨，多搬起除，后考无门。请自今刺字字样字画，一依律文施行。其所刺之针，亦依字画广阔，束针十余枚，刺字之后，用布裹其刺处，又封之，仍系于狱，毋得洗

① 《大明律》，刑律，贼盗，窃盗、监守自盗仓库钱粮、常人盗仓库钱粮、白昼抢夺、起除刺字。

吮，每日检举，过三日墨迹深入后放遣，以防奸伪。”从之。[①]

从上文可知，朝鲜的刺字刑严格依照《大明律》对字体的大小、笔画的宽度以及所刺部位的相关规定，每个字都是边长为一寸五分（约4.7厘米）的正方形，每一笔画的宽度为一分五厘（约0.5厘米）。犯人受刑后当即放走的做法，使得犯人会自行洗去刺字的墨迹。因此，刑曹建议在受刑后将所刺之处用布密封包裹，并将犯人关押三天，三天内每天检查刺字之处，三天后当墨迹深入皮肤后再将犯人放走，这样日后便容易辨别惯犯。这一建议得到了国王的允准并予以施行。而《大明律》的规定是在犯人的左右两臂刺字，而朝鲜考虑到手臂上的刺字容易藏在衣内而不易发现，所以施行了“黥面”这一更严厉的刑罚：

窃盗刺字之法，本为区别凶类，使无所容，而今膊上刺字者，藏在衣内，隈隐不现，混处平民，腼然无愧，人不易别。自今窃盗藏五贯以上，勿问首从，悉皆黥面。[②]

刑曹认为，刺字刑的本意就是为了让人们在日常生活中辨别凶暴之人，如果在臂上刺字便不易被发现，所以建议盗窃五贯以上的犯人应全部将字刺在脸上，从而使大众容易辨别。这一做法在睿宗以前就已经施行。[③] 而直到英祖十六年（1740），刺字刑才被正式提出废止：

上又问诸臣曰：“近来亦有黥法乎？曾见状文有刺字之说矣。”右议政俞拓基曰：“我国专用明律，而明律有刺字之文。京外照律，只引其文，实无刺字之事矣。”上曰：“既无其法，徒用于文者，殊无意义，而后世亦安知无因文实用之弊乎？此后虽文状，永除此等文字之意，严饬之。”[④]

---

① 《朝鲜王朝实录》，世宗实录卷103，26年1月21日。

② 《朝鲜王朝实录》，睿宗实录卷2，即位年12月24日。

③ 《朝鲜王朝实录》，世宗实录卷106，26年10月11日，“但勿断筋，初犯，右脸上，刺窃盗二字；再犯，左脸上，又刺窃盗二字”。

④ 《朝鲜王朝实录》，英祖实录卷51，16年4月17日。

从上文可知，朝鲜后期时，其全境之内已很久都不再执行刺字了。而只是因朝鲜适用《大明律》，而在法定刑中仍然保留了刺字罢了。所以英祖大王和众臣商讨后准备废除此刑，并于二十天后正式废止了刺字：

> 上行召对。论历代刑法，遂下教，令承旨往法曹，取黥刺之具烧之曰："一有所伤，终身不祛，岂不惨恻？违令复用者，当重绳也。"又令备局，凡京外刑具，条列严禁。①

刺字刑作为英祖时期被废除的酷刑之一，在《续大典》中予以正式确认。② 朝鲜的刺字刑从朝鲜前朝依照明律执行或略有变通，到后来逐渐名存实亡，直至18世纪正式废止，刺字在朝鲜经历了几百年的漫长演化。

另外，朝鲜前期还存在"断筋"等法外之刑。断筋刑是我国同期没有而朝鲜特有的刑罚。所谓"断筋"，是指将犯人左脚的踝筋切断，在成宗二年（1471）时规定如下：

> 刑曹启："前此着令：'初犯窃盗，断筋。'但其寸、分未定。且无前例，故京外官眩于奉行。请今后犯窃盗者，割左脚踝筋长一寸五分，用周尺。"从之。③

左脚断筋后的犯人部分丧失了行走的功能而变成了跛子，可谓酷刑。断筋如同对诽谤者处以断舌之刑、对奸淫者处以宫刑一般，都是损伤犯人犯罪时常用的身体部位的一种刑罚。而这一朝鲜特有的刑罚因过于残酷，早在世宗二十六年（1444）时就有领议政黄喜等人废除的提议，建议对盗窃罪改为黥面刑。④ 但从世祖十一年（1465）因当时盗贼猖獗而对盗窃公私财物的罪犯施行断筋之刑的记载来看，断筋刑在当时仍然存在。断筋刑最终于中宗五年（1510）被下令废止：

---

① 《朝鲜王朝实录》，英祖实录卷51，16年5月7日。

② 《续大典》，刑典，推断："除刺字刑。"

③ 《朝鲜王朝实录》，成宗实录卷11，2年7月22日。

④ 《朝鲜王朝实录》，世宗实录卷106，26年10月11日。

金寿童议："断筋是肉刑，不可用。前此以盗贼兴行，或用之，以救一时之弊尔，岂宜永以为法？其论窃盗，自有律文。但再犯者，其恶益深，依前立法，勿论赃多少，绝岛及残邑，永属为奴何如?"柳顺汀议："臣初议亦谓肉刑不可轻用。但其时盗贼兴行，故寝息间，请仍用弘治十五年立法。今盗若寝息，则不可用此法。"成希颜议："盗贼治罪，律有正条。断筋，乃一时救弊权宜之法，不可久用。"上从寿童议。①

从上文可知，众臣皆认为断筋为权宜之法，《大明律》中并无这一法定刑，所以不可久用。因此国王下令废除了断筋刑。但从《朝鲜王朝实录》中中宗七年（1512）和中宗二十年（1525）等日后记载②来看，断筋刑在盗贼猖獗之时仍偶尔执行。

第二节 流配

朝鲜时期的流刑基于本国地理而与我国存在区别，有必要做进一步的讨论。③ 朝鲜时期的流刑又称作"流配""归乡"，是将罪犯流放到远离家乡的外地，并终生不得逃离的刑罚。虽然流配的刑期为终身，但罪犯在流配地却能够自由活动，比监禁刑自由许多。

流刑依《大明律》分为流两千里、流两千五百里、流三千里三种。但由于朝鲜国土面积狭小，如果真要流放三千里的话，无疑就已经流放到朝鲜的国境之外了。但朝鲜为了严格执行《大明律》关于流放距离的规定，世宗以前的做法是让被流放的犯人在朝鲜的国境之内不断转圈和折返的方式执行，直到犯人走完规定的里数后再回到指定的流放地点。但这种办法因为不符合朝鲜人少地狭的国情而显得很不科学。所以在世宗十二年

① 《朝鲜王朝实录》，中宗实录卷12，5年7月8日。

② 《朝鲜王朝实录》，中宗实录卷17，7年11月22日；《朝鲜王朝实录》，中宗实录卷55，20年10月10日。

③ 有关朝鲜时期流配刑的主要研究有：김경숙，2004，"조선시대 유배길"，《역사비평》67，262—282면；심재우，2016，"조선의 유배형과 다산 정약용"，《다산과 현대》9，357—369면，本节有所参考。

（1430）时，朝鲜重新制定了详细而明确的流放方案。即以犯人原来的居住地为基准，来确定他的流放地点（见表11）。

表11　　世宗十二年（1430）规定的各道流放地①

出发地	流两千里	流两千五百里	流三千里
汉城、京畿道、留后司	庆尚道、全罗道、咸吉道	庆尚道、全罗道、平安道、咸吉道	庆尚道、全罗道、咸吉道、平安道之滨海
黄海道	忠清道、江原道	江原道、咸吉道	江原道、咸吉道之滨海
平安道	黄海道、咸吉道	江原道	江原道之滨海
忠清道	全罗道、庆尚道、江原道、咸吉道	咸吉道	咸吉道
全罗道	庆尚道、江原道	江原道、咸吉道	江原道、咸吉道之滨海
庆尚道	全罗道、江原道、咸吉道	咸吉道	咸吉道
咸吉道②	江原道、平安道	庆尚道、全罗道	庆尚道、全罗道之滨海
江原道	庆尚道、黄海道	全罗道、平安道	全罗道、平安道之滨海

从表11可知，朝鲜根据国土实际，对流放的地点予以明确的规划，其流放地全部在国都汉城和京畿道以外，其中以半岛的北部、南部和东部山区为主。其中《大明律》的“两千里”折算为朝鲜的20息，合600里；“两千五百里”折算为朝鲜的25息，合750里；“三千里”折算为朝鲜的30息，合900里。从中可知，朝鲜由于国土狭小，流刑的实际执行里数不及我国流刑的1/3。世宗朝后朝鲜关于流配的规定又有过一些变化，一些案例中犯人只是被流放至居住地所在的道或邻近的道，仅仅是形式上的流放而已。

① 《朝鲜王朝实录》，世宗实录卷48，12年5月15日。

② 咸吉道：即现今朝鲜的咸镜道。

朝鲜的流放地中最为严酷的要数三水、甲山等咸镜道的边境地带，这些边境地区与我国东北地区接壤，其年平均气温只有3℃—5℃，异常寒冷。除了北部边境外，条件恶劣的还有全罗道的黑山群岛、楸子群岛、珍岛，庆尚道的巨济岛，以及面积最大且离半岛最远的济州岛（当时属全罗道）等岛屿地带。

朝鲜初期，官府限制将犯人流放到边境或岛屿上。但在朝鲜中期以后，流放的区域范围不断扩大，近至京畿道，远到济州岛，都成了犯人的流放地。以汉城为中心，距离其最近的流放是京畿道的阳川、始兴、果川等地，距离其最远的则是咸镜道的庆兴，而路途最为艰险的却是济州岛的大静县。随着党争的白热化，导致朝鲜的“岛配”案例迅速增加。特别是朝鲜半岛南海岸的多岛海一带，现在虽是韩国风景秀丽的“多岛海海上国家公园”，但当时却是边远艰苦的流放地。又因济州岛距离朝鲜半岛本土最远，从而致使许多官员被流放到此，包括仁祖反正后的前国王光海君，最后也被流放到济州岛，在此度过了他人生中的最后三年。在今日的济州市有一座供人瞻仰的五贤坛，现在供奉着朝鲜时期五位官员的牌位，其中的金净、郑蕴、宋时烈三人就是被流放到此的高官，这些文人对济州岛的文化影响深远。

当时的济州岛共分为三个行政区域，分别是“济州牧”“旌义县”和“大静县”。大静县因为荒凉和风大等恶劣的气候，而被认为是最适合终身流放重罪犯人的场所，因而朝鲜时期成了流放地的首选。将犯人流放到岛屿的最大好处就是因其与陆地往来不便，因此不必担心犯人中途逃走。由于条件过于艰苦，国王在英祖二年（1726）下令禁止将犯人流放到全罗道的黑山岛等孤岛绝域。但之后的朝鲜又恢复了“岛配”，包括思想家丁若镛之兄丁若铨就在纯祖元年（1801）被流放至全罗道的黑山岛，在岛上度过了其人生的最后岁月。

根据流放犯人身份的不同，押送他的人也有所不同。义禁府负责有官职之人的押送，刑曹负责无官职之人的押送。义禁府或刑曹在确定押送官并书写单子后，被流放的犯人才可以上路。《续大典》规定，正二品判书以上的官员由义禁府都事押送，从二品参判以下正三品堂上官以上的官员由义禁府书吏押送，正三品堂上官以下的官员由义禁府罗将押送。在地方上任职的观察使、兵使、水使和四都留守等不论其品秩高低，均由义禁府书吏押送。[1] 良人和贱人则由驿卒轮番押送。因为要在规定时限内到达流放地，一般情况下犯人平均每天要行八九十里路，比《大明律》平均每天行进 50 里的规定[2]还要严苛。因此犯人骑马到达流放地的情况较多。

从启程到流放地间的所需费用由流放犯本人负担，甚至流放犯还需负担押送官旅途所需的部分经费。这一事实通过士大夫日记中的描述能够得到确认：

> 廿二壬午。朝雨。留槐山辛氏宅。……禁府书吏崔世泓今日到郡，醉酒寻我来，多妄言，出见之，乃令下处供馈。[3]

当事人李文楗于明宗即位年（1545）的九月十七日从汉城出发，二十日到达了忠清道的槐山[4]，而义禁府书吏崔世泓直到两天后的九月二十二日才到达槐山。从中可知，虽然原则上押送人要一路护送犯人，但实际上并非如此。流放之人和押送官按各自的行程而选择不同的路线行进，于夜晚在留宿地碰面的情形更为常见，因而押送人和犯人不同行的情况比较普遍，李文楗的流配就是一例。从他的日记中也能得知，其在准备出行的过程中，押送官有时要求犯人给予他财物：

> 十六日丙子。雨，午晴。……晓，禁府书吏崔世泓来寻我，召入见之，配所定于星州云，今日出马牌，明日可行云云，馈酒送之。以笠帽一、常木一同、襦古道一、白靴一、分套一、耳掩一、雨装布衣一等物送遗崔世泓，其求极多而不能充之。[5]

日记中，将被流放的李文楗用好酒款待他的押送官崔世泓，并送给他了笠帽、白靴等七种礼物，但还是因崔世泓的胃口太大而无法完全满足。

---

① 《续大典》，刑典，推断。

② 《大明律》，名例，徒流人在道会赦。

③ 《默斋日记》，1545 年 9 月 22 日。

④ 《默斋日记》，1545 年 9 月 20 日，“廿日庚辰。晴。昼点于槐山境，令莫金先往言于奴辈处，随而往”。

⑤ 《默斋日记》，1545 年 9 月 16 日。

可见流放本身不仅要在精神上承受痛苦，而且经济上对犯人也是不小的负担。他们对书吏和罗将的要求即使会感到不悦，也无法直接拒绝，因为流放犯负担押送官经费的情况是当时的一种惯例。

根据流放犯人和押送官身份的不同，犯人在途中的处境也极不相同。良人和贱人在流放途中大多吃尽苦头，而被流放的官员因为有官复原职的可能，所以有时不但不会吃苦，反而会受到沿途各地方官的热情款待，使他流放的行程变成了一次奢华的旅行。被流放的官员一般在刚进入地方官的辖区时，便早已有人在此迎接，包括作为地方长官的守令、地方上的世家大族和乡吏等，当然也不乏来一睹中央高官真容的凑热闹的平民。当地的长官不仅会宴请被流放的高官，还向他提供马匹等各类必要的物品和盘缠，因此被流放的高官很少能花到自己的钱财。如景宗二年（1722）被流放到咸镜道甲山的尹阳来，他 18 天的流放之旅就无比热闹，每到一处都受到当地官员的厚待。通过他的《北迁日记》就能一睹究竟（见表 12）。

表 12　　景宗二年（1722）尹阳来在流放沿途受到的款待

日期	招待之人	提供物品	其他协助
6 月 22 日	抱川县监：韩杓斗	酒肴、米太粥、白纸	
6 月 23 日	永平县监：郑思恭	米太粥、小豆、烧酒、清蜜、民鱼石鱼、清甘酱、马铁	
6 月 25 日	淮阳府使：徐命渊	粮太、马铁、黄烛、清酱、烧酒	马二日程
6 月 28 日	安边府使	优助行资	一马雇借
6 月 29 日	文川郡守：金胄	行资优数	贳马价钱
7 月 2 日	洪原县监：姜翰周		衙马
7 月 3 日	北青府史：权孚信	五升布、四升布、米、太、盐、大口、明太、加鱼、片藿、魴鱼、文鱼、马铁、草鞋	卜马两匹

从表 12 可知，地方官员为了讨好有复职可能的高官而极尽表现之能事。特别是在 6 月 28 日，因地方官送给他的礼物数量实在太多，以至于尹阳来的卜马在驮运时不能承受其重而摔倒：

择之雇借一马，优助行资矣。……马颠而坠者再，而不至大段伤损。余自语曰："马弱负重，势宜颠蹶。"①

当然，经停之地的部分地方官出于政治的敏感性，而对被流放的高官做冷处理。特别是对因政治斗争失败而遭到流放的高官，守令们大多不直接出面迎接，而是派人私下将书信和物资送去。日记中，地方官直接称病而装作不知道的情况也有两处。除此之外，他 18 天的行程中，所到之处都受到热情接待，并收到了大量的礼品。

与尹阳来流放至北部边境的情形比起来，流放到海岛的旅程就更加艰险，甚至可以说是时时冒着生命的危险。在《朝鲜王朝实录》中，不乏全罗道观察使或济州牧使称流放之人在去海岛的船上因风浪而下落不明的呈报。在当时，要想从朝鲜半岛漂流到济州岛，多数情况下是从全罗道的海南、康津、灵岩等地出发，经停全罗道的甫吉岛、所安岛、珍岛等岛屿后到达济州岛的。而因大风导致的船舶几日不能出发的情况也很常见。并且因风浪的原因，最后会到达济州岛的哪个浦口也未可知。

流放地的生活也根据时期和地点的不同，以及犯人身份的不同而区别很大。首先，决定他流放地具体生活的重要人物是当地的地方官。因为地方官决定了他在流放地的居所和他的"保授主人"是谁。保授主人指的是负责他在流放地的食宿的人，一般由当地的衙前、军校和官奴担任。如果地方官指定一般百姓充当保授主人，百姓则会极不情愿而找各种理由推脱，因为这对百姓而言是极大的经济负担。为减轻当地百姓负担，正祖年间下令不得向受灾地区流放犯人，且每个州县的流放犯人不得超过十人。

流放之人到达目的地后，只要不离开该州县的辖区，然后每月初一和十五去地方衙门报到外，其他的活动均不受限制，人身相对比较自由。但流配刑有一种称作"围篱安置"的类型。围篱安置指的是流放之人在流放地居所用枳树等树木编成篱墙后，将犯人隔离起来以限制其人身自由的情形，是流刑中最为严酷的类型。这种篱墙一般高 3—5 丈，约合 5—9 米，周长大约 50 尺，篱墙外再加一道篱墙的情形称作"栫棘安置"，篱墙外再加两道篱墙的情形称作"加棘安置"。犯人生活在这种阴暗密闭的地方，白昼也如夜里一般漆黑。篱墙中的犯人无论昼夜都不见天日，他们

① 《北迁日记》，1722 年 6 月 28 日。

过着生不如死的生活，因而被周边百姓称为“活人坟墓”。

第三节 连坐

朝鲜时期通过连坐制度预防和打击犯罪，以达到进行控制社会的目的。连坐刑大致分为依血缘关系而对犯人亲属的连坐，依地域而对犯人邻右的连坐，以及官员公职犯罪时对同僚的连坐等，其中依血缘关系的连坐在朝鲜最为常见。①

《大明律》对亲属连带受罚的规定共有三种。一是谋反大逆罪的连坐②，二是谋叛罪的连坐③，三是不道罪的连坐④。这些连坐的规定原则上在朝鲜也同样适用。这些犯罪均属于“十恶”的范畴，都是对统治秩序和社会秩序构成重大威胁的犯罪类型。朝鲜除了适用《大明律》外，在《经国大典》中也对连坐做出特别的规定。《经国大典》中的连坐刑主要分“妻子为奴刑”和“全家徙边刑”两大类。“妻子为奴”的适用范围主要有伪造印信、徙民逃亡、强盗等犯罪类型：

> 伪造印信者，印文虽未成处斩，妻子永属诸邑奴婢，捕告者给犯人财产。⑤
>
> 徙民逃亡者，妻子属残驿奴婢，捕获则户首斩，自现则还元徙处，妻子放。⑥
>
> 强盗不死者，依律论罪后，刺强盗二字，再犯处绞；强盗妻子永属所在官奴婢。⑦

这三种犯罪类型的连坐范围仅限于犯人的妻子。比“妻子为奴”刑

---

① 沈载祐教授对朝鲜王朝的连坐刑有过深入研究：심재우，2011，“조선시대 연좌제의 실상：《연좌안》 분석을 중심으로”，《한국문화》55，87—113 면，本节有所参考。

② 《大明律》，刑律，贼盗，谋反大逆。

③ 《大明律》，刑律，贼盗，谋叛。

④ 《大明律》，刑律，人命，杀一家三人、采生折割人、造畜蛊毒杀人。

⑤ 《经国大典》，刑典，伪造。

⑥ 《经国大典》，刑典，逃亡（《大典通编》中废除）。

⑦ 《经国大典》，刑典，赃盗。

更严酷的是作为朝鲜徙民实边政策一环的“全家徙边”刑。这一刑罚的适用范围主要是“强盗窝主”① “过失致使公贱死亡”② 等几种犯罪情形。以上犯罪类型的连带责任范围仅限于妻子或全家，法律对牵连的范围有明确的限定，可见朝鲜初期的连坐制度未能脱离《大明律》连坐的框架。到朝鲜后期，朝鲜的连坐制度出现了一些新的特点。首先，《续大典》中新增了几种案犯的家庭成员遭受连带而沦为奴婢的情形：

> 乘夜聚党、杀越人命者，勿论得财与否，不待时斩，妻子为奴。③
>
> 纲常罪人（弑父母、夫，奴弑主，官奴弑官长者）结案正法后，妻、子女为奴，破家潴泽，降其邑号，罢其守令（从时居邑）。（县令以上降县监，县监勿革，而序诸县之末，限十年复旧。反逆缘坐，自有本律，破家以下用此律。）④

依上述条文可知，除了对诸如“乘夜聚党”“杀越人命”等严重的治安犯罪时妻子受到牵连外，对弑杀父母、丈夫，奴婢弑杀主人等以下犯上的犯罪情形更是牵涉甚广，不仅犯人的妻子和子女受到株连而沦为奴婢，还会牵连案发地的地方官。纲常犯罪案发之地的官员要负连带责任是朝鲜时期法律的重要特点，但法律也对地方官的连带责任做出限定，对官员被降级的期限和级数均有明确规定。19 世纪后期制定的《大典会通》中最终废除了案发地官员的连带责任。⑤

其次，《续大典》规定了有关犯谋反大逆罪时连坐的特例。比如依照逆魁“举兵”和“非举兵”而对连坐加以区分，“举兵逆魁兄弟妻妾并坐诛，非举兵则只依本律”⑥，从而加重了对已经举兵的逆贼头目的处罚，因此从《大明律》的父子一并诛杀，扩大到举兵头目的兄弟和妻妾也须一并诛杀。朝鲜这一规定的立法背景源于英祖四年（1728）的李麟佐之

① 《经国大典》，刑典，赃盗。
② 《经国大典》，刑典，公贱。
③ 《续大典》，刑典，赃盗。
④ 《续大典》，刑典，推断。
⑤ 《大典会通》，刑典，推断，“守令勿罢”。
⑥ 《续大典》，刑典，推断。

乱（史称“戊申乱”）。但这一规定在《大典通编》中重新将妻妾从诛杀范围中排除[①]，某种程度上缩小了大逆罪的诛杀范围。

再次，《续大典》彻底废除了全家徙边刑，将之全部改为徒流刑[②]，某种程度上缩小了连坐的适用范围。官府在朝鲜后期逐渐认识到了全家徙边刑的酷虐，因此从肃宗年间便开始修订和减少有关全家徙边的法律条文，最终到英祖年间被彻底废除。

与朝鲜后期一般犯人连坐的适用范围逐渐缩小对照的是，官府对谋反大逆等政治犯坚持适用连坐刑，且比原来有所加重。在朝鲜后期党争白热化的大背景下，当权的派系为了打击和报复政敌，连坐刑常常被非法滥用。朝鲜认为对政治犯适用连坐刑是非常合理的，如太宗十六年（1416）司谏院在上疏中说，“大逆天地所不容，罪及亲戚，所以垂戒也”[③]。大逆罪人的亲属被一并株连是为了垂戒于后世，起到预防犯罪和警醒预谋者的目的。而世祖二年（1456）大司宪辛硕祖、左司谏李宗俭等大臣的上疏中，对连坐刑的适用目的有过明确阐释：

> 有罪必罚，则为恶者知所惧，罪重罚轻，则为恶者无所惩。近日臣等，请将逆徒悉置于法，累渎天聪，并未蒙允，不胜愤郁，敢复昧死以闻。臣等谨按《书》曰：“除恶务本。”则凡治大恶，不可不永绝其根本也。……《春秋》之法：“诛乱讨贼，必先治其党与。”……《诗》曰：“兄弟阋于墙，外御其侮”，骨肉之亲，至近者兄弟也。祸乱之际，尚且相救，安有诬兄以大恶乎？且一家的知其情者，莫若兄弟也。帝王刑赏之道，在于顺天意合人心。今日之事，人所痛愤，天意从可知矣。奈何以一时之私恩，废万世之大典乎？臣等所以披肝沥胆，强聒无已者也。伏惟圣裁，以快臣民之愤，宗社幸甚，国家幸甚。[④]

---

① 《大典通编》，刑典，推断。

② 《续大典》，刑典，推断。

③ 《朝鲜王朝实录》，太宗实录卷31，16年2月25日。

④ 《朝鲜王朝实录》，世祖实录卷4，2年7月12日。

这一上疏中，大臣辛硕祖等人引用了《诗经》《尚书》《春秋》等“五经”中的三经，欲以此来论证严惩大逆犯家族成员的合法性。大臣们首先援引了《尚书》中“除恶务本”[①] 的观点，以论证治理大恶之人必须断绝根本、斩草除根。之后，大臣们又援引了宋代学者胡安国的《胡氏春秋传》中“示诛乱臣、讨贼子，必先治其党与之法也”[②] 的语句，来说明连坐与株连有不容置疑的合法性，对逆贼必须一网打尽、不留后患。最后，大臣们援引了《诗经》中“兄弟阋于墙，外御其侮”[③] 的句子，以论证兄弟间的亲密和相互的连带责任。大臣将上述援引的经书视作“万世之大典”，以此来劝谏国王应严惩凶手的家属而不可宽宥。可见朝鲜在遇到法律问题时，五经及其后世的注疏经常被援引，此类经典在朝鲜扮演着诠释法律的角色，五经中的每一句都被认为是正确而不容置疑的。因此可被随时用来匡正当下的时弊，而连坐刑的合法性也可被追溯至上古时期的经史大义，使朝鲜王朝在“引经决狱”和依律法定罪之间呈现出某种复杂的张力。

从《朝鲜王朝实录》的记载来看，执行连坐的案例有以下特征。连坐刑常常会被滥用而并不完全按法律规定执行，从中可看出朝鲜王朝政治斗争的残酷。如燕山君十年（1504）发生的“甲子士祸”就是如此。燕山君即位后，对父王在位时自己母妃被废一事怀恨在心，因而对李世佐和父王的后宫严氏、郑氏等事件相关者进行报复。李世佐和他的儿子、兄弟们均被处死，甚至连其女婿们也被流放至边境。[④] 而严氏、郑氏二人均被扑杀，她们的父母、儿子、兄弟均被决杖后流放边境，甚至对她们年过八十的老父和已经出嫁的姐妹也不放过，[⑤] 大大超出了法定的连坐范围。燕山君被废后由中宗大王继位，中宗在即位的第二天（1506 年）便对燕山君当政时的重臣慎守勤一派毫不留情地诛杀。慎守勤一族均被“远方付处”，其连坐范围扩大到同姓五寸（从叔侄）和异姓四寸（从兄弟）[⑥]，株连甚广。

① 《尚书》，泰誓下，“树德务滋，除恶务本”。

② 出自宋代学者胡安国撰写的《春秋传》。

③ 《诗经》，小雅，常棣。

④ 《朝鲜王朝实录》，燕山君日记卷 52，10 年 3 月 19 日、5 月 6 日。

⑤ 《朝鲜王朝实录》，燕山君日记卷 52，10 年 3 月 20 日、26 日、27 日。

⑥ 《朝鲜王朝实录》，中宗实录卷 1，1 年 9 月 3 日。

不同国王在位时，其连坐范围会有较大的差异，连坐刑的适用很大程度上取决于国王的个人意志。如太宗六年（1406），对大逆罪人文可学处以车裂，同时将他的妻子和仍在襁褓中的幼子也一并处绞。[①] 世祖二年（1456），世祖对朴遂良等大逆罪人处斩并籍没家产，对其子女没为官奴，而对在连坐范围之内的其他亲属则免于处罚。[②] 从中可见，即使是罪名类似，不同国王在位时连坐的范围和具体的刑罚仍有明显差异。

而对罪人家族的出嫁女和女婿是否要被连坐的问题，朝鲜一直存在着不小争论。虽然在《大明律》中规定出嫁女和女婿不在连坐范围内，但朝鲜在传统上对女儿和母系比中国更为重视，因此在株连范围上有时会波及犯人的女婿。如太宗九年（1409），司宪府启奏国王，要求对李茂的女婿孟归美缘坐，其理由是"本朝甥舅与中国异"，但他最终被免于处罚。[③] 形成鲜明对照的是端宗元年（1453）之时，逆贼李澄玉的女婿却被处以"极边安置"之刑。[④] 因此，当时与大逆罪人女儿结亲的女婿一家为了避祸，经常出现和逆贼之女离异的现象：

> 先是，修撰权詹因文义白曰："杞梁妻之言曰：'君之臣不免于罪，则将肆诸市朝而妻妾执。'以此观之，女子适人者，必夫家有罪，乃被拘执。仍及晋程咸之议[⑤]，及《经国大典》以为，近世出嫁女缘坐，非法意也。"知经筵赵泰采曰："出嫁女，法既无缘坐，而孙女缘坐，尤是法外。故相臣吕圣齐妻，其祖母被法后，圣齐以戚联宫禁之人，不自安而请离异，此实冤矣。此事若无限制，则弊将无穷矣。"上令该曹禀处。礼曹回启曰："逆家亲女之离异，虽曰法外，已成流例，不可容易变改，而孙女离异，尤是法外。吕圣齐家事，正与毌丘俭孙女相同。法外谬例，不可仍存，将来之弊，亦不可不

① 《朝鲜王朝实录》，太宗实录卷12，6年12月15日。

② 《朝鲜王朝实录》，世祖实录卷3，2年4月1日。

③ 《朝鲜王朝实录》，太宗实录卷18，9年10月5日，"司宪府启曰：'李茂女壻孟归美，律无缘坐之文，然本朝甥舅与中国异，请论其罪。'命释之"。

④ 《朝鲜王朝实录》，端宗实录卷9，1年11月2日。

⑤ 原文注——晋毌丘俭之孙女当坐，程咸曰："女适人者已产育，则成他家之母，杀之不足惩乱源。且男不遇罪于他族，而女独婴律于二门，非所以矜女弱均法制也。仍请在室女，从父母之刑，既醮之妇，从夫家之律。"

防。"仍请以此为定式，上允之。[①]

文中的案例发生在肃宗三十八年（1712）。当时，原宰相吕圣齐妻子的祖母被正法，吕圣齐因为"不自安"而请求与妻子离异。而修撰官在考察历代经史和法典后，援引《礼记》中春秋时期齐国大夫杞梁之妻的观点[②]、晋朝时程咸的奏议（公元3世纪的中国判例），以及朝鲜的本国法典后，认为出嫁女被连坐的做法于法不合。杞梁妻的故事是我国历史上的著名典故，其作为孟姜女的故事原型而被不断演绎和流传。依照杞梁妻的观点，女子出嫁后应是在夫家有罪时才被捉拿归案。而晋代名臣程咸的观点也十分具有说服力。当时毌丘俭被诛灭三族后，他的孙女是否也应连坐引起了当时朝臣的争议。程咸认为，男子不受其他家族犯罪的连累，唯独女子要受本家与夫家两家的牵连，这很不合理。在连坐制度方面，他主张未嫁之女依从本家而出嫁之女依从夫家的做法。本案中吕圣齐的妻子正是犯人的孙女，因此一些官员认为本案与毌丘俭孙女的情形非常相似，因此可将之比附出现在3世纪中国的这一判例。礼曹在给国王的回启中认为，当时朝鲜大逆罪人的女婿一家为了避祸而与妻子离婚的现象已成为惯例，因此不易被更改，但既然出嫁女的缘坐于法不合的话，那么若已出嫁的孙女受到本家的牵连，那就更不合乎律法了。根据以上的推导，朝廷最终认为宰相吕圣齐的妻子并无缘坐的风险，因此国王判决吕圣齐和他的妻子复合。

朝鲜的连坐制度随着时间的推移而变得更为宽和。除了谋反大逆等谋危社稷的重罪外，尽量限制在其他类型犯罪时适用连坐。比如成宗五年（1474）对智陵被焚案的处理就是如此。本案中仅仅处死了犯僧洪守本人，而没有依法对其家人施以缘坐。[③] 无独有偶，肃宗三十年（1704）时，国王在处理孝陵的放火罪人朱命哲时，也对其家人免于处罚。仁祖三年（1625）时，国王正式下令免除三岁以下幼儿的连坐。[④] 自此以后，朝

① 《朝鲜王朝实录》，肃宗实录卷51，38年4月2日。

② 出自《礼记》，檀弓下。

③ 《朝鲜王朝实录》，成宗实录卷50，5年12月2日。

④ 《朝鲜王朝实录》，仁祖实录卷8，3年1月20日。

鲜三岁以下的幼童不再受到父祖犯罪的牵连。

朝鲜后期的连坐呈现以下特点。首先，对于没有认罪的囚犯，其家族成员一律不得受到株连。也就是说，嫌疑犯如果在还未招供的情况下死亡，那么便不得牵连其本人以外的任何人。因此，当时的案犯若抵死都不招认的话，就可以保全他的家人。这一做法虽不知始于何时，但从中宗朝便已成了朝鲜的惯例。① 其次，朝鲜后期对已经正法的政治犯家属不再追施连坐刑，并将这一规定明确载入《大典通编》之中。② 这一做法起于英祖大王对少论派镇压过程中株连甚广的反思，因而于英祖三十五年（1759）以教旨的形式禁止。再次，朝鲜对"殿牌作变罪"的犯人不再施行连坐。所谓殿牌，指的是朝鲜时期官衙的客舍中所供奉的刻有"殿"字的木牌，是象征国王的一种牌位。因为其象征意义，所以对殿牌的毁损或亵渎在朝鲜都被认定为大逆，凡犯有此罪之人都应移送义禁府，并以《大明律》"谋反大逆"条③处决。但到了纯祖在位的19世纪，对犯"殿牌作变"之人的子女等家族成员不再施以连坐，并在纯祖二十二年（1822）以教旨的形式明确禁止，这一规定最终被载入《大典会通》。④

综上所述，朝鲜的连坐直接源于《大明律》，并作为国王维护自身统治和政权合法性的重要手段，因而有时会超越法定范围而被滥用。到了朝鲜后期，连坐刑的适用范围不断缩小，朝廷通过不断立法加以限制。因此，朝鲜的连坐在一定程度上呈现出了两面性。

第四节 凌迟

朝鲜因承袭《大明律》，因而同样存在凌迟之刑。有关我国凌迟刑的

---

① 《朝鲜王朝实录》，中宗实录卷74，28年5月26日，"但近来断狱，不服而死者，例不缘坐"。

② 《大典通编》，刑典，推断，"罪人未结案而传旨正法者，身已死而追施逆律者，非军法枭示者，并禁除。（英宗己卯）"。

③ 《大明律》，刑律，贼盗，谋反大逆。

④ 《大典会通》，刑典，推断，"殿牌作变，事关逆节外，勿为逮鞫，本处不待时斩，孥戮勿施。（纯祖壬午）"。

起源与变迁，卜正民教授曾有过精彩的研究。[①] 朝鲜的凌迟刑在 1894 年甲午改革以前一直存在。朝鲜时期凌迟与我国明清时期有明显区别，其执行方式不是“千刀万剐”，而是称为“轘刑”或“轘裂”的车裂，即所谓的“五马分尸”。[②] 朝鲜对凌迟刑的适用有着严格的限制，其凌迟刑仅止于《大明律》规定的 15 种罪名，而未扩大适用范围。这 15 种法定罪名主要集中在违反三纲五常，特别是对“忠”和“孝”构成重大冲击的犯罪上。其大致可分为谋反大逆罪、恶性犯罪（杀一家三人或采生折割人等）、杀害尊亲属或主人等纲常犯罪等三大类。通过翻阅《朝鲜王朝实录》可知，执行凌迟刑的案例中，以谋反大逆罪为最多，此外也有不少的纲常犯罪，几乎很少有恶性犯罪。

朝鲜在太祖三年（1395）刊行的《大明律直解》同时载有明律的原文和吏读文，以便明律在朝鲜半岛的适用和司法实践。值得注意的是，明律中凡是出现“凌迟处死”四个字时，在《大明律直解》中均被吏读成了“车裂处死”。因此，《大明律直解》成为朝鲜时期用车裂刑代替凌迟刑的有力证据。《高丽史》记载，恭愍王时有洪轮等大逆罪人曾被处以轘刑。[③] 所以朝鲜的车裂刑很可能承袭自高丽，而非朝鲜王朝独创。下面来看朝鲜凌迟刑的具体执行。朝鲜立国不久的太宗七年（1407），就有一起被执行凌迟刑的犯罪案：

> 轘连山妇人内隐加伊于市。忠清道连山县民牛童之妻内隐加伊与邻男姜守通。一日，牛童裹六日粮，以事归于邻郡，内隐加伊谓守曰：“可于路中要杀。”守曰：“路中则吾不敢。汝若止于中路共宿者，吾可以杀之。”及牛童将还，内隐加伊持酒馔迎于中路，饮之酒，因曰：“今夕可共宿田中守禾。”牛童信而从之。内隐加伊伺其夫熟睡，潜起引守曰：“此其时矣!”守遂杀之，埋于近地。人颇疑之，遂移埋于他处，事发。刑曹以闻，上曰：“妻妾杀夫，未有如此

① ［加］卜正民等：《杀千刀：中西视野下的凌迟处死》，张光润等译，商务印书馆 2013 年版。

② 沈载祐教授对朝鲜王朝的凌迟刑有过深入的研究：심재우，2011，“조선시대 능지처사형 집행의 실상과 그 특징”，《사회와 역사》90，147—174 면，本节有所参考。

③ 《高丽史》卷 131，列传，叛逆。

之甚也。”问黄喜曰：“如此女所犯，外方守令何以刑之？”喜对曰：“直斩之耳。”上曰：“律无凌迟之法欤？”对曰：“前此，以车裂代凌迟。”上曰：“若杀之，一郡其谁知之！可逮至京师，立市晓众，然后分示诸道。”①

这一案例讲述了忠清道连山县牛童的妻子内隐加伊因与邻居姜守私通而被处以车裂。一日，牛童到临郡办事，他的妻子觉得时机已经成熟，可在路上将丈夫杀害后与姜守做长久夫妻。姜守对内隐加伊说：“我不敢在路上下手，但如果你能和他在路上同宿的话，我便能动手。”本夫牛童在回来的路上看见妻子拿着好酒好菜来迎接他，很高兴，牛童喝过酒后妻子对他说：“今晚我们可以一起在田中过夜。”牛童听信了她的话并照做了。内隐加伊等丈夫睡熟后，起来跟奸夫姜守说现在可以动手了。姜守便将本夫牛童杀害并埋于附近，但却引起了别人的怀疑，他们又将尸体移往他处，最终事发。太宗为以儆效尤，要求把犯人押到国都汉城，在大庭广众之下将她五马分尸，并将从其身上分离出的四肢等在朝鲜八道传看。从中可知，朝鲜初期的凌迟刑是以车裂刑代替的。除了妻子谋害亲夫要处以极刑外，《朝鲜王朝实录》中还记载了因杀害叔父、弑母、奴婢杀主等纲常犯罪而处以凌迟的案例。相比纲常罪来说，危及江山社稷的谋反大逆罪的株连范围更广，处罚也更为严酷：

朴彭年已服招死于狱中，义禁府启：“朴彭年、柳诚源、许慥等，自去年冬，与成三问、李垲、河纬地、成胜、俞应孚、权自慎结党谋反，罪应凌迟处死。请将慥、彭年、诚源尸车裂枭首传尸，其籍没，缘坐并依律文施行。命亲子并处绞，母女、妻妾、祖孙、兄弟、姊妹、若子之妻妾，永属极边远残邑奴婢，伯叔父、兄弟之子，永属远方残邑奴婢，余如所启。”② 遂聚百官于军器监前路环立，轘李垲等以徇，枭首于市三日。③

① 《朝鲜王朝实录》，太宗实录卷14，7年11月28日。
② 《朝鲜王朝实录》，世祖实录卷4，2年6月7日。
③ 《朝鲜王朝实录》，世祖实录卷4，2年6月7日。

由本案可知，政府在处理谋逆罪时，除了在汉城游街示众、车裂和枭示三日以外，其家族也要被连坐。犯人的亲生儿子要被执行绞刑，母女、妻妾、祖孙、兄弟、姊妹等近亲属都被发配到边远地区充当奴婢。因朝鲜适用《大明律》，所以本案的处置办法与我国历史上对大逆犯人的处罚相似。本案中车裂的执行地点位于汉城城中的"军器监前路"，这也是朝鲜日后执行车裂刑最多的场所（其地点在今韩国首尔市政府新闻中心一带）。车裂刑与斩刑的行刑场所略有不同。朝鲜的斩刑多在汉城城外的"堂岘"（也称"唐古介"）等处执行，而凌迟则多在城中行刑。车裂的执行地点除了军器监以外，还有汉城城内的"武桥""惠民局街"，以及城外的"西小门""铜雀津"等，地方上的执行地点多是朝鲜八道观察使所在的监营，车裂的行刑地点并不特别固定。凌迟放在汉城城内执行的原因可能是为了起到轰动和震慑的效果。因为"酷刑应成为仪式的一部分，公开的酷刑应该是引人注目的，应该让所有的人把它看成是一场凯旋仪式。罪人在受刑时呻吟的哀嚎，恰恰是伸张正义的仪式"①。而这种仪式正是"将胆敢蹂躏法律的臣民与展示其威力的全权君主之间的悬殊对比发展到极致"②。车裂后通常要对案犯枭示，将其头颅悬挂三日示众，因为"即使没有任何痛苦了，司法正义仍对犯人的身体紧追不舍"③。枭示的地点主要位于汉城的铁物桥（在今天韩国首尔市钟路二街的普信阁一带）。与我国历史上将马车作为车裂的行刑工具不同，马车在朝鲜半岛不很常见，据此可以推测朝鲜在行刑时主要是动员了牛等大型牲畜，通过牲畜的牵引力将犯人肢解，与我国古代车裂的行刑方式略有区别。

除了谋反大逆外，朝鲜对杀一家三人等恶性犯罪也依照《大明律》执行凌迟："刑曹启：'全罗道乐安囚强盗金智、仲山等杀一家三人，请依律为首金智凌迟处死，仲山处斩。'从之。"④ 上文中发生在全罗道的这

---

① ［法］米歇尔·福柯：《规训与惩罚：监狱的诞生》，刘北成、杨远婴译，生活·读书·新知三联书店1999年版，第37—38页。

② ［法］米歇尔·福柯：《规训与惩罚：监狱的诞生》，刘北成、杨远婴译，生活·读书·新知三联书店1999年版，第53页。

③ ［法］米歇尔·福柯：《规训与惩罚：监狱的诞生》，刘北成、杨远婴译，生活·读书·新知三联书店1999年版，第38页。

④ 《朝鲜王朝实录》，世宗实录卷98，24年10月11日。

一恶性犯罪，为首者被执行车裂，其余从犯则处以斩刑。而纵观朝鲜王朝五百年，像杀一家三人或采生折割人等恶性的犯罪却极少见，可见朝鲜和同时期的我国明清两代在民风上差别较大，没有出现过哪怕一例“采生折割”的恶性案件。通过李文楗的《默斋日记》中对他的侄子李辉受刑前后的记录，可以了解凌迟刑从执行到最终将罪人的全尸安葬的整个过程：

> 十一日辛未。晴。黄昏辉、德应二人受极刑于军器监前。郑希登、郑滋、郑郁等极边安置，罗湜流三千里，罗淑徒三年，朴光佑徒二年半。桂林君子皆绞，余一以幼也云。姊氏晓入来共哭之。①
>
> 十四日甲戌。晴，寒冰。……弃尸，令撤之，奴辈往收入棺云云，权瑊与焰共见为之，头、四肢分送各道回示云云。……晓，应敏、应符等来见，共哭之。②
>
> 十六日丙子。雨，午晴。权瑊买车，伻奴辈载死人柩，权葬于德水陇下，奴具仁孙随往见之。③
>
> 廿六日乙酉。晴暄。居同家。服上丹，夜有烦热甚不平。朝食后掌校来言，罪人回骨朝到州，将传送仁同云云，问回得几邑则并不知也，可骇且恸也。④
>
> 十五日辛丑。阴晴。居裴家。服药如昨，有呕气，夜多露身寝也……见景晦、友甲等书，知死者骨毕到，具骨改敛权葬云，可伤可伤。⑤

通过阅读李文楗这半年所写的日记可知，他的侄子李辉于明宗即位年（1545）的九月十一日遭受了车裂极刑，其他相干人等也被处以徒刑、流刑、绞刑等刑罚。他的姐姐来他家哭丧。三天后的九月十四日，家人把除了头和四肢外的剩余部分收尸，李辉的头颅和四肢被分送到了朝鲜八道的

---

① 《默斋日记》，1545 年 9 月 11 日。
② 《默斋日记》，1545 年 9 月 14 日。
③ 《默斋日记》，1545 年 9 月 16 日。
④ 《默斋日记》，1545 年 11 月 26 日。
⑤ 《默斋日记》，1546 年 4 月 15 日。

各个郡县进行巡回展示。九月十六日，家人权且先将剩余的尸体入土安葬。两个月后的十一月二十六日，日记的作者李文楗在他的流放地得知，侄子的肢体已经到达他所在的庆尚道星州，即将发往庆尚道的仁同[①]。在第二年（1546）的四月，被传至八道的头和四肢部分已返回京城，家人将全尸收殓后重新安葬了李辉。通过李文楗的侄子李辉在头一年（1545）的9月受刑，并直到第二年（1546）的四月其头颅和四肢才折返京城可知，家属在犯人受刑的大概半年后才能拿到他的全尸。换句话说，凌迟刑的整个过程是在历时半年后才真正结束的，虽然这半年都是较为寒冷的季节，但当时的朝鲜怎样使犯人的头颅和四肢在巡回展示的过程中不易腐烂，现在不得而知。这种在全国巡回展示肉体的仪式不仅是对犯人的侮辱，也是统治者对权力的炫耀和震慑力的夸示，更是统治者通过这一仪式告诉朝鲜各地的百姓们某种信息，这一信息很可能是“用罪犯的肉体来使所有的人意识到君主的无限存在”[②]。

而如果以身体的毁损程度，以及犯人的受刑时间和痛苦程度作为刑罚严酷程度的标准的话，那么朝鲜的车裂则比明清时期的凌迟略显得“宽仁”一些。车裂（五马分尸）是将身体做六等分，用畜力将身体分为头、四肢和剩余的躯干。而凌迟（千刀万剐）则将身体做8刀、24刀、36刀、72刀、120刀等不定刀数的分割，对身体的破坏程度较车裂为甚，在时间上更是延迟了犯人承受的痛苦。另外车裂是以畜力使犯人的身体分离的，畜力接近“自然”的一端，牲畜们背对着犯人同时向几个方向用力，但牲畜本身却不接触犯人的身体；而凌迟则以人力将犯人身体分离，人力则接近“人为”的一端，刽子手直接面对犯人行刑，并且在行刑时直接接触犯人的身体。正如米歇尔·福柯所言，“极刑是一种延续生命痛苦的艺术，它把人的生命分割成‘上千次的死亡’，在生命停止之前，制造‘最精细剧烈的痛苦’”[③]。在这一制造痛苦的量化艺术上，车裂比起凌迟来略显“宽仁”。因而朝鲜在极刑的处理上，较同时期的我国明清两代略

① 仁同：朝鲜时期古地名，在今韩国庆尚北道龟尾市一带。

② ［法］米歇尔·福柯：《规训与惩罚：监狱的诞生》，刘北成、杨远婴译，生活·读书·新知三联书店1999年版，第53页。

③ ［法］米歇尔·福柯：《规训与惩罚：监狱的诞生》，刘北成、杨远婴译，生活·读书·新知三联书店1999年版，第37页。

微“宽仁”。

第五节 妇人犯罪

尊奉《大明律》的朝鲜对妇人犯罪也有着特殊的规定。虽然《大明律》集中反映了男女有别、男尊女卑的理念，但在刑罚的执行上对女性的身体却有着特殊的考虑，这些都对朝鲜产生了深远的影响。①

朝鲜时期对孕妇犯罪就有着特殊的规定。《大明律》规定：“凡妇人犯罪，除犯奸及死罪收禁外，其余杂犯，责付本夫收管；如无夫者，责付有服亲属邻里保管……若妇人怀孕犯罪应拷决者，依上保管，皆待产后一百日拷决。”② 朝鲜后期在《大明律》的基础上更进一步，《续大典》中允许怀孕妇女可比照七十岁以上老人犯罪的情形收赎，而免于身体上的刑罚③，这一规定源于之前编纂的《受教辑录》④。在朝鲜司法实践中，也确实曾对孕妇有过特殊的照顾：

> 推鞫厅启曰：“每邑加屎压膝五次，不服。所当加刑鞫问，而渠临刑，呼诉怀孕七朔，使月令诊视则果然。律文内，‘死罪女人怀孕，则产后乃为讯问’云。闵卓虽服逆，而每邑加屎，元非坐死之人，今使之殒命杖下，则恐乖王者制法之意。何以为之?”传曰：“停刑仍囚。”⑤

此案发生在光海君四年（1612），这位名叫每邑加屎⑥的孕妇受到丈夫闵卓谋逆大案的牵连而被刑讯。在压膝五次之后，她仍然没有招供，因此正要对她施以杖刑时，她大喊自己已经有了七个月的身孕，经诊查的确

---

① 沈载祐教授对朝鲜时期女性的身体和法制有过深入研究：심재우，2013，“조선시대의 법과 여성의 몸”，《역사와 실학》51，147—179 면，本节有所参考。

② 《大明律》，刑律，断狱，妇人犯罪。

③ 《续大典》，刑典，推断。

④ 《受教辑录》，刑典，推断。

⑤ 《朝鲜王朝实录》，光海君日记卷54，4年6月14日。

⑥ 每邑加屎：朝鲜语人名，朝鲜语“맵가시”。

已有身孕。按照《大明律》规定，应当在妇人生产后刑讯，因而在得到国王的准允后停止了对她的刑讯。

除了对妊娠妇女的此类特例外，朝鲜对士族妇女的特殊规定最富于本国特色。《经国大典》规定，士族妇女要在得到国王的允诺后才可以囚禁。① 可见法律限制随意关押士族阶级的妇女，即使不得已而必须对其关押，也要事先奏报国王。不仅如此，朝鲜在一般情况下不得随意对士族妇女施加身体上的刑罚。世宗六年（1424）时国王下令，士族妇女犯罪中能够收赎的，就不宜进行讯问。② 这一做法出于保护士族妇女免受身体上的羞辱，是朝廷对上层妇女的特殊恩惠。而日后对士族妇女犯罪后可否在身体上受刑的问题，曾多次引发众臣的争论：

> 司宪府据东部牒启："北部参奉慎自治妻李氏与其母李氏，妒自治所奸婢道里，断发搒掠，又烧铁以烙胸膛、阴门，身无完肌，置诸兴仁门外山谷间，残忍莫甚。李氏母女请致鞫之。"命义禁府囚鞫。上谓左右曰："慎自治之妻，士族之女，不可决杖，不知前例，何以处之?"知事卢思慎对曰："前例则未得考也。但闻李孟畇妻因妒杀婢，事觉，世宗只付处孟畇而不罪其妻，大司成权采妻又以妒杀婢，乃付处。权采、许稠启曰：'此乃奴主间事，付处过重。'世宗即召还，今自治妻与其母所行残忍，然亦奴主间事，不可决杖。又律但有'擅杀无罪奴婢者，杖六十、徒一年'，今此所犯，律无正条，故臣等比照此律，臣意既非正律，用此律赎之何如?"上曰："然。"命院相议启。郑昌孙、申叔舟、韩明浍、尹子云议："自治妻淑非妒悍惨酷，有关风教，不可不惩。然妇人不宜决杖，只令付处外方，自治功臣之子，只收告身，亦付处外方。妻既不夫其夫，而妒为七去之一，宜离异，以正风俗，其母莫生助其女，肆其残虐，亦令付处外方。"郑麟趾议与昌孙等议同，但自治适其时在他处，不知其情，恐照律过当，请只罢其职。上从昌孙等议，道里亦依律从良。③

① 《经国大典》，刑典，囚禁，"士族妇女，启闻囚禁"。

② 《朝鲜王朝实录》，世宗实录卷23，6年2月12日。

③ 《朝鲜王朝实录》，成宗实录卷49，5年11月2日。

本案发生在成宗五年（1474）国都汉城的北部辖区。参奉慎自治的妻子李氏、岳母李氏一同对和慎自治私通的婢女道里进行了惨无人道的虐待，将道里的头发剃光后严加拷打，然后用烙铁烫她的胸部和阴部，使这位婢女变得体无完肤后再将她丢弃在郊外的山谷之中。国王召集大臣们讨论应如何处理此案。卢思慎考察了世宗时妻子因丈夫和婢女通奸而杀害婢女的先例后认为，先例中对涉案丈夫处以“付处”刑，即将通奸的男子流放到外地但却对杀死婢女的妻子不予责罚。又因为加害者和被害人是主奴关系，因此认为对士族男子付处的量刑过重。他认为可以依照《大明律》擅杀无罪奴婢的相关规定[①]，在折算相应的金钱后收赎。其认为士族等特殊身份之人应用金钱刑代替相应的身体刑。国王又询问了郑昌孙等大臣的意见，他们认为应将本案犯人李氏母女及其家长慎自治付处，并同时免去慎自治的官职。慎自治之妻李氏犯“七出”之条，应判决二人离异。大臣郑麟趾的意见与郑昌孙基本吻合，但他认为因为慎自治对妻子和岳母的犯罪行为并不知情，所以应减轻处罚，只可罢官而不应流配。成宗大王采纳了这一建议并照此判决，并将受到非人虐待的婢女道里免贱放良。从此案中可知，士族妇女犯罪甚至犯故意杀人罪时，官府有时会处罚妇女本人，有时却只处罚作为家长的丈夫，却不惩罚当事的妇女。而即使士族受到处罚，也基本是迁居、罢职等名誉刑，而很少施以身体刑，因为朝鲜“刑不上大夫”[②] 的观念根深蒂固。而名为道里的婢女在身体上受到了主母的巨大伤害，作为补偿，国家免去她贱人的身份，放为良人，这一做法直接源于《大明律》“当房人口悉放从良”[③] 的规定。从本案可以窥见朝鲜时期对案犯量刑上的精密而理性，朝廷既会遵循先王的判例，同时又考察《大明律》的条文，并参考与本案相近情形的刑量，另外还有身体刑和金钱刑的适当转化，并在综合了法典与先例后做出合理的取舍，有机地结合了“法典法”和“判例法”。到了朝鲜后期，有关因奸杀婢的案例仍不乏类似的争论：

---

① 《大明律》，刑律，斗殴，奴婢殴家长：“若奴婢有罪，其家长及家长之期亲若外祖父母，不告官司而殴杀者，杖一百；无罪而杀者，杖六十徒一年，当房人口悉放从良。”

② 《礼记》，曲礼。

③ 《大明律》，刑律，斗殴，奴婢殴家长。

献纳金澄启曰："臣顷忝言责，论二妒妇，谓可以少警恶俗矣，旋因大臣收议，竟归孟浪。而其中原任大臣之议，缕缕证左，至有两家推案之所未及者，仁厚之意，溢于言辞。臣读来瞿然，自愧为刻核之小人也。虽然宰相曰是，台谏曰非，固是事体之所当然，臣亦安敢不尽其所闻哉？益丰君涑，有所私之婢。畏任氏妒悍，逃匿他家，任氏亲自乘轿，多率奴仆，突入其家，捕得其婢，以索系颈，手牵而归，施以惨毒之罚。及涑死后，其婢畏死逃走，则移怒于婢母而杀之，暴尸路旁。诚有如前日启辞者，而为任氏分疏者，欲以其事，归之于阳宁夫人，此果近于人情乎？阳宁夫人之不自辨者，岂不以在妻则罪重，在母则罚轻故也？至于朴镎妻赵氏之事，尤为明白。其戮杀之时，以絮塞口，至用烙刀石块，备尽淫刑，其去人彘者，无几矣。都下士夫，闾巷小民，以至外方之人，莫不藉藉传说，而独原任大臣，偶未之闻也。其曰：'妇女决杖，《法典》《明律》，无现著。'云者，未可晓也。《国典》曰：'士族妇女之游宴山水，亲祭城隍者，并杖一百。'况妒悍杀人者，独不可以决杖乎？今只以仁祖朝事言之，宰臣之妇，或以不孝，或以妒悍狂悖，因台启决杖者，至于五人，其时未闻有出力伸救者。今大臣，反欲以伤风败俗之罪归之，亦异于臣之所闻矣。臣既被大臣之斥，安敢仍冒台职乎？请命递斥。"上答以勿辞。①

上文出自台谏官员金澄的奏本。本案涉及了同时发生于显宗七年（1666）的两起悍妇擅杀和丈夫有奸的婢女（或其母亲）的案例。第一个案件的当事人是益丰君李涑的妻子任氏。她因为自己的丈夫李涑和婢女私通，这位婢女因畏惧主母的凶悍而逃往别处藏了起来，但任氏得知消息后率领众多奴仆，乘着轿闯进婢女的隐匿之处，将婢女捉拿后在她颈部系上了绳索，然后把婢女牵回家后对其施以酷刑。在李涑去世后，婢女觉得自己的靠山已倒，主母任氏一定会要她的命，所以就匆忙逃走了。任氏因此迁怒于婢女的母亲，将其母亲杀死后暴尸在道路两旁。

第二个案件的当事人是朴镎的妻子赵氏，赵氏同样将和丈夫私通的

① 《朝鲜王朝实录》，显宗改修实录卷15，7年7月26日。

婢女残忍杀害。赵氏的犯罪手段极其残忍，她将棉絮塞入婢女口中，并用烙刀、石块等工具施以酷刑，几乎把通奸婢女变成了人彘。而对于此类悍妇杀婢的案例，因为施暴者是士族，而受害者是士族家中的奴婢，所以大臣们在讨论如何定罪量刑时的态度宽容。有的大臣认为，无论是《经国大典》还是《大明律》，都没有对妇女施以杖刑的规定，主张此类案件应以伤风败俗罪论之。但大臣金澄却对此持有不同的看法。他认为既然《经国大典》规定游宴山水、亲祭城隍的士族妇女应被杖一百，因而自然推导出比亲祭城隍严重得多的擅杀婢女的犯妇应被公开施以杖刑的结论。但因大臣们大多对涉案妇女受杖刑持保留态度，主张对妇人施刑的金澄的意见反而成为少数，因此涉案的任氏和赵氏最终都未受到决杖。从上文的激烈论争中，可推测出士族妇女犯罪的情形在实践中并不多见。从对其的处罚方式上可知，朝鲜的士族妇女享有某种司法上的特权，士族妇女的犯罪类型主要是因妒忌发生的情杀，加害者和受害者均为女性，犯罪手段一般较为残忍，实施犯罪时一般需要家人或奴仆等人的从旁协助。

朝鲜不仅对孕妇、士族妇女等特殊身份的女性犯人有不予刑杖的规定，而且对女性犯人执行身体刑时，也对妇女的身体有着特殊的禁忌。《大明律》规定："其妇人犯罪，应决杖者，奸罪去衣受刑，余罪单衣决罚，皆免刺字，若犯徒流者，决杖一百，余罪收赎。"[①] 由这一规定可知，明律对妇女给予特殊照顾，徒流刑均可以收赎，通奸外的其他罪行还可以身着单衣受刑。但《大明律》为了让犯奸妇女产生羞耻之心，在执行时要剥去其衣服，与男子受刑一样露出臀部。朝鲜同样执行了《大明律》的这一规定，但却尽量少让妇女感到羞耻，如成宗十三年（1482）发生的通奸案就是如此：

> 义禁府启："金偁以奸女妓红杏事，受罪定役，不数月而招致红杏于役所，累日留连罪，律该杖九十徒二年半；红杏避役潜投金偁役所罪，律该杖八十单衣决罚。"从之。

---

① 《大明律》，名例律，工乐户及妇人犯罪。

本案中的妓女红杏因犯奸罪而被处以“杖八十单衣决罚”。《大明律》虽明确规定对犯奸妇女要脱去衣服受刑，但即便本案当事人的身份是妓女，义禁府仍然启奏国王让其穿着单衣受刑，并得到了国王的允许。可见崇尚儒教的朝鲜对妇人的身体存在某种禁忌。茶山先生丁若镛在其《牧民心书》中对“妇人犯罪”这样写道：

> 妇女非有大罪，不宜决罚，讯杖犹可，笞臀尤亵。妇女虽犯杀狱，犹察其有无胎孕，乃施刑杖，况于他罪乎？妇女笞臀者，去其裩袴，擦其月衣，灌以盆水，使衣贴肉。其在法庭，犹碍观瞻。近来官长，或令露臀，或施棍杖，种种骇愕，有不忍闻。有一县宰，饬令露臀，那妇人摄衣起立，向官大骂，举母连婆，肆发丑语，官亦难处，归之狂而出之。上失其道。下慢无礼，将若之何？牧宜念此，谨守礼法，免有后悔。良人之妻，宜代治其夫。官婢大罪，宜用讯杖，小罪挞罚。吏人之妻，不宜拿入官庭，如欲囚禁，令自外就狱，别遣可信人摘奸。①

茶山先生在《牧民心书》中不仅描述了朝鲜后期妇人犯罪时单衣决罚的某些具体细节，如要在执行前“灌以盆水，使衣贴肉”，并且讲述了当时的地方官在司法实践中并不完全依法执行的现状。如当时的朝鲜地方上令妇人受刑时去衣露臀或施以棍刑等，有诸多不合法的措施。茶山先生列举了一则地方官令妇人露臀受刑的案例。这位妇人因为感到羞耻，而起身向地方官破口大骂，使得这位官员感到难堪而把这名妇人赶出了官衙。从上文可知，当时根据妇人身份的不同，其处罚的方式也有所不同。比如良人的妻子犯罪，那就让她的丈夫替她受罚，而官婢犯罪时则直接受到讯杖或笞刑，胥吏之妻犯罪时则不宜过堂审讯，即便需要囚禁，也是从外面直接押送监狱而不过堂，其后再派可靠之人前去审讯。可见虽同为妇人，朝鲜时期的妇女却因自己和丈夫身份或阶级的不同，而在司法上并不平等。

妇人在囚禁之时也与男子有所分别。朝鲜不仅有专门的女狱，而且其

---

① 《牧民心书》，刑典，慎刑。

所戴的刑具也与男子不同。平民男性身份的死刑犯在囚禁期间要戴枷、杻、锁足三种狱具，流刑以下的犯人要戴枷、杻两种狱具，杖刑犯人要戴枷。除关系社稷安危的罪名外，士族妇女犯死罪时在狱中仅锁项，庶人妇女犯死罪时在狱中仅锁项、锁足，杖刑犯罪时仅锁项。朝鲜在拘捕妇女时也与男子有异。一般案犯捉拿押送时须锁项，但士族妇女除犯死罪外均不必锁项。① 但实际的执行情况却可能不尽如人意。英祖二十三年（1747）时，国王针对部分地区让妇人戴枷的情况而颁布教旨，再次强调妇人不得用枷。② 朝鲜后期的文学作品《春香传》中也描写了主人公成春香在狱中戴枷的情景，地方官不优待妇人而让其佩戴普通狱具的情况或许并不少见（见图 14）。

图 14 朝鲜末年戴枷的囚犯：女人勿枷

而怀孕妇女犯有死罪时，朝鲜是如何判决和执行的呢？《大明律》规定："若妇人怀孕犯罪……若犯死罪，听令稳婆入禁看视，亦听产后百日乃行刑。"③ 明律的这一规定可能出于对新生儿养育和哺乳的需要。朝鲜

① 《经国大典》，刑典，囚禁。
② 《受教定例》，女人勿枷。
③ 《大明律》，刑律，断狱，妇人犯罪。

也基本遵照《大明律》的这一规定执行，但却不太严格。如英祖十四年（1738）发生的孕妇长德弑夫案[①]中，犯妇长德因已有身孕而于产后百天被行刑，完全执行了《大明律》中的条文。但显宗八年（1667）与书吏通奸的宫女贵烈或许就没有如此幸运了：

> 宫女贵烈伏诛。先是贵烈以王大妃殿宫女，潜奸其兄夫书吏李兴允有娠，事觉，上命囚内司。至是生子于狱中，原情直告。上出付该曹，使之照律。刑曹奏当处绞，上命加等处斩。该曹引法争之，上不听，命即行刑。政院亦启，法一挠，关后弊不细，请依该曹奏议行之，上又不听，遂斩之。其父光灿、其母淑只，亦以知情不告，并刑讯定配。兴允逃躲，索之不得。[②]

本案中，宫女贵烈因违反宫禁而与自己的姐夫李兴允私通后怀孕，因此被囚禁于内需司，她在狱中产下了奸生子。刑曹在照律后启奏国王，认为应对贵烈处以绞刑并在产后的百日行刑。但国王因为震怒而命令将贵烈即刻处以斩刑，未按《大明律》的规定执行。此案中宫女贵烈的父母均遭到流配，奸夫李兴允闻讯后逃匿，最终未能将其捉拿归案。可见当时的朝鲜遵照《大明律》，但国王之命有时却高于法律，主管司法的中央衙门在照律后，国王有权决定是否依律文执行，臣下进谏无果后仍要依王命执行，国王在具体案件中可以对律法加以变通。而本案的判例也上升为法规，“内人通奸外人，不待时处斩”[③]，从而以受教的形式明确规定宫女和外人通奸时应处以“斩不待时”的刑罚。朝鲜王朝的许多受教都源于具体的个案，对个案所涉及的犯罪情形或犯罪类型加以抽象后形成法规，某种程度上可以视为“判例法”。本案中国王对宫女贵烈并无百日宽限的原因很可能出于其所生之子并非本夫所出的婚生子，而是奸夫所出的奸生子，奸生子是否也要像婚生子一样得到母亲短暂的照顾，国王对此

---

① 《秋官志》，考律部，续条，罪囚，产后加刑；《朝鲜王朝实录》，英祖实录卷47，14年12月3日。

② 《朝鲜王朝实录》，显宗改修实录卷1，8年5月20日。

③ 《受教辑录》，刑典，奸犯，康熙丁未承传。

持否定的看法。通奸本身便意味着是对家族秩序的冲击和破坏，因此不需要宽限一百天以抚育新生儿，也就不需要对犯妇宽限百日了。这一原则在发生于英祖十年（1734）的孕妇红点和孕妇阿只通奸案中同样有体现：

> 时，京城有寡女名红点者，与其夫侄权道亮潜通，又有文斗章者奸其子妇阿只。寻事觉，攸司并逮捕，道亮自刺死，红点及斗章、阿只等并就服法，当不待时斩。而红点、阿只皆怀孕，律有怀孕者，请旨待时之文。上下大臣狱官议，或以律文所谓怀孕，似指孕于本夫者。或曰："今此淫奸，与他有异，系是伦纪大变，当用无俾易种之例矣。"上曰："逆贼种类，犹有待时之律，此虽淫惨，岂加于逆贼乎？"命先诛斗章，而红点等待分娩正法。①

案例中，家住汉城的寡妇红点与丈夫的侄子权道亮通奸，另有文斗章与自己的儿媳阿只通奸，两起案件都已涉及乱伦。但是，恰巧犯妇红点和犯妇阿只二人都因奸怀孕，刑曹因《大明律》对怀孕妇女有特殊规定，因此就如何处置二名犯妇而奏请国王裁决。大臣们经过讨论后认为，《大明律》中关于产后百日行刑的规定应以怀有本夫骨肉为前提，明律宽限百日的立法本意应不包括因奸怀孕的情形，而像本案这样的乱伦大案绝不可适用《大明律》的特例。可见朝鲜在适用《大明律》的过程中，朝臣们针对明律各条文的适用范围与具体情形，随时会对明律的立法本意做更为具体的阐发，从而提出朝臣个人的法律解释。综合了朝臣当即处决孕妇的意见以及《大明律》产后百日行刑的规定后，国王英祖又比照对谋逆犯人之遗腹宽容的惯例，最终采取了较为折中的做法。国王判决先行处决奸夫文斗章，等到红点和阿只分娩后立即正法。两名孕妇虽未得到百日的宽限，但所幸也未在怀孕期间就被处决。

---

① 《朝鲜王朝实录》，英祖实录卷38，10年7月22日。

第六节 赎钱

朝鲜依《大明律》也存在以经济处罚代替身体刑的赎钱制度。朝鲜的赎钱由中央刑曹、汉城府、司宪府等官衙收取，地方则由各级守令收取，然后全部移送户曹以充当国家的财政收入。财政困难的个别郡县可以不移送户曹，而用作支付地方官吏的俸禄或其他费用的开支。朝鲜初期半岛境内的通货不是铜钱，而是五升布，所以在《大明律直解》中，朝鲜将铜钱全都换算成了五升布。其换算的额度如表 13 所示。

表 13　《大明律直解》中朝鲜的收赎标准

刑罚种类	刑量	《大明律》赎铜钱的额数	换算为五升布后的额数
笞刑	笞 10	600 文	3 匹
	笞 20	1 贯 200 文	6 匹
	笞 30	1 贯 800 文	9 匹
	笞 40	2 贯 400 文	12 匹
	笞 50	3 贯	15 匹
杖刑	杖 60	3 贯 600 文	18 匹
	杖 70	4 贯 200 文	21 匹
	杖 80	4 贯 800 文	24 匹
	杖 90	5 贯 400 文	27 匹
	杖 100	6 贯	30 匹
徒刑	杖六十徒一年	12 贯	60 匹
	杖七十徒一年半	15 贯	75 匹
	杖八十徒二年	18 贯	90 匹
	杖九十徒二年半	21 贯	105 匹
	杖一百徒三年	24 贯	120 匹
流刑	杖一百流两千里	30 贯	150 匹
	杖一百流两千五百里	33 贯	165 匹
	杖一百流三千里	36 贯	180 匹
死刑	绞刑、斩刑	42 贯	210 匹

由表13可知，《大明律直解》赎钱换算率是将一贯铜钱折算成五匹五升布。但实际操作中似乎并不完全依照《大明律直解》的换算执行。如在太祖七年（1398）时将赎钱的换算率确定为铜钱一贯折算五升布十五匹①，远高于《大明律直解》中的换算。而太宗二年（1402）时，朝鲜考虑到本国面积狭小，流刑无法按《大明律》规定的里程执行，所以认为应按照朝鲜实际执行的里程来折算赎钱的额度，因此对流刑收赎时的换算做了特别的规定，数额上比原来减少了1/3：

> 定流罪收赎之法。议政府启曰："《大明律》流三千里，赎铜钱三十六贯。本国以五升布十五匹准铜钱一贯，计五升布五百四十匹。本国之境，流不满三千里，其收赎则满三千里数，名实不相当。以本国境内里数计之，最远庆源府一千六百八十里，其三十六贯减一分，二十四贯，准计五升布三百六十匹。其流二千五百里则赎钱三十三贯。东莱县为次一千二百三十里，其三十三贯减一分，二十二贯，准计五升布三百三十匹。其流二千里则赎钱三十贯。丑山为次一千零六十五里，其三十贯减一分，二十贯，准计五升布三百匹。自今以后，凡赎流罪，以上项本国里数准计。"从之。②

由于这一折算比率对朝鲜普通百姓来说仍然负担过重，所以朝鲜于世宗七年（1425）将原有的换算率减去2/3：

> 议云："请于《大明律》笞一十赎钱六百文，今减三分之二，赎钱二百文，每一十加二百文。笞五十一贯，杖六十一贯二百文，每一十加二百文。杖一百赎钱二贯，杖六十，徒一年四贯，每一等加一贯。杖一百，徒三年八贯，杖一百，流一千里十贯，每一等加一贯。杖一百，流三千里十二贯，绞斩十四贯。"从之。③

---

① 《朝鲜王朝实录》，太祖实录卷13，7年4月21日。

② 《朝鲜王朝实录》，太宗实录卷4，2年9月3日。

③ 《朝鲜王朝实录》，世宗实录卷27，7年3月9日。

这一规定将大明律的赎钱的数额缩减2/3，执行时仅交纳原规定数额的1/3即可。而当时朝鲜的另一种法定通货是“楮货”，赎钱时应交纳楮货，上述规定便是以楮货为单位折算的。楮货是模仿我国交子、会子等纸币制度而在高丽和朝鲜时期推行的一种纸币，但因为当时朝鲜经济不发达而使得这种纸币无法得到通用，在朝鲜后期的《续大典》中完全废除了楮货制度。由于楮货是纸币而非实物，因此更易通货膨胀，而当时的楮货确实大幅贬值，所以朝鲜又将楮货收赎的换算率增加了三倍：

> 前此犯罪收赎之法，笞一十楮货六张，每一十加六张，杖一百，六十张。去壬寅年，因民间楮货价贱，笞一十，十八张，每一十加十八张，杖一百，一百八十张。①

朝鲜初期的一段时间内，收赎时必须使用楮货，因其不易操作而给普通百姓造成了很大的困扰，② 所以朝鲜在世宗十九年（1437）规定，收赎时可以用布匹代替：

> 传旨刑曹：钱之在民间者不多，今京外赎罪，悉征以钱，民不易办，不无怨訾。今后京外赎罪者，四分之一，许纳以布。于是刑曹启：“以铜钱三百文准正布一匹，其绵布绵紬，并从正布折价。”从之。③

可见当时因为纸币楮货的发行量有限，在民间未得到广泛的流通，而收赎时必用楮货的做法使得在实践中不易操作，因此这时起开始允许在收赎时交纳布匹。细看后可以发现，朝鲜这时收赎的换算率又有所下降。《大明律直解》将铜钱一贯折算成五升布五匹，若依之前压缩2/3后“笞一十赎钱二百文”的规定计算的话，应将铜钱二百文折算成正布一匹才对，但这时却规定“以铜钱三百文准正布一匹”，可见实物在流通时的实际价

---

① 《朝鲜王朝实录》，世宗实录卷27，7年3月9日。

② 《朝鲜王朝实录》，太宗实录卷22，11年11月5日。

③ 《朝鲜王朝实录》，世宗实录卷79，19年12月9日。

值远高于当时的纸币。朝鲜后期随着通货的变化，有关赎钱的规定又有所变动。《续大典》中对于收赎的折算做了明确的规定①，如表14所示。

表14 《续大典》规定的收赎标准

刑罚种类	刑量	收赎所用绵布数	收赎所用钱文数
笞刑	笞10	7尺	7钱
	笞20	14尺	1两4钱
	笞30	21尺	2两1钱
	笞40	28尺	2两8钱
	笞50	1匹	3两5钱
杖刑	杖60	1匹7尺	4两2钱
	杖70	1匹14尺	4两9钱
	杖80	1匹21尺	5两6钱
	杖90	1匹28尺	6两3钱
	杖100②	2匹	7两
徒刑	徒一年	2匹	7两
	徒一年半	3匹	10两5钱
	徒二年	4匹	14两
	徒二年半	5匹	17两5钱
	徒三年	6匹	21两
流刑	流两千里	8匹	28两
	流两千五百里③	8匹22尺6寸	31两2钱6分
	流三千里	10匹	35两

在《续大典》中，规定了两种收赎的方式，一种是交纳钱文，一种是交纳布匹。并且《续大典》中取消了对死刑收赎额度的规定，间接证明了绞刑、斩刑等死刑犯罪不得收赎。《续大典》同时规定“刑

① 《续大典》，刑典，杂令，笞杖流徒赎木。

② 《续大典》中规定，刑推一次的赎钱数比照杖一百。即交纳赎钱后可免于刑讯。

③ 《大典会通》中将流两千五百里的收赎标准改为绵布9匹或者钱文31两5钱（《大典会通》，刑典，杂令，笞杖流徒赎木）。

推一次赎，准杖一百”，可见朝鲜后期收赎的范围已经从刑罚扩大到刑讯了。这当然是基于实用主义的考量，官府为了扩大财源而牺牲了司法的公正。

对于特殊身份和情形的收赎，朝鲜则依据《大明律》的规定执行①，其具体的适用通过本国法典予以明确。《经国大典》规定，“乡吏、驿吏、公私贱，犯徒流者，依律天文生例论”②。也就是说，如果乡吏、驿吏、公奴婢等在官衙做事的人犯有徒流等罪时，若将他们发配到别处的话，他们就会脱离岗位，会对官府的日常运行带来不便。如果私奴婢犯有徒流等罪而被发配，那么其主人就无法役使他们了，即会侵犯他们主人的利益，所以允许这些身份的人比照《大明律》对钦天监天文生犯罪时的规定收赎：“若钦天监天文生，习业已成，能专其事，犯流及徒者，各决杖一百，余罪收赎。”③ 除了对特殊身份和职业的人有专门的收赎规定外，朝鲜对妇人特别是孕妇也给予了特殊照顾。《续大典》规定，“孕胎妇，依年七十例，除刑推收赎”④。即孕妇犯罪时可按《大明律》老小废疾收赎的规定，从而比照年七十以上、十五以下及废疾之人“犯流罪以下，收赎”的规定⑤执行。而对于文武官员及其子孙等特权阶层的犯罪，《经国大典》和《续大典》则对其予以特别保护：

> 文武官及内侍府有荫子孙、生员、进士，犯十恶、奸盗、非法杀人、枉法受赃外，笞杖并收赎。公罪徒，私罪杖一百以上，决杖。⑥
>
> 凡拟罪时，功臣子与孙，纲常、赃盗外，杖流以下许赎，而曾孙以下，某朝某功臣付标以启。功臣子与孙，虽工商贱隶，拷讯时启请。⑦

---

① 《大明律》，名例，工乐户及妇人犯罪、犯罪存留养亲、老少废疾收赎、犯罪时未老疾、无官犯罪。

② 《经国大典》，刑典，推断。

③ 《大明律》，名例，工乐户及妇人犯罪。

④ 《续大典》，刑典，推断。

⑤ 《大明律》，名例，老少废疾收赎

⑥ 《经国大典》，刑典，推断。

⑦ 《续大典》，刑典，推断。

从上述规定可见，文武官员和功臣及其子孙、生员、进士等士族阶层之人犯罪时，如不是十恶、杀人等死刑重罪，那么流刑以下的犯罪均允许其收赎。除了针对特殊身份和职业之人的收赎规定以外，对居丧、寒暑等特殊时期，或存留养亲等和儒教伦理相关的情形也允许犯人收赎：

隆寒极热时（自十一月初一日至正月晦日，自五月初一日至七月晦日），事干纲常、赃盗男人杖六十以上、女人杖一百以上外，其余杖一百以下并收赎，自愿受杖者，听。①

丧前所犯徒流以下之罪，发于丧后者，除十恶外收赎。自愿受罪者，百日后决罚。②

徒流以下之罪，丧前所犯，而丧后发觉者，丧前发觉，而丧后勘断者，并从勘断时，收赎。杂犯徒流独身人之亲年未满七十，而赴配后满七十者，禀旨许赎。③

从上文可知，每年农历的五月到七月、十一月至来年正月等寒暑季的大约半年里，除特殊情形之外均允许犯人收赎。理学影响下的朝鲜王朝重视孝道，而“孝”又集中体现在服丧期间，所以即便是丧前犯罪而丧后被发觉，甚至丧前发觉而丧后勘断，朝廷均允许居丧期间的犯人收赎。即使犯人自愿受刑，也要等到百日后才能执行。朝鲜对于存留养亲的规定除了遵循《大明律》“犯罪存留养亲”条以外，还比照“犯罪时未老疾”的情形，将适用范围扩大到养亲，对养亲的年龄予以宽限，以体现对孝道的尊崇。

除上述法定情形外，还有一些案例是官府为了解决财政不足而允许犯人用财物来赎罪的情形。比如流放犯人交纳米粮赎罪④，商人交纳银货和米粮赎罪⑤等。犯人除了用财物抵罪外，也有因冲锋陷阵、抵御外敌而立

① 《经国大典》，刑典，恤囚。
② 《经国大典》，刑典，推断。
③ 《续大典》，刑典，推断。
④ 《朝鲜王朝实录》，仁祖实录卷43，20年3月8日。
⑤ 《朝鲜王朝实录》，仁祖实录卷21，7年9月1日。

功赎罪的情形，[①] 以及朝廷为了减轻百姓的负担对赎钱予以减免和延期的情形。[②]

第七节　食于臀者（案例3）

韩国的世界非物质文化遗产——“板索里”原有十二部，其中有五部流传至今，《兴夫歌》便是其中的一部。将《兴夫歌》这一口头说唱记录成文后便是古典小说《兴夫传》。《兴夫传》与一同作为“板索里”说唱文学的《春香传》《沈清传》一起，被誉为“韩国三大古典名著”。《兴夫传》大概成文于18世纪，讲述了哥哥孬夫贪婪残忍、为富不仁，对穷苦的弟弟兴夫百般地折磨虐待。兴夫曾救活过一只摔伤的乳燕，燕子给他衔来了一粒葫芦种子，兴夫种下种子后，从结出的葫芦里得到了大量的金银财宝、牲畜、粮食和一座富丽堂皇的房舍。孬夫见财心动，也故意摔伤一只燕子，然后再救活它，企图能得到同样的报答。结果从葫芦里出来的却是三教九流的各种人，弄得他顿时倾家荡产。弟弟兴夫不念旧恶而接济哥哥，兄弟二人最终一同过上了富裕的生活。故事中的一个情节值得注意，那就是兴夫曾经为了活命和养活家人，而不得不去替人承受杖刑的情节，以及户房的胥吏劝他说，如果到兵营替人受棍刑便能得银三十两，并跟兴夫保证已买通行刑之人，只是去做做样子而已，并不会很痛等。[③] 我们因此会产生如下疑问，朝鲜时期是否有专门替人受刑为生的人？如果有，从中反映了当时怎样的司法生态？我们通过朝鲜后期学者成大中（1732—1812）的杂录集《青城杂记》所收录的有关代杖的故事加以分析：

> 安州之氓，有食于臀者。外郡吏，将受七棍于兵营，置钱五缗，购代杖者，氓欣然代之。杖者憎其屡也，故下棍甚毒。氓不虞杖之猝暴也。然姑忍之，再则不可堪矣，遽屈五指示之，谓将以五缗赂也，

---

① 《朝鲜王朝实录》，成宗实录卷254，22年6月5日、16日、28日。

② 《朝鲜王朝实录》，世宗实录卷85，21年4月24日。

③ 《兴夫传》有几种不同的版本，所赚数额也有十五两的版本，劝他替人受杖的人也有作为乡厅头领的金座首，或应受罚的当事人金富户等不同的版本。

杖者若不见也，棍益力，氓亦自知死不待杖之毕也，五指俱伸，知将倍赂，杖乃轻焉。氓出诧人曰，吾乃今知钱之贵也。无钱，吾必死矣。氓徒知十缗之免其死，而不知五缗之招其祸，甚矣，氓之愚也。

又有愚于此者，刑曹杖百，赎钱七缗，代杖者，受亦如之。有以代杖生者，盛暑日受百杖者再，带钱施施而返。其妻又受杖百之贯，迎告之喜，夫颦蹙曰，吾今病矣，三则不可。其妻嘻曰，暂时之苦，而数日之饱，吾及子乐矣，钱幸至矣，君何拒之固也，仍具酒肉啖之。夫醉抚臀而笑曰，可矣，趍之而杖，遽毙。邻里并疾其妻，斥不之容，丐死于道。嗟哉，二者并足为世诫。[①]

第一则故事发生在平安道的安州，我们姑且把主人公称为“食于臀者”，指的是靠自己的臀部吃饭的人。外地的胥吏招募在兵营替别人挨板子的人，代价是受军棍七下，报酬是五缗钱。食于臀者因为以此为生计，所以欣然应允。而军棍的执行人因为食于臀者经常出现在面前而心生憎恶，所以此次在执行时下手极狠。食于臀者没料到这次下棍如此凶狠，想想还是先忍着吧。等到受第二棍时，他觉得再也无法忍受了，便伸出五指示意刑吏，表示愿意用五缗钱贿赂他，拜托他下手轻点。但是刑吏却无动于衷，对其视而不见，反而下手更狠。因为他经常代人受刑，所以之前的经验告诉他，如果照此下去，等不到七棍结束他就会毙命于此。所以食于臀者果断伸出了双手的十指，表示愿意翻倍而打算用十缗钱来贿赂刑吏。刑吏会意后，下手便轻了许多，食于臀者最终逃过了一死。受刑完出来后，食于臀者遇人便说：“我今天才知道钱的管用，如果没钱的话我肯定必死无疑。”作者成大中用这个故事讽刺了食于臀者的愚蠢，因为他只知道十缗钱可以使自己免于一死，却不知正是因贪恋那区区五缗钱才让自己招来了祸患。

第二则故事的主人公我们姑且将其称作“代杖者”。按当时刑曹的规定，杖一百可用赎钱七缗收赎，那么代刑之人如果替人受罚，很可能也能拿到相同数额的钱。故事中的代杖者以此作为生计，在一个炎热的夏日，他两次替人受杖刑一百后，带着赚来的钱一瘸一拐地回到了家中。代杖者

① 《青城杂记》卷3，醒言，불기품。

的妻子看到丈夫再次拿钱给她而心生欢喜。代杖者却皱起眉头说："我今天挨了二百板子已经很难受，绝不能再做第三次了。"但是他的妻子却笑着说："你那暂时的疼痛却能换来家中多日的温饱，我和孩子们都很乐见。有钱赚就已经万幸了，夫君为何要拒绝呢?"代杖者的妻子以酒肉犒劳他。代杖者在醉酒后摸着自己的屁股笑着说："好的，我这就去。"因而他到官衙代受这一天的第三次刑杖，并当场死于杖下。因为此事，邻里百姓对代杖者的妻子有了很深的成见而极为排斥她，她为了维持生计而不得不去沿街乞讨，并死在了乞讨的路上。这则故事讽刺了因贪财丧命的人，作者成大中认为这足以引起世人的警醒。

上面的故事反映出朝鲜后期普通百姓谋生艰难的事实。故事中出现的座首或胥吏的规劝，本应受刑之人和代为受刑之人间的交易，行刑之人的默许，以及刑吏故意下手狠毒以敲诈代刑之人等情节，反映了当时吏治的腐败和衙内所盛行的潜规则。刑吏下重手时，代刑之人能立马会意并伸出手指暗示要贿赂的数额，可以看出其对潜规则的熟知。从上面的故事还能得知，当时代人受刑的现象可能有一定普遍性，不同刑罚都对应一定的市场价格，如杖一百的价格是七缗，七军棍的价格是五缗等，以及伸出一根手指即代表贿赂行刑人一缗等。

然而我们不禁要问，既然可以通过赎钱这一合法的渠道免受刑罚，那么为什么还有"食于臀者"的存在和替人受刑的非法市场呢？这有两种可能。第一种可能是每天处理大量案件的地方官在行使司法权时，有时会因犯人的身份或个人的喜好而不允许犯人用赎钱去代替刑罚，从而强制执行的情况。因为即使法典关于赎钱的规定，但具体个案中到底是行刑还是赎钱均取决于长官的意志。第二种可能是考虑到犯人交纳的赎钱都要上交国库而归属国家，从而无法进到地方官和刑吏的腰包，所以在地方官的默许下，寻找代刑之人行刑逐渐成了官衙各色人等的合谋。其中第二种可能更为合理。因为当时如没有官方的默许，受刑之人并非犯人本人的事实极易被发觉，在实践中就很难操作。那么，朝鲜时期的代刑就必然涉及代刑之人和官府各色人等之间的分成。也就是说，代受刑罚很可能已在当时成为一条产业链，其中涉及官府中的地方官、胥吏和行刑人，以及本应受刑之人和代为受刑之人，这些人员都参与到这一产业链中各取所需。本应受刑之人通过花钱而消灾，使他的钱流入官员、刑吏和代刑者的口袋中，而这些人都可将此灰色产业作为其收入的重要来源，官府中的各色人物将手中的“权力”变现，而“食于臀者”则将身体和受虐产生的疼痛变现，因而才出现了上文中靠代人受刑而勉强过活的穷人。

第六章

断　　狱

第一节　囚禁

朝鲜时期规定将杖刑以上的罪犯囚禁。有拘留权的官衙称作“直囚衙门”，中央有兵曹、本曹、汉城府、司宪府、承政院、掌隶院、宗簿寺，地方有各地的观察使和守令，[①]《续大典》又增加了备边司和捕盗厅。[②] 正祖二年（1778）前为十日一录囚，正祖二年（1778）后效仿唐宋之制改为五日一录囚。[③] 在囚禁犯人时，根据其性别、年龄和身份等各有不同的规定。

对于文武官及内侍、士族妇女、僧人等身份之人，要启奏国王后才能囚禁。如果这些身份之人犯有死罪，或者僧人犯有杀人、强盗、淫乱或伤人之罪，可以先行囚禁，之后再禀告国王。七十岁以上，十五岁以下之人，如果不是犯有强盗、杀人等重罪，则不予囚禁。[④] 世宗十二年（1430）国王下令，八十岁以上，十岁以下之人，即使犯有死罪，也不得囚禁和拷讯，而是举众证定罪。[⑤] 违避公事之人，可以让他的家奴代他囚禁，但代囚家奴不能超过三人，两天内须释放，释放后的三天内不得再次囚禁。[⑥] 而宗亲、仪宾等王亲国戚，以及官至显禄大夫、绥禄大夫、文衡[⑦]、辅国

---

① 《经国大典》，刑典，囚禁。

② 《续大典》，刑典，囚禁。

③ 《朝鲜王朝实录》，正祖实录卷6，2年9月28日。

④ 《经国大典》，刑典，囚禁。

⑤ 《增补文献备考》卷127，刑考1，刑制1。

⑥ 《经国大典》，刑典，囚禁。

⑦ 文衡：弘文馆大提学，正二品。

二相[①]等高位的官员，如只犯有轻罪，一律不入囹圄。[②] 朝官犯罪且应当囚禁者，应启奏国王后移囚义禁府。[③] 妇人犯罪的囚禁基本按《大明律》执行，除了犯奸和死罪应收监外，其余犯罪责令其丈夫看管，没有丈夫的犯妇责令有服亲属和邻里保管。[④]

正祖十四年（1790）规定，轻罪囚犯在释放后不得再度囚禁。特别是天气严寒而释放的囚犯，严禁再次拘禁。[⑤] 中央的司宪府和地方的观察使负责检查狱中的囚犯，如果囚犯在狱中死亡，汉城的囚犯由典狱署呈报刑曹，由刑曹移交汉城府加以检验。义禁府则可直接报告刑曹。地方的囚犯则由地方官移交相邻辖区的官员进行尸检。囚犯的死因及获得的治疗应由汉城府和各道观察使启奏国王。若地方官不能救恤而使众多囚犯在狱中死亡，将受到严惩。[⑥]

犯人在囚禁期间将佩戴狱具。依照不同罪行，所佩戴狱具种类和数量都不同。男性的死刑罪犯在囚禁期间佩戴枷、杻、锁足三种狱具，流刑及以下的犯人佩戴枷、杻两种狱具，杖刑的犯人戴枷。堂上官和士族妇女犯死罪时在狱中仅需锁项，堂下官和庶人妇女犯死罪时在狱中仅需锁项、锁足，杖刑则只锁项。拘捕妇人也与男子有异，一般犯人捉拿押行时要锁项，但堂上官和士族妇女除犯死罪外不必锁项。[⑦] 佩戴狱具是为了防止狱囚逃亡，但是狱具本身也可视作对犯人的惩罚。若狱囚应被囚禁而不收监，应佩戴狱具却不戴，或应不戴狱具却佩戴的话，均依《大明律》“囚应禁而不禁”条[⑧]处罚（见图 15）。

重罪外的囚犯在重病或亲人死亡时可以保放，亲丧时根据服制来确定保放期限，[⑨] 类似今日的保释制度。但保放制度在当时就有被滥用的风险：

---

① 辅国二相：议政府左右赞成，从一品。

② 《大典通编》，刑典，囚禁。

③ 《续大典》，刑典，囚禁。

④ 《大明律》，刑律，断狱，妇人犯罪；《典律通补》，刑典，囚禁。

⑤ 《受教定例》74，轻囚放释后不得还囚。

⑥ 《经国大典》，刑典，恤囚。

⑦ 《经国大典》，刑典，囚禁。

⑧ 《大明律》，刑律，断狱，囚应禁而不禁；《典律通补》，刑典，囚禁，注。

⑨ 《续大典》，刑典，恤囚。

图 15　差食于囚捕厅罪人（《刑政图帖》）

> 教曰："近来时囚之保放草记，甚烦数。未知病势之果如何，而就囚才二三日，则辄入草记而保放，亦关纪纲之一段。此后则各别申饬，若非病状甚重者，则无敢轻请保放，俾无如前之弊。"①

可见在 19 世纪初的朝鲜，许多囚犯滥用《续大典》的规定，他们入狱两三天便称病而要求保放。因而纯祖大王下旨，要求除重病囚犯外不得轻易保释。因病而保放的囚犯，如果在疾病痊愈后一般会再度囚禁，肃宗元年（1675）罪人鱼震成的保释就是如此。② 而囚犯下狱后的两三天便要求保释大概出于难以忍受狱中的恶劣条件。让我们来看当时朝鲜监狱的条件：

---

① 《朝鲜王朝实录》，纯宗实录卷 10，7 年 4 月 5 日。

② 《义禁府誊录》2，肃宗元年正月初五。

有男狱女狱（分设于东西圜，以峻墙，每间设凭支木，下铺板子，设板门，下大锁，开穴板壁，以通水火饮食及暑郁之气）。非其父母兄弟，不许隔壁见面，虽吏隶不许出入（女狱则尤为谨严，虽水火饮食，皆令阔门传给，不使杂处）。夏月，净洗枷杻，频扫牢狱；冬月，厚给藁席，墐涂孔隙。①

在高宗二年（1864）颁行的《六典条例》中，监狱根据性别分成男狱和女狱，并对监狱内的通气、饮食的供给、与亲属的会面制度、狱中的卫生及取暖条件等都做出了较为人性化的规定（见图16）。那再来看朝鲜世宗年间对监狱条件和相关设施的详细规定：

刑曹据典狱署呈启："囚人患病者，京居有扶护者，则买药救疗，贫寒无扶护，则朝夕供馈，尚且难继。请依东西活人院例，贫寒无扶护者，则令惠民局给药救疗。"从之，其它病囚，亦依此例。②

传旨刑曹：各官或不造犴狱，境内罪人，移系他官养狱，甚为有弊。虽已营构，或颇隘陋，罪囚群聚，每遇寒暑，生病致伤。自今各官无狱者、新构隘陋者改修，区别男女及轻重，罪囚所处，令其冬燠夏凉，以广钦恤之仁。③

议政府据刑曹呈启："凡中外之狱，筑高台，作凉狱三楹于其上，门壁皆用厚板，外壁置隙穴，使通风气。又作男狱四楹、女狱二楹，各分为轻重狱，并皆铺板，檐外四面设遮阳，令囚徒当热时，随宜坐卧，夜则还入狱锁钥。又作温狱，其男女轻重狱楹数，与凉狱同，皆筑土壁，其外四面植枨木五行，待其茂盛，作门开闭，未茂盛之前，姑设鹿角。如平安、咸吉道则土性不宜枨木，植其杂棘木。其两狱相距及四面墙垣相距广狭，随地之宜，要使囚徒不得逾越。以此图其形制，颁诸各道，使观察使按图量宜，渐次造筑。"从之。④

---

① 《六典条例》，刑典，典狱署，狱囚。
② 《朝鲜王朝实录》，世宗实录卷51，13年3月19日。
③ 《朝鲜王朝实录》，世宗实录卷57，14年7月11日。
④ 《朝鲜王朝实录》，世宗实录卷84，21年2月2日。

谕诸道监司："犴狱，所以囚系有罪，然不庇护，则或有横罹夭札者矣……其合行事件，又录于后。一，每年自四月至八月，新汲冷水，数数易置狱中。一，五月至七月，十日一次，从自愿浴身。一，每月一次，从自愿沐发。一，自十月至正月，厚铺藁草于狱内。一，沐浴时，官吏狱卒，亲自检察，以防其逃。"①

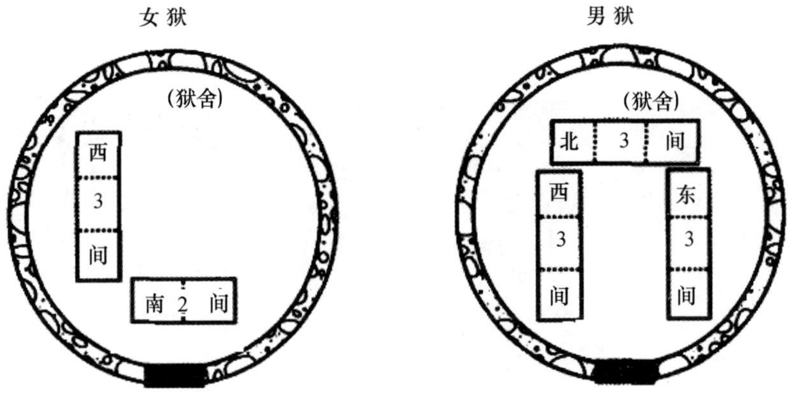

图 16　刑曹典狱署中的女狱和男狱②

由《朝鲜王朝实录》的记录可知，世宗时期制定了许多恤囚的措施。其中不仅有国王的传旨，还有刑曹的启奏，君臣间对监狱存在的问题有较多互动。而国王最为关注的就数囚犯在狱中染病的问题了，染病大概是由于监狱卫生条件或厉气蒸热所致。刑曹希望惠民局为患病的囚犯给予一定治疗，并得到国王的准允。当时的制度是将监狱分为男狱和女狱，然后又按罪行轻重细分为轻狱和重狱。不仅考虑了监狱的通风遮阳等，还根据季节的不同分为凉狱和温狱。监狱外加筑土墙，并在墙上种植带刺的植物，类似今日铁丝网的功能，以防止囚犯越狱。每年的四月到八月，监狱要供给新汲的凉水。每年五月到七月，在囚犯自愿的情况下，每十天可沐浴一

① 《朝鲜王朝实录》，世宗实录卷 121，30 年 8 月 25 日。

② 임재표，2001，《조선시대 인본주의 형사제도에 관한 연구》，단국대학교 대학원 박사학위논문，그림1，有所改动。从典狱署布局可看出狱舍按性别分为男狱和女狱，均呈圆形，狱门朝南，女狱有牢房 5 间，男狱有牢房 9 间。

次，每个月可洗头一次。每年农历的十月到正月，牢房内要铺上厚实的蒿草席。今天看来这样的制度设计虽不尽如人意，但在当时条件下，已经算作体恤囚犯的举措了。但实际上这种恤囚制度的执行力度却不易推测。正如世宗大王在传旨刑曹时所言“救恤条件，累降教旨，而司狱官视为文具，专不奉行”一样，即使国王有恤囚的美意，但实践过程中官吏不予执行的情况却极为普遍。我们通过19世纪的西洋传教士对朝鲜监狱的回忆便能略知一二（见图17—图18）。

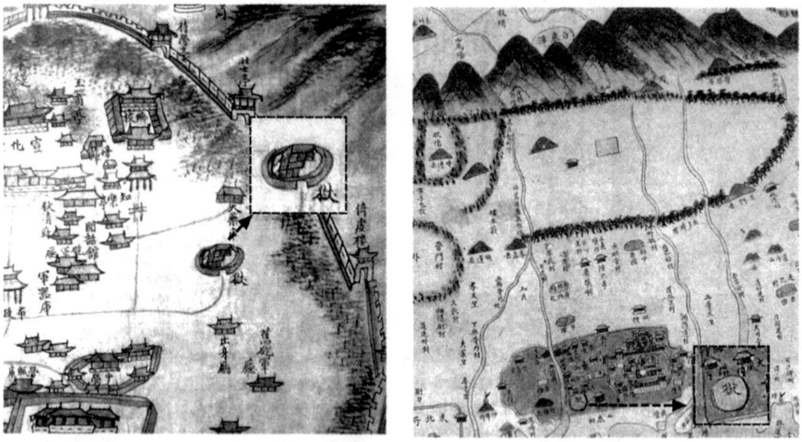

图17—图18 朝鲜衙内的圆形监狱（图17为咸镜道咸兴府监狱，图18为全罗道济州牧监狱）①

法国传教士里德尔（Félix Clair Ridel，1830—1884）1861年来到朝鲜传教。他在1877年再次入境朝鲜七个月后被官府逮捕，并在汉城的右捕盗厅监狱中共生活了128天。在他后来的著作中详细描述了19世纪后期朝鲜汉城地区监狱的情形，为我们了解朝鲜监狱的真实情况提供了不可多得的一手资料：

狱中的囚犯大致分为盗贼、欠债人和天主教士三类。盗贼在狱中

① 임재표，2001，《조선시대 인본주의 형사제도에 관한 연구》，단국대학교 대학원 박사학위논문，지도1、그림9.

> 的待遇是最为悲惨的，他们昼夜都戴着足枷，由于饥饿的原因，他们看上去就像皮包着骨头的尸体。他们在夜晚也不能随意睡觉，他们睡觉时如被狱卒发现就会遭到责打。他们快死的时候则会被关到停尸房里，死了后会被抬出牢房，放在堆满垃圾的地方焚烧。所以朝鲜的监狱如同地狱一般。每天只有早晚两顿牢饭，因为供给的量很少，所以不管谁被关进狱中，20 天后保准都瘦得像骸骨一样。……比盗贼待遇略好的是欠债之人和小偷，他们能得到外面父母亲朋的食物和钱，还能和他家人自由通信。……关押我的牢房与其他牢房无异，仅有一个很小的出口，这个出口到晚上会被上锁。牢房顶上是一个天窗，可以通风，还可以看到月光。牢房的墙壁上，里面的原木都已露了出来。①

同为法国传教士的 Marie - Nicolas - Antoine Daveluy（1818—1866）在朝鲜生活了多年，他最终在朝鲜殉教。其描述自己在朝鲜监狱的生活时这样说道：

> 牢房中挤满了人，以至于我们躺下都无法伸腿。比起整日被羁押的痛苦，刑讯的痛苦真不算什么。刑讯后的狱囚们流着血和脓水，浸透了铺在下面的草席，散发着一股腐败的气味。狱中染病的囚犯几天内殒命的情况很常见。而最大的痛苦莫过于饥渴。忍受拷讯后坚持活下来的犯人却常常死于口渴。牢饭是用拳头大小的铜碗盛着的小米饭，每天只提供一顿，使许多无法忍受饥饿的囚犯不得不咀嚼和吞咽垫在地上用来睡觉的草席。虽然说来有点吓人，但囚犯确实常常因饥饿而将狱中随处可见的虱子捉来往嘴里填。②

通过 Daveluy 主教对牢房“挤满了人，以至于躺下时都无法伸腿”的描述，可以想象当时朝鲜的牢房是何等狭窄。里德尔主教的描述中曾说，

---

① 펠릭스 클레르 리델 저, 유소연 역, 2008, 《나의 서울 감옥 생활 1878: 프랑스 선교사 리델의19 세기조선 체험기》, 살림출판사, 113—118 면.

② 转引自안길정, 2000,《관아 이야기》상권, 사계절, 236—237 면。

他所在的牢房中共有40余名囚犯，而朝鲜后期的牢房的面积大概是30多平方米，因此可推测平均每个囚犯获得的面积只有不足一平方米。在囚犯们都戴着木枷的情况下，犯人们当然会感到非常拥挤和不便，无法伸腿的现象也就不难理解了。由此可见，19世纪朝鲜的监狱绝非像世宗大王当时所设计的那样理想，其不仅没有温狱和凉狱之分，并且对犯人也不分罪行轻重而任意收监。世宗指出的狱内“或不洁净，因而生病”的现象在400多年后的朝鲜都未彻底得到改善，蚊子、臭虫、虱子、跳蚤等致病原一直困扰着囚徒们的生活。而正是因为监狱环境的恶劣，所以囚犯们做梦都想吃饱并早日出狱。这种渴望逐渐演变成释放出狱者为还留在狱中的囚犯施舍粮食的惯例。里德尔主教将之描述为“舍米仪式”：

> 有钱的囚犯在出狱时不得不施舍给可怜的盗贼们米粮。舍米的仪式在狱中就像是一场盛大的宴会。这一仪式由囚犯们按下面的步骤自主举行。首先将米放在台子上，施舍之人舀上一勺后，先献给靠近牢房的神主之像，然后将这勺米往停尸房（行刑室）窗棂的方向投去，并默念驱赶恶鬼的咒文。之后他大声喊道：“请让所有的囚犯在明天早上出狱。”然后其他的囚犯们随即大喊道：“不对不对，是今天晚上，是今天晚上！”主持舍米仪式的这一囚犯听到这话后当即大声宣布：“请一个不落地让所有囚犯在今天晚上出狱。”之后，所有的囚犯高兴地重复着这话并欢呼雀跃。①

犯人们因监狱条件的恶劣而产生出的尽快出狱的盼望，演化为这种固定的“仪式”，并成了朝鲜时期监狱亚文化的一部分。朝鲜后期思想家丁若镛在他的《牧民心书》中这样说道：

> 狱者，阳界之鬼府也。狱囚之苦，仁人之所宜察也。枷之施项，出于后世，非先王之法也。狱中讨索，覆盆之冤也。能察此冤，可谓明矣。疾痛之苦，虽安居燕寝，犹云不堪。况于犴狴之中乎？狱者，

---

① 펠릭스 클레르 리델 저, 유소연 역, 2008,《나의 서울 감옥 생활 1878：프랑스 선교사 리델의19 세기 조선 체험기》, 살림출판사, 154—155 면.

无邻之家也；囚者，不行之人也。一有冻馁，有死而已。狱囚之待出，如长夜之待晨，五苦之中，留滞其最也。[1]

茶山先生丁若镛将监狱视作阳界之中的地狱，他指出了狱中的许多不合理现象。他认为，给囚犯佩戴木枷并非先王之法，此乃第一苦；敲诈勒索遍布狱中，此乃第二苦；囚犯饱受疾病的折磨，此乃第三苦；监狱是没有邻右互助的地方，囚犯们又不能自由活动，常因饥寒交迫大量死亡，此乃第四苦；在狱中等待释放的日子如漫漫长夜，此乃第五苦。茶山先生将滞留狱中的第五苦视作最苦之事。

第二节　狱具与拷讯

朝鲜的狱具承袭《大明律》，有笞、杖、讯杖、枷、杻、铁索、镣七种。笞、杖的规格前文已做说明。笞杖以外，狱具中最常用到的就是“讯杖”了。朝鲜王朝的讯杖和《大明律》的规定存在较大区别。《大明律》规定，讯杖的大头径四分五厘（约 1.4 厘米），小头径三分五厘（约 1.1 厘米），长三尺五寸（约 105 厘米）。[2] 而朝鲜的讯杖不依《大明律》的规格执行。《经国大典》规定：“凡拷讯，讯杖长三尺三寸（约 99 厘米[3]），上一尺三寸（约 39 厘米）则圆径七分（约 2.1 厘米），下二尺（约 60 厘米）则广八分（约 2.4 厘米），厚二分（约 0.6 厘米），用营造尺。”[4] 其规格如图 19 所示。

由上图可知，朝鲜的讯杖与我国明代的讯杖在规格和形状上有明显区别。正祖三年（1778）又将讯杖的长度增加了二寸，从三尺三寸改为《大明律》的三尺五寸。[5]《六典条例》则又重新改为三尺三寸。[6] 讯杖击打的部位也与《大明律》的规定不同。明律规定应击打臀部和大腿，而朝鲜则在世宗时期规定如下：

---

① 《牧民心书》，刑典六条，恤囚。
② 《大明律直解》，狱且之图。
③ 厘米单位的换算为笔者加注，下同。
④ 《经国大典》，刑典，推断。
⑤ 《朝鲜王朝实录》，正祖实录卷 5，2 年 1 月 12 日。
⑥ 《六典条例》，刑典，刑曹，刑具。

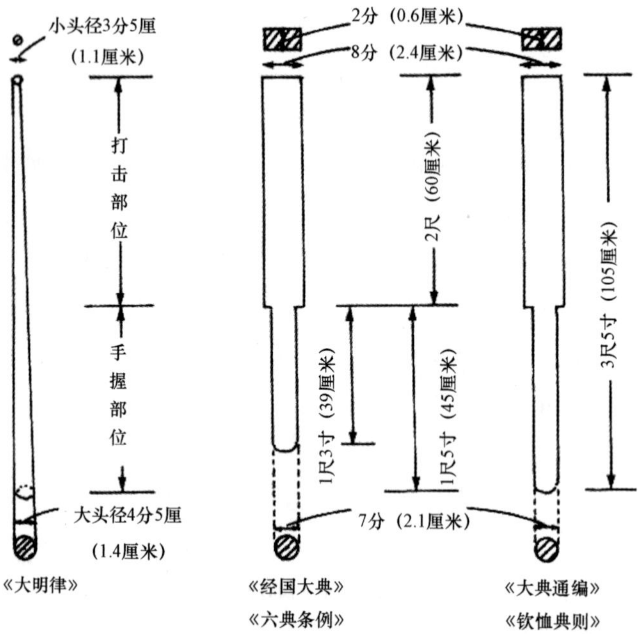

图 19 朝鲜王朝讯杖的规格①

> 议政府启："今年二月，本府受教，图画讯杖之状，颁诸中外，其图画杖头，正当膝下，暂不犯腿。然更参详，腿字之训，《玉篇》云：'胫也。'又云：'股也。胫，本曰股，辅下体者。'《资生经》云：'风市二穴，在膝下两筋间，立舒下两手，着腿。'其训义不分析。刑杖，人命所系，实为重事，深恐中外刑官或未灼知，而讯杖错下他处。乞令刑官更考颁行拷讯图，侧卧横打膝下，上不至膝上，下不至肷肋，以为恒式。"从之。②

上文中，议政府遵照国王旨意，将讯杖的形状画图后颁行全国。因为拷讯关系到人命而不可不慎，所以官方又详细考察了字典中"腿"字等汉字的释义，对讯杖的击打部位做了明确规定，可见朝鲜的刑讯是"侧卧横打膝下，上不至膝上，下不至肷肋"。《经国大典》又明文规定，"以

① 심희기, 1997,《한국법제사강의》, 삼영사, 226 면.

② 《朝鲜王朝实录》，世宗实录卷 87，21 年 10 月 17 日。

下端打膝下，不至肷肋，一次无过三十度”[①]。若刑讯则每天不能超过一次，若推鞫则每天不能超过两次。[②] 朝鲜时期讯杖时的犯人姿势也经历过一些变化。朝鲜初期的犯人受讯杖时是躺着执行的，而到朝鲜后期则变成让犯人坐在椅子上执行。执行时两名刑吏各有分工，后面的刑吏将犯人的两臂绑在后面，并夹上朱杖以做固定，然后一手紧握朱杖，一手紧紧抓住犯人的发髻，从而使犯人不能动弹，前面的刑吏则负责施刑。朝鲜后期讯杖的执行场景如图 20 所示。

图 20　刑推（金俊根《刑政风俗图》）

朝鲜后期，义禁府为了便于审理谋逆案和纲常案罪犯，又增加了“推鞫讯杖”和“三省讯杖”两种不同规格的讯杖。其规格在《续大典》中有明文规定：“凡推鞫讯杖，广九分（约 2.7 厘米），厚四分（约 1.2 厘米）；三省则广八分（约 2.4 厘米）[③]，厚三分（约 0.9 厘米）。用营造

---

① 《经国大典》，刑典，推断。

② 《续大典》，刑典，推断。

③ 《受教辑录》刑典，推断中规定此处为“广九分”，可见当时三省讯杖的广度与推鞫讯杖相同，后在《续大典》中改为“广八分”，与常规讯杖的广度相同。

尺。”① 可见这两种讯杖在击打犯人的一端，其广度和厚度上较常规讯杖“广八分（约 2.4 厘米）厚二分（约 0.6 厘米）”的规格均有显著增加，其形状和规格如图 21 所示。

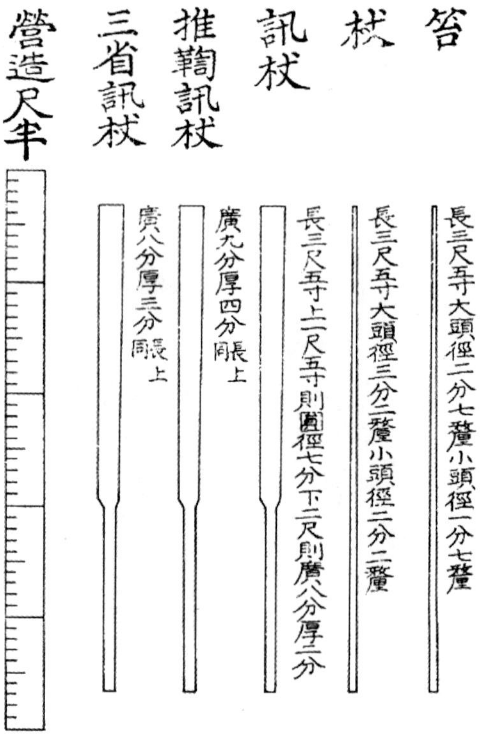

图 21 推鞫讯杖和三省讯杖的规格②

枷、杻、铁索、镣等则是用来拘束重罪犯人的狱具。“枷”佩戴在男性囚犯的颈部，其法定的规格是长五尺五寸（约 167 厘米），头阔一尺五寸（约 45 厘米）。死刑囚犯所戴的枷重二十五斤（约合 15 公斤），徒流刑囚犯所戴之枷重二十斤（约合 12 公斤），杖罪囚犯所戴之枷重十五斤（约合 9 公斤）。正祖二年（1778）后在长度和头阔不变的情况下，将枷

① 《续大典》，刑典，推断。

② 《钦恤典则》，刑具之图（转引自심희기，1997，《한국법제사강의》，삼영사，228 면）。

的重量有所降低，改为死刑囚犯所戴的枷重二十二斤（约合 13.2 公斤），徒流刑囚犯所戴之枷重十八斤（约合 10.8 公斤），杖罪囚犯所戴之枷重十四斤（约合 8.4 公斤）[①]，《六典条例》有明确记载。[②]

“杻”类似今天的手铐，戴于囚犯的手腕部位。只有男子犯死罪时才戴杻，男子流罪以下和妇人犯罪时不戴杻。《六典条例》规定，杻应“着在枷上，死罪着枷者，右手腕入杻后加钉。”[③] 英祖五年（1729）废除了杻的使用。杻的规格是厚一寸（约 3 厘米），长一尺六寸（约 48.5 厘米）。[④] 与杻相似的还有戴在脚腕上的“着锢”，类似脚镣。

“铁索”依佩戴的部位分为“项锁”和“足锁”。根据《大明律》规定，“铁索长一丈，以铁为之，犯轻罪人用”[⑤]。但朝鲜根据本国实际，在铁索长度和适用的犯罪类型上，与明律略有出入。《六典条例》规定，锁项铁索长四尺（约 1.2 米），锁足铁索长五尺（约 1.5 米）。[⑥] 议亲、功臣及堂上官、士族妇女等犯死罪时，只需用铁索锁项，堂下官、庶人妇女犯死罪时，须用铁索锁项、锁足，杖刑以上犯罪则锁项，关涉宗庙社稷的犯罪不在此限。凡捉拿和押送时需要用铁索锁项，但堂上官、士族妇女除犯死罪外可不被锁项。[⑦] 铁索比起木枷来，犯人承受的痛苦要小一些。这些规定依照犯人的身份和性别，对官员和妇女在佩戴狱具的种类及数量上都有所减轻。

“镣”也是朝鲜的常见狱具。朝鲜依《大明律》关于镣的规定[⑧]执行。镣长一丈（约 3 米），连环共重三斤（约合 1.8 公斤）。[⑨] 镣和铁索比较类似，是针对徒刑罪犯而设的狱具。为了防止犯人脱逃，犯人在服劳役时要佩戴镣，这加重了犯人的痛苦（见表 15）。

---

① 《朝鲜王朝实录》，正祖实录卷 5，2 年 1 月 12 日。

② 《六典条例》，刑典，刑曹，刑具。

③ 《六典条例》，刑典，刑曹，刑具。

④ 《六典条例》，刑典，刑曹，刑具。

⑤ 《大明律直解》，狱具之图。

⑥ 《六典条例》，刑典，刑曹，刑具。

⑦ 《经国大典》，刑典，囚禁。

⑧ 《大明律直解》，狱具之图。

⑨ 《六典条例》，刑典，刑曹，刑具。

表 15　　朝鲜王朝狱具的使用规范

狱具	死刑			徒流刑	杖刑	
	良人·贱人	议亲、功臣及堂上官、士族妇女	堂下官、庶人妇女	良人·贱人	良人·贱人	堂下官、庶人妇女
枷	○（15 公斤）	×	×	○（12 公斤）	○（9 公斤）	×
杻	○（男子）	×	×	×	×	×
项锁	×	○	○	×	×	○
足锁	○	×	○	×	×	×

但狱具中使用最多的还是笞、杖和讯杖。笞、杖和讯杖在执行时，即便其打击次数相同，也会因击打强度和部位的不同，而导致犯人受到的伤害有所差别，有时确实能危及生命。太宗四年（1404）的《朝鲜王朝实录》记载道：

> 自前朝，京有律学，外有法曹，凡有罪囚，职专检律，决断无差，近来法曹职废，刑物大小，取便制作，因笞杖而致死者颇多。愿今后，外方枷锁、笞、杖、杻，皆依律文制作，观察使考之，其不依律文制作者，罪其守令，着在令典。各官守令，或有不通律文，笞杖、讯杖、枷铁、索镣等之物，不依律文，断狱之时，昧于按律，应用笞而用杖，应用杖而用讯杖，应决臀而决腰，应决腿而鞭背，致伤人命者，亦有之矣。①

可见在朝鲜立国之初，因《大明律》刚刚在朝鲜半岛适用，使用存在一定的语言障碍而使朝鲜人“未易通晓”。又因政权刚刚交替而导致高丽的“法曹”之职被废，所以其法制上处于弃旧迎新之际。朝鲜初期的刑具制作随意而无定规，所使用刑具和打击部位均存在错误，因而导致很多犯人死于杖下。朝廷要求各级官员对“笞杖、讯杖、枷铁、索镣”等刑具必须遵照《大明律》制作和执行。而朝鲜历代国王对刑具的制作和

① 《朝鲜王朝实录》，世宗实录卷 8，4 年 10 月 28 日。

使用均有下旨：

> 传曰："刑曹、义禁府、汉城府笞杖差大，与校板不准，且校板孔，与律文分寸不同，先正校板可也。外方笞杖亦必不准于律文，其差人点检，且正校板，分送之。"仍传于司宪府曰："刑曹、义禁府、汉城府所用刑杖，准校板差大，其推劾以启。"时，上重于用刑，疑官吏残酷致有滥死者，虽一笞一杖，若以非法加之，皆以为滥刑，常赦不原。于是官吏等拱手相视，奸民无所惩矣。至于盗贼，皆强悍暴戾之徒，虽现有赃物，无由得其情矣。①
>
> 侍讲官金尚鲁所启："用刑自有其法，而近来外方用刑全不审慎，往往用法外之刑杖。如俗所谓圆杖，亦系法外，曾有禁令，而至今各邑皆用之如旧。"②

从上文可知，世祖大王和英祖大王都对刑具非常重视。世祖在位时，刑曹、义禁府、汉城府等中央司法衙门间所使用的笞杖规格仍相差较大，且都与校板的规格不同。而当时朝鲜即使是标准的校板，也与《大明律》规定的狱具规格存在一定偏差。因而国王要求先依照《大明律》条文校正朝鲜的校板，然后将笞杖的标准校板分送到各地，以方便朝鲜各地制作标准规格的刑具。在当时的史官笔下，世祖大王注重恤囚，所以对官员的滥刑极其敏感和苛刻，对滥刑的官员严惩不贷。使得大小官员因害怕受到惩处而丢官，所以不敢惩治奸猾的刁民。且盗贼原就是强暴之徒，在人赃并获的情况下却因害怕丢官而不敢刑讯，使得暴徒们有恃无恐而拒不招供。作为中华法系子法区的朝鲜同样对口供过度依赖，没有犯人口供就不能定罪量刑。因此可知，没有变通地依照律法执行，以及对官员要求的过度严苛，在当时反而不利于法治的实现。到 18 世纪英祖在位时，在于此前屡次颁布禁令的情况下，地方上仍然存在狱具不按律法执行的情况，可知朝鲜国王的法令有时不易被贯彻。在上文提及的"圆杖"，其形状如擀面杖一般，规格呈圆柱形，这和法定的扁形笞杖相比有明显差异，犯人在

---

① 《朝鲜王朝实录》，世祖实录卷 33，10 年 4 月 18 日。

② 《备边司誊录》10，106 册，英祖 16 年 4 月 16 日。

受刑时无疑会遭受更大的痛苦。

再让我们来看“棍杖”。棍杖也称作“军棍”，一般只限于军队使用。《大典通编》规定：“军务事及阙门阑入人外，毋得用棍。”① 可见棍杖仅限于军务和乱入宫门等少数情形。棍用柳木制成，按规格分为重棍、大棍、中棍、小棍和治盗棍五种，其长度、广度和厚薄均须用营造尺测量后刻于刑具之上（见图 22）。其具体规格在《朝鲜王朝实录》中有明确说明：

图 22 钟路结杖治盗棍打（《刑政图帖》）

重棍，长五尺八寸（176.9 厘米）、广五寸（15.3 厘米）、脊厚八分（2.4 厘米）。但治犯死罪者，臀腿分受。……行用大棍，长五尺六寸（170.8 厘米）、广四寸四分（13.4 厘米）、脊厚六分（1.8 厘米）。治犯罪者，臀腿分受。……行用中棍，长五尺四寸（164.7

① 《大典通编》，兵典，用刑。

> 厘米）、广四寸一分（12.5 厘米）、脊厚五分（1.5 厘米）。治犯罪者，臀腿分受。……行用小棍，长五尺一寸（155.6 厘米）、广四寸（12.2 厘米）、脊厚四分（1.2 厘米）。治犯罪者，臀腿分受。……治盗棍，长五尺七寸（173.9 厘米）、广五寸三分（16.2 厘米）、脊厚一寸（3.1 厘米），但治盗贼及关系边政、松政者，臀腿分受。……凡棍皆用柳木。凡刑具、重棍尺，皆用营造尺。[①]

由上文可知，治盗棍的整体规格最大，可见当时朝鲜官府对贼盗问题的重视。在规定各种棍杖规格的同时，官府还对有使用权限的衙门和官员作出详细规定。重棍只由二品以上相应官员适用于死罪犯人。大棍只由二品以上相应官员对犯人施用。中棍可由三品以下相应官员在军务中使用，治盗棍只能由二品以上相应官员、讨捕使和边地守令、边将使用，[②] 对棍杖的使用范围做出明确限制。除了规格和使用的衙门外，执行时的打击力度很重要，如《日省录》中正祖大王召见大臣时所言，“棍杖则不在大小，惟有大将之阔狭”[③]，但是打击的力度又无法被明确。因此通过制度规定和实际操作间的差距，也可看出当时制度设计的局限。

第三节　法外拷讯

朝鲜时期为了获得犯人的口供，在除了使用讯杖和棍杖等合法的拷讯手段外，还存在过多种法外的拷讯手段，其中朝鲜前期的法外拷讯较为严重。法外拷讯的手段有压膝刑、笞背刑、周牢刑、烙刑、乱杖刑、鹤舞、鼻孔入灰水等，其中最常使用的就数“压膝”和“周牢”两种拷讯手段。

压膝　压膝刑是让犯人跪在铺满砾石（或碎瓷片、瓦片、方斗、火炭）的地面或木板上，再将犯人膝盖的周围塞满石子儿，然后在犯人膝盖上放上木板或重石，使刑吏可以站在木板上踩踏，并如跷跷板一样左右碾压，从而使犯人承受剧烈痛苦的一种拷讯。还有一种类似的拷讯是让犯

---

① 《朝鲜王朝实录》，正祖实录卷 5，2 年 1 月 12 日。

② 《朝鲜王朝实录》，正祖实录卷 5，2 年 1 月 12 日；《大典通编》，兵典，用刑。

③ 《日省录》卷 57，正祖 1 年 12 月 16 日。

人呈坐姿而非跪姿，并将膝盖上放置木板等重物，刑吏可站在木板上踩踏以施加压力。压膝作为朝鲜长期合法存在的一种拷讯方式，不知其起于何时，但在高丽忠烈王时就已存在。太宗在位时对压膝的执行有过具体规定："压膝一次二人，二次四人，三次六人。其犯十恶、强盗、杀人外，毋得用此。"[①] 可见当时的压膝刑虽在《大明律》的法定刑之外，却也是被官方认可的拷讯方式。官府对压膝的具体执行作了明确限制，人数上一次仅限两人，在犯罪类型上仅局限于犯十恶、强盗和杀人罪的罪犯。但由于压膝刑的严酷，使许多受刑之人因无法忍受痛苦而屈打成招：

> 柳仲谭、召央，狱成当死。仲谭在狱中，书小简送于其奴曰："四次刑问，三次压膝，不忍其苦诬服，至于死地。将此意，击鼓以闻。"其奴持此简击鼓。[②]

案例中的主人公柳仲谭被指与自己的叔母通奸而被捉来拷问，他忍受不了讯杖和压膝的痛苦而被迫招供。狱中的他偷偷写信给自己的私奴，让自己的奴婢敲击申闻鼓以向国王鸣冤，这才使真相大白而保住了身家性命。又经历了二百年的漫长岁月，显宗六年（1665）时国王下令废除了压膝[③]，但法令的执行力度不佳。英祖元年（1725）国王移驾景宗陵时，有名叫李天海的军士跑到御驾跟前，他大声地指责英祖是在毒害兄长（先王景宗）后篡权即位的。听到这一凶言的英祖怒火中烧，因此对李天海施加了多达 24 次的压膝，并在当天处死了他。[④] 在事发次日，国王觉得昨日施加的压膝刑过于残忍而心生悔意，因而压膝作为一种拷讯方式在英祖元年（1725）被再次下令废除，[⑤] 并载入《续大典》中。[⑥] 国王决意废除压膝刑的缘由在当日的《朝鲜王朝实录》[⑦] 和《增补文献备考》中

① 《朝鲜王朝实录》，太宗实录卷 33，17 年 5 月 11 日。
② 《朝鲜王朝实录》，太宗实录卷 72，18 年 5 月 11 日。
③ 《新补受教辑录》，刑典，用刑（康熙乙巳承传），"永除压膝法"。
④ 《朝鲜王朝实录》，英祖实录卷 3，1 年 1 月 17 日。
⑤ 《朝鲜王朝实录》，英祖实录卷 3，1 年 1 月 18 日。
⑥ 《续大典》，刑典，推断，"除压膝刑"。
⑦ 《朝鲜王朝实录》，英祖实录卷 3，1 年 1 月 18 日。

均有明确说明：

> 压膝之法，无于律文，虽律文所载，若其已甚者，亦可除去，况无于律文者乎？刑问之法，亦非古者五刑之属，而此则大明律所载也。至于压膝，终非人主慎刑之意，此后则依除笞背法之例，永除压膝之法。①

可见国王废止压膝的原因是因为《大明律》无明文记载并且过于严酷（“已甚”），以至于和儒教慎刑的理念相去甚远。从此以后，压膝作为一种朝鲜时期常见的拷讯方式退出了历史舞台。

周牢　另一种常见的法外拷讯方式是“周牢”。周牢刑如图23—24所示，一般是指将犯人的两脚腕和两膝盖双双捆绑后，将两根朱杖（或两根绳子）插入小腿之间，然后像剪刀一样左右交叉劈开，使之成“X”状，从而使犯人承受剧烈痛苦的拷讯方式。一根朱杖在施压时，一只小腿

图23—图24　跪膝方斗（《刑政图帖》）、跪膝于瓦上（《刑政图帖》）

---

①《增补文献备考》卷134，刑考八，恤刑。

会上浮的同时另一只小腿则会下沉。而周牢刑是两只朱杖一同施压，因而犯人的两只小腿同时承受着来自上方和下方的压力，犯人因此痛苦万般，甚至有受刑时当即死亡的可能。即使受讯者其后被无罪释放，那周牢刑也已经对他造成了不可逆的伤害，会使受讯之人终生残疾。周牢在执行时至少有三名刑吏在场，他们各有分工。后面的刑吏将犯人的两臂和双手绑在后面，并用朱杖固定后，一手紧握朱杖，一手紧紧抓住犯人的发髻，使其不能动弹。然后前面的两名刑吏则一边一人对朱杖施压。以上情形是周牢刑中最典型的一种，称作“剪刀周牢”。此外，如果拷讯的工具是绳子而非朱杖，则将两根绳子分别绑在犯人的两只小腿上，执行的二名刑吏下蹲后，各自向外侧用力牵引，这种称之为“绳引周牢”。另外，朝鲜也有将手臂作为受刑部位的“臂周牢”，其基本原理和对小腿施压的剪刀周牢相似，是指让犯人呈跪姿后两手背在后面，用绳子将双手捆在一起。然后将两支朱杖（或两根绳子）分别插入犯人背于身后的上臂和另一侧肩胛骨之间，并使两支朱杖成“X”状，拷讯时和剪刀一样左右叉开，使犯人的上臂因被扭曲而承受巨大痛苦的拷讯方式（见图25—26）。

图25—图26　以绳引绝胫（《刑政图帖》）、在捕盗厅受周牢刑（金俊根《刑政风俗图》）

朝鲜的周牢刑或起源于我国历史上刑讯时常用的“夹棍”和“拶指”，传入朝鲜半岛后有了以上的变通。周牢刑主要针对谋逆等重罪犯人，以及捕盗厅刑讯贼盗时使用。朝鲜王朝开始适用周牢刑的时间应在17世纪，之前很可能并不使用这种拷讯方式。而“剪刀周牢”最终废除于英祖八年（1732）：

> 奏曰：“……捕厅有剪刀周牢之刑，极为酷毒。若施此刑，则虽冤枉之人，未有不诬服，宜永革也。”上曰：“予不知有此刑矣。分付两厅，使之革罢。”赵文命及金在鲁以为：“周牢之刑，不可全革，宜只革剪刀周牢也。”上从之。[①]

从中可知，周牢刑在英祖时可能未完全废除，只是废除了前文中用朱杖在小腿间像剪刀一般左右叉开的“剪刀周牢”。这一禁令在《续大典》中以条文的形式予以明确，“捕盗厅剪刀周牢之刑，严禁”。[②]

朝鲜时期的周牢刑不仅官府使用，还作为私刑在家庭暴力或家族成员间犯罪时出现（见图27）。在官方废除了剪刀周牢的五十多年后，在正祖十

图27 朝鲜王朝末期的周牢刑

① 《朝鲜王朝实录》，英祖实录卷3，1年1月18日。

② 《续大典》，刑典，滥刑。

一年（1787）的六月，平安道永柔县[1]居民朴载淑因自己的妻子咸氏与咸臣光通奸，而将妻子捆绑后对其施以周牢刑，导致妻子在四天后死亡。他的岳母通过击铮而向国王直接告发了他，他被国王判决三次刑讯后流放。[2] 又如正祖十三年（1789）年庆尚道昌宁县发生的案件中，土豪成应泽只因元风岳偷了自己的一个锅，就指使本邑的都将对其施加周牢刑，导致受害人元风岳在受刑后的第 16 天死亡。由此可见受周牢摧残的人死亡率很高，间接反映出了周牢的酷毒。可见刑讯的手段也会上行下效，即使在官方取缔后也还在民间作为私刑存在。在废除“剪刀周牢”百余年后的高宗三年（1866），朝鲜针对天主教徒的“丙寅迫害”中仍可以见到周牢的滥用，可知周牢作为一种拷讯方式，实际上一直延续到朝鲜末期。甚至在日据时期的朝鲜，亲日派朝鲜人仍对独立军执行过周牢。由此可见，周牢在当时的朝鲜社会已成为“惯习”的一种而有着很强的延续性，并非官府的一纸禁令就能轻易取缔的。

笞背 笞背指的是用笞对犯人背部乱打的一种刑讯，早在世宗十二年（1430）就被废除。笞背被废除的原因在于“人五脏之系，皆近于背，官吏拷掠之际，率多鞭背，颇伤人命”，因而“自今除笞背法，京外官吏，或有违者抵罪”。[3] 世宗大王废除笞背刑，应受到了唐太宗废除笞背刑的启发，而《增补文献备考》记载唐太宗废除笞背是因他受到了明堂图[4]的启发：

> 王曰：“昔汉文帝除肉刑，唐太宗观明堂图，谓人五脏系于背，遂除笞背法，我朝世宗亦除笞背，况压膝五刑所无乎？其永除之。”[5]

唐太宗的这一逸事见于唐代笔记小说《隋唐嘉话》和宋代文言逸事小说《唐语林》中。而世宗大王废除笞背刑的原因很可能是他当时刚好读了流传到朝鲜的《隋唐嘉话》或《唐语林》中记载的这一逸事，并认

---

① 永柔县：朝鲜时期古地名，在今朝鲜平安南道平城市一带。

② 《审理录》卷 18，永柔朴载淑之狱。

③ 《增补文献备考》卷 134，刑考八，恤刑。

④ 明堂图：类似于今天的针灸挂图，画有人体的穴位、经络。

⑤ 《朝鲜王朝实录》，英祖实录卷 127，附录，英祖大王行状。

为唐太宗的论断理由充分，朝鲜便随即仿效唐太宗而废除了笞背。以《唐语林》为例，其记载的说法与《增补文献备考》记载的观点很相似："太宗阅医方，见明堂图，人五脏之系，咸附于背。乃怆然曰：'今律杖笞背，奈何髀背分受？'乃诏不得笞背。"[①] 由此可见，中国的文学作品传至朝鲜半岛后，可能对朝鲜废除笞背刑产生了直接影响。这种法律与文学间的国际互动值得我们日后做更深入的探讨。

炮烙　与我国商纣王的炮烙刑略有不同，朝鲜的炮烙刑是当时的一种拷讯方式。炮烙是指用盛满石炭的火炉将烙铁烧红，用烙铁接触犯人身体的一种方式，施刑的部位一般是脚掌。烙刑虽在《大明律》的法定刑外，但却是被朝鲜官府认可的拷讯方式。世宗二十六年（1444）对奴婢滥用炮烙等私刑的情形有过禁止[②]，但朝鲜从世宗到正祖年间均有关于炮烙的历史记录。从中可知，烙刑在朝鲜适用过很长的一段时间。孝宗五年（1654），国王在亲鞫犯人时打算观看烙刑的拷讯，却被领议政郑太和制止：

上亲鞫自点之狱，罪人有将施烙刑者，领议政郑太和奏曰："炮烙者，纣之淫刑，后世人君无以此施人者。惟我国，于治逆时用之，然终非人君所宜临视者也。"上为之动容，入内以避之。[③]

关于朝鲜烙刑的起源，一般认为是朝鲜使臣韩明浍（1415—1487）赴大明朝贡时从大明学来的。肃宗五年（1679）的江都匿名书案中，有这样一段关于烙刑的记载：

肃宗五年，江都匿名书狱事时，欲加周创之刑，李元桢力争曰："鞫狱自有祖宗定制，而韩上党明浍，创设烙刑，至今流毒。今何可又创新法？"遂不得行。[④]

---

① 《唐语林》卷 2，政事下。
② 《增补文献备考》卷 134，刑考八，恤刑。
③ 《增补文献备考》卷 134，刑考八，恤刑。
④ 《增补文献备考》卷 134，刑考八，恤刑。

在李元桢的力争下，这一案件的当事人未被执行周牢。其所劝的理由是周牢刑并非祖宗定制，也就是它是未见于《大明律》的法外刑。从这一记载中可知，烙刑源自朝鲜赴大明的使臣韩明浍，其后烙刑之流毒一直延绵，此案发生时烙刑在朝鲜已有了几百年历史。作为刑讯谋逆等重罪犯人的烙刑，于英祖九年（1733）年被明令废止，① 并载于《续大典》中。②关于国王英祖废除烙刑的原因，一种说法是因他身体疼痛而接受过上百次的灸治，因而再也无法忍受灸治带来的火伤而终止了治疗。英祖大王通过自身的亲身体验而晓得了火伤的痛苦，所以他下令废除了烙刑。被废除后，烙刑也未迅速消失，而存在一定的延续性。

乱杖　乱杖指的是多人用杖殴打犯人的一种拷讯方式，其极易造成当事人在受讯时死亡。“朱杖撞问”是最典型的一种乱杖方式，是指将犯人置于中间，行刑的多人围绕在其周边，并对犯人一齐众杖的拷讯方式。乱杖虽于中宗六年（1511）被废除③，但并未得到有效执行。乱杖于英祖四十六年（1770）被再次下令废除④，并载入《大典通编》中。⑤ 废除乱杖的原因是朝臣李最中在国王英祖命读《文献备考》时发出的奏议：

> 上御夕讲。讲讫，命读《文献备考》，至刑考恤刑条，编辑堂上李最中曰：“我圣上嗣服之初，特除压烙两刑，可谓质尧舜而有辞，臣不胜钦仰。而近来亲问鞫囚，辄以朱杖乱撞胸胁，此实无于法者。今后则除之，俾垂好生之德。”教曰：“今因李最中之言，不觉感叹。撞之以杖，虽非烙刑之比，其酷滋甚，众杖齐撞，其若致命，何异乱杀？此后虽有命，执法之臣争之，执法之臣如或怯而勉承，耳目纠劾事，载于《备考》，亦于金吾，大书付之。噫！彼汉文唐宗，不过中主，而闻一善则不惜数百之金与数百之匹。此非他之比，有赏然后可表其直。李最中特赐熟马一匹于殿庭，使国人知予意焉。”⑥

---

① 《朝鲜王朝实录》，英祖实录卷 35，9 年 8 月 22 日。

② 《续大典》，刑典，推断，“除烙刑”。

③ 《增补文献备考》卷 134，刑考八，恤刑，“乱杖之刑，本非国法，自今禁之”。

④ 《增补文献备考》卷 134，刑考八，恤刑，“自今日京外乱杖之刑，一切除之”。

⑤ 《大典通编》，刑典，推断，“禁朱门撞问”“除乱杖刑”。

⑥ 《朝鲜王朝实录》，英祖实录卷 114，46 年 4 月 18 日。

这则记事体现了朝鲜上层在以儒治国理念下的君明臣贤。堂上官李最中先是肯定了国王英祖在即位之初废除压膝、炮烙二刑的政绩，并将其比作尧舜。然后话锋一转将自己的谏言抛出，希望国王废除乱杖之刑，得到了英祖的认同。其论据有二，一是与《大明律》不合，二是应废除酷刑以彰显好生之德，并通过律法（《大明律》）和义理（自然法）两方面加以论述。而国王也表示，如果以后自己在亲鞫时再下令乱杖，执法之臣可不必执行，并将其载入《文献备考》以备查阅。国王效仿汉文帝和唐太宗，认为有赏可促使众臣直谏，遂奖励进谏善言的李最中熟马一匹，以标榜自己从谏如流的明君治世（见图28）。

图28　禁府乱杖（《刑政图帖》）

鹤舞　鹤舞字面意思指受讯之人如仙鹤起舞一般，是指将当事人的双臂扭到背后绑在一起，另一绳子和捆绑处连接，并用力向上牵引的拷讯方式。犯人要在被隔空吊起的状态下同时承受刑吏用笞杖击打胫部的痛苦。因这一姿势极为痛苦，犯人忍不住会不停地挪动跳跃，犹如仙鹤起舞一般。鹤舞是非法的拷讯形式，但朝鲜时期的官衙中偶尔会使用（见图29）。

图29 使罪人鹤舞（《刑政图帖》）

鼻孔入灰水 “鼻孔入灰水”是指将受刑之人倒挂后，将灰水倒入其鼻孔中的一种拷问方法。一般是有权势的士族对自家奴婢实施的一种拷讯。因为灰水具有强碱性，会使鼻中黏膜融解，因而使得受刑之人异常痛苦，英祖时被明文禁止。[①]（见图30）

颜被纸洒水而杀 “颜被纸洒水而杀”类似我国古代的“贴加官”（见图31），是朝鲜时期的一种刑讯方式，可能由我国传入，是指将预备好的纸盖在犯人脸上，刑吏嘴里含着一口水，使劲一喷，纸受潮发软后便贴在犯人脸上，使其呼吸困难。若犯人拒不招供，便可一张接一张地用上述方法贴到脸上，当事人最终可能会窒息死亡。

---

① 《刑典事目》，滥刑禁止。

图 30　鼻孔入灰水（《刑政图帖》）

图 31　颜被纸洒水而杀（《刑政图帖》）

第四节　《无冤录》在朝鲜

在世界法医学史上，我国是最早在法医学领域高度发达的国家，其理性的光辉辐射周边各国。早在高丽时期并至迟在 1059 年，我国的法医学著作《疑狱集》就已传至朝鲜半岛。[1] 照此推断，成书于宋代的《洗冤录》《平冤录》《结案程式》等法医学著作也有可能流传到了朝鲜半岛。元代《至正条格》中已有在法医检验中应用此类著作的案例。由此推断，同一时期的《无冤录》可能在元代就已传入朝鲜半岛。明代以后，我国于洪武十七年（1384）刊行了增补版的《无冤录》，这一版本传入了朝鲜半岛并开始应用于朝鲜的尸检。但因《无冤录》内容较难，用语生疏，朝鲜一时还不能完全吸收。

比起宋慈的《洗冤集录》来，《无冤录》在朝鲜历史上影响更为深远。《无冤录》是我国著名法医学家王与（1261—1346）所著，成书于1308年。这一著作刊行百余年后，在朝鲜世宗十七年（1435），始有大臣建议将《无冤录》作为法医检验的指针书，并主张将其作为吏科和律科的考试科目，使朝臣们都能通晓和应用。但因为《无冤录》对于朝鲜人来说艰涩难懂，应用起来多有不便，所以世宗下令编纂朝鲜版本的《无冤录》，这就是成书于世宗二十年（1438）的《新注无冤录》。其成书背景在《新注无冤录》序文中尽已言明：

> 元朝东瓯王氏，增损洗冤平冤二录，编辑是书，以传于世，盖欲使天下无冤民也。然文颇艰深，人未能尽解，以致检覆难明，疑狱尚繁，良可叹已。恭惟我主上殿下，以好生之德，行不忍之政，轸念赤子或陷于非辜，乃命吏曹参议臣崔致云、判承文院事臣李世衡、艺文馆直提学臣卞孝文、承文院校理臣金滉等，俾着音注。……于是，参授本文，搏考他书，事穷波源，字究窠穴，详加注释，并附音训……[2]

在世宗的授意下，崔致云等朝鲜官员以我国1384年刊行的《无冤录》为底本加以音注，并参考《洗冤录》《平冤录》等书而加以注释，实现了音训并记，从而完成了朝鲜版的《新注无冤录》。世宗于次年（1439）命江原道观察使俞孝通负责印刷《新注无冤录》，并使之传播于朝鲜全境。俞孝通

① 《高丽史》卷8，世家8，文宗13年5月，“安西都护府使都官员外郎异善贞等，进《新雕肘后方》七十三板，《疑狱集》一十一板”。

② 《新注无冤录》，序文。

受命后即刻选派合适的工匠，在原州着手刊印此书。不久俞孝通调入集贤殿，江原道观察使由崔万里接任。在崔万里任上，《新注无冤录》的初刊本于世宗二十二年（1440）面世。

《新注无冤录》面世后就成为朝鲜其后三百五十年间法医学理论的基本指南。《新注无冤录》后来又流传到日本，成为日本《无冤录述》《检使辨疑》等著作的母本，对日本传统时期的法医检验影响深远。肃宗二十六年（1700），济州牧使启奏国王，请得《大典续录》《无冤录》等律文：

> 济州牧使驰状备局，请得《大典续录》《无冤录》律文等书，领议政徐文重请令有册板处印送，仍言："济州，乃兵火所不及之地，公私书籍，自古藏置，而中废不行。自今每于书册印出时，自校书馆印送一件，藏置之似宜。"上可之。①

从上文中将《无冤录》视作"律文"的记录可以看出，《无冤录》在朝鲜时期不仅被视作尸检时的参考书，而且是近乎某种有强制力的法规。但《新注无冤录》在应用过程中有许多于朝鲜国情不合之处，因此在英祖二十四年（1748），国王又命具允明等人对《新注无冤录》加以增补，对难以理解的用语进行解释和说明，编成了《增修无冤录》的旧本。旧本依然由于过于简洁的汉文文言，使得朝鲜的官吏不易理解和应用，因此具允明又在律学教授金就夏的帮助下，对《无冤录》再次增修并编成了《增修无冤录》的新本。正祖十四年（1790），国王又命刑曹判书徐有邻主持对《增修无冤录》进行校刊和考证，校书馆于正祖二十年（1796）刊行了《增修无冤录大全》，后又对《增修无冤录大全》增加了必要的注释和谚文助词，于同年（1796）刊行了《增修无冤录谚解》三卷两册。《增修无冤录谚解》一直刊行到朝鲜末期的光武年间（20 世纪初），并在朝鲜王朝最后一件命案中仍作为尸体检验的基本指南。

下面让我们来看朝鲜时期编纂完成的《新注无冤录》《增修无冤录》《增修无冤录大全》和《增修无冤录谚解》间的区别。《新注无冤录》是在对《无冤录》注解的基础上编纂而成的，因而仅仅是对《无冤录》原

---

① 《朝鲜王朝实录》，肃宗实录卷 34，26 年 2 月 17 日。

著中难解的词语增加注释，并加入了朝鲜王朝三位官员的序文和跋文，因而维持了《无冤录》原作的体系和内容。原著的各类案例中出现的中国官制、行政区域的名称，与命案相关的人名，以及作者王与的个人见解等庞大复杂的体系均在《新注无冤录》中被承袭，其中的许多内容与朝鲜的具体国情不太相符。而《增修无冤录》则将原著各类案例中出现的中国官职名称、人名和作者王与的个人见解基本删除后，只保留了官员在检验尸身的过程中最常用到的核心内容。在叙述体系上，王与的原著将“检覆总说”放到了下卷的卷首，而《增修无冤录》中则将总说提到了上卷的卷首，并在编纂中参考了我国宋代的《洗冤录》《平冤录》《结案程式》等著作，使《增修无冤录》在校正的过程中较原作有了大幅度的改进，使之具备了更为科学系统的新面貌。而在之后刊印的《增修无冤录大全》和《增修无冤录谚解》，其与《增修无冤录》的结构基本相似，只是为了让《无冤录》在使用过程中更为方便，更合乎朝鲜的实际情况而已。

除了《无冤录》相关的注解类著述外，朝鲜后期还出现了不少的法医学著述。比如与检验有关的律书《百宪总要》，集中国和朝鲜人命案件判例于一身的《钦钦新书》，以及地方官在检验过程中不断总结经验而写成的《可考》《平洗录》《慎书》《检状》《已录启》《检要》《检考》等。《慎书》分为两卷，记录了朝鲜各地发生的殴打致死案共 53 件。《检考》编纂于 19 世纪前期，内容是朝鲜地方官对尸检方法和检验文案写作方法的整理。在记录 18 世纪后期命案的《秋官志》和《审理录》中，也有许多和检验相关的内容。另外，首尔大学奎章阁藏有 596 件“检案”类资料。检案是“检尸文案”的简称，这些检案资料的发生年代大多集中在 19 世纪末 20 世纪初（1897—1906 年），其中朝鲜现存最早的检尸文案原件是发生于 1839 年的一起命案。

第五节 检验

每当发生死亡案件时，朝鲜官府获得消息的途径主要有尸亲①的告

① 《无冤录》中将死者的亲属称为血属、尸亲、苦主等，并不统一。“宋谓死者之亲曰血属，元曰尸亲，又曰苦主。”（《新注无冤录》卷上，格例 4，死无亲属许邻右地主方正申官，注）苦主较尸亲较为负面，因此朝鲜学者将死者的亲属统称为“尸亲”。

官、里长（类似于村长）代为申告、官衙的刑吏或风宪[1]对消息的听闻等，其中尸亲的告官占绝大多数。如果死者没有尸亲，或者尸亲在很远的地方而无法获知，则由当地的里正或面任代为申告。当时在检验时，相关之人将被控制以配合调查，而调查过程中胥吏榨取钱财的现象非常普遍，会使得整个村庄和尸亲的家庭都得不到安宁，所以当时的做法多是村民将本村的命案加以隐瞒，并极力促使加害者和被害者家庭间的私了与和解。

朝鲜时期检验的责任主体可按照地点和尸检的阶段划分，按地点分为国都和地方，尸检阶段分为初检、复检和三检。初检时，汉城由各部[2]的部长负责检验，地方上则由府、牧、郡、县的守令负责检验。也就是说，初检的主要责任人是各地的地方官和汉城各部的部长，而非胥吏或仵作。复检时，国都发生的命案由汉城府的郎官直接负责检验[3]，地方上则由地方官向临近区域的行政长官发送公文后，由临近区域的行政长官负责检验。三检时，地方上由每个道的观察使指派道内命案发生地相邻辖区的地方官检验，而汉城的命案则由刑曹的郎官负责检验。

根据《增修无冤录谚解》的记载，朝鲜时期检验的参与人有司吏、干犯人、干证人、切邻人、正犯人、主首人、尸亲、仵作、行人、医律等。[4] 朝鲜在用谚文注解《无冤录》时，根据朝鲜的实际和语言习惯将“司吏”解释为“衙前”，将“干犯人”解释为“与狱事相关的有罪之人”，将“干证人”解释为“了解本案之人”，将“切邻人”解释为“比邻而居之人”（且干证与切邻之人总计不超过五人），将“正犯人”解释为“杀人之原犯”，将“主首人”解释为“死者所在地的洞任”，将“尸亲”解释为“死亡之人的亲属及发状之人”，将“仵作”解释为“本国的锁匠类”,[5] 将“行人”解释为“本国的使令类”,[6] 将“医律”解释为“国都的医员

---

① 风宪：朝鲜时期在留乡所中负责面、里等基层事务之人。

② 汉城府将首都的行政区域分为东、西、南、北、中五部。

③ 《朝鲜王朝实录》，世宗实录卷之一 12，28 年 5 月 15 日，“议政府据刑曹呈启：‘……五部初检后检尸状，直报本曹。又汉城府复检，以其状移本曹。详覆司专掌初复检状内同异，相考施行。’”。

④ 《增修无冤录谚解》卷之一，检尸场听候人吏等。

⑤ 锁匠类是“狱锁匠”的简称，指朝鲜的狱卒类。

⑥ 使令类指的是朝鲜各级官衙中听候使唤和吩咐的跑腿打杂之人。

和律官（称作“首领官”），地方的医生和律生”。[1] 当时负责检验的官员在去检验的现场时，官衙中的刑吏、医律、仵作和行人等要随行并提供必要的协助。到达命案现场后，尸亲与正犯、干犯、被告（犯罪嫌疑人）、目击者等该命案有关人员，以及命案发生地的里长、面长、切邻等当地代表人士和邻右等要一同参与检验。朝鲜时期在尸体检验时，除了尸亲有意不参与，或者因距离遥远而不便参与等情形外[2]，原则上均要求尸亲直接参与检验。

朝鲜时期的命案一般以三检为原则。但如果复检后上呈给观察使或刑曹的检验结果与初检时的结果一致，那么一般不需要三检，而是将尸体交由尸亲掩埋。但如果即使三检以后还存在疑问的话，还可以进行四检和五检。初检官在检验完毕后，为了防止尸体腐烂，会迅速委托临近区域的地方官复检，初检官与复检官之间相互回避。通过《增修无冤录谚解》可以得知，检验官在复检时存在诸多弊端：

> 复检官或恐前官怨恨，不敢异同；或因犯者富豪，不肯开释；或观望上官之批语，以为从违；或描写向来之成案，以完己事。倘有毫发冤情，其罪重于初审。[3]

从中可知，复检时的检验官会有畏惧嫌疑人背后的地方豪强等靠山，顾忌观察使等上级官员对初检检尸文案的题词，并唯恐因与初检结果不一致而招致初检官的怨恨因而照抄初检记录等许多弊端。为什么在复检时会产生照抄初检记录等许多的弊端呢？这是因为如果初检和复检结果一致的话，观察使可以将复检作为最终结果而报告上级，但如果初检和复检结果间存在差异，观察使则必须指派三检官对尸体再度进行检验，从而会使尸检过程变得过于漫长和复杂。不仅如此，最后经刑曹奏请国王裁定时，很有可能会问责到底是因哪一阶段的哪个环节出了问题而导致尸检结果不一

---

① 《增修无冤录谚解》卷之一，检覆，检尸场听候人吏等。

② 《新注无冤录》卷上，格例17，初复检验关文式，本注：“……尸亲见在某处住坐，或已令人取唤未到除外。”

③ 《增修无冤录谚解》卷之一，检覆，应用法物（引用时省略了谚文的语尾、助词，下同）。

致，所以复检官一般会尽量让复检和初检的结果保持基本一致。

如果复检结果中对自杀或他杀的判定、对主犯、从犯和干犯的认定等重要内容与初检结果存在明显差异的话，那么观察使就会指派本道内其他辖区的守令或者观察使直属监营的捕盗大将[①]（或从事官[②]）作为三检官，从而对尸体再度进行检验，特殊情况下观察使本人也会亲自到现场对尸体三检。

朝鲜对尸体的检验过程基本按照《无冤录》中“初复检验关文式”[③]的流程进行。第一步是接手案件并启程出发。此时要记录出发的时间、随行的胥吏和仵作的姓名，尸体的地理位置与距离等。第二步是在到达停尸地点后，让主首和里正将案件的邻右、尸亲、行凶人、应合证验之人等召集过来，尸亲原则上必须到场。《新注无冤录》根据朝鲜实际加以注释曰，“如果没有尸亲或尸亲不能到场，则由参与检验的数名证人各自加以保证（状结）后照常进行检验。这主要是考虑到如果一直等待尸亲前来，尸体恐有腐败的可能”[④]。第三步是检验官亲自监督仵作等人对尸体加以检验，检到伤损时一一比照尸帐后标记出来。要先对命案的现场加以描述，然后再具体叙述尸体的状态。第四步是在检验完成后，检验官在结罪文状上署押，并责令尸亲、邻右、主首、行凶人、医工、应合证验人等分别执结文状以保证属实，并将所填三幅尸帐中的一幅交给尸亲。[⑤] 里长或面长在检验完成后，为了迎接复检而有保管尸体和犯罪现场的责任。复检和初检的流程相同。因此朝鲜时期的检验流程可概括为：（1）接手案件—（2）起程到达现场—（3）对命案现场的描述—（4）对尸体的描述—（5）尸检参与人执结文状—（6）制作尸帐与保管尸体—（7）复

---

① 捕盗大将：朝鲜时期维持首都和京畿道治安的捕盗厅的长官，左捕盗厅、右捕盗厅各设一名，从二品武官。

② 从事官：朝鲜时期各军营中辅佐主将的从六品官职。

③ 《新注无冤录》卷上，格例17，初复检验关文式。初复检验关文式是我国元代检验制度的创造。

④ 《新注无冤录》卷上，格例17，初复检验关文式，本注：“如无尸亲则云，为不见尸亲到来，及有应合证验人数，责得各人状结。……若候尸亲到来证验，恐致尸首发变。”

⑤ 《新注无冤录》根据朝鲜实情加以注释，以说明如果在没有尸亲的情况下，将其中一本尸帐交予申告之人。（《新注无冤录》卷上，格例17，初复检验关文式，本注：“如无尸亲，云并给付告主。”）

检几个步骤，其检验流程与我国元代相似。

完成检验后，朝鲜的检验官们会将检验的结果按照《无冤录》中“初复检验关文式”这一公文格式来记载案件的概要、对犯人和相关人员的调查内容以及检验官的跋词，并与检尸状式一并呈送给观察使，这些上呈的材料就称为“检案”，全称为“检验文案”。成书于19世纪前期的《检考》在“检案次第”中将检验文案的构成分为八个部分，共由（1）初招（首次审问）—（2）先随参（记录案件相关者）—（3）脉录（记录尸体的状态）—（4）守直校卒侤音（得到守直校卒对尸检过程是在应问各人的参与下实施这一事实的保证）—（5）更推（二次审问）—（6）三推（三次审问）—（7）面质（对质审问）—(8）跋辞（检验官的最终论断）构成。[①] 其中检验官的跋辞是最重要的部分，它包括创伤的部位、形状、大小和数量，案件当事人供述的分析及其对主犯的判定，对相关当事人之陈述是否符合犯罪现场的论断，对犯人及知情人等相关人员的讯问过程，案件的经过，犯人的罪名与主犯或从犯判断的依据，证物的处理，以及可适用的律条等，检验官基本按照《无冤录》规定的内容加以论述。在论述案件应适用的法律条文时，检验官一般情况下不仅会援引《大明律》的条文，还会引用中国经史典籍中的观点和故事，以及朝鲜先前发生的类似案件的判决等，使跋辞中的论断更加符合儒教的伦理框架，这样便更容易在国王裁决和朝臣讨论时获得良好的评价。观察使在阅览检验文案后会上报刑曹。刑曹的详覆司专管死罪的复审和尸检等事务，检案经过刑曹的最终审核后上奏国王，由国王根据检验的内容、观察使的题词以及刑曹的意见而做出最终判决。与此同时，观察使也有直接向国王启奏命案的权限，称作“启本”或“录启”。

而需要着重讨论的是“检尸状式”（即“尸帐”）在朝鲜的应用。检尸状式作为朝鲜检验文案中的重要部分，是在15世纪时与《新注无冤录》几乎同时刊行的另一检验资料，相当于现在的尸检报告。朝鲜的检尸状式承袭于《无冤录》的“尸帐式”和“尸帐例”，而无冤录中所载的“尸帐式”则是以我国在大德八年（1304）颁行的“检尸法式”为底本制成的。世宗二十一年（1439）二月，国王“命汉城府，刊行检尸状

① 《检考》，检案次第。

式。又传旨各道观察使及济州安抚使，‘刊板摸印，颁诸道内各官’”①。可见，在刊行检尸状式时，正是《新注无冤录》编纂完成并即将刊印之际。那么为何在这时要一并刊行《检尸状式》呢？崔万里在《新注无冤录》的跋文中给出了答案：

夫无冤录，真司狱者指南也。若检复一失，则虽使皋陶治之，必未得其要领，刑狱之差，皆由于此。恭惟我殿下深念与兹，爰命文臣等，将古注无冤录，更详训释，又抽出检尸格例与法式，别为表。然后开卷，了然如示诸掌……②

跋文中所说的“别为表”就是指的检尸状式，它是以“表”的形式颁行的。因为每次尸检时都要填写尸帐，所以检尸状式会非常频繁地用到，因此有必要单独发行。世宗二十八年（1446）时，国王又命令把检尸状式分置于汉城府及所辖的京城五部。③ 检尸状式是在尸检的现场当场填写完成的，依照《新注无冤录》的记载，朝鲜的检尸状式由以下几部分构成。第一，对案件发生地点与检验时间、死者姓名、致命根因的简要说明。第二，对尸体仰合两面各个部位的详细描述。第三，须有全体参与检验人员的署名及其对检验真实性的书面保证（“保结是实”）和检验官的姓名、署押。④ 朝鲜后期编纂的《增修无冤录谚解》中，又将检尸状式分成“尸形图”和“格目”两大部分。⑤ 图32—图33便是《增修无冤录谚解》中的“尸形图”，用谚文制成，尸身仰合两面各身体部位共有75项需要记录的地方。而“格目”指的是其余所填的信息和署名等其他内容。三张检尸状式都填写完后，一幅给付死者的亲属，一幅粘连进入案件的卷宗，一幅粘连申呈于直属上司⑥，这样尸帐就算完成了。首尔大学奎

① 《朝鲜王朝实录》，世宗实录卷84，21年2月6日。

② 《新注无冤录》，跋文。

③ 《朝鲜王朝实录》，世宗实录卷之一12，28年5月15日，“汉城府及各部分送，明白置簿”。

④ 《新注无冤录》卷上，格例1，尸帐式。

⑤ 《增修无冤录谚解》卷之一，检覆，尸帐式，“（增）尸帐，先具尸形图，次具格目”。

⑥ 《新注无冤录》卷上，格例1，尸帐例。

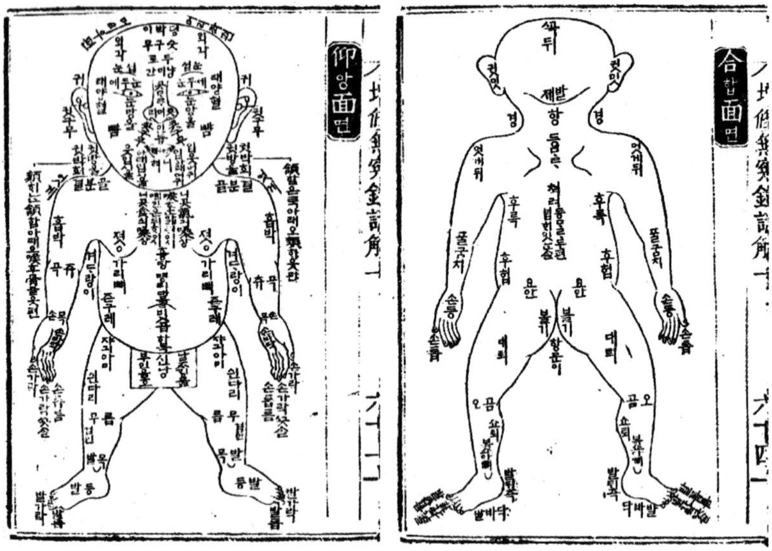

图 32—图 33 《增修无冤录谚解》中的尸形图（左为仰面，右为合面）①

章阁收藏的朝鲜末期的尸帐中除了有“尸形图”和“格目”外，还包括有勘合、对凶器形状的临摹以及附笺等，在此不再详述。

另外，朝鲜时代对妇人尸体的检验持较为谨慎的态度。特别是在朝鲜后期，官府明确限制检验士族妇女的尸身。英祖大王又明文禁止了对遭受连坐而在流放地死亡的士族妇女尸身的检验。② 正祖年间编写的《大典通编》中明确规定“正杂职人妻、士族妇女，犯杀人，虽正法，勿为检验”③。自此以后，朝鲜明确禁止了对官员妻子和士族妇女正法后的尸检。

第六节　1878 年里德尔主教的汉城监狱生活（案例 4）

里德尔主教是天主教朝鲜教区的第六任教区长，他的汉文名字叫

---

① 《增修无冤录谚解》卷一，检覆，尸帐式。

② 《朝鲜王朝实录》，英祖实录卷 77，28 年 6 月 17 日，“士族妇人，虽名编徒流案，物故后勿为检验事，载之受教”。

③ 《大典通编》，刑典，检验。

“李福明”。他在1860年7月被任命为朝鲜宣教士后奔赴朝鲜，于1861年到达朝鲜半岛。开始时他在忠清道公州一带从事传教活动，当时的朝鲜统治者因看到英法联军攻克了北京而心生恐惧，所以曾一度默认了西方传教士在朝鲜的活动。里德尔主教在1866年朝鲜迫害天主教徒（史称“丙寅洋扰”）时幸存下来，并逃到了当时大清国的山东芝罘。他在1869年被任命为天主教朝鲜教区的第六任教区长，在1870年到达罗马，并于1871年返回上海等地，在我国滞留期间他专注于《韩法字典》和教理书籍的编纂工作。他于1877年再次进入朝鲜，在入境后仅仅七个月后即被逮捕，他被关押在汉城的捕盗厅监狱内，被释放后进入我国东北地区，之后前往日本完成了《韩法字典》和《韩语文典》并出版发行。之后他因患中风曾到香港接受治疗，但效果并不理想，54岁时在法国的家乡病逝。

他于1878年1月28日被捕，在法国驻北京公使的交涉和大清国的协助下，于当年6月5日获释并被驱逐出境，7月12日他离开朝鲜到达我国东北地区，在汉城的监狱中一共生活了四个多月。他将自己在汉城的监狱生活写成了名为《我的汉城监狱生活1878》的回忆录，此书的法文版曾在1901年公开发行。

他以西方传教士的视角来观察作为异文化和“他者”的朝鲜和当时朝鲜的刑狱，为我们了解19世纪朝鲜真实的司法和监狱生活提供了不可多得的资料。在他的回忆录中，曾记载了狱中绞杀犯人的场景：

> 5月3日，狱卒们打开了尸房的门，在那里把带套的绳子塞进去，将绳子的末端置于门外。据约翰老人①说，这是要绞死犯人的信号。那么这会是谁呢？无法知道是谁，但狱中的每个犯人都认为可能会是自己。过了一会儿，所有牢房的门都被关了，这时正是狱囚们吃晚饭的时间，狱卒闯进关盗贼的那间牢房跟某个犯人喊道：“出来，跟我去受绞首刑。”这话犹如晴天霹雳，虽然这种死刑的执行方式已经再熟悉不过了，犯人们听到后还是目瞪口呆，可缓解饥饿的饭粒到了嘴边，却因惊

① 约翰老人：崔智爀（1809—1878），教名约翰，生于忠清道公州，朝鲜时期的天主教徒。他是里德尔主教的至交，曾在大清国协助主教编撰《韩法字典》，里德尔主教出狱后他仍滞留狱中，并于1878年7月以70岁的高龄死于狱中。

恐而无法下咽。那个可怜之人被拉了起来，拖着进了尸房。在那里，狱卒们给受刑人的脖颈上套后从尸房里出来，并锁上了房门。接着，四名狱卒一起，毫无任何感情地从外面用力拉缰绳，直到绳子绷得很紧之后，他们就找来木块，将绳子绑在木块上加以固定，这样便算是完成了整个行刑。两个小时过后，一个年轻的狱卒透过尸房的门缝去看受刑人的状态，他兴奋地说“腿还在动弹哩”，然后便笑着跑开了。如果是这样，狱卒就会再次拉紧缰绳，绞刑就是这样悄无声息地执行的，死囚的悲鸣和叹息都不会被听到。我如此详细描写的理由是因为这令我想到了1866年和1868年的迫害时，成百上千的教友就是这样死于非命的。而这时，狱中不是天主教友的囚犯们会在整个晚上使劲吐唾沫，因为他们认为被执行死刑的犯人的灵魂可能进入监狱的某个角落活动，要用力吐唾沫才能防止和赶走它。而与我一同关在狱中的巫婆们的行为更为抢眼，她们向牢门方向连续吐唾沫超过三分钟，这是我见过的最用心吐唾沫的了。①

由这段文字可知，监狱内执行的绞刑具有随意性，完全不按照法律规定操作，草菅人命的现象非常普遍。上文中被行刑的囚犯连续两个小时被带套的缰绳勒着脖子而不死，这说明了狱中绞刑的执行过程至少在两个小时以上。这等于是让犯人在临死前承受漫长的痛苦，是很不人道的。里德尔在和牢头的聊天中得知，牢头在这里已经工作了20年，曾见到过数百名天主教徒关押在此。当里德尔问他信徒中是否有很多人被杀的时候，他回答说：“当时信徒占满了整个监狱，为了腾出地方，我们不得不绞杀了许多天主教信徒。信徒在入狱以后，被关押的时间基本不会超过三天。”②从他的回答中，我们看出了牢头和狱卒们对生命的漠视，监狱空间不足竟可以成为执行绞杀的理由。可见在19世纪的朝鲜，其司法实践极具随意性，许多的法律规定都成了一纸空文。从日记等非官方史料中，可以看到许多完全不同于正史的记载，从而更接近于历史的真实。里德尔在狱中还和许

① 펠릭스 클레르 리델 저, 유소연 역, 2008,《나의서울 감옥 생활 1878：프랑스 선교사 리델의 19 세기 조선 체험기》, 살림출판사, 142—144 면.

② 펠릭스 클레르 리델 저, 유소연 역, 2008,《나의서울 감옥 생활 1878：프랑스 선교사 리델의 19 세기 조선 체험기》, 살림출판사, 123 면.

多囚犯聊过天，下面就通过他的回忆录来看这些囚犯是如何被捉进监狱的：

> 有个僧人被抓了进来。几天后，或许认为他的罪行较轻，所以就把他从关盗贼的牢房移到了关押欠债者的牢房。但因为他患有伤寒而使得那间牢房的犯人感到恐慌，所以他又被移到了我所在的牢房。他有八天的时间像死人一般失去了精神，我和我的教友尽力去帮助和看护他。他开始慢慢地苏醒，并因为受刑的后遗症而忍受着剧痛。他看着非常温顺和安静，基本不说话，所以他看上去一点都不像是重罪犯人。他最终开口向我们讲述了他的故事。
>
> 他 12 岁时进入寺庙，在那里专心学习汉文。之后他学会了制作纸花的技艺并手艺娴熟，他于两年前开始学习画艺。有一天，他正在画画，有一群捕吏过来把他抓住并拖进了监狱里。他一开始不知道为什么要来抓他，后来才慢慢知晓。原来，是他的师父购买了盗贼售卖的赃物，捕吏闻讯以后去抓捕时，他师父得到了消息而迅速逃走了。捕吏们寻不见他的师父，便把正在画画的这位年轻人抓了起来。[①]

上面的这个故事说明捕吏执法时的随意，经常牵连无辜。里德尔主教还描述过当时的捕吏们想去抓几名村民。但村民们齐心和捕吏们对峙到底，其中有一名捕吏被村民打伤，那位村民迅速逃跑了。捕吏们没有办法，就把当时在现场的其他三名村民抓了起来。里德尔主教经常在监狱的院中看见他们，他们是善良、刚直而又身体健壮的汉子。这三人后来被认定为无罪，并在关押一个月后释放，但并未得到来自官府的如何补偿。[②]不仅如此，捕盗厅的捕校[③]们还常常公报私仇，或滥用公权力以达成自己的私人目的，这在里德尔主教的回忆录中也有反映：

> 有名捕校和某个男人的妾有不正当关系，他想把那个女人彻底地据

---

① 펠릭스 클레르 리델 저, 유소연 역, 2008,《나의 서울 감옥 생활 1878：프랑스 선교사 리델의 19 세기 조선 체험기》, 살림출판사, 137—138 면.

② 펠릭스 클레르 리델 저, 유소연 역, 2008,《나의 서울 감옥 생활 1878：프랑스 선교사 리델의 19 세기 조선 체험기》, 살림출판사, 138—139 면.

③ 捕校：捕盗厅的部将和军官，负责逮捕和管制犯人的官吏。

为己有。为了达到这一不可告人的目的，他和几名捕校合谋，以盗贼的名义抓捕了那个男人。为了得到这名男子的口供，他们逮捕他以后对其施以惨无人道的拷讯和刑罚，可是那个男人无论如何就是不招，一直辩解说自己是清白无辜的。这更引起了那些想让他屈打成招和对他栽赃陷害的捕校们的愤怒，几乎差点将他置于死地。随着时间的推移，这一案件的真相逐渐浮出了水面，捕盗大将命令将那个男人无罪释放。可是这个可怜的男人已经被折磨得不成人样儿了。他眼部青肿，膝盖骨粉碎，肋骨全都凸了出来，臀部和腹部满是灼伤的痕迹。直到这时，那些折磨他的捕校们才害怕了，害怕那男人若死了他们要负全责，这才开始对他进行治疗和救助。他最终是否活了下来，我就没听到下文了。①

既然捕校们都滥用手中职权，那一般的狱卒和刽子手就更不在话下了。很多狱卒原来都是盗贼出身，因为只有蹲过大牢的人，才有很大可能成为狱卒。② 因此狱卒们通常极为凶狠，他们经常在无正当理由的情况下就对囚犯使用暴力，并以此来解闷，他们通过折磨犯人以使自己获得某种快感：

狱卒们经常微笑着执行刑罚……捕盗大将听到他们棍棒折磨犯人的声音后便会来制止他们，他们为了泄愤便把棍棒的末端钉上了尖利的铁针，在折磨犯人时使用，因此我们经常会听到囚犯们呻吟和悲鸣的声音。有一次，一名狱中的教友因为高烧而口渴，因此向狱卒们请求给他点水喝。但狱卒们却说"好啊，我们给你水"，说着便用钉着铁针的棍棒击打那名教友的胸部。这名可怜的教友因此在两小时后丧命。而狱卒们则报告说他是病死的，他们将尸体拉到城外草草掩埋了事，③ 没有谁想知道也没有人会调查这些囚犯到底是怎么死的，也不会有人来辨别囚犯是出于何种原因而在狱中死亡。所以说，狱卒们即

---

① 펠릭스 클레르 리델 저, 유소연 역, 2008,《나의서울 감옥 생활 1878：프랑스 선교사 리델의 19 세기 조선 체험기》, 살림출판사, 71—72 면.

② 펠릭스 클레르 리델 저, 유소연 역, 2008,《나의서울 감옥 생활 1878：프랑스 선교사 리델의 19 세기 조선 체험기》, 살림출판사, 116 면.

③ 一般情况下是将死在狱中的囚犯放入尸房内，在次日晚上由负责运垃圾的人装运后带到汉城的城外，将尸体扔在树林深处。

使在狱中杀人，他们也不会受到任何处罚，没有比他们更卑贱、更邪恶之人，这种人就在监牢里。他们是刽子手，是被雇佣的贱民。他们引人厌恶的容貌和如同怪物的体型，使得我每次看到他们就会心痛。他们殴打受刑者，将流出的鲜血刮去，使受刑者的四肢折断①，以受刑者的痛苦为乐，并爆粗口说一些下流的笑话。②

上文讲述了里德尔主教在汉城捕盗厅见到的狱卒们，他们对囚犯疯狂虐待并以此为乐，同时提到了刽子手们可憎的容貌。监狱中地位最低贱的当然就是执行死刑的刽子手了。而人的工作环境和职业性质或许会对他的性格和容貌产生某种影响。这在朝鲜中期的文臣柳袗（1582—1635）的《修岩先生日记》中也有提及。柳袗在日记中描述了光海君四年（1612）他被关于典狱署监狱中见到的一名叫希光的刽子手：

至典狱署，有一卒当门立（注：此是狱官出入之门，复有门方是狱门），赤眼而狞，巨口而斜，状貌陋恶，语声阴凶。（注：后闻其名希光，本以良民，利其斩杀重囚而掠取衣服，自愿为狱奴三十余年，斩人不可胜数，形貌亦随而变，闾里小儿皆贱恶之，骂詈人必曰希光之子。）③

狱卒希光赤眼歪嘴，容貌极其丑陋，嗓音极为阴森。他原为良人出身，却因贪图斩杀囚犯后可以拿他们的衣服卖钱，以此来致富，因此他自愿成为一名狱奴。从事刽子手工作三十多年，经其手而斩杀的囚犯不计其数，所以他的容貌也渐渐随之改变了，变成了这般丑陋的模样。城中的小孩儿都鄙视和嫌恶他，小孩儿们在相互戏谑咒骂时一定说对方是希光的儿子。可见长期的屠杀工作确实有可能改变人的容貌。在里德尔和文臣柳袗的笔下，朝鲜时期的监狱环境肮脏恶劣，有众多凶神恶煞般且面目狰狞的狱卒，并时刻要经受惨无人道的暴力和刑罚，俨然就是地狱的化身。

---

① 这里可能指的是剪刀周牢刑。

② 펠릭스 클레르 리델 저, 유소연 역, 2008,《나의 서울 감옥 생활 1878：프랑스 선교사 리델의 19 세기 조선 체험기》, 살림출판사, 123—124 면.

③《修岩集》，壬子日录，1612 年 2 月 29 日（韩国学中央研究院藏书阁微缩胶卷）。

第七章

谋逆

第一节 妖言与谋逆

经历了大规模战乱的朝鲜后期在政治、经济、文化上都发生了很大变化。随着激烈的党争和身份制度的松动，以及实学和民间思想的普及，整个朝鲜后期于混乱中伴随着新秩序的萌芽。在政治斗争和民众运动的旋涡中，各种妖书妖言不断出现，对朝鲜王朝的统治秩序构成了极大的威胁。而谋逆大案也多与妖书妖言相结合，表现为“讹言”“妖言”或“挂书”等形式，其中最具代表性的就是以生佛信仰或《郑鉴录》等预言书来煽动民心，通过描绘“郑代李兴”的国家大势和未来理想世界，从而为日后的举事制造舆论。①

妖言攻击的对象多是以当时国王为首的统治阶层，其内容多以否定当时的现行体制和统治秩序为目的。比如在肃宗十八年（1692），首都汉城就发生过以唱词（谚谣）来诬蔑朝廷的事件：

> 谏院启曰：“朝纲日以颓圮，人心益无顾忌。街谈巷议，犹且不足，作为谚谣，用意至巧。初入洛下之樵讴，转成西关之妓唱，远迩传播，听闻骇惑，使满朝播绅，受其讥诮。一时愚氓，肆其笑侮，轻蔑朝廷，羞辱当世，甚矣。不可不详核而审治之。其与闻人沈杓，请令攸司，严问摘发，照律科罪。”允之。既而，以杓所坐，不过传

---

① 高成勋博士曾深入研究过朝鲜后期的讹言和妖言：고성훈，2012，“조선 후기 유언비어 사건의 추이와 성격”，《정신문화연구》35—4，55—85 면，本节有所参考。

闻，有难核得。命放之，事遂寝。①

因为谣言的传播具有广泛性和迅速性，且传播者都是不特定的众人，所以很难对具体某个人定罪量刑，因此只能静待随时间推移，使谣言在人群中慢慢消失。从“使满朝搢绅，受其讥诮”的记载可知，这一谣言的内容所针对的是当时的统治阶级，编造谣言之人以此来抒发自己对时政和现政权的不满，以“轻蔑朝廷、羞辱当世”为主要目的。从“初入洛下之樵讴，转成西关之妓唱”的记载来看，谣言的传播在地域和人群间具有广泛性，从樵夫到官妓，无一不是谣言的受众与传播者。谣言的制造者希望在谣言的传播过程中，使得民心的向背发生有利于自身的变化。而在戊辰之乱发生前的英祖三年（1727）冬天，在全罗道全州和国都汉城，再度出现了妖书妖言：

命政院，焚全罗监司郑思孝封进凶书。时凶逆辈，以诬上不道之说，潜相煽动，诳惑民心。至是，以匿名书，挂于全州场市，而思孝状启封进。上曰：“此如向来延恩门挂榜也。”遂命承旨，火其书。……史臣曰：“……时，讹言日渐朋兴，青坡岩石之如屋者，转动于暮夜之中，南山松木数百株，拔置于山下。以此人心骚扰，有土崩之势。凶逆辈所为如此，而上深居九重，莫之悟也。”②

这一案件作为戊辰之乱的前奏，起始于谋逆之人在全州的场市中悬挂匿名书以煽动民心的举动。市场作为民众交换物资的场所而人流密集，因而谋逆之人大多选择这类众人集中的地点，以此起到轰动的效果和迅速传播的预期。从上文“青坡”“南山”等地名可知，当时这一妖言已迅速传到了汉城，并引发了民众的骚动和恐慌，犹如“土崩之势”。而国王和官府对此却不能及时应对，史官因而在《朝鲜王朝实录》中毫不留情地予以批判。

妖言除了诽谤朝政以外，传播外敌入侵以制造恐慌也是其重要功能。

① 《朝鲜王朝实录》，肃宗实录卷24，18年11月16日。

② 《朝鲜王朝实录》，英祖实录卷14，3年12月16日。

在肃宗即位之年（1674），倭人与胡人入侵之说的迅速传播就引发了朝鲜全境的恐慌：

> 夜，京城内外，猝然惊动。或云胡来，或云倭来，家家荷担而立，士女至有扶抱而出者，至翌朝始定。（注：讹言始起于海西长连等地，传言倭船已泊于海岸。海西列邑闾里一空，奔匿山谷者数日。内自京城，外至三南①，无不震动）②

时值清军入侵朝鲜半岛不久，壬辰倭乱和丙子胡乱去日不远，因此朝鲜的百姓仍然心有余悸。这一谣言一出，朝鲜各道的民众都极其惊恐。谣言始于黄海道的长连县③，并使得黄海道各地十室九空，民众都逃到山中藏了起来。这一消息迅速传至京城，然后向南传遍了忠清道、庆尚道和全罗道等南部三道，引起了半岛各地民众的极大恐慌。几天之内就可传遍朝鲜全境，可见谣言具有的巨大威慑力。而次年（1728）在国都汉城，妖言又再次出现：

> 是时，都下无根骚屑，日益汹汹，人皆荷担而立，若不保朝夕，南山下一带士夫，多有挈家奔避者，津渡为之塞路，人心骇恐，莫测其倪。及崔奎瑞苍黄上变，始略知变故之有迹，乃命发捕，毕竟贼情遂着，则即失志不逞之徒，与弼梦、维贤，缔结作逆，南山下所居，多怨国之类，通知其谋故也。姜鋧以崇班重臣，潜送其家属于湖中，自托扫坟，随而下乡，此可以观世变矣。④

趋利避害是人的本性，传言发生时选择外出避避风头也是人之常情，谣言因此引发巨大恐慌甚至于交通堵塞。居住在汉城南山一带的士大夫们扶老携幼，举家避难。《朝鲜王朝实录》指出，在南山下聚居的士大夫多

---

① 三南：指朝鲜半岛南部的忠清道、庆尚道和全罗道。

② 《朝鲜王朝实录》，肃宗实录卷1，即位年9月4日。

③ 长连县：朝鲜时期地名，今朝鲜黄海南道殷栗郡长连面一带。

④ 《朝鲜王朝实录》，英祖实录卷16，4年3月14日。

是政治上的异见人士，他们多是被当时主流政治边缘化的知识分子，这些持同一政见的人士会聚在汉城的南山一带，他们中的一部分人士参与了当年被定性为谋反大逆的“戊辰之乱”，所以他们的迁徙可视为举事的前奏。在党争的大背景下，妖书妖言多是配合政治阴谋出现的。直到正祖十一年（1787），妖言传播的情形也未根绝：

> 时，畿湖之间，忽有讹言。一日中转相胥动，或称胡骑骤至，或言海贼近泊，居民扶携奔窜，闾里殆空，过一宿始定。……未久有东哲之变。[①]

可见在当时，最能引起民众恐慌的就是外敌入侵之说了，其中最常见也最具说服力的外敌入侵的说法是传播胡骑（主要指满人）和海贼（主要指倭寇）即将来到朝鲜。这反映出朝鲜半岛特殊的地缘环境使其容易同时受到大陆势力和海洋势力的争夺，这一地缘环境塑造了当时朝鲜人特殊的心理状态。而使得民众纷纷避难的这一妖言的始作俑者就是为不久后谋反的金东翼、金东哲兄弟，他们传播妖言就是为了给几个月后的举事造势。

而当时民众所普遍具有的生佛信仰也让许多不法之徒有了可乘之机。除了下节中将要讲述的僧人处琼妖言世子遗腹案外，其他类似的案件也时有发生，比如在肃宗十四年（1688）发生的妖僧吕还案：

> 妖僧吕还等十一人，谋不轨伏诛。初，杨州牧使崔奎瑞，以本州岛青松面，有一妖人，往来民间，自称神灵，聚党会徒，诳诱愚氓，此言传播京外者久矣。吕还者，本以通川僧，自言曾于金化千佛山，七星降临，赠以三麴，“麴”与“国”音相同[②]也。且有水中老人，弥勒三尊语，渠以崇佛传国三年工夫等说，遂与永平地师黄绘、常汉郑元泰，唱为释迦尽而弥勒主世之言缔结，出没于畿辅、海西之间，而吕还又称千佛山仙人，尝刻盈昃二字于岩石上曰：“世间不可长

① 《朝鲜王朝实录》，正祖实录卷23，11年4月19日。

② 朝鲜语中“麴”与“国”的发音均为“국，(guk)”。

> 久，从今以往，当有继之者，而龙乃出子主国。”遂娶殷栗良家女元香为名人，而谓有异征，能兴云起雨，变化不测，来住于杨州郑姓女巫戒化家，号其妻为龙女夫人。戒化则名曰郑圣人，仍作怪文曰：“虽有圣人，必有长剑冠带。”为弟子者，当备此物，相与播示，诱惑人心，一村之人，多从之。又托以七月大雨如注，山岳崩颓，国都亦当荡尽。八月十月，起军入城，可坐阙中之说，亦在怪书中。①

本案中，当事人主要活动于黄海道和京畿道，并利用民众的佛教信仰蛊惑人心。他声称释迦牟尼的时代早已远去，现在已是弥勒佛统治世界的时代，以此暗喻政权即将更替。主谋者吕还和巫女元香结婚后，一同住在京畿道杨州的女巫戒化（号称“郑圣人”）家中，他们纠集党徒并预言汉城将会因为倾盆大雨和山崩地裂而遭到灭顶之灾，他们在密谋进攻汉城的过程中被捉拿归案，最终被官府一网打尽。值得注意的是，这时的女巫已经号称“郑圣人”，可见在 17 世纪末就已存在郑氏代李氏而兴的传说，假称郑氏圣人在当时确实具有较强的号召力。在此案发生三年后的肃宗十七年（1691），同样是在黄海道，又发生了车忠杰、曹以达谋逆大案：

> 海西罪人车忠杰、曹以达，拿鞫得情，以妖言犯上斩。忠杰居海州。以达居载宁，俱以良民，业巫觋。以达妻爱珍，尤妖诞，自称有天机工夫，作书非梵非谚，不可解。倡言汉阳将尽，奠邑当兴。常备奠物，入山间祭天。又称首阳山上峰义相庵，有生佛。名郑弼锡，故统制使郑榏之妻，生子七岁，不知去处，得非此儿乎？忠杰以其言，往问于榏之孙泰昌，泰昌惊骇，即诣官告，道臣以闻。遂设鞫，皆就服正法。爱珍追后捕来，鞫斩之。申廷希、廷业、韩万周等，亦有同参情节，而抵赖不服。上谓此不过妖言惑众之乱民，元恶既伏诛，余不必穷讯。传之生议，并减死定配。所谓郑弼锡，搜捕终不得，实无其人云。②

---

① 《朝鲜王朝实录》，肃宗实录卷 19，14 年 8 月 1 日。

② 《朝鲜王朝实录》，肃宗实录卷 23，17 年 11 月 25 日。

案犯车忠杰、曹以达和其妻爱珍均出身黄海道，属良人阶级，并以巫觋为业。他们散布“汉阳将尽，奠邑（繁体“郑”字的拆解）当兴”的谣言，编造了首阳山上有生佛郑弼锡的神话，并意图谋反，这三人最后都在被推鞫以后正法。而官府曾多次搜捕所谓的“郑氏真人”，但均以失败告终，“郑氏真人”很可能是杜撰人物，历史上并无其人。因当事人的妖言涉及改朝换代，并意图颠覆李氏朝鲜政权，所以他们均以谋反大逆罪的审讯流程设置鞫推问后遭处决。这一事件中所展现的“郑代李兴”的预言仅是朝鲜后期的广泛传布的谶纬《郑鉴录》相关案件的一个开始。发生在肃宗时期的这一案件同时结合了《郑鉴录》的预言和生佛信仰。到英祖朝后，妖言案中有关生佛信仰的因素逐渐褪去，谶纬《郑鉴录》有关的预言成了妖书妖言案的主流。所以本案的发生时期可看作生佛和《郑鉴录》预言两者的过渡时期。而从上述案例中可知，在散布妖言以谋大事的策源地中，位于朝鲜半岛北部的黄海道和朝鲜半岛最南部的全罗道，以及国都汉城及畿辅地区所占的比重较大。

而《郑鉴录》这一名称首次在《朝鲜王朝实录》中登场是在英祖十五年（1739）。[①] 而直到正祖六年（1782）的文仁邦一案中，《郑鉴录》和其他妖书仍在持续发挥它们的影响力：

> 亲鞫文仁邦等诸罪人。仁邦供曰：“所得妖术之册，一则《乘门衍义》，一则《经验录》，一则《神韬经》，一则《金龟书》，而清溪先生，即德相也。天浞与臣，同习此书，转往阳城、镇川等地，构草幕以居。乱离等说、看星等事，果如瑞集之供，而襄阳居李京来，是异人，故欲为都元帅。都昌国为先锋将，瑞集为运粮官，因臣师德相之被配，称以大先生，与金勋等八人，至有屠掠城邑，直犯京城之谋矣。”……仁邦结案：“……瑞集所供中说话，果皆臣酬酢之凶言。瑞集祝天文中三字，即是臣做出构捏之计也。《郑鉴录》中六字凶

---

① 《朝鲜王朝实录》，英祖实录卷50，15年8月6日，“时，西北边人以郑鉴谶纬之书，颇相传说，朝臣至请投火禁之，又欲究核言根，上曰：‘此何异秦皇挟书之禁耶？正气实则邪气自消，欲扶正气，非学而何？’……”

言，亦做出谋陷之计，而此凶言，曾于臣册子中《经验录》见之……”①

从文仁邦谋逆一案中可知，18 世纪流行于朝鲜的妖书不止一册，许多的思想流派杂糅在这些妖书之中。这些妖书间相互影响，许多的凶言十分相似。上文提到的《郑鉴录》中的“六字凶言”正是这一妖言大案的核心所在。时至今日，我们虽然无法确知其具体的内容，但可以断定这“六字凶言”是对当时统治加以否定的文字。这些妖书和妖言的传播目的在于为日后的举事造势，因为本案中谋逆者等八人散布妖言的动机在于“屠掠城邑，直犯京城之谋”，他们想通过攻城略地后直捣京师，以谋得梦寐以求的大位。在举事之前，他们已初步定好了举事时各自的职责。他们举事的方案和路线如下：

襄阳多有渠之同党及奴仆，不时猝发，先杀襄阳邑倅，收聚军器及军兵，次伐杆城，转入江陵。自江陵直入原州，仍为长驱，自东大门入城。②

文仁邦等人设计的造反路线：（1）襄阳—（2）杆城—（3）江陵—（4）原州—（5）汉城（国都），可将其称为西进路线，前四个地点均位于江原道。位于东海岸的江原道襄阳是他们的大本营，有众多的奴仆和同党，具备一定的群众基础。因此，他们决定从这里出发，先攻取襄阳县衙，把军器和士兵收入囊中，以壮大自己的实力，然后再依次沿东海岸向北讨伐江原道的杆城，沿东海岸向南讨伐江原道的江陵，以成犄角之势。之后他们计划向西行进，并横扫江原道的原州，拿下上述江原道的这些重镇后一路向西长驱直入，然后从汉城的东大门入城，最终夺取中央政权。而在纯祖二十六年（1826）时，朝鲜再度发生了和郑氏起兵有关的谋逆大案：

---

① 《朝鲜王朝实录》，正祖实录卷 14，6 年 11 月 20 日。

② 《朝鲜王朝实录》，正祖实录卷 14，6 年 11 月 20 日。

> 推鞫罪人尚采，做出景来不死，西贼不过陈胜、吴广之类，兵祸起于海岛，真人方在红霞岛，姓名郑在龙，鸠集徒党，书送名帖于岛中，军服次绵布贸取，彗星屡见，天狗犯河等说。又以岁遇白龙人何去，年逢蛇尾必凶残等妖诗，互相传说，一一输款，亨瑞始则变招不服，末乃辞穷，其缔结尚采，再次投书情节，亦个个自服。……又敢做出真人在岛之谎说，或劝凶徒而书送名帖，或贸白木而谓制军服，以至于福州凶诗之肆然诵传。①

这一案件体现出《郑鉴录》相关案件的许多共同特点，如“真人说”“海岛起兵说”“李亡郑兴说”等说法。本案当事人郑尚采平日以医疾和占卜为生，他纠集党徒，自称是郑氏真人“郑在龙”并居住于红霞岛。他利用天象等信息来蛊惑人心，认为天象所示正预示着郑氏真人将要创立“新都国”，新的国都将设于“福州”，福州即庆尚道的安东府，他最终在推鞫后被处决。

综合上述妖言与谋逆的案例，可以发现其中的一些共同特性。第一，妖书与妖言紧密相关，许多时候无法做出明确的区分。第二，妖言具有传播速度快、社会影响力大的特点，妖言因涉及面广而对王朝的统治秩序构成了不小的威胁。第三，妖言大多与谋逆大案相结合，妖言是谋逆大案的前奏，妖言的传播者正是举事的主谋。所以政府在处理妖言案时多设置鞫厅，并由国王亲自审理，按《大明律》“造妖书妖言”罪或“谋反大逆”罪的相关规定加以处罚，其中不乏被凌迟处死的案例。国王甚至会降低主谋者家乡的行政级别。在破获谋逆大案后，国王常常大赦各地的囚犯，臣下这时都会对国王成功讨伐逆贼表示祝贺。第四，妖言和谋逆案中多夹杂有神仙思想、天文观象、巫术、生佛信仰等容易说服和煽动当时民众并使之心悦诚服的许多民俗或宗教因素。这些民间信仰和宗教与当时官府极力推行的以程朱理学为代表的儒家学说格格不入，从而使朝鲜王朝在上层和下层社会间存在意识形态上的张力。第五，散布妖言的始作俑者多是政治斗争的失败者，抑或是被时局边缘化的没落士族，他们都是对时政怀有异见的人士。当然，在其中也掺杂着为数不少的僧侣、巫师或医员等中下层

① 《朝鲜王朝实录》，纯祖实录卷28，26年10月27日。

人士，他们通过妖书妖言以求达到颠覆李氏朝鲜政权的目的。“妖书”为民众所描绘的理想国和乌托邦，体现了当时许多朝鲜百姓渴望社会和经济地位平等的思潮。《郑鉴录》也因此在朝鲜后期迅速得以普及，甚至成了当时普遍流行的一种民间信仰。

第二节 1676 年僧人处琼妖言世子遗腹案（案例 5）

这一节要讲述的是发生在 17 世纪朝鲜的僧人处琼的故事。[①] 处琼长相俊秀，又因其神异的能力而受到众信徒的追随，被人们推举为“生佛”，之后他的野心逐渐膨胀，并诈称自己是已故的昭显世子（1612—1645）[②] 的遗腹子。他在结交宗亲时被捉拿推鞫，最后以《大明律》“造妖书妖言”罪被问斩。本案主要载于《朝鲜王朝实录》以及《推案与鞫案》中的“妖僧处琼推案”。[③]

我们先来看本案审理的经过。本案从国王命令捉拿妖僧处琼到判决结案，历时半个月（1676 年 11 月 1 日至 16 日），共有 14 名罪人在推鞫厅接受了审问。11 月 1 日，国王下令将处琼、妙香等人捉拿归案。11 月 2 日，国王命令前任和现任大臣一同调查审理此案。11 月 4 日，国王将推鞫场所定于训练都监北营[④]，因为本案关涉重大，所以选择了公开的场所推鞫。在首次审问中，处琼本人坚持主张自己是从宫中带出的，在经手尼姑丁氏后而曾被妙香抚养：

> 矣身在襁褓时，内人出授于女僧丁氏，丁氏移给与仓洞居金佥知

---

① 首尔大学崔钟成教授对此案有过深入研究：최종성, 2012, “무당에게 제사 받은 생불:《요승처경추안》을 중심으로”,《역사민속학》40, 7—35 면, 本节有所参考。

② 昭显世子：朝鲜国王仁祖的长子，丙子胡乱后，与妻子姜氏作为人质被清军带走，1637—1645 年时随清政权在盛京、北京等地生活，1645 年携带西洋书籍和地球仪、天主像等回到朝鲜，回国后突然死亡。

③ 《推案与鞫案》78 册，妖僧处琼推案，首尔大学奎章阁藏，奎 15149；（影印版可参照한국학문헌연구소, 1983,《추안급국안 8》，妖僧處瓊推案，아세아문화사, 103—186 면；韩文译本可参照문용식 역주, 2014,《추안급국안 22》，흐름출판사, 171—302 면。）

④ 北营是训练都监的本营（司令部），位于昌德宫西侧，是负责守卫昌德宫的主要部队。

> 称号人妻妙香是如为有卧乎所[①]。……王室至亲与否岂能自知乎？矣身年十岁时，矣身收养女人妙香始为言说于矣身，曰：“汝以昭显世子遗腹子，始生之初，内人出给能丁氏，则丁氏托称盛于柜中，投诸水中移授于我，而丁氏则因此事死于杖下，我养育汝者十年是如为白遣[②]。”仍取倭菱花所书之小纸，给与矣身，其纸中以谚书书矣身生年月日时为白有乎矣[③]。[④]

处琼描述了自己传奇般的身世和经历。但在审问妙香（时年 67 岁）之时，却得到了相反的供述：

> 矣身所谓处琼自儿时收养新及，元不知其为何样人是白如乎[⑤]。去甲寅年分，始闻竹山地凤松庵，有一年少僧人，自五台山来到，而绝谷不食者数月，且解经文，人皆称生佛是白去乙[⑥]。矣身段置[⑦]随众往见，愿为居士，则处琼命矣身法名曰妙香，矣身年虽老，既受戒于处琼，故尊之为师。自此以后，互相往来是白如乎。[⑧]

根据妙香的供述，她表示与处琼只认识了两年，并没有抚养过他，也不知丁氏为何许人。她“观其容貌举止，似非常流”[⑨]，觉得处琼贵气逼人，又见他时常流泪，便询问他的家世，他却不想说。因而妙香曾跟处琼

---

① 是如为有卧乎所：吏读，古代朝鲜语“이다하잇누온바”，相当于现代朝鲜语“이라고 한 바”，“（前面）所言、所述”之意，也用于间接引述。

② 是如为白遣：吏读，古代朝鲜语“이다하삽고”，相当于现代朝鲜语“이라고 하옵시고”，敬语的间接引述。

③ 为白有乎矣：吏读，古代朝鲜语“하삽이이오되”，相当于现代朝鲜语“하옵셨으나”。

④ 《推案与鞫案》，妖僧处琼推案，1676 年 11 月 4 日，处琼之供述。

⑤ 是白如乎：吏读，古代朝鲜语“이삽다온”，相当于现代朝鲜语“이옵다고 하므로”“이옵다고 하기에”。

⑥ 是白去乙：吏读，古代朝鲜语“이삽거늘”，相当于现代朝鲜语“이옵거늘”，敬语“既然”“既已”之意。

⑦ 段置：吏读，古代朝鲜语“단두”，相当于现代朝鲜语“것도”“일도”。

⑧ 《推案与鞫案》，妖僧处琼推案，1676 年 11 月 4 日，妙香之供述。

⑨ 《推案与鞫案》，妖僧处琼推案，1676 年 11 月 4 日，妙香之供述。

说道："师之形容，自前视之，则似生佛，从后见之，则似王子者，何也?"① 这里不得不提到当时朝鲜民间流行的"生佛"信仰。"生佛"一词有几种解释。第一种是对德高望重、富于慈悲心的僧侣的尊称。第二种是具有神奇的法术和非凡的治愈力的僧侣，他们常被官府认为是迷惑百姓的妖僧。第三种则接近真人、圣人、神人等概念，是一种超凡的存在。本案的主人公处琼应属第二种情形。在众多追随他的弟子中，有 8 人从处琼那里得到法名并成为其弟子，他们自称居士或菩萨居士，追随师僧处琼一同生活。

据妙香供述，她之前一直在汉城的士大夫家做婢女，在与安城的驿吏金戒宗结婚后，从汉城搬来安城居住已有 20 余年。这天鞫厅又依次讯问了驿吏金戒宗（时年 71 岁，妙香的丈夫）、毛衣匠韩天敬（时年 56 岁）、居士金善明（时年 64 岁）、居士朴仁义（时年 65 岁）、居士金自远（时年 75 岁）等，直到凌晨五更三点（凌晨四点左右）才结束一天的审讯。

到了 11 月 5 日，依照王命又对处琼和妙香进行了对质。通过对质，使得处琼的谎言更难以立足。妙香在陈述中提到，她 20 年前在京城时，就听过昭显世子的遗腹子或者在世或者投水的说法，从而将其与处琼联系了起来。这使审理的官员认为，正是这种言辞导致了处琼野心的膨胀。

11 月 6 日，推鞫官对与处琼有过接触的礼曹参判郑之虎之孙、阳智县监之子郑润周（时年 25 岁）、郑演周（时年 23 岁）进行了讯问，得知处琼想通过他们两个向他们的祖父传递有关遗腹子的信息。此外，还对处琼、妙香和金自远等主要当事人进行了首次刑讯，每次刑讯即用讯杖击打 30 下。11 月 7 日，推鞫官让郑氏兄弟与处琼对质，并对处琼和妙香进行了二次刑讯。之后又对处琼的徒弟等人进行多次审问后，于 11 月 9 日暂时结束推鞫厅的审问。其后原州牧使、江原道观察使受义禁府的委托，对处琼的真实身份进行了调查，并于 11 月 14 日将处琼的舅舅孙胤后（驿吏，时年 63 岁）、师僧智膺（时年 65 岁）等人都带到了汉城。11 月 15 日重开推鞫厅后，鞫厅讯问了处琼的舅父和师父，他的舅舅孙胤后供述如下：

---

① 《推案与鞫案》，妖僧处琼推案，1676 年 11 月 4 日，妙香之供述。

妖僧处琼，矣身之妹子是如为置。……俗名段太铁，而年岁段壬辰生是白乎旀[①]。太铁之父，即平海吏孙焘，而母即矣身之妹小竹是白乎旀。矣身与孙焘俱以平海之人，居生于平海为白如可[②]。矣身段先为移来于原州为白有如乎[③]。太铁三岁时，其父孙焘身死乙仍于，矣妹率太铁来依于矣身家。仅过四五年，矣妹又死，矣母率养太铁。年至十二岁，黄山高自庵居僧智膺为名者以，上佐率去削发为僧，而常常往来于矣家为白如乎。[④]

11 月 15 日当天还对本案主人公处琼、妙香再度进行了审问，最终得到了处琼的自白，并在当天结案。经过照律，处琼被以《大明律》“造妖书妖言”罪[⑤]判处斩刑并即刻问斩。国王同时判决了本案的其他当事人，其中五人被流放，另有两人收赎，并下令将孙胤后、智膺二人释放，于当晚暂时结束了推鞫厅的审问。11 月 16 日，国王认为正是妙香的失言误导了处琼而使之野心膨胀的，所以命令为了审理妙香而重开推鞫厅。但领议政认为，在主要罪犯已被判决的情况下，重开推鞫厅不符合惯例，建议让义禁府刑讯妙香，[⑥] 并得到了国王的准允，妙香之后死于刑讯。当日午时，推鞫厅的审问正式结束，标志着整个案件的完成。

审讯中，妖僧处琼曾对自己的身份和履历前后有过两种供述。第一种身份是虚假的，但却是他所希望描绘的。而第二种身份是真实的，却是他尽力回避的。第一种就是主张自己是昭显世子的遗腹子，这一说法中他俨然成为一位王族的后裔。第二种是他原本真实的经历，即他生长于一个平凡的良人家中，父母双亡后随师僧长大而之后出家的故事。这两种身份间有着巨大的年龄差距，他为了圆遗腹子说而诈称自己时年 32 岁，而他真

① 是白乎旀：吏读，古代朝鲜语“이삽오며”。

② 是如为置：吏读，古代朝鲜语“이다하두”，相当于现代朝鲜语“이라고 하오”。

③ 为白有如乎：吏读，古代朝鲜语“하살잇다온”，相当于现代朝鲜语“하옵셨다는”“하옵셨다 하므로”。

④ 《推案与鞫案》，妖僧处琼推案，1676 年 11 月 15 日，孙胤后之供述。

⑤ 《大明律》，刑律，贼盗，造妖书妖言：“凡造谶纬、妖书、妖言及传用惑众者，皆斩。”（《推案与鞫案》78 册，妖僧处琼推案，1676 年 11 月 15 日，照律中所援引）

⑥ 根据《朝鲜王朝实录》，肃宗实录卷 5，2 年 11 月 1 日中“妙香毙于刑讯”的记载可知妙香在义禁府的刑讯中死亡。

实的年龄却只有 25 岁。

我们先看他的真实身份。本案直到审讯的后半部分，随着他的舅舅和师僧来到京城与他对质，他真实的身份方才被真正揭开。他的一生要从昭显世子去世 7 年后的孝宗三年（1652）说起。这一年他出生在位于江原道东南部的平海郡。[①] 他是平海郡胥吏孙㻐的儿子，母亲是良女出身，名叫小竹。他在用"处琼"这一僧名之前，一直使用他"孙太铁"的本名。他三岁丧父，十岁丧母。父亲死后，他和母亲二人跟随舅舅从平海郡搬到了同属江原道的原州居住。母亲死后，他便由其外祖母抚养。12 岁时，处琼被委托给了居住原州黄山高自庵的僧人智膺，由智膺抚养成人。他在 16 岁时剃度出家而成为一名僧人。又过了三年，在他 19 岁时，他离开了一同生活多年的师父，开始了游荡的生活。

处琼离开江原道原州后，一路向西来到京畿道安城和竹山一带落脚。因为他面容清秀，所做法事又极为灵验，因而被民众视作神僧，也使他的信徒和香客越来越多。他受到众多女弟子的推戴，也收了许多女信众为徒。在断食后依然能解佛经的他被誉为生佛，即"佛陀再世"之意，受到当时更多人的景仰。他为满足自己的淫欲而搭建土窟，伺机以传授教义的名义和年轻的女居士们进入窟内淫乱，因此曾受到怀疑而被安城当地的官衙调查。[②] 他以安城作为其根据地，其宗教影响力逐渐扩大到了周边的竹山、阳智、广州等京畿道的其他郡邑，使他的名望大增。

处琼在安城时认识了一位六十多岁的女婢妙香，并收她为徒。妙香常常说他从正面看像一尊生佛，从背面看却像一位王子。妙香还对他说："昭显遗腹子，或言投水，或言生存。今师貌甚清秀，似王子君貌样，无乃是耶？"[③] 妙香这句话无意中点燃了他的政治野心，使他不再满足于只在宗教上受到民众的顶礼膜拜。而遗腹子的这一身份本身就意味着有继承王位的合法性，无疑对现任国王的统治构成了极大的威胁。他为了实现自己的政治目的，在活动范围上逐渐向国都靠拢，因而他搬到了汉城附近的

① 现今韩国庆尚北道蔚珍郡平海邑。

② 《承政院日记》，肃宗 2 年 11 月 8 日，但依据妙香的供述，这种说法可能受到士族的诬陷。

③ 《朝鲜王朝实录》，肃宗实录卷 5，2 年 11 月 1 日。

京山圆通庵，以方便接触王室成员和高官。他在与福昌君接触时被捉拿归案，在受到推鞫后被当即处决，从而结束了他年轻的生命。

而另外一个身份是他想极力打造的。在这一虚构的身份中，他在仁祖二十三年（1645）四月九日生于国都汉城，是昭显世子的遗腹子，现年32岁。而仁祖二十三年（1645）正是世子去世的那一年。他一出生就被裹在襁褓中而被宫女匆匆地带出了宫。从宫女手中接过他的是尼姑丁氏。丁氏将他放入柜子后便放到了江面上，任其自生自灭，后被妙香捡到并细心抚养。处琼的养母妙香在他10岁时离开汉城而到安城定居。她在临走时，将处琼曾穿过的衣服上挂着的一张在菱花纸①上用谚文写的纸条递给了他，上面的第一句话写着“昭显遗腹子乙酉生四月初九日丑时生”，纸条的最后写着遗腹子生母的世子嫔②——“姜嫔”二字。这张纸条清楚地记载了处琼为世子遗腹子的身世。在告诉他身世的秘密后，养母妙香把他托付给一位僧人抚养，之后他辗转于庆尚道及江原道铁原的龙华寺，在13岁那年于太白山清凉寺出家为僧。后来他又去了安城，最后来到汉城附近的京山修行。

但是他的这一说法漏洞百出。其一，那张记载他身世奥秘的纸条上面的字迹和他自己画押时的字迹完全一样，可以断定是一人所写。其二，“昭显之丧，在四月二十六日。此云四月初九日生，而称遗腹，已大谬。且姜嫔之号，非其时所称”。他主张自己的生日是在昭显世子去世半个月以前，因此显然不能称为遗腹子。且世子嫔在世子过世那年还没有使用“姜嫔”这一名号，所以在编造遗腹子的这一谎言时，他犯了许多常识性的错误。

从本案的审理流程可知，对重案犯的推鞫均要经过审问、供述、刑讯、自白、结案、照律、行刑等环节，流程相对规范。其中值得注意的是，妙香在供述中曾经提到，她于20年前在京城就听到过昭显世子的遗腹子“或在世或投水”的说法，说明当时这一传闻曾被广泛传播，反映

---

① 菱花纸：朝鲜时印有菱花纹样的一种纸，产自日本。

② 世子嫔姜氏：昭显世子之妻，丙子胡乱后，随丈夫一同作为人质被清军带走，1637—1645年时随清政权在盛京、北京等地生活，1645年回到朝鲜，1646年被仁祖大王赐死。她的三个儿子被流放济州岛，母亲和四个兄弟均被杖毙或处死。

了当时民众对孝宗—显宗—肃宗一脉王位继承合法性的怀疑，和对非正常死亡的昭显世子和世子嫔姜氏的怀念。

第三节 1755 年挂书匿名书谋反案（案例 6）

对谋反大逆等政治犯人的处理在英祖一朝较为集中。英祖作为景宗的世弟，通过兄终弟及得到了王位，所以他在位时不断有朝野和民间人士对其王位的合法性提出质疑。因此，英祖大王对谋反大逆等威胁自身统治的潜在危机始终保持着高度警惕。

当时，为阐明英祖在王位继承和在位时狱案处理的正当性，朝鲜曾编纂过一部名为《阐义昭鉴》的书。《阐义昭鉴》中记录了英祖三十一年（1755）发生的打击少论派的大案，史称“乙亥狱事”。①“乙亥狱事”是对在这一年中发生在全罗道罗州的“挂书案”和沈鼎衍的“试卷案”的统称。通过分析本案，可以了解当时谋逆案件的处理流程和处罚方式。

我们先来看这两起案件的经过。英祖三十一年（1755）二月，在全罗道罗州的某个叫“望华楼”的客栈中，在其东边的第二根柱子上发现了悬挂的匿名凶书（称“挂书”），书中有“奸臣满朝”“民陷涂炭”等诽谤朝廷之语，全罗道观察使在当年的二月四日将此事呈报给朝廷。朝廷认为这必是英祖即位后在“戊申之乱”中受到牵连的少论派余孽所策划的谋反。所以命令左右捕盗大将把主谋者捉拿归案。②

经过搜寻，被流放到罗州的前持平官尹志在七日之后被拿获。他是英祖之兄景宗在位时镇压老论的少论派人物金一镜（1662—1724）的同党，同时还是在英祖继位后被处死的尹就商（？—1725）之子。他在三十年前曾被怀疑参与过少论派代表人物穆龙虎（1684—1724）的谋逆大案，而被流放至济州岛。他在济州岛生活了 10 年后，又在流放地罗州生活了 20 年。在英祖大王亲鞫尹志的过程中，逐渐认识到本案的严重性，这一案件因而扩大成了大规模谋反案。朝廷在鞫问几个当事人时，得到了如下

---

① 沈载祐教授对这一案件有过深入研究：심재우，2010，“영조대 정치범 처벌을 통해 본 법과 정치: 을해옥사를 중심으로”，《정신문화연구》121，41—68 면，本节有所参考。

② 《朝鲜王朝实录》，英祖实录卷 83，31 年 2 月 4 日。

供述：

志供："李孝植以为见臣潜书奸臣二字，而罗州官吏积负逋欠，为此死中求生之计，推诿于臣，岂不凶狞乎？且臣家奴所告，不过恐怯之致，岂可以奴证主乎？"

彦杓供："臣儿时往尹志家受学，游于厅事，时闻尹志父子私语于房中曰，'吾父子当为罗州之鬼。然国岂长无事乎？'臣闻此语而怜之矣。闻挂书出后，臣自官出去时，金重才问于臣曰，'朝有挂书之变，知之乎？'臣曰，'此非愚民所为，似必尹志之所为'云矣。"

问志奴介奉，介奉供："挂书事则不知，而李孝植及臣上典妾娚秃同最密，当知其事，而谪客李掌令时熙亦相亲，时或酬酢怨国之语矣。"

秃同供："臣付榜于罗州客舍大门，纸不及半张，可为三折之一，而广则颇广，行则当为三行，字大小，小于钱叶，而大于棋子。晓头付之，而日字似是正月二十二日矣，志使其奴介奉招臣，翌晓进去，则志明灯而使臣挂书，其时李孝植、李齐春、松浦居林哥、李鼎夏同在，志曰，'久在谪所，欲为解谪而悬榜矣。'又曰，'此是重大必死之事，勿为泄言。死则吾死矣，决不推诿于汝矣。'……"①

在上文的供述中，主谋尹志否认了自己的罪行，主张这是罗州官吏的栽赃陷害。他的奴婢介奉为了自保，否认自己曾参与本案，并泄露了主人尹志曾与秃同和一同谪居罗州的李时熙关系密切，他们在见面时常常发泄对时局的不满。主谋尹志妾室的兄弟秃同最为坦率，他将尹志如何指示他挂书的经过一一道来。从中可知以下几点。第一，凶书是由主谋尹志亲自所写，动机是他谪居已久而想要改变自己的现实处境。之后他让私奴介奉将自己妾室的兄弟秃同找来，让他具体实施挂书的行动，他让秃同负责挂书是出于他口风较严而能保守秘密。而此案并非仅是诽谤当局，而是举兵谋反的预备阶段。第二，尹志很早就开始为发动政变聚集志同道合之人，

① 《朝鲜王朝实录》，英祖实录卷83，31年2月20日。

特别是通过其子尹光哲在罗州地区逐渐形成的笔墨契[①]（类似结拜兄弟的契交组织）。这一组织在表面上是互相帮助和扶持的集会，但实际则是一种秘密结社。尹志通过笔墨契纠集了众多的同党，为日后的举事筹集了人力物力等资源。第三，参与谋划举事之人主要是笔墨契和与之有一定学缘关系的人。如罗州地区的胥吏，与尹志家有交往的同为流配之人，以及罗州以外的汉城、忠清道等地想协助他举事的有关势力。

作为本案主谋的尹志在国王亲鞫时拒不承认相关罪行，并在二月二十五日死亡。[②] 但本案并未因主谋的死亡而作罢，而是将和尹志有关联的罗州的官员和胥吏，罗州地区的流放犯人，尹志曾教授过的众多弟子，及居住在汉城但却和尹志有书信往来的少论派政客等一一拘捕到案，其中的许多人在刑讯中死亡或被直接处死。本案经过了四十天的审理，共对 60 余人进行了刑讯，这其中被处死或刑讯中致死的共有 41 人，20 人被处以流刑，2 人被免官。英祖在位时共发生过 15 次挂书案，本案是其中牵涉人数和死亡人数最多的一起大案。

而随之而来的就是沈鼎衍的“试卷案”。这一大案发生在尹志挂书案的几个月后，当时英祖大王为庆祝罗州挂书案的成功讨逆而开科取士，于五月二日亲自主持在宫内举行“讨逆庆科”殿试。然而就在这殿试之中，却出现了非议英祖大王及其政权合法性的试卷和匿名信，从而使事态迅速升温：

> 上方亲临试士，有一试卷，始若制科赋，而其下数幅，作蝇头字，无非乱言悖说。考官前陈状，上命拆封，即戊申正法罪人沈成衍之弟鼎衍也。命即搜捉以待。既又卫所下吏试卷作轴时，见一纸不作科题，首行云上变书，而无其名。吏以给部将，部将纳于兵曹判书洪象汉。象汉大骇之，亟趋告而上之。上览未讫，拍案流涕，大臣请闻其略。上曰：“满纸张皇，阴惨叵测，非但不忍正视，心若陨坠。肆然书讳，何足说也？”[③]

---

① 契：在朝鲜时期指出于经济或某种目的而结成的互助组织。

② 《朝鲜王朝实录》，英祖实录卷 83，31 年 2 月 25 日。

③ 《朝鲜王朝实录》，英祖实录卷 84，31 年 5 月 2 日。

国王和众多大臣因试卷中的蝇头小字和匿名作文而大惊失色，英祖下令彻查此案，并将当事人捉拿归案，在刑讯此人后得到如下供述：

> 鼎衍供："匿名书，臣果为之，其中数人，即臣之仇也。臣以成衍、益衍之弟，有怨国心，故勋戚之人眷遇之臣并嫉之，而欲先除去，为此阴惨罔测之计矣。臣与逆志族惠同谋，惠即就商弟，五商继子，勤之弟，而春川人柳明斗之女婿也。逆镜之从孙道成为窝主，与惠书此文给臣使呈。而臣欲谋逆，既呈匿名书，又以臣名书呈经纶，欲掩匿名之迹矣。逆镜之从孙，又有变姓名为僧者。又有事机之时急者，惠方聚军谋逆于春川矣。"①

诽谤朝廷的试卷及匿名信的主人公名叫沈鼎衍，时年 29 岁，他在招供当日即被处死。他的家人因为参与了戊申之乱和庚戌年的谋逆事件，父亲沈受观和他的三个兄弟都被处死，所以他怀有"怨国"之心。在审理沈鼎衍和相关之人时，得到了尹志族人尹惠和乔装成僧人的少论派人物金一镜的后代将要在江原道春川举兵谋反的供述，使得案情进一步扩大并迅速被定为谋逆大案。朝廷最后将已为数不多的朝中或在野的少论派势力一网打尽。

英祖在处理乙亥狱事时极为亢奋，多次亲自审理裁决。如在亲鞫时并未得到疑犯口供的前提下就下旨将嫌疑人当即处决，其中包括在汉城南大门外将朴缵新、尹惠等人枭示。② 在审理被试卷案牵连的疑犯尹惠时，尹惠开始闭口不招，因此引发英祖震怒，英祖亲自在崇礼门的阁楼上身穿铠甲观看刑讯，尹惠在招认"凶书，衍作而臣书"后，英祖命令将他即刻处死。疑犯在英祖面前被枭首示众，英祖还命令把尹惠的首级悬挂在旗杆上，并将头颅数次传给各位大臣赏阅。③ 此外，国王还将之前在辛壬狱事（1721—1722）和戊申之乱（1728）等数十年前的谋逆案中幸存至今的相关之人重新定为逆贼，其家族成员也被处以连坐，因此本案牵连甚广。包

① 《朝鲜王朝实录》，英祖实录卷 84，31 年 5 月 4 日。
② 《朝鲜王朝实录》，英祖实录卷 83，31 年 3 月 20 日。
③ 《朝鲜王朝实录》，英祖实录卷 84，31 年 5 月 6 日。

括之前牵涉谋逆案家族中的妇女，也被囚禁在捕盗厅而接受刑讯。最终，能在乙亥狱事中活下来的少论派只有朴文秀、李宗城、李喆辅等人，当然他们须在英祖召见时表明自己深深的忏悔。[①] 因为此案株连甚广，如再加上连坐之人，共计约有五百人受到了处罚。

本案展现了在党争的大背景下，国王英祖和老论当权者对少论派的疯狂报复，让我们看到了王权体制下法制的局限。普通情况下朝鲜后期对政治犯的审理应经过审问、供述、刑讯、自白、结案、照律和行刑等环节，在本案中我们看到处理和行刑都非常迅速，省略了结案和照律等环节，表现出国王在盛怒之下非理性的一面，也让我们看到了执政者内心深处的恐惧。

从上述的分析可知，国王有时以法律名义将反对他的政治势力残忍地处死。朝鲜时期的受教等法律法规都是以国王的名义颁布的，《经国大典》等法典中，虽对国王司法权的执行有所说明，但国王本身所拥有的权力和职能却不载于任何条文，这或许就已说明当时的王权并不受到法律制约，国王是超越法律而存在的。比起我国明清时期皇帝的权力来，朝鲜国王虽然受到群臣在制度及政治上的各类制约，但国王作为朝鲜王朝行使最高权力之人，他可以行使王国内的最高立法权、最高行政权、最高司法权等所有的世俗权力。但“权力是操作性的，是一种关系，权力关系就是力量关系的整体，它通过被统治力量并不比统治力量少”[②]。本案中的谋逆之人通过行使这种可操作性的权力，使国王等当时朝鲜的统治者们感到了深深的恐惧和巨大的不安。

---

① 《朝鲜王朝实录》，英祖实录卷 83，31 年 3 月 10 日。

② 李银河：《福柯与性：解读福柯〈性史〉》，山东人民出版社 2001 年版，第 107 页。

第八章

人　　命

第一节　情理之恕

尊崇儒教的朝鲜时期是如何调节情、理、法之间的相互冲突呢？在朝鲜，情、理、法的冲突多体现在尊长受到侵犯时的防卫（卫尊之犯[①]）、家庭成员间的犯罪（彝伦之残）和义愤杀人（义气之赦）三种犯罪类型上。本节主要利用《审理录》与丁若镛的《钦钦新书》两种可以互补和佐证的判例集，通过资料中出现的朝鲜18世纪后期正祖在位时的判决来加以说明。

如在正祖八年（1784）时，黄海道载宁郡就发生过一起命案。李厚相的母亲方氏与孔氏是“十寸娣姒之亲”，即二人的丈夫互为四从兄弟，二位女性是远亲间的妯娌关系。二人的年龄相距较大，方氏年长而孔氏年幼。但孔氏却以幼犯长，“始既捽发，终又批颊”，而撕头发和打脸原本就是女人打架时的常见动作。身为人子的李厚相见到自己母亲受到其远房妯娌的欺辱岂能坐视，他“痛心疾首，怒气山涌，不觉拳之自奋，足之自抵，而孔女则已重伤矣。何暇计较其生死乎”，他因为痛愤而对孔氏拳脚相加，哪里还顾得上孔氏的生死，而孔氏已经因其拳脚而遭受重伤，并因伤势过重而于次日死亡。[②] 国王对此案的判决如下：

---

① “情理之恕”“卫尊之犯”“彝伦之残”和“义气之赦”，以及其后出现的“威逼之厄”“图赖之诬”等均源自《钦钦新书》一书的小题目，可将其视为茶山先生对犯罪类型的划分。

② 《钦钦新书》，祥刑追议，情理之恕二（为母救难　殴人致毙　根由义愤　实因被踢）。

判：载宁郡杀狱罪人李厚相狱事段……推以情理，参以事势，有十分可恕之端，无一毫必杀之罪，为其子者，见其母之与人相哄，推挤之颠仆之，如不急急赶到急急挽救，则岂可谓之有人理有至情哉？今若以毒殴猛踢，因仍致死，拟之以故杀人律，则在廷尉奏当之方，虽云守经，视朝家励俗之政，似涉乖宜，本曹回启，未免太执拗，厚相减死徒三年定配。①

正祖大王认为李厚相救母之难的行为“有人理有至情”，是孝子的表现，所以免除了他的死刑，判决“徒三年定配”。本案中国王的判决依照的是《续大典》中的相关规定。《续大典》中规定：“其父被人殴打伤重，而其子打其人致死者，减死定配。”② 而本案将这一条文的适用范围从子对父的救护扩大至母子之间，从而使律法进一步让位于儒教“亲亲尊尊”的情与理。

国王对李厚相的判决比照了同年发生于黄海道平山的郑大元杀人案。罪犯郑大元十岁丧父，与寡母二十年相依为命，与金光鲁比邻而居，二人友情甚笃，形同兄弟。郑大元丧母不久后的一天，二人于醉酒以后，金光鲁略带戏谑地诟辱刚入土的郑大元之母曾有淫乱之行，郑大元听到后愤怒之极，他借着酒劲“不顾死生，拳殴足踢”，导致金光鲁于次日死亡。犯人郑大元在招供时，“了无一毫隐讳之意，唯有拚弃一死之志”，黄海道监司认为，“盛气发愤，便下毒手，在法则固难赦，在情则必可恕”。刑曹对此也表示同意。正祖大王在判决中说：“生前被殴或死后被辱，为其子奋痛欲报仇之心，岂或间然以此以彼”，国王认为子女在父母在世被殴时的救急和父母死后对其声誉的维护在本质上是完全相同的，都是出于至纯至孝的表现，因此判决“大元之传生，实关风化之一助，大元身乙严刑一次徒配”。③ 国王对《续大典》中为救父难而致人死亡的条文扩大适用范围后，延伸到了父母死后为维护其声誉而致人死亡的情形，认为免除郑大元的死罪对朝鲜的风化有所助益，因此判决大元杖徒之刑。茶山先生

① 《审理录》卷13，黄海道载宁郡李厚相狱。
② 《续大典》，刑典，杀狱。
③ 《审理录》卷13，黄海道平山府郑大元狱。

在其《钦钦新书》中也详载了这一案件，他对正祖大王的判决持赞赏的态度：

臣议曰：奸淫之诬，甚于被殴，何也？有妇人于此问之曰："汝宁受人之殴打乎？抑受奸淫之诬乎？"彼"必以殴打为甘，而决一死于淫诬也"。护父母之殴伤，其事微小，雪父母之冤诬，其义至重，大元之狱，于是乎可决矣。①

随着程朱理学在朝鲜的日渐普及，到了朝鲜后期，士大夫和妇女本人都对女子的贞节无比看重，茶山先生曾向一妇人问道，如果被殴打和贞节遭到诽谤两者只能选其一的话，该如何抉择？妇人给出的标准答案是"必以殴打为甘，而决一死于淫诬也"。该妇人认为，对被殴应甘之如饴，但对被诽谤自身淫乱的行径则要决一死战。其与"饿死事极小，失节事极大"如出一辙。结合此案，则表现为"护父母之殴伤，其事微小，雪父母之冤诬，其义至重"，父母死后对其声誉的维护不仅可比照父母在世被殴时的救急，而且其义更重，所以更理应得到国王的宽恕。

朝鲜时期诽谤淫行的受害者不只局限于妇人，也包括男子。正祖三年（1779）五月，在庆尚道大邱府发生过一桩命案。女婢一丹污蔑成圣一和其父成泰郁与同一名女子存在奸情，成泰郁父子四人因为愤痛而同时对女婢一丹施以拳脚，导致一丹在被打十天后不治身亡。而这一诬陷则是出于他人的怂恿。

成泰郁，既有班名，亦具彝性，岂忍为此聚麀②之行，甘自陷于致伦之科。……大抵泰郁，以他乡羁旅之踪，挟家产富饶之名。而父子兄弟，亦称蕃盛。则和睦既失于四邻，嫉恶都归于一身。于是乎，成致文、朴弘述、金世贞辈，潜煽蜚语，欲逞私憾。忽将黑夜难明之案，做出白地构虚之术。怂恿愚蠢之老妪，指嗾痴骏之小女，至以毁

① 《钦钦新书》，祥刑追议，情理之恕五（谓母行淫　其子雪耻　根由奸淫　实因被踢）。

② 聚麀：语出《礼记》，曲礼上，"夫唯禽兽无礼，故父子聚麀"。"麀"的原意是母鹿，泛指母兽。聚麀是指兽类父子共用一个母兽。

> 家黜乡，或放良得田等语，啖之胁之，无所不至。则彼愚蠢痴骙者，以平日免贱之计，生美土获占之欲。①

成泰郁一家非大邱府本地人，而是寓居于此地，由于他家的家境富饶，所以引发了四邻的妒忌。成致文、朴弘述、金世贞等人对老婢一丹和其女孟春威逼利诱，向两位女婢承诺，如果她们构陷成泰郁父子，便可不再做奴婢而赎身为良人，并且对老婢许以良田，否则便对她们“毁家黜乡”，让其无法在此地立足。所以说，老妪一丹的诬陷行为是受到了成致文等邻居的教唆和威胁。国王对此案判决如下：“罪人成泰郁，减死定配；其子圣一等并只刑推一次，惩励放送；婢孟春仍本役绝岛为婢；成致文、朴弘述等，亦各严刑放送；金世贞，自本道参酌决放。”因为父子几人在一开始是供认“合势下手”，但成狱后“为其子者，争命就死，互称元犯”。② 几个儿子为了力保父亲和兄弟而争死，他们都供认自己是首犯。国王因此大受感动，认为正是因当地的“厚朴之俗”才导致了这类“悖戾之举”的发生。因此，在这一命案中，国王主要惩罚了父亲成泰郁一人，而他的几个儿子在刑讯后均得到释放。一同行诬陷之实的女婢孟春被发配到绝岛为婢，教唆老婢一丹诬蔑成氏父子的始作俑者成致文、朴弘述等人则在刑讯后被释放。茶山先生则认为，对始作俑者成致文、朴弘述等教唆之人的处罚过轻：

> 臣议曰：乡村富民，例失人心，既失人心，例诬以淫，必欲破其家诛其人，散其田产，以享其波及之利，此例习也，亦痼习也。（今全州，亦有如此之狱）殿下明见万里，使成泰郁者，得昭其覆盆之冤，以见日月之光，猗其盛矣！但成致文、朴弘述、金世贞等，是初造意始发谋者，奸状即绽，法当反坐，御判无所论，意或传写者删之也。且成圣一等，其父被麀聚之诬，其子奋鹯逐之气，无论造意者受嗾者，便当一拳打杀，宁得云有罪乎？③

---

① 《审理录》卷13，庆尚道大丘府成泰郁狱。

② 《审理录》卷13，庆尚道大丘府成泰郁狱。

③ 《钦钦新书》，祥刑追议，情理之恕四（谓父行淫　其子雪耻　根由奸淫　实因被打）。

茶山先生对此案点评道，乡村中因为嫉妒他人富有而造谣生事的情况十分普遍，他们通过诬陷而想要达到使其破家散财的效果，造意者从而就能享受“波及之利”，趁势瓜分富人原来的家产。这是朝鲜后期乡村社会一种顽固的陋习。他还举例说明了当时不仅是庆尚道的大邱有这类案件，在全罗道的全州同样也有。茶山先生虽肯定了国王的判决，但也认为教唆老妪的始作俑者应该受到“反坐”的刑罚，而在父亲受到诬陷时为父报仇的成圣一兄弟则不应受任何处罚，茶山先生的观点表现出他在情理与法理为两极的系谱中，有时会比国王更接近情理的一端，比起行为的后果来，他更重视当事人本心的善恶。

上述案例的主犯都受到了徒刑或流配的刑罚，而下面一例案件中的犯罪嫌疑人则被无罪释放，这又是怎么回事呢？正祖八年（1784）时黄海道凤山郡发生了一起命案。朴奉孙和朴从男分别是朴者斤尚①的亲子和同居继子，因为朴从男想向继父朴者斤尚借一袋粮食（“稷包”）而朴者斤尚没借给他，愤怒的朴从男便开始辱骂继父并殴打他，导致了继父朴者斤尚的胸部出血。看到继弟殴打自己的父亲，朴奉孙为救父难而对朴从男拳脚相加，导致其四天后死亡。黄海道监司上报本案时援引《续大典》的规定，认为应对犯人朴奉孙减刑。但正祖大王却判决朴奉孙无罪释放，原因是“以义子而殴义父，岂或方之于路人之驱伤乎？”②。本案与其他案件的不同处在于本案是义子殴打义父而亲子救难的情形，因义父子（继父子）的服制为齐衰一年，所以“其罪可杀”，因此本案的判决与其他为救护父母而致人死亡的案例不同。黄海道监司因错误的处罚建议而遭到问责。茶山先生对此案也评论道：“同居继父，其服齐衰期年，其名义至重，殴之至死，其罪当斩，如此之人，人得而殴之，况以子而卫父者乎？”③

茶山先生在评论本案时点明了刑律中量刑的一个重要观点，即《尚书》中提到的“上刑适轻，下服；下刑适重，上服。轻重诸罚有权”④。“适”和“权”二字道尽了中华法系依尊卑亲疏而加减刑罚的特殊主义原

① 朴者斤尚：朝鲜语人名“박작은상”，“작은”意为“小的”。

② 《审理录》卷13，黄海道凤山郡朴奉孙狱。

③ 《钦钦新书》，祥刑追议，情理之恕三（义子殴父　亲子救难　根由吝财　实因被踢）。

④ 《尚书》，吕刑；《钦钦新书》，经史要义，眚怙钦恤之义。

则。《尚书》的这一量刑原则在适用于朝鲜时，则是“国典视律甚轻，为子弟之卫父兄，理所难禁也。情真者，宜遵国典；情不切者，宜引明律。若朴奉孙者，其用国典无疑。适轻下服，适重上服，此之谓也”①。茶山先生指出，《续大典》等朝鲜本国法典对“父祖被殴”这一犯罪类型的刑罚明显轻于《大明律》。因为在明律“父祖被殴”的情形中：“凡祖父母父母为人所殴，子孙即时救护而还殴，非折伤勿论。至折伤以上，减凡斗三等，至死者，依常律。”② 可见明律在“父祖被殴”时还殴而致人死亡时应按照常律对待。但《续大典》对这一情形的规定则是即便致人死亡，也要对犯人“减死定配”，可见比《大明律》更重视伦理道德，更接近“情理”的一端。茶山先生认为，可视嫌疑人犯罪时“情真”与“情不切”犯罪情节中的主观故意对《续大典》和《大明律》进行选择性的适用。茶山先生对当事人主观故意的有无非常看重，在其名为《尚书古训》的著述中曾详细阐释道：

> 上刑下服。……律重而情轻者，降于下等，律轻而情重者，升于上等，此章之义也。何可混之？以法则上刑无疑也，以情则下刑无疑也。无疑也，故得降一等，若情之轻重，都不分明，将欲降等，犹疑至冤，将欲全赦，虑有实犯，若是者奈何？输之罚金，岂不合天理而协人情乎？明知其过误，一毫无疑，然后方可宥大。明知其故怙，一毫无疑，然后方可以刑小。若其或过或误，都不分明，将如之何？罚金，上法也。③

茶山先生认为，“上刑下服”和“下刑上服”的主要基准在于“情”与“律”二者孰轻孰重。然而当“情”与“法”之轻重难以断定时，如果减轻处罚则可能会使被害人的冤情得不到昭雪，但若加以赦免却难以排除当事人有故意犯罪的可能时，判官该如何裁决呢？茶山认为最合理而有效的办法就是处以罚金（赎钱），用罚金刑取代身体刑。他认为只有在确

---

① 《钦钦新书》，祥刑追议，情理之恕三（义子殴父 亲子救难 根由吝财 实因被踢）。
② 《大明律》，刑律，斗殴，父祖被殴。
③ 《与犹堂全书》卷28，《尚书古训》，吕刑。

认是过失犯罪而丝毫无误时，方才可以赦免宽宥，也只有在确认是故意犯罪而丝毫无疑时，方才能对犯人加诸刑罚。而在当事人犯罪到底是出于故意还是过失而无法准确判断时，当处以罚金。也就是说，罚金刑是介于身体刑和无罪赦免间的中间过渡地带，身体刑、罚金刑和无罪释放分别对应于“故意犯罪时”“无法断定是故意犯罪还是过失犯罪时”“过失犯罪时”这三种情形，从而体现出茶山先生科学而鲜明的刑罚理念。而在正祖九年（1785）发生在京畿道富平府的一个案件中，申福金为救遭受殴打的父亲而致人死亡，国王对犯人也做出了释放（“决杖放送”）的判决。[①] 茶山先生对此评论道：“晓然知朝家本意，在于屈法敦俗。”[②] 而可否为了“敦俗”（伦理）而“屈法”（律法）呢？茶山先生对此委婉地质疑了国王的判决，他对过度的“屈法”是持疑问态度的。

除了以上“卫尊之犯”类型的命案外，“彝伦之残”类型的案例也鲜明地体现出情理与法律间的矛盾和冲突。如果“父祖被殴”是源于家族成员对外部暴力（包括语言暴力和身体暴力）威胁而做出的反应的话，那么因家族成员的恶行或不伦而引发的命案则更能体现出伦理化司法在判决时对“情理”的考量。

比如在英祖五十年（1774）十一月的黄海道信川郡曾发生了一起命案。金梦得因为自己未成年的妹妹忽然被人奸污而觉得玷辱了家门，所以擅自将自己的妹妹杀害。当时能举证金梦得杀妹的仅有他的亲弟金梦必和其从弟乌贵，但因为“以弟证兄，在渠为伤伦，在法为违格”，因朝鲜奉行亲亲相隐的原则，国王认为其亲弟和堂弟在案发时仅有八九岁，[③] 而且弟弟举证哥哥本身就有损伦常，于律法上也是违法。因此其亲弟和堂弟不得作为目击证人举证，其证言也就不予采纳。因此嫌犯金梦得在狱中被关押了近十年后，于正祖六年（1782）最终被判决释放，“以示朝家重狱体、敦风化之意”。[④] 茶山先生对此评论道：

---

① 《审理录》卷14，京畿富平府申福金狱。

② 《钦钦新书》，祥刑追议，情理之恕一。

③ 《续大典》，刑典，杀狱，“杀狱，关系甚重，必须详慎，年未满儿（十五岁以下），勿以为证”。因此其亲弟和堂弟都不够法定的举证年龄。

④ 《审理录》卷9，黄海道信川郡金梦得狱。

臣议曰：取以弟证兄之招，断以兄杀弟之狱，有害于风教，此处分之所以如是也。然若使梦得之事，不出于门户之公愤，或由于闺房之私讦，则圣断岂止是乎？室女行淫，贱流皆以为大耻，淫妹擅杀，愚民谬知为无罪，羞愤潜发于心地，谬习久惯于耳闻，仓卒之间，行此残忍，此其情有足原恕，故圣明于此，不欲深明其事实也。[①]

茶山先生认为，兄弟之间互相举证与风教不合，所以国王如此处断是正确的。《大明律》规定在兄姊杀害弟妹时，殴杀者处以杖一百徒三年的刑罚，故杀者处以杖一百流二千里的刑罚。[②] 但相比《大明律》，朝鲜对这一情形的处罚则更为严厉。《续大典》规定，“父母杀子女，兄杀弟，而其用意凶惨者，以斗杀律论；谋杀子女而未行者，远地定配”[③]。也就是说，明律兄杀弟时仅止于徒流，但朝鲜这一犯罪情形中的“用意凶惨者”最高可处以死刑。与此同时《续大典》也补充解释道，“父杀子，兄杀弟，罪止杖徒，制法本意。而先朝受教，定为一罪[④]者，盖出于欲惩其恶，非为偿其子之命也。从今以后，一依法文施行，如有情节痛恶，不可不别样处断者，则攸司之臣，随时禀定”[⑤]。也就是说，虽然“用意凶惨者”最高可判处死刑，但其立法只是出于惩恶的目的，在执行前需要得到国王的特别许可。金梦得杀害妹妹的行为虽是出于故意，但因他是出于对室女淫乱的羞愤而最终获得释放。愚民擅杀家中淫乱妇女的行为在某种程度上是朝鲜当时的陋习，因“法不责众”而使百姓以为这一行为不构成犯罪。茶山先生在评论此案时，特别区分了“公愤”和“私讦”两个概念，即如果是出于私人之恶意而非家族之公愤的话，他认为国王的判决就不会如此轻微了。反之，若是出于对淫行的公愤而犯罪的话，却是可以宽恕的。

发生在正祖十四年（1790）庆尚道蔚山府的坚圣民杀妹案也是如此。坚圣民之妹坚氏平日悍毒，夫妻和婆媳关系很不融洽，坚氏在夫死孀居以

① 《钦钦新书》，祥刑追议，彝伦之残三（室女潜奸　胞兄迭刺　根由奸淫　实因被刺）。

② 《大明律》，刑律，斗殴，殴期亲尊长。

③ 《续大典》，刑典，杀狱。

④ 一罪：指死刑。

⑤ 《续大典》，刑典，杀狱。

后又行淫乱，最终无法容于夫家而被赶回了娘家。在当时，坚氏的行径对娘家来说是一件羞耻的事情。因而坚氏之兄坚圣民把妹妹坚氏带上了船，他把船划到江中后将坚氏推入了江中（或强逼其投江自杀）。初检报告中目击这一惨事的津夫供述如下：

> 今月初一日，本府内太和江津夫文顺三进告云：矣身家在津头，坐吃朝饭，望见津口有一男一妇，男着黑笠，女着白衣，不招艄工，划船自渡是如可，既过中流，未及南岸，那妇人忽然投水，这男子不相援救，到岸舣船，急急走了。矣身不胜惊骇，急乘他船，到彼跟追，不知去处，两个踪迹，末由采问是乎旀[①]。船中遗落青布小袱、裹钱三十文、白苎布五尺、髢发三条、襦袷一事、弊袜一双、并此现纳是白齐[②]。[③]

依照船工的陈述，妇人（即坚氏）在自己投江后，同船的男子（即其兄坚圣民）不仅见死不救，而且不慌不忙地登陆后迅速逃离了现场。他这一反常的行为使得船工大为惊讶，所以急忙乘船划到彼岸去追那名同船的男子，但却已经不知其去向了。如果依他所言，妇人坚氏虽是自杀，但其兄带她到江中后勒令其自杀的可能性较大。茶山先生对此案评论道："藉使坚女不孝其姑，不顺其夫，孀而行淫，百恶具备，家人不可擅杀，虽在父母，犹当有罪，况以兄而杀妹乎？孀不守节，本非死罪，非死罪而杀之，庸得不抵乎？"[④] 这一案例因不载于《审理录》，所以无法确知其最终的判决。茶山先生认为，虽然妇人在夫家不孝不恭，孀居时淫乱的行为都很恶劣，但由于孀居不守妇道本身并不构成死罪，即使是妇人的父母也没有擅自杀害她的权利，更何况是兄弟了。因此，擅自杀害未犯死罪之人，擅杀者理应抵罪。

正因为朝鲜后期的判决中经常产生"屈法"的现象，因而使得许多

---

① 是乎旀：吏读，古代朝鲜语"이오며"，表并连。

② 是白齐：吏读，古代朝鲜语"이삽져"，相当于现代朝鲜语"이옵니다"，"是""乃"之意。

③ 《钦钦新书》，祥刑追议，彝伦之残四（嫁妹被遣　胞兄推溺　根由羞淫　实因被溺）。

④ 《钦钦新书》，祥刑追议，彝伦之残四（嫁妹被遣　胞兄推溺　根由羞淫　实因被溺）。

不应被纳入减刑范围的案件也过度考量了情理的因素，使得许多的恶性案件的犯罪动机被正当化。如正祖九年（1785）发生在黄海道金川郡的一起命案就是如此。李二福和李二春二人是亲兄弟，李二福之妻与金命喆通奸，作为小叔子的李二春捆绑并殴打了奸夫金命喆，使奸夫在次日死亡。国王正祖对此案的判决如下：

> 杀人者死，三尺至严。而奸所捕捉，与无端杀死有异㐲除良[1]。覆检结语中所引《续大典》，其母与人潜奸，刺杀奸夫于奸所者参酌定配之文，足可为傍照之一端。父与兄情理一般，母与嫂轻重显殊。彼而传轻，此而用律者，有乖审恤之意，二春段，严刑一次后，减死远配为旀[2]……[3]

国王的判决中提到了“奸所”的概念，但本案并非是在奸所杀奸。《大明律》规定，“凡妻与人奸通，而于奸所亲获奸夫奸妇，登时杀死者，勿论”[4]。明律中仅对本夫杀死正在通奸的男女二人作出了明文规定，并且只在同时具备“奸所亲获”和“登时”两个构成要件时才可以得到赦免，却并无规定丈夫以外的其他亲属在杀死奸夫时该如何处罚。因为朝鲜在本案发生前曾出现过儿子在奸所撞获母亲与人通奸，而将母亲的奸夫登时杀死的案例，所以朝鲜通过立法将《大明律》“杀死奸夫”条的适用范围延伸到了子杀母之奸夫的情形。《续大典》中规定，“其母与人潜奸，其子于奸所刺杀奸夫者，参酌定配”[5]。从本夫杀奸时的“勿论”到儿子杀母亲之奸夫的“定配”，朝鲜立法根据不同的行为主体而在量刑上有所区别，对儿子的杀奸较本夫杀奸要明显严苛。本案中国王提到了《续大典》的这一规定并作为参照的依据。国王认为，“父与兄情理一般，母与嫂轻重显殊”，无论是在血缘、亲情，还是在服制上，母亲与嫂子二者均无法相提并论。因而在朝鲜已有对子杀母之奸夫规定的情况下，在参酌这

① 㐲除良：吏读，朝鲜语“뿐더러”，“不仅”“非但”之意。

② 为旀：吏读，朝鲜语“하며”，连接词尾，表并连。

③ 《审理录》卷15，黄海道金川郡朴春福狱。

④ 《大明律》，刑律，人命，杀死奸夫。

⑤ 《续大典》，刑典，杀狱。

一条文的基础上更进一步，国王对小叔子李二春做出了“减死远配”的判决。茶山先生对本案的判决予以批判：

> 议曰：杀人，大事也。故杀奸之法，非其夫则不许，非奸所则不许，此非可烂漫轻许者也。母之奸夫，许其子杀之，室女之劫奸者，许其父杀之者，国典也。然转转开广，又许杀嫂之奸夫，则不既滥乎？况非奸所者乎？此不当引而引者也。[①]

茶山先生认为，《大明律》“杀死奸夫”条的适用范围和构成要件本身已非常科学，因此朝鲜不能无限扩大这一情形的适用范围。《大明律》仅仅规定本夫可以杀奸，而朝鲜的本国立法在当时已经扩大到子杀母之奸夫和父杀在室女之奸夫的情形。茶山先生认为不宜再将适用范围进一步扩大到叔杀嫂之奸夫的犯罪情形。从本夫杀奸时的赦免，到儿子杀奸时的流配，再到小叔杀奸时的流配边疆，我们从中可依稀勾勒出朝鲜“杀死奸夫”在律法适用上的谱系。丈夫本人对妻子的性有专属的权利，因而其本人在受到侵犯时，特别是在奸所时他的激愤程度最强烈而犯罪的主观恶意最小，因此明律对此予以宽恕。而到了儿子杀奸的情形中，其维护的是父亲对母亲性的专属权，其所侵犯的对象已非本人，所以激愤程度较本夫次之，因而已带有某种剥夺奸夫生命的主观故意，所以在朝鲜儿子杀奸将受到流配的刑罚。而到了小叔子杀奸之时，其所维护的是兄长对嫂子性的专属权，而无论是兄对于父还是嫂对于母来说，其“亲亲”（亲情和血缘的亲疏均无法比拟）和“尊尊”（平辈而非尊亲属）的程度都已经明显减弱，因而其发自本心的激愤程度又较子杀母之奸夫为弱，而已经带有较为明显的杀人故意，所以在朝鲜小叔子杀奸的刑罚更重而处以流放边疆的刑罚。从中可以看出，中华法系的司法实践中依照尊卑亲疏而加减刑罚的特殊主义传统本身即带有某种科学和合理性，其考量的是包括人的本心和社会接受程度等各类因素。

除了“卫尊之犯”和“彝伦之残”两种犯罪类型之外，能鲜明体现出朝鲜王朝情、理、法间调和的就要数“义愤杀人”这一犯罪类型了。

---

① 《钦钦新书》，祥刑追议，情理之恕七（嫂有淫行　叔杀奸夫　根由义愤　实因被打）。

除了子弟为父兄复仇以外，若是第三人出于义愤而杀死应死之人的话，那朝廷该如何判决呢？从这一类型案件的判决中可以判断当时情理和律法的天平偏向何方。而义愤杀人在正祖十四年（1790）申汝倜义杀金顺昌案中体现得最为明显：

> 申汝倜，长兴人也。同里人金顺昌留其弟顺南看屋，与妻耘田而归，妻斞小麦，减二升，訾曰："叔在而麦不存，真怪事！"顺昌诟顺南曰："看我屋，偷我谷，非盗而何，尔其自服。"顺南方病卧，不堪冤痛，泣呜咽。顺昌睨曰："盗亦悔泣耶？"举杵撞其脑。顺南委顿，几不得生。邻人咸集，心怒不忍言，惟田厚淡者，调解之曰："古语有之，一斗粟尚可舂，二升麦，胡大事，奈何兄弟不相容。"顺昌骂不已。厚淡往见汝倜，慨然言之。汝倜艴然扼腕而起曰："顺昌非人。"急如顺昌家，捉髻而责之曰："升麦不足惜，兄弟不可阋。嗟尔父母，生汝二人，但愿相怜，不期相争。杵撞病弟，尔则畜生，畜生不可亲，吾将毁尔庐，不与同吾邻！"顺昌踢汝倜曰："我殴我弟，胡干汝事？"汝倜大怒曰："我以义劝，汝反踢我，我亦踢汝。"遂踢其腹，顺昌匍匐，翌日死。家人匿不告官，越一月，事始发，汝倜系于狱。①

以上案情的描写出自文人李德懋对申汝倜所作的小传。从上文可知，家住全罗道长兴府的金顺昌与妻子外出耘田时，留下了金顺南在家看家。金顺昌和妻子回来后，妻子发现家中的小麦少了二升，因而怀疑是小叔子金顺南所偷。金顺昌因此诟骂弟弟金顺南，让他从实招来。当时金顺南正好卧病在床，他因忽然蒙受了不白之冤，所以只是呜咽哭泣。顺昌问他是不是因悔悟而哭泣，并举起木杵来击打弟弟的脑袋，顺南这时憔悴得都快活不下去了。邻居们这时都闻声赶来，见此情形却都敢怒不敢言，只有一位名叫田厚淡的邻右调解说："二升麦子不是什么大事，兄弟间要相互包容"，但顺昌还是骂个不停。田厚淡又找到了申汝倜并把事情的原委告诉了他。申汝倜扼腕而起说："金顺昌已非人类。"他急忙赶到金顺昌家，

① 《钦钦新书》，祥刑追议，义气之赦一（兄不庇弟　邻以义杀　根由义愤　实因被踢）。

抓着顺昌的头发劝解他要兄弟和睦，并说："顺昌你用木杵殴打卧病不起的兄弟，已经是畜生之所为，而畜生是不可亲近的。所以我要毁掉你的家舍，不与你做邻居。"顺昌一听急了，他踢打申汝倜并说道："我打我弟，与你何干?"申汝倜大怒说："我好心相劝，你反而踢我，我也要踢你!"申汝倜因而踢打金顺昌的小腹，金顺昌匍匐倒地后于次日死亡。死者的家人却隐瞒不告官，官府在一个多月后方才得知了这一命案，申汝倜因此被投入监狱。从申汝倜对"人类"和"禽兽"之辨的言语，以及后来他义愤填膺的行为可知，他饱读儒家经典，受孟子的影响颇深。他在潜意识中想当然地认为，面对人的禽兽之行，人人得而诛之。这一案件在经过文人的刻画加工后，申汝倜俨然成了维护兄友弟悌这一正义的化身。正祖大王在审理这一案件时，不仅不按律法处罚致人死亡的案犯申汝倜，反而认为申汝倜富于英雄气概，极为赞赏他的义杀行为：

> 谚有之，钟街烟肆，听小史稗说，至英雄失意处，裂眦喷沫，提折草剑，直前击读的人立毙之。大抵往往有孟浪死，可笑杀。而朱桃椎羊角哀者流，古今几辈。汝倜者，朱羊之徒也。目摄阋墙，泼汉斗涌，百丈业火，往日无恩，今日无怨，瞥然艴然之间，赶入滚斗场中。……噫！汝倜死也休怕，非士师而治不悌之罪者，非汝倜之谓哉，录死囚凡千若百，其倜傥不碌碌，于汝倜见之有以哉！汝倜之名不虚得也。汝倜放。①

正祖在判决中说，传说中有人在汉城钟路一带的烟铺中听故事时，在听到故事中英雄的失意之处时，因身临其境的带入感而不觉暴怒，愤而杀死了讲故事的人。正祖大王列举了我国唐代著名隐士朱桃椎和西汉"舍命之交"的主人公羊角哀二人，认为义杀邻右的申汝倜正好可以比拟这二人。申汝倜为了惩罚金顺昌的"不悌"却将生死置之度外的倜傥，确实人如其名，所以正祖大王最终判决申汝倜无罪释放。在这一判决中，朝鲜的民间逸话和中国的人物故事悉数登场，文学故事和中国历史中的人物形象深深刻在了国王的脑海中，成为本案审理时的参照系，并由此影响了

---

① 《审理录》卷21，全罗道长兴府申汝倜狱。

本案的判决结果。正祖之所以对羊角哀这一人物十分熟悉，很可能源于对流入朝鲜的冯梦龙先生的“三言”的阅读和喜爱。[①] 从本案中国王援引的故事和人物，以及国王判决的行文来看，能够推测国王受到了文学作品的影响，使他对行侠仗义的英雄形象极度向往。而现实中朝鲜出现了这样的人物后，即使他身负命案，也丝毫不妨碍国王对他的欣赏，因而他最终幸运地被判决无罪。与上述其他案件中参酌“情理”而大多得到减刑的判决不同，本案中义气杀人的申汝倜因自身的“倜傥”而被无罪释放。茶山先生援引《周礼》中“杀人而义”[②] 的概念，认为本案当事人即属于此类型。这一类型的杀人“令勿仇，仇之则死”，即便是被杀者的亲人也不得复仇，并根据《周礼》的观点推导出义杀金顺昌的申汝倜本就不应该受到任何处罚，从而认为“圣上处分，自与周礼相合”[③]，对正祖无罪释放的判决大加肯定。

茶山先生还收录了一起发生在正祖年间黄海道谷山县的义气杀人案。当事人金世辉在醉酒后，看到邻右尹泽廷正欲强奸幼女，出于义愤的他借着酒劲儿刺杀了尹泽廷。“借问谁事之不平者，自是古侠之习气”[④]，本案的检官在报告中认为犯人是看到世间有不平事后，出于侠义之气而杀人的，因此情有可原。国王对此案的判决已经缺失，因而无法得知最终的判决结果，但“此亦所谓杀人而义者也”，茶山先生将此案同样归入了“义杀”的范畴。可见在朝鲜后期，“义杀”可归入参酌“情理”而获得减刑的范畴。“义”虽包含在“情理”之中，却又是“情理”的最高境界，国王对“侠义”的感性欣赏远远超过了对“情理”的理性参酌，而使得对此类型案件的减刑力度最大，这或许就是历史和文学故事发挥的巨大力量吧。

综上所述，朝鲜后期与“情理”有关的命案在最终判决时都获得了减刑，最终的处罚都相对较轻。《续大典》等朝鲜本国法典对《大明律》的规定做了相应的补充，“情理”有关案件的适用范围有所扩大。而国王

---

① 《喻世明言》卷7，羊角哀舍命全交。

② 《周礼》，地官，调人。

③ 《钦钦新书》，祥刑追议，义气之赦一（兄不庇弟　邻以义杀　根由义愤　实因被踢）。

④ 《钦钦新书》，祥刑追议，义气之赦二（老而奸幼　邻以醉杀　根由奸淫　实因被刺）。

作为朝鲜的最高裁判官，过度考虑了伦理和教化，出于情理而不断地“屈法”，从而使情理与法理的天平向情理一端严重倾斜，法律因此被“伦理”和“道德”所不断稀释，立法与司法也朝着伦理化的方向加速发展，茶山先生在其著述中对此做出过委婉的批评。

第二节　威逼之厄

“威逼人致死”是中华法系特有的犯罪类型，在《大明律》中首次出现，当时立法的本意可能出于“抑强扶弱”的需要。“威逼”概念的出现，意味着人有时要为他人的自杀承担法律责任，而这与现代的刑法理念存在本质的差异。即“威逼”是由于被害人的积极行为倒逼加害人受到刑罚的，而非一般犯罪中因加害人的积极行为导致被害人受到损害而受到的处罚。在适用《大明律》的朝鲜，对“威逼人致死”条[①]也曾有过广泛的适用，特别是在看重妇女贞节的朝鲜后期，因奸威逼的现象十分普遍。我们通过当时所发生的案件来具体分析。

正祖二年（1778）八月，黄海道载宁郡曾发生过一起关于威逼的案件。当时，贫苦的妇人崔氏在其从叔父李京辉家的田中拾穗以维持生计。某日，李京辉误认为是崔氏偷了自己家中的粮食，“谓之盗贼，乘愤搜家，欲执赃物”，并强行到崔氏的家中搜查，以此想要把赃物给找出来。“被以草贼之名，将欲申官，威喝讨捕之将，又欲捉纳”[②]，李京辉不仅诬指崔氏为“草贼”，还打算告官并令捕将们抓捕崔氏。妇人崔氏于惊吓中无端受到了叔父的怀疑，她因一时想不开，就和子侄们共七人全都投河自杀了。因为李京辉的威逼而导致七人丧命，所以此案在当时朝鲜成了焦点。正祖大王在同年的判付中要求对案犯李京辉施以严刑，却没有当即对此案做出明确的判决，但对主张可适用明律“威逼人致死”条对犯人杖一百的黄海道观察使加以惩处。六年后的正祖八年（1784），正祖大王最终判决将李京辉处以死刑。[③] 茶山先生对正祖的判决持批判态度，他认为

---

① 《大明律》，刑律，人命，威逼人致死。

② 《钦钦新书》，祥刑追议，威逼之厄一（纠差吓捉　亡命投渊　根由窃禾　实因自溺）。

③ 《审理录》卷11，黄海道载宁郡李京辉狱。

当时的判决过重而缺乏公允：

> 臣议曰：狱者，天下之平也。虽一肢无伤，苟其情犯至凶，宜断其杀；虽十命同殒，苟其情犯不重，宜缓其死。但论此罪之轻重，奚问彼死之多寡。……若李京辉所为，可怒可恨，而不必可死；可愧可怕，而不必可死；容有可死，而不必并子女而可死。则李京辉者，有凌人诬人之罪，而无杀人之罪；容有杀人之罪，而无并杀七人之罪。今若以七人之并命，都载李京辉之背，以重其任，则京辉抑冤矣。①

茶山先生认为，刑狱最应讲求平允。判决轻重的依据是犯罪情节的轻重而非其导致后果的严重性。即使最终的结果没有导致任何人受损，但是情节恶劣的话，也应该处以死刑。而如果像李京辉一样，其犯罪情节轻微，但却由于不可控的原因而导致最后出现了严重的后果，则理应从轻发落。他认为判决主要依据的是当事人主观故意的有无及主观恶意的大小，并主张不应将妇人崔氏等七人的同时自尽完全归罪于李京辉，七人的性命不该由他一人全部背负。而正祖大王的最终判决显然是将七人之命全部归罪于李京辉，因此他是存在冤屈的。茶山先生对妇人崔氏带领子侄六人寻短见的行为评论道：

> 乡村井上，高呼击掌，诬人为盗之声，朝朝暮暮，恒起恒灭。若以此事，辄皆自戕，则乡村之人，无噍类矣。况此七母子之并命，必非寻常灾变，定有鬼物揶揄，神魂迷昧，霎然一念之邪曲，断了七个之性命。若论杀人之罪，崔女有焉。自杀，亦杀人也；杀子女，亦杀人也。以臣愚见，但见崔女之杀人，不见李京辉有杀人之罪也。且其威逼，恐之以笞扑之罚，非恐之以绞斩之律，则威逼致死之目，亦恐不合。②

茶山先生主张，乡村中误认他人偷自家财物的指责比比皆是，如果因

---

① 《钦钦新书》，祥刑追议，威逼之厄一（纠差吓捉　亡命投渊　根由窃禾　实因自溺）。

② 《钦钦新书》，祥刑追议，威逼之厄一（纠差吓捉　亡命投渊　根由窃禾　实因自溺）。

为这类受到他人误解的琐事就动辄自杀，那么乡下就没有活人了。况且七人一同寻死本身或许就有某种不可控力量的驱使，否则其他六人为何就如此听命于崔氏，而愿意随同她一起赴死呢？他认为自杀也是杀人的一种，杀人者是妇人崔氏而不是犯人李京辉。她不仅不珍惜自己的生命，还顺带夺取了其他六个人的性命。他认为威逼罪在本案中所适用的刑量应是笞杖而非死刑。不仅如此，他还认为“威逼人致死”条也不宜在本案中适用，因为当事人李京辉的行为并未形成“可畏之威”，因此未对崔氏构成不得不赴死的充分理由，而崔氏较差的心理素质才是惨案发生的主要原因。

在朝鲜“威逼”罪的适用过程中，因奸导致的威逼人致死占据绝对多数。《大明律》“威逼人致死”条规定，“若因奸盗而威逼人致死者，斩”。[1] 可见因奸盗而导致的受害人自杀属于加重处罚的情形，且处罚极为严厉。但《大明律》起初在立法时并未阐明是强奸已成还是强奸未成。直到万历十三年（1585）颁布的《大明律集解附例》中，始对因奸威逼的适用做出相应的法律解释。“因奸威逼者，如强奸不拘已成未成，而威逼妇人致死。”[2] 这一解释使得对因奸威逼的情形在适用上涵括了强奸已成和强奸未成两种类型。朝鲜虽然知晓《大明律集解附例》对因奸威逼做出的法律解释，但《大明律集解附例》本身并不等同于《大明律》，因而在朝鲜并不具有法律效力，况且即便是明律的原文也可通过朝鲜本国的立法加以调适。因而朝鲜在因奸威逼情形的法律适用上与同期的我国明清两代存在显著的区别，主要体现在对强奸未成却导致妇女自杀的案件量刑较轻，与明清时期威逼人致死时对强奸已成和未成一律对待的严刑峻法形成了鲜明的对照。下面来看在因强奸而导致妇人自尽时，朝鲜是如何适用“威逼人致死”条进行判决的。

我们先来看英祖大王在位时发生的一起威逼案。英祖二十年（1744）时，家住忠清道公州的童蒙金世兴欲强奸邻居家的处女李氏而潜入她的房间，因遭到李氏的抵抗而罢手回家，李氏在受辱后自缢。从“童蒙”二字可知犯人金世兴的年龄很小，可能比处女李氏的年龄还小，二人应该都未成年。朝廷对如何处理这一案件展开了激烈的争论：

---

① 《大明律》，刑律，人命，威逼人致死。

② 《大明律集解附例》，刑律，人命，威逼人致死（附例）。

上曰，其女则贤，而世兴则何如？寅明曰，臣意则以为其女诚贤，而世兴可死矣。显命曰，虽与强奸威逼有异，而因是致死，则此可为罪矣……宗玉曰，因奸盗威逼致死则斩，载明律，而强奸未成则生。威逼致死，亦有傅生者矣。上曰，两班威逼，则可谓威逼，而如此小童，有何威也？锡命曰，宜有可恕也。俨曰，欧阳修以李氏断臂事，载五代史，岂不伟哉？此女曰是烈女宜旌褒，而世兴则可用法也。尚星曰，既与威逼有异，而经三日始死，则似不无原恕者矣。①

当时朝廷的意见大致分为两种。一种认为金世兴性侵李氏的举动与李氏的自杀之间存在因果关系，所以认为应将犯人金世兴处死；而另一种意见则认为金世兴属于强奸未成，且在案发时他还是一名“小童”，在年龄和力量上均无法对李氏构成威逼，且李氏在自杀时距离受辱之日已经超过三天，因此严格意义上很难断定两者存在直接的因果关系，所以不便适用“威逼人致死”条中因奸威逼情形的法定刑量，英祖因此未当即做出判决。在几天后再论此案时，大臣们的意见在严刑和减刑间仍存在明显的对峙。英祖在综合考虑后，做出了如下判决：

上命书判付曰：此事其强奸不成之律则似近，而今者照律，不知衬着。虽然其所自毙，由于渠之强逼，则此所谓非我也刃也，不可以寻常强逼威逼之律处之。严刑三次后，减死岛配，造次之间，据理守节，凡事过时则不无解心者，既不被污，过屡日自裁，其节可尚，其令该曹，特为旌闾。②

英祖大王认为金世兴与李氏的死之间构成了因果关系，但认为其与“威逼”的概念略有不同，因此不能简单地依照“威逼人致死”条中因奸威逼的法定刑量判决。他最终判决将金世兴严刑三次后发配到孤岛。国王认为，李氏为守节而自裁的行为可嘉，命令礼曹加以旌表。可见朝鲜后期朝廷对因强奸未成导致妇女自杀的案件中，犯人一般不会被判处死刑，这

① 《承政院日记》，英祖 20 年 12 月 10 日。

② 《承政院日记》，英祖 20 年 12 月 13 日。

在正祖年间的诸多判决中也有鲜明的体现，正祖大王在审理此类案件时，也将强奸已遂和未遂作为判决的标准。如正祖五年（1781）时，在庆尚道熊川县发生了士族李昌范强奸十八岁少女的案件。李昌范于光天化日之下，在“白昼通望之处”欲劫奸少女金已丹，金已丹受辱后于次日自缢。正祖在犯罪事实认定时，断定李昌范强奸未成：

> 名以士族，恣行武断㧉除良，未笄良女，惟意劫辱，辗转至于生出杀狱之境是如乎……道启则拈出欲为二字而归之未成，曹启则指彼跨据一节而谓以已成。两般意见，各自成说是隐乃[①]，朝家之意以为不然。人之死生亦大矣，己丹以乡曲间十八岁女儿，能知强劫之为辱，判一死如就乐地，则昌范虽狞悍，果能夺其志而成奸乎？道启中缉麻炊饭，初无必死之心是如可。及乎一洞人聚观，昌范妻肆恶之后，羞愧舍命云者，何所据而有此论是隐喻。当日之结项被解崔金两女，丁宁立证是隐则[②]。一死之早决于见劫之时，抑或推知，其所缉麻也炊饭也，安知不出于使家人不致虑之意乎？一死早已自办，则虽以贲育之勇，莫之能屈，此所以知其未成者也。明知为未成，而急于偿命，驱诸成奸，亦有欠于综核之政。[③]

本案中庆尚道监司和刑曹的意见相左，庆尚道观察使认为李昌范属于强奸已成，而刑曹则认为李昌范属于强奸未成。正祖大王认为，金已丹作为乡间十八岁的少女，能因为强奸之辱而自尽，面对金已丹如此刚烈的性格，李昌范即使再强悍狰狞，也不容易“夺其志”而轻易得逞。庆尚道的报告中说，金已丹在遭遇强奸后仍缉麻做饭，证明她起初并无必死的决心，也证明她的状况不足以使她的家人担心她自尽，因此未对她严加看护。而直到一村之人都来围观，李昌范的妻子前来辱骂她偷汉后，金已丹才因为羞愧而自尽。可见本案中真正压死金已丹的最后一根稻草并非李昌范，而是作为士族妇女的李昌范之妻，即她最终选择自尽的直接原因并非

---

① 是隐乃：吏读，古代朝鲜语“인나”，相当于现代朝鲜语“이나”。

② 是隐则：吏读，朝鲜语“인즉”。

③ 《审理录》卷9，庆尚道熊川县李昌范狱。

由于男子常用的身体暴力，而是由于女子常用的语言暴力。作为情敌的李昌范之妻很可能认为平民少女金已丹勾引自己的丈夫以图实现阶级的跃升。她为了防止丈夫纳妾，而前来辱骂金已丹以防患于未然。笔者认为分析本案时只有加入“阶级”这一因素，这一强奸未遂案中李妻的谩骂和乡邻的围观才变得合情合理。因此本案中正祖大王在旌表金已丹的同时，认定李昌范强奸未成，因而判决将李昌范减死定配，“昌范发配前，准三次严刑，配所以北道极边定送事分付”，因为李昌范是士族，所以比平民的处罚要重，因而将他发配到朝鲜北部边境的寒冷地带。本案中，作为金已丹自杀之决定性因素的李妻的“肆恶”却没有任何处罚，其合理性值得疑问，因为李妻的语言暴力其实同样构成了对金已丹的“威逼”，但她在辱骂时可能没想到金已丹的心理如此脆弱，少女的自尽反而使她的丈夫被流放，她不仅没能守住丈夫，反而因此失去了丈夫。

朝鲜后期对妇女贞洁的极端强调导致了当时许多妇女即使并未遭遇强奸，而仅仅是遭遇调戏或性骚扰，也会轻易地选择轻生。比如正祖四年（1780）发生在忠清道全义县的吴一运调戏徐氏案就是如此。徐氏是士族妇女，而吴一运是普通的良人，“徐女之自缢，由一运之挽裳”[①]，徐氏仅仅因为吴一运扯了一下她的衣服就选择了自尽。针对这一案件，“律无可施，准以强奸，则即有未奸之证，拟之劫夺，则又无已夺之迹”，当时在朝鲜没有对应的法律条文，如果比照强奸，他并非强奸已成，若是比照强奸未成，但他却从未做出想要强奸的任何动作。正祖在最后的判决中对徐氏加以旌表，判处吴一运流配的刑罚。可见即便性骚扰而非强奸，但只要造成了妇人自尽的严重后果，也大致会比照强奸未成的情形加以量刑。

然而，处罚因奸威逼之人的前提是要有明确的事实认定，其骚扰或性侵的行为与妇女自杀的结果间存在因果关系。如果事实认定不清，国王判决时则会从轻或从无。如正祖三年（1779）的平安道安州就发生了一起疑案。金春同劫奸妇人金氏，使得金氏饮毒后，于第十天毒发身亡。正祖在四年后的判决中，体现出国王作为最高裁判官所具有的理性慎重的态度。

---

① 《审理录》卷5，洪忠道全义县吴一运狱。

> 究厥罪犯，极甚凶悖，斯速偿命，以雪死者之冤，在所不容已。然既非奸所之被捉，又无奸成之明证，只凭金女生前之言，遽然成狱，终欠审慎……道启中曰疑曰惜，尽有条理，疑之者，疑其奸之已成；惜之者，惜其死之未尽。而疑多于惜，惜不敌疑。勘定之际，凿有中窾。朝家于此狱，岂有别见，即令道伯酌放以闻。①

正祖以为，案件中因奸威逼的犯罪事实并不容易认定。因为因奸威逼案中既缺乏目击的证人（非奸所被捉），又缺乏强奸已成的确证，受害妇女既作为案件当事人，又作为唯一举证责任人的情况非常普遍。而在因奸威逼的案件中，受害的妇人多因为已经自裁而导致死无对证，因而很难仅凭受害妇女生前的一面之词而对犯人作出判决。因此不排除当事妇女利用"威逼人致死"条而拿命去诬赖某一男子的可能性。即使是在强奸已成的情况下，在法医学技术并不发达的朝鲜时期，在妇人自杀以后，不排除其生前指认的男子会有百口莫辩的情形。而强奸未成的情况就更难做出确凿的事实认定了。因而正祖命令平安道观察使详查后，本着"疑罪从无"的原则和审慎的态度，直到案发四年以后的正祖七年（1783），才对本案做出了判决，他要求平安道观察使酌情释放嫌疑人金春同。他在判决中表明了朝鲜王朝在处理疑案时的指导原则，即"疑多于惜，惜不敌疑"。即判官绝不能因对当事人的殒命或被害感到惋惜愤痛，就感情用事进而重处嫌疑人，在疑案中一定是"惜不敌疑"的。

综上所述，朝鲜时期与我国明清时期一样，也同样存在"威逼"的案例和对"威逼人致死"条的适用，其中因奸威逼的案例占绝大多数，朝鲜在量刑时明确区分强奸已成和未成，相比我国明清时期来说，朝鲜时期因奸威逼，特别是在强奸未成时的量刑较轻。这些因奸威逼而选择自尽的朝鲜妇女基本都受到了朝廷的旌表，因而这些自尽的妇女不仅能给自己家庭带来朝廷颁授的荣誉，还使家庭享受到了"复户"的待遇，从而为家庭免除了徭役等负担。因此，其自尽的行为有时看来或是经过严密计算的，是借机主动迎合国家所提倡的理念和行为，以期待从官府那里获得"名"和"利"等各类收益。特别是妇女和她的家人在看到其他妇女因自

---

① 《审理录》卷11，平安道安州牧金春同狱。

尽而使她的家庭获得收益时，这种榜样的力量可使得妇女借受辱之机争相自尽。因此并不排除妇人们在选择这条不归路时，作为利益攸关者的她的家人们曾对她有过鼓动或强迫。因而笔者认为，并非每一位因奸自尽的妇女在选择这条不归路时都是那么心甘情愿的，她们主动做出选择和被动受到鼓励的因素大多同时存在。即使是完全主动选择自尽的受辱妇女，有的也并非仅是抱着维护自身贞节的意志而死，而是带着对名誉和利益的预期而慷慨赴死的，尽管那时的她已看不到这一预期的实现。而更多的妇女一定是在维护自身贞节和以此为手段换取荣誉和利益的共同作用下，艰难地做出自尽这一选择的。

某种程度上来说，是“威逼人致死”条在朝鲜的适用鼓励造就了大量的朝鲜妇女做出自杀的选择，即法律（条文）影响并塑造了人的行为选择，而不是相反。因为她一人的牺牲不仅可以换来对性侵者的严惩，还可以通过“旌表”和“复户”等，为自己的家庭带来众多看得见和看不见的利益。也只有通过她的牺牲，她自身的“贞”与“烈”才被公之于世，她的父母和兄弟才能因此获得更好的生活和更大的荣光，她的“孝”和“悌”才隐秘地得以实现。因此她的自尽又是一举多得的，是经济的。由此可知，程朱理学的意识形态塑造了官府表彰“忠”“孝”“烈”等热衷实践其所提倡的价值理念之人的制度，而具体的个人和家庭又积极地迎合和利用了这一制度，他们的理念和行为在被当时制度所塑造的同时，其对自身利益最大化的追求又反作用于制度，进而又使制度被他们重塑，并使制度为之扭曲和变形，从而让我们看到了人和制度间的双向互动和相互塑造，以及呈弥散状的、而非仅仅由上到下的权力运用。

第三节　图赖之诬

我国明清社会曾广泛存在过借尸图赖的现象，而同一时期同属中华法系的朝鲜也不例外。“图赖，或称白赖，译之以东语，即云‘用恶’，亦云‘臆持’，其白赖者，东语谓之‘生臆持’。”[①] 茶山先生在其《牧民心书》中明确指出了朝鲜图赖的概念。图赖也称作“白赖”，朝鲜当地叫作

① 《牧民心书》卷10，刑典六条，断狱（诬告起狱　是名图赖　严治勿赦　照律反坐）。

"用恶"或"臆持",[①] 朝鲜语称图赖他人者为"生臆持"[②]。金迈淳(1776—1840)在其《阙余散笔》中谈道,"今乡曲小民,告诉杀伤,图赖者十居六七,此二字不可模糊打过"[③]。他指出普通民众因命案而告官者,多半是出于借尸图赖,可见朝鲜后期借尸图赖这一恶习在民间社会是相当普遍的,而朝鲜史料中有关图赖的记载却很少。朝鲜明宗时期首次记载了"图赖"这一法律概念。即明宗十三年(1555)发生的从兄弟间相斗,两家都各自把自家儿子杀害后相互图赖对方的恶性案件。当时三公的意见认为:

> 深叹世道人心之薄恶,一至于此也。虽蚩蚩之氓,不胜忿怒所为,而其残忍至此,从重究治,有不足惜。但帝王用法,自有定制,不可因一时之议而有所低昂。《大明律》"杀子孙及奴婢图赖人"条:凡祖父母、父母,故杀子孙图赖人者,杖七十徒一年半。此为正条,不可舍此而求比于他也。且人之故杀子孙,少有慈心者,孰不知恶之,而律止于此,岂无其意?臣意依律文痛杖,而定徒役于两界远邑残驿,则只用本律,而犹可惩其恶也。若系贱口,徒应收赎,则收赎而黜去都下,使不得安其故居,以示移郊移遂之意。[④]

宰辅们在此援引了《大明律》"杀子孙及奴婢图赖人"条[⑤]的规定。大臣们都认为,相对这一犯罪的恶性程度而言,明律规定的处罚显然太轻。但是罪刑法定,不能因一时的朝议而改变律法的严正,因此这一互相杀子图赖人的案件只能适用"杀子孙及奴婢图赖人"条,而不可比附明律的其他条款执行。宰相们认为《大明律》的立法者当然了解这类犯罪的恶意,但律文如此规定必然有其深意。朝鲜在按照这一条文执行的基础之上可以有所加深,比如在执行杖刑时"痛杖",在确定徒役时发配到最

---

① 臆持:汉字借词,朝鲜语单词"억지"的音读,固执、耍赖之意。

② 生臆持:朝鲜语与汉字的组合词,"生"为汉字,臆持为朝鲜语单词"억지",耍赖、无理取闹之意。

③ 《台山集》卷19,《阙余散笔》,文王第五。

④ 《朝鲜王朝实录》,明宗实录卷18,10年2月9日。

⑤ 《大明律》,刑律,人命,杀子孙及奴婢图赖人。

远的朝鲜北部边境等。这样一来，即便是遵照《大明律》“杀子孙及奴婢图赖人”条执行，也可以惩罚犯人的凶恶。但如果犯人是奴婢的话，因为其要服贱役而应将徒刑用钱收赎，但不得让其居住在原来的地点。宰相们的提议得到了国王的准允。

有关“图赖”的定义大致如下。图赖是指图赖者在杀害他人后用其尸体（或用已死之人的尸体），以将告发其杀人罪为名胁迫或恐吓被图赖者，从而达到榨取被图赖者钱财、诋毁其名誉、为自己或家人复仇、甚至欲将对方置之死地等各类目的的一种犯罪行为。图赖具体可分为杀人图赖、借尸图赖、自杀图赖以及为杀人犯掩盖罪行的要挟图赖等各种类型。从中可知，图赖行为虽和诬告罪，有时也与谋杀罪存在一定的关联，但其本身有着自身独特的构成要件，这也是《大明律》为图赖单独立法的目的所在。茶山先生对此认为，图赖犯罪带有明显恶意，必须要从重处罚，主张对图赖人者处以反坐。他在其著作《牧民心书》中论述道：

> 以自溺为被溺，以自缢为被勒，以自刺为被刺，以服毒为被打，以病患为内伤，若是者，多矣。考诸法书，形证各殊，辨之不难，但既辨之后，狱事出场，官意遂解，不思惩恶，略施刑杖，例皆全释，民何所怵畏哉？凡诬告者，法皆反坐，诬以死罪者，厥罪应死，虽不能然，并与流配，而免之，岂不疏哉？此由嫉恶之心不能真切故也。宜论报上司，必罪无赦。①

茶山先生认为，图赖是指将自杀或本来就有的伤病伪装成他杀或他人的故意伤害，从而以杀人罪诬告他人的行为。他认为，《无冤录》中对自杀和他杀的鉴别有着清晰的说明，经过仔细的检验后，分辨自杀和他杀并不困难，从而侧面反映出朝鲜后期地方官对《无冤录》等法医学著述未能认真钻研。图赖人者的诬告在被识破后，地方官的态度也十分关键，朝鲜后期的地方官一般只是将图赖之人“略施刑杖”后就释放回家，使得那些刁民有恃无恐。他认为对图赖人者应适用反坐律，即诬告他人死刑犯罪的人被揭穿后应对其处于相同的刑罚，即使不能处死，也理应与其他罪

---

① 《牧民心书》卷10，刑典六条，断狱（诬告起狱　是名图赖　严治勿赦　照律反坐）。

犯一同流配，而仅仅是受杖刑后就被释放，岂不是太便宜他们了吗？他认为这是出于地方官疾恶如仇之心不够真切的缘故，这类案件应在上报后给予严刑，而不应被赦免。

茶山先生在这段论述后附上了《大明律》“诬告”条和“杀子孙及奴婢图赖人”条的法律条文。其中“诬告”条规定，“凡诬告人笞罪者，加所诬罪二等，流徙杖罪，加所诬罪三等，各罪止杖一百流三千里。……至死罪所诬之人已决者，反坐以死，未决者，杖一百流三千里加役三年”。[①]而《大明律》“杀子孙及奴婢图赖人”条的立法分为前后两部分，前一部分是指未告官时的图赖，而后一部分则规定了告官后的图赖，告官后的图赖依“诬告”罪的规定处理，从而被“诬告”的概念所吸收，而未告官时的图赖则不可以诬告罪论处，因而处罚较轻。因此“图赖”相对于“诬告”来说是一个独立的法律概念，“诬告”本身无法完全涵括“图赖”的概念，而仅仅可以将“图赖”视作诬告他人杀人以前的预备行为。

但在实践中，如果图赖人者和被图赖者的任何一方均未告官的话，官府将无法介入其中，即便是“图赖”条规定的诬告之前的轻微处罚在实际中也不易被执行，因而在立法和司法实践间存在某种悖论。但现实中在不告官的情况下对他人施以胁迫以图赖财物的情况却很普遍，这些事实因未能纳入官方的视野而在史料中记载极少。图赖人者一旦将所威胁的告官付诸实施，被官员洞察后他将按诬告罪被处以反坐，因而图赖人者将处于不利的境地，所以他尽量在不告官的前提下以尸体（人命）为道具，不断使胁迫产生的恐吓效果逼近极限，从而让被图赖之人陷入极大的恐惧和不安之中，以达到自己的目的，而使自身的利益最大化。

但茶山先生认为，当时朝鲜的执政者们并不很清楚何为“图赖”，他们不仅不清楚“图赖”的立法目的在于惩治奸巧，也无法理解“杀子孙及奴婢图赖人”条文本身。茶山在《钦钦新书》中指出，即使连朝鲜最精通法理的宰相南九万，也对这一“图赖”的概念不甚明了。他举出肃宗在位时发生的金厚男借尸图赖一案，对此案最终比附谋杀人罪而论处的结果做出批驳：

---

① 《大明律》，刑律，诉讼，诬告。

南相国九万，论金厚男定罪议云：厚男欲泄愤于崔南山，掘取其弟家病毙之男儿尸，称为己子，而诬以南山之踏杀，送其女儿于弟家，以为藏踪之地，乃使时丁呈状，官家检尸成狱，南山终至于杖毙。今论以诬告律，发状之时丁为首，而偿命，主谋之厚男，为从而免死。则原其情状，轻重有乖，论以谋杀人，则厚男以立谋为造意，时丁以呈状为加功，皆当处以一罪，而或虑此狱诬告为当律谋杀为比律，此该曹之所以有所疑难，而请询于臣等者也。然今观二人之情犯，若以诬告断之，时丁以发状之人，反坐处死，固所当然，而至于造谋发状，换易儿尸，检尸时识认成狱，皆出于厚男，则决无为从而反轻之理，且律之所谓谋杀人，非特以梃与刃而已，虽拥迫遮阻恐吓之类，亦皆以加功处绞，则今以杀人诬人换尸立证者，断以谋杀人，亦未知其不可也。[①]

宰相南九万在不了解“图赖”这一法律概念的情况下，对金厚男借尸图赖案的处断一直摇摆于“谋杀人”罪[②]和“诬告”罪之间。本案中，金厚男为了向崔南山发泄私愤，因而掘取了弟弟家病死之子的坟墓，将这名已死的侄子谎称为自己的儿子，并一口咬定是崔南山用脚踏杀而致死的。之后金厚男又把自己的女儿送到弟弟家藏匿起来，为了防止日后自己被反坐，他指使自己的侄儿金时丁向官府告状，官府在尸检后将崔南山杖毙，金厚男阴谋得逞。后来真相大白于天下，朝中对如何处置金厚男存在两种看法。一是以反坐律论处，如此一来作为直接诬告者的金时丁就理所当然是本案的主谋，而指使他的金厚男则是从犯，这样认定则与案情本身的轻重不一致，主谋金厚男便得不到应有的严惩。而如果引律比附于“谋杀人”条的话，金厚男是造意之人，因而是主犯无疑，金时丁则是加功之人，应当被认定为从犯，二人都应以死刑论处，这样法理便与案件的情理趋于一致了。然而当时的刑曹认为，这一案件的本律是《大明律》的“诬告”条，能否舍弃原本的法条而比附其他条文，就此提交给众臣审议。

---

① 《钦钦新书》，经史要义，诬赖反坐。

② 《大明律》，刑律，人命，谋杀人。

南九万等重臣认为，金厚男若是依照诬告罪处罚的话，那么其“造谋发状，换易儿尸”的罪恶就得不到应有的惩处，他认为谋杀人不仅限于利刃杀人，也应该包括胁迫和恐吓等情形，因此应该比附“谋杀人”条处决。而此案在适用律法时之所以摇摆不定，其根源在于金厚男在犯罪时早已洞悉这一法律漏洞，因而他对刑事责任做了相应的规避，因而指使自己的侄子金时丁去官府诬告。他的奸巧使他的侄子被推向了前台，去承担本应他来承担的刑事责任。本案中的无辜之人除了受其诬陷而被杖毙的崔南山以外，还有听从其指使而最终也被处死的侄子金时丁了。

在本案如何用律的推理过程中，大臣们始终未提及“图赖”这一法律概念。茶山先生认为，“此大明律所云图赖之狱也。图赖原有本律，而吾东议狱，不知引照，故所论或失平”①。这一案件的本律绝非《大明律》的“诬告”条，而应是“图赖人”条，而当时朝鲜的刑曹和众臣在适用《大明律》时却因为不知道这一概念而未能援引此条，使这一案件的最终判决略失公允。下面再看几件正祖年间发生的图赖案件。

正祖四年（1780）六月，黄海道的白川郡发生过一起尸亲图赖案。赵载恒因为一升米而踢打妻子尹氏，使尹氏意外致死。尹氏的姻亲李可远和尹氏的舅父赵铁作为尸亲，状告赵载恒杀害了妻子。事件经过调查发现，尹氏在死后五日之内就已下葬，当时没有任何人提出过异议。然而在尹氏死亡的一个多月后，尹氏的尸亲又突然向官府告发尹氏被杀。没有即刻告发赵载恒杀人而是等了一个多月才告发，这本身就引起了官府的怀疑，即告发之人很可能在此期间曾向被告勒索过财物。经过官府的数次调查审讯之后，李可远等人对为榨取钱财而胁迫赵载恒的犯罪事实供认不讳。

李可远作为图赖的始作俑者，他当时以厚葬尹氏的名义向赵载恒勒索巨额财产。不直接勒索财物而是要求必须厚葬，这反映了李可远的奸猾。为了规避刑事责任，他在告发时并不亲自出面，而是唆使老病之人赵铁告官。赵铁是尹氏的舅舅，当时已卧床不起。为了达到自己的目的，李可远还谱写了几曲乡间农谣，并将写好的农谣教给乡里的农妇们，让她们广泛传唱，农谣的歌词都是关于尹氏被丈夫殴打后含冤而死的内容，他寄希望于谣言的传播和舆论的力量。在案发三年后的正祖七年（1783），正祖大

① 《钦钦新书》，经史要义，诬赖反坐。

王对本案做出了判决，李可远“减死定配”，在严刑后发配极边，终身不得返回，赵铁则被处以徒刑，赵载恒被无罪释放。[①] 其实本案中尹氏确实是被赵载恒殴打致死，严格意义上来说李可远和赵铁并不能算是诬告，他们只是以赵载恒致妻死亡的犯罪事实来要挟赵载恒，以达到鲸吞其财产的目的。但他们为牟取暴利而借尸图赖，以及编造民谣让妇人传唱的行为都是国王所难以容忍的。另外，正祖年间发生的许多因丈夫家暴而导致妻子死亡的案件中，国王对丈夫的判决都极为轻微，朝廷对夫权的维护可见一斑。

而有些图赖在当时人眼中已经触犯了伦纪。正祖六年（1782）十一月，家住庆尚道顺兴的金岩回状告私奴致乞杀害了自己的父亲金厚先。[②] 经过官府的调查，金厚先人命案案发于金岩回告状的十四年之前。当时金厚先被致乞殴打，于被殴六天后死亡。当时金岩回因贪图致乞的钱财，而伪装出父亲金厚先自缢而死的假象，金岩回和致乞二人将此事私了（私和）。尝到甜头的金岩回不仅不告官为父洗冤，还把父亲的尸体当作自己生财敛财的工具，他从案发到告官的十四年间不断向致乞索要钱财，致乞在十四年中也因身负这一命案心虚，因此他为了封口而不得不整日满足金岩回的无理要求。十四年后的他最终忍无可忍，因此断然拒绝了金岩回的勒索行为。已经习惯把致乞当作摇钱树的金岩回因而大怒，愤怒之中的他告发了十四年前发生的这一命案。国王对私奴致乞从轻处罚，判决他“远地定配”，但认为“岩回之前后罪恶，大关伦常，凶狞叵测，覆载难容”，[③] 要求对他严讯后依律处置，将他处以死刑。茶山先生对此案有精彩的评论：

> 若如初查之状，则岩也，与仇私和，取其父尸，假作结项之状，此与弑父者奚间焉？贪财卖尸，藏标为质，以至十四年之久，犹耽耽索赂之不已，竟因溪壑之不充，始乃发告。如此之狱，何为而追究事原乎？藉使犯人断人脰而决人腹，此是余事惟岩也。是鞫是讯，可

① 《审理录》卷4，黄海道白川赵载恒狱事。

② 《审理录》和《钦钦新书》记载的人名略有出入，《审理录》作“李厚元”。

③ 《审理录》卷9，庆尚道顺兴金岩回致乞狱事。

> 也。况取父尸而假作缢痕者乎？……私和有律，图赖有律，而岩也之罪，直于弑逆上旁照，始可以正伦纲而敦风教，不可但以私和图赖论也。[1]

茶山先生认为，金岩回在父亲的尸体上动手脚，将父亲伪装成自缢而死的行为本身等同弑父，因为他在父亲的脖颈上套紧绳索的动作本身与弑杀无异，即便是在其父已经死亡的情况下。茶山先生列举了与本案有关的律条，除“图赖人”条以外，“尊长为人杀私和”条也与本案密切相关。“尊长为人杀私和”条规定：“凡祖父母、父母及夫，若家长为人所杀，而子孙、妻妾、奴婢、雇工人私和者，杖一百徒三年。”[2] 但茶山先生认为《大明律》这些条文中“徒三年”这样的刑罚根本不足以惩处金岩回的凶恶。他主张本案唯有以弑父罪，即应比附《大明律》“谋杀祖父母父母”条[3]论处才能“正伦纲而敦风教”。欲壑难填的金岩回在长达十四年的时间里“贪财卖尸，藏标为质”，将自己父亲的尸身居为奇货，尸体沦落成了他手中的生财工具，而不断向导致父亲死亡的私奴致乞索要钱财的这一行为，在崇尚儒教的朝鲜国王和士大夫们看来是难以容忍的，认为这是最大的不孝，也是最大的不敬。基于上述考量，国王最终轻判了最初的凶手致乞，而将大不孝之子金岩回处死的判决，也应是参照了“谋杀祖父母父母”条的法定刑量。

而发生在正祖五年（1781）平安道中和府的李甘丁案则属于杀人后嫁祸他人的类型。李甘丁将儿子李共元杀害后，诬指金处元杀害了自己的亲子，他这种图赖人的行为明显是出于对金处元的私愤。由于儿子李共元在金处元的引诱下不务正业，沉迷酒精而无法自拔，甚至在金处元的欺骗下将家中的田产偷偷变卖，最终使得家产荡尽，导致作为父亲的李甘丁对儿子又气又恨，所以他在手刃儿子后，将杀人的罪名嫁祸到让自家破落的金处元头上。本案经过官府检验后，检官们认为天下绝无父亲杀害儿子的道理，因此最初断定金处元是本案正犯。之后在经过长达数年的调查后，

---

① 《钦钦新书》，祥刑追议，图赖之诬一（假缢埋父　背赂乃告　根由使酒　实因被打）。

② 《大明律》，刑律，人命，尊长为人杀私和。

③ 《大明律》，刑律，人命，谋杀祖父母父母。

最终排除了金处元的杀人嫌疑，认定李甘丁就是杀害自己儿子的凶手。国王最终判决李甘丁“特为减死，严刑二次，绝岛定配”①，将杀子的李甘丁流配于孤岛，而将金处元无罪释放。茶山先生对此案评论道：“甘丁杀子之罪反小，诬人之罪甚大，刺子殒命，虽出于邂逅，引人诬赖，明属于故犯。”② 他认为李甘丁比起杀子来，其诬赖金处元的罪过更大。因为杀子有可能出于一时激愤，而图赖人则带有明显故意。因而从主观恶意上来说，图赖人反而比杀子的罪行更严重。

正祖年间另一起杀死子女后图赖人的案件是发生在黄海道黄州的李春世杀女案。当时李春世和大奇、宅勋等人喝酒，醉酒后的李春世对大奇、宅勋二人施以暴力。之后李春世担心被打的二人会报复自己，所以将自己三岁的女儿小连杀死后嫁祸给宅勋。李春世恶人先告状，他在诬告时一口咬定宅勋就是杀害自己女儿的凶手，他在醉酒后背着大奇走路时，宅勋跟在他们后面，宅勋跟着进入房间后，将自己的女儿踩踏而死。可见他杀女图赖的根本动机是为了防范仇家的报复，因此先下手为强。而“大凡发怒他人，自扑子女，闾巷例习”，查官在报告中言及这类得罪他人后为防止报复而扑杀子女的情形，乃是民间普遍存在的陋习，从中可窥见朝鲜当时的民风。

调查过程中复检官在对李春世和大奇对质审问后，确知李春世是诬告，认为“此实天下之极恶，人伦之大变”③。茶山先生对此案的量刑建议是：“父母殴杀子女者，杖一百而已；故杀者，杖六十徒一年；其用意凶惨者，禀旨乃决。④ 若春世者，其故杀者乎，然杖之宜猛，乃惩其恶。”⑤ 可见茶山先生的建议参酌了《大明律》和《续大典》的相关条文，因为《大明律》对父母杀害子女的情形处罚轻微，所以《续大典》对明律做出了有益补充，对父母杀子类型中的恶性案件追加了刑量。但本案李春世的

---

① 《审理录》卷9，平安道中和金处元狱事。

② 《钦钦新书》，祥刑追议，彝伦之残一（听谗杀子 诬人手刺 根由夺田 实因被刺）。

③ 《钦钦新书》，祥刑追议，彝伦之残二（移怒杀孩 诬人足踏 根由使气 实因被扑）。

④ 《续大典》，刑典，杀狱，“父母杀子女，兄杀弟，而其用意凶惨者，以斗杀律论；谋杀子女而未行者，远地定配”；《续大典》，刑典，杀狱，“父杀子，兄杀弟，罪止杖徒，制法本意。而先朝受教，定为一罪者，盖出于欲惩其恶，非为偿其子之命也。从今以后，一依法文施行，如有情节痛恶，不可不别样处断者，则攸司之臣，随时禀定”。

⑤ 《钦钦新书》，祥刑追议，彝伦之残二（移怒杀孩 诬人足踏 根由使气 实因被扑）。

杀女行为属于“故杀”的犯罪情形，因而只能依照明律给予“杖六十徒一年”的刑罚，茶山先生认为应痛杖犯人，以惩罚他的罪恶。《大明律》和朝鲜本国法典在刑量上的差异，以及在具体案件适用时所形成的张力给了胥吏们从中牟利的空间，茶山先生在流配全罗道时曾寓居康津县城，当时他就观察到了胥吏的奸猾：

> 然余旅寓县城，屡见杀狱，凡情犯凶惨而律文不死者，奸吏讳其本律，吓以必死，以索重赂。毕竟免死，则藉为己功，盖愚氓不知律例，但知生死出于吏手。若检官于此，又从而吓喝如此，则吏于中间，舞弄益便。凡遇如此之狱，检官宜对众明说本律不死，使犯人释虑，虽其罪犯凶惨，宜令焦灼，而吏之舞弄，不可以不防。①

《续大典》对杀子时“用意凶惨”的犯罪情形对明律做了补充规定，但“用意凶惨”的标准为何，在具体案件中却不易界定。而胥吏们是不肯放过任何一个此类在律法上存在弹性和刑量上有所出入的机会的。一旦《大明律》和朝鲜本国法典在同一犯罪情形的规定上存在张力，这在奸诈的胥吏们看来正是他们获取暴利的好时机。因为吏胥们精通律例而普通犯人不懂律法，在法律知识方面双方存在严重的信息不对称，于是奸吏们便拿出处罚较重的条文来恐吓这些犯法的民众，告诉他们所犯之罪将会必死无疑，犯人以为自己的生死取决于胥吏，所以为了保命必然会出重金贿赂胥吏，有时甚至可谓倾家荡产。然而依照原本的律文这些犯人本就可以保命，判决被免死的囚犯们却以为是胥吏救了他，被胥吏骗取了巨额财产的他们反而对胥吏感恩戴德。因此茶山先生认为，检官在进行尸检的时候就应事先对犯人说明他们罪不至死，使犯人免除恐惧，从而就能有效防止吏胥有从中“舞弄”的空间。反之，如果检官在尸检时就吓唬犯人犯了死罪，那么胥吏在其中操作起来就更加方便了。

另外，朝鲜时期还有一种特殊类型的图赖，茶山先生将之称作“刁赖”。纯祖三年（1803）四月，全罗道康津县的朴光致之父告发同里（同村）的郑化山、郑亿等人，说他们殴打了儿子朴光致，而朴光致在被打

---

① 《钦钦新书》，祥刑追议，彝伦之残二（移怒杀孩　诬人足踏　根由使气　实因被扑）。

六天后死亡，因此希望他们为亲子偿命，以雪幽明之冤。官员在复检时确认朴光致是他杀无疑，并认定郑亿就是杀害朴光致的主犯。而直到对尸身三检时，作为主检官的海南县县监李惟秀才发现其中的疑点，并终于揭穿了朴父的奸计。原来在4月8日那天，朴光致与郑化山等人曾经斗殴，在四天后的4月12日，他因酗酒而被父亲殴打。被父亲责打后的朴光致因气不过而“自缢于庭前杏树”①，自己吊死在了家门口的杏树上。“以三纠麻索作活套子以结之，家人急解之，已无及矣。”朴光致是用麻绳做了活套自缢的，他的家人发现后急忙上前解套，但为时已晚。“以免杀子之名，于是有此诬告。”朴父为了不让自己背负逼死亲子的恶名而诬告他人，主张郑化山等人的殴打导致了儿子死亡，而案发几天之前恰好发生过朴光致与这几人互殴之事，所以在时间和事实上貌似天衣无缝。这一案件是茶山先生在寓居康津时所亲历。“此中国所云，刁赖之狱也。”茶山先生援引中国的图赖类型，将之归类于“刁赖”。

而不少人会因“没法做人”“没法见人”等颜面（“面子”）问题自杀，这是传统时期中朝两国的共同特征。下面一则发生在正祖年间黄海道延安的案例也是如此。当时，赵绮里的儿子赵老赤醉酒后“以少凌长”，在乡里的长辈面前撒泼，作为乡中元老的李元卜由此召开乡会，经过讨论后给予赵老赤“损徒”的处罚，即将他从乡会中除名。因为儿子被除名，赵绮里感到“既难举颜于里中，身经元卜之斗，又复怀怨于心内，溘然自戕”②，他觉得自己已经无颜在村中做人，加上出于对李元卜的怨恨，于是喝下卤水后自杀。通过原文中的“斗”“复”二字，可推测李元卜和赵绮里二人或许早有不和，李元卜借赵老赤酒后轻薄之名将他除名的行为，或许正是出于对其父赵绮里的攻击。若这样去看赵绮里自杀行为的话，其自杀的目的并不单纯，其带有报复宿仇的强烈动机，自杀在此时变为一种强硬有效的复仇手段。而父亲通过生命换取和留下的这一任务当然由其家人代为完成，赵绮里的妻子和儿子由此状告李元卜，主张就是他杀害了赵绮里。初检官根据乡邻的供述，以及卤水缸等证据证明赵绮里是自杀无疑，最终将告状的赵老赤和其母痛杖后释放。茶山先生则认为这一尸

① 《钦钦新书》，剪跋芜词，拟康津县朴光致检案跋词（代人作）。

② 《钦钦新书》，祥刑追议，图赖之诬四（父既自戕　诬人报怨　根由报怨　实因服卤）。

检结果很不全面，他援引《无冤录》“服卤”条说明人服卤水而死的情形，其尸体“有发乱指甲秃，胸前有爪痕，身不发疱、腹不胖胀”① 等特征。这起图赖案本身很可能带有为夫和替父报仇的动机。

综上所述，朝鲜时期存在多种类型的图赖，但进入官方视野的案例不多，因而有关图赖的资料极少。茶山先生认为，朝鲜的图赖不及明清社会普遍的原因在于朝鲜没有明清时期法律所规定的烧埋银制度。

> 吾东无葬银征给之法，故图赖者亦少。由是观之，中国征银之法，盖衰乱之末造也。用于葬乎，仇人之财，不可使葬其亲也。用于家乎，古者不家于丧，况亲死之谓何？因以为利忘其仇而用之乎。王者教民以义，不教民以利。中国之民，习于此俗，利诱以生，故图赖之诬，接踵比肩，皆由葬银孝布之等坏人心而污习俗也。后之君子，其勿以中国之法而或思仿行焉，可矣。《周礼》调人，调和万民之仇，无征财之法，只言语以成之。②

茶山先生主张苦主绝不可用仇人的钱财来料理亲人的丧事，若如此便是见利忘义。他认为正是因为明清法律上的烧埋银制度诱使当时的人们争相借尸图赖，从而使人心败坏、风俗被污染。他觉得《周礼》中只通过言语调和万民之仇的调人官制③值得效法，因此主张对严重背离伦理道德的图赖之人严惩。面对民间的各类诈伪行为，茶山先生在其著作《牧民心书》中举出备受朝鲜尊崇的朱子在任崇安（今福建省武夷山市）知县时的故事，来慨叹民间奸巧之难防：

> 朱文公守崇安，有小民贪大姓之吉地。预埋石碑于其坟前，数年之后，突以强占为讼。二家争执于庭不决。文公亲至其地观之，见其山明水秀，凤舞龙飞，意大姓侵夺之情真也。及去其浮泥，验其故土，则有碑记所书，皆小民之祖先名字。文公遂一意断还之。后隐居

① 《钦钦新书》，祥刑追议，图赖之诬四（父既自戕　诬人报怨　根由报怨　实因服卤）。

② 《钦钦新书》，批详隽抄，尤侗、人命条约、约禁图赖。

③ 《周礼》，地官，调人：“调人掌司万民之难而谐和之。”

> 武夷山，有事经过其地，闲步往观，问其居民，则备言其埋石诬告冈上事，文公悔懊无及。[①]

茶山先生丁若镛由此感慨道：“按朱夫子明理达物，犹此见欺于小民，况于庸暗之吏乎?”[②] 他认为，连朱子这般明理之人都会被小民所欺骗，更何况那些昏聩的地方官了。

---

① 《牧民心书》卷9，刑典六条，听讼下。

② 《牧民心书》卷9，刑典六条，听讼下。

第五篇

家族与阶级

第九章

家族与婚姻

第一节 家族制度的演变

朝鲜半岛的亲属关系一直沿用罗马亲等计算法，即直系以一代为一寸，旁系则是计算共同始祖到本人的代数后相加，并以“寸数”作为亲属关系的称谓，这是其传统亲属制度上与我国存在的最大区别。比如父母和子女的关系为一寸，寸数即从父母与子女的关系算起。“我”与兄弟姐妹的关系不是直接的，而是通过父母才联系到一起的，因此“我”和兄弟姐妹与父母间均为一寸，相加就成了二寸。又比如“我”与伯叔父的共同始祖是“我”的祖父母，“我”与祖父母间是二寸，而伯叔父与祖父母间是一寸，那么“我”与伯叔父之间即为三寸，所以“我”称呼伯叔父为“三寸”。与此类推，“我”称从兄弟为“四寸”，“我”称再从兄弟为“六寸”，称三从兄弟为“八寸”等，直到四从伯叔父（11 寸）和四从孙（10 寸）等，都以二人的寸数来直接作为亲属关系的称谓。而 10 寸之外的远亲则以族叔侄、族祖孙、族兄弟等相称，便不再称呼寸数了。另外，夫妇因被视作一体，故夫妻间的寸数为零。①

朝鲜半岛在使用其固有的罗马亲等制的同时，也受到了我国制度文明的巨大影响。我国以丧服的五服为基准的亲属制度也随同各类典章制度一道，至迟于新罗智证王五年（504）就已传入朝鲜半岛。《大明律》全文均奉行以五服为基准加减刑量的“特殊主义”原则，更使得主动适用《大明律》的朝鲜无法不在制度上接受五服制度。在 14 世纪末朝鲜编纂

① 박병호, 2012,《한국법제사》, 민속원, 214—216 면.

的《大明律直解》中，朝鲜将明律中出现的亲属称谓均吏读为朝鲜固有的亲属称谓，以便于当地人的理解。如将明律中的“侄”解读为“三寸少为子”，将“伯叔”解读为“三寸少为父”，将“舅”解读为“异姓三寸少为父”，将“姑母”解读为“同姓三寸少为母”，将“姨母”解读为“异姓三寸少为母”，将“从祖”解读为“同姓四寸大父”等。可见比伯叔父远的亲属称谓只能借助寸数或中国的亲属称谓表示，朝鲜并无原有的称谓。朝鲜半岛在高丽初期的丧服范围大致是父系血亲罗马七等亲以内、母系血亲罗马五等亲以内，外加妻之父母。而到了《大明律》传入朝鲜半岛的高丽末年（恭让王三年，1391），其丧服的范围就演变成父系罗马八等亲以内，母系罗马四等亲以内，从而使父族的丧服范围有所扩大而母族的丧服范围不断缩小。在朝鲜王朝的法律实践中，其实际的亲族范围远比《大明律》的规定窄，如诉讼的相避、遗产的继承等，均以罗马四等亲（四寸）为限。

而随着朝鲜对中国古典制度的效法和对程朱理学的践行，朝鲜王朝的家族制度在朝鲜前期和朝鲜后期有很大的不同，朝鲜半岛在婚姻和家庭制度上所固有的招赘婚（率婿婚）和子女均分遗产的做法是与我国传统制度的典型区别。而大致在16世纪中叶以后，朝鲜在家族制度和结构上发生了质的转变。其家族制度的变化大致表现为由朝鲜本土习俗向中国古典制度缓慢地演进，主要表现在婚俗、财产继承和祭祀权三个方面（见表16）。

表16　　朝鲜王朝家族制度的演变

	15世纪	16世纪	17世纪	18—19世纪
婚俗	率婿婚（招赘婚）	半亲迎制		已形成同姓村落
财产继承	男女均分遗产		男女有别，子多女少	长子多分（或独占）
祭祀权	诸子女轮回奉祀		诸子轮回奉祀	嫡长子单独奉祀

朝鲜初期的婚俗是率婿婚，是在朝鲜半岛流传已久的婚姻习俗。男女双方在女子家中举行婚礼后，二人在女方家生活到子女成人后才回到男方家中，与我国传统的入赘无异。而朱子的思想在大明被尊奉以后，其合法性来自大明的朝鲜统治者也自觉追随大明而推行《朱子家礼》，将之作为朝鲜构建理想家族的范本。然而包括《朱子家礼》的规定在内的中国传

统婚俗均是行亲迎之礼，即男子到女子家中将新娘带走后，双方在男子家中举行婚礼，其后一直在男子家中生活。率婿和亲迎两者存在本质的差别。朝鲜初期的士人对到底应是阳追随阴，还是阴追随阳的问题展开过激烈的争论，从中国引入的典章制度一时无法改变朝鲜的民间习俗，两者因此产生了巨大的张力。其中以中宗五年（1510）成均馆生员李敬所上便宜十条中关于“正婚姻”的观点最为典型：

> 六曰正婚姻。惟我国家制作文物，侔拟中华，独此婚礼，尚循夷狄之俗。我世宗庄献大王，慨然人心之泯灭，制为亲迎之礼，行自王宫，盖欲先之以率下也。士夫之家，安于旧习，莫之能行，历世既久，圣子神孙，无复体祖宗之意，而申明之，故婚娶之家，不率正礼。男子登昏夜抵女家，面目未睹，情意已昵，则执贽相见之礼安在？醮献既毕，夫寄于妇，有似雇佣之糊口于富家，则往哉汝家之戒何居？是以妇不知事姑嫜，而陵慢之心生，夫不能齐室家，而夫妇之道乖。至于尊卑相乘，阴阳相亢，天地几乎易位，非细故也。……伏愿殿下，复亲迎之礼，以正人伦之始；申国家之典，以抑奢侈之习；禁宦寺之婚，以遵中华之制。则婚礼正，而阴阳顺矣。①

由上述文字可以看出，当时朝鲜的婚俗是男归女家、婿留妇家的招赘婚，并带有走婚习俗的部分残留。而我国当时是以亲迎的方式将出嫁之女接到夫家生活的嫁娶婚。在一些朝鲜士大夫眼中，男归女家犹如天地易位，在文物礼乐自比中华而以“小中华”自居的朝鲜文人看来，这种差异正是中华与夷狄间的文野之别，因此这类婚俗是万万不能容纳的，他们主张必须向中国制度看齐。这种言论产生于16世纪的朝鲜，彼时正是理学大家辈出的朝鲜儒学全盛期。他们认为男子婚后若在妻家居住，就有如被雇佣的长工一般，那么夫权便得不到伸张，夫妇之道和男尊女卑更无法得到体现。再加上女子在婚后仍能因均分继承而得到娘家的财产，因而女子在经济上也非弱者。这样便使阴阳和天地本然的秩序被倒置。但持这种主张亲迎立场的在当时仅占少数，多数群臣还是主张遵从朝鲜的旧俗。正

① 《朝鲜王朝实录》，中宗实录卷12，5年12月19日。

如当时朝臣金应箕的观点：

> 亲迎之礼至美也，然世宗以为自上为之，则下効之。故王子王孙并为是礼，而下无行之者。是世宗成宗两朝，皆不能行是礼于下，大抵百里不同风，千里不同俗，先王制礼，合于人情，宜于土俗，而后为之也。但当各适其俗，不须更变，此礼恐不可行也。①

持这种观点的人认为，朝鲜和中国的风俗殊异，施行亲迎之礼的嫁娶婚并不适合朝鲜本国国情，应该“各适其俗”，这样才能合乎人情。从中可以看出，朝鲜在招赘婚和嫁娶婚之间经历了激烈而又漫长的斗争。朝鲜的统治者基于儒教理念而推行的嫁娶婚受到了民间的普遍抵触。后来朝廷采取了折中的办法，这就是朝鲜从 17 世纪开始的“半亲迎”婚俗。所谓“半亲迎”，就是新婚时男子在女子家中举行婚礼，婚后在女子家中居住三天，之后再带女子回到夫家居住的婚俗。② 这是朝鲜统治者在坚持“正统”儒教理念和《朱子家礼》的前提下，对朝鲜本地婚俗所做出的适当退让与妥协，而这种半亲迎的婚俗在朝鲜逐渐得到了推广普及，从而使朝鲜在婚俗上越来越趋同于中国古典的婚姻家庭制度。随着时间的推移，男女新婚后在妻子家居住的时间不断减少，并最终变为了妻子跟随丈夫和公婆一同生活的“理想”模式。到了朝鲜后期，半岛上已形成以共同的父系血缘而组成的村落，这时朝鲜的家族结构已经与我国传统时期无异。

与婚俗的一道变化的是财产继承权和祭祀权继承的不断演变，而婚姻制度原本就与遗产继承有很大的相关性。朝鲜王朝的遗产继承从朝鲜初期的男女均分，到朝鲜中期的男女有别，儿子多分而女儿少分，再到朝鲜后期遗产对长子倾斜或长子独占，女儿的遗产继承权被逐渐剥夺，其间经历了漫长的变化。关于继承的部分将在“承继”一章中详述。

除了婚俗、财产继承和奉祀权继承的变化以外，与之相伴的还有从高丽时期的一夫多妻制到朝鲜时期的一夫一妻（多妾）制等婚姻形式上的演变，以及士族族谱中记录的外孙支脉逐渐缩减乃至消失的现象，即家系

---

① 《朝鲜王朝实录》，中宗实录卷 12，11 年 2 月 6 日。

② 심희기, 1997,《한국법제사강의》, 삼영사, 101 면.

上从父母两系向父系直系家庭的演变，还有出于将家系传承下去的渴望而导致无子之人收养立嗣现象的暴增等。这些变化导致的直接后果就是朝鲜女子的家庭和社会地位的显著下降，以及男子家长权的逐渐获得。女子逐渐变为从属他人的存在，在家从父、出嫁从夫、夫死从子，女子本身不再被视作有独立人格的个体。朝鲜的执政者出于对中华文化和程朱理学的无限钦慕，不断促使本国的婚姻家庭制度产生变化，朝鲜王朝五百年就是朝鲜本土文化对作为外来文明的中华文明抵制、折中和不断接纳的过程。而当时的统治者所认为的文野与高下之分在今天看来或许仅仅是相对的。从现代人的立场上看，男女平等地享有继承权才更为合理，而男归女家、婿留妇家的婚俗或许更人性化，也更有利于家庭的和谐与稳定，毕竟在一般情况下，翁婿关系比婆媳关系要好相处得多。

第二节　亲属复仇

朝鲜时期面对私自为亲人复仇的情况是如何应对的呢？亲属复仇涉及中华法系“礼”与“法”两套观念系统的冲突和调和，因此，论述亲属复仇对阐明朝鲜时期的家族制度和观念很有必要。以牙还牙的同态复仇行为在部族社会十分常见，并被视作一种义务，我国战国时代的尚武之风就导致了复仇风气的兴盛，个人自发的同态复仇在那时相对自由。到了后来，同态复仇逐步被官府限制。《大明律》“父祖被殴”条规定：“凡祖父母、父母，为人所杀，而子孙擅杀行凶者，杖六十。其即时杀死者，勿论。”[①] 很明显，这是“礼”与“法”调和的产物，且更靠近“礼”的一端。如此轻微的处罚在标榜礼义和孝道的社会中是理所当然的。在以《大明律》作为一般刑法的朝鲜王朝，当然也无法摆脱这一大的框架。我们在此通过朴圣昌替父复仇这一具体案例来加以说明：

> 圣昌，公洪道[②]民也。刺杀父仇，诣官请命。观察使李宗白论启，下刑曹。刑曹奏曰：“今此朴圣昌正是周官所谓杀人而义者也。

---

① 《大明律》，刑律，斗殴，父祖被殴。

② 公洪道：即现今韩国的忠清道。

经许复仇之义，法有当施之律，而唐臣韩愈复仇状云：‘凡复父仇，事发具其事，申尚书省，集议奏闻，酌其宜而处之。’盖欲使经权，不失其宜也。今圣昌之母，虽是盲废之人，九年事仇，罪关伦常，亦不可轻加原恕，并令该曹禀处。夫圣昌幼稚逢变，窜伏流离，才及长成，快复九年之仇，其事甚奇，其孝可尚。道臣所引《周官》之义，诚为允当，而不告官擅杀者，杖六十，昭载律文，有难挠改。圣昌母金，目盲力弱，不能拒凶悍之壮男，理势固然，而其子有复仇之意，则乐闻而助成之，此亦可暴积年隐痛之心。设有处义之未尽，废疾而罪不至死，则法有勿论之文，宽免放送，恐合事宜。”上使儒臣，博考古事。玉堂俞健基曰：“昔张审素之子瑝琇，怨杨汪诬杀其父，自岭表逃归杀汪。张九龄欲活之，李林甫争之，遂见杀，士民怜之，为作哀诔致堂。胡氏之论，亦以九龄为韪。梁天监中，淮阳人杀其太守成安乐，举城内附，武帝赏之。子京隽[①]购人刺杀杀其父者，武帝义而释之。本朝申用溉之父浉为咸吉道观察使，被害于李施爱之党，用溉剑斩父仇于都市，诣阙请命，朝家不罪。今圣昌似无可罪。”上判曰：“非特韩愈之议，往牒与国朝故事，俱有可援，特令除杖放送。夫圣昌以九岁稚儿，能记父仇，寻母于九年之后，雪仇于白昼之中，比诸前人，可谓特异。自首官庭，视死如归，亦无愧于昔之王世命[②]矣。特为给复，以彰其孝。其母金亦放，令圣昌护归事，谕道臣。”[③]

这一案例讲述了英祖十二年（1736）家住忠清道的朴圣昌手刃杀父仇人的故事。茶山先生丁若镛在编纂《钦钦新书》时不仅将这一案例收录其中，[④] 对此案中所援引的众多中国和朝鲜案例也多有收录。本案的主人公是朴圣昌，在他九岁时他的父亲就被人杀害，他的母亲金氏因为是盲人，而被迫与其杀父仇人共同生活了九年。等九年后朴圣昌已经十八岁了，已长大成人，这时他在母亲的帮助下果断杀死了杀父仇人。朝鲜时期

① 应为景隽，《实录》记载有误。

② 应为王世名，《实录》记载有误。

③ 《朝鲜王朝实录》，英祖实录卷42，12年11月23日。

④ 《钦钦新书》，经史要义，子复父仇（朴圣昌），丁若镛对本案评论道：“仇人杀父而夺母，此必报之仇也。”

这种涉及“礼”“法”间矛盾冲突的案件一般会特事特办，在上报中央并经朝臣集体讨论后由国王裁决，这与我国古代处理此类案件的方式相似。本案中涉及的法律冲突是《大明律》对当事人因擅杀而“杖六十”的处罚，和官员反复提及的“义”（正义性）之间的矛盾。这种正义性首先体现在观察使和刑曹的上奏中所引用的“《周官》之义”上。这里所说的“周官之义”，应是《周礼》中“凡报仇者，书于士，杀之无罪”[①]，以及“父兄之仇皆使之远避以和难，不避则执之”[②] 等经典语句。道臣和刑曹均认为，比《大明律》早两千年的《周礼》[③] 中的观点更具有正当性。这等于说是忽略和跨越了从周至明两千年来中国法制的流变而直接上溯到中国法制的源头。而周代本就脱离部族社会未久，其论点应更接近“以牙还牙”的部族规范。基于《大明律》中“杖六十”（因是九年后复仇而非登时杀死）和《周礼》中“杀之无罪”间的矛盾，国王最后判决朴圣昌和他的母亲无罪释放，特赐复户[④]来表彰他的孝心，并令朴圣昌护送他的盲母一同回家。而值得玩味的是本案最终判决的整个推导过程。首先，观察使援引了《周礼》中的文句，间接证明了先秦经典在朝鲜可以作为分析和判决案件的法源。此外，国王令众大臣考据古事（“上使儒臣，博考古事”），并以此作为判决此案的重要依据。其中刑曹在之前的上奏中已经援引元和六年（811）韩愈的奏议[⑤]，并以此作为判决此案的法理依据。大臣在考据前朝“故事”后，共列举出了三则历代的判例。第一则是我国唐代官员张审素的两个儿子——13 岁的张瑝和 11 岁的张琇杀死诬陷自己父亲的仇人杨汪的故事。[⑥] 此案发生在唐玄宗开元二十三年

---

① 《周礼》，秋官司寇。

② 《周礼》，地官司徒。

③ 关于《周礼》的成书时间尚有争议。

④ 复户：朝鲜时期为家户免除徭役等负担的制度，“复”意为免除，“户”意为户役，其制度设计源于我国汉代对入粟受爵者的奖赏制度。

⑤ 公元 811 年发生了富平人梁悦为父报仇杀人案，宪宗为此下诏：“在礼父仇不同天，而法杀人必死。礼、法，王教大端也，二说异也。下尚书省议。”时为尚书省职方员外郎的韩愈，针对这一复仇案件，特上《复仇状》专门论述处理复仇杀人的原则。（详见王宏治《唐代张瑝张琇复仇杀人案》，《中国审判》2014 年 6 月号）

⑥ 《旧唐书》卷 188，孝友传，张琇传；《钦钦新书》对此案亦又收录，详见《钦钦新书》，经史要义，复仇杀官（张审素）。

（735）的东都洛阳，张瑝、张琇二人最终被处以死刑，当时的士人觉得极为可惜而纷纷撰文哀悼。这一反面判例表明了社会舆论和“正义”的力量非同小可，因此不可违逆。[①] 第二则是我国梁武帝时期的故事。南朝梁天监六年（507），淮阳人常邕和杀死了太守成安乐并举城内附。太守的儿子成景隽在普通六年（525）雇凶刺杀了杀害自己父亲的仇人，并于不久后买通了常邕和家的下人，将仇人的子弟全部鸩杀，梁武帝鉴于他此举表现出的“义”而将之无罪释放的故事。[②] 这一判例发生在公元6世纪初的中国，在朝鲜也被用作审判案件的重要法源。第三则是朝鲜本国先前的判例，此事在实录中未被正式记载，丁若镛的《钦钦新书》中记录了此事的始末：

> 野史，申泗为咸吉道观察使。李施爱之难，匿于曲楼中，有小吏指其处被害。其子用溉结客北游，知小吏面貌，及仕为舍人，诇知仇人入都，乘昏挟斧，而往斫毙之。朝廷置而不问。[③]

这则朝鲜本国的案例说的是申泗之子申用溉（1463—1519）为父复仇，因而杀死了出卖父亲藏匿位置而使父亲死于非命的小吏后，朝廷不予处罚的故事。这三则判例（故事）分别发生在公元8世纪和6世纪的中国，以及公元15世纪末的朝鲜，但却能够作为本案国王做出最终判决的重要法源。英祖大王认为，“非特韩愈之议，往牒与国朝故事，俱有可援”，因此判决本案当事人无罪释放。英祖在判决时就提到了韩愈之议、往牒、国朝故事等多种可援引的法源。若要总结本案判决时的各类法源的话，有作为正式法源的《大明律》，以及具有约束力的各种非正式法源，如中国先秦经典（如《周礼》）、中国历史上的判例（如本案所援引的公元8世纪和6世纪的中国判例）、朝鲜本国先前的判例（如本案所援引的

---

① 而丁若镛在“《钦钦新书》，经史要义，复仇杀官（张审素）”中对此案却评论道：“近世，凡报仇之狱，不问本事之虚实，惟以宽免为务，亦一蔽也……狱者，天下之平也。毫厘有差，已失其平，不可以不慎也。”他认为朝鲜后期对复仇案的处理过于宽容，是一大弊端。他对当时统治者基于“礼义”等理念弃用法条而对罪犯宽免的做法提出了异议。

② 《南史》卷74，列传六十四，孝义下，“武帝义之，每为屈法”。

③ 《钦钦新书》，经史要义，子复父仇（申用溉）。

15 世纪末的朝鲜判例)、中国历史上朝臣的议案（如本案援引的公元9 世纪的唐代韩愈之议）等，这些非正式法源最终冲淡并架空了作为正式法源的《大明律》，使本来就已经靠近“礼”的一端的“杖六十”也被免除，使发生在英祖十二年（1736）的这一案件在判决时完全倒向了“礼”的一端。而案件在此还未结束，因为英祖大王在他的判决中又通过类比，援引了中国明代的一起著名的复仇案，那就是王世名为父复仇案。[①]

该案发生于大明万历九年（1581）的浙江省武义县马昂村。王世名在复仇后，因为其不愿让父亲的遗体被检验而自杀。当时在他自首后，“两县尊商议，要自见司道面讲，免他验尸，以延他生，再为题请，以免他死”。这在常人看来，既可免去尸检，成全其孝道，又可保住性命，实乃一举两得的好事。可王世名：“这也非法，非法无君。我只为了一死，便不消这两县尊为我周旋委婉。”[②] 王世名拒绝了县官的好意，因为在他的心目中，为父报仇是为了尽孝，但是若不尸检就免除了一己之死，却又违反了国法，国法即“君”，因此便是不忠的表现。[③] 因此可以说，他最终的自裁是被“忠”“孝”二者所合力撕裂的。《明史·孝义传》记载了他的复仇故事，《二刻拍案惊奇》《型世言》《戒庵老人漫笔》《国朝献徵录》《耳谈》等多部野史笔记和话本小说也有收录，影响十分深远。而这一故事是通过何种途径传入朝鲜，并在案发一百多年后的朝鲜国王的脑海中留下如此深刻的印象呢？我们不得而知。而正是明清通俗小说在朝鲜的广泛传播，也对本案的判决起到过重要作用，这需要日后从东亚古代书籍交流史的角度详加考察。即文学叙事中王世名的形象使作为最高裁判官的国王产生了类比和联想，也在一定程度上左右了案件的走向。由此可见文学与法律关系之复杂，文学故事在当时可稀释法律条文，甚至主导判决。通过本案的审理可知，中国的经史、故事对朝鲜的影响之深，朝鲜的国王

---

① 《钦钦新书》对此案亦又收录，可见明代这一复仇案传至朝鲜后影响之广。详见《钦钦新书》，经史要义，子复父仇（王世名）。

② 《型世言》第二回，“千金不易父仇，一死曲伸国法”（此书在国内早佚，历代书目从未著录，近年发现藏于韩国首尔大学奎章阁。）

③ 丁若镛在“《钦钦新书》，经史要义，子复父仇（王世名）”中对此案评论道：“汪令云，父尸有伤子未应死者，谓检验有痕，被杀明白，则子之复仇合义，不应偿命也。父尸翻转，固人子之所不忍见，然王世名，以此自杀，亦非孝子之中庸，不可以为训也。”他认为王世名因此自杀并非中庸之举。

与官员们共享中国传统法律文化，并在共同标榜的过程中促成了本案的判决结果。通过本案，可见朝鲜王朝的法源是多重和复合的，其法律文化亦是多声部的交响。

《大明律》仅在“父祖被殴”条中规定了卑亲属为尊亲属复仇的情形应如何处罚，却在律文中未涉及为配偶复仇、尊亲属为卑亲属复仇的情形应如何处理。随着相应类型案件在朝鲜的出现，朝廷对亲属复仇的认定和适用范围不断扩大，如春玉为夫复仇案就是一例：

> 庆尚道私婢春玉，为其夫复仇，将偿命。该曹请议于大臣，诸大臣皆以为：“子之父，妻之夫，其义一也。其所以处复仇之道，不宜异视，且其夫逢丸致死之时，发状告官，则擅杀之罪，亦不当施，此女义烈，足以警俗，可褒而无可罪矣。”传曰：“春玉痛夫非命，含哀积虑，卒乃剸刃于仇人，此实丈夫之所难能。而出于乡曲贱女，极为嘉尚，合有褒奖之典，律既有为父母复仇之文，夫仇之自在其中，可以推知，擅谷之罪，偿命之律，非所举论，特为旌闾，以示朝家彰善瘅恶之意。”①

从发生在肃宗十三年（1687）的这一案例可知，群臣从《大明律》“父祖被殴”条出发而经过类推和比附后，家族复仇的适用范围自然延伸和扩大到妻复夫仇的犯罪情形，其根据是“子之父，妻之夫，其义一也”，其复仇行为均是基于三纲五常的大义。而婢女春玉的复仇之举在国王口中被描述成“丈夫之所难能”，并认为夫仇的复雪虽未写入律文，但已自然包含于《大明律》“父祖被殴”条之中，不宜按照普通杀人案要求偿命的规定②判决，反而需要重重嘉奖。所以，春玉不仅被无罪释放，还得到了国王的旌表，其犯罪事实完全被儒教的伦理和“正义”掩盖。茶山先生对此评论道：“凡不当死而杀之者，杀者当死，不得以报仇论也。圣断出于特恩，执法之臣不敢如此。”③ 点出国王的这一裁决乃是法外开

---

① 《朝鲜王朝实录》，肃宗实录卷18，13年5月28日。

② 《大明律》，刑律，人命，谋杀人。

③ 《钦钦新书》，经史要义，妻复夫仇（春玉）。

恩，普通官僚在断案时则应按律法判决。

这一判例后来收录在《新补受教辑录》中："其夫为人所杀，而痛失非命，刃刺仇人之腹，妻为夫擅杀仇人者，律无其条，杖六十决放。"[1]从中可知，国王对春玉的判决上升为朝鲜的一条判例法，以补充《大明律》法定情形的缺失。也就是说，在这一判例法中，将妻复夫仇的情形引律比附于《大明律》"父祖被殴"条的法定情形，而使得对妻复夫仇的处罚比照子复父仇而处以"杖六十"，从而扩大了《大明律》"父祖被殴"条在朝鲜的适用范围。因为此规定要适用于朝鲜全境而应具有普遍性，所以其规定的刑量并不以本案中犯人春玉被无罪释放并得到国王的旌表的判决为基准。从中可知，朝鲜王朝的立法过程常常是从个案的判决上升为一般法规的。

无独有偶，母亲为报子仇而手刃杀子仇人的情形应如何处罚，在同一年（1706）国王颁行的受教中也有说明："母复其子之仇，犹用子复其父之律，论以子孙擅杀行凶人者，杖六十之律。"[2] 从而再次扩大了《大明律》"父祖被殴"条在朝鲜的适用范围。这一规定同样起因于具体的个案。肃宗十六年（1690）时，作为母亲的京德将杀害自己儿子的相建殴杀致死，京畿道观察使在上奏中将此案比附《大明律》"父祖被殴"条。肃宗大王在参酌情理和律法后，最后判决将为子报仇的京德杖六十后释放。[3] 朝鲜将《大明律》中对卑亲为尊亲复仇的宽宥反向延伸至尊亲复卑亲之仇的犯罪情形，这实际上已与《大明律》的立法本意相去甚远。《大明律》中缘何没有规定尊亲复卑亲之仇时应如何处罚呢？这很可能源于"父祖被殴"条的立法本意应是对"孝"的强调，并从对父祖的"孝"自然延伸到对皇帝的"忠"，而这显然与父母的"慈"无关。因此为儿子复仇的情形本不应适用该条规定，但朝鲜却将"父祖被殴"条的适用范围扩大化了。

从上述案例可知，朝鲜时期的为亲属复仇之人占据着某种道德上的制高点，其行为在当时是合乎情理而又充满"正义"的。通过感受朴圣昌

---

① 《新补受教辑录》，康熙丙戌承传。

② 《新补受教辑录》，康熙丙戌承传。

③ 《秋官志》详覆部，复子女仇，肃宗十六年事案。

一案中经史皆法的判决推导过程，不得不令我们发出如下疑问。即朝鲜王朝的司法体系在某些情形下是否不仅仅遵循法典，而是“法典法”与“判例法”并行的体系呢？中朝两国在历史上所不断层累的判例，在何种情形下可以力压《大明律》等法典中的明文规定，而成为主导判决结果的重要因素呢？这值得日后做进一步的深究。

第三节 妻妾与婚姻

朝鲜王朝立国以后，因受儒教理念的影响而开始明确区分“妻”“妾”两者。而应以何种标准来划分妻和妾，成为当时朝堂上所多次争论的重要议题。因为高丽时期盛行的是一夫多妻制，妻妾间的区分并不明确。因而在朝鲜初期的民众看来，高丽贵族“有妻娶妻”和“以妾为妻”的情况均较为普遍。“有妻娶妻”指的是在有妻子的情况下另娶一房妻。高丽时期许多地方出身的官僚早年已在家乡结婚，这一原配妻子被称作“乡妻”，而他们到国都开京（今朝鲜开城特级市）为官后又另娶一房，另娶之妻则被称作“京妻”。原配妻子因衰老或疾病而无法生育时，高丽的士族们也会另娶年轻貌美的女子为妻。而“以妾为妻”大多指的是在妻子死后将妾升格为妻的现象。

朝鲜立国以后，朝廷提倡一夫一妻的制度，并认为“夫妇，三纲之首”，因此司宪府和司谏院为实践儒教理念而积极主张“礼无二嫡”的观点，认为“以妾为妻”的行为有违纲常秩序而多次加以弹劾。但是朝鲜初期的许多朝廷命官本人就是“有妻娶妻”和“以妾为妻”的当事者，所以因法不责众而只能承认现实，但若官员再有违背时，司宪府和司谏院便会积极弹劾，并大多得到国王的支持。如在太宗六年（1406）二月发生的案例就是如此：

> 流前知咸安郡事姜淮叔于外方。淮叔初娶安氏，有二子，既而弃之，娶洪氏，又不谐，复通安氏，且嫚辱洪氏之母尹氏。尹氏诉于宪司，宪司治之，离异洪氏，请淮叔罪。①

---

① 《朝鲜王朝实录》，太宗实录卷11，6年2月11日。

本案中，知咸安郡事姜淮叔先娶了安氏为妻，又娶了洪氏为妻，他在和后妻无法琴瑟和谐后，又与前妻安氏复合。本案最终判决他与后妻离婚，而承认他和前妻的婚姻效力。在同年（1406）的十二月，郑复周抛弃了糟糠之妻，而娶了花山君张思吉的妓妾福德之女作为继室，国王认为他娶贱民为妻，因而非常可憎，便将他削职后废为庶民。[①]

可见，在朝鲜政权初建之时，其官僚多为旧朝的遗老，高丽时期遗留下来的习俗不可能短期就被革除。为了移风易俗，新王朝必然要通过强有力的手段，并明示客观的标准才行。因此，在太宗十三年（1413）三月，司宪府官员制定了以下方案并启奏国王，得到国王太宗的批准：

> 司宪府上疏。疏曰："夫妇，人伦之本，而嫡妾之分，不可乱也。是以圣人修《春秋》，鲁惠公以仲子为夫人，而天王归赗，冢宰书名；僖公用成风致夫人，而天王归含且赗，则王不称天，所以明嫡妾之有分，万世之常经，不可以一时之私乱也。惟我太祖，体《春秋》百王之大经，严士大夫妻妾之际，为封爵递田之法，嫡庶之分明矣，人伦之本正矣。然前朝之季，礼义之化不行，夫妇之义首紊。卿大夫士，惟欲之从，情爱之惑，有妻娶妻者有之，以妾为妻者亦有之，遂为今日妻妾相讼之端。世久人亡，征不足取；饰诈匿情，真伪难明；处决无据，怨讟繁兴，以至伤和致变。此非小失，不可不正。臣等谨按皇明颁降制律曰：'妻在以妾为妻者，杖九十，并改正，若有妻更娶妻者，亦杖九十，离异。'臣等尝以媒娉姻礼之备略，定为妻妾。将已身现在以妾为妻者、妻在娶妻者，并皆按律处决；身没不复改正离异者，愿依《春秋》贬仲子成风之例，以先为嫡，封爵递田，则圣人之化兴，而妻妾之分明矣。"从之。[②]

司宪府在此处援引了我国先秦时期鲁国的案例。当时鲁惠公姬弗湟（公元前768年—公元前723年在位）将妾室仲子（宋武公之女、鲁桓公之母）立为夫人（正妻），在惠公死后的鲁隐公元年（公元前722年），

---

① 《朝鲜王朝实录》，太宗实录卷12，6年12月19日。

② 《朝鲜王朝实录》，太宗实录卷25，13年3月10日。

平王（周平王）给鲁惠公和仲子送去了赗（即以车马助丧）。而当时仲子并没有死，所以孔子在作《春秋》之时，他为贬斥周天子的使臣宰咺而直接书写其名。[①] 为何周天子给在世的仲子送去了葬具呢？若按《春秋》诸侯五月而葬的解释，惠公应死于前一年（公元前723年），为何周王没能在规定的五个月内把葬具送到呢？向死者赠送东西没有赶上下葬，向生者吊丧没有赶上举哀的时间，预先赠送生者有关丧事的东西，这都不合于礼。按照上文中司宪府的解释，周天子是想以此来警示鲁国，表明嫡妾不可以失序。司宪府认为，高丽末期的夫妻大义不存，“有妻娶妻”和“以妾为妻”的情形普遍存在，以至于当时妻妾间为了正名分而互相诉讼，而这些案件均因所涉及的年代久远、真伪难辨而证据不足，因此难以做出裁决，导致当事人之间相互怨恨。所以司宪府奏请国王依照《大明律》“妻妾失序”条[②]的规定予以处罚，并认为妻妾的划分应以成婚时是否经过“六礼”作为基准，只有明媒正娶才能算作正妻。如果当事人已经死亡，那么司宪府希望能按照孔子的《春秋》中针砭仲子成风的案例，以先娶者为嫡，并以此承袭爵位和田产，这一提议得到了国王的允准。

通过上文，我们看到了同时影响朝鲜的两种主要法源，即“周制”和“明律”。两种法源一明一暗，互为掎角，共同架构了朝鲜统治者的价值观和法律理念。周制是朝鲜王朝士大夫们公认的古代理想社会形态，是统治者心目中的“桃花源”；而明律则是“时王之制”，是确立自身统治合法性和文化正统性之必需。周制在此处以判例法的形态出现，圣人孔子用春秋笔法对历史故事所作的褒贬即为“判”，而明律则是与之对应的成文法。作为五经之一的《春秋》在此处直接作为法源出现，孔子的褒贬因而具有了高度的约束力。可见当时的朝鲜是经史皆法的，且“礼”作为最高的“法”，“法”不得与“礼”抵触，否则律法将“违宪”而失去其合法性。

从上文可知，官府区分妻妾的基本标准是当事人是否经过了三书六礼等正式的婚姻仪式。当身份出现争议时，婚书将作为最直接的证据以证明婚姻的法律效力。下面举例来说明朝鲜时期的婚书。如在宣祖四年（1571）

---

① 《春秋》，隐公元年，“秋，七月，天王使宰咺来归惠公、仲子之赗”。

② 《大明律》，户律，婚姻，妻妾失序。

时，居住在庆尚道礼安郡的金富弼（1516—1577）曾为自己的侄子金垓（1555—1593）向居住在庆尚道安东府的真城李氏的李进士家提出议婚，其原文如下：

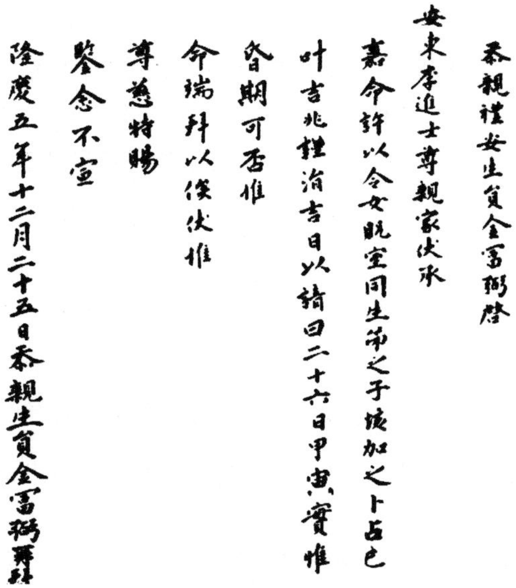
忝親禮安生員金富弼啓
安東李進士尊親家伏承
嘉命許以令女既室同生弟之子垓加之卜占已
叶吉兆謹涓吉日以請曰二十六日甲寅實惟
昏期可否惟
命端拜以俟伏惟
尊慈特賜
鑒念不宣
隆慶五年十二月二十五日忝親生員金富弼再拜

图 34　金垓的请期文书（金富弼执笔）①

忝亲礼安生员金富弼启

安东李进士尊亲家伏承

嘉命许以令女既室同生弟之子垓，加之卜占，已叶吉兆，谨涓吉日以请，曰二十六日甲寅实惟，昏期可否惟？命端拜以俟，伏惟尊慈特赐，鉴念不宣。

隆庆五年十二月十五日忝亲生员金富弼再拜

请期文书中女子父亲李进士的名讳是李宰，李宰于明宗元年（1546）

① 韓國學中央研究院編，2011，《古文書集成·第1卷·禮安光山金氏後彫堂篇》，韓國學中央研究院出版部，婚書4。

进士及第，及第时居住在庆尚道的龙宫县[1]。通过上面的婚书可以推测，当时他已经移居到庆尚道的安东府。新郎金垓是金富弼之弟金富仪（1525—1582）的儿子，婚后的他在宣祖二十一年（1588）司马试[2]及第，又在次年增广文科[3]及第。壬辰倭乱爆发以后，他在家乡礼安郡举义兵以抗击倭寇，并被推举为岭南[4]地区的义兵长，在安东、尚州等地每战大捷，后来病死在战阵之中。能文能武、治国平天下是当时许多朝鲜士大夫的情怀。这位义士的婚姻是由他的伯父主持的。其伯父金富弼向亲家说明了男女双方在经过占卜后确为吉兆，并获知十天后的本月二十六日是良辰吉日，他通过这一请期文书来询问亲家李宰是否同意这样的安排。

据此可以推测，他在写这份请期文书时，“问名”和“纳吉”等流程均已结束，而正在履行“请期”这一步骤。婚书中的“忝亲”二字乃自谦之词，只能是在两家已确定将要结亲时使用，如果在议婚时是绝不使用“忝亲”的。而“令女”“尊慈”等词则是对对方家人的尊称。这一婚书中的男方主婚人在用词上极为谦卑，可见当时朝鲜士族的文字生活和婚姻礼俗基本与我国无异。而留存至今的金富弼所写的古文书中，不仅可以看到他对侄子的主婚，甚至也能见到他对弟弟的主婚。上文中新郎的父亲金富仪的婚姻也是由其兄长金富弼主持的，其聘书的原文如下（见图35）：

上状 李忠义卫 宅 （手决）谨封

生员金富弼（手决）

时维孟春，雅候多福，弟富仪未有伉俪，谨行纳采之礼，伏惟尊照，谨拜上状。

嘉靖四十一年正月 日

---

① 龙宫县：朝鲜时期古地名，现今韩国庆尚北道醴泉郡一带。

② 司马试：朝鲜时期选拔生员和进士的科举考试。

③ 增广科：逢国家庆典时开考的科举，相当于我国史上的恩科。

④ 岭南：庆尚道。

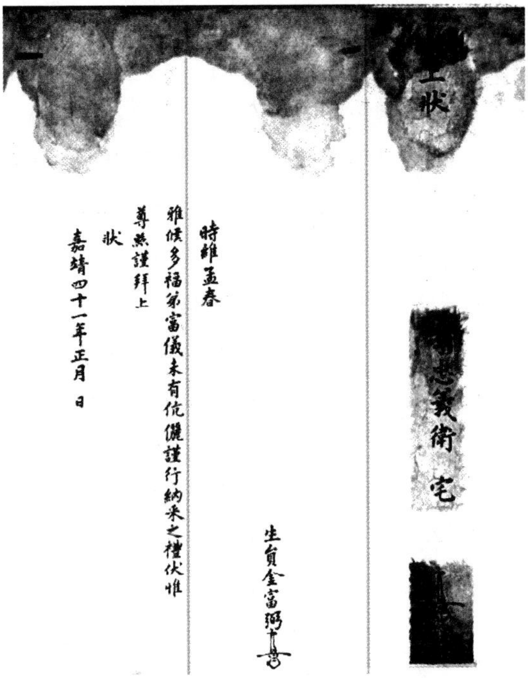
上狀

忠義衛宅

生員金富弼

時維孟春

雅候多福弟富儀未有伉儷謹行納采之禮伏惟

尊慈謹拜上

狀

嘉靖四十一年正月　日

图35　金富仪的聘书（金富弼执笔）①

这一聘书写于明宗十七年（1562），是向新妇一家送去礼物时一并寄去的文书。这一文书与一般纳采时的文书有较大的区别，因为普通情况下朝鲜的士大夫们都会写“仆之弟某，年既长成，未有伉俪，伏蒙尊慈，许以令爱贶室，兹有先人之礼，谨行纳币之仪”之类的话。而这种差别是由于他的弟弟金富仪是再婚。当时金富仪与正郎权习之女结婚以后，其妻权氏不幸早亡，因而他在兄长金富弼的主持下，想要迎娶李衡耻之女作为继室。李衡耻出身嘉平李氏，当时归属忠义卫，因此金富弼在此文书中称他家为“李忠义卫宅”。可见无论初婚还是再婚，只要是娶妻的话，都要向女方一家纳采。而纳妾时这些步骤就都可以省略了。与娶妻时送彩礼相对照的是，朝鲜时期在纳妾时一般会支付其相应的“身价”。身价的支出与否根据对方的门第而有所差别，比如在纳士族的庶出之女为妾时，则

① 韓國學中央研究院編，2011，《古文書集成·第1卷·禮安光山金氏後彫堂篇》，韓國學中央研究院出版部，婚書3。

既无须送去彩礼，也不需要支付身价，但将平民或贱民出身的女子纳为妾室时，则大多会给付女方家一定的身价钱。

由于妻妾与男子缔结姻缘的方式不同，导致妻妾嫁入后在夫家的地位和处境也截然不同。娶妻只限一人，而纳妾则没有数量上的限制。特别是到了朝鲜后期，士族和妻子离异变得十分困难，而妾则可以被随时抛弃。如英祖年间庆尚道固城县的书堂训长仇尚德（1706—1761）写的日记《胜聪明录》中，就记载了他和妾室相逢和分离的整个过程：

> 初六己酉。云阴铃雨。往宿于禾谷裴召史房。是夕雨注，夜大雷震。①
>
> 初九壬子。冰凝水面，恐伤秧针。裴召史率来。②
>
> 廿八庚子。同云。禾谷裴召史，性恶不可畜，故送还其家……③
>
> 廿九辛丑。清阳。禾谷人还来，出之在外。④
>
> 初一壬寅。清凉东风。余亲率禾谷人，送至龙田下，余则宿于许院长宅。⑤

仇尚德时年45岁。他的第一位妻子是密城朴氏，她在英祖十七年（1740）死亡。他的第二任妻子是金海金氏，她又于英祖二十四年（1747）死亡。身为鳏夫的他，于英祖二十七年（1750）三月六日在禾谷⑥遇到了裴氏（在日记中也称作“禾谷人”）。纳裴氏为妾时未经过任何与婚礼相关的程序，而是两人当天就直接在女子家中同寝了。在三日后的三月九日，他将裴氏带回了家中和自己一同生活。二人仅共同生活了一个多月，仇尚德就觉得无法忍受裴氏而将其逐出。虽然从他的日记中无法得知裴氏原来是未婚还是寡妇，但能够确定她是士族家的庶出之女。因为从四月二十八日仇尚德写信给裴氏的嫡出兄长、座首裴舜锡的事情上就能

---

① 《胜聪明录》，1750年3月6日。

② 《胜聪明录》，1750年3月9日。

③ 《胜聪明录》，1750年4月28日。

④ 《胜聪明录》，1750年4月29日。

⑤ 《胜聪明录》，1750年5月1日。

⑥ 禾谷：朝鲜时期地名，今韩国庆尚南道固城郡马岩面一带。

够看得出来。因为二人的关系在缔结时未经过任何与婚姻有关的礼仪，所以关系在解除时也就变得很容易了。他在这一年（1750）的四月二十八日将裴氏送还至她的本家，但次日裴氏便又被送了回来，这证明裴氏的本家不能接受她被驱逐的事实，可能认为女子遭到休弃有失颜面。但仇尚德也无法再接受她，而将她再次赶了出来，因此她只能徘徊于家门外。到了第二天，仇尚德直接带裴氏去到离她本家最近的龙田，那天他在当地的朋友家中借宿，二人的姻缘从此断绝。将其送到离本家最近的地方，这已经算是他为裴氏着想的做法了，并且能够最大限度地防止裴氏再次回来。他于四月二十八日给裴氏之兄长、裴氏本家的代表人物裴舜锡所写的信中，说明了不得不与裴氏分开的理由：

> 抵书其嫡从兄裴座首舜锡。略曰云云，同居不多日，已见其强悍之态，昏暮寝处之间，从容教导，不一其方。然日用云为，多失色养之义，而一夕家夫进饭之坐，不知缘甚么事，面如汤浆，口如衔物，而户牖生风，箱箧拨尘。某低声而警之，渠反厉声而答之，有若咬猘之逐人，不觉寒栗之遍体。且于厨灶之役，迁怒息儿之辈，狼目豺声，肆然骂詈曰，将必剔尔之腹，脔尔之肠。老亲一闻此言，顿减食齿，而寻常涕泪，留痕枕席，为人父情，既如何？为人子道，亦如何？如坐针毡，若蹈虎尾，肉颤心惊，魂飞骨爽也。大抵烝梨拔葵，家人之微愆，而尚不见容，骂婢叱狗，妇女之细过，而亦难求留，况使对食丈夫，咽咽不下，无母阿爱，脏腑不保，而又况使临年老亲，涕泪不霁耶？有此不顺不慈而又不孝，三大恶者，决不可少须臾处帷房也。固当即地斥出，而恐累高门有骇他听，故姑且安恕，不加声讨，而因渠砥犊之行，与作断弦之路，伏望日加鞭策，期得悛改，则庶几有曾合之道，而斯人也，本以健骜之习，若有进退之举，则家亦有改，国必无私云。①

他在信中说，裴氏在很短的时间内便显露出其悍妇的本性。她的脾气很大，对前妻留下的子女态度极差，动辄对其谩骂，言语富于攻击性，让

① 《胜聪明录》，1750 年 4 月 28 日。

他觉得不寒而栗。使他这个做父亲的难以忍受裴氏对自己的子女如此蛮横，因此他认为裴氏不顺、不慈、不孝，而不得不抛弃了她。但是，他在日记中出现的这封书信里从未提到过裴氏无家可归时的感受，以及裴氏被抛弃后在本家可能受到的冷遇，而认为所有的过错都在于裴氏，可见他的夫权思想非常浓厚。而在书信最后所写的若裴氏经鞭策而能痛改前非，或许还有复合的可能之类的话，把它仅仅看成客套话就对了。可见妾的身份和生计有时不易得到保障。而在周世鹏（1495—1554）写给自己襄州[①]老妾的诗词中，也清楚表明了这一点：

> 魂销心折泪交颐，始见宁知此别离。慈病四年长侍药，严忧三岁不窥私。
>
> 羁留致汝青春怨，老丑惭吾白发垂。好去宁亲归美土，缘如未尽后生期。[②]

从诗文中可知，周世鹏的襄州老妾即便曾经侍奉舅姑多年，包括侍药四年和丁忧三年，到最后还是不得不面临被丈夫抛弃的命运。诗中“羁留致汝青春怨”指的是他在任庆尚道昆阳郡守的中宗三十二年（1537）之时，曾在赴任地短暂地居住过，他将之称作“羁留”，当时他为了奉养父母曾主动要求担任昆阳郡守。而他的妾出身襄州，根据其履历可推定是他在任江原道都事的中宗二十四年（1529）与之相遇的。因为朝鲜前期的都事很少停留在一处，而是在其所辖区域内到处巡查，所以很可能在襄州遇到了日后所称的这位“老妾”。

然而二人在共同生活十余年后，他却要将自己的老妾送回到襄州。老妾老泪纵横，说此处一别，不知何日再见。他却安慰她说姻缘未了，后世还可以再相逢。如果她的身份不是妾而是妻的话，曾为家翁守丧三年的经历已经符合“三不去”中“有更三年丧”的要件，丈夫是无法抛弃她的。但她恰恰是妾室而非正妻，因此诗文的作者周世鹏在与她别离时显得并不困难。

---

① 襄州：朝鲜时期地名，现今韩国江原道襄阳郡。

② 《武陵杂稿》卷5，别集，诗，送襄州老妾。

只有通过婚礼才算作正妻，因此成婚的重要性自不待言。而即使是正妻，是初娶还是再娶，其间也有着微妙的区别。那么朝鲜时期的士族在婚姻时会考虑对方的哪些因素呢？这在柳希春的《眉岩日记》中有着清晰的反映：

> 初二日，晴。……余以妹主所通议韩孝清女子之婚，以崔洞中为定。盖以门地当人俱美，而又世世琴瑟和调故也。①

柳希春当时为自己妹妹的孙女主婚。韩孝清是他的妹妹与韩士讷婚后所生之子，现适逢韩孝清的女儿到了成婚的年纪。柳希春通过媒人，希望她能与崔洞中缔结良缘。当时朝鲜的士族男女均要通过媒妁之言才能结合，而自己主动寻觅佳偶的案例很少。即便是自己有意中之人，也要通过媒妁谈婚论嫁。而谈论婚嫁时最先考虑的就是门第了，因婚姻是结两姓之好，门当户对本身就利于婚姻生活的稳定，所以男女双方家族的社会政治地位、经济条件都要相当才可。其次则要看个人的才智和品性，只有在“门地当人俱美”的情况下才可缔结婚姻。最后要看对方的家庭环境和家族史，必须“世世琴瑟和调”，父母、祖父母的夫妻关系是否维持得好、是否尽到了忠诚的义务、是否有疾病和短命等情形，对新婚夫妇关系的长期稳定与和睦相处有重要影响。古人在婚姻时对另一方家风与门第的重视确实很有的道理，许多显性和隐形的要素确实是通过代际传递并潜移默化的。在考察上述要件以后，柳希春认为自己妹妹的孙女与崔洞中的结合是合适的。而柳希春对来主动提亲的情形，在其日记中也有所记载：

> 十九日，晴。……在广程时，语及婚事，珍原假部将金沆，欲迎光雯，此婚可为者也。家门平平且丰殖，处子亦好云，金景愚之所议也。②

柳希春的兄长柳成春膝下有三子，次子名叫柳光雯，即柳希春的侄

① 《眉岩日记》，1567 年 10 月 2 日。

② 《眉岩日记》，1568 年 1 月 19 日。

子。而全罗道珍原县的假部将金沆想要把自己的女儿嫁给柳光雯，他便委托好友金景愚去打听金氏一家的情况，他从金景愚反馈的信息得知，金沆家中平顺而且富有，女儿的个人条件也不错，是合适的人选。因此这桩婚事得到了柳希春的赞同。从这一案例可知，当时的婚姻在缔结时主要考察对方家庭的社会政治条件（如“平平”）和经济条件（如“丰殖”），以及当事人的个人条件，缺一不可。

在如此注重门第的朝鲜时期，如果对方的门第高，那么即使作为其再娶的继室也甘之如饴。这通过柳希春的内弟宋廷秀的事例便得以窥见。宋廷秀的膝下有两个女儿，她们都是作为继室出嫁的：

> 二十六日，晴。……朝，曹闵中来报，弟博士景中以为，宋婚甚当云，婚期秋以为期。余以为，宋家必以四月为成礼之期。君直①家富，只有二女，足以迎相当年少之婿，而必欲求朝官目前之快，而不计年老之非偶。前日，吾夫妇力言其非便，君直令者必欲迎曹君（景中），亦见其识趣之卑矣。但若曹享寿而生男，则亦有将来之福，是未可知也。②

从上文可知，柳希春的内弟宋廷秀想要自己的幼女与校书馆的博士曹景中成婚。曹景中出身于全罗道的玉川曹氏，是世居在和顺县的世家大族。他生于中宗二十八年（1533），在明宗十六年（1561）通过了生员试和进士试，并于宣祖元年（1567）文科及第。曹景中时年 35 岁，因为妻子过世而正在寻觅新的伴侣，这时由宋廷秀提出两家结亲的想法后，曹家便愉快地同意了。洪州宋氏同样是全罗道的名门望族，两家可谓门当户对。

但柳希春对这一婚书并不十分赞同。他认为凭借妻弟家的经济条件，完全可以为女儿选择年纪相仿的少年才俊为婿。虽然曹景中已经文科及第，将来成为高官的可能性很大，但曹景中时年 35 岁而妻弟的女儿可能只有十几岁，男女双方因为年龄差距较大，使柳希春担心其婚后能否有美

---

① 君直：宋廷秀的字。
② 《眉岩日记》，1573 年 12 月 26 日。

满的夫妻生活。柳希春认为，老夫少妻间因一方年龄大而先于对方过世的情况较为普遍，如果女方没能生育子女，那便要在寡居中孤苦伶仃地度过余生。但如果男方长寿并能生育男丁，那将来也说不定会很有福气。他和妻子一同去劝说妻弟放弃这门亲事，但他的妻弟不为所动。而通过《眉岩日记》可知，其内弟宋廷秀不仅把幼女嫁给了丧妻之人，其长女也同样嫁给他人做了继室。其长女的夫君是李邦柱（1542—1597），全罗道潭阳府出身，明宗十三年（1558）通过进士试，宣祖三年（1570）以优异的成绩文科及第，历任全罗道茂长县监、全罗道古阜郡守等职。但他对官位并无贪恋，很早就致仕回乡而吟诗讲道。如柳希春的内弟一般，当时将自己的女儿嫁给已文科及第的官僚为继室的情况在朝鲜时期并不少见，其原因是女方家庭考虑到对方已出仕而有光明的政治前途，通过婚姻可以保持和提高女方一家的家族地位，因而比选择有潜力的少年才俊显得保险一些。

第四节　离异与再婚

下面来看朝鲜时期的离异和再婚。[①] 朝鲜前期的士族妇女是否可以自由地离婚和再婚呢？或许可以通过族谱一探究竟，而《安东权氏成化谱》就是很好的例证。《安东权氏成化谱》是庆尚道安东权氏在大明成化年间完成的族谱，刊行于朝鲜立国 80 余年后的成宗七年（1476），是朝鲜半岛现存最早的族谱。这一族谱记录了从始祖权幸到 21 世孙的家系，共计 9120 人。其中男性共计 5855 人，女性共计 3265 人；亲孙共 867 人，外孙共 8233 人，是记载有内外两系的大同谱、万姓谱。[②] 虽然安东权氏族谱仅是一家的族谱，但从中基本可以推测丽末鲜初朝鲜半岛士族间的通婚关系，是极为珍贵的史料。

---

① 全炅穆教授对朝鲜时期的离婚与再婚现象有过深入研究：전경목, 2013, “최덕현의 수기, 조선시대 이혼 풍습을 꿰뚫어 보다”,《고문서, 조선의역사를 말하다》, 휴머니스트, 24—71 면, 本节有所参考。

② 이남희, 2011,“《안동권씨성화보》를 통해 본 조선 초기 여성의 재가 문제”,《조선시대사학보》57, 39—72 면.

《安东权氏成化谱》上卷的第5页①中记载了高丽末期著名文臣权汉功（？—1349）一家的家系。权汉功有仲达和仲和两个儿子，还有一位嫁给李寿德的女儿。族谱在多数情况下会将儿子和女儿分别记为“子”“女”后，再附上他们的名字，但女子出嫁后族谱所记录的是她丈夫的名字，记为“女夫”。也就是说，朝鲜初期的族谱中，儿子和女婿的名字是并列在一起的。在权汉功家中，长子权仲达受封花原君，次子权仲和受封吕川伯，女婿李寿得曾任侍中一职。而这一族谱中最值得关注的是在“女夫李寿得”的后面紧接着出现了“后夫廉悌臣”五个字。“后夫”顾名思义就是女子再婚后的丈夫，后夫廉悌臣是高丽末期的名臣。但从族谱中无法确知他的妻子是在前夫死后与之结婚的，还是与前夫离异后再婚的。

《安东权氏成化谱》记载有权氏一族妇女的再婚案例共计17处，这说明至少在成化谱刊行的15世纪后期，在朝鲜半岛的士族眼里，再婚还不算什么太大的问题，因此完全按照事实记录。即使是太宗大王也对再婚持较为宽容的态度：

> 司宪府劾领敦宁府事李枝，以娶故中枢院副使赵禾妻金氏也。金氏，门下侍郎赞成事凑之女也。美而淫，老益甚，兄弟及母，俱有丑声。岁己卯，宪司欲置于刑，赍缘得脱，被流于外，至是宪司又劾之。上闻之，传旨宪府曰：“无妻之男、无夫之女，自相婚嫁，何必问也？况枝娶继室，予实知之，更勿劾论。”初，金氏谋嫁枝，不令子明初等知。昏夕枝至，明初乃知之，扼枝吭，与俱仆地，号哭而止之不得。金氏既同牢，翼日谓人曰：“吾意此公老，乃知真不老也。”金氏时年五十七矣。②

在这一案例中，金氏的再婚虽然受到了司宪府的弹劾，并要求国王处罚当事人，而国王仅是将她的兄长流放外地为官而已，并认为“无妻之男、无夫之女，自相婚嫁，何必问也?”，对妇女的再嫁持开放和包容的

① 韩国学中央研究院藏书阁MF35—4784（复本），原件现藏于首尔大学奎章阁。

② 《朝鲜王朝实录》，太宗实录卷30，15年11月1日。

态度。而年已五十七岁的金氏为了减少再婚的阻力，再婚前她有意对儿子明初加以隐瞒，导致儿子在知道母亲再婚后伏地大哭。金氏在洞房后的第二天，表达了对婚后性生活的满意，说没想到自己的新任丈夫一点都不老。这一案例中，无论是统治者态度之开明，还是金氏家族性生活之奔放（“兄弟及母，俱有丑声”），以及金氏的敢为和率真，都让我们看到了唐代妇女的影子。

而随着儒教理念的传播，士族妇女的再婚渐渐被认为是不正常的。在《安东权氏成化谱》出现的大约 90 年后，在明宗二十年（1565）刊行了《文化柳氏嘉靖谱》。这一族谱共收录了 18 例再婚的事例，而修谱时对再婚的立场也跟 90 年前的《安东权氏成化谱》形成了鲜明对照。在其族谱的“凡例”中是这样描述妇人再婚的：“改嫁者直书前后夫之名而不讳者，十目所视不可掩也，亦可以为戒。”① 在《文化柳氏嘉靖谱》的编纂者们看来，在族谱中明确记载妇女再嫁的事实是为了让后人引以为戒。通过比较可知在时隔 90 年后，朝鲜社会对妇人再婚的看法发生了明显变化。而这两本族谱竟是现存的明确载有士族妇女再婚的唯一两种记录，之后随着朝鲜社会观念的变化，在朝鲜中后期时，这种对再婚的记载便再也没有在族谱中出现。

统治者对士族和平民妇女有不同对待，对良人和贱人的再婚是不予处置的。而如果士族妇女离婚或再婚的话，则必将受到司宪府或司谏院的弹劾。而从前面的分析中可知，即使以儒教立国的朝鲜王朝统治者如何强调妇人从一而终的重要性，但在朝鲜初期却并未被士族社会广泛接受。因而朝廷采取了迂回的做法，以便促使女子能够从一而终：

> 封爵从夫职。庶孽及再嫁者勿封，改嫁者夺封。②
>
> 失行妇女及再嫁女之所生勿叙东西班职，至曾孙方许以上各司外用之。③

---

① 《文化柳氏嘉靖谱》凡例，韩国学中央研究院藏书阁 MF16—1433（复写本），原件由真城李氏私人所藏。

② 《经国大典》吏典，外命妇。

③ 《经国大典》吏典，京官职。

再嫁失行妇女之子及孙、庶孽子孙勿许赴文科生员进士试。[①]

朝廷通过立法，对再婚妇女子孙日后的出仕加以明确限制，以此想要达到限制妇女再嫁的目的。而这样的规定无形中会给想要再嫁的妇女带来压力，因为母爱的原因，很少有母亲会因自己的再婚而耽误子孙的前程。在《经国大典》编纂完成后的第二年，成宗大王曾对限制妇女再婚的问题再度征求过众臣的意见：

光山府院君金国光、永山府院君金守温、领敦宁卢思慎、判中枢金漑议："……妇人之德，莫大于从一。然年少早寡者不许再嫁，则上无父母，下无所仰，因致失节者多，国家不得已勿禁再嫁，仍旧为便。"……同知中枢府事金纽议："……妇人义不可事二夫。然或有不幸早寡，其父母恐其孀居，为强暴取污而夺情者，或有夫死无依，不能自存，其宗族共议而更适者，此则出于不得已，而不可罪者。"[②]

多数朝臣在朝议中都主张再嫁应悉听尊便而不便干涉。他们重点提到了两个方面的原因。一是经济上的原因，即早年就守寡的妇人因经济上无所依靠，她们为了生存而不得不改适他人，认为婚姻本身就是一种经济行为。二是因为早寡的妇女周边存在许多男性的觊觎，这一风险导致寡妇有被强暴和玷污的可能，所以某种程度上来说，寡妇的终身守节是非常艰难的事。当然也有少数的朝臣援引程子"失节事极大，饿死事极小"的理论，论道"一与之醮。终身不改，妇人之道也。若更二夫，则是与禽兽奚择哉?"[③]，主张对妇女的改嫁做出明确限制。我们从中可知，即便是到15世纪末的成宗八年（1477），多数的朝臣还是从现实角度出发，对妇女的再嫁表示一定的认可。

相对士族妇女来说，普通平民和贱人阶级妇女的离婚与再婚就显得自

① 《经国大典》礼典，诸科。

② 《朝鲜王朝实录》，成宗实录卷82，8年7月17日。

③ 《朝鲜王朝实录》，成宗实录卷82，8年7月17日。

由许多。通过宣祖三十五年（1602）朴义萱的遗嘱（分财记）①，可以看到普通平民自由奔放甚至略带随意的婚姻和两性关系，其中与朴义萱婚姻有关的原文如下（见图36）：

父亦②，年深病人以③。今明日生死难知，各今并论许与为卧乎等用良④。大抵五妻之中，四妻所犯乙⑤，昭然现录为去乎⑥。本妻银花段⑦，他夫朴彦巾乙，潜奸娶夫居生，仍为身死。次妻进代段，老矣身⑧年芳随居时，自有纲常奴子通奸，死罪失行，所闻喧说之初，逃走于流离灵岩地，玉泉里居朴植乙，路次相奸随居，夫妻仍为并歿。故子朴千石母梦之段，洪千贵乙，潜奸，多产子息先歿，同人随身。次妻加叱今段，老矣身年芳出入官门时，和奸娶妻，远在邑中相奸时，适出女子后，同加叱今亦，乱本女人以，五六处至，潜奸適夫横行为如可⑨。……又次老矣身达贯率妻朴元鹏母乙，四十年余年至。

在遗嘱人朴义萱订立这份遗嘱时，他已经是“今明日生死难知”的久病之人，因此由他本人口述而别人代为记录的可能性较大。原文中的错别字较多，语法上显得不太通顺，但不妨碍我们理解文章的大意。通过他

① 分财记，即为父母处分财产的遗嘱。

② 亦：吏读，古代朝鲜语“여”，相当于现代朝鲜语“이（가）”“라고”，在主语前使用，表示前面的词为主语，或表示间接引述。

③ 以：吏读，朝鲜语使用格助词“로”。

④ 为卧乎等用良：吏读，古代朝鲜语“하누온들쓰아”，相当于现代朝鲜语“하는 줄로써”“하는 바로써”，“所做”“所为”之意。

⑤ 乙：吏读，朝鲜语“을（를）”，放在宾语后使用，表前面的词为宾语。

⑥ 为去乎：吏读，古代朝鲜语“하거온”，相当于现代朝鲜语“하기로” “하기에”“하므로”“하고서”“하오니”，“要做……”“由于”之意。

⑦ 段：吏读，古代朝鲜语“딴”，相当于现代朝鲜语的添意词尾“는（은）”，用于体词之后，主要表示强调、提示。包括着重指出需要加以陈述的对象，或是带有对比性的强调；在双重主语的句子中表示大主语等。

⑧ 矣身：吏读，古代朝鲜语“의몸”，相当于现代朝鲜语“나”“자신”“본인”“저”，“我”“自己”“本人”之意。

⑨ 为如可：吏读，朝鲜语“하다가”，表示前面事情的终止，或表转折，前面事情终止后紧接另一件事的发生，“（完成）……后”之意。

对遗产的分配来看，朴义萱绝非一般的平民，而应该是良人中的家境富裕者。通过这份遗嘱可知当事人朴义萱一生存在过的所有婚姻（两性）关系，他共与五名女子结成过夫妻，并且这五人都跟他生育了子女。

图 36 宣祖三十五年（1602）朴义萱的分财记①

朴义萱的第一任妻子名叫“银花”，她在跟有妇之夫朴彦巾潜奸（私通）后便离开了他，与奸夫生活在了一起，订立遗嘱时她已去世。朴义萱的第二任妻子名叫“进代”，和他一起生活时尚能遵守妇德，但之后却与年轻的男奴通奸，当丑事传出以后，她便逃到了全罗道的灵岩郡，从此过着颠沛流离的生活，她后来遇到了在玉泉里居住的朴植，她和朴植在路上戏谑成奸后便随朴植一同生活，这二人在订立遗嘱之时也已去世。朴义萱的第三任妻子唤作“梦之”，她在与洪千贵通奸后便和奸夫（后夫）生育了多名子女，在奸夫去世后的不久，她也去世了。朴义萱的第四任妻子是“加叱今”，是他早年出入官门之时偶遇的女子，朴义萱在与她和奸后便娶了她做妻子，朴义萱因而安排她到较为偏远的村中生活，可见二人的关系并非光明正大。加叱今本来就是名淫荡的女人，后来她又与五六名青年男子通奸，自由而随性地更换着丈夫，订立遗嘱之时她正随女儿一同生活，并日夜诅咒着遗嘱人朴义萱尽快死亡。朴义萱的最后一任妻子就是现

---

① 韓國精神文化研究院編，1986，《古文書集成·第 3 卷：海南尹氏篇》，韓國精神文化研究院出版部，207—208 면；原件现藏于海南尹氏莲洞宗家，分财记中明确记载了遗嘱人将遗产分予八名子女的具体份额。

任的妻子“女陪”了，女陪与他共同生活了四十余年。

通过这份分财文书，我们惊讶地发现，遗嘱人朴义萱竟然对已经离他而去的四位前妻的现状如此了如指掌。在这份遗嘱中，前四位妻子均因“潜奸”“通奸”“相奸”“和奸”等原因与他结缘或分离，可以推测其很可能未经过正式的结婚或离异手续。但即便如此，遗嘱的原文也均使用“妻”字而非“妾”字。因此可以推断，至少在遗嘱人朴义萱的心目中，她们都曾是他民法意义上的妻子。他在这份遗嘱中写明，因为前四位妻子的斑斑劣迹，以及与现任妻子所生的两个儿子都还年幼，在他身后分家之时，他唯恐幼子所分得的财产被年长的异母兄弟觊觎，而他的女婿们又“皆是能文非理好讼之人”，因而他在遗嘱中有意言明他们生母的斑斑劣迹。从中可知，即便到了朝鲜中后期，普通良人和贱人的婚姻生活（性生活）还是比较自由的，婚姻的缔结和解除也是比较随意的，这与朝鲜的士族阶级形成了鲜明的对照。

综上所述，朝鲜前期无论是士族还是平民都可以自由地离婚和再婚，而普通良人和贱人的离婚与再婚直至朝鲜末期都相对自由。但到了朝鲜中后期，标榜儒教理念的朝鲜统治者为了维持家族的宗法秩序，而限制了士族妇女的离婚和再婚自由，并要求其从一而终。这不仅让士族的妇女们做出了巨大牺牲，对士族的男子同样也带来许多伤害。也就是说，禁止士族夫妻间的离异不仅适用于士族妇女，也同样适用于士族男子。通过以下的案例可知，我国的“七出”之条好像未能完全适用于朝鲜时期的士族家庭。朝鲜文人任埅（1640—1724）在其所著的野谈集《天倪录》① 中，就记载了这样的逸事：

> 光海时，有成进士夏昌者，以簪缨盛族，年少有才名，而性素懦拙。娶妻亦盛族，才色绝人，且善治家，供夫之衣服饮食，极其华美，而但其性情悍暴，其夫少不惬意，辄加诟骂，继以殴打。生大畏之，莫敢抗衡，遂为妻所制，在其掌握中，立云则立，坐云则坐，一

---

① 《天倪录》是记载朝鲜神仙、鬼怪、魂灵、异人、妇女等各种奇异的人与物的事迹的作品，共收录六十余篇故事，朝鲜称之为野谈，类似于我国历史上的志怪和传奇。书名“天倪”语出《庄子·齐物论》：“何谓和之以天倪。”

动一静，不得自由。家中大小奴仆，皆用妻之号令，只知其有内，而不知其有外，威权尽归，有若武后之于唐高宗。生唯恐其见忤，惴惴常慎，而毫末失意，即逢大变，尽裂衣冠，痛加诟打，囚诸楼上，以门隙传食，或至数日见囚，怒解始获赦出。如此者甚数，生极愤恨，而无如之何。生一日，潜逃隐匿于城中一亲族之家，喘息稍定。翌日，闻门外有喧呼之声，其妻乘轿追来矣。生惊惶罔措，妻入其家，使奴仆打破其酱瓮，毁散其器皿，曰："这汉逃至汝家，则何不即来奔告于我?"其家婉辞恳乞而后，始止。遂率生而还，以其罪重，故特令杖脚三十，如官府讯杖之法，仍囚诸楼上，累日而后乃赦。自是，亲戚之家，无敢容接者。……生之亲戚朋友，为生议，皆曰："国法离异之外，无他法，此则不受法之人，非离异可却，杀之之外，无他道，杀则不可。"成曰："无策!"忧叹而散。

居数年，其妻忽病死，生之侪友，咸喜曰："成某今可保活矣!"遂聚会造贺，生既丧其妻，未免成服，及众友聚见，谓之来吊，对之发哭。其中一友，以手批生之颊，厉声叱之曰："吾为贺汝而来，何曾吊汝乎？是何哭为?"生一笑而止。①

故事讲述了进士成夏昌（1578—1657）和其前妻郑氏之间的曲折。通过考证《昌宁成氏族谱》，主人公成夏昌的确有过两次婚姻，他的前妻是锦城郑氏，后妻是清州韩氏，因而可以推断故事中的"悍妻"应该是前妻锦城郑氏。他在郑氏病死以后，又娶了清州韩氏续弦。《天倪录》虽然可能对事实有所夸大，但基本能佐证这一事实的存在。故事将成夏昌的"惧内"和其妻郑氏的彪悍形象刻画得极为生动，让我们惊叹于朝鲜文人高超的汉文造诣。成夏昌出于对妻子郑氏的恐惧，而试图到亲戚家和位于全罗道的外居奴仆家避难，都被妻子乘轿子逮回了家，对丈夫加以刑讯（如重责三十大板），并将他锁在楼上让其闭门思过。更值得注意的是，其亲朋好友为其出谋划策时，涉及了与婚姻有关的法律问题，即当时的成夏昌除了杀妻以外别无他法，他没有出妻的可能性。正如朝鲜著名学者星

① 임방 저, 정환국 옮김, 2005, 《천예록》, "成进士悍妻杖脚", 성균관대학교출판부, 445—446 면.

湖先生李瀷（1681—1763）在其《星湖僿说》中所言：

> 余多见有悍妇者，事事屈抑，无敢出气者，其于为人无足观，然终为保家之主，或性不低下，相与斗哄，有反目之诮者，终身苦恼，婚姻不通，乖乱难讳，其利与害如此。①

星湖先生列举了婚姻中遭遇悍妇时男子的两种应对方式。第一种男子是忍气吞声、顾全大局者，第二种男子是与悍妻不停吵闹、家庭不和者。其中并没有提到悍妻因此而改变的情况，说明这类婚姻中唯有男子去改变自身以适应妻子。文中也没有提到有关离异的做法，因为当时的朝鲜士族一旦结婚便很难离婚，所以只能“终身苦恼”。特别是到了朝鲜后期，确有许多士族男子在婚姻中遭遇了悍妻，因无法离婚而痛苦生活的情形。《朝鲜王朝实录》也对此有过记载：

> 宪府启曰：“我国无出妻之法，故虽有悍妻、恶妇，莫敢相绝，以至于丧家而灭伦者多，事之痛惋，莫此为甚。左水运判官俞正基妻申氏，性情乖戾，言行悖恶，怪愕之举，不一而足。初以诟辱其夫，为能事，仍复上及于其父，终日发口，无非辱说，而其所为言，惨不忍闻，至于以污秽之物，和于祭酒，作乱于祠堂，祭席等物，尽为裂破。正基据礼声罪，告祠而出之。其后来托于其前妻之子家，正基因救子病，将留子家，申女知不相容，又发恚怒，中夜单身，步行出走，女子失身，莫大于此。正基虽已告祠出送，不可不呈官显黜，以正伦常，故枚举前后罪状，呈礼曹，请其离异，则礼曹以国典所无，论题不许。正基乃是俞家大宗，一门宗族，共以为失身悖乱之女，不可使主宗祀，五十余人，联名呈单，复请离异，则礼曹又为论退不许……”②

文中讲述了判官俞正基和他的妻子申氏的故事。司宪府认为，申氏不

① 《星湖僿说》卷八，出妻。

② 《朝鲜王朝实录》，肃宗实录卷40，30年9月24日。

仅诟骂丈夫和家公，还在祭酒中掺入秽物等，理应离异。而之后经过礼曹和义禁府的调查，俞正基与妻子申泰英已共同生活了27年，夫妻感情甚好并育有五名子女。然而俞正基却被一名叫作礼一的婢妾所迷惑，而听信其谗言。正所谓清官难断家务事，家中发生的事情因很少有目击证人，即使有目击者，也碍于亲情和伦理而不便出庭。而诉讼期间当事人俞正基突然死亡，此案也就不了了之了。无论事实如何，我们看重的是文中涉及的有关婚姻关系的法律问题。首先，《朝鲜王朝实录》中再次言明“我国无出妻之法，故虽有悍妻、恶妇，莫敢相绝”。其次，当事人通过告之宗祠的出妻之举须得到官府的确认后方可有效，士族的离婚是由官府（礼曹）而非宗祠判决婚姻关系的解除与否，而当事人俞正基的诉讼请求因没有相应的法规（“国典所无”）而两次被礼曹驳回，因此证明了士族阶级除配偶正常死亡以外，在解除婚姻关系上存在明显障碍。此事在当时的朝鲜曾引起了广泛的讨论，星湖先生对此评论道：

> 国法无出妻之文。有俞某者，告其妻乱行，两造辩讼狱不成，妻亦性悖，无夫妇礼，重臣皆议国无出妻之律，不许其离昏。……出妻故有弊，然其不孝淫秽有断不可但已者，则尤依国法而不出乎？……为此说者，固虑其无罪而被黜，独不念有罪不黜，有无限败教也耶？是以人风一变，政在闺壶，千过万恶，不复可得以禁制矣。……若然圣人制礼，岂不为妇人长虑而有七出之文何哉？治盗宜审人，或有刑滥而良民受弊者，然未闻因此而遂禁捕盗之律也。今之俗，盖屏息合眼无如河东狮子吼何也？[①]

星湖先生点明了出妻确实存在弊端，但也肯定了七出之条的合理性，因而做出了辩证的分析。他在上文中用了河东狮吼[②]的典故，可见当时的朝鲜学者对中国典故极为熟稔。通过上述分析我们得知，士族和平民在婚姻的缔结与解除上有较大的区别，而士族阶层在朝鲜前期和后期的婚姻自

---

① 《星湖僿说》卷十五，离婚。

② 典出宋人洪迈的《容斋随笔》中的东坡诗：“忽闻河东狮子吼，拄杖落手心茫然。”河东指河东柳氏，狮吼源于佛教“狮子吼则百兽伏”，喻佛祖讲经声震寰宇。

由度上也存在显著的差异。朝鲜后期对士族离婚的限制不仅是对妇女的禁锢，对士大夫们也造成了很大的伤害。

第五节　1825 年崔德贤的离婚书（案例 7）

朝鲜后期的一份离婚文书值得我们注意。[①] 这是一份 19 世纪朝鲜平民的离婚文书，原件现藏于全北大学博物馆。文书的原文如下（见图 37）：

> 手记
>
> 痛矣！胸其塞也。夫妇有别，惟人之第三大伦而无常矣。妻同铺糟糠，不意今朝倍我而归他，则噫！彼二女将安归而长成乎？言念至此，语不成而泪先。然渠以倍我，则我何思渠。想其所为，事当怀剑，而惟不然者前程。故十分恕来，以叶钱三十五两，永为罢送于右宅。日后之弊，持此文，凭考事。
>
> 乙酉十二月二十日 崔德贤 手标[②]（左掌）

文书原文虽然简短，但一眼便知是为了证明其离婚事实而写。文书中的措辞非常悲切，表达了崔德贤对妻子无法随他共患难而离他而去的失望和愤怒，和他对两个未成年女儿将来的担忧，以及他不得不接受离婚事实的挫败感。通过观察这一离异文书，我们可以提出如下几点疑问。比如这一离婚“手记”写于何时？文中所说的乙酉年指的是哪一年？到底是谁写的这一手记？是崔德贤本人还是其他什么人？文中所说的妻子“永为罢送于右宅”，其中的“右宅”指的是哪里？带着这些疑问，我们可对文书做出进一步的分析。

原文仅仅告诉我们这份文书写于乙酉年，而每隔 60 年就有一年是乙

① 对这份文书的分析节译自全炅穆教授的研究：전경목，2013，“최덕현의 수기, 조선시대 이혼 풍습을 꿰뚫어 보다”，《고문서, 조선의역사를 말하다》，휴머니스트，16—23 면.

② 原文中的“崔德贤 手标”为谚文“최덕현수표”，因为此人的名字用谚文书写，所以不确定此人的汉字名，姑且音译为“崔德贤”。

酉年。在朝鲜时期，一般的文书都是将当年的年号与干支一起标记的，如“洪武二十五年壬申”，朝鲜通常使用中国年号，但是手记却是个例外，现存的几乎所有手记都只标注干支而省略了年号。所以在这里只能通过干支来加以推定。首先，可以排除同为乙酉年的1945年，因为崔德贤的手记是用汉字书写的，而日据时期朝鲜的文字多是汉字和谚文（朝鲜文）混用，抑或是汉字与日文混用。其手记只有最后的署名是用谚文书写，正文则一律用汉字写作，可以推测崔德贤本人并不通晓汉字，所以在自己署名时不得不使用谚文。

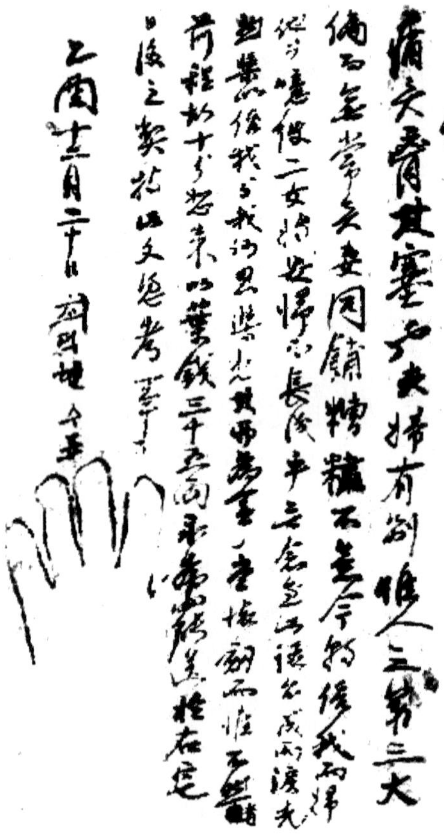

图37 崔德贤的离婚手记①

另外，在这一手记的最后他画了自己的左手指，而日据时期的朝鲜即便是普通民众也是使用图章的。而朝鲜时期具有法律效力的文书最后，士大夫阶层多使用“手决”，即将自己名字中的某字做艺术化的变形处理后写上去，类似今天的签名，而普通良人和贱人阶级的民众由于大多不识汉字，因而在文书的最后画上自己的手掌或者五指，分别称作“手掌”和“手寸”。朝鲜的士族妇女一般使用木质图章，因为前两种方法对上层妇女来说都不太合适。因此，通过当事人在文书的末尾所画的左手手掌，可以确证这份离婚文书是朝鲜时期的文书。

文书中提到崔德贤因离婚而得到了三十五两叶钱，日据时期朝鲜的法定货币单位是“圆”，而朝鲜后期的货币单位是“两”。另外，根据文书的纸质和保存状态也基本可以排除文书中乙酉年是1765年的可能性，所以可推定这份文书写于1825年或1885年，其中1825年的可能性更大。

那么到底是谁书写了这份离婚文书呢？我们认为这份手记或许就是崔德贤本人所写，而实际上并非如此。因为若这份文书由他本人所写，那么他没有必要在用汉文写完本文之后，再用谚文签上自己的名字，可见他本人并不识汉字。那么这份文书就很可能是某人替他写完以后，再由崔德贤本人署名和画押的，那么替他书写这份离婚文书的人到底是谁呢？

首先，应该排除掉文书是崔德贤妻子所写的可能性。因为若崔德贤本人都只能用朝鲜文字勉强写上自己名字的话，他妻子就根本不可能通晓汉字了。文书中对妻子充满怨恨的语气也排除了妻子写作的可能。其次，我们或许会想到文书是否为他妻子新任丈夫那边的人所写。若某人将崔德贤的妻子占为己有后，急于让崔德贤和他妻子解除婚姻关系以绝后患的话，其动机是合乎常理的。但若仔细去看文书内容的话，便知这种可能性很小。因为这一文书描述了他和妻子同甘共苦的日子以及他对妻子的怨恨，其表达的情感极为凄切，而如果是带走他妻子的人派人书写的话，其措辞便不可能如此，反而不希望表现这种悲戚之感情。所以说，最为合理的解释是这一文书的执笔之人是了解崔德贤处境的某一熟人，当然也不排除是专门为他人代写文书为生之人所写。这份文书的内容虽然简短，但却很感人，且抓住了问题的核心，其汉文应用得非常流畅，甚至没有出现任何的吏读，这些特征使得文书出自代书之人的可能性大大提高。朝鲜的代书人与我国历史上的讼师类似，在朝鲜称作“外知部”。外知部以教唆词讼谋生，给朝鲜官方的印象极为负面，所以朝鲜法律严格禁止代写他人诉状，但是朝鲜的普通民众却普遍存在这种需求，因而可以推断朝鲜时期的许多诉状都是请求书院的训长或退任的刑吏等人代为书写的。

那么，到底是何人把崔德贤的妻子带走了？这份离婚手记中并没有交代。但文中“永为罢送于右宅”给了我们一些线索。“宅”在当时是一种尊称，主要为身份低贱之人对身份高贵之人的用语，根据崔德贤只会用谚文书写自己名字的情况推断，他很可能是普通的良人或贱人，而带走他妻子的那名男子应该是士族或中人。可以推测，他的妻子在离开他以后，成为某位士族或中人的妾，而代价是崔德贤由此获得了三十五两的离婚抚慰金。综上所述，即使是在程朱理学日益普及的朝鲜后期，平民妇女的离婚和再婚也并不困难。

第六节 妓与婢

朝鲜时期的士族除了妻妾以外，还存在广泛的婚外情，其婚外情的对象主要是“妓”和“婢”两类妇女。这些婚外情也应被视作广义上婚姻家庭的一部分加以考察。我们先来看“妓”。

朝鲜时期的妓女属于贱人阶级，她们是官婢的一种。她们熟悉歌舞和乐器，因而既作为艺妓参加女乐演出，同时也为士族阶级的男子提供性服务。妓女分为归属掌乐院的“京妓”和归属地方衙门的“官妓”。根据需要，从地方上选拔到中央的官妓称作“选上妓”。京妓的规模根据不同的时期而有所变化，一般在100—300人。而每个地方官衙所属的官妓大概在20—60人。朝鲜时期妓女身份的取得多依照“从母法”，妓女的身份承袭自她们的母亲。此外，有时也会从官婢之中选出一些姿色与才艺出众者充当妓女。

妓女是国家的公有财产，她们的服役称作“妓役”。当妓女年过五十后，她们的“妓役”一般就被免除。朝鲜时期良人和官婢从16岁开始服役，因此可以推测妓女很可能也是从16岁开始服妓役的。她们的服役如果与普通良人相同的话，那应该是每三人为一组，每组中有一人服役，其余二人对其进行供养，供养的二人称为“奉足”。

妓女也被允许结婚生子，但是她们的婚姻状态大多不太稳定。即使她们拥有自己的丈夫，也要继续服妓役，因此夫妻关系破裂的可能性很大。她们在当时被称为“路柳墙花”而受到人们的普遍歧视。她们在服役时面对的主要对象是士族男子。虽然朝鲜王朝对官员嫖宿官妓适用《大明律》“官吏宿娼”条[①]而处以杖六十的刑罚，但许多地方官的赴任地点因远离家乡和亲人，自己的妻妾也不在身边，因而他们通过官妓侍寝来满足自己性需求的情况很普遍。

我们以朝鲜中期著名士大夫柳希春（1513—1577）的《眉岩日记》来具体分析朝鲜时期妓女的实际情形。柳希春从宣祖四年（1571）二月四日起，到同年的十月十五日为止，在全罗道观察使的职位上有过约八个月的任期。他当时离开自己的家人，而独自到全罗道赴任。观察使所在的全罗道监营位于全州，但作为监司的柳希春因为要在道内的各处巡视，所以其留宿的地点和侍寝的妓女也在不断变化，柳希春在此期间所接触妓女的情况如表 17 所示。

表 17　宣祖四年（1571）柳希春在全罗道观察使任上接触的妓女

日期	妓女名	留宿地点
1571 年 3 月 26 日	差备、莫介	全罗道全州
1571 年 3 月 27 日	荐枕妓、笑红妆	全罗道南原
1571 年 5 月 21 日	荐枕妓、凝露花（云霭）	全罗道光州
1571 年 5 月 25 日	紫云仙	全罗道全州
1571 年 7 月 27 日	凝露花	全罗道光州
1571 年 9 月 6 日	玉琼儿、侍儿	全罗道全州
1571 年 9 月 16 日	侍儿（玉琼儿?）	全罗道全州
1571 年 9 月 27 日	侍儿（燕?）	全罗道光州
1571 年 10 月 18 日	行首妓（罗乙真）、莫介（玉琼儿）	全罗道全州

这些妓女被称作“房妓”“荐枕妓”“娼妓”“差备”“侍儿”等，“房妓”“荐枕妓”“娼妓”都是指侍寝的官妓，而“差备”指的是服役的官婢，“侍儿”指的是侍从的女孩。看似名称不同，但其在实质上并无

① 《大明律》，刑律，犯奸，官吏宿娼。

差异。为地方官提供官妓以慰劳辛劳奉公的官员，好像是当时朝鲜的制度性做法。或许柳希春当时已年近六十，所以让妓女侍寝的次数并不是很多。房妓笑红妆、凝露花、燕、玉琼儿等都是她们的“妓名”，妓名是她们成为妓女后起的，之前的名字称为“乡名”。凝露花的乡名为云霭，玉琼儿的乡名是莫介，从她们的乡名可以得知她们均出身贱人阶级。在这些妓女当中，最受柳希春宠爱的是光州官妓燕和全州官妓玉琼儿。他曾梦见与燕亲吻[①]，在他离任时燕曾给他寄去过书信[②]，二人的关系非同寻常。而玉琼儿时年33岁，容貌出众，能歌善舞。[③] 以奉安使的身份来到全州的朴淳看到平生不近女色的柳希春对玉琼儿如此宠爱，便送给她许多礼物。[④] 玉琼儿不仅是柳希春的性伴侣，更是他的情人，使得他赴任之后几乎没想念过自己的妻妾。他曾以她的妓名“玉琼”为她作过两首诗：

平生所赏花，不出金和玉。
玉色虽堪玩，黄香入心曲。[⑤]

玉之琼矣，温润铿锵；
心乎爱矣，何日忘之。[⑥]

柳希春把他和官妓的关系喻为“赏花”。由此可见这种男女关系是极为短暂的，随着官员的调动而自然结束。而官妓们归属她们各自的官衙，原则上不能脱离当地。但当时的士族男子中，不乏将自己宠爱的官妓纳为妾而同他一起生活的案例。同时，当时的地方官也有照顾前任官员宠爱之妓的惯例。全罗都事成世平在宣祖四年（1571）七月离任时，想要将自己的宠妓安春一并带走，但因为官妓乃国家公物，将其带走的做法于法不

① 《眉岩日记》，1571年9月29日，“梦交燕吻”。

② 《眉岩日记》，1571年10月19日，“光山燕简来”。

③ 《眉岩日记》，1571年5月16日，“此儿以神采歌唱，大为朴公所奖叹”。

④ 《眉岩日记》，1571年5月16日，“奉安使朴公，以公状纸三十张，给玉琼儿。……又以余罕侍儿，以斯为贵，而厚馈至此”。

⑤ 《眉岩日记》，1571年5月16日。

⑥ 《眉岩日记》，1571年9月16日。

合，官员们便通过将宠妓改为供养京妓的“奉足”的做法来达到这一目的。柳希春对成世平给予了帮助，他写信给南原府，让其将安春差定为京妓奉足①，并与南原府使见面时，再次嘱托官妓安春的赎身之事。②

柳希春于宣祖四年（1571）的十月十四日离任全罗道观察使一职。全州府尹南宫忱得知以后，为讨好上司便令玉琼儿来与柳希春见面，暗示愿做顺水人情而默许他在离任时可将玉琼儿一并带走。但年迈的柳希春在考虑纳妾的经济负担和对声望的不良影响后，放弃了带玉琼儿回京城汉阳的做法，他要求玉琼儿立即回去。③ 当晚，柳希春为了表明离别之意，而有意与玉琼儿保持了距离而并未亲近她。④ 但玉琼儿因在此期间侍奉柳希春有功，所以也得到了当地都事的馈赠。⑤ 柳希春回京以后，几次收到了玉琼儿的书信。⑥ 玉琼儿因是官妓而无法离身，所以只能用这种办法来传达自己的爱意。

通过柳希春的日记可知，他可能因与妓女同寝而染上了“淋疾”，“淋疾”很可能是某种性病。他于宣祖四年（1571）七月开始出现症状⑦，这时他在全罗道观察使任上已有五个月，通过上面的表格可知，他这时已与多名妓女有过性接触。在他的日记中，描述淋疾“以肾冷，小便频数，阴茎痛”⑧ 为主要症状。他将病情告知典医监和惠民署派来的“审药”（医官的官职）金福熙，并开始服药加以治疗。⑨ 但他始终不认为自己的病症跟妓女有关，而是认为自己因公务繁忙，日行三十里时憋尿

---

① 《眉岩日记》，1571 年 7 月 9 日，“以都事差备南原妓安春，令差定京妓奉足，私通于南原”。

② 《眉岩日记》，1571 年 9 月 3 日，“延见府使具公，语前都事成君妓，安春当赎之意，具公从之”。

③ 《眉岩日记》，1571 年 10 月 18 日，“全州南宫府尹，以余递监司以上洛，令行首罗乙进率莫介以来，不知台府亦不容梨园之严也。余命明日还归，只于参礼现谒可也”。

④ 《眉岩日记》，1571 年 10 月 18 日，“行首及莫介，宿一房，不狎”。

⑤ 《眉岩日记》，1571 年 10 月 22 日，“都事于琼，有所给”。

⑥ 《眉岩日记》，1571 年 11 月 12 日，“完山玉琼儿谚书来”；1571 年 11 月 26 日，“玉琼儿书来”。

⑦ 《眉岩日记》，1571 年 7 月 12 日，“夕觉得有淋证”。

⑧ 《眉岩日记》，1571 年 7 月 17 日。

⑨ 《眉岩日记》，1571 年 7 月 13 日，“暮以淋证，服加香薷车前子五苓散，审药金福熙之所制也”。

所致。[①] 之后，他又将淋疾这种性病传给了自己的妻子，他虽然知道妻子的血淋之症是由他所传染，但始终未能认识到自己的淋疾是被妓女传染的。[②]

在当时，上至王室宗亲，下至文武百官，有一官半职的士族男子广泛蓄妓的行为竟成为朝鲜王朝严重的社会问题之一。虽然朝廷在政策上对蓄妓的官员严加处罚，并刷还那些被官员蓄养的官妓，但仍然无法根绝士族蓄妓这一普遍的社会现象。

除了官妓之外，当时满足士族男子性欲的另一群体就是女婢了。女婢和归属中央或地方官衙的公婢不同，她们作为私婢，其所有权归个人所有。也因为朝鲜时期私婢的私有属性，因此无论其是否婚嫁，她们的主人都享有随时与之通情的权利，有时奴婢的主人甚至直接从婢女丈夫的床榻上将其拖走。然而对士族来说，私婢在吸引力方面明显逊于精通琴棋书画的妓女，但女婢的优势是手到擒来，可以随时占有。在李陆（1438—1498）所撰的《清坡剧谈》中就记载了其与婢女偷情的一则逸事：

> 人言有孟姓大相，每夜伺其夫人入睡，辄潜就婢处。一日，夫人佯睡而晕息，公乃脱身而出。夫人潜起尾其后，则公入一婢房，婢骂曰："如节饼夫人置之，何处而乃寻陋婢乎？"公曰："以汝为山芥沈菜，可乎？"既而出，坐于阶石上，以冷其臀，后入夫人所，曰："腹痛腹痛，移时踞厕，臀亦冷也。"夫人曰："如此腹痛，何不节食山芥沈菜也？"公不觉失声曰："休休，夫人灵矣！"[③]

故事中这位姓孟的宰相每天都在等到夫人入睡后，便潜入婢女的房间偷情。有一天，夫人假装睡着，而后为了一探究竟而悄悄尾随他。在孟宰相与婢女对话时，面对婢女的不满，他将夫人比作节饼，而将与之偷情的婢女比作用山芥腌制的泡菜，喻义在吃节饼的同时，要有泡菜在一旁佐助

---

① 《眉岩日记》，1571 年 7 月 17 日，"自今月朔间患淋，顷日，连服五苓散，乃巡行时，过三十里，未得放溺，忍小便之小致也"。

② 《眉岩日记》，1571 年 8 月 26 日，"见海南书，知夫人患血淋，乃前日染我之淋疾。而我则以经过四五十里，不放溺，而得之也"。

③ 《清坡剧谈》，滑稽。

和调味才有味道。为了伪装出如厕的假象，他出来后就坐到石阶上，以便让臀部变凉。回到夫人的房间后，他说因为腹痛而去了厕所，因而屁股都凉了。夫人随即调侃道："既然肚子这么不舒服，为何不少吃点泡菜呢?"他失声惊叹道："夫人简直神机妙算啊!"然而，与孟宰相偷情的婢女为何敢于咒骂主公呢？这可能是因为已经梳拢了的婢女在还未纳妾扶正时，主人因而对她心中有愧，这时的婢女反而显得理直气壮。这一故事生动刻画了朝鲜士族在夫人默许下与自家私婢通情的风俗图，也从侧面反映出了与私婢通情的普遍性。

第七节　犯奸

朝鲜时期的男子可以纳妾，因此可以与多名女子存在合法的性关系，其婚外性行为也基本不构成问题。而受到贞节观念的影响，妇女的身体与性始终是被监视的对象，妇女在原则上只能与一名男子存在合法的性关系，他只能是自己的丈夫，和丈夫以外的人保持的性关系均被称为"犯奸"。正如福柯所言，"法律是对非法行为的一种管理：有些非法行为由法律所允许并成为统治阶级的特权；有些非法行为被法律所容忍，被当作对被统治阶级的补偿，或对统治阶级的服务；有些非法行为被法律所禁止并被当作统治手段"[①]。在当时，统治者将夫妻关系和君臣关系联系起来，妻子对丈夫的不忠就如同臣子对君主的不忠，都是怀有"二心"的行为，都是无法被容忍的。因此《大明律》中规定，"凡妻妾与人奸通，而于奸所亲获奸夫奸妇，登时杀死者，勿论"[②]。

朝鲜时期的犯奸可分为强奸、通奸、近亲相奸等多种类型。[③] 有婚外性行为的女子不仅包括和他人通奸的有夫之妇，也包括未婚女性和孀居的寡妇。因朝鲜主要对士族妇女的贞节要求较高，所以现存史料记载的犯奸案例主要以士族妇女为主。平民阶层的相关案例多是人命案件发生后才被

① 李银河：《福柯与性：解读福柯〈性史〉》，山东人民出版社 2001 年版，第 107—108 页。

② 《大明律》，刑律，人命，杀死奸夫。

③ 忠南大学张炳仁教授曾对朝鲜时期的犯奸有过深入研究：장병인, 2001, "조선시대 성범죄에 대한 국가규제의 변화",《역사비평》56, 228—250 면; 장병인, 2003, "조선 중・후기 간통에 대한 규제의 강화",《한국사연구》121, 83—116 면.

记录，说明官府对平民妇女的通奸并不太重视。因通奸导致的人命案件的杀人类型也多种多样，杀人者有通奸妇女的本夫、夫家之人，妇女的本家之人，通奸的男女等；被杀害者多是通奸的男女、通奸妇女的本夫、通奸关系的牵线之人、散布其通奸消息之人等，由此可见，因通奸而反应强烈的大多是犯奸妇女的丈夫和家人，而奸夫的妻子和家人多不把通奸视为问题。本节主要考察通奸和强奸两种类型。

我们先来看朝鲜时期的通奸。朝鲜官方对士族妇女的贞节提出了很高的要求，士族妇女的贞洁成为国家积极介入的事情。朝鲜前期官府在发现士族妇女通奸后，一般将奸妇没为官婢，而犯奸的士族男性则被处以流刑（之后有不少被重新起用）。但士族以外的良人、贱人的通奸，除了《大明律》的规定外，朝鲜本国并未做出特别的规定，可见官方主要关心的是士族阶级的妇女。而随着理学影响的不断渗透，自中宗朝开始，政府对通奸的处罚变得严厉起来。比如在中宗七年（1512）年，内禁卫金珽之妻玉终和他人通奸，中宗就援引燕山君时期的规定，决定对玉终处以绞刑。① 并在一个月后正式明确了对士族妇女犯奸时的处罚：

> 传曰："失行士族妇女置刑之法，于律文及《大典》，皆所不载。在成宗朝，或置刑，或定属，在废朝，风俗归正闲，并奸夫置刑。其重刑，所以重名教也，定属所以示仁政也。其刑之罚之，皆是也。今者议论不一，当参酌轻重，以为定法。"②
>
> 上曰："众议云若定属为婢，则反遂淫欲。此狱有异于他，死刑虽重，无他法以惩之，故然尔。但今言不可以严刑化下，是言至当。岂可以此，化其淫俗乎？"③
>
> 失行妇女定罪之法，柳顺汀、宋轶、李荪议："失行妇女，并奸夫处绞为当事，前议已尽，今不敢更议。"……从顺汀议。④

---

① 《朝鲜王朝实录》，中宗实录卷16，7年9月4日。

② 《朝鲜王朝实录》，中宗实录卷17，7年10月3日。

③ 《朝鲜王朝实录》，中宗实录卷17，7年10月16日。

④ 《朝鲜王朝实录》，中宗实录卷17，7年10月18日。

从上文可知，中宗大王改变了原来将犯奸妇女没为官婢的做法，而改为将犯奸的妇女处以绞刑，其主要考虑的是“若定属为婢，则反遂淫欲”。因为政府对贱人的通奸几乎不予干涉，婢女又经常成为士族男性戏弄的对象，反而会使犯奸的妇女可以更加肆无忌惮地满足自己的淫欲。因而规定将犯奸的士族妇女和奸夫一并处以绞刑。这一规定收录在之后的《大典后续录》和《续大典》[①] 中，成为到朝鲜末期都一直奉行的法律条文。

然而经济困难的士族妇女可以例外。中宗三十八年（1543），利川居正兵梁永澹与士族妇女玉只通奸，但政府认为玉只依靠拾柴汲水勉强为生，可以不按上述的规定执行。[②] 这一规定后来也收录于《大典后续录》和《续大典》[③] 之中。对于由他人教诱而犯奸的士族妇女，《新补受教辑录》规定可以“减死定配”[④]，即不执行死刑而将其流放。从《朝鲜王朝实录》的记载来看，朝鲜后期有关士族妇女犯奸的记载明显少于前期，对此可以有两种解释。第一种解释是，说明随着贞节观念的深入和处罚的日趋严格，士族妇女在性观念方面不像朝鲜前期那么自由了，所以通奸案的数量明显下降。第二种解释则与第一种相反，士族妇女通奸记载的减少并不能证明实际犯奸案件数量的减少。而是随着对妇女行动空间的严格限制，士族妇女被锁于深闺之中，使得通奸行为更为隐秘，并逐步脱离了他人的视野，又因为惧怕严厉的处罚和顾虑犯奸对士族家族的名誉造成的恶劣影响，使得即便有通奸这样的丑事，也大多想办法加以隐瞒。朝鲜从16世纪开始，出现了士族家庭在发现妇女通奸后勒令其自杀的案例：

> 司宰监参奉崔继祖，性本轻妄，素无家行，纵其无赖子弟（注：其子扩，以悖戾之人，结党无赖，赌博为事，夺人财货，夜聚晓散，潜奸士族之女。宪府闻而杖杀之。士族文力、门荫李霁之女、青陵府院君（沈纲）子智谦之妻，宪府难于推讯，其家使之自尽）。恣行不

---

① 《续大典》，刑典，奸犯，“士族妇女，恣行淫欲，渎乱风教者，并奸夫绞”。

② 《朝鲜王朝实录》，中宗实录卷101，38年12月19日。

③ 《续大典》，刑典，奸犯，“其穷不自存，流离道路，丐乞托身者，与常贱无异，不可以士族论并奸夫勿推”。

④ 《新补受教辑录》，刑典，奸犯，康熙庚午乘传。

义，无所不至，而反加纵臾，物情痛愤……①

通过这一案例可知，官员崔继祖的儿子崔扩性格悖戾，喜欢聚众赌博和深夜打劫，与文力之女、李霁之女、沈纲的儿媳三名士族妇人通奸，司宪府因此将崔扩杖毙。但犯奸妇女却不便刑讯，他们各自的家庭知趣地勒令与崔扩通奸的这三名犯奸妇女在家中自尽，以保全家族的名誉。在中宗二十四年（1529）的案例中，阳平副守的未嫁之女在犯奸后突然自缢身死，因此推断“恐其迫令致死也”。② 也就是说，作为宗亲的其父为了保全家族的脸面，胁迫其在室女上吊自杀。可见在某些朝鲜士大夫眼中，妇女的贞节远比她的生命重要。而这种做法在朝鲜后期更加普遍：

而故海嵩尉尹新之奉祀孙妻金姓寡女，近有生产之变。其家不告官而使之自尽，所奸之夫，不得核处。风教所关，不司置之。宜令攸司，严问其婢仆，钩核正法。③

本案中，宗孙之妻在守寡时怀孕生产，显然是与男子通奸所致。她的家族为了保全名誉，在不告官的情况下勒令其守寡的孙媳自尽。在不知道令其怀孕的奸夫为何人的情况下，官府要求询问其婢仆，在查明奸夫后立即将之正法。可见当时的士族家庭在家中妇女犯奸时，为了保全家族的颜面和声誉，不经官府而秘密以家法处置的现象比较普遍。当然，并非所有的家庭都会让当事的妇女自尽，下面的一则案例表明了当时的另外一种处置办法：

前县监崔世庆，即故县监李惟清之外孙也。惟清养子，娶妇尹氏，先世祭祀时，惟清之子，与其父同宿于外。有一男子，乘夜入于尹氏之房，将欲潜奸尹氏，疑非其夫而问之。则所答之声，乃世庆

---

① 《朝鲜王朝实录》，明宗实录卷30，19年12月19日。

② 《朝鲜王朝实录》，中宗实录卷66，24年11月10日。

③ 《朝鲜王朝实录》，英祖实录卷29，7年1月7日。

也。发声大呼，举家惊骇……[1]尹氏之夫，虽曰痴骙不识，而其父惟清，则乃士夫也。其于独子之妻，的知其失行，则告官正法，为之改娶，人情之所必至。而留置数月，黜还其家而已者，抑何故欤?[2]

这一案例中，李惟清的外孙崔世庆与他的养子之妻尹氏通奸，而他的养子是痴傻之人。他因为顾及名声而不告官，并为了隐瞒此事而将养子之妻黜还于本家。但最终此案还是没能够瞒住，在二十多年后东窗事发。可见，对于通奸与乱伦等丑事，士大夫们更倾向于私下解决。其原因便是在犯奸妇女自杀后，事态便不会再进一步扩大，官府也就不再追究。这使得朝鲜后期对奸夫的处罚变少，而是把焦点放在妇女身上。

而对于士族以外的良人和奴婢阶级的妇女犯奸时，法律的规定就要比士族妇女宽松得多，官府不会积极介入，一般只是告诉才处理。“游女”如果是良女则永久没为残邑官婢，若是贱女则处以杖一百流三千里的处罚。[3] 但“游女”多指的是为旅行之人提供性服务的女子，可见当时还没有针对一般平民妇女犯奸的规定。但从朝鲜后期的资料来看，对游女的这类处罚好像也已适用于犯奸的平民妇女：

李女者，崔一赞之妻也；辛女者，崔汝赞之妻也。李女行淫，为夫所逐，属公为婢，其后路逢一赞，肆其怨毒，被殴于一赞，伤其左肋，遂适汝赞之家，汝赞家人，拒门不纳，强而后纳之，乃于其夜服毒自死。[4]

这一案例发生在正祖九年（1785 年）全罗道的长水，讲述了崔一赞之妻李氏因通奸被丈夫告发后没为了官婢，后来在路上遇到了前夫，骂其心狠，她被前夫殴打后左肋受伤。她跑到前夫的兄弟家并强行闯入，前夫的兄弟接纳她进门，她就在那一晚服毒自尽了。从中可以看出，当时犯奸

---

① 《朝鲜王朝实录》，显宗实录卷 14，8 年 7 月 29 日。

② 《朝鲜王朝实录》，显宗改修实录卷 18，8 年 8 月 14 日。

③ 《大典后续录》，刑典，禁制。

④ 《钦钦新书》，祥刑追议，伉俪之戕（兄逼妻死　弟受妻诬　根由奸淫　实因服毒）；《审理录》卷 15，长水崔汝赞狱。

的平民妇女在被本夫告官后，一般会被没入官用成为官婢。可见朝鲜本国对平民妇女犯奸的处罚也明显严于作为刑法一般法的《大明律》。《朝鲜王朝实录》中的案例也能看到朝鲜后期对一般平民妇女通奸后的处罚：

> 宁海人申思良，其子之妻，为邻人申天驲之妻所诱，以奸天驲，思良忿之，乃杀天驲之妻。……判曰："……或有蚩氓荡女，未沾江汉之化，忍作溱洧之行，则辄皆不齿乡邻，没为公贱。……思良之子，病聋痴蠢，金女无异未嫁，舅姑即亦父母，替子捉奸，人情即然。杖百减律，法例可援，则媤父与本父，又不当区别……"①

这一案例讲述了申思良的儿媳被邻人申天驲之妻引诱后与申天驲通奸的故事。申思良的儿子原本就是聋哑痴蠢之人，通奸的妇女其实是在守活寡，而她的公婆在得知后替子捉奸，将引诱儿媳的通奸之人杀害。申思良最终被免死流放。而申天驲之妻却乐意与他人分享自己的丈夫，诱导其他妇女和自己的丈夫通奸，却最终赔上了自己的身家性命。国王判决中"没为公贱"表明了当时一般妇女犯奸后所受的处罚。这种处罚显然比明律的杖刑要重，这可以有两种合理的解释。第一种解释认为地方的官衙缺乏可以役使的官婢，所以将犯奸的妇女作为潜在的劳动力补充进来。第二种解释是随着理学影响的逐步加深，使得官府对妇女贞操的要求越来越高，这种要求逐渐从士族妇女扩大到了平民妇女。

而史料中几乎没有对属于贱人阶层的婢女犯奸时的处罚案例，因为现实情况下男奴与女婢间的通奸极为普遍。贱女的犯奸与良女一样，属于民不告官不究的类型。首先贱女因为身份低微，经常成为士族等身份高贵男子玩弄的对象，因而维护自己贞节的成本比士族和平民妇女要高很多。而奴婢本身就具有"物"的属性，如果国家对其加以处罚的话，拥有其所有权的主人便会受到财产上的损失，因为处罚贱女便意味着其主人可支配劳动力的减少，又因为"一贱则贱"而使得女婢所生的子女自然成为主人的奴婢，所以她的主人会放任甚至希望她通奸，因为通奸后所生的子女仍然归主人所有，因而其主人乐见其成。

---

① 《朝鲜王朝实录》，正宗实录卷50，22年11月19日。

与士族妇女犯奸后奸夫也一并被执行绞刑不同，良女和贱女犯奸的处罚仅止于当事的妇女，史料中几乎未言及对奸夫的处理，推测可能是按照《大明律》对奸夫杖九十的规定执行。综上所述，通奸罪的处罚以当事人的阶级身份为基准。处罚的力度上朝鲜前期较弱，而朝鲜后期逐渐增强。朝鲜前期在处罚时男女并重，到朝鲜后期逐渐把通奸的主要责任转嫁到妇女身上，士族女性在自杀后便不再追究，平民阶层也只是处罚通奸妇女。

下面我们来看朝鲜时期通奸罪的构成要件。《大明律》通奸罪构成要件的核心便是必须在奸所获奸，“其非奸所捕获，及指奸者，勿论”[①]。但这一规定却不容易适用，因为通奸原本就很隐秘，朝鲜时期在居住形态和房屋的设计上都使得捉奸不易成功。所以朝鲜前期在认定犯奸罪时，一般是依据周围人的证言以及当事人的供述定罪。如果当事人中有一人拒不承认，法官就不得轻易断为通奸。但到了朝鲜后期，犯奸罪的认定范围不再那么严格，即使女性有不当的行为而导致他人怀疑其有通奸的嫌疑，那么就可以被认定为通奸。甚至于男女间的正常交往也被认定为通奸：

> 颖耇妻与柳徽有书札往复之事，而无淫奸现露之迹。累月囚系，事未究竟。左议政许积以为冤，领议政郑太和以为：“男女非切亲，而私书往复，是可疑也。”[②]

本案讲述了颖耇的妻子与其孽叔母的丈夫有书信往来的事情，并未发现能确证其通奸的证据。但官员却认为二人并非至亲却“私书往复”，因此十分可疑，可以认定为通奸。当事人最终被处以流刑。《大明律》对犯奸时丈夫的报复杀人较为宽容，但仅限于奸所获奸。朝鲜前期基本严格执行《大明律》的这一规定，对于非在奸所获奸而杀害通奸当事人的本夫，一般按照普通的杀人罪处理。但实践过程中一般在减刑后将杀人的本夫处以流刑，对因通奸所导致的私人报复有严格的限制。肃宗十六年（1690）的受教中明确规定，对本夫在非在奸所获奸而杀害通奸当事人时不作杀人罪处理，而是免死流放。包括儿子杀害母亲奸夫的案件中，杀人者也基本

---

① 《大明律》，刑律，犯奸。

② 《朝鲜王朝实录》，显宗实录卷18，11年3月13日。

被处以流刑。但随着时间的推移，朝鲜后期的国王对本夫杀奸的态度越来越宽容，通过阅读《审理录》和《秋官志》等史料中的判例可知，到了正祖执政的18世纪末，国王多对杀害通奸男女的本夫做出无罪释放的判决，比如正祖十四年（1790）在国都汉城西部发生的一起杀妻案便能说明：

> 三梅所为，岂比于挽裳，又岂比于对饭乎？渠以私贱，兼有淫妇之行，朝李暮张，人尽夫也。其迹甚于和奸，其赃浮于登时，所谓曹命根者，特脏腑未具之人，忍愤太过，没觉无双，屡遭奸夫之毒拳，流血淋漓，一任淫妇之行凶，不思处置。及至奸夫生荷杖之计，淫妇逞倒戈之谋，始不得不千赵万赳，拔其佩刀，露刃拟股，而三梅发恶，命根苍黄，于焉之顷 淫妇殒命。足可谓干道不可诬也。藉令三梅冤死，命根故犯，夫之杀妻，事近邂逅，而有所生子女者，多传生典，况命根七子一女云乎？三梅若有一分人心，虽未免禽犊之污身，岂不若豺虎之恋雏。①

在本案中，奸妇三梅是一名私奴婢，她与丈夫曹命根生有七子一女。她本性淫乱而与张大汉通奸。本夫曹命根因为呆傻，所以他在屡次遭到奸夫毒打而鲜血淋漓的情况下，竟然还对妻子的淫乱加以隐忍。但是奸夫淫妇并不安于现状，而是想做长久夫妻，所以就有了“荷杖之计”和“倒戈之谋”，想置本夫曹命根于死地。曹命根在这时为了自卫，而不得不拔出佩刀并杀死了自己的妻子三梅。在国王对本案的判决中，将致使三梅死亡的本夫曹命根无罪释放，但对如何处理奸夫张大汉则引起了朝臣的争论。朝臣们认为，《大明律》规定在奸所获奸时同时将通奸男女一并杀害的话，不追究任何刑事责任，但若是只将杀奸夫杀害的话，奸妇则依律断罪。② 但律文却并没有规定只杀死奸妇之时，奸夫该如何处置。所以朝臣又援引并非朝鲜法源的《大清律例》来作为本案量刑的参考。朝臣认为，

---

① 《钦钦新书》，祥刑追议，伉俪之戕（屡执奸赃 先觉杀机 根由奸淫 实因被刺）；《审理录》卷21，西部曹命根狱。

② 《大明律》，刑律，人命，杀死奸夫。

清代的条例中规定了“本夫奸所获奸，登时杀死奸妇，将奸夫拟绞”①。清律虽然不适用于朝鲜，但由此可见海内的公议。② 所以朝廷认为，将奸夫张大汉处以流放岛屿的刑罚比较合适。而在同一年，全罗道又发生了一起妇人杀害造谣者的案件：

> 全罗道康津县女人银爱者，刺杀邻女安召史。县监朴载淳检验是实。讯其故，银爱供：“渠之未笄也，邻人崔正连者，扬言潜奸，使安女居间求婚，不许。及嫁他人，正连与安女，丑诬倍甚，故不胜其愤，乘夜持刀，潜往安女所，先刺其项，仍复乱刺，转向正连家，为渠母所挽而止。乞官府打杀正连。”③

本案是《银爱传》的原型，是朝鲜时期很有名的一起案例。案例中的崔正连因为想得到银爱，所以对银爱的清白进行中伤，并委托媒婆安氏向银爱求婚，银爱没有答应。银爱嫁人后，崔正连与媒婆安氏不断对她的贞洁加以诽谤，银爱因为义愤，而在深夜提刀到安氏家中将之杀害，当她想去杀崔正连时被她的母亲阻止。让我们来看国王对此案的判决：

> 判曰：“天下之切肤彻骨之冤，莫过于贞女之以淫被诬。……一言脱口，百喙吠声，垓城之歌，四面皆楚，则冤切愤彻，将判了一死。但恐徒死伤勇，人无知者。于是乎提出床刀，走到仇家，说得痛快，骂得痛快，毕竟白昼刺杀一个泼妇，使乡党州闾，晓然知自己之无累，彼仇之可报，而不效巾帼髯妇，既犯杀越，反事变幻，以丐其侥幸一缕者流。此诚热血男子所难办，而又非褊姓弱女，匿冤愤自经沟渎之比也。若使兹事在于列国之时，则其外死生、尚气节，可与聂政姊，迹舛而名齐，太史公亦当取而书之于《游侠传》……惟今银爱，办此举于既嫁之后，尤岂不卓然哉？银爱特放。”④

---

① 《大清律例》，刑律，人命，杀死奸夫。

② 《钦钦新书》，祥刑追议，伉俪之戕（屡执奸赃　先觉杀机　根由奸淫　实因被刺）。

③ 《朝鲜王朝实录》，正祖实录卷 31，14 年 8 月 10 日。

④ 《朝鲜王朝实录》，正祖实录卷 31，14 年 8 月 10 日。

本案中，正祖大王援引《史记·刺客列传》中聂政姐姐聂荣的事迹，以此来类比银爱“外死生、尚气节”的巾帼气概，国王将银爱无罪释放并对她大加称颂。可见比起人命来，国王更看重这一案件所体现出的“义”，也说明《史记》等中国的经史著作都可作为判决时被援引的法源，而类似我国历史上的“引经决狱”，法律在这时已完全让位于“义”的理念。

我们再来看朝鲜时期的强奸犯罪。有关强奸的视角主要有两种。一种是将其视作一种特殊的性行为，强调性的一面；而另一种是将其视作一种特殊的暴力行为，强调身体暴力的一面。而朝鲜时期与我国古代一样，更强调强奸中性的一面。朝鲜前期有关强奸案例的记载较为稀少，而朝鲜后期则较多，可能出于朝鲜后期社会风气转变的原因。朝鲜后期关于“劫夺”“劫奸”的记载很多，类似我国历史上的奸拐。“劫夺”一词在朝鲜前期主要指使他人的财产蒙受损失，而到了朝鲜后期，“劫夺”主要指对妇女的劫持强奸，很多时候强奸犯将受害妇女劫走后与其一同生活。下面的案例就能很好地说明：

> 监察李瞻汉曾为瓦署别坐也，见库子之女而悦之，逾垣突入，威制强奸，仍为率畜。白昼行劫之罪，固非寻常盗淫之比。请拿问定罪。①

案例中的当事人李瞻汉在白天翻墙强奸库子之女，并且将她“率畜”，也就是作为蓄妾而一同生活的意思。可见当时的官员利用其手中的权力，对被支配阶层的妇女劫夺的情况较为常见。无论是朝鲜前期还是后期，强奸案的加害者都以士大夫居多，而受害的女性则主要是良女或贱女，可见朝鲜的强奸案多发生在身份和地位不对等的两性之间。在朝鲜前期，加害者为平民、贱民的情况下大多按《大明律》处置②，而如果加害者为士族，多会在免死后处以流放或全家徙边的刑罚，对强奸案的处理较重。当时对受害者的身份和经历也不加区分，即使受害者是妓女，加害者

① 《朝鲜王朝实录》，肃宗实录卷16，11年3月25日。

② 《大明律》，刑律，犯奸：“强奸者，绞；未成者，杖一百，流三千里。”

依然要受到相同的处罚。而到了朝鲜后期，随着强奸犯罪的普遍蔓延，因“法不责众”而使官府对强奸案的处罚变轻。特别是官员利用职权劫奸妇女时，很少能看到有被处罚的案例，即使强奸之人因此被罢免官职，也不乏三年后被重新起用的案例，表明国家对强奸犯罪的管制变得放松。朝鲜后期当加害者强奸妓女时，其处罚也比朝鲜前期减轻许多。又因为处罚的轻缓，使得士族在特权意识下对劫夺妇女更加肆无忌惮，而处罚更为艰难又造成了恶性循环。

但是，如果受害妇女因此而自尽或在抵抗时死亡，那事态就变得不同了。从中可以看出妇女对强奸的反应对加害者量刑有直接影响。在这种情况下，即使是强奸未遂也会按律处罚，士族强奸良女也不例外，这其中包含了官府正风教的意图。值得注意的是，朝鲜前期的受害妇女极少有因遭受强奸而自杀的案例，但到朝鲜后期以后，无论是士族妇女还是平民妇女，因强奸或强奸未遂而自杀的情况变得很普遍，可以看到程朱理学的影响和妇女贞节观的变化。而从妇女旌表的类型来看，15 和 16 世纪的朝鲜妇女多是因夫死守志或追随丈夫赴死而受到了旌表，但到了 17 世纪以后，因抵抗强奸死亡或因受辱自杀的妇女受到旌表的事例不断增多。可见受害妇女的自杀行为除了观念上的影响外，也包含着某种功利的因素。当时对妇女守贞的要求，在下文案例的史臣评论中有着鲜明的体现：

> 至如许环，以武断粗鄙之人，强奸姜节妇，宜宁人也。不能全其节，终为环所奸，则岂节妇乎？人心愤郁，愈久愈甚，不能征治，反得孝子之伪名，至于欺罔天听，而不知怪也，岂不痛哉？丹城居柳梦祥，士族人也。其女适人七八年矣，夫死守寡，梦祥欲夺而将嫁他人，其女欲全节守义，誓不适他。其母不忍夺志，乃言于梦祥曰：“女儿之意如此，不可夺也。汝欲为此不祥之事，必无后也。汝若为无后，则宁弃我而更娶他人，以图后嗣。我则与此女，别居而死”云。梦祥拒而不听，密约邻乡之无赖者，尽废其婚礼，乘夜率来，伺其女就房熟寝，使之潜入逼之。其女牢拒万状，竟不得全节……（注：史臣曰：“有是哉！梦祥之不仁也！不听其妻弃我之请，不察其女全节之志，使强暴之辱，及于贞洁之人，终不得全其节，岂不痛哉？然自古义妇之有志于全节者，常自佩刀，以备不虞。惜乎，柳氏

之不出此也。当初其父之欲夺志也，既不能佩刀，以备强暴之变，及其毁节之后，又不能引决，以明平昔之志，则柳氏亦不得无罪矣。”）①

这一案例中的妇人柳氏在丈夫死后想要守节，但她的父亲不许她守节，并希望她改嫁。所以他的父亲和邻乡的无赖许环商量好，让许环在深夜女儿熟睡之际，潜入房中逼女儿就范，女儿因此未能全节。本案中寡妇的父亲柳梦祥也因此受到了处罚，但更令我们注意的是撰写本案的史臣的评论。该史臣认为，是否能够守节，其主体责任全在妇女身上。在史臣看来，想要守节的妇女为了以防万一而理应自带佩刀。当妇人遭遇强暴时，应该在受辱前迅速自杀以全其节，在被强暴后也应该迅速自裁，而故事中的柳氏这两点都没有做到，所以她也并非没有罪过。这一评论认为强奸罪的责任主体不在男性加害者身上，反而是在女性受害者身上，这种观点在今天看来无疑对妇女要求过于苛刻，而对于生命的尊重尚不及贞节的万分之一。

此外，强奸的受害者私自报复加害者的行为在朝鲜前期的记录中非常罕见，但朝鲜后期随着理学的不断普及，朝鲜的普通民众对妇女的贞节也变得重视起来，因此强奸的受害妇女及其家属私自对强奸犯施以报复的行为大量增加，而朝廷则对这种私人复仇的行为持较为宽容的态度，甚至在一定程度上加以鼓励。

第八节 1614 年吴彦宽·李女顺僧尼犯奸案（案例 8）

本节通过光海君六年（1614）发生的一起僧尼犯奸案来考察当时的社会观念和官方理念对犯奸案是如何认定的，以及其中所显现的佛教和儒教理念间的冲突和这种冲突的不可调和性。本案的男主人公名叫吴彦宽，是一名士族的孽子。他的父亲是士大夫吴谦，他既然是孽子出身，便意味着他的生母是他父亲的一名贱妾。吴彦宽一心向佛，游历了朝鲜半岛各地

① 《朝鲜王朝实录》，明宗实录卷 17，9 年 11 月 23 日。

的寺刹，有许多年轻人追随于他。他和金自兼乃是至交，二人都一心向佛，有如骨肉兄弟一般。本案的女主人公名叫李女顺（原文也称“英一”），她是金自兼的妻子。李女顺也一心向佛，平时经常和丈夫以及他们的挚友吴彦宽一同讨论佛法，互不避嫌。除了这二人之外，还有一名叫做贞伊的徒弟也一直伴随在她左右。丈夫死后，李女顺与吴彦宽一起出家而遁入山中，他们削发为僧尼，但不料却被村民所捉，被逐级上报，最终得到国王光海君的亲审。审理之时，本案的男主人公吴彦宽供述如下：

> 臣自少不喜文武技艺，深信佛法，探讨经教，阅尽山家所藏者，至十五六年，粗有所成。相识中惟金自兼，早得此道，超诣深高，自兼妻亦于此道有得，故以道义相切，亦如自兼。自兼死时，谓臣曰：“吾妻胜吾，犹吾在也。子无以为嫌，相访谈道，如吾在时。”臣许之。今年四月，闻岭南[①]山水绝胜，欲往寂静之地，以为栖托之计。自兼妻闻此，亦欲同往，以男女异色为难而止之，乃曰：“广大佛法中，岂有此别？为道而出，虽碎身何伤？”同居女人，故牧使罗廷彦妾也，以学禅，从自兼妻三年矣。即相与出城，至安阴[②]德裕山[③]，削发为僧。处事之妄，万死甘心，至于私昵之理，万万不近。安阴被捉之初，察见县监颜色，若以士族为言，不问所以，必加重讯，不得已权辞以夫妻为言。只欲须臾缓死，以待今日暴白，今后无可患矣。臣固知此身，四大假合，梦幻成毁，非所爱惜。[④]

按照吴彦宽的供述，他从小就不喜欢经史和武术，而是痴迷于佛法。十五年间，他遍读山间寺庙所藏的佛教经典，已有了一定的佛学造诣。他的挚友金自兼及其妻子对佛法也造诣很深，在互相切磋时他发现挚友妻子在佛法上的学识并不亚于挚友金自兼。在他的挚友金自兼死时，曾留下遗

---

① 岭南：指庆尚道一带。

② 安阴：朝鲜时期古县名，位于德裕山东南，位于今天韩国庆尚南道居昌郡、咸阳郡一带。

③ 德裕山：位于韩国全罗北道茂朱郡、长水郡和庆尚南道居昌郡、咸阳郡一带的名山，现为德裕山国家公园。

④ 《朝鲜王朝实录》，光海君日记卷81，6年8月19日。

言说“我妻子的佛法造诣远高于我，她在犹如我在，可像我在世时那样与她谈论佛法，而不必避嫌。”吴彦宽便欣然答应了。在这一年（1614）的四月，他听闻庆尚道一带景色宜人，是修行佛法的好去处，所以就想去那里居住。而金自兼的妻子李女顺在得知后也想随他一同前往，他因顾虑男女之大防而加以劝阻，但李女顺却说道：“无边佛法之中，岂有男女之别，为了求道，即使身碎又有何妨?”所以他就答应了她。她的弟子是已故之人罗廷彦的妾，追随她修行佛法已有三年之久。所以三人一起相约出城，到安阴县德裕山后，他们剃度为僧尼。在安阴县被捉拿归案时，吴彦宽想到如果从实招认自己是士族的话，必然会遭到严刑逼供，所以姑且托辞说二人是夫妻。而国王怀疑吴彦宽或与朴致毅[①]等人有关联，所以对他严刑推鞫，并将他杀害。国王在审讯女主人公李女顺时，得到了以下供述：

女名非英一，乃女顺也。前府使李贵之女，故幼学金自兼之妻也。自六七岁，稍解文字，无心于世，十五而嫁，亦不以男女生产为念，留心至道，积功八九年，似有所得。自兼志气不凡，早事禅学，不以妻道待之。且以吴彦宽为道友，尝曰：“吾有妻如君，有友如吴，一生之幸也。”三人鼎坐，谈道终日，或至夜深。自兼戊申年身死，死之前日，谓在侧人曰：“吾明日将化。”果于翼日而逝。临终，口号偈数句，因谓吴曰：“吾妻在，吾不死也。子勿以俗言为嫌，须为道相访，如今日也。”吴许诺。厥后时时来见，谈道讲学，久而不衰。尝闻，五台山[②]多女僧，欲往从之而未果。去四月间，闻吴彦宽以游山出去，遂决意从之。留书于姑及父母，为别率奴婢而行，行至德裕山，剪发为僧，竟为村民所捉，告终始缘由，如斯而已。若以处事之误言之，死亦轻矣，其无奸犯之实，如青天白日，虽万死无愧

① 这里指的是发生在本案一年前（1613）的癸丑狱事，朴致毅为平难功臣朴忠侃的庶子，因为当时受“庶孽禁锢”的限制而不能出仕，遂与其他六名士大夫的庶子结成一党，称“竹林七贤”或“江边七友”，他们曾有1608年上疏，请求废止“庶孽禁锢”，后在鸟岭抢劫商人银两，并涉及党争而被一网打尽，只有他一人在逃。

② 五台山：朝鲜半岛佛教名山，与我国五台山同名，位于今韩国江原道江陵市、洪川郡、平昌郡境内。

> 矣。安阴初供时，非不知权辞、假名之不忍为，而若以士族女，随他男子而出来为辞，则县监必不问曲折，先加严讯，故不得已如是。至于同宿一房之说，至极暧昧。奴婢虽皆说道，罗廷彦之妾，自京至山，每每同处，虽便旋时，未尝少离，岂有暗昧之事?①

根据李女顺交代，她本是府使李贵的女儿。她六七岁时开始识字，十五岁时嫁给了金自兼为妻。她对男女之事和养育后代都不感兴趣，而是用八九年的时间一心问道，因而收获很大。她的丈夫从早年开始就修习禅学，一直把她当作道友而非妻子看待。她的丈夫曾说："我能有像你这样的妻子，能有像吴彦宽这样的道友，这辈子就很知足了。"他们三人整日谈论佛法。她之前听闻五台山的女僧众多，因而想前去修炼但未能成行。这一年（1614）的四月，她听说吴彦宽将要出游，便决定追随于他。她留下书信给本家和夫家父母后，带上奴婢就出发了，在行至德裕山时被当地村民所捉。她辩解说她与吴彦宽的关系有如青天白日，绝无任何私情。然后国王又亲自审讯了贞伊，并得到如下供述：

> 女年十四，为武夫罗廷彦妾。夫死，欲全贱节，依托嫡家。闻金自兼妻李氏，人多贵之，尽诚求见，阅人多矣，未见如此人。李氏每言："在世修道，不能专一，古人出家入山。闻，五台山多女僧，欲往久矣。"今春吴彦宽与李氏同行，女亦随去，李氏常时不食或至二十日，水饮不入于口，少无饥困之态，或至一月不睡。满身有香气，昏黑之夜，放光如昼，三年同处，终始如一，污秽之事，千万不近。贱身青年寡居，人多求之，改嫁谁尤，而必往山间奸夫乎？吴彦宽虽处土室地穴，有满身香气，人皆持饮食而来馈矣。②

贞伊交代她原是罗廷彦的侍妾，时年只有十四岁，如此年幼便已守寡。她在丈夫死后为了保全贞节，便来到了李女顺家中居住。她很早就听说李氏受到众人景仰，所以极尽诚意求见李氏。贞伊说她阅人无数，但却

① 《朝鲜王朝实录》，光海君日记卷81，6年8月19日。

② 《朝鲜王朝实录》，光海君日记卷81，6年8月19日。

从未见过像李氏这般品行高洁之人。李氏常说："在家修行不能够专一，因而古人为了修行经常出家而遁入山中。听说五台山的尼姑众多，我很早就想去那里修行了。"当年春天她随李氏一同出行，李氏经常断食二十天，也不喝任何水，并且一个月不睡觉，也从未见她有任何饥饿困顿之态。李氏满身香气，黑夜中可以放光如白昼，她与李氏同处三年，李氏始终如一而从不沾染污秽之事。吴彦宽也是如此，他虽然居住在地穴土屋之中，但浑身都散发着香气，人们都拿最好的饮食来供奉他。国王在讯问后，决定将两名妇人暂时收押。而大约在一年后的《朝鲜王朝实录》中出现了以下文字："以英一与吴彦宽淫奔山谷，秽行昭著，而抄入蒙宥，径被放释。"① 由此可知，光海君最终对李女顺做出了无罪释放的判决。对比当事者的供述和下文中的臣下谏言，便可处处发现儒教和佛教在价值观上的矛盾和冲突：

> 都承旨韩缵男启曰："夫妇，人伦之始，而列为三纲。"故《易大传》曰："有天地然后，有万物，有万物然后，有男女，有男女然后，有夫妇，有夫妇然后，有父子，有父子然后，有君臣，有君臣然后，礼义有所措。未有夫妇失正，而君臣父子各得其道也。惟我祖宗，作为法制，植三纲、明五伦，而尤严士族妇女淫奸之律，近年以来，国纲荡然，人不畏法。礼顺②，是宰臣李贵之女子，公然与吴彦宽相奸，遨游山谷，而至今逭刑。……李贵是识字之人，纵女奸僧，污辱一户，恬不知耻。至以生佛称夸，不告家庙，使之自尽，其昧春秋大义灭亲之训，而无廉耻，无国法甚矣。"③

上文中，大臣韩缵男在女主人公被释放四年后旧事重提，以辞官相要挟请求国王对李女顺按律法正刑，国王光海君并未同意。李女顺的父亲李贵对女儿的修行极为支持，并夸自己的女儿是佛陀再生，按照理学的观念应该勒令女儿自杀才对。从中使我们看到了儒教和佛教间观念的不协调。

① 《朝鲜王朝实录》，光海君日记卷92，7年7月26日。

② 礼顺：即本案主人公李女顺。

③ 《朝鲜王朝实录》，光海君日记卷147，11年12月3日。

儒教注重三纲五常，对男女之大防极为看重，注重人际关系和人与人之间的差别，是入世的学说；而佛教则强调众生平等，认为世事无常，是出世的学问，具有超脱性。在有关本案当事人是否构成犯奸的问题上，朝臣韩纘男想用儒教的法律和价值体系去规范一心求道的僧尼二人，显然是削足适履。这让我们看到了法律的深处乃是思想和价值体系，是立法者的世界观。因此法律是相对的，是有局限性的，其背后的文化传统和思想观念有时就是法律的局限。在阅读本案后，我们感叹在官府大力宣扬儒学价值的朝鲜时期竟有如此一心向佛且造诣高深的修行者，他们为了追逐自己的价值和理想而勇于挑战世俗的理念与成见。而国王推鞫并使吴彦宽致死的原因正是出于他的恐惧，因为国王怀疑他涉及党争和其背后王位之争，怀疑的理由可能是跟他和“竹林七贤”一样，都是在当时没有任何政治前途的士大夫家的庶孽子，又都是在野的高洁之士有关。其实无论是他“年少轻妄之徒，趋附者多”还是“人皆持饮食而来馈”，都已经证明他在当时拥有巨大的感召力。与统治者处于不同价值体系但却有非凡影响力的男主人公吴彦宽，其存在本身就对王权构成了巨大的威胁和挑战。如此说来，国王无法容纳他或许也是在情理之中吧。

第十章

承 继

第一节 遗产继承

朝鲜时期的遗产称作“祖业”，朝鲜语称之为“衿”①。朝鲜时期的分割遗产称为“分衿”，支付遗产称作“衿给”，取得遗产称为“衿得”，遗产份额称为“衿分”，“父母衿”是指父母的遗产，“父衿”指的是父亲的遗产，“母衿”是指母亲的遗产。与我国古代不同，朝鲜时期的家族并不存在共同的财产制度，而是对父亲的财产与母亲的财产有着明确的划分，是各人单独所有的财产制度。父亲的财产、母亲的财产与“祖业”一起传给子女，所以父亲和母亲各自的财产又都是祖业的一部分。因此朝鲜时期的遗产可分为祖业、父之财产、母之财产三大类，子女所继承遗产的文书上均明确记载了遗产原来的归属。

不同于我国传统时期遗产继承时对家庭共有财产的分割，朝鲜时期的遗产继承不是“分家”，而是对财产所有权主体的变动，是遗产的“相续”，即指对父亲或母亲私有财产所有权的转移。朝鲜王朝的遗产继承方式基本属于法定继承，即不承认被继承人对遗产的自由处置权。这并非不承认遗嘱继承的合法性，而是被继承人所立的遗嘱中，对遗产份额的分配和继承顺序不能和法定继承的份额存在较大出入。如果被继承人未按法定继承的份额分割遗产，利益受损的一方可以随时提起诉讼，这类诉讼可不

① 衿：吏读，朝鲜语“깃”或“긷”，源于古代朝鲜语单词“기티다”，“留给后世”之意，因为其发音无对应汉字，所以训读为“衿”。

受诉讼时效的限制。[①] 遗产继承分为父母生前分割的“生前相续”和父母过世后分割的“死因相续”两大类。“死因相续”须发生在三年丧期结束之后，经过死者各位子女的协商后将遗产进行分割，这种遗产分割方式在朝鲜称作“和会”。

朝鲜时期遗产的第一顺序继承人是子女，包括嫡子女、庶子女、收养子女、侍养子女等。无论女儿是否出嫁，都与儿子一样作为第一顺序继承人，如果子女死亡则由孙子女代位继承。在没有子女或孙子女的情况下，遗产的第二顺序继承人是当事人的在世配偶，若妻子终身守节而不再嫁的话，则可以终身持有丈夫的所有财产。其遗孀若收养有子女，那么亡夫的遗产可由其养子继承。如果夫妻都已死亡时膝下没有子女，那么其财产各归他们的本族继承，死者本族中罗马四等亲以内的近亲属作为遗产的第三顺序继承人继承，称作“使孙”。其顺序依次是罗马二等亲、三等亲、四等亲。如果死者没有兄弟姐妹（二寸），则由其叔侄（三寸）继承，如果没有叔侄（三寸），则由其侄孙或从兄弟（四寸）继承。如果被继承人无罗马四等亲以内的近亲属，那么遗产归国家所有。但实际上几乎没有遗产被收归国有的情形，当事人一般会收养子女或将遗产赠予本人的近亲属或同宗之人，同时也将自己死后的祭祀托付给受赠人。妇人是某人继母的情形下，其前妻所出子女仅是她的“义子女”，继母在没有亲子的情况下死亡时，其“义子女”只能继承其遗产份额的1/5，其余遗产归其本族所有。[②]

朝鲜时期在继承时为什么要将继承人的范围限定在罗马四等亲（四寸）以内呢？那是因为朝鲜将遗产视为“祖业”，而四寸以内的血亲（称为“使孙”）拥有同一个祖父母，因而属近亲属的范畴。朝鲜前期女子也享有继承权，并与儿子享有相同的继承份额，但在朝鲜后期女子的继承权逐渐被剥夺。以《经国大典》为例，其在遗产继承方面的规定如下：

①未分奴婢，勿论子女存没，分给，身没无子孙者，不在此限。未满分数者，均给嫡子女。若有余数，先给承重者。又有余，则以长

① 박병호, 1996, “한국의 전통사회과 법”,《근세의 법과 법사상》, 진원, 58 면.

② 박병호, 1996, “한국의 전통사회과 법”,《근세의 법과 법사상》, 진원, 58—59 면.

幼次序给之，嫡无子女，则良妾子女，无良妾子女，则贱妾子女同。②田地同。父母奴婢：承重者，加五分之一，如众子女各给五口，承重者给六口之类。③众子女平分。④良妾子女七分之一，如嫡子女各给六口，良妾子女各给一口之类，下同。⑤贱妾子女十分之一。[①]

由《经国大典》的规定可以看出，古代朝鲜半岛在遗产继承方面与我国有显著差异。其对子女的嫡庶非常重视，但子女的性别却不作为区别对待的因素，子女均分遗产至迟在 15 世纪仍是朝鲜各地的习惯做法。看重子女是谁所出，对其母系血统的重视正是跟当时的率婿婚俗密切相关。良妾子女的遗产继承份额只有嫡子女的 1/6，而贱妾子女只能分得相当于嫡子女 1/9 的遗产。这体现出朝鲜前期的家族制度与我国有着明显区别。

通过上述规定可知，在遗产继承上对负责奉祀的承重子略有倾斜但不明显，主要还是以嫡出子女间的平均分割为主。而《经国大典》对继承时奴婢在前而田地在后的规定，可以看出当时对人口（动产）的继承的重视程度高于对田产（不动产）的继承。朝鲜前朝的奴婢是家中重要的财产和宝贵的资源。这种子女均分的继承制度使朝鲜的家族制度很难实现或保持某种集权的属性，根本上来说是与家长制相对立的，因而中国传统的同居共财的大家族模式在当时的朝鲜没有实现的可能。朝鲜时期的子女若是成婚便会马上分家，经济上无法形成某种家族的共同体。许多证据表明，朝鲜后期的一般家庭人口数只能维持在 4—5 人。[②]

随着时间的推移，朝鲜的上述遗产继承制度也经历了缓慢的演变。通过对韩国现存的“分财记”类古文书的研究可以发现，直到 17 世纪中叶，多数士族家庭还是以子女均分的形式继承遗产；从 17 世纪中叶到 18 世纪中叶，部分士族家庭在继承上优待长子和区分男女，遗产不再均分；而到 18 世纪中叶后，这种优待长子和区分男女的继承制度占据了主流，女子的继承权已被剥夺。而对于奉祀权的继承，17 世纪中叶以前的主流方式是子女间的轮流奉祀，而到 18 世纪以后就渐渐变成由长子一人奉祀了。限于史料，以上结论仅适用于士族阶级，朝鲜时期平民家中的遗产究

---

① 《经国大典》，刑典，私贱。

② 박병호, 1996, “한국의 전통사회과 법”,《근세의 법과 법사상》, 진원, 59 면.

竟是如何继承的，韩国学界至今还没有共识。[1] 而对于遗产继承时子女均分习俗的源流，笔者认为日本学者牧野巽的说法有一定说服力。

牧野先生在研究了东亚稻作民族后，得出了下述观点。其一，他在比较了日本 8 世纪的《养老令》、朝鲜 15 世纪的《经国大典》、越南黎朝 15 世纪的刑律以及缅甸、暹罗、柬埔寨、爪哇、菲律宾等地二战前的遗产继承制度后发现，虽然这些地区的继承制度有所区别，但却存在以下相似之处。第一，分给长子的遗产与其他子女的份额相同或略多。第二，男女在遗产继承方面比较平等，而不是只传给男子一系，因此几代以后财产就会变得较为分散。第三，重视夫妻间的财产关系，夫妻之间可以相互继承，妻子对丈夫享有遗产继承权；区分婚前个人财产和婚后共同财产，两者各有其不同的继承方式；若在没有子女的情况下夫妻一方死亡，配偶可终身持有其财产，若在无子女的情况下夫妻双方均死亡，则其财产分别由各自的亲属继承，其比例事先确定为 2∶1 或 1∶1。也就是说，对夫妻间的个人所有财产、继承的财产和共同所有的财产有非常明确的区分，尊重妻子的个人所有权；母亲是否为正妻直接关系到其所出子女的继承份额，这可以看作重视夫妻个人所有财产的体现。因为正妻通常拥有较多财产，其财产理应由她所出的子女继承。其二，这种均分遗产的习俗有以下倾向。（1）父母与未婚子女构成的核心家庭；（2）无父母包办的、子女自由恋爱的婚姻；（3）女性可从事经济活动和商业活动；（4）缺乏父系或母系的族外婚，亲属制度由父系和母系共同组成。其三，中国长江以南的原住民家族也存在类似现象，因此日本、朝鲜和东南亚原来隔绝的两圈地理相连，即日本、朝鲜、中国南方和东南亚在遗产继承文化上可视作一个整体。其四，这些地区在财产继承制度上的相似性并非偶然，相对于中国法、印度法、伊斯兰教法等外来文明产生的影响来说，这一地区原已存在共同的本土文化。这一文化的分布地区以缅甸为界，可把亚洲的“稻作文化圈”二分，缅甸以东的东亚稻作文化圈和缅甸以西包括印度在内的稻作文化圈在继承制度上存在重大差异。缅甸以东的东亚稻作文化圈在社会组织、衣食住行等物质文化、宗教等精神文化方面有

① 심희기, 1997,《한국법제사강의》, 삼영사, 95 면.

很多相似之处。[①]

牧野先生认为，朝鲜在遗产继承制度上的子女均分并不是孤立存在的，而是东亚稻作民族在继承文化上的共同之处。而在这一稻作文化圈以北的广大东亚旱作区，我们没有发现如此普遍的子女均分财产的习俗。因旱作与稻作两种不同的农业类型产生的两性地位的不同，是由哪些因素导致的，仍有待深入地研究。我们不能否认古代朝鲜半岛曾受到中华文明的强烈影响，但在接受中国制度之前的朝鲜半岛也确实存在自身的文化特征。并且直到17世纪以前，朝鲜半岛在家庭制度上的许多固有特征仍得以保留。

第二节 家系继承与立嗣

朝鲜王朝的家系继承以嫡长子继承为基本原则，而现实中却存在许多无子或无嫡子的情形，因而形成了具有朝鲜特色的立嗣和收养制度。[②] 朝鲜半岛的收养制度可以上溯到半岛的三国时期。高丽时期则首次以法律的形式认可了同宗养子和异姓养子两种收养形式。在没有儿子的情况下将侄子等立为养子是受到了中国宗法制的影响，而在有子孙的情况下却将“异姓”收为养子是朝鲜半岛的土俗，这里的异姓主要是指外孙，高丽时期甚至有让外孙主持奉祀的习俗。

到了朝鲜时期，收养制度逐渐向宗法制的养子制度转化。以家系继承为目的的异姓养子被禁止，养子的名称也随之发生变化。以家系继承为目的的同宗养子称为“继后子”，养父母称作“所后父母”，收养本身称为“出继”或“继后”。而不以家系继承为目的的异姓收养则称作“养子女”和“养父母”，而异姓养子又可分为“收养子女”和“侍养子女”。朝鲜时期将三岁以前收养之子称为“收养子”，将三岁以后收养之子称为“侍养子”。收养子原则上须是异姓养子，而侍养子可不分同姓和异姓，

① 转引自박병호，1996，“한국의 자녀균분상속의 법관습과 남방계문화”，《근세의 법과 법사상》，진원，283—285면.

② 关于朝鲜王朝家系继承法的代表性研究有：정긍식，2010，“조선시대의 가계계승법제”，《서울대학교 법학》51—2，69—101면.

收养子和侍养子在遗产继承上存在较大的差别。收养子的养父母若有亲生子女，则收养子的遗产继承份额会变得较少，但在养父母无亲生子女的情况下，收养子可以继承养父母的全部遗产。所以说，收养子在当时又称作“同己子”，意为视如己出。以家系继承为目的的立嗣则主要发生在士族家庭之中，而收养异姓养子则主要出现于平民家庭中。另外，朝鲜时期对弃儿的收养也较为盛行。在饥荒或战乱的年代会有不计其数的儿童遭到遗弃，这时官府便会鼓励民众收养，并给收养人一定份额的衣物和食物。而弃儿如在被收养的三年内无法找到亲生父母的话，弃儿便自动成为雇工人（16 岁以上）或奴婢（15 岁以下），这一身份将伴他的一生。① 收养弃儿被当时的官府视作一种补充奴婢等劳动力的手段。

因为朝鲜王朝尊奉儒教，所以重视宗法制度特别是家族关系中父子的关系，这也体现在王朝的立法之中。《经国大典》有关祭祀继承的相关法制主要集中出现于“奉祀”条和“立后”条。“奉祀”条中规定：“若嫡长子无后则众子，众子无后则妾子奉祀。”② “立后”条中规定：“嫡妾俱无子者，告官立同宗支子为后。”③ “奉祀”条的规定确立了嫡长子继承宗统的大原则，其顺序分别是嫡长子、其他嫡出之子、妾出之子，妾生之子以良人妾出之子先于贱人妾出之子为原则。妾子在承重时，公开祭祀的是自己的父亲与嫡母，对其生母的祭祀只能在私室进行。④ “立后”条认为，在妻妾都未能生育儿子的前提下，当事人可以在呈报官府后立自己的侄子为承重子，其顺序是以血缘的亲疏为准，亲侄优先于从侄，从侄优先于再从侄，而承嗣的侄子须是其本生父母嫡长子以外的“支子”。这两条本来可以互补而能够自圆其说，然而不巧的是，在“奉祀”条的小注中还存在和“立后”条的这一规定互相冲突的法规。即“嫡长子只有妾子，愿以弟之子为后者，听。欲自与妾子别为一支，则亦听”⑤。即身为家中嫡长的当事人，在没有嫡出之子而只有妾出之子的情况下，为了保全家族的

---

① 《受教辑录》，礼典，惠恤。

② 《经国大典》，礼典，奉祀。

③ 《经国大典》，礼典，立后。

④ 《经国大典》，礼典，奉祀，“良妾子无后，则贱妾子承重，凡妾子承重者，祭其母于私室，止其身”。

⑤ 《经国大典》，礼典，奉祀。

荣誉，若愿意立他的弟弟的嫡出子承重的话，法律也是允许的。而如果他与妾出子父子情深，而愿意从大宗降格为小宗而另作一支的话，法律也是允许的，从中体现出当时法律对妾出之子的高度歧视。也就是说，只有妾子的大宗当事人在当时面临两种选择，一是立自己兄弟所出的嫡长子以外的嫡出之子为承嗣之人，二是因父子情深而放弃大宗的地位，甘愿和自己的妾子别立新家，并移宗于自己弟弟所生的嫡长子。

大宗的妾子和小宗的嫡长子之间到底该由谁承重？这一法律条文上的冲突为日后继承法适用时的矛盾与争论埋下了伏笔。那么，为什么《经国大典》中产生了条文间相互矛盾的现象呢？这源于这两款法律条文产生的背景不同。其中“奉祀”条传承了兄终弟及的半岛固有传统，源于高丽恭让王二年（1390）的“士大夫庶人祭礼”和朝鲜太祖六年（1397）颁布的《经济六典》“家庙祭礼”条中有关兄亡弟及的规定，因而朝鲜初期对妾出之子存在各方面的歧视。比如功臣所出的妾子不得入属宗亲府，在无嫡子的情况下功臣的地位由其弟弟的嫡子因袭等。[①]

而家族谱系的延续是嫡长子才有的重任，嫡长子以外的“众子”则没有责任。但众子也存在无子而亡的情况，因此《经国大典》规定如下：“旁亲之无后者，祔祭。”[②]“士大夫无子女，欲以奴婢墓直，主祭者，从财主之意，署文记使奉其祀，大夫六口，士以下四口。”[③]也就是说，无子的旁支士族男女可在死后附于昭穆相同的他人之祖父或祖母的祭祀中获得后人祭祀，称作“傍亲班祔”，法律对此予以认可。而如果其在死后不想依附于亲属而想单独获得他人祭祀的话，那他也可以选定奉养之人，死后由其代行“墓直奉祀”。

而“立后”条的规定则起源于世宗十九年（1437）的立法，当时朝廷有感于“我朝以来，立后之意不明，继嗣不正，世臣旧义，渐就衰微”[④]，因而根据《仪礼·丧服》等中国古制，参酌《通典》《性理大全》等著作，重新整备了以宗统为先的家族秩序。因此，“立后”条和“奉

① 《朝鲜王朝实录》，世宗实录卷64，16年4月16日。
② 《经国大典》，礼典，奉祀。
③ 《经国大典》，礼典，奉祀。
④ 《朝鲜王朝实录》，世宗实录卷77，19年6月3日。

祀”条立足兄终弟及、嫡子承继的半岛传统不同，其所追求的是一种理想的状态，其以中国古典制度为归依，而未能充分考虑到朝鲜的现实和中朝历史传统的差异。因此，在奉祀者只有妾子而无嫡子的情况下，两款不同的法律条文存在矛盾，后又因为立嗣的广泛普及而使这一法律冲突浮出水面。

朝鲜初期为了将《朱子家礼》普及朝鲜各地，朝廷曾施行过许多措施。其中最具核心价值的就是世宗九年（1429）颁行的一则受教，这一受教后被收录在《经国大典》“田宅”条中，其规定“立庙家舍，传于主祭子孙”①，这一受教在朝鲜曾引发了很大争议，其涉及了如下法律问题。即如果嫡长子没有子嗣而由次子一脉奉祀祖先的话，那么依据这一法律条文，其家舍也应顺带由次子一脉继承，那么嫡长子的女儿和遗孀就可能被赶出居所并面临如何存活的问题。针对这一法律上的漏洞，在一百多年后的明宗在位期间才给出了相应的解决方案，在《各司受教》所收录的明宗十一年（1556）的受教中规定如下：

> 丙辰正月初二日。承传内，长子无子，次子奉祀，则当入处有祀堂家舍是在果，其长子女息无所于归，而次子曾居家舍元系祖先传给之物是去等，换给长子女，俾无失所，甚合于情义叱分不喻，亦无撤毁祀堂，唯只曾传长子之家，已为颓落，自备材力改造，则换给不当，自今以后，永为恒式。②

针对法条“立庙家舍，传于主祭子孙”带来的长子的女儿及遗孀的居所问题，朝廷给出的解决方案是如果次子之前居住的家舍是承继自祖上遗产的话，那么次子一家和长子的未亡人可以互相移居到对方的居所，使次子居住于有祀堂的家舍的同时，也不至于让长子的妻女流离失所，从而避免了因利益冲突而使祀堂遭到撤毁。但如果嫡长子生前出材出力而将自己的家舍翻修或改造过的话，那么法律认为在这种情形下置换房产就显得不合适了，因而保障长子一家的权益不受次子一家侵犯，允许长子的妻女

---

① 《朝鲜王朝实录》，世宗实录卷35，9年2月10日；《经国大典》，户典，田宅。

② 《各司受教》，汉城府受教，嘉靖丙辰四月初九日。

继续居住在翻修过的房屋之中。诚然不排除长子的妻女日后会得到长子父母留下的遗产，但和此法规无碍。长子的遗孀在生前可以居住在丈夫留下的房屋中，在其死后房舍将留给丈夫四寸以内的近亲属（即“使孙”）。然而，做如此规定的受教和与之类似的受教[①]仅出现在16世纪明宗在位时期，其后便未出现在朝鲜的立法中，《续大典》也没有收录上述的规定，可见《续大典》又回到了《经国大典》单纯规定“立庙家舍，传于主祭子孙”的立法上来，而越过了《各司受教》与《受教辑录》中对长子遗孀应如何安置的人性化考量。

而为什么在《经国大典》颁行一百多年后的明宗十一年（1556）才颁行了上述旨在保护长子妻女合法权益的受教呢？原因是到了朝鲜中期，朝鲜的士族家中都流行一种叫作“冢妇奉祀”的奉祀方式，即长媳在丈夫死后代行对丈夫和丈夫祖先的祭祀权。然而随着理学的不断普及，这一朝鲜半岛上的习惯法和官方奉行的礼法间有很大的出入，并随着冢妇权的不断衰落而使两者的矛盾在16世纪中期凸显，因此直到这时才有必要出台相应的法规。明宗八年（1553）颁行的受教中规定：“长子死后，更为立后，以主祭祀，则长子之妇，不可假冢妇之名，争其田民，依众子例分给。”[②] 这一条文规定，长子在已经立嗣的情况下，其妻不得以冢妇之名和承重之人争夺奴婢和田产，从而在法律上明确了承重者先于冢妇行使奉祀的权利。而朝廷在次年颁行的受教中又规定：“父母未殁之前，先死长子之妻不可奉祀，父母已殁之后，长子曾为奉祀而身死者之妻，限其身没，仍奉其祀。”[③] 从而在一定范围内对冢妇的奉祀权又予以认可，但仅限于长子在生前曾经奉祀过自己的父母为前提，即排除了长子先于其父母死亡的情形下的长媳奉祀权，即如果长子先于父母而亡，则要遵循兄终弟及的原则，此时奉祀权就与长媳无关。而随着“冢妇权”的不断没落，朝鲜后期的《续大典》中明文规定：“长子死无后，更立他子奉祀，则长子之妇，毋得以冢妇论。田民依众子例分给，立庙家舍传给于主祭子孙，

---

① 《受教辑录》，礼典，奉祀，嘉靖丙辰承传。
② 《受教辑录》，礼典，立后，嘉靖癸丑承传。
③ 《受教辑录》，礼典，奉祀，嘉靖甲寅承传。

而擅卖者禁断。”[①] 从而彻底排除了“冢妇”这一概念的合法性，冢妇的奉祀权和财产继承权均被明确剥夺，否定了承重时兄终弟及的惯例而代之以立嗣和收养的方式，从侧面反映出朝鲜后期妇女地位的下降和宗法制带来的男权强化。

若嫡长子在立嗣后亲子又降生的话，亲子又该何去何从呢？这一法律问题因为具体案例的出现而在朝堂上引发了争论。最早的案例出现在成宗三年（1472），当时某位宗亲到 45 岁时还膝下无子，他在报请礼曹批准后，将自己的侄子立为继后子，但三年后他的又妾为他生下了儿子，因此在立嗣八年后，他将继后的侄子罢继而立自己的妾出子为后嗣，这一做法在当时并未引发大的争议，原因在朝鲜初期比起嫡庶的名分来，人们更重视父子间的血缘和亲情。中宗十九年（1524）也出现了妾出之子与继后之子间因奉祀权而引发纠纷的案例。朴枝因无子而立侄子允毅作为继后子，后来在妾子有福降生后朴枝死亡，双方当事人诉讼于司宪府，由此引发了群臣的争论。司宪府认为，立嗣后当事人与继后子之间的父子之义业已确立，所以应由继后子奉祀。刑曹则认为妾出之子虽然是贱籍，但实乃当事人的亲生骨肉，理应由亲生儿子奉祀，[②]《朝鲜王朝实录》中虽未曾言及争论后的判决，但从中已能看到两方意见的势均力敌。

到明宗八年（1553）时，朝廷对此类案件的判决与朝鲜初期有了很大不同。当时长兴库令李墠无子，因而立侄子汉垣为继后子，并得到了礼曹的立案，之后后妻李氏又添男丁。其妻李氏因此上言国王，请求罢黜继后子而立亲子为嗣。礼曹原想同意李氏的这一请求，但司宪府认为李氏的主张在法律和义理上都无法立足，因此希望国王驳回李氏罢继的诉讼请求，并得到了国王的允准。[③] 当时，朝鲜士族的继后子、收养子和寄养子都必须在得到礼曹的许可（称作“礼斜”或“继后立案”）后，其收养关系才算得到法律承认。而平民家庭在没有儿子的情况下，将收养子或侍养子立为后嗣并视如己出的情况也不罕见。收养子、侍养子和士族以继承家系为目的的继后子一样，身份均能得到法律的认可。而李氏的这一判例

① 《续大典》，礼典，奉祀。
② 《朝鲜王朝实录》，中宗实录卷 50，19 年 1 月 9 日。
③ 《朝鲜王朝实录》，明宗实录卷 14，8 年 4 月 17 日。

上升为法律条文后，最终收录于《受教辑录》中。《受教辑录》载有因这一案件而颁行的受教，国王以立法的方式颁布了这一情形下如何适用法律的解决方案："立嗣之后，却生亲子，则子当奉祭祀，以继后子论以众子，毋得纷纭罢继。"① 也就是说，士族在立嗣后又生下亲子的情况下，以亲子作为嫡长子继承宗统，原来所立的继后子虽不得罢继，但其身份应降格为众子。从这一立法可以推测出，李氏罢继的诉讼请求虽然未能得到国王允许，但国王仍然满足了她由亲子奉祀先祖的心愿，情、理、法在此巧妙地获得了平衡。而国王的这一受教其实仿效的是洪武元年（1368）颁行的《大明令》中的规定。朝鲜在遵循《大明律》的同时，《大明令》同样也是朝鲜的法源之一。《大明令》规定："无子者，许令同宗昭穆相当之侄承继，先尽同父周亲，次及大功小功缌麻，如俱无，方许择立远房及同姓为嗣，若立嗣之后却生亲子，其家产如元立均分。"② 但《大明令》中仅规定了财产继承的情形，朝鲜在援引和适用时，将其扩大到奉祀权的继承上。也就是说，即便之后亲子出生，原来所立的继后子仍然不得罢黜，其在法律上仍作为当事人的子嗣和合法继承人。而当时朝鲜的大儒李珥也因为以下理由而对罢继的行为加以反对：

> 立后事，若以世俗常情观之，无子故继后，有子则还罢，似无不可者。但圣人制礼本意，则断不如此。父子之恩，天性也。劬劳鞠育，昊天罔极，而若为他人之后，则便以所后父为父，而所生父，视以伯叔父母，降服不杖期，则是以劬劳鞠育、昊天罔极之恩，移于所后之父矣。定为父子，慈孝之心已固。则虽生亲子，岂有挠改之理乎？且父之于子，子之于父，其恩情一也。子既舍生父而父其所后，则父独不能舍亲子而以继后子为嫡乎？若父舍亲子为无理，则子舍生父无理尤甚矣。……况父子君臣，其为大伦一也。是故父子之恩不重，则君臣之义不明矣。臣之事君，不可怀二心，则子之于父，独可怀二心乎？今兹为父者，其意以为彼非亲子，我若生子，吾当罢继；为子者，亦以为彼非亲父，彼若生子，吾当退去云尔。则父子怀二心

① 《受教辑录》，礼典，立后，嘉靖癸丑承传；《各司受教》，礼曹受教。

② 《大明令》，户令。

以相贼，苟且假合，其家道何如耶？是故礼无罢继之文，而其论为人后。女适人者，皆降一等，而女被出则有还服之文，子无还服之议，其不许罢继，灼然明矣。……癸丑年受教所谓论以众子者。虽引《大明令》，而令所云云者，只论义同兄弟均分财物耳，非谓论以众子也。此教虽立，而不久旋罢。礼官误置于新立科条之故，至今犹存。兄为众子，弟为嫡子，甚乖情理，此受教则不可举行也。夫以亲子奉祀者，经也，以所后子奉祀者，权也。当权之时，必欲从经，则是任情弃礼也。魏晋以下，始有罢继之议，《大明律》亦循魏晋之旧也。我国祖宗朝只于刑典用《大明律》，他典未必行用，恐不可一一从律也。……自今以后，立为不罢之法，永成金石之典，则纲常伦纪，庶得其正，而天下后世之为父子者定矣。伏惟上裁。[①]

上文中，栗谷先生李珥非常精彩地阐述了无后之人立侄子为嗣后为何不得再行罢继的道理，他通过推断和论证圣人制礼的本意，并以此来否定罢继的合法性。其一，他认为继后子与所后父之间通过承嗣已确立父子关系，而父子关系应是相互对等的，继后子因过继给伯父而舍弃了生父，将伯父视作父亲而将生父视作伯叔父，对自己生父的服制已经降服，因此其所后父也不应在自己亲子出生后将继后的侄子舍弃。若是这样，那父子关系就不再对等，过继子因自身地位的不稳固就会对所后父怀有二心。在“君君臣臣父父子子”的伦理纲常中，父子关系可参比君臣关系，父子之恩可比照君臣之义，忠和孝在伦理上是一体的，因而对所后父的不忠就会延伸到对君王的不忠，从而得出承嗣后不可罢继的论断。其二，他举出服制中女子出嫁后，其本家的亲属对其降服一等，而在女子被休弃而还于本家后，本家亲属则对其还服的惯例，以此来否定罢继的合法性。原因是罢继在礼法上从未有过关于还服的讨论，因此间接证明了立嗣行为是永久和不可变更的，不能以亲子出生为由而使其丧失合法性。其三，他认为《大明令》中的条目仅是对立嗣后又生亲子情形下家产如何分配做出的规定，并未涉及承嗣的问题，更未言及应将继后子降为众子。因亲子出生较晚，所以在年龄上必然小于所立的继后子，那么，在无法罢继的情况下，

① 《栗谷全书》卷8，议，立后议一。

将之作为家中的长子是否合理？这便涉及亲子承嗣是否违反伦理上长幼有序规范的问题了。其四，他认为亲子奉祀是“经”，而继后子奉祀是“权”，即二者是一般情形与特殊情形、一般法与特别法的关系，作为特别法之继后子奉祀在法律地位上应高于作为一般法的亲子奉祀，否则便是“任情弃礼”。他通过阐述中国立嗣法制在历史长河中的变迁，来推断《大明律》中相关制度的法源应是出自魏晋时期。而他认为朝鲜主要是在刑事法上遵循《大明律》，而民事等制度上则可不必一一遵从。也就是说，他认为上古之“礼”和《五经》等古典经义是经典而纯粹的，其在法律地位上应高于历经时代流变而成的《大明律》。在栗谷先生的论证中可见他时时以“礼”为依归，在他的思想理念中，“礼”高于“法”并可以释法。

由于立嗣后父子关系已成，因而等同于亲子，而随着理学在朝鲜不断普及，伦理大义的重要性已经远远超出血缘本身。因此，到仁祖在位时期，崔鸣吉同样提出了即使后来亲子出生，也仍由继后子奉祀的提议。[①] 而到了英祖时期，朝鲜通过颁行《续大典》，最终为这一争论画上了句号。《续大典》中明确规定：“凡无子立后者，既已呈出立案，虽或生子，当为第二子，以立后者奉祀。”[②] 从而确认了继后子不受亲子侵犯的法律地位。朝鲜后期的士大夫因重视名分，因此即使有妾出之子的情况下，仍然立嗣的情况屡见不鲜，妾子的奉祀权几乎被剥夺。而对伦理和名分的重视仅止于士族阶层，平民家庭则不然。平民在亲子出生后一般会给养子一定数额的财产加以补偿，从而解除收养关系，即使维持收养关系，也通常由亲子祭祀。而从士族立嗣与罢继的历史变迁可知，朝鲜王朝经历了从重视血缘而允许罢继，到群臣争论各执一词，再到不得罢继但允许亲子奉祀，到最后确定即使亲子出生也只由继后子奉祀的法规演变，体现出思想理念影响并指导立法的事实，因立法者理念的转变而使相应的法律条文不断发生变化。

综上所述，朝鲜王朝的法律对士族的立嗣有着严格的规定。立嗣的当事人多具有以下特征。第一，所后父须是已婚男子。立嗣的目的是奉祀祖

① 《增补文献备考》，礼考，立后。

② 《续大典》，礼典，奉祀。

先和承继宗统，因此女子不得承继宗统。即使在丈夫去世后遗孀为其选定继后子的情形中，遗孀本人也非主要当事人，而是以亡夫和继后子间建立的承嗣关系为主，遗孀本人顺带成为所后母罢了。而如果男子在未婚时就已死亡，即使他是承重的嫡长子也不得编入家系之中，只能改由已婚的其他兄弟承重。已婚者则不论年龄大小都有立嗣的资格。第二，所后父未必没有亲子。由于当时的士族对自己的庶子极为蔑视，所以不立庶子而另行立嗣的情况非常普遍。许多士大夫宁愿立嫡出的堂侄、从堂侄甚至远房族亲为后嗣也不愿让自己的妾所生的儿子为自己和自己的先祖奉祀。第三，所后父（或所后母）和生父（或生母）都应健在的情况下方能立嗣。

对于继后子来说应满足以下条件。第一，继后子与所后父同宗。除宦官或僧侣等生理和身份上特殊之人可以异姓养子为嗣外，朝鲜王朝在原则上不允许异姓之人承继宗统。第二，继后子必须为男性。朝鲜中期以前，女儿、遗孀及外孙都曾作为奉祀的主祭之人出现，但随着理学思想的强化而在朝鲜后期消失。第三，继后子应符合昭穆之序。《经国大典》规定："尊属与兄弟及孙，不相为后。"[①] 也就是说，继后之子应是所后父母的子侄一辈，不允许确立自己的尊亲属、同辈或孙辈为嗣。因此，当时在立嗣时便出现了"次养子"和"白骨养子"等各类不合法的变体。"次养子"指在子侄辈没有合适人选的情况下，权且先让自己的同辈奉祀，在等到此人的儿子出生后再将之立为后嗣，其生父则作为次养子归为别宗的方式。而"白骨养子"又称作"神主养子"，指的是在子侄一辈无合适人选的情况下，将自己的孙辈立为后嗣的办法。因孙辈不能直接承嗣，所以权且先将他死去的父亲立为后嗣，因他已经死亡而称为"白骨养子"。第四，因嫡长子要继承生身父母家的宗统，因而继后子不得是其生父母家中的嫡长子或者独子，而只能是宗子以外的支子。但如果大宗无后，那么即使小宗家的儿子再多，也要将其长子送到大宗家收养，即便是独子也不例外。第五，只能立一人为嗣。

在具备以上的条件后，两家的父亲在经过协商并取得礼曹的立案后，承嗣关系才算正式成立。如果父亲死亡，母亲也可以申请立案，其流程是

① 《经国大典》，礼典，立后。

将两家的户籍单子提交并获得门长的保证后，京城经由汉城府、地方上经由观察使提请礼曹立案。肃宗在位时开始对立嗣的申请征收一定的手续费，称为“作木”，一般是正木5匹或铜钱5两。从拿到礼曹的立案之日起，继后子与亲子在法律上具有同等的地位，具有与亲子相同的权利和义务。

立嗣关系的解除在朝鲜称作“罢继”“罢系”或“罢继归宗”。罢继的原因大概有以下几种类型。第一，继后子的原生家庭无后时，可以罢继。由于当时社会上重视宗统，当生家遭遇变故而无后时，养子可以重新归宗。第二，继后子品性狂悖或有恶疾时，可以罢继。[①] 第三，继后子犯有谋逆等重罪时，可以罢继。第四，继后子并非当事人的子侄辈而不符合昭穆之序时，可以罢继。第五，立嗣后继后子不孝敬父母或有将家产荡尽等恶劣行为时，可以罢继。第六，立嗣出于一方强迫而亲生父母未获同意时，可以罢继。第七，立嗣存在欺骗或隐瞒的情形时，可以罢继。第八，继后子的年龄长于所后父母时，可以罢继。

除此之外，朝廷对于如何处置立嗣后亲子又出生的情形争议较大。明宗八年（1553）规定，这种情况应由亲子奉祀而将养子降为众子，但不得解除收养关系。到了朝鲜后期则改为一旦立嗣便应由继后子承重，即便亲子出生也要将其视作众子。说明朝鲜的立嗣一经礼曹立案，便意味着获得朝廷认可而具有法律效力，因此不得随意更改。而罢继在原则上也需经过朝廷的批准，一般是在经过两家父母合议后，由两家的门长将申请罢继的单子上呈给国王。[②] 到朝鲜后期，无论是立嗣还是罢继，大都不再申请礼曹立案了，而是到祠堂告知祖先后，在得到宗族的承认并载入族谱后，继后子便可去到所后父母家中，或者回到亲生父母家中。

第三节 1583年金铁诉高孟弼案（案例9）

本节将讲述金诚一于宣祖十六年至十九年（1583—1586）间，在罗

---

① 《六典条例》，礼典，继后。

② 《六典条例》，礼典，继后。

州牧使任上判决的一件有关土地所有权的民事诉讼案，[1] 以此来说明当时的遗产继承纠纷情况，特别是无子女亡妻的财产归属问题。本案的原始资料出自韩国学中央研究院出版的《古文书集成》第六卷的“立案 12”[2]，笔者在对照《古文书集成》原文的基础上，对其中的吏读加以释读。

本案发生在宣祖十六年（1583）十一月，两造分别是金锳和高孟弼。当时，被告高孟弼已经八十岁，因年事已高而由他的儿子高敬己作为诉讼代理人。高能的女儿长泽高氏是金锳的妻子，婚后他们没有生育子女，高氏大约于 1553 年死亡。女儿高氏死亡后的一两年后，高能也去世了。而原告金锳在前妻高氏死亡的大约 30 年后，他因为主张前妻部分的财产所有权，而对前妻的堂兄弟高孟弼提起了诉讼。（见图 38）

图 38　金锳诉高孟弼案立案文书的开头部分[3]

① 林相赫教授曾对此案有过深入研究：임상혁，2013，“1583 년 김협 · 고경기의 소송으로 나타나는 법제와 사회상”，《고문서연구》43，131—155 면，本节有所参考。

② 韓國精神文化研究院編，1989，《古文書集成 · 第 6 卷：義城金氏篇》，韓國精神文化研究院。

③ 原件的前半部分缺损严重。

高能膝下无子，仅有高氏一女。因此在当时，独生女高氏理应享有高能夫妇所有财产的继承权。但问题在于高氏在未生育的情况下而先于她的父母死亡。如果高氏育有子女，其子女在高氏死后，仍可以以外孙子女的身份继承高能夫妇的财产。因为在高丽与朝鲜时期，遗产的第一顺序继承人便是被继承人的直系子孙。而当时未生育子女便死亡的出嫁妇女的遗产应归其本家，因此高氏在死亡后，其财产也应归高家所有，金铗便没有主张前妻遗产所有权的合法性。但金铗的主张依据的是《经国大典》对无子女"前母"的相关规定："无子女前母、继母奴婢，义子女五分之一，承重子则加三分。"①

也就是说，金铗继妻所出的子女，在法理上有继承前妻高氏遗产的可能性。作为义子，本来可继承遗产份额的 1/5，剩下五分之四的遗产归其本家。但如果义子是承重之子的话，则要另加 30%，这样一来义子便能占据"前母"一半的遗产，等于可以跟其高氏的本家平分遗产了。但这里存在的问题是前妻高氏死亡和后妻所生子女成为承重子之间在时间上有很长的间隔，这类情形一般会导致后妻所生的儿子在出生之前，其亡妻的财产大多已经归还其本家了。朝鲜因而在明宗九年（1554）颁布的受教中规定如下：

> 义子女之于前母继母其分己物之际，虽有分数殊，母子大义与亲母不可轻重，而定以限年未稳。但元财主已区处之物，则勿许更改。②

也就是说，政府认为比起血缘关系来说，母子之间的大义更重，因此开始赋予后妻所出子女对已经回归前母本家财产的追索权，且不受诉讼时效的限制。本案当事人在宣祖十六年（1583）提起诉讼，而高氏早在明宗八年（1553）就已死亡，因此追索遗产时距离高氏死亡时间已整整过去了 30 年。因此，被告主张这些财产是已经处分过（"已区处之物"），所以无法追索。我们从本案中可以看到当事人充分利用法律条文为自己谋

---

① 《经国大典》，刑典，私贱。

② 《受教辑录》，刑典，私贱，嘉靖甲寅承传。

求利益的生动画面，并由此怀疑在这一诉讼的背后有职业法律人士（讼师）活动的身影。

高能去世以后，其财产由他的侄子高孟弼所有。高孟弼的儿子高敬己作为被告的诉讼代理人，主张这些财产是从其叔祖高能那里买来的，而并非遗产继承所得。金铁主张高孟弼无端占有了他前岳丈高能的财产，但对金铁主张不利的是高能与高孟弼之间立有确认买卖事实的契约文书。被告高孟弼一家向官府提交的两张文书分别写于嘉靖三十二年（1553）5 月 14 日和嘉靖三十四年（1555）8 月 15 日。原告金铁主张这两份文书均属伪造，因而否认其拥有法律效力，其主张的原文如下：

> 本是饶富人以田畓等乙卖食万万无理为去乙[①]高孟
> 弼亦所争田畓等乙横得说计买得样以成文记伪造现
> 纳为有沙余良[②]矣身段不学无知人是去向入[③]高孟弼□
> 所考文记是如现纳所志二张文记伪造书写人手笔
> 以亲纳仍于分名伪造是乎等用良[④]拒逆不着为白有去乎[⑤][⑥]
> ……
> 是去等高能亦必于田畓放卖为乎喻良置一二库□……
> 为在果一张内四库是沙余良[⑦]嘉靖三十二年二字刀割改

---

① 为去乙：吏读，朝鲜语“하거늘”，表原因，“由于（因为）”之意。

② 为有沙余良：吏读，古代朝鲜语“하잇사나마”，相当于现代朝鲜语“하였으나마”“하였을뿐더러”，“不仅如此”之意。

③ 是去向入：吏读，古代朝鲜语“인가안들어”，相当于现代朝鲜语“이라고 생각되어”，“如……所想（所认为）”之意。

④ 是乎等用良：吏读，古代朝鲜语“이온들쓰아”，相当于现代朝鲜语“이온 줄로써”“이온 바로써”，“依……所言（所指）”之意。

⑤ 为白有去乎：吏读，古代朝鲜语“하삽빗거온”，相当于现代朝鲜语“하옵셨으므로”，敬语“因为做了……”之意。

⑥ 原文 53—57 行。

⑦ 沙余良：吏读，古代朝鲜语“사나마”，相当于现代朝鲜语“나마”“뿐더러”，“非但”“不仅如此”之意。

书为有去等[①]并只[②]分明伪造现纳为有昆[③]右良[④]辞缘指一推
考教是卧乎在亦[⑤]金侠招内妻父高能亦饶富是如为[⑥]

从上文可以看出，原告认为前岳丈高能本来就很富有，很难想象会在三年之间突然变得贫寒，而竟到了不得不变卖地产的地步。即使其前岳丈会卖地，也不可能像文契中所说的那样，一次性就卖掉这么多的地，并且指出文契中“嘉靖三十二年”中的“二年”两个字有用刀刮改的痕迹，所以他认为这一文书必是伪造文书无疑。文书原文中提及文书是“伪造书写人手笔”，说明当时已存在以伪造法律文书为生的“伪造书写人”。而被告也针锋相对地对原告的主张予以反驳，其原文如下：

良置[⑦]本是贫寒乙仍于去癸丑甲寅乙卯等三年段年
运不实穷寒太甚连命为难乙仍于放卖为去乙一时买
得为乎[⑧]不喻以前始叱[⑨]一二库或买得耕食为如可合库明文
成置[⑩]为有沙余良金侠亦弃妻不顾同妻身死为去乙
同□□□高能亦为放卖永葬为白齐二字刀割而改

---

① 为有去等：吏读，古代朝鲜语“하잇거든”，相当于现代朝鲜语“하였거든”“하였으면”。

② 并只：吏读，古代朝鲜语“다무기”，相当于现代朝鲜语“모두”“함께”，“一起”“所有”之意。

③ 为有昆：吏读，古代朝鲜语“하잇곤”，相当于现代朝鲜语“하였고서”“하였으므로”，“由于……因而……”之意。

④ 右良：吏读，古代朝鲜语“니믜야”，相当于现代朝鲜语“위와 같이”，“如上”之意。

⑤ 教是卧乎在亦：吏读，古代朝鲜语“이시누온견이여”，相当于现代朝鲜语“이옵시는 것이라고”“이옵시는 것이므로”。

⑥ 原文62—65行。

⑦ 良置：吏读，古代朝鲜语“아두”，相当于现代朝鲜语“아도（어도）”。

⑧ 为乎：吏读，古代朝鲜语“하온”，相当于现代朝鲜语“한”“할”，“已做（将做）”之意。

⑨ 始叱：吏读，古代朝鲜语“비라”“비롯”，相当于现代朝鲜语“비로소”“처음으로”“부터”，“从……起”“方才”之意。

⑩ 置：吏读，古代朝鲜语“두”，相当于现代朝鲜语终结词尾“하다”“이다”。

后生人以知不得为白在果①必是误书为乎事②是遣刀割改③

被告的代理人高敬已主张，父亲的叔父高能在明宗八年（1553）到明宗十年（1555）这三年间因为时运不济，以至于难以活命，此时的高能还要安葬死去的女儿高氏，所以他不得不变卖地产。而高能的地产也非一次就卖给了自己的父亲高孟弼，而是分多次卖出的，之后将多次的买卖行为合写成一张文契，以确认其法律效力。“嘉靖三十二年”几个字确实曾用刀刮改过，但刮改的原因是当时在写这份契约时出现了笔误，刀刮其实是修改的痕迹而已，并非对文书的伪造。从诉讼文书的前半部分内容还可发现，被告的代理人高敬已控诉原告金铁，说他在前妻高氏和前岳丈高能死后竟不闻不问，是自己的父亲高孟弼将他们安葬在高家的祖坟里（并非原告主张的金家祖坟），并在高能去世后十二年的时间里，一直照顾高能之妻，为他的妻子养老送终。现在原告在时隔三十年后，又突然主张土地的所有权，被告表示实在无法理解。

高能作为本案的核心人物，他的去世时间成了原被告双方争论的焦点。原告认为，高能在嘉靖三十三年（1554）九月就已死亡，因此写于嘉靖三十四年（1555）的第二份契约一定成书于当事人死亡之后。而嘉靖三十四年（1555）时因高能已经死亡，死人当然无法表达自己的意志，因而这份契约必是伪造文书无疑。而写于嘉靖三十二年（1553）的第一份契约中，对“嘉靖三十二年”这一年度中的“二年”两个字又曾用小刀刮改过，这明显是为了有意让这一文书的产生时间提前，从而将契约与高能的死亡时间吻合以掩人耳目。原告因此主张被告高孟弼非法侵占了自己前岳丈的遗产，因此“拒逆不着”，拒绝在被告提交的证据上画押，而是主张应根据《经国大典》中将遗产中“传重”的份额，将遗产归还给自己后妻所生之子。

而被告高敬已则认为，高能并非死于嘉靖三十三年（1554），而是死于嘉靖三十四年（1555），这可以通过查阅灵光郡当年的户籍档案来确认

---

① 为白在果：吏读，古代朝鲜语“올견과”，相当于现代朝鲜语“하옵거니와”“하온 것과”，表连接，“与……”之意。

② 为乎：吏读，古代朝鲜语“하온 일”，相当于现代朝鲜语“한 일”“할 일”，“已做（或将做）的事”之意。

③ 原文66—71行。

其具体的死亡时间。所以主张两份契约文书都出现在高能死亡之前，因此是高能自由意志的表达。若土地不是买卖而是继承所得的话，高能其他的侄子们肯定不会善罢甘休，但巧的是他的其他侄子们对此一直没有异议，所以间接证明了地产是合法买卖所得。因此，被告提交的两份契约文书真实与否，成了这一诉讼胜败的关键。

朝鲜时期的文书经过官方的认可而有衙门书押的文书就会成为有法律效力的“立案”，具有很强的公信力，在民事诉讼中可直接作为证据使用。而未经过官方认证，没有衙门书押的文书称作“白文记”，白文记的公信力较弱，不能直接作为证据采用，且在诉讼时容易被对方说成伪造文书，需要经过当时立契时的证人和执笔者的确认。所以在本案中，年已七十三岁的证人金守福出庭做证，以证明文契真实无疑。为了鉴定两份文契是否为高能本人所写，两造均另行提交了高能亲笔所写的两份文书，以辨明两份契约文书的真伪。经过鉴定，两造所提交的对照笔记的文书的笔记均与两份文书吻合，证明这一文书系高能本人所写。

罗州牧金诚一经过原被告双方的多次辩论、提交文契、证人出庭做证、笔迹鉴定等司法程序后，对本案做出了最终判决。判决确认了两份契约文书的真实有效性，因而判决原告败诉，其主张的地产仍归被告所有。虽然判决如此，但笔者在看完本案后仍觉得其中有一些疑点。比如为何偏偏在对所有权事实如此重要的时间点上会出现笔误而用刀刮改？高能生前是否熟知相关法律条文，他为了防止高家的财产日后落入与自己毫无血缘关系的女婿后妻所生儿子之手，因而有意在生前以买卖的方式将地产过户给了本家的侄子所有呢？通过判决文书的原文已无法解开这类疑点，而只能任由后人去猜测了。这既是历史研究的遗憾，也是历史研究的魅力所在吧。

第四节 《柳渊传》与16世纪朝鲜士族的承继（案例10）

柳渊案是朝鲜时期发生过的著名冤案①，这一案件在朝鲜半岛的地位

---

① 首尔大学郑肯植教授对《柳渊传》中呈现出的继承关系有过系统的研究：정긍식, 2000, “《유연전》에 나타난 상속과 그 갈등”,《법사학연구》21, 83—100 면, 本节有所参考。

和影响力类似我国历史上的窦娥冤案。这一案件发生在明宗十九年(1564)，此案的梗概如下。居住在大邱的柳游因无法承受因自身不能生育而带来的巨大压力，因此离家出走，其作为王室宗亲的妹夫、时任达城县令的李禔找到柳游后，将他送还给了其弟柳渊。而柳渊为了取代哥哥柳游的长子地位和图谋家产，而将哥哥柳游残忍杀害。而大邱府使朴应川却不认真审理这一纲常罪而是无故拖延。因此，司谏院将柳渊押送入京后，对柳渊和相关当事人加以审讯，在得到柳渊的招供之后，将之处死。柳渊被处决时年仅 27 岁。但柳渊在冤死以后，其兄柳游仍在人世间的传闻却不绝于耳。在宣祖十三年（1580）的经筵上，修撰尹先觉向国王禀告说柳游现正以“天裕勇”之名在世间活动，国王下令将天裕勇抓获后，他供认自己原本就是柳游，而真相也终于大白于天下。原来他的妹夫李禔和从妹夫沈巄在柳游和柳渊的父亲柳礼源死亡后，他们为了侵占其财产，用计让蔡应珪诈称是柳游，从而诬陷柳渊。柳渊的冤案终于在案发十六年后平反昭雪。

这一案件在《朝鲜王朝实录》中共有三处记载，但大都十分简略。而由于此案在当时产生了广泛的社会影响力，《星湖僿说》《闻韶漫录》《碧梧遗稿》等士大夫的文集都有收录，足见这一冤案所引起的强烈反响。而白沙先生李恒福（1516—1618）在宣祖四十年时（1604）将这一案件加工成小说《柳渊传》①，使其获得了更为持久的影响力。小说对人物心理的描写和人物形象的生动刻画，使这一故事拥有了正史所不具备的鲜活的生命力。通过小说的叙事，我们可以充分发挥想象力，得以窥见本案中各当事人的内心世界和心理活动，并从案件的蛛丝马迹之中，推测出各人物间的利益纠葛和冤案生成的动机，以及法典中不曾规定的习惯法。而柳氏家族曾在李文楗被流放到星州时与他有过短暂的往来，所以李文楗的《默斋日记》提供了相应的佐证。那么我们先来看传记出现的人物及他们的关系（见图 39—图 40）。

---

① 本部分所参考的《柳渊传》的版本：이항복，1994，《白沙集》권 16，“柳淵傳拾遺”，경인문화사，340—360 면，下文所注原文皆出于此。

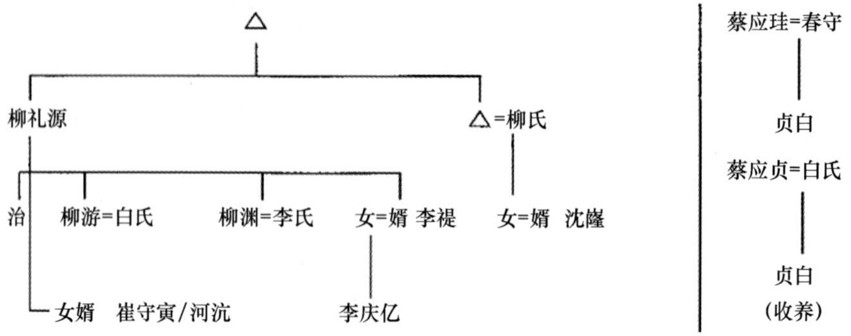

图 39—图 40 《柳渊传》中柳家（左）和蔡家（右）的世系表①

由上图的世系表可知，冤案主人公柳渊的父亲名叫柳礼源，他曾有过三个儿子。长子柳治未能活到成年，可能在幼年时就已死亡。两个成年的儿子分别是哥哥柳游和弟弟柳渊，因而哥哥柳游也就成为家中的长子。柳礼源的女婿崔守寅和河沆二人因与本案无关，而不再赘述。柳游的妻子白氏是大邱府武人白巨鳅之女，柳渊的妻子李氏是参奉李宽之女。柳礼源的女婿李禔在案发之时妻子已经死亡，二人育有一子，名叫李庆亿，而女婿李禔正是这一冤案的主要策划者。柳礼源有一名妹妹柳氏，她的女婿沈巄曾任县监，在本案中沈巄与李禔合谋，因此他也是制造这一冤案的谋划者之一。而围绕小说的主人公柳渊的相关人物主要有其兄柳游、其嫂白氏、妹夫李禔、从妹夫沈巄、诈称柳游的蔡应珪，以及蔡应珪的妻子春守和儿子贞白等人。先来看柳游和柳渊兄弟二人。

《柳渊传》中几乎没有言及长子柳治，可推测他在幼年就已夭折。因而柳游便顺理成章取代了他的长子地位，而长子在当时是承继家系和负责祭祀祖先的，因而跟长子以外的其他儿子在家中的权利义务存在巨大的差异。因此我们可把柳游视作长子，而将柳渊视作次子。但不巧的是，柳游于明宗十一年（1556）离家出走，下落不明。那么柳游为什么会突然离家出走呢？虽然传记中其父亲和妻子对外宣称他是因狂病而离家的②，但实际上他是因为在婚后三年一直无子，受不住父亲的责备而离家出走的。

① 정긍식, 2000, "《유연전》에 나타난 상속과 그 갈등",《법사학연구》21, 86 면.

② 《白沙集》，第 341 页，"游入山读书，因忽不返，礼源与白氏言狂易而奔"。

当然，他可以通过纳妾或立后（收养）的办法实现家系的继承，但其婚后一直无子并非妻子不能生育，而是他自身的原因所致，换句话说，柳游可能存在性功能的障碍，这通过柳渊的供述便能略知一二。他当时在审问中点破诈称柳游的蔡应珪并非他的哥哥柳游本人时，列举了兄长柳游的三个主要特征，其中之一便是“有麻子无髯，臣兄音如妇人”[①]，也就是说，柳游的身体特征带有某种中性特质。因此，在当时的朝鲜社会中，身为长子的他承担着为家族传宗接代的重任，却由于自己身体的原因而无法生育，柳游所承受的压力可想而知。因此，他在此时选择了逃避，逃离了这个时时刻刻给他带来无形压力的家庭，从而斩断了他作为父亲的长子、妻子的丈夫这些让他感到无能而痛苦的人际关系，而宁愿去过着放浪不羁的生活。而收养虽然原则上可以作为柳游传后的一个选择，但因他的父亲除他以外还有次子柳渊，一定希望日后能得到有血缘关系的亲孙祭祀，所以这一选项在家中也不被鼓励。从而可以看出，16 世纪的朝鲜士大夫家庭有着强烈的血缘意识，以及以长子为中心的思维习惯。而柳游正是夹在“长子中心”和“血缘至上”这两者间而逐渐变得无解。也就是说，在柳游父亲的潜意识中，既希望长子一脉生下长孙，又因为有次子这一备选项而不完全指望长子。而柳游的离家出走或许就是潜意识中想把传宗接代的这一重任让给自己的弟弟柳渊承担，使柳渊从备选项成为首选项，从而使这一问题迎刃而解。所以在此可将他离家的行为看作对这一问题所做的解答。

柳渊在父亲柳礼源死后，在柳游下落不明的情况下，代哥哥主持了父亲的葬礼并为父守坟，[②] 并曾请求李文樵为他的父亲撰写墓志铭。[③] 而丧礼作为人生和家中的大事，其意义不可小视。柳渊本着兄亡弟及的原则，代替兄长主持丧礼本身便意味着他很可能在日后取代哥哥柳游的长子地位而承继宗统，而他取代其兄位置的趋势却让许多利益关系人变得胆战心惊，他们开始慢慢聚集到一起，以谋划如何除掉柳渊的巨大阴谋，从而直接引发了后来这一冤案。但又因为柳渊虽有取代哥哥长子地位的可能，但

---

① 《白沙集》，第 347 页。

② 《白沙集》，第 341 页，“礼源死，渊持丧守庐”。

③ 《默斋日记》，1562 年 1 月 9 日，“柳渊来见，持志石草及土片，求其父墓志”。

在其兄下落不明的情况下，却无法完全对长子的地位取而代之，笔者认为正是这一模糊而不确定的状态引发了利益当事人之间心理上的持续紧张，而柳游生死不明的情况恰恰又成了利益攸关者们可资利用的筹码，假“柳游”的突然出现就成为利益相关者们希望结束这种模糊状态的举措。因此，柳渊的妹夫李禔、从妹夫沈膧、嫂子白氏在柳礼源死后，他们为了保住各自的利益不受损，共同参与谋划了这起惊天大案，设计让蔡应珪诈称柳游而诬陷柳渊“夺嫡争财”，朝廷因为此案而感受到了理念上的巨大冲击，因而迅速将柳渊处死，其他的利益当事人暂时取得“胜利”，保住了他们各自的财产和家庭地位。

我们再来看李禔和沈膧二人，他们的犯罪动机到底是什么呢？二人为何要谋划诬陷自己的舅子柳渊呢？这是因为李禔曾经得到过岳父柳礼源所“别给”（赠与）的良田，他担心在岳丈死后这些良田被柳渊“还收”（索回），在柳渊当时的供述中也对此曾有提及：“盖禔以臣父别给良田，忌臣怙宠。”① 而李禔对柳渊独占妻子本家的财产也感到不满，这种不满曾在言谈话语间发泄过：“谈间或言：‘河边麦田，渊敢独占耶？’又曰：‘吾妻家产，渊独专擅，可乎？’”② 在言语间表露出他对财产的贪念和对财产归属的不满。这些都成了他谋害柳渊的理由。可以推测，如果这一冤案最终未能昭雪，而李禔的计划完全成功的话，那么柳家的财产最终会落入谁手呢？柳游长年行踪不明，日后即可等同宣告死亡，而柳渊已成为刀下之鬼，兄弟二人又都膝下无子，那么柳礼源的遗产最终将会被他的外孙们所继承，因此李禔的儿子李庆亿等人就会成为本案的最大受益者。因此，李禔在谋害柳渊一事上具有充分的犯罪动机。

但问题是柳游和柳渊各自的妻子是否能分得遗产呢？朝鲜时期是以血缘关系来继承的，她们二人虽嫁入柳家，但因为其不是柳礼源的血亲，因此即便作为柳家的儿媳，原则上也没有继承的资格。但也不排除其他的可能性，那就是柳礼源在生前单独将部分财产赠与儿媳，但《柳渊传》从未提到此事，这说明两位儿媳在生前并未分得任何家产。另外，如果她们中有人负责祭祀的话，就有分得“奉祀条”的可能。而案发前的柳渊因

① 《白沙集》，第348页。

② 《白沙集》，第355页。

为不是家中的奉祀者，所以其妻李氏注定与柳礼源的家产无缘，她只能以“奉祀条”继承属于丈夫柳渊个人所有的部分财产而已。而柳游之妻白氏就不同了。白氏作为柳氏家族的长媳，其以“冢妇”的身份具有继承遗产的资格。但因她膝下无子，所以家产最终还是要落入柳礼源的外孙们手中。而李禔断定柳游在离家出走后，已基本没有回来的可能了，因此他为了谋夺妻子本家的财产而诬陷柳渊，柳渊的“正法”也使他一时达到了目的。从中可以说明，直到 16 世纪，在朝鲜的士族家庭中，女儿拥有与男子相同的继承权，并且外孙可代位继承原属其母亲的遗产份额。男女均分不仅是法典的明文规定，也是当时士族家庭在遗产继承时的习惯法，这一惯例也作用于柳家女婿们的头脑之中。正因为女子享有继承权，李禔的妻子柳氏虽然此时已经死亡，但外孙依然可以继承外祖父的遗产，正是这种可能使得女婿李禔具有了谋害舅子柳渊的犯罪动机。而 16 世纪的朝鲜正是从男女均分走向男女有别并优待长子的过渡时期，受理学影响的朝鲜士大夫们开始逐渐否定女子的继承权。在这一过渡期，不同当事人对法律和习惯均做出符合本人利益的阐释，从而在继承时极易引发各方的矛盾，《柳渊传》正是这一时期遗产继承矛盾的集中体现。

从李禔的角度来看，岳父柳礼源的三个儿子中，柳治幼年早亡，柳游因不能生育愤而离家音信全无，只有柳渊尚在家中。若柳渊也不在了，那么奉祀之人就没有了，也就意味着柳家宗统的断绝。若柳家因无男丁而绝后，那么仍然可以通过虽法律禁止但实际存在的“冢妇奉祀”和“外孙奉祀”来维持对岳丈的祭祀。即在长媳白氏在生前可以冢妇的名义奉祀，白氏死后由自己的儿子以外孙的身份奉祀。他的这种如意算盘虽在《经国大典》中找不到任何依据，但确是朝鲜半岛由来已久的习惯法，从而可见法典中的法律和实践中的法律间的距离。这种距离产生的原因是文本中的法律多以中国古典文明作为理想社会来规范的，而朝鲜本土的习惯则和中国古典理想社会有着较大的出入，这种出入虽是朝鲜的立法者想努力弥合的，但却无法一时奏效。因此我们可以把这种距离理解为外来文明和本土文化间形成的张力，这种书本上的法律和实践中的法律的差异既表现在朝鲜与中国的空间差异，也表现在理想社会（三代、唐尧）和现实社会（朝鲜时期）间的时间差异。

那么我们又会产生疑问，为什么柳礼源会在生前赠与女婿李禔良田呢？而李禔又为什么担心在岳父死后，他的舅子可能会将田产索回呢？这一问题是本案的核心，因为这一赠与田产的行为成为这一冤案发生的导火线。柳礼源在赠与女婿一家田产时，其女儿已经死亡，那么他赠与女婿李禔田产的目的是什么呢？不出意外的话，他很可能认为自己早逝的女儿可怜，希望女儿在死后能在女婿家得到更好的祭祀。因为最难以预测的就是人心，因而柳礼源希望通过赠与女婿良田的做法，让女婿不要忽视已经故去的女儿，让她在夫家得到很好的奉祀。但与其期待相反的是，女婿李禔好像对他亡妻的奉祀并不上心，因而可能由此导致柳氏一家与女婿一家存在着某种冲突，这种冲突衍生出女婿担心亡妻的娘家可能会重新夺回田产的焦虑。但因为柳礼源本人是赠与人，因此不便直接出面要回，所以让儿子柳渊前来索回的可能性极大，特别是在柳礼源过世以后。

那么作为柳渊从妹夫的沈膗看似与本案毫无瓜葛，为何也参与了陷害柳渊的阴谋呢？其实他也是本案的利益相关者。沈膗之岳母，也就是柳礼源之妹柳氏曾在赠与自己女儿田产时对她说："你要是没有子嗣，我将把家财传给自己的侄子柳渊。"因为朝鲜前期的遗产继承主要发生在有血缘关系的亲人之间，因此，沈膗作为柳氏的女婿，他本人无法继承柳氏的家产，反倒是柳氏的侄子柳渊享有继承权。所以沈膗畏惧因自己和妻子间没有子嗣而被剥夺遗产的继承权。这在柳渊的供述中也曾明确点出："其妻曰：'汝若无子，可传礼源之子'，膗常罹夺货，猜视于臣。"[①] 可见沈膗夫妇在案发时还未生育子女，而柳游的出走也同样与生育有关，可见婚后不育在当时会引发许多的家庭内部矛盾和纠纷，是本案各人物产生各种焦虑的根源所在，因此，生育子女的行为本身在当时就被赋予了更多社会学的意义，其中便包括保全自家财产以及继承祖辈遗产的经济学意义。因此，沈膗为了保住自家的利益不受损失，也积极参与了对柳渊的谋害。

我们再来看另一个重要人物，她就是柳礼源的长媳白氏。作为柳渊的大嫂，她为什么也参与这一阴谋，并积极协助伪造证据呢？他在假"柳游"归来后，为什么没有将之识破，反而在后来一口咬定这就是自己的丈夫柳游呢？即使蔡应珪与柳游百般相像，但除了同卵的孪生兄弟姐妹外，世界上很难找出两个几乎完全相同的人，而白氏与柳游同床共枕三

---

① 《白沙集》，第 348 页。

年，难道不能感受到丈夫许多独特的细节吗？这让我们联想到了娜塔莉·泽蒙·戴维斯的作品《马丁·盖尔归来》[①] 中马丁·盖尔的妻子贝特朗，两个同样生活在16世纪的女人在面对同一情境时，所做出的选择竟然如出一辙。其中一个共同的原因很可能便是这两位守活寡的女人通过冒牌的丈夫得到了性生活的满足，因而默许了这一事实，因为柳游的中性特征和性功能障碍一直困扰着白氏。因此，家人和周围人所认为的合法夫妻关系，在这里实则是与冒牌丈夫的变相通奸，而这种通奸所承受的社会压力很小，而二人在夫妻关系的表象下关系又极其稳定，因此二人的关系一直会延续到真正的丈夫出现而使真相大白之前。在《柳渊传》中，出走的柳游扮演了马丁·盖尔的角色，蔡应珪则扮演了冒充者阿偌·迪蒂尔的角色，而《柳渊传》也与马丁·盖尔案一样，当时的文人在真相大白后不久便对其进行了文学的加工。

首先识破蔡应珪是假“柳游”这一真相的是白氏从娘家陪嫁来的婢女，白氏虽出身武人之家，但武人与文人一样，在女儿出嫁时会将家里的一些奴婢别给（赠与）女儿，让他们跟随女儿到夫家生活，以此来侍奉婚后的女儿。白氏因丈夫出走而自己又膝下无子，因此她在夫家的地位不稳且略显尴尬。如果这样的状态持续下去，按照兄亡而弟及的原则，柳渊将作为独子在日后负责家中的祭祀，这恐怕对白氏不利。而这种不利至少包括家庭地位和经济保障两方面。那么白氏应如何摆脱自己这种不利的境地呢？她能想到的一定是利用自己冢妇的身份，以“冢妇奉祀”这一习惯法来使自己掌握家中的祭祀。即使到了16世纪初叶，朝鲜的妇女仍可以正大光明地主持对丈夫及其祖先的奉祀，但到了16世纪后期，这一习惯法逐步走向衰落，因此在这一过渡时期，法典法与习惯法之间，兄亡而弟及与冢妇奉祀之间的矛盾就凸显了出来。而奉祀权与冢妇本人的生存和她的家庭地位有莫大的关系。因为依照法律，有家庙的家舍归主祭者所有。[②] 因此，如果柳家移宗于次子柳渊，那么作为家中长媳的白氏就很有可能被迫离开原来居住的家舍，她的生存很可能受到威胁。柳渊这时已经

---

① ［美］娜塔莉·泽蒙·戴维斯著：《马丁·盖尔归来》，刘永华译，北京大学出版社2009年版。

② 《经国大典》，户典，田宅，“立庙家舍，传于主祭子孙”。

为亡父主持了丧礼，那么之后很可能顺理成章地取得家中的奉祀权，这是白氏在丈夫下落不明的情况下不愿意看到的。如果白氏负责奉祀，那就会出现白氏死后谁来奉祀的问题，这时会有“外孙奉祀”和“立后奉祀”两种选择。如果是外孙奉祀，那么白氏在家中的地位和影响力也会大打折扣，因此白氏最希望的是通过她本人的收养来实现“立后奉祀”。在选择继后的人选时，一般由无子的夫妻二人共同协商确定，在丈夫死亡时，作为未亡人的妻子原则上可单独决定继后者的人选。但因为宗统的承继会涉及家中许多利益相关之人，所以这些人大多会参与或干涉人选的确定。因此白氏若是立后，也会出现两种情形，第一种是由她自己单独决定人选，而使自己期待的人选成为继后之人，从而维持自己在家中的地位。若是她与夫家的各家庭成员共同决定的话，选出的继后之人很可能跟自己的立场不同，自己在夫家的地位就将一落千丈。因此，白氏为了在柳家生存下去，只能选择由自己来单独主导继后的人选，这样自己在家中的冢妇地位才能得到维护。而白氏的如意算盘面临的最大障碍便是丈夫的弟弟柳渊的存在，因此她才会参与这场阴谋中，并想方设法将柳渊铲除。

除了奉祀权外，留给白氏的另一问题是家族的遗产纠纷。案发之前，她的财产处于不稳定的状态。她不仅不能主张对夫家财产的继承权，而且陪嫁带来的奴婢归属也不容易明确。若白氏终老时膝下无子，那么她死后很可能由丈夫的侄子、即柳渊的儿子负责对她的祭祀。那么夫家侄子们对白氏的奉祀一般不会用心，对她的祭祀很可能仅是占有她财产的一种手段罢了。因此，她必须亲自选定继后之子，使其对她忠心不二。如果这样，白氏便能独占家中的奉祀权和财产权，她才能做到生前和死后无忧。而蔡应珪为了证明自己就是柳游本人，所以提出自己和白氏应收养自己的亲生儿子贞白，以便掩人耳目。因此，白氏选择了蔡应珪和原配妻子春守所生的贞白作为自己的侍养子。然而从春守的供述中可知，蔡应珪的妻子春守起初对收养一事并不赞成，在经过李禔的劝说后才勉强答应下来。[①] 为什么春守会不情愿呢？因为若按照谋害的计划施行的话，春守就从蔡应珪的

---

① 《白沙集》，第357页，“其年白氏，遣骑欲以贞白归养，妾不许，后见禔问之，禔云，闻诸道路多言，渊狱可疑，或传应珪逃生尚在，事将不测，汝若不许贞白归，祉益人疑，劝妾许送”。

妻降格为冒牌“柳游”的妾，而她所出的儿子就从原来的嫡子变成了庶子，这是春守所不愿看到的。若白氏将“侍妾”春守所出的贞白过继为自己的养子的话，春守则要冒着和亲生儿子断绝关系的风险。日后春守若主张贞白是自己的亲生儿子或常与之见面，或者贞白承认自己本非柳游的亲子，而是冒充柳游者的亲子的话，他们的阴谋便会穿帮，春守和贞白也会面临生命危险。而从最终春守被处以绞刑、蔡应珪自杀等人物的结局来看，也的确是如此。贞白在成为白氏的侍养子后，与白氏共同生活了十余年，而因为白氏在立后时本来就目的不纯，因此也未能和贞白建立母子间的感情。这从真相大白时白氏为了自保，竟然主动告发自己的养子贞白就可略知一二。而如果这一冤案最后未能昭雪的话，贞白就会一直扮演柳游亲子和白氏养子的角色，并负责祭祀“祖父”柳礼源和“父亲”柳游。

虽然白氏是这一阴谋的核心人物之一，但她最终躲过了法律的制裁。当真的柳游被朝廷捉拿并验明正身后，从狱中放出。他出狱后前往妻子白氏的住所，“立而咳曰：‘汝前以蔡奴为我，而贼吾弟，异日勿谓今日，我为非游。’言讫拂衣去不顾”[①]。从他对妻子白氏的言语中，可见他对白氏的恨意，夫妻二人从此恩断义绝，这从传记中二人日后互不联系的情节中也可确知。[②] 但无论是《柳渊传》的作者李恒福，还是当时的朝鲜评论家们，对间接导致柳氏一家绝后的长媳白氏却始终没有任何非难，这若在朝鲜后期一定是不可想象之事，可见至迟到16世纪中叶，朝鲜半岛尚未完全确立以男性为中心的家族秩序。

通过《柳渊传》这部根据真实历史改编的传记小说，我们可以看出当时朝鲜士族的继承主要分为对奉祀继承和财产继承两部分，而当时法典法和“冢妇奉祀”“外孙奉祀”等习惯法并存。冤案的主人公柳渊在哥哥柳游离家出走后，面对家中的这种不稳定状态，他未能积极协助为哥哥一家立后或与嫂子商量此事，可见他没有以长子为中心的强烈意识，哥哥的出走或许正是他乐见其成的，因为柳渊本人正是柳游出走的最大受益者。柳渊并未因此考虑或有意忽视了其他利益受损的家庭成员因柳游出走引发

---

① 《白沙集》，第357页。

② 《白沙集》，第358页，“游谪龙冈，期满归大丘，二年死时，白氏无恙在，游终始不与交私讯”。

的焦虑，也未因此尝试平衡各方利益，从而间接导致了这一冤案的发生，使他本人不幸变成了这一悲剧的主人公。而这一悲剧也缘起于《经国大典》中“奉祀”条[1]与“立后”条[2]之间所存在的法律冲突，从而让我们看到在这一悲剧中，各方均试图寻找和利用法典法和习惯法中对自身有利的部分，从而为自己争取利益，并试图规避继承制度中对自己不利的规定。直到《续大典》颁行后，对“冢妇奉祀”这一习惯法才以法典的形式明文禁止。[3] 通过这一冤案，使我们感叹当时家庭成员间关系的复杂而微妙，士族家庭有时变成了各成员间你死我活的斗争场域。

① 《经国大典》，礼典，奉祀，“若嫡长子无后，则众子，众子无后，则妾子奉祀”。

② 《经国大典》，礼典，立后，“嫡妾俱无子者告官，立同宗支子为后。两家父同命立之，父殁，则母告官。尊属与兄弟及孙，不相为后”。

③ 《续大典》，礼典，奉祀，“长子死无后，更立他子奉祀，则长子之妇，毋得以冢妇论”。

第十一章

良　　贱

第一节　身份制度

朝鲜时期的阶级主要分为士族（两班）、中胥（中人与胥吏）、良人（常民）和贱人（奴婢）四大类，依照阶级的不同而在各种权利上存在很大差别。同一阶级内部又分许多大大小小的阶层，同一阶级的不同阶层之间也有许多微妙的差别。阶级身份从大的方面来说可分为士庶和良贱。除贱人外的其他阶级在身份上都属于自由人，贱民则属于不自由人，他们一代为奴便世代为奴，这种差别是本质的。在自由人中，士族属于完全自由人而享有各类特权，一般平民可视作不完全自由人或半自由人，其自由度随着时代而有所变化。

贱民主要是指奴婢，朝鲜时期奉行“一贱则贱”的原则，其身份多从母亲的奴婢身份世袭而来。奴婢大致分为公奴婢（公贱）和私奴婢（私贱）两大类。公贱为各级官衙等机构服贱役，私贱则被士大夫等私人役使。公奴婢按所属官厅可分为“各司奴婢”“各官奴婢”“内需司奴婢”等。各司奴婢是指隶属中央各衙门的奴婢，按其所居住的地域又分为“京居奴婢”和“外居奴婢”，其中外居奴婢又分为上京服贱役的“选上奴婢”和定期进献身贡的“纳贡奴婢”。各官奴婢指从属各地方官衙的奴婢，按其归属分为“州县奴婢”“营属奴婢”“转运奴婢”“驿奴婢”和“乡校奴婢”等，他们与各司奴婢中的外居奴婢一起被称为“外奴婢”。内需司奴婢则是归属为王室财政服务的内需司的奴婢[①]，其所献身贡为王室私用。内需司奴婢在当时社会是值得羡慕的，许多良人都争相投属内需司。由于内需司奴婢的王室背景，所以他们易在地方上滥用职权，更不把普通平民放在眼里。私奴婢则分为“家内奴婢”和“外居奴婢”两种。家内奴婢也称作“率居奴婢”，是与主人一同生活的奴婢，他们负责照料主人的日常起居并随时听从主人使唤。而外居奴婢则不随主人一同生活，他们在外独立居住，定期向主人进贡实物，有时协助主人管理外地的农庄。外居奴婢较为自由，他们中有相当一部分拥有巨额财产甚至有供自己使唤的奴婢。私奴婢不必服军役，但与平民一样也须服徭役，奴婢本人若是拥有土地的话，也同样需要缴纳租税。朝鲜半岛的奴婢制度至迟从箕子朝鲜开始就已广泛存在，并延续数千年，但在朝鲜后期，朝鲜的奴婢制度逐渐趋于解体，并在 1894 年的甲午改革时被正式废除。

朝鲜时期依身份或阶级产生的差别大致只是公法上的差别。比如士族阶级可以参加大科与小科的科举考试，其及第后可以出仕，中人世代以专业技术为生，可以参加科举中的杂科考试，而一般的良人则安守本分，以农、工、商等职业为生计。但是在私法上，朝鲜时期几乎没有因阶级身份而产生显著的差别。除了士庶不婚、良贱不婚等规定之外，日常生活中的交易行为、诉讼行为等所有私法领域均受到平等的对待。身份不同的人之间可以自由进行交易和诉讼。另外，奴婢在经济条件及生活水平上与普通平民相差不大，甚至优于平民。在良人的军役和公私奴婢的贱役都可以用货币（实物）代替后，其标准大都在绵布两匹左右，因此良人和贱人的经济负担基本相同，甚至因奴婢的负担小于平民，使得平民争相与奴婢通婚希望自己的后代成为贱人。

奴婢与其他阶级的本质区别在于其本人是物权的客体，因此奴婢既是“人”也是“物”。私奴婢与土地房屋等作为个人所能拥有的主要私有财产，其所有者可以任意买卖、典当和继承。奴婢不能随意更换住处，也不能自主决定本人的婚姻，而是要听命于主人，这在家内奴婢身上体现得最

---

① 有的研究认为内需司奴婢是为王室一家服务的，因而其带有强烈的私有性质而应属于私奴婢的范畴，对内需司奴婢是否属于公奴婢的争论的关键在于如何看待国王（及王室）的角色与内需司这一机构，即取决于内需司是公共机关还是私人机构。

为明显。奴婢是供统治阶级役使的主要劳动力来源，拥有奴婢的多寡是奴婢主人身份和地位的象征。

但是朝鲜时期的奴婢在具有“物”的属性的同时，也具备相对独立的人格。第一，当时的法律承认奴婢具有财产权。奴婢不仅可以拥有土地和财产，奴婢本人也能拥有属于自己的奴婢。第二，当时的法律承认奴婢具有继承权和被继承权。奴婢在死亡时，其遗产可以让自己的子女或孙子女继承，但奴婢在没有后代的情况下，公奴婢的财产归其所属的衙门所有，私奴婢的财产归其主人所有。因此在继承方面，可以看出奴婢与良人的区别，良人的遗产可由自己的子女、兄弟姐妹、叔侄、从兄弟姐妹等四寸以内的近亲属继承，但奴婢的遗产仅限于自己的直系卑亲属继承。现实中还存在奴婢虽有子女，但他的财产仍被所属衙门或主人侵夺的情形。第三，当时的法律承认奴婢具有财产的处分权。奴婢有权将自己拥有的财产典当或买卖，在交易时与自由人无异。但流传至今的朝鲜时期的古文书中，奴婢单独处分财产的案例较少，可推测当时能独立拥有土地和房屋的奴婢较少。第四，当时的法律承认奴婢的诉讼权。奴婢可以作为案件的原告或被告，起诉和应诉时不受其身份影响。第五，当时的法律承认奴婢具有一定的刑事责任能力。奴婢在犯罪后，可独立作为的刑事责任的犯罪主体，当然也可作为独立的犯罪客体。但与自由人略有区别的是，当奴婢被侵犯时，对犯罪主体的处罚较轻。所以在朝鲜，奴婢既有物的属性，又具有人的属性，在法律上是作为半人半物而存在的。依据朴秉濠教授的观点，朝鲜的奴婢在身份上接近农奴，其人的属性略多于物的属性，人的属性占六成，而物的属性占四成。[①] 由于朝鲜后期奴婢制度逐渐趋于解体，所以朝鲜时期有关奴婢的史料多集中在朝鲜前期，因而本章的论述也以朝鲜前期为主。

第二节　良贱通婚

成为奴婢的方式大致有两种。一是将良人变为奴婢，二是奴婢身份的世袭。第一种方式包括战争俘虏、刑罚、人身买卖、债务、压良为贱、归

---

① 박병호, 2012,《한국법제사》, 민속원, 181 면.

化等情形，其中压良为贱的比重最大。而第二种方式则通过后代的出生实现身份世袭，这种方式是生产奴婢的最主要方式。但奴婢身份的再生产并不意味着良人不参与其中，因为朝鲜时期存在着大量的良贱通婚。① 我们先来看身份世袭这一奴婢产生的最主要方式。《经国大典》关于奴婢身份世袭的规定如下：

①凡贱人所系，从母役；唯贱人娶良女所生，从父役。僧人所生虽良亦从贱。②

②宗亲缌麻以上，外姓小功以上亲贱妾子女，并从良，无赎身立役，亲功臣贱妾子女同。娼妓、女医、家畜者所生外，勿许为良，大小员人同。③

③大小员人（文武官、生员、进士、录事、有荫子孙及无嫡子孙者之妾子孙承重者），娶公私婢为妻妾者之子女，其父告掌隶院，核实录案，移文兵曹，属补充队。④

④乡吏、驿吏、盐干、牧子等嫁自己婢所生，于父役处定役，不通仕路。⑤

⑤公私贱娶自己婢所生，给己之官主，娶妻婢所生，给妻之官主。若娶良妻，而又娶其良妻之婢所生，给己之官主。若其良妻有他夫，并产子女，则给其子女。⑥

⑥放役奴婢后所生，许子孙役使。⑦

上文的第一条阐明了奴婢身份世袭的大原则。其“贱人所系”不仅指奴婢间通过婚姻所生的子女，也包括良贱通婚后所生的子女。其主要分为三种类型，第一种是男奴和女婢间的婚姻所生，第二种是良人和女婢间

① 有关良贱通婚的内容可详阅지승종，1995，《조선전기 노비신분 연구》，일조각，本节有所参考。

② 《经国大典》，刑典，公贱。

③ 《经国大典》，刑典，贱妻妾子女。

④ 《经国大典》，刑典，贱妻妾子女。

⑤ 《经国大典》，刑典，贱妻妾子女，注。

⑥ 《经国大典》，刑典，贱娶婢产。

⑦ 《经国大典》，刑典，私贱。

的通婚所生，第三种是男奴和良女间的通婚所生。其婚姻类型分别可称作“奴婢相婚”“婢嫁良夫”和“奴娶良女”。而“从母役”三字则意味着奴婢相婚和婢嫁良夫后所生的子女跟随母亲的阶级而为贱人身份。“役”字不仅指其身份随母为贱役，也包含子女的役处也跟随母亲，而归属某个人或某官衙，所以这一规定不仅意味着阶级身份的世袭，也包括了对所有权归属的认定。与良贱相婚时只有夫妻一方有主人或所有者不同，奴和婢结合时两人分属不同主人的情形很常见，所以就会产生所有权的争议。而“从母役”则意味着女婢所生的子女无论其生父是何人，均归属女婢的主人所有。

但“从母役”本身无法涵括“奴娶良女”这一类型。因此，在“从母役”的规定之后，法律对奴娶良女的情形又做出了规范。《经国大典》规定贱人娶良女后所生的子女“从父役”而是贱人，并归父亲的主人所有。也就是说，只要父母其中一方是贱人身份，其所生的子女就必是贱人。母亲是贱人时随母为奴婢，母亲是良人时随父也为奴婢，总之有贱人血统的子女始终无法摆脱被奴役的命运。此外僧人本应该六根清净，若僧人生育了子女，即使其子女的父母均是良人出身，也要将其子女的阶级降为贱人，以示惩罚。

上文的第二条和第三条规定了“从贱”大原则中的例外。这一例外仅对宗亲、功臣、文武官员、生员进士等特殊身份的人开放。其中宗亲和功臣的贱妾所出子女无须赎身即可赎良。而文武官员和生员进士等大小员人的贱妾所出子女则须在进入补充队服役后才可赎身为良人。上文第四条则是对乡吏、驿吏、盐干、牧子等从事特殊职业之人所做的规定。他们如果与贱婢结合，其所生子女仍能子承父业而免贱。但驿吏、盐干这类世袭职业非常辛苦，致使许多人宁愿从贱也不愿继承父业。

上文第五条和第六条则是对奴婢所有权归属的补充规定。第五条界定的是“奴婢的奴婢”所生子女的归属问题。若是男奴娶了属于男奴本人的女婢，其所生子女归属男奴的主人所有，纳本是贱人的妻子所属的女婢，其所生子女属于妻子的主人所有。男奴若娶良女为妻，又纳娶良妻所属的女婢，其所生子女属男奴的主人所有。但是如果自己的良妻在与男奴婚姻前与他人育有子女，则此女婢所生的子女归属妻子与前夫所生的子女所有。本条对所有权的界定非常具体，囊括了现实生活中各类复杂的情形。上文第六条是有关放役后所出子女的规定。因为放役并非免贱，所以其子女的身份仍然为奴婢。

从奴娶良女“从父役”的规定是在“从母役”规定后以注释方式阐明的可知，朝鲜王朝奴婢身份的世袭以从母法为主、从父法为辅。而其立法的背景是奴娶良女在某种程度上被认为是一种非法行为，这类婚姻的非法性虽然未在《经国大典》中阐明，但《大明律》却有着类似规定。[①]由于现实中良贱通婚在朝鲜非常普遍，因此《大明律》“良贱为婚姻”条在朝鲜无法适用。而对奴娶良女所生子女从贱的规定，或许可以在一定程度上减少奴娶良女婚的发生。但如果从朝鲜半岛历史的发展来看，这一规定出现的背景或许并非源自《大明律》对男奴和良女结合非法的定性，而是源于高丽时期“一贱则贱”和“贱者随母”两大原则的结合，即在“贱者随母”的大原则下，还要兼顾“一贱则贱”的原则，因此也就有了对奴娶良女所生子女从贱的立法。这两大奴婢身份世袭原则的矛盾之处就在于“贱者随母”并不能包含“一贱则贱”中母亲为良而父亲为贱的情形。直至英祖七年（1731），从贱两大原则间的矛盾才被最终化解，“贱者从母”成为唯一的奴婢身份世袭原则，[②]从而将“一贱则贱”原则中奴娶良女所生子女随父而为贱人的情形排除。因此可以说，以《经国大典》为首的朝鲜前期的立法中，奴婢身份的世袭是随母而又从父的，而以《续大典》为首的朝鲜后期立法则完全依照“从母法”，良女和男奴结合所生子女成为法律上的良人。而从朝鲜开国（1392 年）到《经国大典》（1485 年）以立法形式正式确立“随母而从父”的大原则前，朝鲜初期对于奴娶良女和婢嫁良夫这两种良贱通婚的情形曾有过多次争论，在法制上也有过多次的反复。

奴娶良女 我们先来看良贱通婚中奴娶良女的情形。奴娶良女在高丽时期曾被严格禁止，但到了高丽末期，奴娶良女却变得十分猖獗，这带来了奴婢人口不断增加和良人数量不断减少的恶果。到朝鲜初期，这种情况也未能得到根本改善：

① 《大明律》，户律，婚姻，良贱为婚姻。
② 《续大典》，刑典，公贱。

醴泉府院君权仲和上疏曰："本朝奴婢所生，从母从父之法尚矣。凶暴贱口，多娶良女所生，尽为私贱，以此贱口日增，良民日减，供国役者大减。愿自今，勿令贱口交通良人，其有良女已为贱口妻者，亦令离异，或有违令，罪及奴主。"俞允。①

针对贱人娶良女使得良人数量减少而由此导致为国家服役的人口锐减的情况，大臣权仲和提出了三点对策。第一是禁止良贱间通婚；第二是要求与贱人结合的良女与丈夫离异；第三是对于违反命令的奴婢主人严加惩处。而对于其禁止良贱通婚的这一建议，可反证朝鲜初期的官府并未明文禁止奴娶良女，而是默认了高丽时期以来盛行的这一阶级间通婚。而权仲和在上疏中所提的建议与《大明律》"良贱为婚姻"条的规定差别不大，"良贱为婚姻"条规定如下：

凡家长与奴娶良人女为妻者，杖八十，女家减一等，不知者不坐，其奴自娶者，罪亦如之。家长知情者，减二等。因而入籍婢者，杖一百，若妄奴婢良人，而与良人为夫妻者，杖九十，各离异改正。②

而对于奴娶良女的处罚必然要以良贱间禁止通婚作为基本前提。但是，《大明律》中的规定未涉及奴娶良女所生子女的身份如何认定的问题。因此，朝鲜在禁止良贱通婚的同时，必然要对通婚所生子女的身份进行单独立法。太宗大王采纳了大臣权仲和的提议，对良贱相奸明令禁止：

司宪府大司宪李原等上疏。疏曰："……且八月初一日判下良贱相奸痛禁之内，判后所生属司水监与累年夫妻离异等事未便。其前日所生为贱，后日所生为良，则后日争讼必矣。除已曾相奸外，自八月初一日以后良贱相奸痛禁，如有违令，罪及本主，所生属司水

① 《朝鲜王朝实录》，太宗实录卷2，1年7月27日。
② 《大明律》，户律，婚姻，良贱为婚姻。

> 监……”上俞允，独良贱事，依前判。①

可见权仲和的建议被采纳后，国王命令从太宗元年（1401）八月初一日起严禁良贱通婚，且已婚多年的通婚夫妻也被要求离异。而在此立法后通婚所生子女，以“身良役贱”的身份归属司水监。也就是说，这时的立法中仅将奴与良女所出的子女身份界定为“身良役贱”，即虽然其职役与贱人无异，但其身份上跟随母亲是良人。这样的立法在朝鲜未得到有效的执行，因为这一奴娶良女所生子女从良的规定不仅溯及既往，还要求处罚奴婢的主人，从而严重侵犯了奴婢所有者的既得利益，最后只能不了了之。因此到了太宗五年（1405）九月，在对前几年的国王受教进行整理后，对关于奴婢的法制做出如下规定：

> 禁公私贱人娶良女。议政府受判：“公私贱者良女相婚，自丙戌年正月初一日以后，一皆禁断，其中犯令者，许人陈告。男女及主婚者、本主知情不禁者，照律论罪，征布二百匹，告人充赏，勒令离异，男女及所生属公。本主不知情者勿论，其奴婢亦免属公，定朔以前相婚者，不在此限。”②

太宗五年（1405）的这一法令是对当时良少贱多的社会现实的消极应对，相比太宗元年（1401）的立法有了不少让步。这一立法不仅不再溯及既往，而且规定在奴娶良女时，奴婢的主人若是不知情便不被问罪，其所属的奴婢也可不被没入官府。这一规定使奴婢主规避处罚成为可能，因而这一法令显然是官方对奴婢主的妥协，使奴婢主通过所属奴婢和良女间的通婚而达到奴婢数量增长的目的更易实现，奴婢主的利益未能从根本上触动。这一立法与太宗元年（1401）的立法相比，最显著的区别在于奴娶良女的夫妻双方当事人和所生子女一律充公而成为公奴婢，这一措施显然非常严厉，与几年前对其所生子女“身良役贱”的界定形成强烈的反差。这意味着其子女从不完全的“从母为良”变成了在母亲充公而为

---

① 《朝鲜王朝实录》，太宗实录卷2，1年9月9日。

② 《朝鲜王朝实录》，太宗实录卷10，5年9月22日。

官婢后的“从母为贱”，从而彻底斩断了良女与贱人所生子女的从良之路。到了太宗十三年（1413），朝廷根据忠清道都观察使李安恩的建议，又规定与贱人通婚的良女可不被没为官婢：

> 忠清道都观察使李安愚，上时务数条，上嘉纳，下议政府议得：……曾降教旨，公私贱口良女相奸，一皆禁断，其犯令者，许人陈告，照律论罪，征布二百匹；告人充赏，勒令离异；相奸男女及所生，并皆属公；本主不知情者，勿论。今道内公私贱口犯奸良女者颇多，其奴则以本主不知情，皆免属公，而良女则举为官贱。臣谓是则破东补西。其子孙世为贱役，则岂公私之异乎？愿立法度，一皆禁断，其有犯者，依教施行，勿令其女，永为公贱，若重犯恣行者，依前朝例，徒役三年，然后放还其家，亦足惩也。右条，一依所启。①

由此可见，太宗五年（1405）的立法未能得到有效贯穿，许多奴婢和其主人以“不知情”为由而使奴婢免于没官，实际上是钻了法律的漏洞。这样就导致了只有和男奴结合的良女被没为官婢，其所生子孙原则上应随母而成为公奴婢。这便违背了立法当时朝廷希望扭转良少贱多的现状而使良人增加的初衷，因此对与贱人通婚的良女的处罚改为依高丽旧制徒役三年后放还。如果良女不没为官婢而还是良人身份的话，则这一建议实际暗含了奴娶良女所生子女随父为贱的本意。从太宗七年（1425）时所生子女与其父一起被没官、良妻离异归宗的规定中“使其父子不得相离”的记载②来看，可以确认当时奴娶良女所生子女的身份和所属从父的惯例。而从《经国大典》中规定“贱人娶良女所生，从父役”的规定来看，官方实际上已经默认了奴娶良女这一普遍存在的社会现实，可见朝鲜初期严禁奴娶良女的禁令收效甚微。

婢嫁良夫　朝鲜在太宗十四年（1414）时，立法确立了婢嫁良夫所

---

① 《朝鲜王朝实录》，太宗实录卷26，13年9月1日。

② 《朝鲜王朝实录》，世宗实录卷28，7年5月1日，“刑曹据全罗道监司关启：‘私贱人限后嫁良妻所生则当于都官奴婢续案载录，公贱人限后嫁良妻所生，均是属公。请各于其父所在之司，续案载录，使其父子不得相离，良妻则离异归宗。’从之”。

生子女从父为良的做法。从而在太宗十四年（1414）六月二十八日以后，女婢和良夫间所生子女在阶级身份上一律从父为良人：

> 初，命公私婢子嫁良夫所生从父为良。礼曹判书黄喜启曰："贱妾所生放役之法，别无他议，父良者子良，从父则可矣。"上曰："卿言甚然。如此则虽无放役之法，自然无役矣。以宰相骨肉，从母役使，甚为未便。"下旨曰："天之生民，本无贱口。前朝奴婢之法，良贱相婚，深贱为先，贱者随母，故贱口日增，良民日减。自永乐十二年六月二十八日以后，公私婢子嫁良夫所生，并皆从父为良，依前朝判定百姓例，属籍施行。"从政府之议也。①

这一立法意义深远。它不仅在本质上颠覆了高丽以来"贱者随母"的传统，而且也颠覆了"一贱则贱"的惯例。也就是说，即便母亲是贱人，其所生子女也可随父亲而获得良人身份。这一立法的目的是保障为国家服役的良人数量，因此必然触犯了奴婢主的利益，而士族官僚拥有朝鲜数量最多的奴婢。所以他们列举出种种理由加以反对。第一种反对的观点认为，部分公私婢本无"定夫"，所以对她们所生子女的生父不易认定：

> 刑曹启："甲午六月二十八日以后，公私婢嫁良夫所生，并令从父为良，故公私婢，有的实贱夫者，欲以其子为良，诈称潜奸良人所生，立证告诉，以有夫女之子，指为奸夫所生，暧昧难辨，请勿听理。且公私婢一月之内，屡更其夫，良贱人互相交嫁，故听讼官吏眩于处决，非徒良贱混淆，不父其父者，亦有之。自今公私婢，本无定夫，而良贱人互相潜奸，所生诉良者，勿听理。"命下政府诸曹同议，佥曰："可。"从之。②

从古至今，子女的生父比起生母来相对不易确定，这为当时官府随父

---

① 《朝鲜王朝实录》，太宗实录卷27，14年6月27日。

② 《朝鲜王朝实录》，世宗实录卷45，11年8月26日。

从良的法律实践带来了不小的困难。特别是有些女婢“日更其夫，行同禽兽，其所生但知有母而不知有父”①，大臣认为这才是随母之法的初衷，因为子女的生母相对容易认定，因此多对婢嫁良夫所生子女从父的做法表示反对。在施行婢嫁良夫所生子女为良人的法律后，有的公私婢为了让自己的子女获得良人的身份，利用这一法律规定而冒称其子女是她跟某位良人通奸后所生，因而提起民事诉讼，以希望变更其子女的阶级身份。而有的女婢私生活并不检点，一个月内与良人和贱人均发生过关系，因此不易断定其所生子女的生父到底是何人。刑曹希望之后不再受理类似的案件，并得到国王的允准。将无“定夫”的婢女所生的子女排除在外后，一定程度上便可防止“不父其父”情形的发生，但即使如此，大臣们仍竭力反对这一法令的执行，可见伦理的因素并非他们反对的主要原因。

第二种反对的观点认为，这一立法会导致公奴婢减少的不良后果。私婢嫁良夫因为会损害其主人的利益，或许会有奴婢主的阻止，但官婢嫁良夫则无人阻止，其所生子女从良后必然带来公奴婢数量的锐减，不利于社会的稳定：

> 右议政孟思诚启：“……况私贱，则其主犹禁之，若公贱，则谁能禁之？以此皆求良人而嫁之，冀其子之为良也。如此，则不出十年，公贱尽为良人，而未有孑遗矣。公贱不可无也，若皆免贱为良，则必复求良人而役之，将来之弊，其可不图乎？……”②

这些观点名义上是为国家的大计考虑，但背后却隐藏着大臣们的个人私利，因为他们本身就是众多奴婢的所有者，奴婢的生殖繁衍是自己财富不断增殖的重要途径，但财富增殖的前提是他们的后代是贱人身份，并且归属于自己。如何见得他们的实际动机是为了自己的私利呢？因为上文出现的右议政孟思诚在世宗十四年（1432）持有过与此截然相反的观点：

> 思诚等曰：“……私贱背主，投托于公者，滔滔皆是。若立此

---

① 《朝鲜王朝实录》，世宗实录卷55，14年3月15日。

② 《朝鲜王朝实录》，世宗实录卷45，11年7月25日。

法，则私婢乐其所生之属公，皆嫁良夫，令其所生，尽为公贱，不出百年，私贱殆尽。且犯法者颇多，难以尽治其罪。如不得已，则一禁良贱通奸，其犯法所生，各还于主，则私婢知良夫之无益于己，必不乐为矣。”①

如果孟思诚真心认为从父为良人会导致公奴婢减少的话，当国王提出想施行属公的政策时，他应竭力支持才对。但恰恰相反，他在这时提出了反对的意见，他真正担心的是“不出百年，私贱殆尽”，如果是这样，自己家中的奴婢便会大量减少，使得自己的财产大幅缩水，所以他主张“各还于主”，即认为婢嫁良夫所生子女应从母而为奴婢，这样像自己这样拥有大量奴婢的士族的利益便不会受损。实际上如他之前所言，私婢嫁良夫会遇到她主人的阻力，因此他“私贱殆尽”的说法略显夸张。

大臣们通过上述观点论证婢嫁良夫所生子女从良的各种弊端，他们最终说服了世宗，使得从父为良的法令在世宗十四年（1432）废止②，并从当年（1432）六月二十九日开始生效。也就是说，婢嫁良夫所生子女从良的法规自太宗十四年（1414）年起，到世宗十四年（1432）止，总共在朝鲜实行了十八年。其被废止后所生子女的身份改回原来的随母从贱法，但将文武官员、文武科出身之人、生员等特殊身份之人和四十岁以上无子平民的贱妾所出的子女排除在外，这一规定成为日后《经国大典》刑典中“贱妻妾子女”条的原型。到世祖十四年（1468）时，从父之法曾有过短暂的复活，又旋即废止。

贱妾子女与补充队 贱妾子女指的是官员等士族和贱人身份的妾室间所生的子女。朝鲜早在太祖六年（1397）便规定“虽婢妾所生，亦是骨肉，而奴婢一例役使未便。财主现存自己婢妾所生永放为良，以为恒式”③。到了太宗五年（1405），朝廷在规定“自己婢妾所生永放为良”的同时，贱妾所出子女却依然无法摆脱“充司宰监水军”④ 的命运。司宰

① 《朝鲜王朝实录》，世宗实录卷55，14年3月25日。
② 《朝鲜王朝实录》，世宗实录卷55，14年3月26日。
③ 《朝鲜王朝实录》，太祖实录卷12，6年7月25日。
④ 《朝鲜王朝实录》，太宗实录卷10，5年9月6日。

监水军在当时意味着身良役贱，即贱妾子女在身份上虽为良人，但他们所做的劳役却与贱人无异，可见对贱妾子女的法制逐渐变得严苛起来。上述规定的贱妾都局限于士族本人所属的私婢，但到了太宗十四年（1414），朝廷开始允许二品以上官僚可将虽是自己的妾室但不归属本人所有的公私婢赎身，赎身后其所生的子女依照上述与自己婢女所生子女赎身的规定放良。[①] 上述立法均以不溯及既往为基本前提。在同一年（1414）的四月又规定，对大小员人自己婢妾所生的子女，以辛丑年（高丽恭愍王十年，1361 年）为限，都可以推属司宰监后赎身为良人。[②] 这一规定溯及既往而将时间范围扩大了三十多年，因而大大增加了官员贱妾所出子女赎良的机会。也就在同年（1414）六月，太宗颁布的从父为良法使得一般良人百姓的贱妾子女也同样有了赎良的可能，但因为从父为良法不溯及既往，所以对大小官员优于普通百姓的以上规定仍然有效。这些规定最终成为《经国大典》中对大小员人贱妾所出子女的特例的原型。

第三节 压良为贱

压良为贱又称为“压良”“压良为奴”或“压良人为贱”，字面意思是指将良人强压为奴婢的行为。但这里的压良为贱不仅包括强制性的压良，也包括良人投靠豪强之家而自愿成为奴婢的情形（称作“投托”）。因此，压良为贱在狭义上虽仅指“强压”，但在广义上却包括“强压”和“投托”两种类型。

因为强压可能会激起被压良人的反抗，所以豪族在实施这一不法行为时有面临法律制裁的风险。如世宗十四年（1432）宰相权轸之子权孟庆恃势而诈称良人仇万是自家逃奴，“以良为贱，据夺家财”[③]，而受到国王的惩处。朝廷对于被强压成贱人的良人给予“诉良”的机会[④]，在制度上保障了良人不被豪强世家压为奴婢。因而，强压行为多是被压良人并无良

① 《朝鲜王朝实录》，太宗实录卷 27，14 年 1 月 4 日。
② 《朝鲜王朝实录》，太宗实录卷 27，14 年 4 月 16 日。
③ 《朝鲜王朝实录》，世宗实录卷 56，14 年 6 月 1 日。
④ 《经国大典》，刑典，决狱日限。

籍或良籍不明而导致没有诉良的可能性时才会发生，因此这种类型的压良为贱发生的概率较小。

另外，因良人主动投靠豪强之家的这类压良为贱就很少受到官府处罚了。这一类型的压良为贱虽然也是非法的，但在当时的朝鲜却广泛存在。因为从贱是良人的自愿行为，所以在良人不反抗或主动告发的情况下，投托有着很强的隐蔽性。如中宗四年（1509）参赞官宋千喜讲述了申公济（1469—1536）任绫城县令时的故事：

> 赞官宋千喜曰："限年事宜，与大臣议而为之。臣尝于忠清道见之，良人役重，多欲投属为私贱，是以良人渐少。申公济前任绫城县令时，有一人列书人名而来告曰：'此是公家逃奴婢，居于某处，请推寻。'公济曰：'我素无奴婢。'不受其言。其人退而言曰：'痴哉其员！如此空得奴婢，岂易乎？'其后又有一人来告者，公济亦不受之，令人逐出之。以此观之，朝官若无廉介，则良人愿为奴婢，岂拒而不受乎？必多有压良为贱者矣。"①

宋千喜阐明了良人投托的原因在于国家的赋役过重，官府对百姓的奴役和盘剥反而甚于奴婢的主人。因此许多良人自愿转做他人的奴婢，以求他们的庇护。名臣申公济在任绫城县令时，有个人曾来到县衙，将写有许多人名字的名单献给申公济，并对他说："这些人都是您的逃奴，现在居住在某处，请您将他们捉来吧！"可见这些名单上的良人都苦于国家的赋役而甘于做县令的奴婢以寻求庇护，来献名册的这个人是他们的代表。而申公济素来以刚直著称，他便回答道自己本无奴婢，因此不为所动。此人因此感叹："县令痴傻啊，这种空手便能得到众多奴婢的好事是多么容易操作！"后来又有一人以同样方式来告，申公济同样不为所动，并命人把他逐出了县衙。赞官宋千喜认为，如果官员不像申公济这般清廉耿介，而良人又自愿投奔的话，就很少有拒绝的道理。因而实际上存在大量类似上述故事的案例，压良为贱也就逐渐成了奴婢主们获得奴婢的重要手段。而良人自愿投托的动机在《朝鲜王朝实录》中也多有记载：

---

① 《朝鲜王朝实录》，中宗实录卷9，4年9月29日。

司宪府大司宪李芮等上札子曰："宋益孙家累巨万，招纳良贱，无虑千百。私贱则其主或有追还之者，良人则本无产业，甘于仰食，利于避役，乐为婢仆，而终身服事。其间有被人告诉而推核，则或称买卖，或称传系，其心诈谲，其迹诡秘，真逋逃之渊薮，国家之大蠹……"传曰："敬差官方推鞫，若有罪，何假贷之？……"[①] 大司宪李芮启曰："……全罗道本百济之地，民顽俗薄，民之逃赋役者，争投豪富之家。"[②]

希孟曰："民惟邦本，今国本憔悴，军额减耗，诚为可虑……且今者军额，虽多而无实，绝户居多。一户逃散，征于一族及切邻，以此一族、切邻，相继流离，投于豪富之家，为奴隶之役，此非细故也。兵与食为一体，敷军额广储蓄等事，殿下所当轸念者也。"[③]

从这些记载可知，良人投托的动机大多是为了"避役"，即回避被良人视为苦役和重役的良役（军役）的负担。而要深入了解良人的避役行为，就需要考察避役产生的社会背景。第一，由于当时的一部分良人丧失了自己土地的所有权，因此为了生存只能投靠豪强；第二，比起良人来，部分奴婢过着相对富足的生活，因而良人反而对贱人艳羡不已。土地在朝鲜时期作为最重要的生产资料，土地的有无和多寡一定程度上决定了民众的贫富。正如成宗九年南孝温在其上疏中所言："富者田连阡陌，贫者无立锥之地，或托富家为奴，或剃头发为僧，闾阎萧条，什亡四五。"[④] 南孝温指出，土地高度集中在少数人手中使民众出现了贫富的两极分化，贫穷的良人在难以生存的情况下只有两条路可选，第一是投托到富豪家中当奴婢，第二是出家为僧人。在16世纪的《朝鲜王朝实录》中，也多次提到了由"田土不均"导致的"富益富、贫益贫"[⑤] 这类两极分化的现象。就在大多数良人因连年凶歉和土地丧失导致生活难以为继的情况下，还要承担国家沉重的赋税。而与之相对的是许多奴婢反而生活宽裕，这通过当

① 《朝鲜王朝实录》，成宗实录卷40，5年3月18日。

② 《朝鲜王朝实录》，成宗实录卷40，5年3月19日。

③ 《朝鲜王朝实录》，中宗实录卷7，3年10月19日。

④ 《朝鲜王朝实录》，成宗实录卷91，9年4月15日。

⑤ 《朝鲜王朝实录》，中宗实录卷32，13年2月21日。

时的上疏便能略知一二：

> 朱溪副正深源上书曰："……今者齐民之中，私贱十居八九，良民仅一二，而安富者总是私贱，贫困者总是公贱与良民。所以然者，凡守令之赴任也，公卿大夫知与不知，皆持酒肉而饯之，请其奴婢完护，上下成俗，名之曰'称念'。为守令皆亦多出于其门，故不敢不从。凡有公役，皆令公贱良民当之，不及于私贱，良民公贱不能支，率多逃遁，以佣诸私贱，虽世传田宅亦不能保，尽归诸权门。由是私贱日益安富，而利其乡邻之失所，凡有患难，争相挤陷，况于相周乎？以是良民公贱日益流离，父子不相保，夫妇不相顾，民生之艰，莫甚今日，邦本可谓不固矣。"①
>
> 宪府又上疏，其略曰："……顷年以来，私贱小康，无人侵剥，而良民独不聊生，遂相与属托权势，乡豪子为婢夫，女为奴妻，积以岁年，转成奴隶，或有乘其劣弱，压勒为贱，由是贱人居多，良民日少。"②

李深源在上疏中提到当时的私奴婢占十分之八九，良人仅占十分之一二的社会现实。而富有者都是私奴婢，贫困者都是公奴婢和良人。其原因在于私奴婢多在公卿大夫等豪族门下做事，有豪族的庇护，因此可以免受官府的奴役。而公奴婢和良人则不同，每每有公役之时，这些人总是首当其冲地被官府使唤，他们因为力不能支而不得不逃遁，许多良人就这样慢慢变成了私奴婢，他们祖传的田产也就归他投靠的豪族所有，因此土地也就越来越集中在少数人手上，官府可以役使的良人也就越来越少。因而那些没有避身于豪族之家的良人身上的赋役等负担也就变得越来越繁重，这样就形成了恶性循环，也就使更多的良人为了避役而选择了逃亡和投托。除了投托以外，良人还通过和私奴婢婚姻的办法使自己的后代自动变成奴婢。所以他们让自己的儿子与私婢结婚而成为一名"婢夫"，让自己的女儿与私奴结婚而成为一名"奴妻"，这样他们的子女所生的后代就自动变

---

① 《朝鲜王朝实录》，成宗实录卷91，9年4月8日。

② 《朝鲜王朝实录》，中宗实录卷22，10年6月23日。

成豪族的奴婢了。而对于良贱通婚的具体成因，重峰先生赵宪（1544—1592）在他的“拟上十六条疏”阐述得非常清楚：

> 十二曰卒伍之选。……军役最苦，民不堪支。有子者不许山僧，则娶贱婢为妻，有女者嫁贱奴而受直，冀免一边一族之费。（盖私奴则一年身贡，多不过二匹，而无一族之弊；军保则一年身役，几过五匹，而妻亦良人，则两边一族之苦，未几而破家。故贱人之诋良人者，必曰：“尔虽良人，岂能比我之无忧乎？”良人之羡私奴者必曰：“尔有何忧乎？彼无恒产者，岂有将来久远之虑乎？”其卖女赘子于贱人者，势不得不尔也。）况如内需之奴，则国家特完其户，穷民之残破者，尤争投属。目今可居之地，田非不辟也，户非不增也，而究其新辟之田，新立之户，则都是两班与私奴内奴之田户，而良人田户，则日见消缩。①

在重峰先生的论述中，普通的良人民众为了摆脱军役的奴役，因情势所逼而不得不让自己的子女出家或与奴婢通婚。因为保人的奉足价是5匹布，而军保则需要两人担保，加上自身的代价每年共需缴纳15匹布，私奴婢每年约2匹布的身贡远远小于良人军保的身役。如果夫妻双方都是良人的话，则要承受“两边一族之苦”，夫妻双方的身役导致良人家庭不久就会破产。因此在上文良贱间的对话中，可以明显感受到良人对贱人“无忧”的艳羡。特别是直属于朝廷的内需司奴婢，因为有国家的直接保障，使得破产的贫民们都争相投靠，将之作为自己活命的重要途径。因此士族和其属下私奴婢的田产不断增多，普通平民的土地则不断减少，土地的兼并愈演愈烈。当然其中也不乏豪族恃强凌弱，而将贫苦的百姓强压为自家奴婢的现象。就在这种良贱通婚、主动投托和被动强压的过程中，良人和贱人的比例越发悬殊了。

当然，并不是所有的良人都会选择投托，也有部分良人为了避役而选择移居到行政力量控制较薄弱的海岛、海边、山中或北方的寒冷地带隐居起来，这让笔者联想到了我国古代民众为了避役而逃遁到西南山地（“祖

---

① 《重峰集》卷4，拟上十六条疏。

米亚”区域）的情形，两者如出一辙。另外，还有少数良人为了活命，选择了流离乞食、做雇工或佃农或出家为僧等途径。良人即便是投托到豪族世家，也不一定就沦落为奴婢，也有可能仅仅是被“容隐”或者“容隐役使”的状态。但大多数避役的良人选择的是投托和将身份变为奴婢这一出路。

豪族世家为了将这些投奔而来的良人转换成自家奴婢，其首要任务就是对其确立所有权。而所有权确立的关键则是要有官方认可的具有法律效力的文书。这是豪强们无论是强压还是将投托良人化为奴婢，都需要面对的最大障碍。正如光海君在位时沙溪先生金长生（1548—1631）在其上疏中所言：

> 故人之避军役，甚于虎口。……豪家者冒占之，巨室者隐匿之。甲者曰：“某之曾祖母，乃吾之婢也。”乙者曰：“某之祖母，乃吾之婢也。”指拈文券，私相符同，一载文券，遂成公案，伪定一时，而永失于后来。子子孙孙，竟非公家之物。其它自投于勋亲府及各司者，不知其几许。臣之所谓二百年良丁闲民之永失者此也。①

正如沙溪先生所言，将良人化为奴婢的关键是“文券”，而豪族们的借口常是诈称其为逃亡奴婢的后代，即冒称来投托他们的良人的（外）祖母、（外）曾祖母原是自家的逃亡奴婢，这样便具有了侵占这些良人的合理说法，因此主张良人是自家逃亡奴婢或逃亡奴婢的后代是压良为贱的最常用手法。而后在豪族世家伪造文书并得到官府的立案后，压良为贱就算大功告成了。因而在《大典后续录》所载的中宗十年（1515）的受教中规定如下：“凡冒占良人及他人奴婢，或称奴良妻所生，或称祖上逃奴婢，争讼而非当身见存，事在六十年前者，勿许听理。”② 这一受教反证了在中宗十年（1515）之前的朝鲜并没有关于逃亡奴婢追诉时效的限制。这一受教规定了对逃亡或遗落的自家奴婢的追诉时效是60年，若以立法当时的1515年为例，则1455年后发生的奴婢逃亡案件均可以被纳入追诉

---

① 《沙溪先生遗稿》卷1，疏，辞执义仍陈十三事疏。

② 《大典后续录》，刑典，决讼日限，正德十年三月十二日本曹受教。

的范围，范围可以说是相当宽泛的。也就是说，只要良人有投靠豪强的决心，其通过诈称是逃亡奴婢而实现的身份转换，在操作上并无太大的障碍。

而压良为贱的第二种手法是诈称良人是漏落的奴婢。这一方法多用于原属内需司的甘露寺、桧刚寺等寺社，多是在良人和公私奴婢投奔内需司的情形中，使其实现身份转换的说辞。但要证明本人是内需司的奴婢，需要有赐牌、内需司的宣头案或作为公奴婢的正案等证明自己是遗漏奴婢的证据，所以诈称漏落奴婢的手法在操作上比诈称逃亡奴婢的难度要大。而压良为贱的第三种手法是诈称某良人是自家的奴婢和良人妻子之间所生，但关于这一手法的案例很少。

这些手法最终都绕不过对文书的伪造，可以说前三种压良为贱的手法都需要跟文书伪造的手法结合后，才能实现他们的目的。而被伪造的文书之所以能轻易就获得了法律效力，其背景是由于当时的官府承认家庭成员间分家时所写的无官方署押的“白文记”的法律效力。《经国大典》规定：“父母、祖父母、外祖父母、妻父母、夫、妻妾及同生和会分执外，用官署文记，子之于亲，亦不须官署。”[①] 也就是说，父母子女等直系亲属、夫妻或兄弟间在分割家产时，其文书即使没有官方的署押，也仍然具有法律效力。这一规定逐渐成为豪族眼中的法律漏洞，他们通过伪造类似的分家文书，使得压良为贱有了实现的可能。正如中宗十五年（1520）缮工监正朴祥在启奏中所言：

> 缮工监正朴祥启曰：“臣观《大典》内：‘祖父母、父母、夫、妻妾及同生和会外，用官署文记，使一家之主，任一家之政。’其良法美意，可谓至矣，然法久则弊必生。奸巧之徒，冒占良民，利于白文，数多追述，而良民亦厌苦役，争相投属。以此辞讼日繁，良户日耗。一令中外，量远近立限，尽收白文考准，自今以往，虽祖父母、父母、夫、妻妾，同生和会文记，并用官署。一以杜奸巧，追述之路；一以闭良民投属之门，何如？……”命下该司。该曹难于轻改旧

① 《经国大典》，刑典，私贱。

章而防之，然识时务者咸以为然。[①]

朴祥认为，法令施行久了必然会生出各类弊端，因为奸巧之人善于利用法律的不完善之处而为自己谋利。在压良为贱的问题上，许多豪族就会在分家文记上追加上许多良人的名字，其利用的正是分家文书无须经官方署押就天然具有法律效力的这一漏洞。他建议修改这一规定，主张即使是父母子女等直系亲属、夫妻和兄弟间的分家文书，也需要经过官方的署押方才具备法律效力，以杜绝良人投托和豪族压良为贱在操作上的可能。但他的这一修法建议却最终以旧制难改为理由，实则是因触动了多数士族的利益而无法推行，但也得到了很多识时务的大臣认可。

针对压良为贱这一不法行为，朝廷的处罚也是严厉的。《大明律》中虽然没有“压良为贱”之类的词语，但也存在相关规定，那就是“收留迷失子女”条。此条规定：“若冒认良人为奴婢者，杖一百徒三年，为妻妾子孙者，杖九十徒二年半，冒认他人奴婢者，杖一百。”[②] 在《大明律直解》中，“冒认”一词被解释为“妄称”，其定义应该比压良为贱的概念宽泛些。在朝鲜初期便制定了比明律更为严厉的处罚措施。在太宗五年（1405）议政府所上奏的“隔年受判永为遵守奴婢决这条目”二十条中，便规定了对压良为贱者“职牒收取、决杖八十、身充水军”[③] 的处罚措施。在之后《经国大典》的“罪犯准计”条中规定，“犯充军者，准杖一百徒三年”[④]，可见其刑罚基本参照了《大明律》“收留迷失子女”条的法定刑量。而水军作为最艰苦的军役，相比一般军役来说可谓是加重了处罚。另外还有决杖八十（决杖意味着不可收赎），并对有官职者还要收取职牒等严厉的处罚，可见朝鲜在参照《大明律》刑量的基础上，适当加重了对压良为贱的处罚。到了世祖九年（1463），朝鲜规定对“暗录他人奴婢及良人为奴婢者”处以“杖一百全家徙边”的刑罚，[⑤] 进一步加重了压良为贱罪的刑量。这一规定从两年后（1465）大司宪梁诚之的“上军

① 《朝鲜王朝实录》，中宗实录卷41，15年12月1日。
② 《大明律》，户律，户役，收留迷失子女。
③ 《朝鲜王朝实录》，太宗实录卷10，5年9月6日。
④ 《经国大典》，刑典，罪犯准计。
⑤ 《朝鲜王朝实录》，世祖实录卷30，9年1月12日。

国便宜十条”中，可知其在施行中取得了很好的效果：

> 立法非难，法立而发奸擿伏，利归于国为难。近日压良为贱者，杖一百，全家入居，以犯人奴婢三口，给告者充赏，此法之立，中外震肃，皆称良法，为之者必自退，不为者必自幸，法既如是其快也。乞更加立法，自今良人漏一丁者，杖一百，全家入居，公私奴婢匿一口而现露者，勿论会赦，并杖一百，全家入居。如是良民尽出，则军额足，公贱出而官府足，私贱出而士大夫足。如是则不必刷齐民实塞，而边郡足矣。①

此时的朝鲜规定对主动告发压良为贱之人赏赐奴婢三口，这一举措极大地调动了普通民众检举压良行为的积极性，法律的实施变得顺畅了很多。然而如此严酷的处罚却未施行很久。到了成宗在位时，朝鲜对压良为贱的处罚又似乎重新回归到《大明律》“收留迷失子女”条规定的刑量。比如成宗六年（1475）对宋益孙“引诱水军崔得夫等为奴婢罪”② 的处理，成宗十四年（1483）对“赵智山压良为贱罪”③ 的处理，均言明“律该杖一百徒三年”，这里引用的“律”即指《大明律》，可见在这时朝廷对压良为贱的处罚有向《大明律》回归的趋势。在《经国大典》中并未单独规定关于压良为贱的处罚，也就说明了对这一犯罪行为的量刑适用《大明律》。

而朝鲜直到中宗三十八年（1543）颁行《大典后续录》后，压良为贱的相关法律才正式出现在本国法典中。《大典后续录》规定：“压良为贱者……并于两界及黄海道，全家徙边。”④“两界”指的是位于朝鲜北部边境的咸镜道、平安道和黄海道三道，迁徙的目的地都是朝鲜半岛北部气候寒冷而人口较少的地方。此外，《大典后续录》还针对咸镜道规定，“官署人即土豪品官等，同居婢夫雇工外，冒占良民容隐役使者，以制书

---

① 《朝鲜王朝实录》，世祖实录卷 37，11 年 11 月 15 日。
② 《朝鲜王朝实录》，成宗实录卷 51，6 年 1 月 11 日。
③ 《朝鲜王朝实录》，成宗实录卷 152，14 年 3 月 27 日。
④ 《大典后续录》，刑典，杂令。

有违律论断，三人以上役使者，全家徙边”①。但针对压良为贱的全家徙边刑是何时复活的，虽然没有确切的答案，但从中宗十四年（1519）对金浑一家“以良民为己奴婢，欲世世使唤”② 这一案例中关于朝臣是否适用全家徙边的讨论来看，至少在此之前就已重新确立了对压良为贱罪处以全家徙边的规定。直到明宗五年（1550）朝鲜才正式规定，对士族犯压良为贱不再适用全家徙边刑，而改为流配的刑罚。③ 在中宗二十八年（1533）司谏院的启奏中，可说明当时对压良为贱已明确适用朝鲜本国法律：

> 谏院又启曰：“大抵良人投托势家，冒为奴婢者甚多。祖宗朝压良为贱者，全家徙边，勿拣赦前，为救此弊也。今观刑曹前官吏缄辞，则必须强胁良人为奴婢，然后可论以压良为贱也，此言为无理。果若其缄辞，则近来潜付势家，冒为奴婢者，其势家例免徙边之罪耶？刑曹不顾我国常用之法，巧引相似律文（原注：冒谋良人为奴婢之律），饰辞遂非，与欺罔无异……”④

司谏院在上奏中指责刑曹缩小了对压良为贱的适用范围，认为只有强压才算是压良，而将投托排除在外是不合理的。当时的朝鲜对压良为贱已有专门立法，而刑曹则以《大明律》“收留迷失子女”条中冒认良人为奴婢的规定（一般法），来代替朝鲜的“常用之法”（特别法）。朝鲜时期在本国法律与中国法律间产生法条竞合或法律冲突时，一般是本国法律优先适用，但也正是由于朝鲜时期的刑法同时适用中国法和本国法，因此也就给了官员们根据自身利益而对法条进行选择性适用的空间。而纵观朝鲜前期对压良为贱的立法，其始终是在《大明律》的基础上制定本国法，在法律适用上朝鲜也始终摇摆于《大明律》和本国法律之间。

而对于良人所选择的投托之处，《朝鲜王朝实录》的记载主要有“土

---

① 《大典后续录》，兵典，禁制。

② 《朝鲜王朝实录》，中宗实录卷35，14年1月21日。

③ 《各司受教》，刑曹受教；《受教辑录》，刑典，推断。

④ 《朝鲜王朝实录》，中宗实录卷74，28年3月26日。

豪”“势家”和“本宫”（内需司）等。土豪又被称为“豪强”“豪滑”“豪右”，“土”指的是京城之外的地方，而“豪”一般指豪强，所以“土豪”在朝鲜时期一般是指地方上有势力的家族。土豪作为地主阶层，一般以在地方上居住的散官和品官等士族居多，也包括少数的良人和贱人，[①] 他们通过压良为贱而获得充足的劳动力，这一现象以忠清道、全罗道和庆尚道“下三道”最为普遍[②]，当然这三道也是历来朝鲜半岛人口最为密集的区域。而所谓“势家”，一般指的是在中央任职并以朝官为主的有职有荫的官员，其比地方上的“土豪”权势更大，所以也就更加隐蔽而很少遭到弹劾。这些权势家族对投托良人的压榨非常严重，史官曾对此评论说：

> 史臣曰：“是时公道扫如，欲浪滔天，在朝之士，上自公卿，下至一命之官，或称伴人，或称雇工，多占良民，以为己奴，征索无厌，以富其家。为伴人者，始苦官役，百计投属，终难堪索，逃还本役者，比比有之。宰相则梁渊、黄宪辈所占为尤多，至于五六十人，故时人谓之萃渊薮。今因世良之启，令各道抄启数外伴人，则监司、守令，私相匿之，抄不以实，至以无势堂上官，及武班堂上、儒生、散官等，所占残民数口，为数外而驰启。其欺罔君上如是也，可胜叹哉！”[③]

从史官这一评论中，可以看到朝鲜上至宰相，下到中下级官僚，他们为了致富无不利用手中的权势侵占良人而压良为贱。许多良人起初苦于服役而投托到官员家中，但最终却因这些官员极度的索取和压榨而逃回原来的本役。其中以宰相等重臣所占良人为多，竟达五六十人。国王下令调查投托的良人时，官员们官官相护、互相隐匿，不以实际的数目上报而欺君罔上。可见作为一国最高统治者的国王，其最难治理的恰恰是统治阶级内

① 《朝鲜王朝实录》，中宗实录卷51，19年8月24日，“且凡豪强云者，非独品官而已，庶人、贱口亦或有之”。

② 《朝鲜王朝实录》，中宗实录卷64，23年11月3日，“下三道良人，多入于有势士族之家”。

③ 《朝鲜王朝实录》，中宗实录卷96，36年11月29日。

部。触及统治阶级自身既得利益的改革何其艰难，通过此事可见一斑。

除了土豪和势家外，良民选择的投托处主要是跟王室有直接关联的内需司以及大君、王子君、驸马等宗亲外戚家中。内需司直接为王室服务，其奴婢属于王室的私有财产，因此内需司的奴婢理论上应属于私奴婢的范畴。守令和观察使等地方官一般不敢触动这些有权势的衙门或人物，因而使得良人容易投托成功。内需司又因它的王室背景势力极大，能为投奔到此的良人提供足够的安全庇护，内需司的奴婢还享受着复户等相关赋役的政策优惠，以及各种有形无形的好处，所以成了许多良人和公私奴婢投托时的首选。倚仗王室背景狐假虎威便成了许多在地方上居住的内需司奴婢们的“无形资产”，正如《朝鲜王朝实录》中所言：

议政府据刑曹呈启：“……居外方本宫奴隶及诸宗亲驸马各户奴属，恃其豪强，无所忌惮，诸道流移人物，或称雇工，或称一根奴隶，容隐群聚，其里正长，亦畏其威势，不告于官。缘此中外有主奴婢、有役良民，不供其役，不事其主，争先逃往，户籍日缩，军额日减……”①

议政府左参赞郑甲孙卒。甲孙，字仁仲，庆尚道东莱县人。……出为全罗道都观察使。本宫及宗室奴隶，多豪横自恣，影占民户，官不能禁。甲孙悉究治之，请于朝，戮其魁人，皆称快。②

属于王室的奴婢在地方上可以无所忌惮而侵占良人，使得普通良人反而沦为了有权势的奴婢的奴婢。至此，奴婢和良人的实际的社会地位完全反转。而许多地方官和里长却因有所忌惮而不敢出头，乃至于如上文中郑甲孙等敢对其进行惩治的官员反而因人数稀少而被载入史册。因此，只要是有权势的地方，便是良人绝佳的投托之处。投托之处越靠近权力的中心，也就相对越安全，潜在的收益也就越多。而对此表现鲜明的个例，就要数作为成宗大王乳母的奉保夫人白氏了：

---

① 《朝鲜王朝实录》，文宗实录卷6，1年3月24日。

② 《朝鲜王朝实录》，文宗实录卷8，1年6月26日。

奉保夫人白氏卒。夫人本贱人，上之乳媪也。上眷遇甚笃，赐与优厚，趋附者盈门。或赂以奴婢、土田，良民亦多托为奴，家财巨万，常出入宫掖，驺从满路。其夫姜善，亦贱人也，位至堂上，交结权贵，多行不义。弘文馆疏启云："夫人猝至富贵，此足酬其劳矣。大开门第，多所接引，无耻之徒，趋附者众，岂无所利而然哉？"上览疏颇不悦，其后稍疏之，夫人亦未得肆意焉。至是遘疾，上轸虑，虽夜留门，遣使存问，或至数四。至是讣闻，上悼甚。[①]

奉保夫人白氏本是贱人出身，但因为她是成宗大王的乳母，而得到了成宗大王的极高礼遇，许多趋炎附势之人极力讨好她，送给她许多奴婢和田产，许多良人都投奔到她家成为奴婢，从而使她成了富豪。她的丈夫也是贱人出身，却因为其妻子是国王的乳母而官拜正三品堂上官，也仗势多行不义。白氏死后，国王下令"其以从一品宗宰例礼葬"[②]，可见在专制社会中，得到最高统治者的宠信对一个人的发迹有重要的影响。良人投托到这类权势之家为奴，得到身居高位的主人护佑，普通的地方官员多是不敢过问和纠察的。

除此之外，地方的乡吏也是众多良人的投托之处。"至于元恶乡吏及杂班官属等，占聚人丁侵渔民间者，率多富强之户"[③]，这些压良为贱的乡吏多是在当地有一定势力和经济地位之人。甚至官府对被压为贱人的良人进行"推刷"（追索）时，利益受到触动的胥吏们不惜叛逃和群起反抗：

宪府启曰："闻平安道甑山县乡吏等顽恶，良民、官属，多容隐于户内，县令推刷尽出。于是吏人皆含愤而逃，一日登衙后北山，数其失，而骂詈其不逃者，持弓矢，环立其衙，而恐吓之，相率为叛。此风俗之大变，所当严治……"[④]

---

① 《朝鲜王朝实录》，成宗实录卷248，21年12月14日。

② 《朝鲜王朝实录》，成宗实录卷248，21年12月15日。

③ 《朝鲜王朝实录》，中宗实录卷100，38年1月4日。

④ 《朝鲜王朝实录》，中宗实录卷21，9年10月21日。

在任何时期，触动利益的改革举措推行起来都异常艰难。朝鲜时期，这类乡吏被定义为“元恶乡吏”，《经国大典》中专门有惩治元恶乡吏的立法。① 因为良人不断逃避本役而甘心投靠到豪族家中为奴，其所带来的直接后果就是导致了为国家服役的良人越来越少，而供私人役使的贱人却越来越多。正如汉城府左尹李继福在启奏中所言：

> 庆尚大道，而军额只二万，以其贱人多而良人少，良人又为他役者多故也。以庆州一邑观之，水陆军士正保并只九千，而公贱则一万七千五百余口，私贱又必多于此矣。九千之额亦非实也。改籍时因元额而虚填其数，绝户者多。②

大臣李继福以庆尚道庆州为例，来列举当时良人、公贱和私贱所占的比重。庆州府可供国家差遣的在籍良人数目是9000人，而官奴婢的人数是17500人，官府无法把握供私人役使的私奴婢的数量，但其人数必定远远超过官奴婢。而实际可以掌握的良人人数又远远小于在籍良人的数目。据此推算，庆州府一地的良人数目最多不会超过总人口的1/5。所以许多大臣在上疏中言及“私贱十居八九，良民仅一二”，这绝非夸大其词或危言耸听，而确实是当时社会状况的真实反映。

第四节 赎身与放良

朝鲜时期奴婢的放良过程复杂又有趣，值得做深入探讨。放良在朝鲜称作“赎良”，指的是通过法定的程序脱离贱籍、成为良人（平民）的过程。奴婢的赎身在朝鲜后期有两种方式，第一种称为“代口赎身”，第二种称作“纳钱赎身”。代口赎身是指奴婢本人找到与自己年龄等各类条件相近的人交给主人，从而使自己脱离贱籍的行为，一般情况下是以男奴代

---

① 《经国大典》，刑典，元恶乡吏。

② 《朝鲜王朝实录》，中宗实录卷21，9年10月13日。

替男奴，以女婢替代女婢，且二者的年龄相近才可。① 而纳钱赎身指的是交纳给主人一定数额的金钱或等价的实物，从而使自己成为良人的行为。《续大典》规定奴婢赎身的价格不得超过100两②，但实际上许多案例中的赎身价格早已超出了这一上限。但在赎身之后奴婢在身份上还不能立即变成良人，需要向主管奴婢业务的掌隶院申告后，编入兵曹所属的补充队，经过一段时间后才能成为法律上的良人。

但是朝鲜王朝本是等级森严的阶级社会，如果给处在社会最底层的奴婢较大的上升空间，那么整个社会的阶级秩序就会难以为继，也就意味着身份制的覆灭。因此，在朝鲜初期，官方通过法律严格控制着奴婢的放良。在《经国大典》中，对奴婢的赎身规定如下：

> 大小员人，娶公私婢为妻妾者之子女，其父告掌隶院，核实录案，移文兵曹，属补充队。年满十六不告者，告状后过三年不受立案者，付案后不立役者，许人陈告还贱。③

从这一规定可知，朝鲜初期严格限制奴婢的赎身，当时仅允许大小员人与婢女所生的子女可以免贱。所谓大小员人指的是文武官员、生员、进士、录事、有荫子孙及无嫡子孙之人的妾子孙承重者等。也就是说，当时能免除贱籍的人必须是士族男子所出的孽子女。因为这些士族男子的孽子女的生母是奴婢身份，所以根据从母法，他们也自然归入贱籍。但又因他们的父亲身份高贵，所以法律给予他们成为良人的机会。其赎良的流程则是由他们的父亲向掌隶院申报后，由掌隶院核实备案，并移文给兵曹，将他们编入补充队服役30个月以后，便可成为良人了。而这仅限于士族所出的孽子，如果是士族所出的孽女则不必服役，只需申报并核实后便可放良。而编入补充队的这一做法，到光海君在位时就已经徒具形式了：

---

① 《续大典》，刑典，赎良，“公贱代口赎身者，所代奴婢，累式年户籍相考，名付的实，然后以年岁相当者计口，以奴代奴，以婢代婢”。

② 《续大典》，刑典，赎良，“工匠代给奴赎良价，毋过钱文百两，滥征者以诈不以实律论。(私奴婢赎良价同)”。

③ 《经国大典》，刑典，贱妻妾子女。

今则从良之路，倍广于平时，而补充队入属者，不问朔数，不待都目，今日入属，明日去官。去官之后，则百计谋避，或假名生徒，或投属差备，定军者十无一二。其中最黠者，去官文字，潜置其家，自称未去官，闲游半生，不做民、不做兵，好生可恶。①

从中可知，进入朝鲜后期后，奴婢的赎身相比前期变得容易很多，其中许多人利用补充队的制度漏洞为自己谋利。在经历了壬辰倭乱等战乱以后，朝鲜由于国家财政的匮乏，官府为了补充财源，开始允许奴婢用米或者布来赎身，并使得“今日入属，明日去官”的现象成为可能，补充队制度名存实亡。到英祖在位时，在《续大典》刑典中专门新增了“赎身”和“补充队”两个项目，显示出不同于前期的社会变化。《续大典》以法律形式开放了普通奴婢的赎身之路，指明了“纳钱”和“代口”这两种合法的赎身方式，将赎身奴婢的范围从士族的孽子女扩大到公私奴婢甚至寺奴婢。② 遗存至今的许多朝鲜时期文书向我们揭示了其中很多不为人知的细节。奴婢们为了摆脱自己的身份，谋划了许多生存的计策。而贫穷的奴婢主人为了生存，也出现了主动劝说奴婢纳钱赎身的现象。

奴婢的放良需要奴婢和主人双方达成共同意愿后才能实现。在赎身过程中，奴婢一方需要有赎身的意志和经济能力，而奴婢主一方则需要有将奴婢放良的意思表示。只有在双方达成一致后，赎身才能实现。在海南尹氏所藏的古文书③当中，有一件肃宗三十五年（1709）幼学朴尚玄允许自己的私婢爱任赎身的法律文书，其原文如下（见图41）：

……□年己丑二月初四日 收养立案婢爱任处放良许给明文
……□去壬寅年分，收养婢爱任年五十八壬辰生身乙，外四寸大
……□为有如乎。要用所致以，同爱任矣前后所生并以价折
……□及钱文三两以，依数捧□□遣，汝矣处，永永放良。

① 《朝鲜王朝实录》，光海君日记卷69，5年8月26日。

② 寺奴婢：是指从属于内需司等中央各司及各宫房的奴婢。

③ 与奴婢赎身相关的古文书研究可详见전경목，2013，“조선후기 노비의 속량과 생존전략”，《남도민속연구》26，353—382면，本节有所参考。

……□本立案段，他婢并付乙仍于许给不得为去乎。日后良中，子孙中中如有杂谈是去等，持此文告官下正事。

婢主自笔 幼学朴尚玄（手决）

证人　金月白（手决）

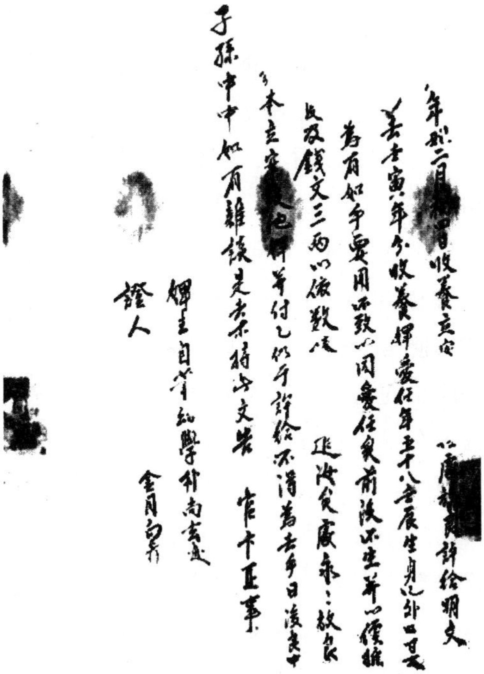

图41　肃宗三十五年（1709）朴尚玄放良私婢爱任的文书①

因为文书的上端有部分缺损，所以辨读起来不无困难。但结合上下文和其他相关文书，仍可以大致了解文章的意思。首先有必要厘清文中出现的“收养立案婢”这一法律概念。所谓“收养立案婢”，指的是得到过官方收养事实公证的女婢。朝鲜后期常有凶歉之年，许多穷苦的百姓无法养活自己的孩子而不得不将婴儿遗弃或者送给他人抚养。这些被收养的儿童日后便成了收养人家的奴婢，因此他们也被称作“救活奴婢”。虽然朝鲜

① 韓國精神文化研究院編，1986，《古文書集成·第3卷：海南尹氏篇》，韓國精神文化研究院出版部，奴婢文記54。

的法律将三岁以前开始养育的情形称作“收养”，将三岁以后开始养育的情形称作“侍养”，两者为不同的法律概念，但在现实中经常对此不加区分而统称为“收养”。

收养爱任的是朴尚玄的外四寸的大母，即他的表兄弟的祖母沈氏。写作这一文书的时间是1709年，爱任时年58岁。从中可推断很可能是因为1661—1662年在朝鲜发生的大饥荒和由此造成的疫病蔓延，导致了朝鲜全境数万人的死亡，也产生了大量的被遗弃儿童。通过与之粘连的文书可知，沈氏此时看到了到处乞食的婢女春月、爱任和乭花，[①] 然后将她们带回家抚养成人，这一事实得到了长兴府的立案（公证）。肃宗三十四年（1708）时，沈氏因为穷困难以过活，所以又将五十多岁的婢女爱任和她所生的子女以两头公牛的价格卖给了朴尚玄。然而朴尚玄在一年后的肃宗三十五年（1709）又因为急需用钱，便以公牛两头、钱三两的价格将他们放良，上面的文书便是放良之时所写的证明。

而案例中值得注意的是朴尚玄为了筹措资金，他亲自来到婢女爱任家中，劝说她和她的子女尽快赎身。[②] 婢女爱任听从了主人的建议，在将赎金交给主人后成为良人。朴尚玄在他的招辞（供述）中也坦言是他自己因情势所迫而亲自到爱任的居所，在拿到赎金后将其放良的。[③] 作为主人的朴尚玄亲自从长兴渡海到珍岛，以劝说爱任他们赎身，可见他急需用钱。从本案中可以发现，赎身和放良并非仅出自奴婢自身的意愿，有时是主人根据自身需要而主动与奴婢达成的协议。

赎身虽然需要奴婢自身有改变身份的意愿和相应的经济能力，但其主人的态度也很关键。瓶窝先生李衡祥（1653—1733）的事例在此就很具有代表性，下面来看他所写的“约家奴仁发文”，其原文如下：

湖南奴天翼等，本自八九世传来，渠亦不敢终隐，昨年名录，亦自书以纳。到今二年之内，三度来现，每留数月，愿为合族尽赎，今

---

① 粘连文书4，“则康熙六年长兴婢春月亦，婢爱任及乭花等，三岁前诸处乞食乙仍于，率养后呈于本府立案”。

② 粘连文书1，“今年二月分，亲到婢矣身家，自赎亦为去乙，婢矣身前后所生并以准价自赎为有等以”。

③ 粘连文书2，“势有所□□□自来到同婢爱任处，捧价放良为白齐”。

其名数不少，且以渠等所告言之，则老弱男女并计，殆过累百。方血诚来乞，许之则吾贫可拨，吾家可饶。但念《法典》曰，事在六十年前，勿许听理。且天道三十年一小变，六十年一大变，况于人乎？况于财乎？吾于九邑决讼，每以年限为重者，心知其的当也。此既久远传来，故渠等亦甚明知。虽自归而请赎，其实六十年未探者也。今若奴之，则公与私，情与法，判而为二。平生所行，见利倏变，吾心生死而愧矣。千驷万锺，亦何可贵也？况其中又有儒生将官，尤所不忍。昨年五奴之特为放良者，亦以此也。到今思之，只许五良，独贱其余。则正所谓半上落下，取既非理，则富不如贫，议于子女，尽数放良。依此牌旨，成文斜给，俾免孙更侵之患，宜当。①

瓶窝先生在文中讲述了在全罗道居住的奴婢天翼等人来他家请求赎身的故事。这些奴婢归属他家已有八九代人的时间了，他们都是外居奴婢，本就不与瓶窝先生一家共同生活，主奴之间不曾往来已超过60年，因而主奴关系仅是徒具形式而已。天翼等奴婢在两年内三次来到瓶窝先生家中，请求将在全罗道居住的所有属于瓶窝先生的奴婢全部赎身，这些奴婢有数百人之多。瓶窝先生认为，如果将他们悉数放良，那么拿到的赎金可以使自己家族以后不再过贫苦的生活，而变得富裕起来。但是瓶窝先生曾做过九个郡邑的地方官，他对诉讼中以30年为小限、60年为大限的规定非常熟悉。这些外居奴婢与他家不曾联系已超过60年，他认为已经超过诉讼时效。奴婢所有权的诉讼时效在其后出台的《续大典》中规定如下：

凡久远田民相讼，一定大小限施行（六十年谓之大限，三十年谓之小限，若相讼祖先田民合执盗卖者，及逃漏公贱并不用此限）。内奴婢入宣头案，驿奴婢入形止案，而称以本主推寻者，用小限，事在三十年以前（十式年无頉②），则勿听（若反主投属，本主相讼得

① 《瓶窝先生文集》卷33，杂著，约家奴仁发文。

② “頉”字在朝鲜有两种用法。一种与我国相同，通“颐”；另一种是朝鲜特有的用法，读作“탈”（tal），是朝鲜的“国字”，按朝鲜语的本义发音，因而其在朝鲜语中音义相同，指某种变故、事故、疾病或借口等，在法律用语中基本只使用第二种用法。

决，而逃避过三十年者，不可以过限论，用六十年大限）；或称祖上逃奴婢，或称奴良妻所生争讼，而非当身现存者，用大限，事在六十年以前，则勿听（其冒占良人及他人奴婢争讼者，各依本律论）。事在六十年以前，连二代良役者，虽自己奴婢，亦勿听，横侵者以压良为贱律论（虽连二代良役而或投属或已入讼辨者，勿论代数）。相讼得决度数相等，而事在六十年前者，以时执者为主。①

从《续大典》的这一规定可知，朝鲜后期法律中明确规定了田宅（田）和奴婢（民）等类型的民事诉讼的时效，并将之分为大限和小限，其中大限60年、小限30年，并对其中各类情形的诉讼时效加以区分。而祖先所分的田地和奴婢被人盗卖，以及公奴婢逃匿的情形不受诉讼时效的限制。在这一规定中，主张对方是祖先时逃亡的奴婢，或男奴与良女所生奴婢的，诉讼时效为六十年，超过六十年的不再受理。而六十年前虽是自家奴婢，但已经连续两代从事良人职业的，也不得再主张对奴婢的所有权，侵夺奴婢者按“压良为贱”治罪，但奴婢投属他人或之前已提起诉讼的不在此限。如果诉讼时原被告的胜诉次数相同，但事情发生在六十年以前的，则以当时的占有人作为奴婢的所有人。因此，瓶窝先生所说的“天道三十年一小变，六十年一大变”正因应了立法的本意。随着时间的推移，天道都已发生了巨大变化，更何况人和财产呢？因此他认为已经不能用原来的主奴间的所有关系来主张自己的权利了。

再者说，瓶窝先生家住庆尚道的荣川郡，而这些奴婢却世代居住在全罗道，因山川阻隔而60年不曾往来，如果为了贪图赎金而突然再把他们视作自家奴婢的话，就与他历来的行事风格不符而会使他羞愧终生。另外，他在此前已将其中身为儒生、将官的五人免贱为良，他认为如果为了钱财而不能将这些奴婢们一视同仁的话，反而不如过得清贫一点，在“义”和“利”不可得兼时，他选择站在了“义”的一边。因此，他在与子女们商量后，决定不收任何赎金而将这数百人全部放良，他写成“牌旨”后，派遣家奴到官府代为做证，从而将放良的事实立案（公证），以防日后生变。

---

① 《续大典》，刑典，听理。

这一案例中的主奴双方都显得很仁义。作为奴婢的数百人并不隐瞒自己的奴婢身份，在六十多年后主动找到主人，为赎身而情愿支付高额的赎金，在两年内多次上门，请求主人同意他们赎良。而作为奴婢主人的瓶窝先生和他的子女基于法律和情理，愿意分文不收就将他们悉数放良，其体现出的士大夫家族的高风亮节更值得我们赞叹。而奴婢们能遇到像瓶窝先生这样的主人是很幸运的事情。因为大部分奴婢主人并非像瓶窝先生这般仁慈，他们对奴婢的赎身多持否定的看法。因为奴婢是祖上留下来的财产，认为让自家的奴婢赎身会愧对祖先，并将奴婢的阶级上升看作社会秩序的混乱。这种视角通过仁祖七年（1629）金正立因为师傅尹善道（1587—1671）而放良自家奴婢时所写的法律文书便能知晓。文书的原文如下（见图42）：

图42 仁祖七年（1629）金正吏放良婢女玉梅的买卖明文①

崇祯二年己巳十月十八日师傅尹善道前明文

右明文，为祖上传来奴婢乙，赎身为难为乎矣，两（家情）义，自前敦厚为乎等乙以，使唤婢爱日一所生婢玉（梅），庚戌生，身乙

① 韓國精神文化研究院編，1986，《古文書集成·第3卷：海南尹氏篇》，韓國精神文化研究院出版部，奴婢文記6。

价折白金壹佰陆拾伍两，交易捧上为遗。同人处后所生，并以永永放卖为去乎。后次良中，子孙中如有杂谈为去乙等，用此文告官，卞正事。

自笔财主前察访 金正立（着名）（署押）

证孽四寸惠民署前直长 金孝悌（着名）（署押）

内医院正 金孝忠（着名）（署押）

这一文书的右下角略有缺损，但可根据上下文推测出其中缺损的文字。文书从表面来看与普通的奴婢买卖明文没有两样，但仔细阅读后却能发现其中的蹊跷之处。比如为什么金正立在文书的开头就坦言虽然“祖上传来奴婢，赎身为难”，然而却因“两家情义，自前敦厚”而不得不将玉梅出售呢？虽然文中没有给出答案，但玉梅与尹善道的关系一定非同寻常，才会使尹善道花费165两高价为她赎身，也才会使金正立出于两家间的情义，碍于情面而不得不将玉梅放卖。可以推测，玉梅很可能是尹善道的妾或者即将成为他的妾，尹善道将玉梅从金正立处买来后，再将她赎良的意图非常明显。双方对玉梅的交易名义上是买卖，实际上与赎身无异。在金正立看来，祖上传下来的奴婢因为由子孙代代使唤，因此不能轻易放良或让与他人，否则便视作未遵守先祖遗言，这与瓶窝先生的立场和做法形成了鲜明的对照。

另外，实践中奴婢的主人以奴婢想要急切赎身作为筹码，以实现其他目的抑或漫天开价的案例也不少。这不仅体现在之后将做专门论述的柳希春孽女赎良案中，也体现在吴希文（1539—1613）之子吴允谦（1559—1636）妾室的案例中，这两个案例都是因奴婢的父亲或夫君等家人身居要职，因而所有者将手上的奴婢居为奇货，并以此作为出仕或达成政治目的的最佳途径。故事被记录在吴希文所写的日记《锁尾录》中，与柳希春孽女赎良案中柳希春因与奴婢主人的关系亲近而放良时阻力较小不同，吴希文一家则可能会因这名妾的奴婢身份而遇到不小的麻烦，如下文所言：

四月初六日。……夕，讷隐婢自县还来，乃种田事招来矣，见家人书来十日定来云云，猪肉及獐肉少许觅送，明明莅日，欲用于茶礼时矣。且开平康妾，夫初二日还送共家云，乃私婢也，赎身甚难，不得已还送，但怀孕满月，若生子而不死，后日之事，极可虑也，厥上典以为奇货而不赎，则见辱必多，甚不幸也。①

文中的“平康”二字指的是日记作者吴希文的儿子吴允谦，因为他时任平康县监，此时他的妾怀孕已有满月。正如文中所言，因为吴允谦的妾是私婢身份，所以赎身的难度很大，虽不知道她的主人有提出何种要求，但如果不委曲求全而满足其要求的话，那只能将这名妾室送还给主人了。吴允谦在壬辰倭乱刚刚结束之际出任地方官，朝鲜各地当时虽因战乱而百废待兴，但如果只是纳钱赎身的话，相信吴允谦作为县官，应该不难筹措奴婢的赎金。但吴家害怕的是妾室的主人看到自己的女婢与吴允谦及其父吴希文的这一特殊关系后，而认为奇货可居。因为吴允谦虽然在当时只是一位县监，但他在上一年（1597）文科及第，被认为前途无量，因此其妾室的主人除了代口或纳钱赎身之外，很有可能会提出其他要求，并将之视作攫取巨额财产或获得一官半职的捷径。以至于吴希文认为其妾室如果生子时未能难产而死，吴家将来很可能因为赎身问题而受辱于她的主人，因此他觉得此事非常不幸。

另外，奴婢为了赎良也会采取各种计策和手段，如下面金德溟的案例就是如此，其原文如下（见图43）：

太奉处

除他，汝亦世居同里者矣，而汝矣处上典乃井邑人黄宇正也。汝实立伊女息乙来欲放卖则 汝亦□□自赎之计，故我居基间。汝之处与三女息并四口乙，以我卖得样受文书于黄宇正，然我实衔立，而汝之自赎也，故汝是手记□给，日后或有杂谈，以此凭考□宣当事。

庚申十二月二十六日

同里居金生员（手决）

① 《锁尾录》，1598年4月6日。

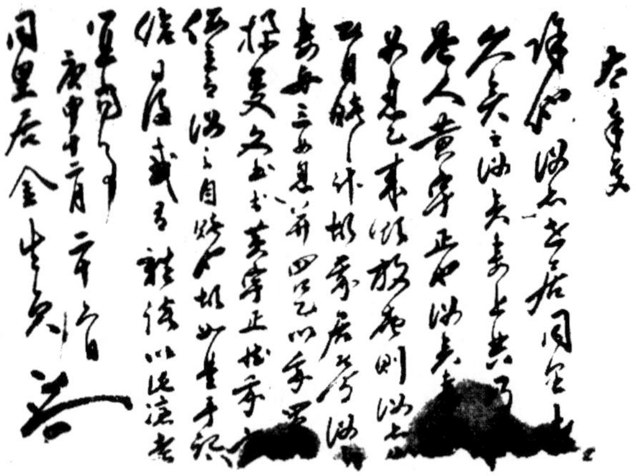

图43 英祖十六年（1740）金德溟写给太奉的牌旨①

这一牌旨写于英祖十六年（1740），文书的最下面略有缺损，但不妨碍理解文章的大意。结合与这一牌旨粘连的立案等文书可知，最后署名为“金生员”之人的本名是金德溟。而“太奉”因为没有姓氏，而又以奴婢为妻等信息表明，他很可能是在不久前刚刚赎身或是近于奴婢的良人。太奉的妻子和他的三位女儿都是奴婢身份，她们的主人是居住在井邑县的黄宇正。黄宇正不知出于何种目的，他找到了金德溟，想将太奉的妻子和三名女儿卖给他。而金德溟很早就得知太奉想将他的妻女赎身为良，所以他便假装以买入的方式从黄宇正那里买入了她们四人。但金德溟只是她们四人假托的主人，实则是太奉对妻女的自赎行为，对妻女四人的赎身是他和至交金德溟的一种共谋。因此，金生员便书写了上面的文书后交与太奉，而这种假托别人买入，而实际是奴婢自己赎身的案例在当时绝非个案，下面的案例进一步证明了专门代人赎身的从业人员的存在，其原文如下（见图44）：

康熙四十二年癸未三月十三日　金善白处明文

右明文事段，去辛巳年分，本县居婢免今二所生婢允月身一口，

① 韓國精神文化研究院編，1983，《古文書集成·第2卷：扶安金氏篇》，韓國精神文化研究院出版部，證憑類，立案部分，英祖十六年太奉牌旨。

自备价赎良时，矣亦许借名，假名买得的实，而斜文并以退给是乎矣，同斜文段并付是在①，崔善谓处退给为有在果②。日后良中③子孙中，为有杂谈是去等，此文记告官卞正事。

假名主　自笔　金鼎三（手决）

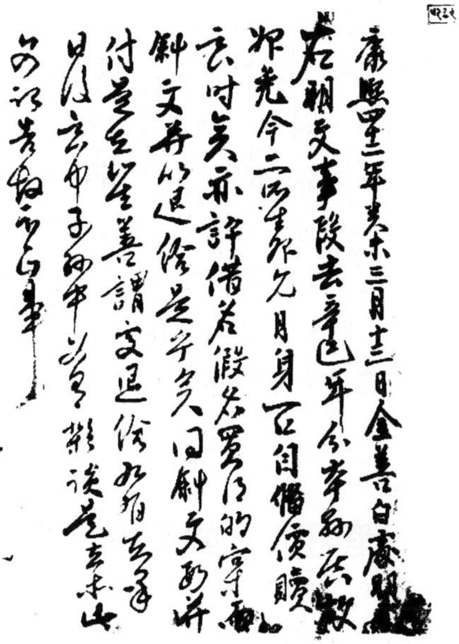

图44　肃宗二十九年（1703）金鼎三写给金善白的明文④

从这一文书的原文可知，女婢允月自己在两年前的辛巳年（1701年）纳钱赎身时，金鼎三允许她假借了自己的名字，因而就像是金鼎三将她买入一样，并得到了官府的立案（“斜文”）。而在放良的手续结束之后，允月应当得到买卖文书和官府的立案，但金鼎三只给了允月买卖文书，却未

① 是在：吏读，古代朝鲜语“이견”，相当于现代朝鲜语“인”。

② 为有在果：吏读，古代朝鲜语“하잇견과”，相当于现代朝鲜语“하였거니와”“한 것과”。

③ 良中：吏读，古代朝鲜语“아에”“아희”“아의”，相当于现代朝鲜语“에서”“에”“에게”。

④ 韓國精神文化研究院編，1986，《古文書集成·第3卷：海南尹氏篇》，韓國精神文化研究院出版部，奴婢文記55。

能给她立案文书。从上文可知，这是由于他把官府的立案给了在文书中也有其名的叫崔善谓的人。允月在赎身的两年后死亡，因此金鼎三为了防止日后引起争议，将假借他的名义帮助允月的事实通过文书的形式证明给金善白。不出意外的话，金善白应该是允月的丈夫或儿子等至亲。

从在同一文书还有利害关系人崔善谓的这一事实可知，这位叫作金鼎三的人在协助允月赎良的同时，还曾同时帮助过别人赎良。他帮助这些想从主人那里赎身的奴婢们写作买卖文书，并获得官府的立案作为生计。但问题在于这种同时帮助多人赎身的方式会使买卖文书和立案都各只有一张。因此可以推测，他在不得已的情况下，将买卖文书交给了允月，而将官府的立案交给了崔善谓。而买卖文书的法律效力不如官府的立案，他为了防止日后生变，才又写了上面的文书并将它交给了允月的亲人。从这一文书所隐藏的细节可知，朝鲜后期因存在大量想要赎身的奴婢，所以出现了像金鼎三这种专门帮助他人赎身并协助当事人履行相应法律程序的专门从业人员（讼师）。

第五节 奴婢的私刑

朝鲜时期除了官府公开实施的刑罚外，在社会上还广泛存在着各种私刑。广义的私刑在当时至少包括三种。第一种是亲属复仇；第二种是祖父母父母对子孙、夫对妻的惩戒，这类私刑受到国家的允许；第三种是主人对奴婢的私刑，这是最典型也最广泛的私刑类型，是本节将要讨论的内容。

在朝鲜时期曾存在大量的奴婢，奴婢在人口中所占比例学界至今没有统一的说法。其中较为合理的推测是，奴婢（贱人）阶层占当时朝鲜半岛总人口的1/4—1/3。贱人身份的获得依据其血统，只要父母一方为奴婢，那么他（她）一生下来就具有奴婢身份，一生都被要求无条件地顺从主人。而主人为了让奴婢更听命于自己，便会对自己的奴婢施加各类刑罚，甚至设置私狱以囚禁奴婢。这类私刑难见于官方记载，但士大夫所写的日记却使我们能够了解这种广泛存在过的私刑。

对奴婢的私刑可视作习惯法的一种，它表现为一种家长式的“刑事司法”。而这种家长式的“司法权”也似乎得到了《大明律》的认可。明律规定“若违犯教令而依法决罚，邂逅致死及过失杀者，各勿论”①。随着时间的推移和朝鲜阶级关系的松动，到 18 世纪后，这种类型的私刑被朝廷视作“私门用刑”而认定其非法。但 18 世纪以前，这种家长式的司法确曾在朝鲜半岛广泛存在。16 世纪朝鲜著名士大夫李文楗（1494—1567）在他的《默斋日记》中记录了从中宗三十年（1535）到他去世的宣祖即位年（1567）间的个人生活，其中有关体罚家中奴婢的记录就多达数百次，为我们提供了关于私刑不可多得的原始资料，我们就以《默斋日记》作为考察奴婢私刑的主要资料。那么他对奴婢施以私刑的动机和理由是什么呢？其动刑的理由在其日记中有明确记录，可分为如下几种情形。

第一类情形是因奴婢“不听令”“不临主令”或对主人出言不逊等而遭到惩罚：

> 廿八日甲申。阴雨雨，夜风甚。与辉共守庐。……以雨不得役奴，通津奴今守始到，以不听令罚之，沃三器水于其鼻。②
>
> 初五日庚子。阴，寒食。……婢香卜不溉栽花，又不听令，令挞十，闻其生日，悔不及记也。奴尹介杂沙于饭，并旧过，令挞十五。③
>
> 十九日丁卯。雨土，山浑，日不光。宿堂护孙，妻氏留在。昨昏因打温今，兼缚石乙今挞三十，以每辱上典不止罪也，因吉儿闷泣不止，故乃停之。④
>
> 廿五日丁酉。微阴，晴。宿堂护孙。朝下见之，更问槐山事于贵孙，又责石斤不顺主令之罪，使挞臂五十而止，贡木则二匹来纳云，加知贡一匹来云。⑤

第二类情形是因为奴婢“不速行”“期太慢”或者“缓传”而遭到

① 《大明律》，刑律，斗殴，奴婢殴家长。
② 《默斋日记》，1536 年 1 月 28 日。
③ 《默斋日记》，1555 年 3 月 5 日。
④ 《默斋日记》，1558 年 3 月 19 日。
⑤ 《默斋日记》，1559 年 1 月 25 日。

笞挞：

十五日乙巳。夜雨午不止，连昏大作。居纯家，服顺气元。……午，君孙持翰林简来示之，初三日所书也，以缓传罪挞三十焉，马价欲待用回俸木督送云云，八月十九日奉移神主云。①

初四日戊子。乍雨。居纯家，不服药。妻孥同住。……利川奴彦伊从来，有过甚事云故笞送。奴也札亦不速行，故挞送。②

十八日辛丑。晴。住同，守服，服药。奴也札暮来还，期太慢，暮夜笞其臀□□□。③

第三类情形是因为奴婢做事时不注意或行为有过失而遭到主人笞挞：

十九日己酉。晴。留堂，与天泽棋。……小斤孙、必伊等储火入外房云，畏焚，捉致挞胫各十五，昏也。④

初七日丁卯。朝晴，辰巳时阴云洒雪，午后还晴，人日如此不纯吉也。留堂，与天泽棋。加葺堂盖。下家盖草亦加葺之，草坠破器，婢戊巳受挞云。⑤

初七日甲寅。晴炎。宿堂护孙。下见朝食。……午伻必伊取吉儿单衣二领来，不谨持中路坠失其一，昏挞臀十五以戒其慢。⑥

第四类情形是因奴婢未纳身贡而遭到主人惩罚。不在主人身边服侍的外居奴婢为抵偿劳役需要定期向主人交纳身贡，如不纳贡便会受到主人惩罚：

初十日丁卯。晴暄。与辉共守庐。……奴今守出现，所送小瓻又

---

① 《默斋日记》，1546 年 9 月 15 日。

② 《默斋日记》，1546 年 10 月 4 日。

③ 《默斋日记》，1546 年 12 月 18 日。

④ 《默斋日记》，1555 年 12 月 19 日。

⑤ 《默斋日记》，1556 年 1 月 7 日。

⑥ 《默斋日记》，1558 年 5 月 7 日。

破持来，以去春逃走避役罪，笞臀五十焉。①

廿三日戊申。晴，社。留京家。……逃婢秃德夫尹莫失，率婢来置不纳贡膳，甚憎甚憎，不计丧中，令奴笞足掌惩之。②

十九日己酉。晴。留堂，与天泽棋。石斤来现，持身贡，只一匹云，叱责当笞之意。③

从其日记可以看出，奴婢受到主人的惩处多是因为不听从主人的命令或做事时未能达到主人的要求，未能让主人满意。从《默斋日记》可知，奴婢在主人李文楗家中不仅要服侍主人、保管物品，还要为主人提供优良的衣食住行，并看护幼儿等，所做之事极其琐碎。如果奴婢在做事时一不留神而有所过失，或违反了主人家的某种禁忌，或言辞不当或衣冠不整等，都会受到主人的斥责和惩罚，在日记中明确提到的“罪名”就有“每辱上典不止罪”“不顺主令之罪”“缓传罪”“不藏收罪”“弃置不护之罪”“不扶罪”“不谨捣练衣物罪”“滥传杂事之罪”“相诘罪”“妄打其妻之罪”，以及逃亡奴婢的“逃走避役罪”等，不一而足。在主人李文楗的笔下，对他本人惩罚奴婢的方式也多有提及。除了自己赤手空拳对奴婢加以殴打外，在日记的描写中还多用“笞”“杖”“竹杖”“笳杖”“楚”等词来说明对自家奴婢的责罚，可推测他在体罚奴婢时使用频度最高的手段应是笞杖。日记详述了打击奴婢时的身体部位，有“臀”“背”“胫”等，另外还有用鞋打腮、打顶（用拐杖敲击头部）等，打击的方式和部位多种多样。

当然，《默斋日记》的作者李文楗在家中所行使的这种“司法权”不仅针对主奴间的关系，还包括对奴婢间纠纷的裁判和涉外纠纷的解决。以奴婢间的争斗为例：

十七日庚戌。晴。留调，身气倦惫，背寒足寒不平，汗复滋

① 《默斋日记》，1535 年 11 月 10 日。
② 《默斋日记》，1536 年 2 月 23 日。
③ 《默斋日记》，1555 年 12 月 19 日。

湿。……奴夜叉打万守云，推问其由，则万守不曲，乃笞夜叉五十余。①

十四日丙子。旱。笞夜叉论妄打其妻之罪。②

十九日癸巳。雨。居同。不服药。今日亡女忌也，暂陈饭羹之祭，婢子行事。婢春非与班奴等骂辱不已云，令诘之挞五十以惩之。……婢三月不做暮点心，被殴。③

十三日甲辰。晴。留堂。朝食后，挞婢介今背臀，以惩不谨于事，且与必伊相诘罪。④

从文中可知，奴婢间的相互殴打辱骂，奴婢夫妻间的家庭暴力等都由作为家长的李文楗加以裁决和处罚。从日记中可知，在其记事中有大量有关家中奴婢的内容，可见奴婢在其家中不可或缺的作用，奴婢已深入他日常生活的方方面面。如果一位奴婢的主人拥有某种可在家中行使的“司法权”的话，那他也必然会遇到和邻近区域的其他奴婢所有者之间的涉外关系，以及与不是贱人的平民或士族间发生纠纷时如何处理的问题，如下文所示：

初四日癸丑。晴。……奎星来云，前呈奴事，贱籍不明奈何云云。相甫兄主来见去。奴夜叉与奎奴亿只相殴大斗，笞其背。⑤

廿八日丙辰。晴。留堂，护儿。子疾如前，不加。……加伊今夫终金伊骑驰儿马，又殴儿腮云，挞婢而使惩其夫。⑥

廿二日乙亥。晴。留堂，护儿。下见会食，与老成棋。……億必伊扶执谪儿孙应祥衣襟云，受笞其背，以惩之。贵丁为裴必所殴，甚困云，欲白官治之，虑恶甚而止。⑦

---

① 《默斋日记》，1545年2月17日。

② 《默斋日记》，1545年3月14日。

③ 《默斋日记》，1548年5月19日。

④ 《默斋日记》，1555年11月13日。

⑤ 《默斋日记》，1537年2月4日。

⑥ 《默斋日记》，1556年4月28日。

⑦ 《默斋日记》，1557年3月22日。

初一日癸丑。晴，芒种节入于未时。留堂，护孙。……里人守石打妻，极欢扰，白二道请囚禁。[1]

上文的几个案例中，主人李文楗对自己家中所行使的“司法权”的边界极为恪守。比如他的奴婢夜叉与奎星的奴婢亿只二人互相斗殴时，他只能笞挞自己的奴婢夜叉。又如他的婢女加伊今的丈夫终金伊在殴打他儿子的案例中，因婢夫终金伊虽然娶了自己的奴婢，但终金伊本人并非他的奴婢，所以主人李文楗无法处罚终金伊，只能惩罚自己奴婢加伊今，让她代夫受过。而童奴必伊与流放到此之人的儿子打斗时，他也只能笞挞自己的童奴。他的奴婢贵丁被同村的裴必殴打时，因裴必本人不是奴婢身份，所以他只能通过告官解决，而他又顾虑裴必是恶人，因而忍气吞声。同村之人守石殴打自己妻子时，因守石本人不是奴婢身份，他只能通过告官的手段以求囚禁守石。由这些案例可以看到，他在家中行使的“司法权”仅限于属于他本人的奴婢，一旦超出了这一范畴，他就只能诉诸公权力等方式加以解决。当然，这种家内的“司法权”不仅限于奴婢，也包括他的子孙，在他的日记中也不乏为教育子孙而对子孙加以责罚的案例。可见在家中大小事务上，士族出身的李文楗就是最高的裁判官。而像他这种对自家奴婢动用私刑的现象，在 18 世纪以前的朝鲜非常普遍。

第六节　1568—1576 年柳希春孽女赎良案（案例 11）

本节将专门讲述朝鲜中期的著名士大夫柳希春（1513—1577）用了整整八年（1568—1576）时间，使他和贱妾所生的四名孽女逐步脱离贱籍、变为良人的故事。[2] 朝鲜时期士大夫与贱妾所生的女儿被称作“孽女”。本节写作时主要依据的史料是柳希春本人所写的《眉岩日记》。[3]

---

① 《默斋日记》，1557 年 5 月 1 日。

② 全炅穆教授对这一案件有过深入的推理分析：전경목，2014，“숨은 그림 찾기: 유희춘의 얼녀방매명문”，《장서각》32，78—107 면，本节有所参考。

③ 朝鲜史编修会编，1938，《眉岩日记草》，下面的原文均出于此。

名臣柳希春有一名贱妾，名曰“仇叱德”[①]，柳希春常称她为“戊子”，可推测该妾生于戊子年（1528 年），比柳希春小 15 岁。虽然不知道二人在何时结缘，但在柳希春被流放至咸镜道钟城时（1547—1568 年），该妾一直陪伴他左右，二人感情甚笃。她一共给柳希春生了四个女儿，分别是海成、海福、海明、海归。从柳希春结束流放生活回到汉城任职的宣祖元年（1568）起，就开始为自己四名孽女的赎良之事奔走。在 1938 年刊行的《眉岩日记草》之中，记载了宣祖九年（1576）柳希春对三女海明和四女海归赎良时的一份奴婢买卖文书，其原文如下：

> 右明文为卧乎事段[②]，要用所致以京中居幼学李瀞处。婢仇叱德，三所生婢海明，年十九，戊午生。海归年十五，辛酉生乙，买得为有如乎节[③]。同知柳○○教是[④]，孽女以[⑤]不胜骨肉之情，赎身为良结[⑥]恳说乙仍于[⑦]，海明海归等二口并只[⑧]，价折楮货六千张。

这一文书的涂改痕迹较多，也没有写明买卖人和执笔者的具体姓名和成书时间，只提供了很有限的一些信息，因此只能通过《眉岩日记草》中的记载来复原故事的全貌。从文书中可知，与贱妾所生的三女海明生于戊午年（1558 年），赎良时年方十九；而四女海归生于辛酉年（1561 年），赎良时年方十五（实为十六岁），二女赎良共花费楮货六千张。而卖出之人是谁却不清楚，只知道柳希春是从居住在汉城的幼学李瀞那里买得，而柳希春因自己“不胜骨肉之情”，因而他请求将这两口奴婢卖给自己，因为她们是自己的骨肉。在当时若想为奴婢赎身，首先要从别人手中买入后才行。

本案涉及了奴婢身份的继承问题。因为朝鲜时期的奴婢遵循“从母

① 仇叱德：吏读，朝鲜语人名的汉字音，对应的朝鲜语本名是“굿덕”。

② 为卧乎事段：吏读，“所做的事”之意，表主语。

③ 为有如乎节：吏读，“做……时”“在……情况下”之意。

④ 教是：吏读，朝鲜语“이시”，敬语，表示对对方的尊敬。

⑤ 以：吏读，“作为”之意。

⑥ 为良结：吏读，“想要（做）……”之意。

⑦ 乙仍于：吏读，“因此”“基于此”之意。

⑧ 并只：吏读，“一同”“一起”之意。

法”，即母亲是奴婢自己就会是奴婢，并与母亲一同属于一个主人所有。所以为了弄清卖出者是何许人的话，首先需要弄清楚的就是柳希春的贱妾仇叱德的主人为何人。而仇叱德进贡给何人，则能间接表明她隶属于何人，这从日记中便可发现蛛丝马迹：

以戊子今年贡，送白米十斗真荏子一斗于李恩津惧宅。李公喜之，买酒以饮奴子云。①

上文表明贱妾仇叱德的主人是李惧，而当年（1568）的身贡是白米十斗、芝麻一斗。那我们就可以据此推断仇叱德所生的四个女儿都应该归李惧所有。但根据日记的记载来看，情况并非想得那样简单。长女海成是向洪磻进贡的，所以她应该为洪磻所有。洪磻是忠清道监司洪叙畴之子，从中宗三十八年（1543）起便跟柳希春熟识，这种交情对日后长女的赎良起了很大帮助。而通过日记得知，二女海福与母亲一同归李惧所有。李惧也与柳希春相识，但却非直接可以请求把女儿赎良的那种亲近关系。所以柳希春通过李惧的姻亲李元禄间接向他传达了想要将二女儿海福赎良的意思表示，并得到了李惧的同意：

至日昳，乃退归，历芑前洞李判校元禄暂话。闻李恩津惧，许海福之免贱云，余当以马买之。②

而我们再看三女海明和四女海归到底归属何人，从日记中可知她们的主人是李瀞。也就是说，柳希春的贱妾和她所出的四名女儿五人分别归三名主人所有，其中只有二女海福与母亲的主人相同。其原因很可能是按当时男子可从妻子家分得奴婢的惯例，原来同属一家的奴婢通过家庭内部的财产分配或继承，使得她们的主人各有不同。本案中洪磻与李惧二人是连襟，而李瀞又是李惧的女婿，可推测他们手中的奴婢都是从妻家得来。她们五人原本都属于洪磻与李惧的岳丈崔命凑所有。

---

① 《眉岩日记》，1568 年 2 月 11 日。
② 《眉岩日记》，1569 年 5 月 26 日。

因为三女海明快要嫁人了，所以柳希春加快了给女儿赎身的步伐。因为海明和海归的主人都是李瀞，所以我们或许认为柳希春会直接从李瀞手中将女儿买来。但通过买卖文书的内容可知，卖出之人先是从李瀞那里买得海明和海归后，又出手给柳希春的。那夹在中间的这个人到底是谁？通过日记我们可以得到答案，此人正是海明的丈夫张以昌：

> 修书及文契草，将送宝城，为海明海归文记官署事也。以李瀞卖于张以昌故也。①

也就是说，上面的那份奴婢买卖文书是张以昌将从李瀞那里买来的海明、海归二人倒手卖给了岳丈柳希春时所写。一般的奴婢买卖文书均有证人、证保和笔执的参与，但唯独这份文书没有写明。而通过文章“不胜骨肉之情”的凄婉语气可表明，文书的起草者正是柳希春本人，即属于“财主自笔”。但当时的买卖文契均是由卖方写成后，作为证据和所卖土地或奴婢一起交给买主的，所以文书最后的执笔人是卖方张以昌或第三人的可能性较大。从上文可知，柳希春从女婿张以昌处买得二女的事实需要经过官方的公证。他将写成的修书（请愿书）和文契（买卖明文）一起提交给全罗道宝城郡的衙门，因为此处是卖方张以昌的居所。文书写成两日后，为了拿到官府的立案（公证），他派自己的奴婢玉石赶赴全罗道宝城郡，并携带着给女婿和宝城郡守的书信。② 男奴玉石很快就从宝城郡拿到官方的立案，整个行程仅用了五天时间③，可推测立案是玉石到达宝城后当即拿到的。

日记和文书中的记载会使我们有些疑惑。比如为什么海明和海归的买卖文书不是卖方张以昌而是柳希春直接起草的呢？为什么李瀞不将两名孽女直接卖给柳希春，而要卖给他的女婿张以昌呢？张以昌真会把已是自己侧室（妾）的海明卖给丈人柳希春吗？这就需要我们透过字里行间来发

---

① 《眉岩日记》，1576 年 3 月 11 日。

② 《眉岩日记》，1576 年 3 月 13 日，“以海明海归官署事，奴玉石，持书简，诣宝城张以昌及郡守处”。

③ 《眉岩日记》，1576 年 3 月 17 日，“日将暮，奴玉石还自宝城，海明海归斜出来”。

现背后所隐藏的秘密了。让我们先来看二女儿海福的赎良过程：

> 李廷瑞（元禄）兄子净来访，乃前恩津李惧之婿也。来言海福许我之意，余以为吾当以马买之，不可空受，以扇一柄赠李生。①
>
> 内禁卫李受益来访，具言乃翁前恩津惧，言海福赎身，不欲受马，而以其婿李净求仕时助言为约。余辞以不敢，盖于事体，有妨故也。②

从上文可知，海福的主人李惧派自己的儿子李受益来拜访柳希春，说他自己不需要接受马匹作为赎价，只是希望柳希春能在重要的人物面前能为自己的女婿李净美言几句，以帮助其出仕。柳希春认为这不合规矩而拒绝了。1568—1576 年间的柳希春曾任副提学、大司宪等朝廷要职，在朝鲜的中央是很有影响力的朝臣，他的意见在荐举人才时很有分量。因而可以推测，柳希春几次将马给李惧送去，但李惧均予以婉拒，最后让自己的儿子来访以表明自己真实目的的可能性较大。据此可知在长女赎良时，其主人洪磻拒绝接受马匹的原因也可能出于这一考虑，特别是像洪磻这样当时还未能得到一官半职的儒生就更是如此了。

因为柳希春拒绝了李惧请求他帮助女婿出仕的要求，所以二女海福迟迟未能赎良，此事因而僵持不下。直到海福要许配给金宗丽做侧室而牵涉婚嫁之事时，柳希春才觉得应该迅速解决二女儿的赎良之事了。在拒绝帮助李惧女婿出仕的一年后，李惧突然来访，并言明许诺海福可以赎身：

> 前恩津李公惧来临，乃许海福之赎身也。恩出非常，感何可言。即以白米二斗、秀鱼一尾，馈下人，又以状纸一卷及熟鳆五串，令奴持陪以进。③

上文中没有提到海福赎良时付出的代价，与之前“吾当以马买之，

---

① 《眉岩日记》，1569 年 6 月 1 日。

② 《眉岩日记》，1569 年 8 月 11 日。

③ 《眉岩日记》，1570 年 9 月 1 日。

不可空受”的立场形成了强烈的反差。我们据此推测，柳希春为了给二女海福赎良，最后不得不按李惧的意思行事，因而帮助其女婿出仕的可能较大。而事成之后，李惧自然登门拜访，主动将买卖文契交给了柳希春。这种判断在柳希春对三女和四女的赎良过程中表现得更加明显：

> 余与姜判书（士尚）连坐，语及李瀞事。①
>
> 余荐李瀞、权咏、季璥于朴一初（谨元）蒙诺。②
>
> 与吏判金公（贵荣）连坐而语，谈及瀞事，显卿（金贵荣）深许之。③

从上文的记载可知，柳希春与重要人物特别是有人事任免权的兵曹和吏曹官员见面时，不时对三女海明和四女海归的主人李瀞大加荐举，使得负责铨选的衙门在宣祖七年（1574）五月向国王递交了对李瀞（李元禄侄子）的任用建议，李瀞最终被任命为健元陵参奉，最终达到了他出仕的目的。

因为是帮助其出仕而非支付等价物的赎良，所以容易引起他人怀疑，柳希春对此非常谨慎。因此，他不能从李瀞处直接买得二女，而要通过张以昌进行间接交易。为了安全起见，他不惜手续繁杂而让自己的奴婢到全罗道宝城郡获得官府立案，这样就可以将这种不便言说的交易洗白，可谓费尽心机。而海福主人李惧和他的女婿李净、海明及海归的主人李瀞，甚至海成的主人洪磻皆因手中握有副提学兼大司宪柳希春的孽女这一巨大筹码，多次拒绝接受宝马等等价物，以为自己和家人的出仕谋得先机，将孽女赎身这张牌用到了极致，可谓机关算尽。

而本案中柳希春的孽女都许配给了士大夫为妾，笔者原本不能理解他为何要这样做，而在读过朝鲜文人任埅（1640—1724）所写的野谈集《天倪录》的一则逸事后，方才对柳希春的良苦用心深表敬意。故事中有这样的记载：

---

① 《眉岩日记》，1573 年 8 月 20 日。

② 《眉岩日记》，1574 年 8 月 12 日。

③ 《眉岩日记》，1574 年 12 月 18 日。

主翁乃言曰："老人家虽足，而五福难全，妻妾俱无子女，晚得贱妾始生一女，今及破瓜之岁，老人甚钟爱，而其母即京城士人某之婢也。吾请以千金，赎其母女，而其主执拗不许。今闻，欲以吾女为其侍婢，使令于前，其差将至。吾切愤惋，而诚无辞可拒也。无保此女，只有一道，若有士夫卜为侧室，则其主虽怪妄，亦安敢下手兹者？事机已急，而吾女虽贱产，才容果不凡庸，吾诚不忍以窈窕之质，委与乡曲之阘茸。今见君，京城华族少年才子，若以贱女奉事君子，吾死无所恨，未知君可肯诺否？"①

上文中的故事点明了将孽女许配与士族为妾的两种缘由。首先，贱女在奉事君子后，可以保此女不受其主人的役使，因为士族之妾本身就是一种身份的象征。其次，贱女的父亲一般不忍将自己的女儿"委与乡曲之阘茸"。从中可知，士族家贱妾所生的孽女一般有两种出路，第一种是嫁给士族成为妾室，第二种是嫁给一般平民成为正妻，而孽女的父亲一般不忍将女儿嫁给平民，而是宁肯让自己的女儿以侧室的身份侍奉有学养和社会地位的士族。本案的主人公柳希春为女儿所做的选择或许也是出于和上文故事里主人公的心境相同的原因吧。柳希春为了让女儿日后有一定身份且过上有品质的生活，因而做出了这样的安排。柳希春历经八年时间，终于将他的四名孽女全部赎为良人后，他最终感叹道：

孽女四人，俱得洗身为良，何幸如之，但李瀞，赖我之力，得以其叔父元禄冤谪之故为健元陵参奉……②

柳希春身为一位父亲，终于在自己临终的前一年将四名孽女全部赎身为良人，并都让她们与士大夫缔结了姻缘，从中让我们看到了一位父亲的伟岸和他的良苦用心。

① 임방 저, 정환국 옮김, 2005, "沈進士行怪辭花", 《천예록》, 성균관대학교출판부, 439—442 면.

② 《眉岩日记》, 1575 年 11 月 28 日。

第七节 1586年李止道诉多勿沙里案（案例12）

现存的朝鲜前期诉讼案例数量很少，壬辰倭乱之前的诉讼文书仅现存10件左右。本案选自韩国学中央研究院出版的《古文书集成》第6卷“立案15”①，是金诚一于宣祖十六年至十九年（1583—1586）在罗州牧使任上判决的一件奴婢诉讼案。② 通过解读此案，可窥见16世纪朝鲜民众的法律意识和当时奴婢诉讼的概况。

朝鲜前期的民事诉讼大多围绕奴婢的所有权展开。奴婢作为可以继承和买卖的财产，其本身有“物”的属性，但奴婢本身又具有行为能力和诉讼权，所以同时具备“人”的属性。对奴婢所有权的争议与对土地所有权的争议一样，都与财产权相关，但诉讼中普遍存在奴婢主张自己是良人或良人主张自己是奴婢的情况，可见财产权又与当事人阶级属性或身份的争议捆绑在了一起。

朝鲜时期多数的奴婢诉讼案件中，奴婢都主张自己是良人，而对方则主张其是奴婢身份，而本案的特殊之处在于李止道与多勿沙里③间的主张却与一般的奴婢诉讼相反。原告李止道主张多勿沙里是良人，而多勿沙里却认为自己是奴婢身份，这究竟是怎么回事呢？让我们来看这一诉讼的始末。

宣祖十九年（1586）三月十三日，原被告双方开始展开诉讼，李止道作为李惟谦之妻徐氏的“代子”（义子）出庭应诉。原告李止道的供述

---

① 韓國精神文化研究院編，1989，《古文書集成·第6卷：義城金氏篇》，韓國精神文化研究院，23—29 면.

② 与本案有关的代表性研究有：임상혁，2007，“1586 년 이지도·다물사리의 소송으로 본 노비법제와 사회상”，《법사학연구》36，5—38 면；임상혁，2010，《나는 노비로소이다：소송으로 보는 조선의법과 사회》，너머북스，本节有所参考。

③ 多勿沙里为古代朝鲜语“다물사리”的汉字音译，类似于当代朝鲜语的“담살이”，意为在别人家做事谋生的人，可拆解为“담+울+살이”，“담”意为院墙，“울”意为篱笆，“살이”意为谋生手段或生活状态，下人的居处多在院墙下，所以多会给自己的下人起这样的名字，类似汉语中的“寄居”“寄人篱下”等，从中可推测被告多勿沙里曾经过着帮佣的生活，但不能以此证明她是奴婢身份，可能仅仅存在过某种雇佣关系。

主张：（1）自己家的家奴允必与李纯之女、良人多勿沙里结婚后生下了女儿仁伊，仁伊与仇之结婚后生有多名子女；（2）被告一方应按时纳贡和服役，但从1584年起被告拒绝服役；（3）仇之与他的岳母多勿沙里密谋，将多勿沙里的身份改成了家住灵岩郡的成均馆女婢吉德所生；（4）如详考户籍，便可查知真相。

被告多勿沙里亲自出庭应诉，她供述道：（1）自己幼年时父亲从山便已去世，不知其本名，母亲吉德在自己五岁时也去世了，她13岁时便和罗州男奴允必结婚，现在已记不清允必的死亡时间，女儿仁伊与仇之结婚后便跟随女婿一起生活；（2）1584年在灵岩郡提起过一起贱案（奴婢案），从那时起她才知道自己是成均馆婢，并上交了外孙们的身贡；（3）亡夫允必的主人看到仁伊生有多名子女，他们为了取得自己外孙的所有权，便故意把自己的户籍身份改成了良人。

宣祖十九年（1586）3月14日，罗州官衙对“帐籍”（户籍档案）进行调查，详查了壬午年（1522年）、丁酉年（1537年）和庚子年（1540年）的帐籍；3月15日，被告主张可按帐籍的记载处理；3月20日，证人曹崇陈出庭做证，他供述说并不知道多勿沙里是否为良人；3月22日，灵光兼任康津县监送来“牒呈”，主张根据诉状本来要将多勿沙里的女婿仇之捉拿归案，但仇之已经逃走，收贡案和贱案中均无法确认多勿沙里就是成均馆官婢吉德之女；4月2日，多勿沙里的供述主张在奴婢案中曾多次出现吉德的名字，可以证明自己就是官婢身份；4月3日，原告李止道提交诉状，主张多勿沙里的陈述中对她父亲的名字、自己的年龄和事情发生的具体年度经常改口，认为她的陈述不足为凭；4月17日，多勿沙里在供述中说自己幼年双亲就已去世，不知道家中的亲戚现在何处；4月19日，多勿沙里在供述中言明她对李惟谦之妻徐氏和李止道两人所策划的奸计感到愤恨；同年四月某日，始讼官根据徐氏提交的诉状和多勿沙里的供述“立旨”加以确认。

宣祖十九年（1586）四月某日，罗州牧使对此案进行了判决，判决如下：（1）根据帐籍，可证实多勿沙里本为良人；（2）灵岩郡的奴婢案中虽然出现了成均馆官婢吉德的名字，但多勿沙里并未出现在这一贱案中；（3）灵岩郡送来的资料中没有能确证多勿沙里为成均馆官婢的内容；（4）贡案中并未出现吉德的子女；（5）现年八十二岁的多勿沙里主张自己在五岁时母亲就已去世，这与吉德在1536年去世的记载不符；（6）仁伊及所生子女应归李惟谦之妻徐氏所有；（7）对多勿沙里犯有背叛主人之罪，但考虑到她已年过七十，因此对她不用刑。（见图45）

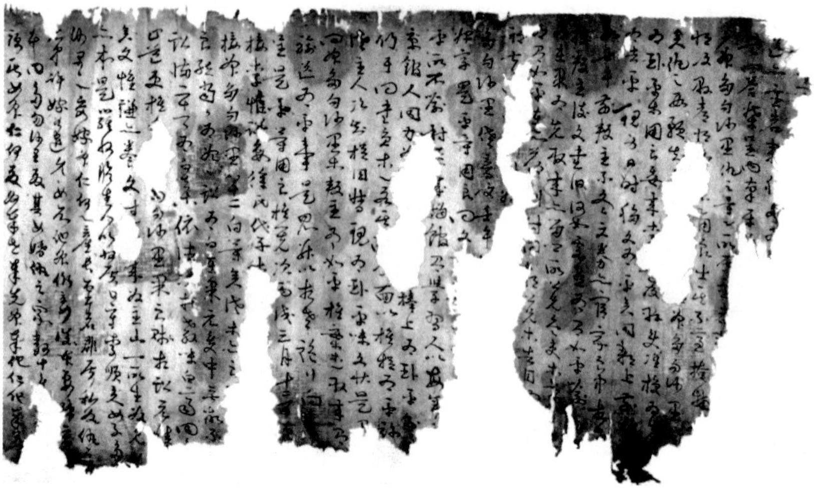

图45 宣祖十九年（1586）李止道诉多勿沙里案文书的开头部分①

虽然文书原件的前半部分有明显缺损，但根据后面的文段可知，在本案发生两年之前的宣祖十七年（1584）七月，徐氏便在全罗道的灵岩郡提起过诉讼，本次审理的是被移送的案件。因为原告认为，被告与灵岩郡主管奴婢事务的色吏②相互串通，因此在灵岩郡当地得不到公正的判决。徐氏因而向观察使提出申请，案件得以被移送罗州审理。而远赴罗州应诉的李止道是其义母徐氏的诉讼代理人。他认为，义父李惟谦的奴婢、主山之子允必与李纯的女儿多勿沙里结婚后，生下了女儿仁伊，仁伊与灵岩郡的私奴仇之结婚后，生下了奉化、奉世、仁化、奉先、奉益、奉伊等六名子女，原来一直为李家纳贡，但从宣祖十七年（1584）开始便拒绝纳贡。仇之与其岳母多勿沙里密谋，买通了郡中主管奴婢事务的胥吏，在灵岩郡户籍上将岳母多勿沙里的身份偷天换日，秘密修改成了成均馆官婢之女，

① 原件的前半部分缺损严重。

② 色吏：吏读，古代朝鲜语“빗리”，意为胥吏。

因而从私婢身份转成了官婢身份。

这里便存在一个问题，即朝鲜时期除了迫不得已外，妇女很少有直接提起诉讼的情形。而文书中的李止道提及自己的父亲李惟谦时称为“父”而非“故父”，而所涉的其他已故之人如“故馆婢吉德”“故户奴允必”均要在人物之前添加“故”字表示当事人已经死亡，所以可以推测原告李止道的父亲李惟谦在诉讼当时并未死亡。那么既然李惟谦本人并未死亡，为什么非要让其妻子徐氏直接提起诉讼，而又让其义子李止道代为应诉呢？他到底有何难言之隐而不便于出面呢？

原文“矣父亦退计数□……年前无妄之事以被祸奔窜为旀”一句虽有缺损，但仍可以推测原告李止道的父亲是因某种祸事而逃匿在外，所以他诉讼当时虽然健在，但却无法亲自出面提起诉讼。文书中并未言及他是因何种祸事而不得不藏身在外的。令人意想不到的是，通过《朝鲜王朝实录》却能得知李止道的父亲为何藏身在外的端倪：

> 朝讲。执义辛应时启曰：“罗州杀人罪囚李惟谦，一道之人，皆以为暧昧，万口到处皆然，臣虽未见推案，而物情如此，若无罪而死，则有妨好生之政。古有为囚求生之说，今若更推，则必有生道矣。”上曰：“然则然矣。暧昧之事无耶？更察为之可也。”①

上文记载了在诉讼开庭审理前的十三年，即在宣祖六年（1573）时，原告李止道之父李惟谦因有杀人嫌疑而曾被国王与大臣讨论如何处理他。而有犯罪嫌疑的他却被当地的民众认为是无辜和有待商榷的，因此国王让臣下再度仔细调查。可见本案原告的义父因牵涉一起十多年前的杀人案，并具有重大作案嫌疑，因此他为了保全性命而不得不流亡在外，到本案审理时他仍未能洗脱杀人嫌疑，因此他本人无法起诉和出庭。

而作为本案核心人物的被告多勿沙里的女婿仇之是一名私奴，但他却是名富人，之前与徐氏已有过一起财产上的纠纷。而本案的争议焦点在于被告多勿沙里的亲生父母是何人，这关系到仇之和仁伊的多名子女到底是公奴婢还是私奴婢的问题。因为如果多勿沙里原本为良人的话，那么只要

---

① 《朝鲜王朝实录》，宣祖实录卷7，6年8月29日。

她的丈夫允必是奴婢身份，则他们所生的子女也一定是奴婢，并且属于丈夫的主人所有。这就是朝鲜当时的“一贱则贱”，只要父母一方是贱人，那么其所生的所有子女都是贱人。但如果多勿沙里是奴婢，那情况就完全不同了。根据当时的法律，父母都是奴婢的话，其所生的子女从母，也就是其所生子女归母亲的主人所有。也就是说，如果多勿沙里是公奴婢的话，其子女和外孙子女便可以从母而成为公奴婢，而公奴婢比私奴婢所受的束缚较少而负担较轻，所以多勿沙里坚持主张自己是成均馆的官婢。由此可知，这种从母的规范是建立在父母双方都是奴婢的前提下的，而如果父亲是贱人而母亲是良人，则子女无法跟随母亲成为良人。在朝鲜后期制度发生变化后，奴娶良女所生子女也可随母亲成为良人了。[①] 但本案发生时的 16 世纪末，多勿沙里的子孙却无法享受这种制度上的红利。

本案中，比起法律的适用来，更重要的是对事实的调查和确认，只要证明多勿沙里的身份是否为良人，那一切问题即可迎刃而解。而确认多勿沙里身份的基本资料就是户籍了，户籍是朝鲜维持身份秩序、确定兵役和赋税征收对象的基本资料，官府因而定期进行户口调查，以确保获得准确的户口信息，通过户籍也可以确认和管理民众的身份归属。如果拿不出充分证据证明自己的身份和户籍所载不符，那就只能依靠户籍上的信息进行裁判，多勿沙里也因此败诉。罗州官员在调查了壬午年（1522）、丁酉年（1537）和庚子年（1540）的账籍（户籍）后，得到了以下信息：

> 件记内去壬午六十五年帐内住北庄里同守□……
> 年六十一壬午本晋州父达吾未祖石只曾祖□……
> 分今外祖陈贵生妻郑召史[②]年四十六丁酉本罗州□……
> 父户长郑良祖户长士从曾祖江伊 母罗召史□……
> 李三中并产一女多勿沙里年十六丁卯二甥雇工□……
> 七丙子 去庚子帐四十七年住南化里户私奴允必□……
> 四十四丁巳父同奴主山母良女宝辈妻良女□……

---

① 《续大典》，刑典，公贱。

② 召史为朝鲜语吏读，本为朝鲜语“조이”，是对朝鲜已婚妇女的称呼，主要对良人和庶民妇女使用，后来直接借用汉字音，对已婚妇女称召史。

史年三十四丁卯父学生李顺年五十二乙酉父□……
良 祖户长士从曾祖户长江母罗召史外祖学□……
三中 并产一女多勿沙里年十丁卯去丁酉帐五十□……
住南化里户私奴允必年四十一丁巳父同户奴□……
良女宝杯妻良女郑召史年卅一丁卯父学生□……①

文书中，这段文字的下端有不同程度的缺损。根据上下文推断，壬午年（1522）的账籍中记载多勿沙里的父亲李顺时年六十一岁，籍贯晋州，其父名叫“达五未”，祖父名叫“石只”，母亲名叫“分今”，外祖父名叫“陈贵生”；李顺的妻子郑召史时年四十六岁，籍贯罗州，其父是户长，名叫“郑良”，其祖父也是户长，名叫“士从”，曾祖父名叫“江伊”，其母是罗召史。李顺与妻子郑召史生有一女，名叫“多勿沙里”，时年十六岁。

而庚子年（1540）的账籍中记载，私奴允必时年四十四岁，其父是一名私奴，叫作“主山”，其母是一名良人，名叫“宝辈”；允必的妻子李召史时年三十四岁，其父是儒生李顺，时年五十二岁，其母是罗召史，其外祖父是儒生李三中。允必与妻子李召史生有一女，名叫多勿沙里，时年十岁。

而丁酉年（1537）的账籍中记载，住在南化里的私奴允必时年四十一岁，父亲是同户之奴，母亲是良人，名叫“宝杯”；妻子是良人郑召史，时年三十一岁，其父是一名儒生。

通过对照三个年度的户籍账簿可以发现，许多内容本身就相互矛盾。其中庚子年（1540）和丁酉年（1537）的记载比较接近，而壬午年（1522）与后来的两处记载有较大出入。比如在壬午年（1522）时，记载李顺已有六十一岁，而到了庚子年（1540）时，李顺却变成了五十二岁，前后共相差二十七岁，已是一辈人的年龄差距。而有关多勿沙里的记载也前后矛盾，壬午年（1522）时记载多勿沙里是李顺和郑召史所生，而到了庚子年（1540）的记载中，多勿沙里则变成了私奴允必和李召史所生，前后年龄也相差二十四岁，同样是一辈人的年龄差距。多勿沙里在庚子年

① 原文第77—88行，□……为残缺部分，原文前半部分的每行下方都有一定的残缺。

（1540）的记载中被叙述成私奴允必的女儿，但根据两造陈述，多勿沙里是私奴允必的妻子无疑。壬午年（1522）户籍中的多勿沙里时年十六，而庚子年（1540）户籍中的李召史时年三十四，两种记载的年龄完全吻合。笔者认为于此可以完全断定多勿沙里就是后来账籍中出现的李召史（李顺之女）无疑。

因为户籍的记载前后矛盾，所以在完成户籍调查的次日，讼官又找到多勿沙里进行确认，多勿沙里否认了户籍所载的内容。五天后，官员又找来居住在罗州南化里的儒生曹崇陈（时年七十七岁）出庭做证，曹崇陈叙述他只听闻良人多勿沙里与允必结婚后，其子孙在李惟谦的家中服役，与多勿沙里素未谋面，也不知道她是否投托。康津县监此时送来牒呈，经过调查，收贡案和贱案均无法确认多勿沙里就是成均馆婢吉德之女，多勿沙里因无法提供充分的证据而败诉。

本案中，多勿沙里主张李止道因为想取得女儿仁伊和众多外孙的所有权，以便让他们成为他的私奴，所以才暗地里把自己的户籍身份变为良人的，这在当时称为“暗录”。朝鲜时期许多人为了获得更多奴婢以为自家效力，而偷偷将别人的户籍身份改为奴婢，而奴婢为了摆脱被主人役使的疾苦，也有很多人主张自己的身份原本是良人，是不幸被“暗录”而成奴婢的。本案中原告在一开始便主张被告的幕后指使者是她的女婿仇之，其原文如下：

> 大概仇之亦本是强暴人以富饶居生为旀□……
> 结官吏所欲必成纵恣无忌乙仍于仇之叚置□……
> 道沃川居人奴子以成均馆投托辈其本□……①

从中我们可以看出，仇之虽然身为奴婢，但“以富饶居生”。因为他有钱，所以便投托到成均馆成了公奴婢，让我们看到了奴婢本人为了更好生活而发挥的能动性。仇之等奴婢依靠经济实力的运作，使自己和自己家人的身份脱胎换骨，而像原告李止道这样的士族自然将其视为对既有身份秩序的动摇。这种奴婢想改变自身处境的努力，成为朝鲜后期奴婢法制变

① 原文第41—43行，其中许多字为吏读。

革的根本动力。而多勿沙里作为良人，为何要投托成为成均馆的官婢呢？作为一名八十二岁的母亲和有六名外孙的祖母，比起自己身份的贵贱来，更看重子孙们的利益，她支持和默许了女婿仇之背后对她身份变动的运作，为的是让子孙从私奴婢变成官奴婢。这样一来，子孙不仅能避免私人的役使，并且作为本主的成均馆远在汉城，而自己家却生活在全罗道，距离的遥远使得主奴的观念淡薄很多。我们由此看到了朝鲜时期普通民众为了切身利益，而对法律和制度规范的充分利用。

通过本案可知，多勿沙里的女婿仇之与多勿沙里的女儿共生育了六名子女，这是否从侧面证明了女婿仇之的经济实力？这六名小孩是由谁带大的，仇之是否雇用了保姆？文书中曾提到多勿沙里在女婿家居住了数十年，可见仇之以一人之力至少供养了岳母、妻子和六名子女共八人。在这样的经济条件下，女婿仇之当然不情愿让自己的子女为私人服役了。本案中也能看到当时朝鲜社会在经济实力和阶级身份间形成的张力，这种张力形成了个人谋求更好生活的动力导致制度发生渐变的生动画卷。

第六篇

诉　　讼

第十二章

词　　讼

第一节　诉讼与审判制度

本节讲述朝鲜时期的民事诉讼审判制度。朝鲜时期的原告称作“元告”，被告称为“只”，也称“元只”或“被论”，原告和被告合称为“元只”。朝鲜社会虽有阶级身份的区别，但士族、中胥、良人和贱人（奴婢）都具有诉讼权，良人也有权把士族告上法庭。王族、士族和奴婢主常让自己的子、婿、弟、侄和奴婢代为出庭，称为“代讼”。当时法律规定士族妇女应让自己的亲属和奴婢代理诉讼。多人可一同提起诉讼，称为“同讼”，其诉状称为“等状”。若其中有人中途退出，他将无法取得胜诉后取得的权益。法律禁止罗马四等亲（四寸）以内的兄弟、叔侄等近亲属间的诉讼，近亲属间的诉讼大多与土地、奴婢等财产归属或继承权的争议有关，官员劝其和解的情况较多。

朝鲜时期提起诉讼的方式分为口头和书面两种。书面形式的诉状称为“所志”[①]，其中平民和奴婢等非士族阶层的诉状称作“白活”[②]，士族提交的诉状称为“单子”。所志有大致的格式，但并不统一。所志一般在开头处写明诉讼人的姓名和住址，以及“手决”或“手寸”，[③] 文中详细陈述了诉讼的原因和持有的证据，末尾写明诉讼的具体日期，到甲午改革后

---

① 所志：吏读，朝鲜语“소지”，“诉状”之意。

② 白活：吏读，朝鲜语“발괄”，指平民的诉状。

③ 手决、手寸：类似于签押，两班等士大夫则使用手决，即将自己名字中的某个字做艺术化的变形处理后写上去，平民和贱民等普通民众则因不识汉字而画自己的手掌或五指，分别称之为手掌和手寸。

开始使用统一的诉讼文书格式。

诉讼时效在朝鲜称为“呈诉期限”，一般限定在五年以内。但以下情形不受诉讼时效的限制。一是土地和房屋被盗卖的情形；二是有关土地和房屋的诉讼中还未做出明确判决的情形；三是财产继承时所有子女应均分但被一人独占之情形；四是佃农不将土地归还地主而据为己有之情形；五是租户不将房屋归还房东而据为己有的情形。但在中宗十三年（1516）时又规定，除上述规定的第一种和第二种情形外，其他情形的诉讼时效为30年。如果当事人超过诉讼时效而提起诉讼，会被以“非理好讼”罪处以全家徙边的刑罚，判官则会以“知非误决”罪而被罢免且永不录用，但实践过程中很少有人受到上述处罚。

朝鲜时期的民事诉讼奉行当事人主义，原告有传唤被告的义务。原告和被告若分别居住在不同的管辖区域，则按照《大明律》的规定①，原告应到被告所在地的衙门提起诉讼。原告在被告的居住地提交诉状（所志）后，官员在所志的左下方书写称为“题辞”（也称“题音”②）的处理意见，然后由原告带着写有官府题辞的所志找到被告并要求他应诉。被告应诉后提交称作“始讼侤音”③的文书后，诉讼才正式开始。被告如果几次拒绝出庭应诉，诉讼将被无限期延迟，那作为原告只有再提交诉状，要求官府强制传唤被告出庭，官府此时会派差使将被告捉来应诉。

朝鲜为了防止民事诉讼无故中断或拖延，所以奉行“亲着决折法”，即原被告双方在诉讼开始的50天内，有30天以上无明确理由而拒不到庭的，就会判决对方胜诉。每次出庭时原被告双方都要署名和手决（手寸），这称作“亲着”。如被告在50天之内，未出庭的天数已满30天，而原告共有20天未出庭，那么官府会当即宣判原告胜诉。

鉴于朝鲜是农业社会，所以朝鲜王朝从立国之初就规定从春分之日到秋分之日为“农繁期”，这半年时间要停止诉讼，称为“务停”；从秋分之日到第二年的春分之日为“农闲期”，这半年时间可以自由诉讼，称为“务开”。但对于盗卖或横占他人土地等情形，以及刑事案件中的十恶、

---

① 《大明律》，刑律，诉讼，告状不受理。

② 题音：吏读，朝鲜语“제김”，指官员在诉状上所写的处理意见或简易判决。

③ 侤音：吏读，朝鲜语“다짐”，指保证书或呈堂证供。

奸盗、杀人等，则不受务停、务开期间的限制。[1] 这一停讼时间的规定一直延续到朝鲜末期。

原被告双方在提交证据和充分辩论后，双方会联名请求官员的判决，并提交称作“决讼侤音”的文书后，官员方才判决。国都汉城的民事判决由刑曹和汉城府合议后做出，地方上则由守令等地方官单独判决。判决依照朝鲜本国法典的规定，由胜诉的当事人交纳一种叫作“作纸”的手续费后，由官员拟定判决书并交给胜诉的一方。判决又可称作“立案”，也称“决讼立案”“决折立案”，须有裁判官的署押。立案不仅需要载明此案的判决结果，而且要按照时间顺序重新把两造的第一份到最后一份诉状及书证，以及官员在所有诉状上的“题辞”（处理意见）的全文一一载明后，在末尾处题写该案的判决结果，以保证判决的公正客观。如果一件民事诉讼案件历时很久，那书写判决书的工作量就会很大。

立案只有在胜诉一方主动要求时才会出具，官府根据诉讼标的的类型而让胜诉方交纳相应数额的“作纸”（手续费），作纸一般是一定数额的白纸或布木等实物。若诉讼标的是一间瓦房，那胜诉方就需要交纳白纸两卷；如诉讼标的是一间草屋，那胜诉方就要缴纳白纸一卷；如果标的物是奴婢一人，则胜诉一方须缴纳白纸三卷。作纸的额度以白纸 20 卷作为上限。胜诉方一般是在涉及土地、房屋或奴婢等重大财产时，才会要求官府出具立案，而其余杂讼则一般以简要的“立旨”代替。立旨不像立案那样需要单独出具，而是只需在原告诉状的结尾处写明该案的判决结果即可，立旨同样具有法律效力和强制力。官员的判决生效后，败诉的一方要书写“侤音”（保证书），侤音的内容大概是保证绝不再侵犯胜诉方的权益，否则甘愿受罚等内容。

朝鲜时期官府为了迅速有效地解决民事纠纷，规定了“三度得伸”法。即如果一方在三次诉讼中胜诉了两次，那么败诉的一方即使觉得不公，也不得再次提起诉讼。在高丽末年就有“五决从三”或“三决从二”的惯例，即如果一方在多次诉讼中的胜诉次数超过半数，那就以此为基准来判定最终胜诉的一方。在颁布《经国大典》前的朝鲜初期，一度施行“二度得伸”法，即以两次诉讼连续胜诉为判定的标准。为了防止误决导

---

① 《经国大典》，刑典，停讼。

致的冤抑，《经国大典》开始改为三度得伸。[1] 但三度得伸是指必须胜诉三次还是三局两胜（“三决从二”），法律的规定非常模糊，使在法律适用上出现了混乱。所以在孝宗二年（1651）时，将三度得伸解释为“三决从二”。肃宗三十七年（1711）又规定较简单的“短讼”须胜诉三次方才有效。

朝鲜时期的审级制度始终不很明确。一般情况下可分“地方守令—观察使—中央”三个审级，但实践中不断有越诉的情况发生，有关上级衙门也基本都会受理。地方守令为一审法官，如果当事人不服其判决，可以“议送”（上诉）到每个道的监司（观察使）或来此巡视的暗行御史那里。观察使多数情况下不会亲自对上诉的案件予以判决，而是对事实和证据加以调查后，将调查后的意见传达给守令，并将案件发回原审的守令或其他守令那里，要求其重审。守令在一般情况下大体按照上级的意见进行判决。如果当事人对议送后所做出的判决仍旧不服，可上书刑曹或运用直诉制度直接向国王上言。因为朝鲜审级制度的不规范，所以当事人会在地方的守令或汉城中央衙门的堂上官换人后，再次向新任的官员提起诉讼，并存在许多一个审级或一个官员审判多次的情况。朝鲜后期除刑曹之外，汉城府也在一定程度上承担了朝鲜全境民事诉讼二审机关的职能。而司宪府作为监察机构，承担对审判不公的官员的纠察职能，原本不负责判决具体的案件。但到了朝鲜后期，司宪府有时也根据国王的指示进行审判，因此许多有冤抑的诉讼当事人经常到司宪府申冤。朝鲜于太宗元年（1401）设置了“申闻鼓”，规定只有在向观察使和司宪府呈诉后仍认为本人的冤抑不得伸张的情况下，才可以击鼓鸣冤，以便将冤情上达天听，[2] 但实际效果不是很明显，直诉制度在当时主要依靠“击铮”和“上言”两种方式。直到朝鲜末年，朝鲜才正式确立了三审的审级制度。1907 年 12 月，朝鲜根据《裁判法构成法》分别设立了地方裁判所、控诉院和大审院，标志着朝鲜三审制度的最终确立。

然而，因为诉状有着一定的格式和写作技巧[3]，普通平民百姓难以胜

---

① 《经国大典》，刑典，私贱，“三度得伸，勿更听理”。

② 《经国大典》，刑典，诉冤。

③ 19 世纪刊行的《儒胥必知》中各种文书的形式和用例达 50 余种。

任，只有具备一定法律知识和诉讼技巧的人才能完成。所以在朝鲜时期，诉状的书写一般由村中的里长或洞长、古老、儒生以及衙前（胥吏）代为完成，并收取诉讼当事人一定的费用。这些代书之人中，就有与我国古代讼师相当的“外知部”。作为律师职业的前身，外知部一词来源于“都官知部”[①]，“都官”是刑曹下所设的专门负责奴婢诉讼的掌隶院的前身，是官署的名称，而“知部”指的是派遣到都官的官员，是官职的名称。朝鲜初期的民事诉讼以奴婢争讼为主，当事人为了应对掌隶院的判官，会在都官的衙门外寻求如同衙门中的知部一般精通诉讼的专业人士，“外知部”一词由此而来。但外知部（讼师）因受到朝鲜官府的打压而活动隐秘，因此在朝鲜时期的史料中，有关外知部的资料很少，个别的史料也只是对外知部的批判而已，认为其教唆词讼，使得民众非理健讼。所以官府在成宗九年（1478）下令，外知部被捉拿归案后处以杖一百的刑罚，全家徙边而发配到咸镜道五镇。[②] 朝鲜在燕山君八年（1502）的规定中鼓励民众举报外知部，举报者每人赏棉布 50 匹。[③] 到了朝鲜后期，有关外知部的记录逐渐消失，但这并不意味着讼师这一职业群体的消失，可能仅是外知部这一名称的消失。因为外知部这一名称本来就是从掌管奴婢诉讼的掌隶院那里得来的，随着朝鲜后期奴婢诉讼的减少和掌隶院的革废，外知部这一称谓已经不能适应时代的需要。朝鲜后期为他人代写诉状的“代作”和“代书人”可能充当了外知部的部分职能。直到甲午改革后的 1895 年，朝鲜才正式创设了现代律师（“代人”）制度。

朝鲜的刑事审判则奉行职权主义的原则，与民事诉讼的审判机关相同，审理期限按罪行的轻重决定，死刑 30 日，徒流 20 日，笞杖 10 日，但多数情况下会延迟。杖刑及以上罪人将被囚禁，但对文武官员、内侍府、士族妇女、僧侣等须得到国王的批准。70 岁以上 15 岁以下之人除杀人、强盗等重罪外不予囚禁。囚禁后通过拷讯获得罪人的口供。法定的拷问工具是讯杖，长三尺三寸，用柳木制成，每次击打不得超过 30 下，三日内不得再行讯杖，而朝鲜时期在实际上使用酷刑的法外拷讯十分常见。

① 《朝鲜王朝实录》，中宗实录卷 10，5 年 3 月 26 日。

② 《朝鲜王朝实录》，成宗实录卷 95，9 年 8 月 15 日。

③ 《朝鲜王朝实录》，燕山君日记卷 43，8 年 4 月 30 日。

人命事件发生后，官员应到现场进行尸检，称为检验，一般有初检、复检，情况不明时也可以进行三检、四检等。尸检主要依据《无冤录》和《百宪总要》。死刑犯须经过出覆、再覆、三覆三次审理后上奏国王，由国王做出最终裁决。有关刑事审判的内容详见本书的“刑狱”篇。

第二节 诉冤

朝鲜时期因崇尚儒教而主张德治，强调“民惟邦本”，因此在设计制度时，对言路采取了较为开放的态度。朝鲜时期中央有“言论三司”，有经筵、求言和上疏等言论制度，在言路上相比高丽时期显得更加开放。纵观朝鲜王朝五百年，朝廷对百姓的言路呈现逐步扩大的趋势。朝鲜初期虽然设置了申闻鼓，但主要为官员所用，在倾听民意方面有很大的局限。到了朝鲜后期特别是在英祖和正祖大王执政以后，朝鲜在舆论上才真正扩大到普通民众。

朝鲜王朝的诉冤制度大致可分为四个阶段。一是设置申闻鼓并在《经国大典》中对诉冤制度予以制度化的 15 世纪，二是上言和击铮现象激增并以“四件事”确立诉冤范畴的 16 世纪，三是深化上言和击铮制度并确立“新四件事”的肃宗在位时期，四是允许“卫外击铮”和因“民隐”而上言击铮的英祖在位时期，以及上言击铮真正作为名副其实的民意上达手段的正祖在位时期。①

朝鲜时期有关诉冤的基本制度框架均源于《经国大典》。大典中对诉冤的程序、内容和诉讼主体均做出了明文规定：“诉冤抑者，京则呈主掌官，外则呈观察使。犹有冤抑，告司宪府，又有冤抑，则击申闻鼓。”②也就是说，朝鲜对百姓的冤抑采取了三级受理的方式，依次是各道的观察使（汉城则是主掌官）、司宪府和敲击申闻鼓以向国王直诉三个级别，后一审级受理的是诉讼当事人不服前一审级的判决而提出的抗诉。朝鲜在太宗元年（1401）七月时初次设置了登闻鼓：

---

① 한상권, 1993, “조선시대 소원제도의발달과정”,《한국학보》19—4, 66 면.

② 《经国大典》，刑典，诉冤。

> 初置登闻鼓。安城学长尹慥、前佐郎朴甸等上言："宋太祖置登闻鼓，以达下情，至今称美之。愿依故事置之。"①

可见朝鲜的登闻鼓制度起源于我国宋制。因宋太祖在位时设置了登闻鼓制度而直到朝鲜初期仍被传为美谈。因此朝鲜效仿前朝"故事"，在其本国也要体现这一人性化的制度设计。在同年（1401）八月，朝鲜改"登闻鼓"为"申闻鼓"，并规定京城内外的民众如有冤抑而所在官衙拒不受理者，允许其敲击申闻鼓。民众在击鼓后由司宪府推明事情原委，然后奏请国王裁决。② 朝鲜初期的申闻鼓设在义禁府的当值厅，民众通过击鼓上达的冤情有义禁府的当值官员接收，在查考司宪府的推状后向国王启奏。民众的上言经国王裁决后，有关官衙要在五日内向国王报告上言的处理结果，称作"回启"，如果五日内不能给予国王答复，应说明具体的缘由。③《经国大典》通过规定处理时限等各项制度，以便最大程度上保证百姓的冤抑可以得到迅速解决。

《经国大典》对诉冤的内容和诉冤的主体有着详细的规定："关系宗社及非法杀人外，吏典、仆隶告其官员者，品官、吏民告其观察使、守令者，并勿受，杖一百徒三年。阴嗾他人发状者，罪亦如之。其自己诉冤者，并听理。诬告者，杖一百流三千里。"④ 也就是说，大典对诉冤的范围仅限定在关系宗社安危和非法杀人这两种类型上，其他类型的诉讼请求不在诉冤的范围之内。此外，朝鲜还规定了胥吏和仆役不得状告自己的长官，民众不得状告本人管辖区域内的观察使或守令等父母官，也不得教唆他人提出诉冤请求等，违者处以杖一百徒三年的处罚。可见，在朝鲜初期，诉冤制度对诉讼的主体有严格限制，原则上只允许当事者对本人的冤抑向官府或国王提出控告，而不得由他人代理诉讼。

但遗憾的是，朝鲜初期的申闻鼓主要成了京城的大小文武官员请愿和上诉的工具，而没能发挥出倾听普通百姓的声音，并使之直达天听的作

① 《朝鲜王朝实录》，太宗实录卷2，1年7月18日。

② 《朝鲜王朝实录》，太宗实录卷2，1年8月1日。

③ 《经国大典》，刑典，诉冤。

④ 《经国大典》，刑典，诉冤。

用。官员利用申闻鼓请愿主要是为了博得国王的恩宠，而其上诉则多数针对官僚滥用权力等不法行为的检举揭发。朝鲜初期申闻鼓的实际效用与当初朝鲜模仿宋太祖而设置的初衷已相去甚远。

对申闻鼓利用的各种限制也在一定程度上阻碍了民情和民意的上达。成宗二十三年（1492）颁行的《大典续录》中规定："击登闻鼓上言，亦下该司，虚实分拣，依律文越诉条施行。"[①] 也就是说，如果敲击登闻鼓所告之事查证后并不属实的话，则要按照《大明律》"越诉"条[②]的规定对当事人加以处罚。而对于冤抑形成的原因，主要是由于"听讼官吏，亦或淹延不决，或依势误决，以致诉冤之至此也"[③]，由于基层官员对案件的久拖不决或者判决不公导致了多数冤案的发生。可见在朝鲜初期，申闻鼓设置的象征意义远大于其实际意义。

而上文的记载中同样提及"近日后苑墙外，击铮诉冤者多"[④]，可见百姓在利用申闻鼓受到限制后，至迟到 15 世纪后期就开始探索能将自身的冤抑直接上达天听的办法，因此逐渐摸索出了用"上言"和"击铮"等手段诉冤的途径。"上言"广义上指的是百姓将自身的诉求直接告知国王，并最终由国王裁决的直诉制度，狭义上是指士人为忠臣孝子请求得到旌闾和赠职的情形，以及子孙为祖先的忠、孝、烈和学行而请求得到旌闾和赠职的情形两种上言类型。在正祖年间编纂的《秋官志》[⑤]《典律通补》[⑥] 以及朝鲜的吏胥们在 19 世纪编撰的《儒胥必知》[⑦] 中，都收录了向国王上言的文书格式。"击铮"又称作"鸣金"或"鸣铮"，是指百姓通过在宫阙附近或在国王出宫或回宫的路上敲击鼓或者铮的方式，以得到周边百姓和国王的注意，从而将自身的冤抑直接向国王倾诉的制度，与我国古代的拦御驾相似。民众在国王动驾时，其申诉冤抑的方式主要有两种，第一种是可称为"驾前上言"，第二种可称作"卫外击铮"。"驾前上

① 《大典续录》，刑典，诉冤。
② 《大明律》，刑律，诉讼，越诉。
③ 《朝鲜王朝实录》，成宗实录卷 111，10 年 11 月 7 日。
④ 《朝鲜王朝实录》，成宗实录卷 111，10 年 11 月 7 日。
⑤ 《秋官志》，考律部，定制，申闻鼓上言规式。
⑥ 《典律通补》，刑典，诉告。
⑦ 《儒胥必知》，上言；击铮原情。

言”是指诉讼当事人跪在御驾要驶过的跸路上，在国王路过时将自己的诉讼请求上达的方式。而“卫外击铮”是指在国王路过时，在跸路的一旁通过击铮或击鼓的方式引起国王注意，从而向国王倾诉自己的冤抑的方式。百姓愿意运用直诉制度维护自己利益的根本原因在于中央和国王的权威最强，对案件的处理效率也最高，同时又能摆脱地方上盘根错节的利益纠葛，而这种制度也显得最为公正。

到了16世纪，上言和击铮呈现出激增的状态。因此，朝廷以“四件事”限定了直诉的范畴。在明宗十二年（1557）颁布的教旨中规定：“击登闻鼓上言，刑戮及身、父子分拣、嫡妾分拣、良贱分拣事外，勿许捧入。”① 这一规定将击鼓和上言等向国王直诉的范围限定在刑戮以及父子、嫡妾、良贱等身份关系的认定上，朝廷对上言的类型进一步加以规范。可见当时由于是身份制社会，国王最重视的除了人命等死刑案件外，就是与三纲五常有关的身份的确认了。到16世纪之后，随着百姓击铮的现象愈演愈烈，朝廷在中宗元年（1506）便出台了关于击铮的处罚措施，“今后击铮者，其陈诉事不实，则杖八十论罪”②，对陈告不实的当事人处以杖八十的刑罚。这一时期的申闻鼓渐渐成了有名无实的摆设，击铮或击鼓等形式的上言逐渐成为百姓将冤情上达天听的主要方式。而鉴于击铮现象有泛滥之势，在宣祖三十六年（1603）颁行的受教中有如下规定：

> 冒滥上言者，自今后，除至冤极痛合呈驾前者外，凡可呈该道该司寻常微细之事，论以越诉杖一百之律，事理重者，加以上书诈不以实徒三年之律，虽合上书，而不自亲呈，请人代行者，推考重治，该司回启之际，事不可施，而朦胧受理，则官员亦为重究。③

宣祖大王颁行的这一受教对上言的内容和程序予以了明确。第一，上言的内容分成“至冤极痛”之事和“寻常微细”之事两种，对可由普通

---

① 《受教辑录》，刑典，告诉，嘉靖丁巳承传。

② 《朝鲜王朝实录》，中宗实录卷1，1年11月2日。

③ 《受教辑录》，刑典，告诉，万历癸卯承传。

衙门审理的寻常微细之事不得惊动国王，违者依照《大明律》“越诉”条①对当事人处以杖一百的刑罚，严重者则依照《大明律》“对制上书诈不以实”条②对当事人处以杖一百徒三年的刑罚。这一规定在上言的内容方面仅允许对至冤极痛之事上言，虽然明文限制了上言的类型，但却未说明两者区分的标准。第二，上言在法律程序上须是本人亲自呈递，不得由他人代理。第三，要求各司官员必须遵守上言的原则，正确受理百姓的上言，否则将予以重处。从这一规定其后载入《受教辑录》和《新补受教辑录》中的关于规范上言的教旨可知，16—18 世纪的朝鲜普通民众曾大量滥用直诉制度。在 17 世纪中叶以后，对于原来严格禁止的由他人代理的非本人上言，朝廷开始持较为宽容的态度。显宗七年（1666）的受教规定：“其父受刑致死，击铮讼冤，此非部民告诉之比，参以情法，容有可恕。”③ 随着理学思想在朝鲜的逐步推广，对孝的大力提倡使朝廷对子女勇于为父伸冤的行为持包容的态度，与此同时也能对当时地方官的滥刑和滥杀无辜予以有效的纠偏。对子孙为父祖的冤抑代理诉讼的这一许可首次突破了《经国大典》中仅允许本人向国王直诉的限制，因而意义重大。而到了肃宗在位时，朝廷进一步扩大了冤抑的代理诉讼范围。肃宗三十年（1704），同知事俞得一对亲属代理击铮的范畴一事曾奏请过国王：

> 同知事俞得一曰：“臣待罪秋曹，见击鼓传旨，无日不下。此由于国纲解弛，人不严畏。今后孙为祖父母，子为父母，妻为夫，弟为兄诉冤，及此外有至冤极痛而击鼓者，勿为严刑，以微细猥越事，阑入阙庭，惊动天听者，依戊午受教严刑。如非理好讼，构诬讼官，越诉滥伪之流，回启后考律定罪，以惩其习，请谕示中外。”上许之。④

通过这一奏请，朝鲜开始允许孙为祖父母、子为父母、妻为夫、弟为兄的冤抑击铮的行为，同时严禁因琐事和非理好讼而越诉击铮的行为。朝

① 《大明律》，刑律，诉讼，越诉，“若迎车驾及击登闻鼓申诉而不实者，杖一百”。

② 《大明律》，刑律，诈伪，对制上书诈不以实，“凡对制及奏事上书诈不以实者，杖一百徒三年”。

③ 《受教辑录》，刑典，告诉，康熙丙午承传。

④ 《朝鲜王朝实录》，肃宗实录卷 39，30 年 3 月 9 日。

廷放开的这四种近亲属间的代诉均是卑亲属为尊亲属的冤抑鸣不平的情形，而相反的情形则不被允许。之后在英祖二十年（1744）颁行的《续大典》中将“孙为祖父母”“子为父母”两项合并成“子孙为父祖”一项，另外又加入了“奴为主”一项①，这四类位卑者为位尊者申冤而代理诉讼的情形在当时的朝鲜称作“新四件事”。而16世纪中叶颁布的“刑戮及身、父子分拣、嫡妾分拣、良贱分拣”的诉冤称作“四件事”，“四件事”是关于诉冤内容的规定。而18世纪确立的诉冤“新四件事”则是关于诉讼主体的规定，即“新四件事”确立的是某些身份的人具有对冤抑进行代理诉讼的资格，这从显宗时只允许为父申冤，到《续大典》中几乎将整个纲常伦理中位卑者为位尊者的申冤纳入代理诉讼的范畴的变化可知。程朱理学的渗透无疑助推了朝鲜立法上的变化。

英祖大王在位时，他为了效法尧舜三代的理想政治而大力模仿圣贤们的各种做法，推行了各种有利于百姓的改革措施。他频繁地接触普通百姓，倾听民间疾苦，积极扫清民意上达天听的各种制度障碍。他接触普通民众主要有以下两种方式。第一种是他动驾去王陵或太庙时主动询问路边百姓的疾苦；第二种是单独在昌庆宫的弘化门等特定地点召集百姓，以了解民间疾苦，英祖在位时主要以第二种方式为主。而这一时期的百姓为自己的民事诉讼击铮或击鼓的现象更加泛滥，因而肃宗三十年（1704）颁布教旨，禁止民众为坟山或田畓的争讼而上言击铮，国王在英祖三年（1727）又颁布教旨，禁止民众在奴婢追索和债务问题的争讼上滥用直诉制度：

> 山讼击铮，移京兆摘奸，而诬诉则还送刑曹，考律定罪。（注：依大明律，诈不以实，杖一百徒三年）②
>
> 孙为祖父母、妻为夫、弟为兄者，及至冤极痛者，勿为严刑。如田畓相讼事，愿留守令击铮者，杖一百徒三年；而以山讼击铮，移送京兆，摘发核处后，还送刑曹。③

---

① 《续大典》，刑典，诉冤。

② 《新补受教辑录》，刑典，诉冤，康熙甲申承传。

③ 《新补受教辑录》，刑典，诉冤，康熙甲申承传。

上言击铮猥滥者，自政院拔去。而或以推奴征债等事，敢为击鼓者，有一日二三者。四件事外，非徒勿施，从重科罪，依受教杖一百徒三年。[1]

从这些规定可知，朝廷运用直诉制度区分了作为“至冤极痛”的刑事诉讼和田畓、坟山、奴婢、债务等民事诉讼，明确将直诉制度限定在有重大冤情的刑狱上。但是，当时因民事纠纷等各类琐事敢于越诉并上言击铮的民众每天却多达两三人，使朝廷不胜其扰。因此，国王通过颁布上述教旨，规定除了“新四件事”以外，其他情形的上言击铮均按杖一百徒三年量刑。这一刑量是肃宗三十年（1704）刑曹经过考律后，通过“引律比附”而参照了《大明律》对“对制上书诈不以实”[2] 罪的刑量而做出的。但是朝廷的这些限制措施却并未取得明显效果，于是朝廷在英祖四十七年（1771）重新设置了申闻鼓，命令国中所有的冤抑都要通过击鼓的方式申冤：

命依国初古例，复设申闻鼓于昌德宫进善门及时御所建明门南，教曰：“如是复旧法之后，勿论差备，街道鸣金者，虽关四件事决杖，非关四件事者，湖沿充军，虽申闻鼓，若非四件事，则刑推定配事，着为定式。鼓前后面皆书申闻鼓三字，使愚夫愚妇咸知。”[3]

申闻鼓制度在朝鲜开国之初设置后并未起到应有的作用，因此之后逐渐废弛，百姓皆通过敲击自备的铮或鼓来向国王申冤。而英祖晚年又仿照朝鲜初期的古例，重新在昌德宫进善门和建明门以南等两处地点复设了申闻鼓，并在申闻鼓前后的鼓面上写上“申闻鼓”三个字，以便于普通百姓认识。与此同时，对国王出宫时在街道两旁击铮鸣金的当事人，诉讼内容属于“四件事”等合法范畴的，处以杖刑的处罚，不属于合法范畴的，

---

① 《新补受教辑录》，刑典，诉冤，雍正丁未承传。

② 《大明律》，刑律，诈伪，对制上书诈不以实，“凡对制及奏事上书诈不以实者，杖一百徒三年”。

③ 《朝鲜王朝实录》，英祖实录卷117，47年11月23日。

则处以充军的处罚，而击申闻鼓但诉讼内容不属于“四件事”等合法范畴的，也要处以流配的刑罚，对直诉的内容和方式再次加以规范，自此重新明确了申闻鼓是直诉制度的唯一合法途径。

正祖大王即位后，随着朝鲜后期土地兼并的愈演愈烈和工商业的逐渐发达，各种社会矛盾日益凸显。正祖大王与他的祖父英祖一样，也以尧舜的理想政治作为其毕生追求的目标，以“恤民”作为自己的基本执政理念。因此在他执政时期，对上言击铮等直诉制度进行了一系列调整。直到18世纪中叶，朝鲜民众的击铮仍是以“阙内击铮”为主。在《续大典》中对击铮的定义如下：“申闻鼓，今无之。诉冤者，许击金于差备门外，谓之击铮。”[①] 可见在制定《续大典》之时，击铮还主要是指“阙内击铮”。但到了18世纪末，有关击铮的内涵发生了重大的变化，根据正祖十年（1786）具允明编纂的《典律通补》中将动驾时击金的行为定义为击铮，[②] 击铮的含义从“阙内击铮”变成了“卫外击铮”。而“郊外动驾时许上言诉冤”[③]，可见“驾前上言”已成为上言的一般形式。也就是说在18世纪中期以后，上言和击铮的形式已从国王在御阙之时变成了国王在动驾之时，动驾时的上言击铮又主要集中在“陵行”之时。通过查阅正祖大王对上言击铮的判决，无一例外其在判决的几天前都有曾经动驾出宫，且大部分是赴王陵拜谒的“陵行”。而正祖大王一般会在出行归来的当天亲览民众的上言并做出判决。如正祖十七年（1793）正月时，正祖大王从水原行宫回到昌德宫后，当日就判决了39件上言的案件。[④] 当时的民众通过各种途径事先得知国王出行的日期和路线后，他们事先准备好诉状，然后在国王的必经之路上等候，国王一旦经过此地，便趁机向国王击铮上言。而正祖在出行的途中也常会召见邑中的父老，以询问民间的疾苦。

因为国王路过之时，诉讼当事人要尽可能地接近御驾而争取到直诉的机会，因而也就有闯入仪仗之内的情形，这称为“卫内击铮”。但实际上

① 《续大典》，刑典，诉冤。

② 《典律通补》，刑典，诉冤。

③ 《典律通补》，刑典，诉冤。

④ 《朝鲜王朝实录》，正祖实录卷37，17年1月14日。

民众能突破戒备森严的仪仗队而闯入卫内的可能性较小，因此大多数的击铮还是属于“卫外击铮”。也正是出于正祖大王恤民爱民的理念，在他即位后立即将祖父英祖大王禁止的“卫外击铮”重新合法化：

> 教曰：“禁铮之法，自先朝特禁于阙内，而其后并禁于郊外。至于捉囚施刑，此亦怪矣。御阙则击铮于差备，动驾则击铮于卫外，古制也。先朝申闻鼓复设之命，禁击铮之制。圣意只在勿以铮，以鼓也。而今则并与动驾时，亦禁击铮之故。初无下该曹之举，以金吾长之奏推之，可知其有司之昧于举行。从今以后击铮者，阙内则既有鼓矣，铮非可论，而卫外则依古例，移付刑曹，推问启闻事，分付。①

这一教旨主要呈现出三个方面的内容。一是先王英祖在复设申闻鼓后曾禁止“阙内击铮”，而后有将击铮的禁止范围扩大到郊外的做法是不对的。二是先王复设申闻鼓而禁止击铮的本意是只是以申闻鼓来代替击铮，并无阻塞民意上达的意思。三是假托先王之命将卫外击铮也加以禁止的现行做法是存在失误的，应按照原来的先例，将击铮之人移交刑曹审问后再启奏国王。正祖即位后的这一措施是对英祖在位时禁止国王动驾时在郊外击铮的批判和改正，“卫外击铮”重新被合法化。

正祖的此举使得诉冤案件的数量急剧增加。不仅如此，正祖大王对诉冤的内容也有所扩大，而不再局限于“四件事”上。《大典会通》规定，“击铮，虽非四件事系是民弊，勿请猥滥律”，至此不再对“四件事”以外的上言击铮加以处罚。朝鲜王朝的诉冤制度也由此发生了根本性的变化，从仅仅是百姓对自身冤抑的申诉，转化成百姓维护自身社会经济等各项权益的重要救济手段。而在考查《秋官志》和《日省录》后，也可以发现这一规定源于正祖九年（1785）时国王的受教。② 从《秋官志》的这一记载来看，允许“四件事”以外的“民隐”上达天听的做法似乎在英祖执政的后期就已存在。

---

① 《日省录》，正祖1年2月20日。

② 《秋官志》，考律部，定制，申闻鼓击铮上言；《日省录》，正祖9年9月24日。

正祖大王的这一规定是在经过与众多大臣历时几年的激烈争论后颁布的。颁布之后，百姓通过上言控告地方官滥刑贪虐的行政诉讼，以及田土赋税等各类细事的民事诉讼顿时激增，这一政策因而又遭到了来自大臣们的巨大阻力，使得正祖大王不得不妥协，而对上言击铮的类型加以限制。[①] 正祖大王在日后对百姓击铮的地点加以明确，国王在汉城城内动驾时，合法的击铮场所仅限于通衢大道上的通云桥[②]、惠政桥[③]和把子桥[④]三处地点，[⑤] 而对在汉城城内的街巷小道上的击铮则一律禁止。[⑥] 这一受教后来正式纳入《六典条例》的规定中。[⑦] 各衙门在看到国王态度的转变后，便对百姓的上言加以修改和拣汰，尽力隐藏百姓想要上达国王的冤抑和纠纷。官吏们的这一行为虽然迎合了国王，也减轻了自身的工作量，但却在一定程度上切断了百姓和国王间的信息传达和沟通，使民间的一部分诉求无法及时上达。

正祖在位时对诉冤的政策在"禁猥杂"和"通下情"之间有所摇摆，其执政后期虽因上言击铮案件数量的激增而在政策上有所收紧，但正祖大王仍然坚持不对上言琐细之事的百姓问罪。从整体上来看，正祖时期的制度运行是在儒教精神的影响下，以"恤民"作为其施政的出发点和落脚点，因而民本政治在朝鲜时期达到全盛。而随着儒教理念的不断深入，整个朝鲜时期的诉冤制度在内容和形式上呈现出不断开放的趋势，朝廷与百姓的沟通渠道不断拓宽和完善。到了朝鲜后期，民意可以较容易地反映到最高权力中枢，下情上传的通道基本保持畅通。

第三节　外知部（讼师）

朝鲜半岛作为中华法系子法区域，其传统法律文化与我国相似，因此

---

① 《日省录》，正祖 13 年 4 月 27 日。

② 通云桥是位于当时汉城大寺洞口的石桥，也称铁物桥。

③ 惠政桥位于当时汉城景福宫前的道路上。

④ 把子桥位于当时汉城昌德宫敦化门外。

⑤ 《日省录》，正祖 22 年 3 月 22 日。

⑥ 《日省录》，正祖 15 年 3 月 15 日。

⑦ 《六典条例》，刑典，击铮。

也有讼师这一职业法律人的存在土壤。[①] 朝鲜时期的讼师称作"外知部"，而有关外知部的记录最早出现在成宗三年（1472）的《朝鲜王朝实录》之中：

> 院相申叔舟、韩明浍启曰："凡狱讼淹滞者，专由奸黠之徒，号为外知部者，常立官门，阴嗾元只，或自代讼，变乱是非，使官吏眩于是非，不能断决。请令该司，推问痛惩。"从之。[②]

在上文的启奏中，两位大臣认为诉讼久拖不决的原因在于外知部的存在。他们常常徘徊于官衙附近，教唆原告和被告，或者直接代理诉讼，使得是非颠倒，以致官员们不能准确做出决断，二人请求国王严惩外知部。虽然尚不清楚讼师何时起出现在朝鲜半岛，但从这一记载来看，至迟到15世纪，朝鲜就已经出现了类似讼师的职业法律人。因为外知部受到官府的打压而活动隐蔽，因此朝鲜王朝的史料中有关外知部的记载极少。而有关"外知部"这一名称，则来源于朝鲜"都官知部"这一官职：

> 掌隶院古称"都官知部"，无赖之徒，谙诵法律，伪造文券，教唆讼者。讼而得胜，则已取其利，名曰："外知部"。[③]

"都官"是刑曹下所设的专门负责奴婢诉讼的掌隶院的前身，是官署的名称，而"知部"指的是派遣到都官的官员，是官职的名称。朝鲜初期的民事案件以奴婢诉讼为主，当事人为了应对掌隶院的官员赢得诉讼，而在都官的官署外寻找能提供法律专业服务的人士，而这些精通律法的专业人士俨然成了掌隶院（都官）知部外的第二知部，"外知部"一词由此而来。而这一名称明显带有官府对这些职业法律人的轻蔑和讽刺。外知部一般活动在朝鲜各地的官衙周围，以帮助他人代写诉状、代理诉讼、传授

① 沈载祐教授曾对朝鲜时期的外知部有过系统的研究：심재우，2016，"조선시대 소송제도와 외지부의 활동"，《명청사연구》46，107—137면，本节有所参考。

② 《朝鲜王朝实录》，成宗实录卷25，3年12月1日。

③ 《朝鲜王朝实录》，中宗实录卷10，5年3月26日，注释。

诉讼技巧和伪造证据文书为生，从而使他们的雇主能在争取奴婢、土地等财产的民事诉讼中获胜。他们通晓实体法和程序法的相关知识，熟悉国王颁布的最新教旨，能用奸巧的计谋使诉讼旷日持久，从而为其代理人牟利，因而外知部成了朝鲜时期各衙门的棘手难题。他们一般在位于汉城的掌隶院、汉城府、刑曹等中央司法衙门附近寻找雇主，地方上的外知部与汉城相比数量较少。

而为什么朝鲜会出现外知部这种以教唆词讼为生的群体，笔者认为有以下两个原因。首先，在诉讼程序和判决方面，朝鲜时期的诉讼奉行"文书主义"。也就是说，朝鲜时期所有的诉讼原则上都应依照官府规定的文书格式写成后方能提交。然而，正是因为诉状有规定的格式，在书写时又需要一定技巧，[①] 所以远非不识汉字的平民百姓所能为，诉状的书写只有具备一定法律知识和诉讼技巧的人才能胜任，因此，平民和奴婢在诉讼时需要相关专业人士提供的法律服务，外知部的生存空间由此而来。其次，地方官在接收和处理诉状的过程中通常有刑房书吏的佐助，刑吏通常会参与案件的全过程，比如鉴别文书真伪、押送与审问罪人、起草立案（判决书）等，甚至有时刑吏会代地方官书写"题辞"这类简易判词。因为刑房书吏经常可以左右诉讼的胜败，所以外知部经常会代诉讼当事人与刑房书吏们直接交涉，从而能够让案情向有利于雇主一方的方向发展。

外知部除了教唆词讼以从中牟利外，还为他人代写诉状和伪造文书。在16世纪刊行的《词讼类聚》中，有专门介绍诉讼程序的"听讼式"。"听讼"部分共有24项，其中关于文书鉴别的程序就多达20项，可见原被告双方所提交的证据文书直接关系到诉讼的成败。正因为文书对于诉讼的重要性，所以外知部常常会帮助雇主一方伪造证据文书。也正因如此，对文书真伪的识别才成了地方官和刑吏们最要用心和注意的部分。如燕山君八年（1502）时就有外知部"造饰文记"的记载[②]，但人们却"畏其报复"而不敢告发，这源于委托外知部代理诉讼的大多是权势家族。这一时期的部分朝鲜王室宗亲结交外知部，并成为庇护外知部的势力之一。比如明宗二年（1547）宗亲李祥伪造文书的案例便是如此：

---

① 如19世纪刊行的《儒胥必知》中各种文书的形式和用例就达50余种。

② 《朝鲜王朝实录》，燕山君日记卷43，8年4月30日。

宪府启曰："近来纪纲解弛，人心薄恶，恣行贪欲，略无畏忌，公然恃势，夺人田民者，亦多有之，弊将难救。长兴君祥，以秩高宗亲，交结外知部之人，伪造文记，横夺人奴婢，被诉刑曹，卞正之际，多送豪奴，阑入官门，多般作拏，又亲往判书郑士龙家，非徒面辱恐吓，至于结缚不干之人，其不有国法，肆行狂悖，莫甚于此。闻者骇愕，物情久而愈愤。如此之风，不可不痛惩，请速夺爵，以革顽暴之风……"答曰："长兴君，既以此事，见推而被罪，今又夺爵过重，故不允……"①

本案中，长兴君李祥结交外知部从而得以文书，并以伪造的文书为证，以主张他人的奴婢应是自己所有，从而为其掠夺他人奴婢提供了口实。李祥被诉至刑曹后，官府正要对他展开调查时，他突然找来自家身强力壮的众多男奴到官衙闹事，并直接到审理此案的判书郑士龙家进行恐吓和辱骂，还捆缚了许多不相干的人，最终受到国王的严惩。而外知部们也正因能够为王室宗亲和世家大族出谋划策，从而使这些位高权重之人能在背后为他们撑腰，外知部才能够生存和发展壮大。

此外，外知部为了赢得诉讼或为当事人占据更加有利的位置，还常常与中央司法衙门的官属和地方官衙的书吏们有所接触。比如中宗二十年（1525）的外知部柳璧一案就是明证：

传曰："刑曹书吏权亨，片简见捉于朴长根，其简书，乃传教之言。凡传教之言，使罪人先知之，政院不秘密耶？禁府郎官闻，而播之耶？下吏窥闻而然耶？朝廷纪纲之不振，于此可知，所宜穷推，此意言于禁府。"（性德、山松强奸事）② 下禁府公事曰："囚人权亨招辞，举传教之言，尤为可惊。柳璧先探王言，而通于罪人，且教对答之辞，外知部中尤甚者。抑有正律乎？各官元恶乡吏及各司衙前有罪，则全家入居矣，此人之罪，亦不下于此。……以食出入之时，而通柳璧之书，罗将亦以李寿坚所通之奇传说，则其间不无贿赂之事，

① 《朝鲜王朝实录》，中宗实录卷5，2年1月16日。

② 《朝鲜王朝实录》，中宗实录卷55，20年11月12日。

其并推之。”[①] 下禁府公事曰：“性德强奸事，后招为是，而刑曹归正，不可数多加刑，故此公事允之矣。性德勿加刑，依其服招，以山松为未成强奸取招，照律。权亨以诏狱推鞫传教，书送于柳璧处……”[②]

本案中性德、山松二人因强奸入狱，作为外知部的柳璧为了营救他们，因而事先获取了与国王推鞫有关的密旨，并将其秘密告诉了狱中的囚犯，甚至连日后审讯中应如何对答的方法都事先教给了囚犯。国王的密令被泄露给囚犯的途径是外知部柳璧从刑曹书吏权亨那里得到相关消息后，他为了及时将消息传达给囚犯，又贿赂了义禁府的罗将。从本案可知外知部的能量之大，外知部在打通各种关节后，连国王还未公开的密令都能预先搞到手，并将之第一时间传达给犯人，以便让囚犯更好地应对。可见在当时的民事和刑事案件中，外知部作为其间的重要一环，其深深介入案件审判的全过程，是案件诉讼和审理过程中一只看不见的“黑手”。

不仅如此，外知部有时还受当事人的委托而代理诉讼。《经国大典》规定：“关系宗社及非法杀人外，吏典、仆隶告其官员者，品官、吏民告其观察使、守令者，并勿受，杖一百徒三年；阴嗾他人发状者，罪亦如之。”[③] 由此可见，除了士族妇女等特殊情形之外[④]，朝鲜严格禁止代理诉讼的现象。但即便已明令禁止，也仍然有很多“取雇代讼”的外知部游荡在讼庭的周围，以寻找合适的生意。[⑤] 外知部正因有丰富的法律知识和实战经验，熟悉诉讼的整个流程和运作机制，所以才敢于承包他人的诉讼而为自己牟利。如中宗二十九年（1534）对时任庆尚道泗川郡守的宗亲李浩源一案的处理，就提到他“能诵各年受教，非理好讼，以外知部为业”[⑥]，也正因对国王历年颁布的法令烂熟于心，外知部们才敢于在诉讼

① 《朝鲜王朝实录》，中宗实录卷55，20年11月13日。

② 《朝鲜王朝实录》，中宗实录卷55，20年11月25日。

③ 《经国大典》，刑典，诉冤。

④ 《经国大典》，刑典，囚禁，“士族妇女，凡词讼，许子孙婿侄奴婢中代之”。

⑤ 《朝鲜王朝实录》，成宗实录卷95，9年8月15日，“无赖之徒长立讼庭，或取雇代讼，或导人起讼，舞文弄法，变乱是非……”

⑥ 《朝鲜王朝实录》，中宗实录卷77，29年3月14日。

中为雇主出头。但作为王室宗亲和地方官的李浩源为什么愿意在闲暇时做外知部，尚不得而知。但从这两种对立的身份同时出现在一人身上可以推测，朝鲜时期会有个别官员对诉讼本身极感兴趣，因而愿意身兼讼师这一职业的情形，这可能是中朝两国讼师文化的显著区别。我们从上述案件以及宗亲李兴守、李继孙二人作为“外知部之魁首”的案例[①]、景明君李忱“多引外知部之人聚其家，好为讼事”的案例[②]、部将曹廷立以“以非理好讼外知部为一生事业”的案例[③]中均能够发现外知部与王室宗亲及官员有着密切的关系，许多朝鲜的上层士族以好讼为自己的平生志趣。由于史料所限，我们对于外知部们的出身情况，以及他们是否在朝鲜各地普遍存在等问题尚不能确切把握。

因为外知部对正常的司法秩序造成了极大干扰，官府因此开始严厉打击外知部这一群体。如成宗五年（1474）规定对外知部施以全家徙边的处罚。[④] 在成宗九年（1478）又下令将外知部捉拿归案后，施以杖一百、全家徙边至咸镜道五镇的处罚。[⑤] 到燕山君在位时，一次就将16名外知部发配到咸镜道的三水、甲山[⑥]两邑徙边。[⑦] 这一时期朝鲜加大了对外知部的处罚力度，如下文所示：

> 刑曹启：“外知部造饰文记，教诱讼者，潜受贿赂，变乱是非。乱法之人，人所恐恶，畏其报复，不敢现告。请许人捕告，告一人者，赏绵布五十匹；知而不告者，决杖一百，流三千里。三切邻、管领论以制书有违律，同谋人自首则免罪。又令决讼各衙门，随所闻移文本曹则阅实科罪。”从之。[⑧]

---

① 《朝鲜王朝实录》，燕山君日记卷20，2年12月14日。

② 《朝鲜王朝实录》，中宗实录卷35，14年1月10日。

③ 《朝鲜王朝实录》，宣祖实录卷168，36年11月25日。

④ 《朝鲜王朝实录》，成宗实录卷39，5年2月7日。

⑤ 《朝鲜王朝实录》，成宗实录卷95，9年8月15日。

⑥ 三水、甲山：朝鲜时期地名，以重罪犯人的谪居之所而闻名，是朝鲜半岛气候最寒冷的地方，今朝鲜两江道三水郡、甲山郡。

⑦ 《朝鲜王朝实录》，燕山君日记卷18，2年10月28日；燕山君日记卷19，2年11月1日。

⑧ 《朝鲜王朝实录》，燕山君日记卷43，8年4月30日。

刑曹为了打击外知部而奏请国王，希望加大赏罚力度以鼓励众人告发外知部。对主动告发的赏赐绵布 50 匹，对知道却不检举的处以杖一百流三千里的刑罚，对外知部的邻居和管领等人比照《大明律》的“制书有违”条[①]处以杖刑等，得到国王的允准。日后颁布的《大典后续录》中也沿袭了这一规定，对外知部处以杖一百全家徙边的处罚。[②] 朝鲜在制定《续大典》时业已废除全家徙边刑，因而对“教诱人争讼为业”者改为杖一百流三千里的刑罚。[③]《大典后续录》和《续大典》都依照强盗例对告发外知部者赏布五十匹，可见朝廷打击外知部教唆词讼的决心。朝鲜对外知部的高压态势一直延续到朝鲜末期，朝鲜的外知部如我国历史上的讼师一般，都处于不被法律承认的灰色地带。

而上述记载多出自朝鲜前期，《实录》中对“外知部”的记载止于宣祖四十年（1607）[④]，朝鲜后期关于外知部的记录几乎消失不见。在 17 世纪的朝鲜史料中，仅有极少数关于外知部的记载，如居住在庆尚道安东的河回柳氏所藏的古文书中曾提到过外知部，其原文如下（见图 46）：

> （崇祯二年十月 日，醴泉郡立案）……父矣段，传得文记现纳为白遣，蔡无尽段本无文记，元是外知部非理好讼之人是白沙余良，终无文记现纳乙仍于，矣父处决给为白乎所……

这一文书中收录了朴元吉于仁祖四年（1626）在差备门外向国王击铮的原情文书，内容主要是请求国王帮助自己追索逃亡在外的奴婢。按照他的说法，祖上世代所有的使唤奴婢希孙一家 20 余口人逃走后，居住在醴泉郡一带，他的父亲朴命石得知以后，为了索回这些奴婢而直接去了醴泉郡，但是住在咸昌郡的名叫蔡无尽的外知部硬说这些奴婢属于他自己。结果醴泉郡守判决这些奴婢充公，一半归属屏山书院而另一半划归鼎山书院。他的父亲朴命石又在宣祖二十年（1587）再次向义城郡守提起诉讼，

---

① 《大明律》，吏律，公式，制书有违。

② 《大典后续录》，刑典，杂令。

③ 《续大典》，刑典，听理。

④ 《朝鲜王朝实录》，宣祖实录卷 213，40 年闰 6 月 12 日。

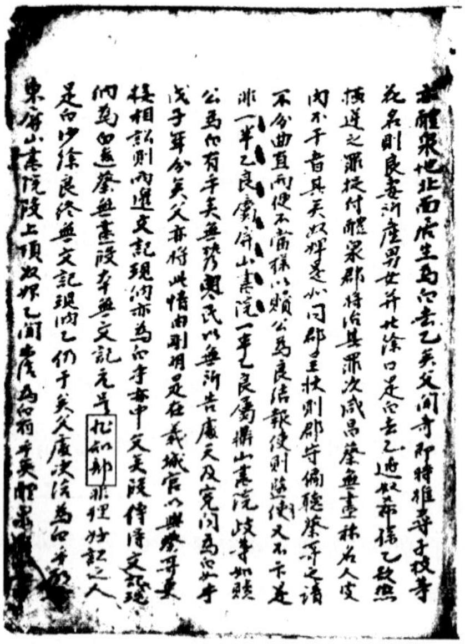

图 46 仁祖七年（1629）屏山书院“不忘记”中提到外知部的一页①

这时外知部蔡无尽因无法提供有效的证据文书，因而郡守最终判决朴命石胜诉。屏山书院在他的父亲胜诉后归还了奴婢，但鼎山书院却一直未能归还，朴元吉向国王击铮的目的正是希望鼎山书院能尽快归还自家奴婢。朴元吉的诉讼请求在时隔 40 年后提出，实际上已超过诉讼时效，原因是他在此期间被流放到了平安道义州。从中可知，若当事人在诉讼中称对方是外知部，则会对自己较为有利。文书中仅提到了蔡无尽是 16 世纪末活动在庆尚道咸昌郡的外知部，属“非理好讼之人”，可见这时有关外知部的概念可能不仅局限在为雇主代理诉讼之人，也包括为自身牟取非法利益的好讼之徒。虽然上文出自 17 世纪的文书，但其提到的关于外知部的具体事实仍旧发生在壬辰倭乱前的朝鲜前期。

除了仅见于 17 世纪的几处记载外，关于“外知部”一词在朝鲜后期的记录中消失不见，然而这是否意味着为他人代理诉讼并提供专业法律服务的人士在朝鲜后期就不曾存在呢？笔者认为并非如此。外知部一词起源

① 韓國精神文化研究院編，1994，《古文書集成・第 16 卷：河回豐山柳氏篇》，韓國精神文化研究院出版部，證憑類，不忘記，屏山書院不忘記。

于掌隶院的奴婢诉讼，而随着朝鲜后期奴婢诉讼的急剧减少，以及英祖年间对掌隶院的革除，“外知部”这一指代讼师的概念已经失去了存在的土壤，已不能准确定义讼师这一职业，因此这一用语的消失并不令人意外。但不得不承认，即使在朝鲜后期存在讼师这一职业群体，因为官府长期不断地打压，其规模和范围也不能与朝鲜前期相提并论，其活动的范围应该更小也更隐蔽。

随着朝鲜后期诉讼数量的增加，可以推测在当时有许多为普通民众代写诉状的代书之人。这些代书之人不仅仅限于讼师，也包括当事人所在地区能识文断字之人，这些代写诉状者应该包括村中的里长或洞长、古老、儒生以及为官衙做事的书吏，书堂中的训长以及退休的年老胥吏等。代写状子一般会收取一定的润笔费，这类费用也成为这些识字之人的重要收入来源。比如在茶山先生的《牧民心书》中就提到“村野小民”由“村斋夫子”代撰诉状的情形：

> 紫霞山人曰：“婴孩之病，医书谓之哑科，以其疾痛疴痒，不能自言也。每见村野小民，欲诉其冤，乃其事根，或抵权吏，或抵奸丞，恐其触忤，不敢明说。以此之故，其所言反涉模糊，一若理曲，此其为哑者，一也。又凡村野小民不知法例，不解文字，其或村斋夫子代撰其牒，都都平丈，安知吏文？遗其实证，衍其枝辞。本理虽直，其言似曲，此其为哑者，二也。及入官庭，上奴下卒，左棓右杖心魂先悸，言辞不辩，而与之为只者，若非奸吏，必是奸民，辩如破竹，听之爽豁。一加嗥喝，遂沮以噤，此其为哑者，三也。余昔在官，每见愚氓，官令捽伏，厥氓遂舒两脚，如将受笞，伏如虾蟆之浮水，为之恻然，不忍捶挞。要之，听小民之讼，如看小儿之病，当以哑科治之，不可以威武临之也。”①

茶山先生援引的紫霞山人的见解中，提到了许多不识字的百姓冤屈难伸的困境。其认为普通民众的诉讼就如医书中的“哑科”一般，虽然“疾痛疴痒”却“不能自言”。一是出于对侵犯其合法权益的权吏和奸丞

① 《牧民心书》，刑典，听讼。

的恐惧，因而使百姓不敢明说；二是因为他们不识字不知法，诉状需要请他人代写，无法准确表达自己的主张；三是百姓出于对庭审现场阵势的恐惧而噤若寒蝉，因而在庭审时不能够正常发挥。所以紫霞山人认为“听小民之讼如看小儿之病”，官员此时绝不可太过威严。也正因为普通百姓不识字不懂法，所以在朝鲜后期诉讼剧增的背景下，必然有代写诉状的相助之人，否则难以解释平民和贱民提起的大量诉讼。从18世纪中叶生活在庆尚道固城郡的村儒仇尚德所写的日记《胜聪明录》（1725—1761）中，也提及自己曾帮助所在郡邑的百姓书写状纸和请愿书的事情。而在茶山先生的《钦钦新书》“剪跋芜词”中，收录了他的流放地全罗道康津县发生的许多案例。其中发生于1807年的郑节妇一案中，时年45岁的镇校金尚运为了霸占24岁的寡妇郑氏，就委托镇吏李仁哲代写诬告郑氏兄妹的状子，佥使因此下令捉拿郑氏，使得郑氏为了全节而自缢。[①] 从这些事例中我们可以推测，朝鲜后期的这些代书之人大致充当了朝鲜前期外知部角色。

正因朝鲜后期代写诉状的普遍存在，因此在《治君要诀》《居官大要》等朝鲜后期有关如何牧民的官箴书中，都劝诫地方官要严格取缔代理诉讼，并要求民众的诉状必须由执笔者亲自提交。[②] 而成书于19世纪的《牧纲》一书中，则劝诫地方官严禁除父子兄弟外的任何代讼和代呈现象，并举出此时仍有在官衙门外徘徊的代讼之人，希望能得到地方官的注意：

> 勿论某邑，有善言能变能文字，称以救弊，善呈议讼，称族戚，自代讼卞，长在官门，纷纭争竞，一邑之人，举皆指目者也……凡父子兄弟之讼外，代讼代呈，切勿捧入之意，先为揭令……[③]

由此可见，朝鲜前期在官衙附近活动的外知部直到19世纪仍未消失，

---

① 《钦钦新书》，剪跋芜词，康津县郑节妇初检案跋词，“乃使李仁哲诬状于佥使，佥使严题论罪，追捉郑节妇之兄妹”。

② 《治君要诀》，民诉；《居官大要》，民诉。

③ 《牧纲》，断讼题诉。

但在这时已经不称作“外知部”了。这些朝鲜后期的讼师们为了减少代理诉讼所遇到的阻力，谎称是当事人的亲戚，通过诉讼的代理赚取一定的报酬。《牧纲》一书的作者希望以此引起地方官对代讼、代呈之人的注意和警醒。

综上所述，为他人代理诉讼的外知部作为一种职业而贯穿朝鲜王朝的始终，如我国历史上的讼师一样，外知部在朝鲜一直处在非法地位。随着朝鲜官府的不断打压，代理诉讼之人在朝鲜后期变得越发隐蔽，因而使现存的资料极少而不易被把握。直到甲午改革后的1895年，朝鲜政府正式创设了“代人”制度，并于十年后的1905年正式创立律师（辩护人）制度，标志着现代律师制度在朝鲜半岛的正式形成，律师（讼师）职业至此才被合法化。

第四节 词讼类书

16世纪是朝鲜半岛集中涌现词讼类书的时期。因为国王颁布的各类受教与今日的单行条例类似，一般仅行之一时，而在《受教辑录》颁行之前，这些受教并没有结集，所以地方官在司法实践的过程中，如何能快速地找到相应的法律条文就成了他们面临的现实问题。这一时期官府编纂的《各司受教》虽收录了明宗元年（1546）到宣祖四年（1571）的受教，但其并未正式颁行，只是根据官员的需要将部分受教未经整理而誊写出来罢了，因而未能广泛流传。因此，为了便于各级官员更为便利地处理各类诉讼案件，民间私撰的词讼类书就应运而生了。

由于《经国大典》等法典的条文均是汉文文言写成，使朝鲜当地人在理解时存在一定困难，因而也就有了像《经国大典注解（前集）》这样的官撰注解书。而与之对应的《经国大典注解（后集）》未得到国王的最终认可，因而近于私人撰著。《经国大典注解（后集）》后来成为词讼类书的重要参考资料。朝鲜王朝的法典按六典体系分为吏典、户典、礼典、兵典、刑典、工典，因而很多同一类型的诉讼案件中经常用到的法律条文却散见于法典的不同条目中，这就给法律的适用带来了诸多不便。另外，当时适用的法条散在《大明律》《经国大典》《大典续录》《大典后续录》等各法典中，这些法律典籍中的许多规定间不无矛盾之处。而在当时，案件的审理过程被普遍认为最能展现出地方官的才能，因而实践中被频繁使用的各类民事诉讼法规就有了被重新编纂和整合的必要了。

《词讼类聚》初刊于宣祖十八年（1585）的全罗道全州，是将16世纪朝鲜关于诉讼的法律法规重新整理分类的代表性著作，对后世影响很大。这一著作的作者是金伯干（1516—1582）。《词讼类聚》从《大明律》《经国大典》《大典续录》《大典后续录》《经国大典注解》和国王颁布的各类受教等当时诸多现行法之中，将关于词讼（民事诉讼）的法规抽出并分类整理后，编成了《词讼类聚》。《词讼类聚》一书中有光州牧使丁焰写的跋文，以及作者之子、时任全罗道观察使的金泰廷所写的序文。著者金伯干在生前未能出版这一著述，在他去世后，经沈希案校正，其子金泰廷在观察使任上将该书以木板本刊行于世。

从《词讼类聚》的内容来看，书中收录的最晚近受教的颁行时间是万历五年（1577）六月二十六日，而作者金伯干是在宣祖十五年（1582）辞世的，因此可以推定《词讼类聚》应编纂于1577—1582年这四五年间。《词讼类聚》的目录共分为相避、断讼、听讼、亲着、决讼日限、禁制、伪造、赎身、陈告、停讼、属公、买卖、买卖日限、征债、立后、奉祀、乡役、免役、功臣、惠恤、婚嫁、驿路、公贱、私贱24项。到了朝鲜后期，曾有人以《词讼类聚》作为蓝本，加入了有关刑事诉讼的内容后编成了《决讼类聚补》，其具体作者不详。在《决讼类聚补》问世以前，由于《词讼类聚》的实用大大方便了地方官的审判而被不断再版。可见到16世纪，朝鲜在司法实践中对词讼（民事）和狱讼（刑事）两者的概念已有明确的区分。

另外，16世纪的朝鲜还出现过许多与《词讼类聚》内容相仿的词讼类书，如《决讼类聚》《决讼类会》《听讼指南》《决讼要览》等。这些书籍由于壬辰倭乱的原因，现在多藏于日本。如《听讼提纲》一书现藏于名古屋的蓬左文库，《词讼类抄》和《相避》等书籍现藏于东京的国立公文书馆内阁文库，《大典词讼类聚》现藏于筑波大学中央图书馆。蓬左文库和内阁文库多起源于德川家康（1542—1616）的藏书，而《大典词讼类聚》则可能与曲直濑正林（？—1611）的藏书有关。[①] 这些类书的目录与《词讼类聚》大同小异，只有《大典词讼类聚》将各个主题按六典体例重新整理过。词讼类书的编者大多不详，但《大典词讼类聚》明确提到是“高灵后裔申瀿撰”，从中可知此书的作者是申瀿，申瀿是曾任吏曹判书的朝鲜名臣申公济（1469—1536）的第三子，其父申公济以清正廉洁和高超的审判能力著称，但史料中有关此书作者申瀿的资料却很少，只知道他曾经担任过负责全国奴婢诉讼的掌隶院中辅助审判的“司议”一职，可知他本人就是长期从事司法实务而擅长审断奴婢等民事诉讼的法官。《大典词讼类聚》所收录的最晚一例国王受教是宣祖九年（1576）的受教，因而其编纂的年代应该晚于宣祖九年（1576），而与《词讼类聚》的编纂年代大致相同。《大典词讼类聚》目录如表 18 所示。

表 18　　　　《大典词讼类聚》的编目

六典	项目名称	条文数②
吏典（3 项）	相避、乡吏、元恶乡吏	15
户典（6 项）	田宅、给造家地、家舍间阁、量田、买卖日限、征债	85
礼典（5 项）	奉祀、立后、婚嫁、惠恤、丧葬	68
兵典（6 项）	复户、免役、驿路、军士丧服、给保、火禁	65
刑典（9 项）	决讼日限、囚禁、禁制、停讼、贱妾、贱妻妾子女、公贱、私贱、贱娶婢产	311
工典（1 项）	桥路	4
附录（7 项）	本朝定制、议亲式、本朝公信、大明年纪、本朝年纪、国忌、跋文、已废止的受教二条	

由表 18 可知，《大典词讼类聚》汇集了司法实践中最常用的民事诉讼类型和相关条文，在体例上按六典划分。其吏典分为相避、乡吏、元恶乡吏 3 项；户典分为田宅、给造家地、家舍间阁、量田、买卖日限、征债

---

① 임상혁, 2000, 《조선전기 민사소송과 소송이론의 전개》, 서울대학교 박사학위논문, 103—104 면.

② 정긍식 조지만 田中俊光, 2012, 《잊혀진 법학자 신번: 역주〈대전사송유취〉》, 민속원, 34—41 면.

6项；礼典分为奉祀、立后、婚嫁、惠恤、丧葬5项；兵典分为复户、免役、驿路、军士丧服、给保、火禁6项；刑典分为决讼日限、囚禁、禁制、停讼、贱妾、贱妻妾子女、公贱、私贱、贱娶婢产9项；工典下设桥路1项。在书的最后附有本朝定制、议亲式、本朝公信、大明年纪、本朝年纪和国忌等内容，并载有编者的跋文和已废止的受教2条。《大典词讼类聚》共收录了552条在当时通行的法律条文，排除重复的条文后，共计有409条，① 可以说其几乎网罗了自《经国大典》颁行以来朝鲜所有和民事诉讼相关的各类法律条文，加之其是按六典的编纂体例划分的，使《大典词讼类聚》更像是一部朝鲜王朝的民法典，只不过是集大成于民间罢了。鉴于当时的朝鲜官方重视刑狱（律，刑法）和典章（令，行政法），而对民事法规相对轻视，这类综合性的民事法律典籍也只可能出自民间。从其收录条文的分布来看，归属刑典的条文最多，共计311条，占据了条文总数的大半，而隶属工典的条文最少，仅有4条。若按各条文的出处统计，《大典词讼类聚》共收录《经国大典》条文123条，收录《大典续录》《大典后续录》《各司受教》等受教和"录"的规定共计134条，收录《经国大典注解》中的法律解释42条，收录《大明律》条文40条。② 因为《大典词讼类聚》的主要内容是"词讼"，因而作为刑律的《大明律》条文收录较少，其所收录的各类刑事规定也大多跟民事诉讼有很强的关联性。而其所收录的受教当中，可确认具体颁布时间的109条受教均出自成宗十六年（1485）到宣祖九年（1576）之间。③ 也就是说，《大典词讼类聚》汇集了自《经国大典》颁行到此书编纂为止近百年的重要民事法律条文。此外，作者申瀿还在许多的条文最后加上了以"按此""私注"或"撰注"开头的他本人对该条文的注释或见解，包括对受教生效日期的标注、对条文的补充解释、对法理的剖析、对立法背景的说明和对中朝两国度量衡等计量单位之间的换算等，总计有三十余处。申瀿的许

---

① 정긍식 조지만 田中俊光，2012，《잊혀진 법학자 신번: 역주 〈대전사송유취〉》，민속원，41면.

② 정긍식 조지만 田中俊光，2012，《잊혀진 법학자 신번: 역주 〈대전사송유취〉》，민속원，40면.

③ 정긍식 조지만 田中俊光，2012，《잊혀진 법학자 신번: 역주 〈대전사송유취〉》，민속원，41—46면.

多个人见解都非常精彩，这里仅举无子女的嫡母在死亡时，其财产还于本家后该如何继承的部分中，申瀿本人对法理的精彩分析来予以说明：

> （按此）“无同生则三寸，无三寸则四寸亲”① 言辞，注解者云，“无子女已物，还系于父母。故给其同生、三寸侄、四寸孙为本族。无四寸孙，然后其已物，又上系于祖父母，而给其三寸叔、四寸兄弟得为本族”②。五寸孙不系于本族，其不解其意甚矣！愚之管见则不然。“无同生”云者，乃独子也，非谓同生有生而身死者也。“三寸”云者，三寸叔也，“四寸”云者，四寸大父也，非谓三寸侄、四寸孙、四寸兄弟也。同生有子孙身殁者，以无计之而五寸孙不给，而上系于祖父母而给三寸叔，则大典私贱条注“勿论存殁均给”③ 言辞，及续录“只给生存者而不给身死者，甚违立法本意”④ 云言辞用之，何地也？以同生身死之缘，不给五寸孙，则其于三寸叔给与时，和以已曾身死祖父母处上系而给三寸叔，四寸兄弟给是亦不计三寸身死之意乎？何其同生之子孙给时薄也，而三寸叔、四寸兄弟给时厚也？此所谓所后者薄也。注解之人不察其意甚矣！无为无子女，则上系父母而给之与同生，已为独子，则偶上系于祖父母而给于三寸叔，父母有独子独女，则又上系于曾祖而给之于四寸大父矣。高祖则代尽，而不可以每上系，故至于五寸大父，以无本族称之，而属公也。此非谓五寸孙明矣。同生的则三寸侄、四寸孙、五寸孙自然传得，不举论而犹可得矣。三寸叔得则四寸兄弟得之，四寸大父得则其子孙传得，例也，有子孙则不可以无论也。注解之论使孙之说，甚为谬到，不可法也。然曾已启下之事，不可更改，用之者当详察用之，而已待后之辨正者哉。图形于后，观之则小解矣。此私议，不用。⑤

---

① 《经国大典》，刑典，私贱。

② 《经国大典注解（前集）》，刑典，私贱。

③ 《经国大典》，刑典，私贱。

④ 《大典续录》，刑典，私贱，成化二十三年（1487）一月二十四日承传。

⑤ 《大典词讼类聚》，刑典，私贱，父母奴婢，无子女嫡母奴婢，后续录“使孙分给时，妾子孙依大典以其分数分给”，按此。

申濲在此对《经国大典》中无子女嫡母的遗产归还本族时该如何继承的问题上，对《经国大典注解》提供的法律解释提出了异议。《经国大典》的原文规定如下："无子女嫡母奴婢，良妾子女七分之一，承重子则加三分，余还本族。无同生则三寸[1]，无三寸则四寸亲……无本族则属公。"[2] 也就是说，膝下无子的嫡母在死亡后，如果有庶子（无论多少）则分给他们本人财产总额的七分之一，剩余的多半财产归属妇人的本家所有，而如果嫡母在无子女也无庶子的情况下死亡，那么其遗产则应全部归还给妇人的本家。那么还于本家后的财产应如何继承就成了一个重要问题。这里产生的争议主要在于《经国大典》"无同生则三寸，无三寸则四寸亲"的规定该如何理解的问题上。《经国大典注解》对此做出了法定解释，其认为无子女的妇人在死亡后，其财产应归系于她的父母，但妇人在死亡时她的父母多数情况下也已死亡，因而她的遗产应由与她同出一母的兄弟继承，如果她的兄弟这时也已死亡，则由其兄弟的儿子、该妇人的亲侄（三寸侄）代位继承，若该妇人之侄这时也已死亡，则由其侄孙（四寸孙）代位继承她的遗产。如果该妇人连侄孙也没有的话，那么她的财产则归系于她的祖父母，即由和该妇人同出自一位祖母的叔伯（三寸叔）继承，如果她的叔伯这时也已死亡，那么则由其叔伯的儿子、该妇人的从兄弟（四寸兄弟）代位继承。也就是说，同一父母的旁系血亲，从父母那里延续的三代以内卑亲属可继承该妇人的遗产，而同一祖父母的旁系血亲，从祖父母那里延续的两代以内卑亲属可继承该妇人的遗产，从而将妇人本家的继承范围限定为妇人的四寸以内亲属（罗马法四等亲以内）。这样就出现了有权代位继承的代数被限定的问题，即该妇人兄弟的曾孙、妇人本人的侄曾孙（五寸孙）不能通过代位继承获得其遗产。申濲认为，《经国大典注解》的这种解释没有理解《经国大典》的立法本意，是错误的法律解释。他认为应将《经国大典》中"无同生"的概念理解为妇人本人是独生子女的情形，而不应理解为妇人的兄弟有子嗣而兄弟本人已死的情形。他认为，《经国大典》中的"三寸"指的是妇人的伯叔父（三寸

---

① 朝鲜半岛的亲属制度使用罗马法亲等制，一寸即为一等亲，二寸则为二等亲，以此类推。

② 《经国大典》，刑典，私贱。

叔)，而《经国大典》中的“四寸”是指妇人的伯叔祖父（四寸大父），并非指侄（三寸)、侄孙（四寸）或从兄弟（四寸)。他认为在继承开始时，在与该妇人同出一母的兄弟、兄弟之子、兄弟之孙均已死亡的情况下，其兄弟的曾孙却不能代位继承，而竟让和妇人同出一位祖母的叔伯继承，这是非常不合理的。他举出《经国大典》条文中无论身死与否都享有同等继承权（即可由其直系后代代位继承）的原则，以及《大典续录》中“只给生存者而不给身死者”违背立法本意的叙述，以证明《经国大典注解》中的这一法律解释抵触了当时朝鲜的根本大法和法律，因而是错误的，也应是无效的。他认为妇人的侄曾孙在其父祖均已亡故时，却不得代位继承妇人兄弟的遗产份额，而让亲缘关系较疏远的从兄弟代位继承妇人伯叔父的份额的这一解释明显厚此薄彼，违反了法律的公平原则。申濣将这一条文重新解释为妇人本人无子时，其遗产由同母所生的兄弟继承，而妇人为独生子女时，其遗产由同一祖母所生的伯叔父（三寸叔）继承，妇人的父母又都为独生子女时，妇人的遗产由同出一位曾祖母的伯叔祖父（四寸大父）继承，而到高祖一辈就已代尽，其基本已出五服而不再以本族相称，因而旁系血亲的继承权不再上溯至伯叔曾祖父（五寸大父)，并由此而将妇人的遗产归公。也就是说，《经国大典》仅止于罗马四等亲（四寸）的立法本意是不至于无限上溯到更远的旁系血亲（如“五寸大父”)，其本意绝非剥夺妇人的侄曾孙（五寸孙）代位继承的权利。《经国大典》中之所以未言明侄（三寸侄)、侄孙（四寸孙)、侄曾孙（五寸孙)，是因为妇人的兄弟在继承遗产后，其兄弟的子孙等直系卑亲属自然都能继承其遗产。同理，《经国大典》之所以未言明从兄弟（四寸兄弟)，是因为妇人的叔父在继承遗产后，其叔父的子孙自然可以继承其遗产。也就是说，只要妇人本家的法定继承人有任一直系后代，那么就不能跳过他而让更远的旁系血亲或其子孙继承她的遗产。也就是说，《经国大典》中“同生”（兄弟）的法律概念已自然包括兄弟本人已死却留有子孙的情形，并将妇人兄弟的子孙等直系卑亲属的代位继承视作理所当然，因而没有一一列举，因此也才有“勿论存殁均给”的规定。申濣在辨明了《经国大典注解》解释中谬误的同时，也承认其因得到了国王的承认而具有法律效力，属于有权解释，因而短期内无法更改。他只能寄希望于日后，留待以后能有修订这一错误解释的法学家出现。

如图47—图48所示，申瀗在他个人见解的最后，画出了《经国大典注解》解释下的使孙图（错误，但有法律效力）和经他本人辨明之后的使孙图（正确，但无法律效力）。“使孙”是指朝鲜时期有权继承无子女者遗产的近亲属，标注使孙之继承范围与继承顺序的图示称作“使孙图”，主要用来标注妇人在无子死亡时，其本家由何人以何种顺序继承。他希望通过对两图的对照，以便于读者理解，从而使朝鲜各级法官能详察其中的微妙差异，以减少审判时的错误。更重要的是，申瀗在注明中说这只是他个人的见解，并不具备法律效力。可见即使在法定解释很有可能是错误的前提下，申瀗对本人所做的学理解释和当时已具备法律效力的法定解释之间，也依然有着严格的区分。

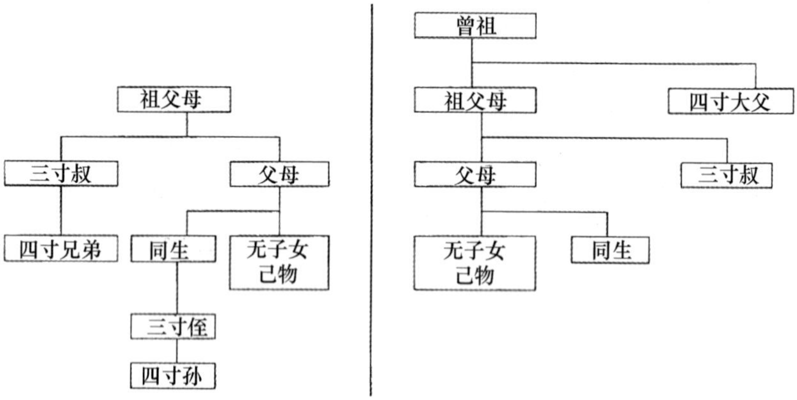

图47—图48 《经国大典注解》的使孙图（左）与
《大典词讼类聚》主张的使孙图（右）①

从上面的分析可知，《大典词讼类聚》的作者申瀗对法理的论证极为严密，其严谨性丝毫不亚于今日的法学家。这些词讼类书不仅是当时对常用民事法规的整理汇编，其中也不乏作者个人的法学见解和真知灼见，有很高的史料价值。而这些词讼类书在编排方面，多是在同一条目下按法律典籍的重要性加以排列。排在最前面的是《经国大典》和《大明律》中

① 정긍식 조지만 田中俊光，2012，《잊혀진 법학자 신번: 역주〈대전사송유취〉》，민속원，246면.

的法律条文，而后是《大典续录》《大典后续录》《经国大典注解》中的法律条文和法律解释，最后是国王颁行的受教。《大典续录》《大典后续录》和受教多以《经国大典》注释的形式出现，在编纂体例上明确了“典”“录”之间法律效力的差异。在《经国大典》和《大明律》的关系上，多是以《经国大典》在前而《大明律》在后的顺序出现，即一般民事法（典）在前，而与民事相关的刑事法（律）在后，本国法在前而外来法在后，特别法在前而一般法在后的顺序。

通过《词讼类聚》等实用类书中目录和条文的编排可知，朝鲜时期在诉讼理论和诉讼实践中体现出的科学严谨丝毫不亚于当代。首先，这些关于词讼的实用类书明确区分了诉讼要件和实体法。如“相避”一项明确记述了法官不宜出庭审理的有关事项，“断讼”一项详细记述了诉讼应驳回的各类情形和事由，“听讼”一项记述了案件受理时需要考虑和核实的部分，以上关于诉讼要件的规定都被排在词讼类书的最前面。紧随其后的是关于案件当事人强制出庭的“亲着”项，以及根据案件性质确定审理期限的“决讼日限”项，以上这些有关诉讼行为和诉讼程序的内容被置于《词讼类聚》等书的最前面，以方便使用此书的各级判官审判案件。而词讼类书中程序法被置于实体法之前的现象说明，16 世纪的朝鲜对程序法和实体法在概念上也已有了明确区分。

第五节　《儒胥必知》

《儒胥必知》刊行于宪宗十年（1844），书中记录了朝鲜后期广泛使用的各种公私文书的格式，并首次将这些法律文书整理成一体，是朝鲜时期吏胥文化的集中体现，《儒胥必知》的出现也同时意味着朝鲜法律文化在民间的广泛普及，因而此书在朝鲜法律史上占有重要地位。

关于《儒胥必知》的编者为何人，向来有三种说法。第一种说法认为是金长生（1548—1631）所著，第二种说法认为是某位士大夫所撰，第三种说法认为是某位或某几位吏胥所编。[①] 我们依次分析这几种说法的正误。首先是金长生编纂的说法，这一说法认为金长生著有《丧礼备要》

---

① 전경목, 2006,“19 세기《유서필지》편간의 특징과 의의”,《장서각》15, 134 면.

和《家礼辑览》等有关礼论的著作，据此推论《儒胥必知》也是由他所撰。但书中关于士族们为得到孝子、忠臣、烈女等封号或旌表而上言情形是朝鲜后期才集中出现的，且书中的许多文书格式直到朝鲜后期才被广泛应用，据此可以否定17世纪成书的可能。第二种说法认为，该书是由某位朝鲜士大夫所撰。但仔细阅读《儒胥必知》后可以发现，该书的错字和别字都比较多，比如我国二十四孝中的“老莱之为戏”就被写成了“老菜之为戏”，可认为是编纂者的失误。又如此书在凡例中仅举出“上言”到“通文套”等前半部分，而“吏读汇编”以后的后半部分却未出现在凡例中，会使读者在阅读时大惑不解，这种遗漏也被认为是此书编纂时存在的重大瑕疵。有汉文素养的士大夫很难犯这种常识性的错误，所以基本排除了此书出自某位士大夫的可能。而认为是胥吏所撰的第三种说法较有说服力。首先从该书凡例中相当于序言的部分便可略知一二：

> 凡文字之体，各自不同。为文章之学者，尚文章之体；为功令之学者，习功令之体；为吏胥之学者，讲吏胥之体。所谓文章之学者，序、记、跋、杂著等体也；所谓功令之学者，诗、赋、表、册、疑、义等体也；所谓吏胥之学者，非独文簿而已，上言、所志、议送等体，皆是吏胥之不可不知者，又非独吏胥之所可知也。凡为吏治者，亦不可不知者。①

《儒胥必知》的编纂者通过上面的序文，将各种文书格式和文体定义为“吏胥学”，认为对账簿的整理以及上言、诉状等文书的写作已构成一门独立的学问，并将其与士族的“文章之学”和士子的“科举之学”放在同等重要的位置上。这一主张在当时富于开创性，因为在重视科举文章而轻视律学等实用学问的大背景下，能有这样的认识实属难能可贵。

而《儒胥必知》具体的成书时期则不易确定。现存的最早版本中关于刊行年代的信息是“甲辰年孟春开刊　武桥新刊”，甲辰年应该是指宪宗十年（1844），武桥是指出版地点，即今天的首尔市武桥洞一带，现存的这一最早版本是《儒胥必知》初刊本的可能性较大。而如果《儒胥必知》初刊

① 《儒胥必知》，凡例。

于宪宗十年（1844）的话，那编纂的时间一定在此之前，现在已无法确知其具体时间。但从书中“士夫以山讼事亲呈单子”这一关于士大夫亲自提交的诉状格式一文中“大抵以其法典而言之，则后入者为主，载于通编”① 的记载来看，《儒胥必知》的编纂时期应晚于《大典通编》刊行的正祖九年（1785）。因此，《儒胥必知》的成书时期应在1785年到1844年间。

朝鲜后期曾出现过《随闻录》《要览》《要录》等汇集各类公文写作案例的著述，虽然不清楚他们的具体成书时期，但这些资料收录了朝鲜后期各种身份之人向各级官府所提交的原情、单子、上言、禀目等文书的具体案例。以《随闻录》为例，其书中共收录了17种共计89件文书，将具有代表性文书的案例选出后，如表19所示。

表19　《随闻录》中收录的部分文书②

序号	文书题目	在书中的顺序
1	昌平高宗镇妻辛氏原情（再状、三状）	第3件文书
2	全罗观察使李敬舆辞职上疏	第5件文书
3	全罗观察使元仁孙失火状启（再启状、三启状）	第6件文书
4	荒年有司报状	第15件文书
5	为亲孝行事请财单子	第16件文书
6	下帖乡校	第34件文书
7	请灾事呈营状议送	第38件文书
8	地神祭祝文	第42件文书
9	坡平尹氏族谱事通文	第49件文书
10	告俘人檄书	第50件文书
11	崔晚六请谥事士林上言	第51件文书
12	禀目	第63件文书
13	行副护军姜世龟上书	第68件文书
14	良女必英招辞	第73件文书
15	僧人乞粮表	第76件文书
16	一身两役所志	第79件文书
17	沈洞上下民人等状	第82件文书

① 《儒胥必知》认为“后人者为主”出自《大典通编》之规定，但在《大典通编》中并未找到相应的条文。

② 전경목 2006，“19 세기《유서필지》편간의 특징과 의의”，《장서각》15，139 면，표 1.

由表19可知，《随闻录》中收录了原情、所志、等状、单子、议送、上疏、上书、上言等各类诉状和请愿文书，以及禀目、下帖、通文、祝文等其他类型的文书，涉及很广。这类文书案例的结集目的就在于朝鲜后期健讼背景之下，在写作提交官府的文书时，需要参考先前富有代表性的文书案例，以便更好地达成自己的诉讼请求。但这些文书都是前人所写的具体文书案例，其格式各有不同，民众在参考时存在不小的困难，因此编纂一本收录各类文书标准写作格式的著作就成了当务之急，《儒胥必知》在社会普遍需要的情况下应运而生。《儒胥必知》和以上集成各类具体案例的著述相辅相成、互为补充，两者一种是抽象的文书格式，一种是具体的写作案例，如法典和判例的关系一般。

《儒胥必知》一书由目录、凡例、本文和附录四部分组成。“目录”使读者可以一目了然地了解此书收录了哪些类型的文书，“凡例”言明了此书的编纂目的，记述了各类文书写作的基本原则，还详细地说明了所志类（诉状类）文书的写作原则，其所罗列的原则多达九项。“本文”部分依照目录列出的顺序，分为上言、击铮原情、所志类、单子类、告目类、文券类、通文套七大类45种文书的写作格式，均以吏读的形式出现。

下面分别介绍本文中出现的各类文书。“上言”是百姓向国王请愿时所提交的文书，书中将上言分为“士林上言”和“子孙上言”，两类上言均下设孝子、忠臣、烈女的“旌闾（旌门）上言”，以及孝子、忠臣、学行的“赠职上言”。“击铮原情”是百姓向国王请愿时所作，通常是在国王出行拦车驾时提交的文书。《儒胥必知》收录了“为先雪冤事击铮原情”“为伸雪后复官爵事原情”“以族人之子立后事原情”“为先茔山讼事原情”四种文书格式。从其内容来看，主要是为祖先雪冤、官爵复位、立后、坟山争讼等类型，可见当事人对先祖的冤抑和坟茔、后嗣的确立等涉及家族荣誉和继往开来之事非常执着，大多不经历直诉和国王裁决不会死心。“上言”和“击铮原情”类文书提交的对象都是国王，因此放在了各类文书的最前面。“所志类”则汇集了百姓向官府提交的诉状等请愿文书，共计九种16项，如表20所示。

表 20　　《儒胥必知》收录的各种所志类文书

类别序号	分类	文书的名称	文书序号
1	山讼	大夫以山讼事亲呈单子	1
		待本官递归亲呈营门单子	2
		以奴名为山讼事所志	3
		常人与侪流山讼所志	4
2	债讼	债讼所志	5
3	颐役·颐户	外邑人有班脉者颐役单子	6
		士夫家单墓直颐役所志	7
		还上抄户图免所志	8
4	受由	牧府使都吏辈受由所志	9
5	宰牛	折脚所志	10
		为亲用全牛膏所志	11
6	代役	员役年老子代所志	12
7	立旨	家券逢贼后立旨	13
		田畓文券失火后立旨	14
8	还退	权卖田畓不许还退所志	15
9	殴打	殴打所志	16

“山讼”类列举了士大夫直接向官衙和监营提交的所志、士族以奴婢名义提交的所志、良人提交的所志四种情形，将之列于所志类之首，反映出朝鲜后期士族间坟山诉讼的频繁。“债讼”类是债权人请求官府要求债务人偿还债务的所志。“颐役·颐户”类是士族后代请求免除军役或者贫穷百姓请求免除还上①的所志。“受由”类指的是地方官衙的吏胥由于疾病或家事而向地方官请假的所志。“宰牛”类是在朝鲜王朝禁止屠牛的时代背景下，百姓请求官府允许其宰牛的所志。在以农业经济为主的朝鲜时期，牛是重要的生产工具，因此官府严禁百姓任意屠杀耕牛，但在牛脚受伤或为治疗尊亲的疾病而须用牛膏等情形下，百姓也可以请求官府允许其

---

①　还上：吏读，朝鲜语“환자”，指的是朝鲜各地官府在每年春天谷价高时分给贫穷百姓粮食，到了秋天丰收时再向其征收相同数量的粮食。朝鲜后期由于国家财政的困难，还上逐渐演变为一种高利贷。

屠宰耕牛。“代役”类指的是儿子因父亲年老而请求官府允许他替代父亲服役的所志。“立旨”类主要指因盗窃和失火等原因使家中的重要文书丢失，因而请求官府证明这一事实的所志。“还退”类指的是在权卖[①]而对方不还时，所有权人请求官府让其归还的所志。“殴打”类指的是被殴之人请求官府依法处罚施暴者的所志。以上这些所志都是朝鲜后期最常见的诉讼类型，可见《儒胥必知》的实用性。

《儒胥必知》的编纂者在凡例中就将写作所志时需要遵守的原则列了出来。如根据诉讼当事人的不同身份，其文书的格式也有所差异。平民、奴婢等非士族的诉状应自称“白活”[②]，而士族提交的诉状则称为“单子”（“士夫亲自呈诉曰单子”），其诉状本身的名称就有差异。凡例中还列举了士大夫、平民、士大夫家奴代讼等不同身份和不同性别之人在提起诉讼时，诉状在标题、起头与结尾处、对官员的称谓和自称及文字的书写等方面的诸多不同，如表 21 所示。

表 21　《儒胥必知》所列不同身份之人提交诉状时格式与称谓的差异[③]

身份	类别	诉状名称	始面	起头	结辞	文字	对判官的称谓	自称
士夫	亲呈	单子	（京城）某部某洞居幼学某单子；（外邑）某地居民幼学某单子	恐鉴伏以	无任祈恳之至；无任泣祝	纯汉文	城主阁下	民
	奴名	白活	某部某洞居某宅奴某白活	右谨陈所志矣段；矣上典（矣宅）	伏乞参商教是后；千万望良为白只为	吏读	使道主；案前主	矣

① 权卖：朝鲜时期指让度物的使用权但其所有权并非完全转移的临时买卖，并且双方约定日后有权赎回的一种交易，类似我国历史上的典卖。

② 白活：吏读，朝鲜语“발괄”，指平民的诉状。

③ 《儒胥必知》，凡例。

续表

身份	类别	诉状名称	始面	起头	结辞	文字	对判官的称谓	自称
凡民	男子	白活	某地居闲良某白活	右谨陈所志矣段	伏乞参商教是后　千万望良为白只为	吏读	使道主；案前主	矣身
	女子	白活	某地居某召史白活	右谨陈所志矣段	伏乞参商教是后　千万望良为白只为	吏读	使道主；案前主	矣女
士夫、凡民		议送	某地居某议送	（士夫）恐鉴伏以；（凡民）右谨陈所志矣段	千万祈祝之至	（士夫）纯汉文；（凡民）吏读	巡相阁下	生

由表21可知，在诉状的称谓和格式上，主要分为士族和非士族两大类，两种诉状在名称、起头与结尾处、对官员的称谓等处都有很大区别。另外，士族的诉状应使用规范的纯汉文书写，而非士族则应在汉文中混用吏读，如士族在自称时用汉字“民”，非士族在自称时则使用吏读的“矣”。在朝鲜后期书堂普及、出版业繁荣和识字率提高的大背景下，百姓间的诉讼日渐增多，但百姓在提交诉状时大多分不清所志、单子、白活、上言、原情和等状等各类诉状类型而随意书写，因此，通过《儒胥必知》的编撰刊行，使诉状得以规范化和体系化。

除了上言、击铮原情（冤情）和所志三类文书外，还有单子类、告目类、文券类和通文类等类型的文书。“单子类”主要包括宗族的支孙向宗家上交祭品时的单子、给予丧家赙仪的单子等关于丧礼和祭礼所用的文书。“告目类”收录了吏胥书写各类告目时常用的四种文书格式，分别是“各司胥吏公故时”“吏辈问安时”“吏辈岁时问安时”和“外邑吏有房任干请时”四种，主要是胥吏向之前的上官问安，或为了担任房任而请托时所写的文书格式。“文券类”和“通文类”属于私人间撰写的文书。“文券类”主要介绍了买卖房屋、田畓、奴婢和山地时，经常用到的买卖文券和债用文券等文书格式。“通文类”则是官府向士林通告各类事项时用到的文书格式。

《儒胥必知》的最后是附录部分。附录收录了吏头汇编和六类公文书的格式。“吏头汇编”共收录244项文书的吏读，又细分为233项常用的吏读文（行用吏吐）和11项不常用的吏读文（罕用吏吐），常用的吏读按字数分成“一字类”到“七字类”，按字数的从少到多排列。附录还收录了“报状式”“书目式”“重囚同推式”“决讼立案式”“买得斜出式”“移官下帖式”等六种公文书格式，这些都是各级官员和书吏所必须掌握和熟知的。

“报状”指的是下级官府向上级官府报告各类事项时所用的文书，其摘要称作“书目”，书中记载了这类文书的格式，并从中可推测当时公文书的处理流程。“重囚同推式”是指被任命为同推官的官员在调查取证重罪犯人后，向观察使递交报告的公文格式，书中以对明火贼的调查报告为例加以说明。“决讼立案式”和“买得斜出式”都是请求官员对某一事实进行公证的文书格式。“决讼立案式”是指在诉讼结束后，将诉讼的全过程加以记录并得到官府确认，以此获得法律效力的公文格式。“买得斜出式”则是当事人将交易后取得所有权的事实请求官府立案以获得法律效力的文书格式，并对当时常见的“无主陈荒地立案”“付火立案”和“无主田畓愿受立案”的写作方法予以简要说明。“移官下帖式”是官府向同级或下级官衙派送的“移官式”和“下帖式”的合称，书中将这两种公文格式一并加以介绍。

总之，《儒胥必知》的刊行和普及是朝鲜法制史上的一件大事。《儒胥必知》最早将朝鲜民众日常生活中广泛用到的各种公私法律文书体系化。虽然许多公文格式曾在《经国大典》和《大典通编》中有过整理，但有关私文书格式的整理和介绍《儒胥必知》则属首次。特别是“上言”“击铮原情”和“所志类”，以及“文券类”等私文书格式的整理均属首创。不仅如此，《儒胥必知》还将上言和击铮原情归为“对国王文书”，与其他私文书加以区分。又如《儒胥必知》中明确区分了士族阶层和平民、贱民等非士族阶层在书写诉状时各类用词和格式的区别，这些都反映出编纂者试图将各类法律文书体系化的努力。另外，书中还网罗了各类文书常用的吏读，并按字数的多少加以排列，起到了索引的作用。在此书的最后还附有各类公文书的格式，使胥吏日常在书写文书时变得更加高效便捷。《儒胥必知》在19世纪的汉城和全州以木板本加以刊行并得到广泛普及，对当时的社会文化产生了积极影响。朝鲜此后还刊行过《新式儒胥必知》，直到日据时期仍被多次再版。《儒胥必知》的各类文书格式在近代仍被广泛使用，可见此书在朝鲜半岛巨大的影响力。

第十三章

山　讼

第一节　土地制度

朝鲜时期的土地基本是私有制，国家允许民众买卖、继承等对土地的自由处分。当时关于土地使用权的规定如下。第一，允许土地自由买卖，但应在百日内向官府申请立案。① 第二，法律详细规定了土地和房屋如何继承，并以子女均分作为基本原则。② 第三，国家依法保障土地的所有权不受侵犯，对于各类有争议的田产均不受五年诉讼时效的限制，随时可以提起诉讼。③ 第四，官府在必要时可以征用个人所有的土地，但应给予一定补偿，比如地价补偿或者授予其他土地。第五，土地所有权是永久而无限期的，这种所有权通过继承实现代际的传递。

官府依法保护地权，在当事人间对所有权产生争议时，需要出示相应的证据。证明土地所有权的证据有"量案""收税案""衿记"和各类文书。朝鲜时期的土地所有权是以文书等书面证据为主来加以证明的。"量案"类似于今日的地籍簿，韩国称"土地台帐"。朝鲜时期的土地每隔20年测量一次，然后制作五份量案，由户曹、土地所在的道和邑④分别保管一份。⑤ 量案明确记录了土地的编号、等数⑥、

---

① 《经国大典》，户典，买卖限。

② 《经国大典》，刑典，私贱。

③ 《经国大典》，户典，田宅，"凡讼田宅过五年则勿听。盗卖者，相讼未决者，父母田宅合执者，因并耕永执者，赁居永执者，不限年"。

④ 道以下的行政单位，如郡、州、县在朝鲜都称作邑。

⑤ 《经国大典》，户典，量田。

⑥ 朝鲜将土地分为六等，分别是一等田到六等田。(《经国大典》，户典，量田)

状态、面积、长度、四标[①]以及土地所有者的名字。量案不仅是政府掌握土地使用情况和收税的依据，也是个人土地使用权的基本证明。土地所有者根据土地数量缴纳相应的田税和贡赋。如果测量时的土地正有争执在诉讼期间，那么官府会等到判决以后再将所有权人的名字载入量案。如果不能在短期内解决争议，就将当前土地占有人的名字以“时执”（当前占有）的名义载入量案。诉讼中当事人的主张与量案的记载一致时，当事人就有很大可能胜诉，因为官府对量案的法律效力予以承认。但如果量案是几十年前制成的，而几十年中土地的使用权曾经发生多次转移，诉讼双方就要各自提供从量案制作时到诉讼前土地所有权发生转移的所有文书，官员在调查所有权转移的合法性和文书的真实性后做出判决。因此，量案是证明土地所有权最初始且最持久的证据。

但量案是国家以确保赋税等财政收入为目的制作的，土地测量并非以土地所有者为单位，而是以面或郡为单位进行，所以通过量案无法确知个人所拥有土地的具体数量。官府为了征税，又制成了以所有权人为单位的地籍簿，当时称作“收税案”或“衿记”，有的地方也称“马上草”或“名字册”。当事人有时会以收税案为依凭，主张或证明本人对土地的所有权。

但土地所有权人变动后的信息无法及时载入量案和收税案中，所以朝鲜时期土地的所有权发生转移时，双方当事人一般要求官方出具“立案”“立旨”或“完文”[②] 等证明文书。土地买卖时的官方立案称作“斜给立案”，围绕土地争议做出判决时的立案称作“决讼立案”。在当事人买卖土地又无相关证明材料时，可以申请官方“立旨”，申请立旨之人需要找到三名证人出庭做证，称作“三切邻”，以保证相应土地为当事人所有。立旨并不像立案和完文等产权证明那样具有绝对的法律效力，而仅仅是对某一事实确认的文书。朝鲜后期申请官方立案的情形逐渐变少，而代以继承时的“分财记”、赠予时的“遗书”、买卖时的“文记”作为证明。当证明土地所有上述文书因失火、盗窃等原因遗失时，当事人多会要求官方出具文书遗失的证明，以确保自己的权利不受损失。诉讼时，官员会对原

---

① 四标标明四方的境界。

② 完文类似于一种确权证明。

被告各自提供的证明文书加以比较，将产权证明溯及更久远的当事人的胜诉的可能性更大。而如果当事人既没有上述文书佐证，又没有三位邻人的保证的话，则会判定当时占有并耕作的一方为土地的所有权人。

第二节 坟山争讼

朝鲜半岛多山，山地面积占半岛总面积的80%左右。以今天的韩国为例，其山林区域的大约60%属于私有林地，私有林地中“墓山”（也称“先山”）占很大比例。墓山是某个家族用来集中安置祖先坟墓的用地，此后一直被该家族使用。由此给韩国的山林开发造成了不小的困难。由于朝鲜半岛传统上偏爱土葬，对墓地的选址又受到风水学说的影响，使本来就狭小的国土变得更难开发。

自高丽以来的朝鲜半岛史料中，山林川泽多记载成“与民共利地”“一国人民共利地”等，所以朝鲜时期的山林在原则上是民众可以根据开发能力和使用必要性而自由利用的。但是到了朝鲜后期，出现了“共利地”（可视为公有土地）逐渐变为私有地的趋势。朝鲜时期将公有地变为私有地的方式分合法渠道和非法渠道两种。

合法渠道主要有两种途径，第一种是通过开垦土地而将之私有化，第二种途径是以祖先的坟墓为据点而将土地私有化。《续大典》规定：“凡闲旷处，以起耕者为主。”① 也就是说，谁开垦了闲置的国土并使其变成了农耕地，那么开垦者就自动取得这一土地的所有权。耕作闲置土地之人对其开垦的土地享有买卖和继承的权利。而在朝鲜时期的量案上登记的绝大多数私人所有的土地最初都是“共利地”（公有土地），都是随着百姓对土地的开垦而逐步变为私有地的。而当时通过埋葬祖先的方式也可占有土地。朝鲜半岛的民众很早就有土葬的习惯，中国的风水学说在高丽以后传入朝鲜半岛，使半岛的民众形成了愿意将自己的祖先埋在高处的风俗，而因风水宝地的稀缺就产生了严重的土地纠纷。朝鲜时期的山林虽然原则上是共利地，但如果因埋葬祖先而立墓的话，则等于顺带取得了坟墓周边的土地所有权。

---

① 《续大典》，户典，田宅。

而非法渠道则是通过对坟山的诉讼（山讼）取得土地所有权。不少史料中记载了从高丽开始，权势家族就开始非法广占山林，其中许多是伪装为合法途径占领的。比如《经国大典》明确规定了各品阶的官员坟墓附属土地的范围：

> 坟墓定限，禁耕牧。宗亲则一品四面，各限一百步，二品九十步，三品八十步，四品七十步，五品六十步，六品五十步，文武官则递减一十步，七品以下及生员进士、有荫子弟同六品，女从夫职。耕垦在葬前者勿禁。京城底十里，及人家百步内勿葬。①

从中可知，朝鲜本国法典以步数来确定各级官员坟墓的范围，品阶越高的官员，对应的步数也就越多，能占有的附近土地也就越多。朝鲜时期的步数以周尺为计算单位，一步约合 1.386 米。以宗亲一品为例，四面各一百步（138.6 米）也就意味着以墓地为圆心，形成以 138.6 米为半径的圆，圆内的土地与松楸等植物均属于墓主人的家族所有，其他人未经允许不得在此范围内埋葬亲人。而古人认为坟墓的吉凶会影响家族的兴衰，并能左右子孙的命运，所以墓地因为风水的理念变得复杂而尖锐。特别在 16 世纪后，随着理学和《朱子家礼》在朝鲜半岛日渐普及，宗法观念和风水习俗带来的影响愈演愈烈。此外，坟山的耕种、伐木等经济效益等因素也被考虑在内，因此当时的朝鲜形成了先占和广占山林的激烈竞争。

由于对阴宅风水的推崇，朝鲜的士大夫们不再止步于《经国大典》中坟墓步数的规定，而是希望确保祖先坟墓享有左青龙右白虎的领域。也就是说，最好的阴宅是墓地四面环山，中间有一个宽敞的盆地，“穴”就在此盆地中。四面的山称作“砂”，对面的一座小山是“朝山”，形似书案而称作“案山”，墓地的后面背靠着“靠山”。左山是青龙山，右山是白虎山。远朝近案，墓地的朝山如书案，书案的前面又有小山层峦叠嶂，以此象征百官的朝立，拥有这样的地形才是护佑子孙富贵的好墓。所以到了朝鲜中后期，不论官职的高低有无，人们都想守护祖先墓地青龙白虎的

① 《经国大典》，礼典，丧葬。

领域不受到他人侵犯，也自然使当时的坟山规模急剧扩张。（见图 49—图 50）

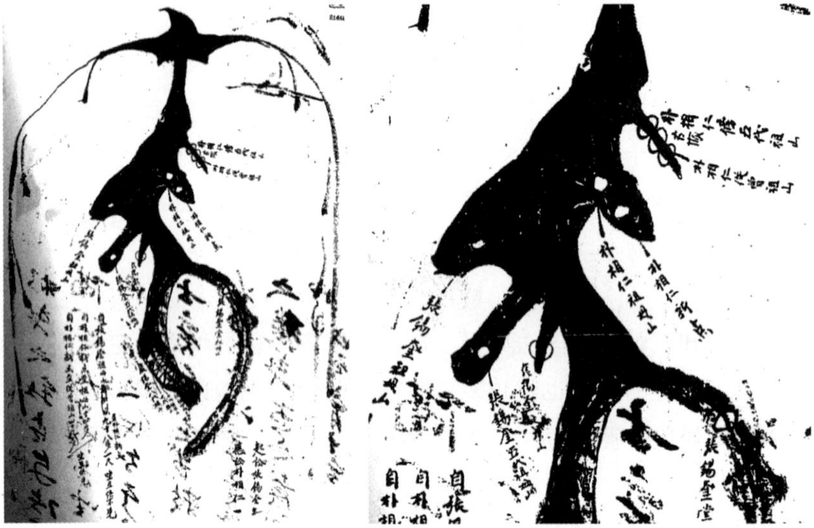

图 49—图 50 张锡圭与朴相仁山讼诉状中绘制的山图
全图（左）和局部图（右）①

《经国大典》规定，对坟墓东西两山脉（龙虎）的守护远远超过了步数的限制，而属于非法广占土地。但却因当时士大夫对祖先的尊崇近似于宗教，使得朝廷不得不有所回应。肃宗二年（1676）国王下旨做出如下规定，后成为《续大典》的条文：

> 下教曰："士大夫墓山内，龙虎内养山处，则勿许他人入葬。自外龙虎以外，则虽养山，勿许任意广占。"②

---

① 首尔大学奎章阁藏古文书 No. 214614。从局部图可知，朴相仁在祖母坟的山下新葬了自己母亲的坟墓，但原告张锡圭认为其与自己祖母坟的距离未达到 90 步而应属于禁葬区域而提起诉讼。在右下方有原被告双方的署名，诉状的背面写有判官的判决文。

② 《朝鲜王朝实录》，肃宗实录卷 5，2 年 3 月 4 日，《续大典》刑典 · 听理："龙虎内养山处，勿许他人入葬，龙虎外则虽或养山勿许广占。"

也就是说，朝廷从17世纪末开始逐渐承认龙虎守护的合法性。以后关于坟山争讼的案件数量开始急剧膨胀。以至于掌令崔庆湜在肃宗四十年（1714）的上疏中坦言道：

> 《大典》山讼，一切以品数定其步数，一自丙辰受教，有龙虎养山处，勿许他人入葬之条，争端四起，莫可禁断。臣意，士夫家所独禁养之地，则依丙辰受教，以龙虎为限，其余则一依《大典》步数之法，勿拘龙虎之限。①

在肃宗二年（1676）的受教出台前，即使他人在自己祖先坟墓的“左青龙、右白虎”区域内偷葬，当事人也无法运用法律手段解决，只能通过家族势力或强力维护自己的权益。而在这一受教出台以后，对墓地龙虎的守护已得到官方认可，导致围绕一处墓地广占周边五六里土地的案例时有发生，使本来就面积狭小的朝鲜半岛土地资源变得更加紧张。又因为《经国大典》属于祖宗成宪，所以仍然具有法律效力，这样便产生了新旧条文同时适用而引起的冲突，容易造成诉讼双方当事人根据各自的利益而参照不同法条主张权利的现象。

因为围绕墓地广占土地现象的普遍化，因而他人在自家龙虎守护区域内“偷葬”的案例频频发生。“偷葬”又分为“勒葬”“暗葬”“平葬”等几种类型。“勒葬”是指地方豪强倚仗势力和武力，在他人坟墓的守护范围内强行埋葬自己的亲人，这需要有强大的经济实力和社会背景作为支撑。所谓“暗葬”，是指为掩人耳目，趁夜晚黑灯瞎火时在他人的坟山上偷偷埋葬自己的亲人。“平葬”与暗葬相似，但其不立墓碑而如平地一般，埋葬后几乎难以发现任何痕迹。

深受理学影响的朝鲜社会中，祖先的坟墓被当作活人一般对待，未经墓主人血亲的允许而随意毁损或掘走他人坟墓的行为视同杀人，一般会被处以流刑。朝鲜时期除墓主人亲人以外，其他人包括官府均没有掘走其坟墓的权利。所以诉讼中即便主张“禁葬”的一方胜诉，偷葬之人如果坚持走坟墓的话，禁葬一方也是束手无策。因此，偷葬一旦成功，让其掘走

---

① 《朝鲜王朝实录》，肃宗实录卷55，40年8月27日。

是一件很困难的事。

所以偷葬者在败诉后，一般会以各种理由拖延，史称“过限不掘”。这些理由包括“冬节期”“三九不动塚”“农繁期”等。因为这些理由本身具有一定的合理性，所以禁葬者和官府也会予以认可，并对掘走的日期给予偷葬者一定宽限。“冬节期”这一借口指的是冬天因土地冻结而无法开掘，要等来年 2 月后才能将坟掘走。而到了第二年的 2 月末，其又会以“三九不动塚”为借口，认为 3 月和 9 月移动坟塚在风水上不吉利而再度拖延。而过了 3 月后，又到了每年农忙的时节，朝鲜时期作为农业社会，为了避免妨碍农业生产，大部分的案件在从春分到秋分这半年时间里不予审理，而移葬之事自然也不能够耽误农业生产。而过了“农繁期”的农历 8—9 月后，偷葬者又自然搬出“三九不动塚”的说法加以拖延。到了 10 月以后，偷葬者再利用各种借口加以拖延，这样很快就到了土地冻结而无法掘坟的冬季。所以说，真正能使偷葬者把坟墓移走的时期每年大概只有农历 2 月、10 月、11 月这三个月。即使官府为了给偷葬者施压而将其关押，遇到节日、丧礼和葬礼时也要将之释放回家。如果偷葬者是有钱有势之人，那能够让他顺利移葬的可能性就更小了。

在朝鲜后期坟山诉讼的案例中，最典型的就数历经约 250 年并直到公元 2010 年才最终解决的尹、沈两家的坟山争讼案。让我们把时空回溯到英祖四十一年（1765）闰二月二十三日，英祖大王行至庆熙宫兴化门后，对两位年逾七十的臣子、坟山诉讼的当事人沈廷最和尹熙复亲自审问，在刑杖后将两位臣子处以流刑，结果尹熙复在流放途中死亡。本案在《朝鲜王朝实录》中有清楚的记载：

上夜御兴化门，亲问前都正沈廷最，前佥正尹熙复，以两家讼山也。初高丽侍中尹瓘墓在坡州，失其传。故相臣沈之源墓下，有一大冢，流传谓尹瓘之墓，而为沈氏所压葬。尹之后孙，得墓碣数片，疏请移沈之葬，而沈亦尹之外裔故也。上以两家各护其墓，毋相争犯，两谕而并镇之。及是尹之诸孙，聚毁沈墓之阶砌，沈又募人抟逐。相继击鼓以闻，上以尹、沈，世之大族，而不体朝家德意，互相争夺，继以烦吁，不严处之，无以镇颓纲励风化也，遂有亲问之命。入直玉堂官金鲁镇等，以事系私讼，宜付有司，不宜深夜临门，致损国体求

> 对，而不许，命先递其职，下之吏。仍御宵亲问两人，刑准次远配。廷最、熙复年各七十余，熙复受刑未逾日而死于道。[①]

尹熙复一家在事发的几年之前开始寻找一位先祖的坟墓，这位先祖就是高丽时期曾任侍中的尹瓘（？—1111）将军。其坟墓据说位于京畿道的坡州一带，但到18世纪时已经过六百多年，早已不清楚他埋葬的具体位置了。尹氏一家根据先祖之墓在坡州分水院的记载，在这一带经过多方讯杖查探后，终于找到了数片墓碣（碑石），因此认定此处就是先祖尹瓘的墓地无疑。但不巧的是沈之源（1593—1662）的墓地就在其下方。尹氏一族要求沈氏的后代将其祖先沈之源的坟墓移葬他处，但沈氏之墓在这里已安然埋葬了一百多年，沈氏一族认为绝不可将祖先移葬别处。何况沈之源本人是一品高官，在孝宗时曾任领议政，是沈氏一族引以为荣的显赫的祖先（显祖）。沈之源之子沈益显娶的是孝宗大王的女儿淑明公主，作为孝宗的女婿备受其宠信，孝宗去世后他又辅弼年幼的显宗而高居院相之位，因此沈氏一族更无法轻易将先祖移葬。两家因而对簿公堂。

两族的诉讼从墓地附近的京畿道坡州、高阳、交河等地的衙门开始，三地的守令均因为和两造存在姻亲关系而避嫌，经京畿道观察使后惊动了朝廷，国王最终出面劝和：

> 命赐祭于高丽侍中尹瓘、故相臣沈之源之墓。初尹、沈之坟，在于坡州，尹先葬岁久而失传，沈以其外裔占葬焉。至是尹家子孙，得片碑于山下，与沈家子孙，争讼不已，上两禁之，命各守其墓，毋相侵犯。以瓘为前朝名相，之源亦我朝名相也，一体致祭。[②]

国王在英祖四十年（1764）判决两家都不必移葬他处，可一起致祭。理由是两位墓主人都曾身居高位，一位是高丽朝的名将，一位是朝鲜本朝的名相，实在难分伯仲，所以英祖判决哪一方都无须将墓地移葬。但国王的裁决并未有太大成效，尹氏一家将沈之源墓前的阶砌平毁，沈氏一家又

---

① 《朝鲜王朝实录》，英祖实录卷105，41年闰二月二十三日。

② 《朝鲜王朝实录》，英祖实录卷103，40年6月14日。

岂能善罢甘休，因而聚众殴打了尹氏族人并将之驱赶。双方均通过上言和击铮等直诉手段向国王诉说自己的冤屈和不平，结果就导致了上文中英祖大王亲审两位家族代表的一幕。

即使两家的代表者沈廷最和尹熙复均遭到流放，也未能解决这一纠纷。两家在祖先崇拜的意识下都认为这一诉讼关乎家族的名誉地位，因此事关重大，所以全体家族成员都积极参与其中，并进行了殊死斗争，即便是国王也无法对两家进行有效和解。之后两个家族的每一代子孙都进行了持续不断的斗争而不妥协。直到 2010 年，尹氏一族给沈氏的祖先沈之源提供了移葬用的地基，两家最终达成和解，沈氏一族最终将先祖沈之源的墓地移葬到了别处，两家终于在 250 年后化干戈为玉帛。以下两节将通过两个具体案件来论述山讼的实际状况。

第三节 1807—1811 年卢尚枢诉朴春鲁案（案例 13）

本节将讲述居住在庆尚道善山府的卢尚枢和朴春鲁二人间的坟山诉讼。① 卢氏一方以对方将母亲葬在自己祖坟的对案处为由，认定对方属于偷葬，其依据的是肃宗时对龙虎守护予以认可的受教。朴氏一方则认为，双方坟墓间的距离已超过 200 步，是合理的范围，其依据的是《经国大典》对坟墓步数的规定。此案的特别之处在于原被告双方都积极利用上言、击铮等直诉制度将案情直达天听。原告卢尚枢共计上言 5 次、击铮 2 次，被告朴春鲁也击铮过 2 次。本案依据的资料以古文书②、《日省录》和原告卢尚枢的生活日记③为主。

原告卢尚枢是一名武将，他出身世代居住在善山府的士族之家。从他的十一世祖卢从善（1430—？）开始便一直在此繁衍生息，到此时已有 400 多年，家族中人才辈出。卢尚枢（1746—1829）本人因武科及第出

---

① 金景淑教授曾对本案有过深入研究：김경숙，2008，“조선후기 산송과 상언 · 격쟁”，《고문서연구》33，253—280 면，本节有所参考。

② 양진석 외 편，2007，《최승희서울대명예교수소장 조선시대 고문서I：탈초본 1》，다운샘，以下注释简称“古文书”。

③ 국사편찬위원회，《사료총서49：노상추일기》，以下注释简称“卢尚枢日记”。

仕，于正祖二十一年（1797）升任堂上官，诉讼前时任江华岛中军一职。诉讼发生在纯祖七年（1807）夏秋之际，他当时致仕回乡，到诉讼结束的纯祖十一年（1811）为止，这一期间他未出任任何官职。通过他的日记可以得知，他从纯祖八年（1808）三月起赴京后，在诉讼期间一直居住在汉城。① 直到诉讼结束的纯祖十一年（1811）四月才回乡生活，同年十月被任命为加德镇佥使后离乡赴任。②

被告朴春鲁此人则没有详细的史料，只知道他是卢氏家族女婿朴鼎宝的后裔，和卢氏家族有姻亲关系。根据卢尚枢上言中称被告为“无识贱孽”“孽后孙”等可知，他是贱妾所生的庶孽之后。诉讼争议坟山的地点在善山府星南村，是安康卢氏的世葬之地，通过当时的官方文书，间接得知卢尚枢的上言中曾对坟山的由来有如下叙述：

> 臣矣身等十一代祖佥正臣○○③世居本府上龟尾星南村，而受业于先正臣文简公金宗直之门学有渊源。而及其殁也，因葬□所居村左。所谓星南一洞，即臣矣身等六七百年生居死葬之地。④

从中可知，从他的十一世祖卢从善开始，其家族就世世代代葬在星南村左边的山麓上。根据他的说法，坟山从15世纪开始就已作为卢氏家族的“世葬山”了。而当时受招赘婚俗的影响，卢氏家族的众多女婿和外孙也葬在此地，坟山是亲孙和外孙并葬的格局。如古文书中的表述一般：

> 而臣矣身等十世傍祖臣继宗子孙因居其地，其四世孙师圣无后，以其田产传给于女婿县监臣李敏善，李敏善又分给其田产于女婿朴鼎宝，而李敏善子孙至于今世居臣矣身先墓右谷而世葬右局，朴鼎宝子孙至于今世居左谷而世葬左局，分定地界不相侵犯。⑤

---

① 《卢尚枢日记》，1808年3月28日。

② 《卢尚枢日记》，1811年10月3日。

③ 原文空格。

④ 古文书，［7］关，3汉城府（前府使卢尚枢等）1810年，10—13行。

⑤ 古文书，［7］关，3汉城府（前府使卢尚枢等）1810年，14—18行。

从上文可知，李氏、朴氏及其子孙均是以女婿和外孙的身份入葬涉案坟山的，他们的后代也世世代代葬在此地。卢氏、李氏和朴氏三姓间“分定地界不相侵犯”已有近三百年历史。而造成这一状况的根源则是作为卢氏先祖之一的卢师圣无子，所以将田产分给了女婿一家。

本案的导火索是在纯祖七年（1807）一月，在山下居住的朴氏后代朴春鲁将他的母亲葬于卢氏坟山的对案处。[①] 虽然朴春鲁认为此处是朴氏的世葬之地，但他母亲坟墓的位置却和卢氏家族的祖坟有冲突，因而双方产生了矛盾。卢氏一家向庆尚道善山府使提起了诉讼，认为朴春鲁埋葬母亲的行为属于偷葬，要求他将坟墓掘走。朴春鲁则认为坟墓的位置与卢氏一家的坟墓间足有 200 步之遥，认为卢氏家族非法广占坟山。双方于纯祖七年（1807）一月到纯祖八年（1808）秋天大约一年半时间中，经善山府、庆尚道监营和暗行御史等官衙或官员相互控诉。这一时期卢尚枢一方胜诉三次，朴春鲁一方胜诉一次，随着案件的不断升级，此案逐渐成了悬案。

最初审理此案的是善山府的府使李义教，他亲自到现场调查后，判决朴春鲁应在当年（1807）五月底（晦日）之前将坟墓掘走，让朴春鲁写下了侤音（保证书）。但被告朴春鲁于掘走期限前又将案情上诉至观察使，观察使尹光颜要求善山府重新审理此案，府使则让乡所代为调查。在此期间朴春鲁抛出一主张，他认为在卢氏先祖墓地的脑后一百步以内，有属于李氏家族的李克仁之兄的墓葬，那为何不禁葬其墓，反而不许安置比李氏之墓远得多的他母亲的墓葬呢？面对如此不利的质问，卢氏一家拒绝在新绘制的山图上署名，并再次要求善山府使亲审此案。就在善山府使拖延审理之时，朴氏一家也向府使提起了诉讼，并告密说卢氏一族对府使“多有不逊之说”。善山府使听信后，以凌侮官长之罪将卢氏家族的人刑杖，并判决朴春鲁胜诉。[②]

此时的卢尚枢从江华中军的职位上卸任后返回家乡，使得本案转而对

① 古文书，［25］所志类，28 卢尚枢，16—17 行，“春鲁居在山下偷葬其母于臣矣身先墓对案之处”。

② 古文书，［7］关，3 汉城府（前府使卢尚枢等）1810 年，44—45 行，51—53 行，61—70 行。

卢氏一族有利。他回乡后三个月内向监营七次递交了诉状，观察使指派查官李烨进行调查。根据调查结果，观察使在当年（1807）十一月做出判决，判决卢氏一族胜诉，要求善山府监督被告朴春鲁将坟掘走。这时的善山府使改由庆尚道开宁县监李德彬兼理。根据上级的指示，李德彬将被告朴春鲁捉来后，要求他在掘走坟墓的侤音（保证书）上署名，但朴春鲁拒绝署名，表示不接受判决结果。他主张原告卢尚枢之弟通过私下运作，将查官换成了李烨，而卢尚枢恰恰与李烨之弟是故交，因而怀疑查官调查的公正性。[①] 这让笔者想到了滋贺秀三教授的观点。他在论述中国传统法制时认为，“断罪原则上以口供为凭”，“只要没有获得罪行自供状，就不能认定犯罪事实”；“这种方式下，任何人都不能被以自己没有供认的犯罪事实而问罪，因而它有保护人权的意义”；“遇到坚决拒绝自认的人就会一筹莫展，作为打开局面的对策，一方面不得不允许刑讯逼供，另一方面，连刑讯拷问也没有效果的时候，不知何时才有结论的长期未决拘留这种弊害的产生就成为不可避免”。[②] 通过本案也可以看出，滋贺秀三教授对中国传统刑事法的观点同样适用于朝鲜半岛传统民事法。因本案的被告朴春鲁拒绝在保证书上署名而未做出同意的意思表示，致使案件久拖不决，当时的官府可用的方法只有刑讯一种，所产生的弊害便是对当事人的长期拘押。

于是，开宁县监将拒绝署名而拒不执行的被告朴春鲁收监。就在此时，朴春鲁基于对查官公正性的怀疑，再次向观察使抗诉。观察使再次下令让开宁县监重新调查此案。但情况并未因此改变，朴春鲁因拒绝署名而在次年（1808）春天之前一直被关在牢中。次年（1808）春，新任观察使上任，县监将本案悬而未决的情况如实反映给了新任观察使。观察使指示道：

一向顽拒风习可骇如此，则岂曰有官有民乎？更使即捧侤音[③]，

---

① 古文书，［7］关，3 汉城府（前府使卢尚枢等）1810 年，71—88 行。

② ［日］滋贺秀三：《中国法文化的考察——以诉讼的形态为素材》，载［日］滋贺秀三等《明清时期的民事审判与民间契约》，王亚新、梁治平编，法律出版社 1998 年版，第 10—11 页。

③ 侤音：吏读，朝鲜语“다짐”，“保证书”“供词”之意。

若又顽拒，为先加刑。[①]

被告朴春鲁在听到刑杖的威胁后，终于放弃了他在狱中数月的坚守，不得不在保证书上署名，保证当年（1808）十月前将坟墓掘走。[②] 恰在这时，国王派来的暗行御史来到了庆尚道，使得本案案情突变。当年（1808）七月十三日，暗行御史吕东植来到善山，朴春鲁抓住这一机会向御史呈诉自己的冤情。御史认为朴春鲁以距离更近的李氏家族墓葬未禁为由诉冤，有一定的合理性，但因已经判决而不便翻案，因此只是作出将掘坟的日期暂时推迟的决定。[③] 御史看似折中的决断其实对朴春鲁有利，使他可以合法地推迟掘走坟墓的时间。从中可以看到，与诉讼当事人焦急的心情不同，官府对具体的诉讼案件态度消极，并习惯做出折中的判决，对具体民事案件的立场总是摇摆不定，因而导致诉讼被拖延和升级。

原告卢氏家族认为此案在地方上已无法解决，因而决定去国都汉城呈诉。原告卢尚枢从 1808 年三月到 1811 年四月的三年内，通过直诉向国王共上言 5 次、击铮 2 次，被告朴春鲁亦击铮 2 次。卢氏家族的第一次上言是在 1808 年三月五日，这天卢尚枢叫来侄子们一起商讨击铮事宜，并起草了原情（诉冤文书）。他们得知国王将在本月十三日出宫十六日回宫，因而决定让侄子卢箕烨赴京诉冤。但是卢箕烨的上言[④]被见拔[⑤]而未成功。[⑥] 卢尚枢得知侄子上言失败后，决定亲自赴京争取权利。第二次击铮仍由侄子卢箕烨执行。他于当年（1808）年八月十一日在国王纯祖回宫的途中，在汉城西大门外拦下御驾，将原情提交给国王。他在几天后赴刑曹受 50 大板的刑杖后，其诉冤文书被国王接收，国王决定让庆尚道观察使调查此案。此案重新回到观察使手中后，反而使卢氏一族不利。观察使郑东观认为，既然已确定将朴春鲁母亲的坟墓的掘走时限了，为何卢氏家

① 古文书，[7] 关，3 汉城府（前府使卢尚枢等）1810 年，91—92 行。

② 古文书，[7] 关，3 汉城府（前府使卢尚枢等）1810 年，92—93 行。

③ 《卢尚枢日记》，1808 年 7 月 27 日，“闻御史吕东植，今月十三日，出道于善山。……朴春鲁，以山讼掘移㑲音事，呈于御史，御史使本官查报，其题曰，今不可反案，掘移日子，安徐云云，诚可笑叹”。

④ 可能中途改击铮为上言。

⑤ 承政院在接收到的上言中将不合适的除去而未向国王禀告。

⑥ 《卢尚枢日记》，1808 年 3 月 5 日、6 日、24 日。

族不能等待而一味要赴京越诉，他认为这是对官长的蔑视和不尊重。[1] 卢氏一方赴京直诉的做法非但没有解决问题，反而引起了地方官的反感。

被告朴春鲁看到卢氏赴京上诉，因而也不甘示弱。纯祖九年（1809）一月七日这天，纯祖大王要出宫拜谒宗庙、永禧殿和景幕宫，朴春鲁在得知后，便在汉城东大路击铮鸣冤。[2] 但他的鸣冤击铮因未在指定地点而被判违格，这次击铮以失败告终。人一直在汉城的卢尚枢得知后，立马将这一消息传回善山老家，侄子卢必烨为第三次上言而赶赴汉城。其上言在当年（1809）二月十六日得以实行，朝廷在商讨后再次要求观察使严加调查。而被告朴春鲁也在两天后的二月十八日击铮诉冤。由于两造这次几乎同时向国王鸣冤，其处理也就一并展开。卢氏家族的上言经汉城府返回庆尚道监营，而朴春鲁的击铮经刑曹返回庆尚道尚州牧使手中，中央均责令地方官严查本案。[3]

而在这时，庆尚道观察使由郑晚锡接任，当时正值盛夏，调查因而延期。当年（1809）七月尚州牧使李英绍经过调查后，先前的判决被翻案。观察使根据尚州牧使的调查结果认为，朴春鲁的主张更有正当性。卢氏一方即使之前在地方上胜诉三次，并上京鸣冤而两次得到国王过问的情况下，还是未能逃脱败诉的命运。

卢氏一家不服判决，因此决定发起第四次上言。但卢尚枢在纯祖九年（1809）九月的上言被判定违格而无效。他又在纯祖十年（1810）二月三日发起了第五次上言。这天，纯祖大王出宫拜谒懿昭墓和善禧墓，这次的上言被国王接收后，汉城府令庆尚道观察使再次调查此案。卢尚枢回到善山后向观察使再次提起诉讼，但每次都被观察使驳回。

时间转眼到了纯祖十一年（1811）。卢氏家族决定再搏一次。当年三月十日，国王出宫拜谒明陵和顺怀墓，在敬陵后回宫的路上，卢尚枢在汉城的弘济院附近拦下了御驾再次诉冤。结果他因多次向国王直诉而以“非理健讼”遭受处罚。[4] 下文是他遭受处罚的当天写下的日记：

---

① 《卢尚枢日记》，1808 年 9 月 28 日，“上项卢箕烨，不待等限，肆然击铮，致有此惊动天听之举，民习诚极骇痛”。

② 《卢尚枢日记》，1809 年 1 月 7 日。

③ 古文书，［25］所志类，28 卢尚枢，29—30 行。

④ 《日省录》，1811 年 3 月 13 日。

> 十三日辛酉，旸。见汉城判尹金履翼回启，则构余以广占非理健讼之目，令道臣照法治决云云，右袒前道臣郑晚锡误决之举也。余之条陈，法典无一虚妄，而无所执言，故只凭郑决抑勒，驱余于非理之科，金石自破，国纲自损，此非痛哭涕泣者耶，天若有知，其应岂不速耶？①

从其日记中可知，他认为被贴上“非理健讼”标签是前任观察使的误决导致的。卢尚枢感到极度委屈，认为对他的这种不公正处理有损国纲。从下面的日记中，可以看出他对汉城府尹的不满和不信任：

> 十五日壬戌，云阴，朝东风，无乃雨意乎。……（金履翼）其为京兆尹，乃弃金石之典，欧我于非理广占，健讼之目，又使岭伯，期于令收司禀处，则所谓春鲁，不过朴哥之贱孽，而特以老论余孽，弃国家金石之典。以我之直，归之于曲，以朴之曲，归之于直则，此岂非护党欺国者耶，自知不明者无乃此耶，可痛可痛。②

上文中，当事人卢尚枢提到了党争的时代背景。从中可知，京兆尹金履翼和朴春鲁一方属于老论一派，而卢尚枢在日记中称老论为“余孽”，可断定他不属于这一派。他认为，党派的背景对案情的扭转有巨大影响，自己败诉的原因正是基于金履翼对同为老论出身的朴春鲁的偏袒。他认为这是“护党欺国”、曲直不分。他在第六次上言后回到家乡善山，之后他因要接受义禁府的审问而再次赴京。在此期间，他决定最后再搏一次，因而也就有了在国王去宗庙祈雨回宫时的第七次击铮，但基本没取得什么效果。在他被义禁府收监并要执行流配刑时，被国王下令赦免，他最终被幸运地释放。③ 在他感谢国王恩典的同时，也不得不结束了长达四年的争讼回乡。直到他被释放四年后的纯祖十五年（1815），朴春鲁母亲的坟墓依

---

① 《卢尚枢日记》，1811 年 3 月 13 日。

② 《卢尚枢日记》，1811 年 4 月 15 日。

③ 《日省录》，1811 年 4 月 20 日。

然未能掘走，[①] 可见本案以被告朴春鲁的最终胜诉告终。

直诉制度作为一种较为理想的制度设计，在传统社会有其合理性。最高统治者既是最高行政长官，也是最高的裁判官。他被标榜为公平正义的化身，把为子民平申冤抑视为自己的天职。在直诉制度中，帝王与民众可直接沟通，冤抑可以直接上达天听，各级官员只是帝王的代理人。理想的直诉制度在某种程度上将司法的结构简化为帝、民两端，居于帝、民之间的官员某种程度上既可以不被帝王信任，又可以不被民众信任，是可以被架空的。帝王与百姓均可通过对方来制衡和监督居于其间的官员。但如同本案一样，直诉制度在实际运作过程中，其反馈的案情多数还是落到了地方官手里，反而因当事人惊动天听的越诉招致了地方官的反感，使诉讼当事人处于不利的境地，这种反感恰恰是因为直诉这一制度设计让地方官感到自己被架空。而通过本案可以发现，国王在朝鲜王朝也属于制度的一种，百姓并非仅把国王看作高高在上而顶礼膜拜的对象，而是体现出自身的能动性，使其充分为我所用，并以此来维护自身的合法权益，让我们看到了国王与民众间互动的生动画面。

第四节　1841—1844 年辛氏宗族松讼案（案例 14）

本节将讲述 19 世纪居住在全罗道灵光郡立石里的宁越辛氏宗族内部关于坟山松楸的诉讼。[②] 本案出自《古文书集成》第 27 卷和 28 卷所载的灵光宁越辛氏的古文书。[③] 这一诉讼历时 4 年，两造共集结族众数十人，双方的代表者分别是辛恒业[④]（1789—1850，时年 53 岁，集结族众 17 人）和辛复铉（1818—?，时年 24 岁，集结族众 29 人）。本案中双方互

① 《卢尚枢日记》，1815 年 9 月 9 日。

② 全炅穆教授曾对本案有过深入研究：전경목，1998，“조선후기 산송의 한 사례（I）－전라남도 영광군 입석리 세거 ‘독배기신씨’ 송송을 중심으로”，《고문서연구》14，69—98 면，本节有所参考。

③ 韓國精神文化研究院編，1996，《古文書集成・第 27 卷：靈光寧越辛氏篇》，韓國精神文化研究院出版部；韓國精神文化研究院編，1996，《古文書集成・第 28 卷：靈光寧越辛氏篇 2》，韓國精神文化研究院出版部

④ 本字为 憹，本书中简写为“业”。

有控诉，本节为方便起见，因而以首次诉讼为基准，将辛复铉一方定为原告，而把辛恒业一方定为被告。

居住全罗道灵光郡的宁越辛氏是朝鲜初期曾任灵光太守的辛保安的次子辛斯龟的后代，自世宗十年（1428）开始，至案发之时已在此地居住了500余年。本案从1841年到1844年，两卷《古文书集成》中涉及本案的古文书共计50余件，包括由诉讼当事人辛恒业与辛复铉写成的所志[①]和不忘记[②]，和官衙写成的关、牒呈、书目及立案等公文书，其中所志类文书最多，共计44件，包括许多未正式提交的文书和草本、复本都流传至今。朝鲜时期的诉讼文书一般由胜诉方保管，而本案最终是以族长出面召开宗族会议的方式调解解决的，辛复铉将自己一方的诉讼文书都交由辛恒业一方保管，所以双方各自的诉状等各类资料都保留了下来，从而可以完整地还原事件的经过。“松讼”指的是控辩双方围绕松楸的所有权而展开的诉讼。看似其与坟山关联不大，但松楸的所有权是以坟墓为基准的，可以将坟墓为圆心主张其周边松楸的所有权，所以“松讼”与“山讼”的关系密切。

本案起因于辛恒业将他十一世祖墓地山下的松楸卖给了瓦店主人吴廷求。而十一世祖辛以稳是辛斯龟之孙，他当时迁到了立石里居住，其后整个宗族便开始在这里生活。他的坟墓在辛恒业居住的立石里的后山即坟土山上。宪宗七年（1841）春，这一交易不知如何被族人辛复铉得知了，他问辛恒业索要60两钱，否则便要以“无断斫伐”之罪将其告官。但辛恒业认为若这次给了他钱，以后每次交易都会受到其敲诈，因而没有答应他。因此，辛复铉便协同“门老”辛兑翔等人向全罗左水营告发了辛恒业。整个案件的进展大致可分为两个阶段。第一个阶段是从宪宗七年（1841）春到宪宗八年（1842）五月，可称作“告发和诬告期”。第二个阶段是从宪宗八年（1842）六月到宪宗十年（1844）二月最终和解，可称作“暴力侵夺期”。

先看案件的第一个阶段。辛复铉是以何种罪名向水营告发辛恒业的，以及他的具体诉讼请求在古文书中并未留下相关记载。但水营的水使在接

① 所志：吏读，朝鲜语“소지”，“诉状”之意。
② 不忘记：调解后写成的和解文书。

到诉状后，要求灵光郡守彻查的文书保留了下来，其原文如下（见图51）：

矣[①]先山在于本郡坟土山，而培养松楸郁郁苍苍，大中松无非栋梁，及板材稚小松郁密长养，则虽为子孙不可任意斫伐。而不意山下立石村居门人恒业，昨年十月日，捧价钱二百两，偷卖于瓦店，无数乱斫是遣[②]。又于今春，亦多斫卖。百余年郁苍山形，一朝童濯，而其子孙者，愤痛之心，倘复如何。恒业之不肖，无据冒法犯斫，依律正罪是遣，松价钱二百两没数征出，以补门中……兹以发关为去乎[③]，所谓燔瓦物主及辛恒业为[④]，先捉囚郡狱。[⑤]

图51　水营官员要求灵光郡守彻查事实的文书[⑥]

由这一文书可以看出，辛复铉认为辛恒业将辛氏宗族在坟土山上培植的大松、中松等栋梁之材在去年（1840）十月恣意斫卖，共得钱200两，今年（1841）春天又要斫伐，致使坟山一朝就变成了秃岭，他要求将辛恒业非法所得的200两钱没收后交由宗门使用。而水使在这封公文中要求灵光郡守将瓦店主人和被告辛恒业暂时收押在郡中大牢，以防止嫌犯逃

① 矣：吏读，“矣身”的略称，古代朝鲜语名词“의몸”，“我”“自己”之意。

② 是遣：吏读，朝鲜语助词“이고”，表连接。

③ 为去乎：吏读，古代朝鲜语“하거온”，相当于现代朝鲜语“하므로”　“하기로”“하오니”等，“要做……”“由于”之意。

④ 为：吏读，朝鲜语助词“하여”“하고”等，表连接。

⑤ 关1，1841年水军节度使关，3—14行，24—25行。

⑥ 本节的古文书图片资料由韩国学中央研究院藏书阁提供。

逸。按当时的规定，即使是“私山”的松楸，在斫伐前也要得到官方的许可。被告这时也不示弱，随即就向灵光郡守提交了一份请愿文书，在这份文书中他详细介绍了事件的来龙去脉（见图 52）：

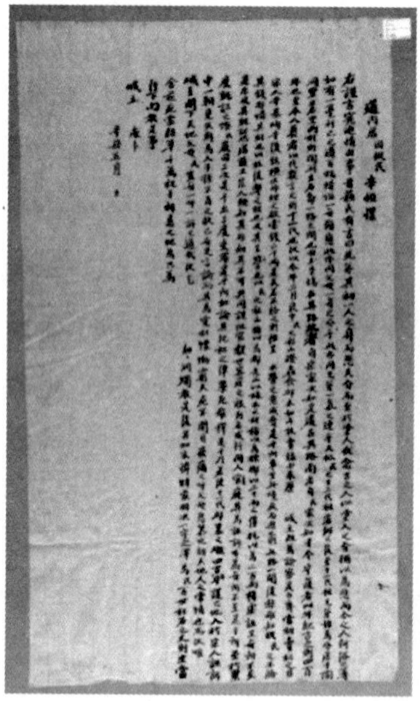

图 52 宪宗七年（1841）囚狱民辛恒业的诉状

大抵民之十三代祖落乡之后，至十一代祖兄弟，始为分居于陶洞里立石里两村，则陶洞立石，即一路之间也。田土柴场，在其路北者，自宗家次知①是遣，在其路南者，自民家次知，于今守护者，以年纪言之，则四百年也。至今入葬者，以代数言之，则十一代也。伏以今年三月良中，民之私山嶝虫食邱木如干，放卖缘由来历，〇〇城主既为谂察是白齐②，当初卖松之日，宗人辛基峋、辛复铉横生非理之欲，索钱六十两是矣。若不给之，则往呈〇水营之意威胁是乎所③。事至此境，反而思之，则此路一开，后弊难知。故民之不给其

① 次知：吏读，意为“责任人”。

② 是白齐：吏读，古代朝鲜语“이삽저”，相当于现代朝鲜语“이옵니다”“이올시다”。

③ 是乎所：吏读，朝鲜语“이온바”“인 바”，用在名词后，“所……”之意。

钱，非惜其财也，以杜后弊之故也。及其呈营也，以民之私山，指以为都先山；以椽木之材，称以为栋樽；以二十两之价托，以为二百两。构虚诬呈无所不至。[①]

这份文书没有官府批文，显然这是被告辛恒业在狱中所写诉状的草本或复本。在这一草本中，辛恒业叙述了整个事情的经过。他说坟土山原本就是自家的私山，已经守护了400多年。而卖出的缘由是由于松楸遭遇了虫害，使之已经无法长成栋樽。而辛复铉等人得知他把松楸拿去卖钱后，便向他索要60两的封口费，否则便要挟将他告官。但他不给钱的原因不是因为吝惜钱财，而是"此路一开，后弊难知"，辛恒业认为若这次答应了他们，以后每次交易都会受到他们的敲诈，拒绝的原因只是为了杜绝后患。他认为辛复铉等人把自己的私山说成辛氏宗族共有的先山，把遭遇虫害的椽木说成栋梁之材，把二十两的卖价说成二百两，分明是颠倒是非、诬蔑陷害。

从叙述当中可以看出两造陈述事实的出入。双方的主张不仅在交易价格上出入很大，而且在斫伐的数量上也有明显区别。原告辛复铉等人认为被告是"无数乱斫"，而被告辛恒业却主张自己只是"小许发卖"。在斫伐的种类上，原告辛复铉等人主张被告斫伐的是大松、中松等栋梁之材，而被告辛恒业则主张自己售卖的是遭虫害的枯木。在斫伐的时间上，原告辛复铉等人主张被告上年（1840）十月斫卖后今年（1841）春天又要斫伐，而被告辛恒业则主张只在今年（1841）三月卖过一次。而双方争论的核心在于坟山本身的归属，即涉案的坟土山到底是辛恒业这一支系的"私山"，还是宗族共同所有的"宗山"，这一事实将会直接影响本案的走向。如果是支系的私山，那辛恒业作为这一宗族支脉承重的嗣孙，当然有权占有和支配。

灵光郡守在对原被告和作为诉讼第三人的买主吴廷求详加审问后，又派吏胥张教翼到现场调查取证。从而认定如下事实。第一，斫伐的数目大约是634株；第二，所斫伐的多是被告所言的遭受虫害的枯木；第三，这些枯木按市场价如被告所言，大概值20两，不可能是原告说的200两；

① 所志57，1841年囚狱民辛恒业所志，第3—7行。

第四，涉案的坟山并非宁越辛氏的宗山，而是辛恒业一脉的私山。灵光郡守将查明的这些事实于当年（1841）的闰三月十三日呈报给了水营官员。郡守认为原告辛复铉等人有越诉和诬告的嫌疑，而被告辛恒业则有“无断斫伐”之罪，而买主吴廷求无罪。他遵照水使的意见将被告、买主和原告方的辛基赞暂行羁押，以等待处分。

而水营在收到回复后认为，被告无断斫伐之罪确凿，与原告的越诉行为不能同日而语，因而要求郡守对被告辛恒业严加惩处，以儆效尤。① 郡守便按水使的指示对被告严刑处罚，被告在其后三次被关进监狱而遭受刑罚。② 被告的弟弟辛恒彦在向官府的请愿中说道，哥哥辛恒业在狱中连续关押了十日后已病倒，而自己愿意代替兄长坐牢。③ 针对原告要求被告售卖所得的200两归还宗中的诉讼请求，郡守认为需要通过宗中会议协商解决，这很可能是当时官府应对宗族内部纠纷的惯例。因此，当时的“门长”召集宗族成员，召开了门中会议，但被告辛恒业缺席了这次会议，可能是他拒绝此类无理要求的缘故，所以这次门中会议无疾而终。

在宗中会议协商无果后，原被告双方为了胜诉，在三个月内数次向官府提交了诉状，诉状多达十余份。④ 从中可见朝鲜后期地方社会健讼之风的浓烈。辛复铉一方在请求归还售卖所得的同时，还要求官府确认涉案的坟山是“宗山”。而在此前郡守已判定涉案的坟山是被告私山的前提下，辛复铉还一味坚持其主张的原因在于当时对宗山与私山并没有明确的区分标准，而一旦将涉案坟山定性为被告私山的话，让其归还钱财的诉讼请求便因于理无据而不可能实现了。而辛恒业则主张自己这一支脉已守护400余年的坟山绝不能让辛复铉等人夺走，因而请求郡守为自己做主。

在同年（1841）六月，灵光郡守做了类似仲裁的判决，要求辛恒业给辛复铉100两钱，而对坟山归属的认定则做了留步。这与郡守先前的判断大相径庭，因为之前他通过调查发现，枯木的市值大概是20两，因而辛复铉一方近乎是诬告。郡守这种折中的判决可能基于两造本是同宗，因

---

① 书目2，1841年灵光郡守书目，题辞部分。

② 所志57，1841年囚狱民辛恒业所志，第9行，“民严囚三次是乎尒，三度受罪是乎所”。

③ 1841年化民辛恒彦所志，第2—4行。

④ 所志61，1841年化民辛恒业所志，“自三月呈营以后，之六月，逐日呈邑者，合为十有三四次”，“然后渠之前后文券十三张，即为推给，以杜日后之弊”。

而采取了折中和妥协的办法。从中可知，朝鲜后期的地方官在判决时并非完全按照法律或公理，而是容易做出和稀泥的折中判决。为了防止辛复铉再行无理，辛恒业要求将对方的诉讼文书全部交由自己保管，得到了郡守的许可。

而从辛恒业处得到了100两的辛复铉等人并未把钱交给宗中，而是据为己有，诉讼文书也没有交给被告。从中可知原告一方从诉讼开始时就心术不正并意图敲诈被告，并以非理好讼等生计。原告钱财拿到四五个月后还未转交给宗中，辛恒业因此在同年（1841）10月再次向灵光郡守提起诉讼，状告辛复铉等人鲸吞钱财100两，并要求将钱归还自己。

而这时出现了本案的转折点。宗孙辛恒惟和掌管宗中财政的“门中有司”辛光燮出面支持辛恒业的主张，并与他一起递交了诉状。在他们的“等状”（多人联名诉状）中，赫然写明了坟山并非宗山，而是辛恒业一脉私山的事实。他们二人作为宗族的代表人物，不仅了解具体事实，也最具有发言权。如果是宗山的话，他们应是最先主张和争取权利的人。据此，郡守出具了确认涉案坟山为私山的“完文”，对私山这一事实予以法律的认可。

完文的出示自然对辛复铉一方不利，并使其受到了道德上的谴责。辛复铉等人在这时有两种选择，一是归还一百两钱而停息讼事，二是以更加强硬的态度再搏一次，他们选择了后者。他们坚持原来的主张，坚持涉案坟山就是宗山，并努力寻找能使案情扭转的机会。恰在这时，他们得知辛恒业曾在上年（1841）年八月再次斫伐松楸并售卖，于是他们联合族众，于宪宗八年（1842）三月一举将辛恒业告上法庭。接到诉状的当地郡守将辛恒业之子辛龄奎关押，并判决将六两钱交给宗中。这种判决实际上否定了先前认定的涉案坟山是私山的事实认定，可以看出郡守赵在庆此人反复无常，他不愿得罪两造中的任何一方，只愿做老好人因而左右摇摆。

辛复铉等人于是趁热打铁，欲借胜诉的契机一举将坟山认定为宗山，以便进一步牟取坟山上的松楸等经济利益。因此他们又将被告辛恒业再度斫伐的事实告到监营。监司一看是滥斫之案，便不分青红皂白地要求郡守把辛恒业捉来重责30大板后关押，郡守依照上司之命执行，并向上司提交了终结这一纠纷的方案。但不巧的是，郡守在得知辛复铉等人竟敢向上司诬告自己后，使得整个案件完全朝着相反的方向进展。

辛复铉等人在递交给监营的诉状中，悄悄将"辛恒业在说完即便花费2400两也使本案胜诉的话后，郡守便偷偷出具了将坟山认定为私山的完文"[①] 这句话写了进去，诱导观察使产生了"辛恒业是在贿赂郡守后拿到了对他有利的判决"这样的判断。而原告方诬告郡守判决不公的目的是使自己在诉讼中占据有利的地位。

郡守在得知辛复铉等人曾对自己诬陷后极为不快，这种诬告损害了名誉。他将辛复铉定义为"挟杂蠢讹之人"，他向监司说明，两造为了200两钱的诉讼中花2000两贿赂官员的叙述简直是不着边际，请求监司裁决。[②] 于是监司命令郡守将辛复铉捉来"严刑取招"，即用棍杖刑讯逼供，每次打30大板。[③] 郡守在审问辛复铉时，辛复铉狡辩自己并非故意，郡守因对他怀有私怨而将他定为流刑。而恰在这时，审理本案的郡守赵在庆因在这一年（1842）升任副承旨而调离，接替他的是新任郡守洪永圭。所以辛复铉未被执行流刑而幸运地被无罪释放。原因很可能是新任太守认为松讼是宗族内部的利益纷争，应由宗族内部解决。

随着太守位置的交替，本案进入了第二个阶段，可称作"暴力侵夺期"。在之前的诉讼的过程中，两造均对前任太守折中的做法及和稀泥的判决结果不满意。辛恒业认为坟山本就是自家的私山，而每次判决均要给付对方钱财，觉得十分委屈。而原告辛复铉一方则认为坟山本是宗山，应归宗族所有，而通过每次的判决均只能拿到被告松楸卖价的一部分，始终没有达到自己一方的预期。

对判决结果不满的辛复铉一方认为通过诉讼已经不能获得期待的效果。因此他通过使用暴力，想直接从辛恒业那里取得利益。这从辛恒业之子辛宏[④]珪在宪宗八年（1842）十二月提交给新任太守的诉状中便能知晓（见图53）：

---

① 牒呈4，1842年全罗右水营水军节度使牒呈，第13—14行，"言曰，费二千四百两，夺诸宗所争讼云云，矣其后潜成完文"。

② 牒呈4，1842年全罗右水营水军节度使牒呈，第42—44行，"以其二百金之讼，行此二千之赂，可谓不皮附毛之语"。

③ 牒呈6，1842年全罗右水营水军节度使牒呈，第8—11行。

④ 本字为［山＋厷］，上下结构。

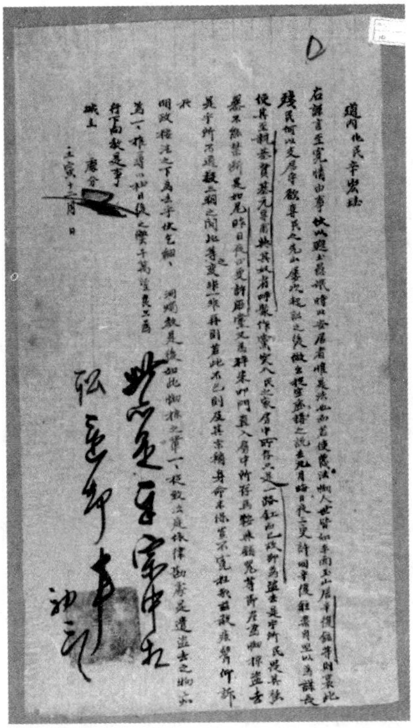

图53　宪宗八年（1842）化民辛宏珪的诉状

去九月晦日夜三更许，同辛复铉渠自坐以为谋，长使其至亲基赞、基元、豆[①]甫与其奴者，啯聚作党，突入民之家，房中所存，只是一路钉而已，故即为盗去<u>是乎所</u>。民畏其强暴，不能禁断<u>是如</u>[②]<u>尼</u>[③]。昨日夜四更许，厥党又为猝来，叩门直入，房中所存马鞍与锸器等，节尽为劫掠盗去<u>是乎所</u>。不过数三朔之间，此等之变，非一非再，则若此不已，则及其末梢，身命未保，岂不冤枉哉？兹敢疾声仰诉于。[④]

---

① 文书原文为“豆”字下面加朝鲜语字母“ㄱ”，古代朝鲜语人名不能完全用汉字表现时，有时采取这种一字之中汉字和谚文字母并存的写法。

② 是如：吏读，朝鲜语“이다”，转述时使用。

③ 尼：吏读，朝鲜语连接助词“ᄉ”，表连接。

④ 所志75，1842年化民辛宏珪所志，第3—7行。

通过这一诉状我们可以看到，辛复铉在宪宗八年（1842）九月三十日晚，伙同至亲辛基赞、辛基元和属下的男奴等众人，突然闯入了辛恒业家，并将路钰劫走。过了两三个月后，在上文诉状写成的前一天晚上，辛复铉又结党闯入辛恒业家，将马鞍与铺器等物一并掠走。因而辛宏珪替父申冤，想通过法律途径追回被劫走的物品，并要求郡守严惩凶犯。但是新任太守与前任太守的风格不同，他认为宗族内部纠纷应内部化解，因而驳回了辛恒业之子辛宏珪的诉讼请求。

辛复铉一方虽然两次抢劫被告的家财，但他也许认为应劫掠更多的财物才能抵偿少追回的那 100 两钱。因此他又在次年（1843）二月将被告的耕牛抢走，七月又率众将被告家的马掠走。辛恒业家每次在家中被劫后都向太守提起诉讼，但诉讼请求每次都被太守驳回，这使得辛复铉一方更加有恃无恐。他们想将涉案的坟山完全变成宗山，从而为自己一方赢得更多的利益。因此属于辛复铉一侧的辛基峋等人率众想去坟山斫伐松楸。辛恒业一侧的辛年奎企图阻止他们，反被他们把自己的伯母和堂妹等人打成了重伤。

当辛复铉一方斫伐的企图失败后，他们又心生一计，那就是辛恒业在售卖松楸时，他们与买主合谋，以超出事先约定斫伐数量等手段，将贩卖所得钱财侵占，用这种办法成功侵吞钱财共计两三次。即便辛恒业告官，也没有拿到被侵吞的钱款，因为钱款早已被辛复铉和买主分赃后挥霍掉了。

新任太守对此事一直袖手旁观。而本案历时四年之久，辛恒业和他的儿子数次被提审、关押和遭受刑讯，受尽了身心的折磨，① 而最终的解决办法看来只剩下召开宗族会议了。据此，门长辛光汉、门中有司辛光燮、宗孙辛恒惟等本宗代表人物在宪宗十年（1844）聚集起来，一同商讨这一纠纷的和解方案。他们最终提出的仲裁方案是将现在坟山上所剩的松楸和 30 两钱分给各位族人，而族人联名写成不忘记（和解文书），以示永不再提起诉讼，并将和解的事实通过官方的“立旨”得到具有法律效力的认可，将之前诉讼时提交官方的所有诉状，及和解时的“不忘记”和“立旨”都交给辛恒业保管。辛恒业接受了这一仲裁方案，这一讼案最终

① 所志 96，1844 年化民辛恒业所志，“民以孤孑衰老之氓，不胜支离困迫之状”。

得以解决。①

这一仲裁结果看似对辛恒业一方不利，那他为什么甘心接受了呢？在他提交的所志中曾有说明。他说自己年事已高（时年56岁），与族人争讼日久，已经感到非常疲惫。通过族人将所有诉讼文书交给辛恒业保管，以及永不再起争议的保证等行为，我们可以推断众位族人在仲裁时接受了他经济上的好处，从而默认了涉案坟山为辛恒业私山的法律事实。所以他欣然接受了看似对自己不利的仲裁方案。

我们看完本案后可能会产生疑问，是什么原因引起了同宗间长达四年的争讼呢？双方人员都在诉讼期间受到了关押、刑罚和来自对方的暴力，为何还要争执不休呢？首先，这与当时没有区分宗山和私山的法规，与存在法律上的空白有关。其次，两造经济社会地位上的相差悬殊是诉讼发生的重要原因。血统上辛恒业一方为嫡出，而辛复铉一方为庶出；社会地位上辛恒业一方为“世阀”，辛复铉一方是“乡族”；经济地位上辛恒业富甲一方，辛复铉等人则通过敲诈辛恒业，非理好讼及与买主合谋侵吞钱财等手段过活。正如灵光郡守在宪宗八年（1842）向全罗道监司呈报的“牒呈”中所言：

> 间有十余次公私间发卖，诸辛初无一言。始于起讼于昨年者，事甚讶惑。故问其委折，探其来历，则辛恒业世阀稍胜，蔑祖乡族，等势富饶，不顾穷亲。致此残害之端，其在抑强扶弱，息讼禁争之道，姑舍讼理。②

从中可知，诉讼发生前辛恒业已经售卖松楸十余次，而他的族人当时未曾提出过异议。郡守认为引发这场纠纷的原因有两点。第一是辛恒业“世阀稍胜，蔑祖乡族”，第二是他“等势富饶，不顾穷亲”。或许是同宗间的贫富分化和由此产生的心理落差才是诉讼的真正原因吧。而郡守当时折中的做法及和稀泥的判决其实是出于“抑强扶弱”的目的，这正是郡

---

① 所志96，1844年化民辛恒业所志，“至于今年二月，宗人等齐声属民曰，松楸之余存钱三十两特为分给诸宗，则诸宗自今以后，世世息讼之意。一席和会，一纸连名，共成不忘记”。

② 牒呈4，1842年全罗右水营水军节度使牒呈，第27—32行。

守认为的“息讼禁争之道”。而他的这种做法其实是本案迟迟未决的第三个原因。正是由于前任太守的和稀泥和新任太守的袖手旁观，导致了事态愈演愈烈。通过此案可知，朝鲜时期的宗族内部并非想象的那般团结和睦，而是存在各种矛盾和纠纷，跟外界的矛盾相比，宗族内部的矛盾反而有过之而无不及。

“山讼”作为朝鲜后期最具代表性的民事诉讼类型，受到宗法观念、风水习俗、经济利益等各种因素的影响。由于“山讼”的持续时间长、影响面大、牵涉案件多，并且涉案的当事人大多为了维护家族名誉而奋不顾身，因而山讼通常表现为两个家族间的激烈角逐，在朝鲜半岛法制史上占有重要地位。

第七篇

文学与人物

第十四章

法律与文学

第一节　朝鲜的公案文学

在朝鲜半岛文学史上，公案文学曾占有一席之地。公案文学在韩国也称“讼事小说”。朝鲜时期以前，半岛的公案文学处于不发达的状态，基本可以认为公案文学是于朝鲜时期正式出现并在朝鲜后期才有较大发展的。朝鲜时期公案文学的源流有两种，一是中国公案类文学作品的流入，二是朝鲜半岛自高丽时期以来代代相传的口碑文学。中国的文学故事传入朝鲜半岛后，经过流变通常转化为半岛的本土故事。较早的案例有《高丽史》中孙抃的妙判：

> 孙抃，初名袭卿，树州①人。……人有弟与姊相讼者。弟曰：“即为同产，何姊独得父母之财，弟无其分耶?”姊曰：“父临绝，举家产付我。汝所得者，缁衣一、缁冠一、绳鞋一、两纸一卷而已。文契具存，胡可违也?”讼之积年未决，抃召二人至前，问曰：“若父殁时，母安在?”曰“先亡”。“若等于时年各几何?”曰“姊已有家，弟方髫龀”。抃因谕之曰：“父母之心于子均也，岂厚于长年有家之女 而薄于无母髫龀之儿耶? 顾儿之所赖者姊也，若遗财与姊等，恐其爱之或不至，养之或不专耳。儿既长，则用此纸作状，服缁衣冠，穿绳鞋，以告于官，将有能辨之者。其独遗四物，意盖如此。”

① 树州：高丽时期地名，今韩国京畿道富川市一带。

弟与姊闻而感悟，相对而泣，抃遂中分家产与之。[1]

这则故事与其说是真实发生过的，不如说是《折狱龟鉴》或《棠阴比事》传至朝鲜半岛后流变为高丽本土故事的。因此即使像《高丽史》这类正史，也是文史不分家的。《折狱龟鉴》《棠阴比事》中所载的汉代何武和宋代张咏等名判官对姐弟间财产纷争的解决方式，与上文中孙抃对姐弟相讼的处理模式出奇的相似。可以说，《折狱龟鉴》等我国古代的折狱案例为上文中孙抃的妙判提供了故事原型：

前汉时，沛县有富家翁，赀二千万。一男才数岁，失母，别无亲属。一女不贤，翁病困思念，恐其争财，儿必不全，遂呼族人为遗书，悉以财属女，但余一剑，云："儿年十五付之。"后亦不与，儿诣郡诉。太守何武因录女及婿，省其手书，顾谓掾史曰："女既强梁，婿复贪鄙。畏贼害其儿，又计小儿正得此财不能全护，故且付女与婿，实寄之耳。夫剑所以决断，限年十五，力足自居，度此女婿不还其剑，当闻州县，或能明证，得以伸理。此凡庸何思虑深远如是哉！"悉夺其财与儿，曰："弊女恶婿，温饱十年，亦已幸矣。"闻者叹服。

按：张咏尚书知杭州。先有富民病将死，子方三岁，乃命婿主其赀，而与婿遗书云："他日欲分财，即以十之三与子，七与婿。"子时长立，以财为讼，婿持书诣府，请如元约。咏阅之，以酒酹地曰："汝之妇翁，智人也。时以子幼，故此嘱汝，不然，子死汝手矣。"乃命以其财三分与婿，七分与子，皆泣谢而去。[2]

通过比较上文中何武、张咏的判决和高丽时期孙抃的判决可知，三则故事的主干都是母亲先亡，父亲是富豪，家中有一儿一女姐弟二人，父亲将死时女儿已经出嫁，儿子尚年幼，父亲害怕女儿（女婿）一方加害幼子或对他不好，所以让女儿（女婿）一方继承了全部或多数的家产，但

① 《高丽史》，列传卷15，诸臣，孙抃。

② 《折狱龟鉴》卷8，严明，何武（张咏附）。

故事中的父亲都留有后手，以便儿子在长大后告官索要遗产，判官最终的判决均得到了众人和当事人的认同。但比较三则故事后，我们能够发现其中的微妙差异。

首先，判决结果中对遗产的分配有明显差异。汉代判官何武的判决是“悉夺其财与儿”，他将原来遗嘱中除了一把剑外，其余全部财产留给女儿女婿的分割方案完全反转，将其全部夺来给儿子。宋代尚书张咏的判决是“三分与婿，七分与子”，将原来遗嘱中遗产的70%给女婿、30%给儿子的分割比例完全反转。而高丽的孙抃则是“中分家产与之”，将原来遗嘱中除了几件特定物品外全部由女儿继承的分割方案，改为姐弟二人各得一半。从上述的判决结果来看，孙抃的做法似乎更易让双方当事人接受。而故事流传至朝鲜半岛后发生如此变化的原因很可能出于我国古代和朝鲜半岛古代在继承制度上的差异。我国古代一直偏重让儿子继承家产，而古代朝鲜半岛则是子女均分遗产。古代两国在遗产分配实践上的差异导致了故事的情节产生了变异。

其次，三个故事中判官的推导过程存在明显差异。从故事本身的逻辑性来看，孙抃的推理似乎更具有说服力。他通过当事人的父亲留给儿子缁衣、缁冠、绳鞋、两纸一卷等物品推测，父亲这是为了让他日后“用此纸作状，服缁衣冠，穿绳鞋，以告于官”。这样的推测合情合理，也容易让利益受损的女儿一方接受，因为这极可能就是父亲临终前真实意思的表达。而何武和张咏的判决在逻辑上则显得有些牵强。他们仅仅依靠一把剑或三七分的遗嘱就贸然断定这不是遗嘱人真实意思的表达，并判断其背后一定另有深意。这或许是出于社会习俗的把握，认为一般情况下父亲应偏向幼子，是为了保护幼子才做出了反常的分配。但从案情本身的证据来看，却很难据此认定这是父亲的真实意思的表达，而仅仅是出自判官的主观臆断。依照常理推测的话，这些均不足以让利益受损的女儿女婿欣然接受这一裁决。张咏案中子、婿二人“皆泣谢而去”显得不合常理。何武和张咏对遗嘱人定会偏向幼子而做出了裁断，与孙抃认为“父母之心于子均也”之间形成了强烈的反差，这可能是由于中朝两国民俗和继承制度的差异所致。孙抃虽然没有像何武和张咏那样感叹遗嘱人“思虑深远”“智人也”，但此案中父亲的做法反而更富于智慧，因为他通过诸多物件间接表达了自己的真实意图。

再次，三个故事中判官对人性善恶的判断截然不同。判官何武和张咏均揣测遗嘱人认为女儿女婿一方人心极其险恶。“畏贼害其儿”和“不然，子死汝手矣”等判语均假定了若不是这样分割财产，女儿和女婿很可能会为了财产而谋害幼弟，幼子就会死在他们的手上。使我国古代的两则故事的人物角色截然划分为正反两面，善恶之间有明显对照。而高丽的孙抃则判断“恐其爱之或不至，养之或不专”，其中未提到姐姐加害弟弟的可能性。在这则故事中，女婿没有登场，因此利益的冲突不像我国古代的两则故事那般强烈。姐弟最初的对话所体现的都是常理的表达，并最终“闻而感悟，相对而泣”，故事因而显得温情脉脉，不像我国古代两则故事中有着不可调和的利益冲突。因此，《折狱龟鉴》或《棠阴比事》中的故事在流传至朝鲜后，因当地风俗和继承习惯而对故事情节进行了一定改造，使之更加理性（而非判官“弊女恶婿，温饱十年，亦已幸矣”的感性断言），更加温暖（而非谋害幼弟的揣测），更合乎常理（而非利益受损方的“泣谢”）。在孙抃的判决中，分配结果变得更为公正，案件的推理过程因而富于逻辑，对人性的假设也显得不那么尖锐与极端，使之更符合朝鲜半岛士人的审美标准和阅读品味。通过故事的对比可知，与古代朝鲜半岛相比，我国古代的民间社会有着更强的功利倾向。

而半岛直到朝鲜时期才正式出现公案类的文学作品。朝鲜的公案文学与我国相比作品数目较少。以李宪洪的研究①来看，仅有30余篇作品被归类到公案小说之中，之后的研究也未再增加，而我国仅是《包公案》就足足有100件犯罪案件，可以说朝鲜的公案文学在数量上与我国不成比例。朝鲜时期的这三十多篇公案小说可大致分为两类。第一类是传记型的公案小说，即将历史上的真实人物或案件故事加以文学化的创作。这类作品有《金淳夫传》《金氏烈行录》《金氏南征记》《金仁香传》《茶母传》《朴文秀传》《朴孝娘传》《申桂厚传》《玉娘子传》《柳渊传》《银爱传》《蔷花红莲传》《郑秀景传》《郑孝子传》《陈大方传》《洪烈妇传》等。第二类是寓言型的公案小说，也可称作公案型的寓言小说，是将动物拟人化的同时，讲述在它们间展开的诉讼故事。这类作品有《喜鹊传》《鹿处士宴会》《鼠大州传》《鼠同知传》《鼠狱记》《鼠鼯传》《蛙蛇狱案》

---

① 이헌홍, 1987,《조선조송사소설연구》, 부산대학교대학원 국어국문학과 박사학위논문.

《鹊与乌相讼文》《白鹳决讼》《婢猫诉奴狗》等。

我们先来看传记类的公案小说。其中最有代表性的就数《银爱传》了。这一案例曾在本书“犯奸”一节中出现，金银爱的事迹和国王的判决被记录在《朝鲜王朝实录》[①] 和记载正祖年间重罪的《审理录》[②] 中。案件讲述了银爱因被媒婆安氏造谣诬陷，因此愤而杀人的故事。崔正连想要得到银爱，因而对她的贞节进行中伤，并委托媒婆安氏向银爱求婚，银爱没有答应。银爱在嫁人后，崔正连和安氏不断诽谤她有淫乱之举，银爱因气不过而在深夜提刀到安氏家中将之杀害，再想去杀崔正连时被她的母亲阻止。银爱的杀人罪不仅被国王正祖赦免，还被国王下令与另一件与其相似的杀人案（申汝倜案）[③] 一起，把案件经过和最终判决整理成传记后公之于世，使故事广泛流传到朝鲜各地，以正风教。接到这一王命而负责为银爱立传的是李德懋（1741—1793），传记收录于李德懋的《青庄馆全书》中。虽然这两个案件被合编为传，但传记只以银爱命名，从传记的篇幅来看，银爱刺杀安氏一案占据了传记的大半。这一真实的案件因在《朝鲜王朝实录》等文献中同时有记载，所以通过对照《银爱传》，可以发现其是如何将案件文学化的。

《朝鲜王朝实录》《审理录》等史料以案件经过和国王的判决为主，而《银爱传》中则生动地再现了整个故事。传记与其他史料是从案发当日开始叙述不同，而是深挖案件发生的原因，从银爱和媒婆安氏开始有矛盾的时候讲述，并增加了若干细节，使故事更加饱满，更具有可读性。传记的开头部分如下：

> 银爱金姓，康津[④]县塔洞里之良家女也。里有安妪者，故娼也。陂险荒唐，多口说，疥癞遍体，不任搔痒，发心虫恙，益不慎言。尝丐贷米豆盐豉于银爱之母，母有时不与，妪辄愠恚，思欲中之。里童子崔正连，即妪之夫之妹之孙也。年十四五，冲稚娟好。妪试挑之以

① 《朝鲜王朝实录》，正祖实录卷 31，14 年 8 月 10 日。

② 《审理录》22，全罗道康津金召史案。

③ 《审理录》21，全罗道长兴申汝倜案。

④ 康津：地名，现韩国全罗南道康津郡。

男女婚媾之事，仍说之曰：“娶妻知银爱者，顾何如?”正连笑曰：“银爱美艳，岂不幸甚?”妪曰：“第倡言，若业已私银爱者，吾为若成之。”正连曰：“诺。”妪曰：“吾患疥癞，而医言疡科药料直最高。事苟成，若为我当之。”正连曰：“敢不如教?”①

故事的开头部分首先阐明了加害人和被害人的身份和形象。金银爱是良人出身，而老妪安氏原为娼妓，并满身疥疮，对被害人在出身和形象上均予以丑化。她与银爱家的过节源于她多次向银爱的母亲借用柴米油盐等生活必需品，因为总是赊账，所以银爱的母亲有时不借给她，她便对银爱一家怀恨在心，并借机造谣中伤。短短的几句话，便交代了两家矛盾的源头，刻画出安氏狭隘的心胸和险恶的用心。而童子崔正连与安氏是亲戚，十四五岁的年纪，生得清秀。娼妓出身的安氏便企图诱导他男女之事，问他若能娶到像银爱这样的妻子如何，这正中崔正连的下怀。安氏说：“如果你已对银爱心生好感，我愿意助你成事。”崔正连便答应了。但安氏此举是出于私心，她一是想以此来中伤银爱，以报复银爱的母亲，二是想通过帮助正连成事以换取自己治疗疥疮的高额医药费。短短的几句对话，就刻画出安氏和正连的密谋交易是如何达成的，而这正是故事中冲突的起因。密谋过后，老妪安氏开始付诸行动，如下文所示：

一日妪夫自外而至，妪曰：“银爱耽正连，要我行媒，期于吾家为正连大母所觉，银爱爬墙而遁。”夫切责曰：“正连家世微，而银爱室女也。慎勿出口。”于是一城喧藉，银爱嫁几不得售。惟里人金养俊，深知其明白也，遂娶以为室。则诬言益播，尤不忍闻。己酉闰五月二十五日，安妪大言曰：“初与正连约行媒，报我药直，银爱忽畔而嫁他夫，则正连不如约，我病自此剧，银爱真我仇。”里中老少，相顾骇愕，瞬目摇手，不敢出言。银爱素刚毒，受妪诬辱已二年，至此尤愧恨，实不能堪，必欲手剮安妪。②

① 《青庄馆全书》卷20，雅亭遗稿12，应旨各礼。

② 《青庄馆全书》卷20，雅亭遗稿12，应旨各礼。

这一段描写了安氏是如何中伤银爱的。她编造谣言后对丈夫说："银爱中意正连，想要我行媒，银爱主动来我们家与正连约会之时，不巧却被正连的祖母撞见，银爱便迅速翻墙逃走了。"她的丈夫认为这二人的家庭条件相差悬殊，因而并不相信妻子安氏所说的话，并劝她谨言慎行。之后她便将这一谣言广泛传播，使得城中之人无人不知无人不晓，搞得银爱几乎嫁不出去。只有金养俊了解其中内情，所以不顾谣传而娶银爱为妻。但安氏在银爱婚后还是在不断传播谣言以诋毁银爱。在己酉年（1789）闰五月时她曾说："因为正连原本与我有交易，如果我助他成事，他便给我出医药费。而银爱却忽然嫁人，使我的计划泡汤，正连因而无法兑现药费的承诺，致使我的疥疮病情不断加重，这都怪银爱。"银爱本就性格刚烈，且已经忍受了安氏的诬陷达两年之久，实在是忍无可忍，真想把安氏千刀万剐。传记其后对银爱刺杀安氏的情节也有生动描写，银爱一共在安氏身上刺了 18 刀。案发后的银爱在接受讯问时，显得毫无惧色：

> 里正奔告于官。县监朴载淳，盛威仪，肆妪尸，验刺死状。究银爱刺妪："何为？且妪健妇，汝弱女。今创刺凶悍，匪若独办？无隐直告。"时伍伯离立狰狞，刑具满地，干连瑟缩无人色。银爱项有枷、手有拳、脚有镣，拘挛缚束，体弱委垂，殆不能支。然面无怖，言无哀，毅然而对曰："欸官我父母，试听囚言。室女受诬，不污犹污。妪本娼家，敢诬室女，古今天下，宁有是哉？囚之刺妪，岂可得已？囚虽蒙呆，尝闻我杀人，官诛身固知。昨日杀妪，今日当伏诛。虽然，妪既囚刺，诬人之律，官无所施，但愿官家打杀正连。且念囚独受诬，更有何人助囚，共剚行此凶事？"①

这一段描述了地方官在检尸以后审讯犯人银爱的情节。县监在看到尸身后，认为安氏体格强壮而银爱体格弱小，怀疑刺杀之事并非银爱一人之力所能为，要求银爱从实招来。在衙役狰狞、刑具满地的场景下，牵涉其中的干连和邻右等人都已吓得面如土灰，而银爱在身戴枷锁镣铐而又体力不支的情况下，仍然无所畏惧地加以论辩，表明案件系自己一人所为，并

① 《青庄馆全书》卷 20，雅亭遗稿 12，应旨各礼。

无他人参与，并表示自古杀人偿命，她甘愿伏法，但请求官府以诬陷罪将与安氏的同伙崔正连捉拿正法。上文中，银爱威风凛凛又视死如归的形象通过庭审现场的环境和人物间的对话被刻画得淋漓尽致。从中可见，作者在给银爱立传时，不仅参考了国王的判决，而且也阅览了检案文书等资料，而在传记中插入了各级官员讯问银爱的情节，从最初的县监，到观察使、左议政等，都载有实名，可见李德懋为了给银爱立传，追踪了案件从案发前到案发时，从各级官员审理到国王做出最终裁决的整个经过，以增加传记的可读性。但传记中却不易发现对事实夸张或对人物形象加工的痕迹，而是以写实为主，再现了人物饱满的个性，类似我国历史上的史传文学。而依国王之命为一个杀人犯立传，并进行如此正面的描述，在历史上确实并不多见。

而朝鲜时期最早将真实案件文学化的尝试就是《柳渊传》了。柳渊的事迹在《朝鲜王朝实录》等正史和《星湖僿说》《闻韶漫录》《碧梧遗稿》等士大夫的文集中都有记载，可见在当时社会上引起过强烈的反响。历史上真实的柳渊被认为是杀害自己哥哥柳游的凶手而被处决，但 16 年后他的哥哥被发现还活着，因此在再度调查后发现是一件冤案。而李恒福（1516—1618）将这一案件加工成了小说《柳渊传》并广为流传。传记以柳渊为主人公对事件进行了重构，如通过假的柳游来诬陷柳渊，进而侵夺其财产的亲属间密谋，柳渊因刑讯被屈打成招后又主张自己无辜的情节，以及官员暴怒而对柳渊掌嘴的描写，集中反映了朝鲜王朝统治阶级的伪善和堕落。

此外，为了迎合国家的旌表政策，家族或乡村社会中的忠臣孝子、节烈妇女等，随着时间的推移都有了被立传的可能，因而在当时产生了很多标榜传统社会道德的列传类作品。其中可以归为公案小说的有《朴孝娘传》《金氏南征记》《郑孝子传》《洪烈妇传》等。这些作品虽然以真实的案例改编而成，但除了《朴孝娘传》外，这些传记的主人公在《朝鲜王朝实录》等正史中均未被记载。这些作品真实和虚构的界限比较模糊，但都集中反映了朝鲜时期的法律文化。

而《金氏烈行录》《玉娘子传》《蔷花红莲传》《郑秀景传》等作品就是以虚构为主了。如《蔷花红莲传》描述了被继母所杀的前妻子女冤魂出现的故事，是较常见的故事类型。而《玉娘子传》则是新婚后新妇为救因杀人案牵连入狱的新郎，而女扮男装替夫坐牢的故事，也是常见的民间故事类型。《金氏烈行录》和《郑秀景传》的主人公则是抛开官府的司法体系，通过一己之力侦破命案的故事。《金氏烈行录》的故事主人公金氏两次受到杀人案的牵连。其中的一次描述了在她的新婚之夜新郎突然被杀，她为了洗清自己杀夫的嫌疑而女扮男装并找出真凶的故事。《郑秀景传》的主人公郑秀景曾经三次面临死亡的威胁。第一次是他将算命人给他的一句谶语告诉了判官，而这句话中恰好藏有指明真凶为何人的线索。第二次是他在状元及第时差点被同年所谋害。第三次是他在新婚初夜时新娘突然被杀，他身负杀妻的嫌疑，并最终通过算命人给他的“度厄图”找出了杀人真凶的线索。这两部作品属于相同的故事类型，都描述了官府腐败无能和当时的司法不公，主人公都是在新婚之夜配偶被害，并通过自己乔装或他人提供的预言而使案件得以解决的故事。

朝鲜公案文学的第二种类型是寓言型的公案小说。与传记型的公案小说通过案件展现主人公道德的优越性不同，《喜鹊传》《鼠大州传》《鼠同知传》《鼠狱记》《蛙蛇狱案》《白鹳决讼》等以动物为主人公的公案小说更注重再现当时司法制度的实际运作。寓言型公案小说中以鼠类作为主人公的作品占比较大，这其中的多数作品用汉文书写，个别作品以汉文和谚文混用的形式写成，如《鼠同知传》等。除了《鼠狱记》外，其他鼠类公案故事都以老鼠和松鼠为主要题材。比如《鼠大州传》讲述了鼠大州（老鼠）抢夺鼪南州（松鼠）的粮食后，反而因贿赂判官而胜诉的故事。而《鼠同知传》则与其相反，讲述了松鼠在诬告老鼠后，因遇到了贤明的判官而将松鼠惩处的故事，可见这类作品同时有多种故事原型流传。老鼠题材的公案作品多借此批判朝鲜后期世道不古、司法不公的社会现实，其中以《鼠狱记》最具有代表性，下节将详细分析《鼠狱记》这一作品。

在寓言型公案小说中，比较特别的就要数《蛙蛇狱案》了。《蛙蛇狱案》的创作年代不详，但根据内容推测其是18世纪后期至19世纪前期的作品。《蛙蛇狱案》的特别之处在于这一作品将初检时检尸文案的写作方法通过寓言型公案的形式展现了出来。《蛙蛇狱案》讲述了“白介骨”（一只蛙）和“陈大萌”（一条蛇）两位主人公之间的诉讼，以及受本案牵连的乡村社会（池塘村）中发生的故事。故事的案件经过是（1）白介骨告官—（2）审问原告—（3）审问证人—（4）审问被告陈大萌—（5）检验死者“白兀昌”（一只蝌蚪）的尸体—（6）再度审问原告、被告和证人—（7）面质（对质审问）—（8）写作检尸文案。可见故事中的流程与朝鲜时期的检案次序基本吻合。又如在检验被蟒蛇咬死的蝌蚪白兀昌时，先是由作为白兀昌尸亲的青蛙白介骨提交诉状，以告发陈大萌，并且在所有干证人和被告全部供述完毕后，方才开始检验。白介骨于当月16日提交诉状，初检官“蟾津别将”于次日赶到白兀昌尸体所在的青草面泽林洞。初检官在讯问完干证人和被告之后，检验在18日正式开始，检验时原被告、证人、刑房、仵作、医生、律生都在现场。这使我们怀疑这一作品是由从事相关法律职业的人士所创作。不仅如此，作品使用汉文吏读的形式创作，而这正是朝鲜时期胥吏中普遍流行的公文写作形式，可见作者对当时朝鲜的诉讼制度和吏读非常熟悉。据此推测，《蛙蛇狱案》极有可能是当时的胥吏所写。

第二节 《鼠狱记》

公案小说《鼠狱记》全文用汉文写成，现藏于韩国国立中央图书馆。《鼠狱记》的作者和创作时期不详，但可确定其是朝鲜后期的作品。故事的梗概如下。一只大鼠带领上千众鼠，用十年的时间将太仓的储粮全部偷食干净。仓神作为本案的判官，在得知此事后，将大鼠逮捕并加以讯问，让其招认它的同党和指使者为何人。然而，大鼠却借此诬告了多达84种动物和神灵，指认正是因为它们的唆使才去偷粮的。而仓神并未识破大鼠的奸计，因而一一传讯了这些动物，要求他们招供。这使这些动物都被一一羁押，狱中在押的动物随着大鼠的不断诬告而增多，使案件久拖不决。大鼠巧妙地利用诉讼制度的漏洞使自己处于有利的境地。在最初的供述中，大鼠是这样美化自己和同类的：

> 鼠乃贴地而伏，拱手而对曰：“老物，质虽幺么，性则虚明，禀星辰之精，受天地之气，虽不能首于众品，亦未必居于下流。诗人咏

于《周诗》[1]，君子载于《礼记》[2]，则其不见绝于人，久矣……"

其后大鼠对诸神和动物一一诬陷，并向仓神供述说正是它们唆使鼠类行窃的。大鼠诬告的对象依次是桃之神、柳之神、门神、户灵、猫、犬、狌、鼹、狐、狸、猬、獭、獐、兔、鹿、豕、羊、羔、猿、象、狼、熊、骡、驴、牛、马、獜、狮、虎、龙、萤、鸡、蜗、蚁、杜鹃、鹦鹉、莺、蝶、燕、蛙、蝙蝠、鸟雀、乌、鹊、鸱、枭、鹅、鸭、鹧鸪、鹁鸠、鹑、雉、鹰、鹯、鸿、鹄、鹳、鸳、鸥、鹭、鹘、鹫、翡翠、鸳鸯、鸡鹊、鸂鶒、鸾、鹤、凤凰、孔雀、鹏、鲸、蜂、蝉、蜘蛛、螳螂、蜉蝣、蜻蜓、蝇、蚊、蟾蜍、蚯蚓、鳌、蟹、上帝等共计八十余种。本节将从中选取几个典型的动物加以分析。先来看大鼠在诬陷牛和马，并说正是它们教唆鼠类偷窃粮仓后，牛和马的供词：

览供毕，又诘于鼠，曰："谁教汝偷乎？"鼠复供曰："牛与马，果教我也。"

牛供曰："齐城旧功[3]，周野遗种[4]。停车道上，不逢问喘之相公[5]；负薪山中，犹想叩脚之贫士[6]。耻深无为后之谚[7]，力殚将有事之时。惟此穿鼻之身，讵有利口之病。草率而对，哞然而啼。"

马供曰："吴门一练[8]，燕市千金[9]。食之不以其才，难饱一石之粟，老矣无所可用，谁称千里之才。[10] 枕黄草而忍饥，望白云而兴

---

① 《诗经》，国风·魏风·硕鼠。

② 《礼记》，月令；《礼记》，郊特牲。

③ 指战国时期齐国大将田单在即墨城与燕国大将乐毅的军队交战时用火牛之计的故事，典出《史记》田单列传。

④ 指归马放牛的典故，典出《尚书》武成，"乃偃武修文，归马于华山之阳，放牛于桃林之野，示天下弗服"。

⑤ 指西汉宰相丙吉。

⑥ 指春秋时期卫国人颖戚。

⑦ 指鸡口牛后的典故，典出《战国策》韩策："臣闻鄙语曰：'宁为鸡口，无为牛后。'"

⑧ 语出《韩诗外传》，指孔子和颜渊同登鲁国东山，遥望千里外吴门时的论辩。

⑨ 指战国时燕昭王千金买千里马骨的故事。

⑩ 语出韩愈《杂说》中的"马说"。

悼①。咄此射影之蜮弩②，殆如过耳之蛟雷。奸状跃如，何足疑也?”

牛和马在其供述中均回顾了自己族类的历史和特性，来辩白自己是清白无辜的，并主张是大鼠含沙射影。由上文可知，作者在写作动物的供述时，引用了大量关于该动物的中国典故，其对汉文学的的熟稔可见一斑。在这些动物自白完，都被暂时羁押在监狱中。大鼠则会在仓神面前对这些动物的品性一一诋毁，以证明他们的供词并不可信。比如它对牛和马就是这样诋毁的：

牛马之耐人鞭策，服人驱使，而脱其羁，则直走于田畴，出于槽，则先入于庖厨，非所以觅食而求饱乎?况蹄其主而杀之者有之，角其主而殁之者有之。神以牛与马为可驯之物，而以其言可信乎?

相比牛马对自己的优点和事迹的描述，大鼠的辩解则是从反面对牛马的缺点加以阐释，从而使作为判官的仓神被大鼠迷惑而把大鼠诬告的动物们一一找来加以审讯。我们再来对比一下大鼠诬告蝙蝠时蝙蝠的陈述和大鼠的辩解：

蝙蝠供曰：“伏以。爪似利针，翮如圆伞。谨乎出入之际，每趁三籁之收，处于飞走之间，幸免两役之苦。风微雨歇之夕，几多掠人而飞。月落参横之晨，忽惊为物所害。莫以貌取，实切身颤。”

鼠曰：“……蝙蝠则本以老身门孽。右族贫寒，皆不聊生，故蝙蝠以贱加尊，弃于敝屣，投属于众鸟，假其羽翮，借其气势。老身门中欲役之，则曰‘鸟也’。众鸟欲役之则曰‘老身之族也’。老身痛其心迹，累加诮讓，以此与老身构怨久矣。到此，岂肯为老身之地乎?……”

在大鼠的辩解中，蝙蝠和老鼠本是同类，其中老鼠是嫡出，而蝙蝠为

① 语出狄仁杰望云思亲的故事，“登高山，望白云，思亲在其下”。

② 语出《诗经》，小雅·何人斯·疏。

庶出。然而，由于鼠类难以过活，蝙蝠便背叛了鼠类而投靠了鸟类。因为无法认定蝙蝠的归属，所以蝙蝠在鼠类和鸟类中的劳役均被免除，可谓两面三刀。大鼠说它因为屡次责备这些庶出的蝙蝠，所以和它们结怨已久，它们又怎么肯为鼠类说好话呢？从大鼠的辩解中可见其三寸不烂之舌，它每次都能抓住各种动物的要害而予以反击，表现出了大鼠的博闻强识，也因此使本案一拖再拖。仓神终被大鼠的诡辩所激怒，大鼠在情急之下说了实话，以大逆罪落了个处斩和弃市的下场：

> 鼠连声疾号曰："天之神，地之祇，野之魍魉。……冥冥之雾，厌厌之露，落落之星辰，皎皎之日月，皆上帝之命，使我恣食仓中之粟矣。老身抑何罪焉？"
>
> 仓神抚掌大笑曰："造化翁多事，生此恶种，公然贻害万物，使之归怨于上穹，物祖安得辞其责乎？其所连累千百其种，且其不道之言，诬及上帝，此大逆也。极其罪也，不可不上诉于天，以俟处分矣。"

大鼠最后在情急中说出了自己内心的想法。它认为，鼠类偷食仓廪都是因为造化的缘故，偷食本就是鼠类的本性。如果有错，那也是错在造物主上帝，是上帝造物时塑造了老鼠这样的天性，老鼠自身因无法克服，只是循着天性做事和生存罢了，而与鼠类何干？这样的观点的确很真实，是大鼠的肺腑之言，对此仓神也予以认可。仓神认为是"造化翁多事"，才创造出像老鼠这种贻害万物的"恶种"，作为万物之祖的上帝当然要承担主要责任。而大鼠因为诬蔑上帝，其言行已经属于大逆不道，所以需要等待上帝的裁决，而仓神并没有裁判权。因此，仓神在第二天沐浴更衣后去拜谒上帝，请求上帝对鼠类的罪行加以裁决。上帝在翻阅案卷后，判决如下：

> 下界一小虫奸猾之罪，不足以烦我之听，而言其罪，则不可不降天之罚，行天之诛，以谢灵禽异兽之被诬者。仓神，汝其归，斩贼属于太仓之前，暴其尸于九街之上，使有喙有爪有牙有齿者，任其剥啮脔分，以泄其愤。所囚群禽众兽，一皆放送，贼虫巢窟支属，荡扫诛

> 戮，毋使易种于下土。

上帝做出将大鼠处斩、暴尸并对所有鼠类灭族的处罚，并要求将所有因诬陷而被羁押的动物全部释放。仓神下界后执行了上帝的判决。被释放的动物们欢呼雀跃，它们恨透了鼠类，所以他们对鼠类的报复也是极凶残的：

> 猫与犬，直走鼠穴，尽杀其六亲及远近族属，无遗类。狼啮其头，乌与鸢啄其肠，鹰鹯攫其四肢……仓神纵神兵，而掠其巢穴，鼠之属尽为猫所杀。遂夷其土，塞其穴。是后，仓粟无耗缩之患矣。

故事的最终结局是鼠类被抄家灭门，世上从此再无鼠患。在这一作品的最后，作者以太史公之名感慨道，正是仓神决狱效率的低下，才导致了本案牵连甚广。作者发人深省地说：“戾气所钟，岂独穴仓之一虫也哉？吁！可畏也。”此言不虚而直指人心，同时阐明了其写作目的就在于借助拟人化的动物去揭露朝鲜后期现实社会中的诸多问题，特别是当时世风堕落、司法不公、涉案人员的滞狱问题以及官府效率的低下，这才是作者写作《鼠狱记》的本意。

第三节 《春香传》中的法律史

《春香传》是朝鲜文学的代表作品，也是世界文学史上的杰作。春香的故事在18世纪就已经以口头文学的形式流传于朝鲜半岛南部的全罗道，后来在人们口口相传的过程中不断得到增补和润色，到18世纪末19世纪初时形成了一部完整的作品。因此《春香传》不是一人所完成，而是在漫长的时间里民众集体智慧的结晶。因而《春香传》存在十多个不同的版本，各版本在细节上略有差别。

《春香传》在“全州土版”中也称作《烈女春香守节歌》，分为上下两卷。上卷主要讲述了朝鲜全罗道南原府有一个名叫月梅的退妓①，生有

① 退妓：原来从事艺妓行业但业已退出的女性。

一女，名唤春香。春香长大成人后，因相貌出众博得了整个郡邑的称许。年方二八的翰林之子李梦龙于清明时节登上广寒楼时，恰巧看到了在树下荡秋千的春香和她的侍女香丹，李梦龙被春香的风采吸引。当晚梦龙到春香家去，与春香私自结为夫妻，并订下了百年佳约。梦龙之父李翰林不久调任京城，他命令梦龙先行，所以春香和梦龙不得不洒泪而别，并约定日后重逢。

下卷讲述了卞学道新任南原府使，他一到任便传唤当地的艺妓，但任何艺妓都不能让其满意，最后他下令要求春香为其守厅[①]，春香因忠于梦龙而抵死不从，导致卞学道大怒而对春香施以刑杖等酷刑，并将她打入大牢。梦龙到京后参加了科举考试并高中状元，他被国王任命为暗行御史后，前往全罗道南原府巡察。他认真履职，化装成乞丐以便搜集地方官卞学道压榨百姓的证据，并到狱中探望了春香。次日卞学道做寿，梦龙在宴会上丢下“金樽美酒千人血，玉盘佳肴万姓膏”的一首讽刺诗。各郡邑的地方官从而得知李梦龙是国王派来的暗行御史，因而他们都惊慌失措并一哄而散。而卞学道却仍在酒后狂言，并令人把春香带来。梦龙此时亮明了自己暗行御史的身份，并出示了证明其身份的马牌，外面有人大喊“暗行御史出道”，驿卒们随即蜂拥而来。卞学道因此被封库罢职，含冤的百姓们被一一从狱中释放。春香和梦龙终于获得团圆，他们一同赴京城生活。后来李梦龙在官居宰辅后告老还乡，与贞烈夫人春香白头偕老。他们生有三男二女，三子后来也都官居一品。

这一故事结合了才子佳人、地方行政的腐败和暗行御史制度等，这些因素的相互交融使故事有了很强的可读性，并产生了戏剧性的效果。从故事的梗概中可知，与法律史研究相关的内容主要集中在下卷。《春香传》在说唱和传承的过程中，不断依照听众的愿望而修改故事情节，使《春香传》越来越被民众喜闻乐见而广为流传。因原本属于口传作品，所以为了让百姓接受，《春香传》使用古代朝鲜文（谚文）写成，并夹杂了大量的全罗道方言。因此，分析时如何引用原文就成了一个问题。本节分析时参考的中文版本是张友鸾先生在20世纪50年代译出的。[②] 这一版本最

① 守厅：“作妾”之意，但却不是正式的妾，暗含对该艺妓初夜权的取得。

② ［朝］尹世平编，张友鸾译：《春香传》，作家出版社1956年版。

符合原著精神，也是笔者认为目前最好的中文译本。张友鸾先生的译本是根据朝鲜作家同盟出版社编订的“全州土版”译出的。

随着时间推移，朝鲜官府通过整理受教而持续编修法典，民间也出现了《词讼类聚》《决讼类聚补》等词讼类书，特别是朝鲜后期出现了汇集各种公私类法律文书格式的《儒胥必知》，这些普及于民间的法律知识在《春香传》中也有反映。《春香传》的上卷虽然以才子佳人的故事情节为主干，但在仔细观察部分版本后仍能发现与法律文书有关的细节。比如梦龙与春香有了夫妻之实后二人私订终身的这一情节中，春香的身份是退妓之女，而梦龙则是官员之子，二人在阶级上存在巨大的鸿沟。春香为了防止梦龙始乱终弃，她公然要求梦龙写下了一种叫“不忘记”的私文书。这种类似契约性质的文书具有法律效力，写下后就可视作二人在法律意义上已订立婚约。然而，另外一些版本为了突出梦龙和春香自由恋爱的氛围和突出二人内心的忠贞，因而没有加入这一细节。以“不忘记”的有无为准，可以将《春香传》分成有“不忘记”的版本和没有“不忘记”的版本两大类。虽然这仅仅是全文的一处细节，但这两类版本却代表了主人公截然不同的立场。“不忘记”的订立可视作春香为自己留有后手，比起人的感情来，她更相信法律，通过法律文书能为自己这段阶级完全不对等的感情加上一层法律的保障。若是版本中不存在春香要求梦龙写下“不忘记”情节的话，则意味着春香完全相信梦龙这一士族子弟的“真心”，不认为人的感情不如法律可靠，因而更能突出二人的真情。但没有通过文书进行法律约束的话，也就意味着春香献身给梦龙后，使自己在这段感情中完全陷于被动，而将自己置于被挑选的境地。因此，以“不忘记”的有无作为分野，春香和梦龙二人的关系存在着本质的不同，一种是完全主观的，是更加“高尚”的，而另一种是存在客观约束的，是更加“靠谱”的，这种不同也决定了故事的后续发展时，二人的各种行为在各个版本中即便几乎相同，但因为“不忘记”这一法律约束的有无，导致其心理状态的完全不同。所以说，法律文书成了这一叙事的核心。

根据郑肯植教授的研究，虽然在“晚华本”和“全州土版”的“烈女春香守节歌”中与法律相关的文书或物件出现不多，但《春香传》的各类其他版本中和法律相关的文书与物证却纷纷登场亮相。比如妓生册案

(妓案)、妓生都案、题辞(题词)、等状(或“寡妇等状”)、物故状、经历文书、行中日记、职牒、完文、文券、马牌、鍮尺、血书、便纸、祭文、路文、文符、印兵符、状启、礼状、四柱单子、白活、文簿等，不一而足。而作为订立婚姻契约的“不忘记”在其他版本中也称作“手记”“手标”等，共计在九种版本中出现过。而作为公文书的原情(冤情)、所志(白活、等状)等请愿的诉状也出现在了不同版本中，如春香拒绝守厅的“白活”至少出现在三个版本中，临刑前春香的“侤音”或“题音”共在九种版本中出现。如收录于《状通讼记》单子类文书中的“春香冤情”，就记载了“右谨言冤痛由段……是妾有何罪过，至于严刑，今自狱中刻骨冤情曳枷，仰诉何去乎”，其起头和结辞即是活生生的原情(冤情)类法律文书的标准格式，与《儒胥必知》中所示的所志(诉状)格式如出一辙。①

正是由于这些文书在朝鲜后期被广泛普及和应用，因此它们才大量出现在了《春香传》的不同版本中，从而反映出这一故事当时的听众对这些文书和法律概念并不陌生，可见民众在日常生活中会经常接触到这些法律文书，法律知识在朝鲜后期已广泛普及于大众。《春香传》上卷中体现出的法律问题虽不及下卷集中，但“不忘记”的出现却成为故事的关键。春香为了防止日后梦龙背弃自己，她在离别时要求梦龙写下“不忘记”，并对梦龙说出如下一段话，让我们惊讶其法律知识的渊博和维护自身权利的果敢：

> 这般那般分明是不能带我走吧？真的无法带我走吗？若当真带不走我的话，就把我杀了后再走吧！若是不行的话，公子曾在广寒楼与我写下过“明文”(不忘记)，我会写下“所志”(诉状)去见官长，将事情的缘由写成“原情白活”(平民诉状)。大人若仰赖你是贵公子出身而判我“落讼”(败诉)的话，我会把所志添连后，再写一份原情上诉到全州监营，向巡使道(观察使)大人提起“议送”(向观察使上诉)。而公子作为两班(士族)也许会给他寄去一封信，那么

① 정긍식, 2016, “법의 시각에서《춘향전》의 독해 시도”, 《국문학연구》34, 160—161 면.

> 即便是巡使道大人也会因与你同为两班而判我落讼，那么我会把“题辞”（判决文）给添连上，来到汉阳城中，向刑汉两司（刑曹和汉城府）、司宪府、司谏院、备局（备边司）等衙门呈上诉状。公子那时可能会因自己是士大夫而左右请嘱、官官相护，讼事便又会被一笔勾销啦！那时我将会把所有判决败诉的题辞全部粘连后藏于怀中，到八万长安①（汉城）的亿万家户中村村乞食，一分一分地求乞，然后进到东矣廛去买个铜碗盖儿，跑到纸廛去买张状纸，用谚文写成“上言”文书，将心中的意志一字一字地写出来，于二八月时在东桥路或西桥路那里等候，在国王陵行动驾之时，出门混在那万民丛中，在那舞起龙大旗、立起紫介枪、撑起红阳伞之时，在大王或乘轿或骑马路过之时，我会霎时间从那万民丛中跳出，手拿铜碗盖儿咣咣敲三回，用“击铮”去向国王说理哩！②

春香对梦龙说的这段话中，道出了当时朝鲜普通民众所能想到的用法律手段进行权利救济的所有途径，从中也阐明了朝鲜王朝民事诉讼的司法程序、上诉途径和各个审理级别，即南原府等地方官是朝鲜的第一审级，全罗道等各道的观察使是朝鲜的第二审级，京城的刑曹、汉城府、司宪府、司谏院、备边司等中央衙门是朝鲜的第三审级。而通过上言、击铮向国王诉冤是百姓可以动员的最后一种途径，作为正义之化身的国王是朝鲜终审的审级。上文这段话体现出春香极强的法律意识和果敢泼辣的性格，比起士大夫善变的感情和“真心”来，她更愿相信法律和司法救济，以及能证明自身合法权益的法律文书。而上文中不断提到的李梦龙通过其家族背景让春香一直败诉，因而迫使春香为实现自身诉求而不断上诉的假设，讽刺了朝鲜后期官官相护而使司法应有的公正性尽失的社会现实，以及判官根据原被告双方的身份而在判决中偏袒士族的司法腐败，以至于普通百姓申诉无门的残酷现实，揭露出当时的许多普通百姓为了申诉而倾家荡产的社会现象，甚至可能沦落到沿街乞讨的悲惨境地，反映出民事诉讼

① 八万长安：本意是有八万人居住的长安，指人多的地方，在朝鲜专指京城汉阳。

② 因原文用古代朝鲜语的全罗道方言写成，笔者的翻译并不一定准确，但尽量体现原文的韵味。

和为实现心中“正义”所需要的高昂成本。而这些融入故事中的法律知识却能够被当时的听众广泛接受而丝毫不觉得生疏，反而觉得有趣并喜闻乐见，也不认为作为退妓之女的春香熟知这些司法知识有什么不合理，从中可见这些法律知识在当时普通百姓中是作为常识出现的。《春香传》中展现的法律不是束之高阁、只有专家了解的专业领域，而是百姓生活中的极为常见的存在，反映出朝鲜后期法律知识的高度普及和当时蔓延在朝鲜民间的“健讼”之风。

作为全罗道百姓智慧结晶的《春香传》，对当时沦为一纸空文的许多法律规定进行了辛辣的嘲讽和批判。其中不仅提到法律规定本身，还包括官民对法律的态度、违法和对违法行为的抵制，以及如何巧妙地实现对法律的规避等各类行为，从中可以窥见朝鲜后期的法律是如何作用于现实的，以及书本上的法律和实践中的法律之间的巨大鸿沟。

如官员宿娼是朝廷所明确禁止的，现实中也有因此受到处罚的个案，但《春香传》中官员对娼妓的嫖宿却是作为理所当然的行为而加以刻画的。那么法规和小说故事哪个是更接近当时的现实，抑或都是虚构?《春香传》中的描写应该更接近历史的现实。《春香传》作为文学作品，其对官员权力滥用的反映和对当时的政治环境下无法伸张正义的讽刺可谓毫不留情，通过作品圆满的结局也可确知百姓对社会能够完全按照朝廷规定的法制运行的期盼。而《春香传》中对春香受刑场面的描写，与当时法律规定的刑罚也有着极大的出入：

> 春香被抓住头发拖往一处，好不可怜。那冰清玉洁之躯，弄得龌龊不堪。……一群禁卒，列在两旁。稜杖、棍杖、刑杖、朱杖，各色的杖儿尽皆齐备。……春香一见那些刑杖、笞杖、棍杖全都摆好，心中有数，在劫难逃。执杖的使令，从哪一些刑杖之中，抓抓这一根，摸摸那一根，挑来挑去，挑出一根容易折断的，脱开右肩缚住，立于台上，听候命令。使道说：“你等对那贱人，如若行私徇情，虚杖卖法，被我察知，就一齐处死。你等这就与我动手，用手打这贱人，杖杖不得空虚!”执杖使令回禀说：“大人严命，小的怎敢行私徇情，重打这个贱人更无难处。”说着，又扭过头来朝着春香喝道：“你这小贱人听了，打你之时，不许你动，你若动一动，我就要你的性

命！”喝过之后，用脚支着刑杖，却又悄悄地向春香耳边说道：“你那身子，怎能禁得住两三下刑杖！我实出无奈，不得不打。我打左腿时，你往右边躲，我打右腿时，你就向左闪，千万记住，不要忘了！”①

文中对各类刑具的使用不符合朝廷的规定，如棍杖和朱杖就是被朝廷所多次禁止的。棍杖应是只在军中使用或用来治理盗贼的，不应将其施加在春香身上。而文中对执行杖刑的使令大人两种形象的刻画也恰到好处。使令内心同情春香，但又不得不执行卞学道的命令，所以他在卞学道面前装出一副凌厉的样子，而私下却对春香悄悄传授了执行中如何减少痛苦的技巧。这难道不是对地方官淫威的一种消极抵抗和嘲讽吗？而卞学道因自己无法占有春香而产生的极度愤怒化作刑罚上对春香的极度折磨，如卞学道命令给春香戴枷的情景在《春香传》中也至少有两处描写：

使道说：“将那贱人，快上刑枷，捆绑起来，推至堂前跪下。”一声令下，春香立刻被上了刑具，推到大堂。②

使道无言而答，只是恨恨地向左右说道：“岂有此理！立即把她套上大枷，打入死牢！”左右应声把大枷抬来，架在春香肩上，加上封印。③

上文中春香戴枷的第一处描写发生在春香于大堂受刑杖之前，第二处描写则发生在将她打入大牢之前。《经国大典》规定，庶人妇女即使犯有死罪，也只能用铁索锁项、锁足，而犯杖刑以上的罪则只能锁项。④ 英祖二十三年（1747）颁布的受教中也明确规定“女人勿枷”，因此法律明文规定戴枷只适用于男性犯人。卞学道的这些做法明显违反了当时的规定，而他作为地方官不可能不知朝廷对“女人勿枷”的规定。从中可以窥知，

① ［朝］尹世平编：《春香传》，张友鸾译，作家出版社 1956 年版，第 62 页。
② ［朝］尹世平编：《春香传》，张友鸾译，作家出版社 1956 年版，第 62 页。
③ ［朝］尹世平编：《春香传》，张友鸾译，作家出版社 1956 年版，第 66 页。
④ 《经国大典》，刑典，囚禁。

即使是朝廷屡次禁止的行为，在地方上到底能在何种程度上执行却很难说，许多规定到了地方上可能就变成了一纸空文，有些或许从未被严格执行或禁止过。

而暗行御史李梦龙在朗诵到《千字文》中的“律吕调阳”时，将之延伸解释为“糟糠之妻不下堂，不可亏待妻子乃是‘大同通编’法中的律文”。这里的“大同通编”实际上指的是作为当时现行法的《大典通编》，从中可以推测《春香传》最终成书于 18 世纪末到 19 世纪上半叶。那么，《春香传》创作者为什么让梦龙将“大典”念成“大同”呢？与其说是创作的失误，将其视作有意的替换可能更加合适，因为其中融入和暗含了创作者对法律的思考和理念。《春香传》的创作者们认为，法典与法律是为了让百姓过上“不独亲其亲，不独子其子，使老有所终，壮有所用，幼有所长，鳏寡孤独废疾者皆有所养”的美好生活，是实现《礼记》中所描绘的“大同社会”的美好愿景的手段和工具。也就是说，法律并不是使统治者便于统治的工具，而应以万民的福祉为依归，让百姓实现其对美好生活的向往的手段。具体到《春香传》这一作品中，在卞学道这一朝鲜时期地方官拿出制定法的规定来欺压春香时，春香则使用了自然法的“正义论”与之对决，对当时法律已与法律应有的本然面目相去甚远的现实进行了无情的嘲讽。

《春香传》除了提到禁止官员宿娼、刑罚与刑具、暗行御史的封库罢免权之外，涉及的法律问题还有对制书有违律的适用、代婢定属、府使的到任行程等现实中的诸多法律问题，在此不再详述。作品中的暗行御史李梦龙作为解救全罗道南原的万民百姓于水火的“青天”，百姓们在得知他是国王派来的暗行御史后，顿时变得狂热起来，他们欢呼雀跃，尽情地表达对国家和国王的忠诚之心。而从最终李梦龙官居宰辅后告老还乡，和被封为贞烈夫人的春香白头偕老，他们的三个儿子后来也都官居一品这一故事的大结局来看，《春香传》始终未能超越官僚本位的时代局限。

第四节　“青天”朴文秀

在韩国，朴文秀是家喻户晓的历史人物，他清正廉洁、刚正不阿的形象在朝鲜半岛广为流传，几乎是朝鲜时期清官的代名词。朴文秀生于

1691年，卒于1756年，是英祖一朝的名臣，历任兵曹判书、刑曹判书、户曹判书等要职，而他的名字却常常与暗行御史这一身份联系起来。朴文秀作为文学人物，对其形象的塑造从朝鲜后期就已开始。在朝鲜后期刊行的《青丘野谈》《东野汇集》《溪西野谈》《记闻丛话》等野史杂纂中，共收录了17篇有关朴文秀的故事。而由韩国学中央研究院在20世纪七八十年代整理出版的大型丛书《韩国口碑文学大系》中，则搜集了300余篇流传在半岛各地的传颂朴文秀的口碑文学作品，他的故事在朝鲜半岛如包公故事在我国一样，被反复演绎而广为流传。

依照我国朝鲜族故事大王黄龟渊（1909—1987）先生所讲述的故事整理而成、由延边人民出版社出版的《黄龟渊全集》[①] 中记录的朴文秀的历史故事，可具体分析民众所塑造和传承的朴文秀的御史形象。在这些生动有趣的故事当中，朴文秀作为国王亲派的暗行御史，到朝鲜半岛各地暗自察访，他倾听和化解百姓的冤抑，以自身敏锐的洞察力发现各地存在的问题并能够迅速解决。同样是作为解民于倒悬的正义之化身，朴文秀的登场方式却与我国包公故事中包青天的人物形象存在明显差异。[②]

在黄龟渊先生讲述的故事中，朴文秀在幼年就已经表现出强烈的正义感，他亲自埋葬了因自己而死的麻雀并为之吊丧的行为，就很好地展现了他“任何人都要为自己的罪行付出代价”的原则。而他的才能虽然很早便闻名于乡里，却因家境贫寒而无钱参加科举考试。在村民的捐助下，他凑够了赴科举应试的盘缠，从此踏上了成为著名判官的人生旅途。在故事中，他暗察的路线为“忠清道—忠清道忠州—汉城—忠州—庆尚道—忠州—庆尚道—忠州—汉城—忠州—全罗道罗州—汉城—平安道—江原道—全罗道—庆尚道—全罗道光州—忠清道—汉城—忠清道”。他赴科举途中在金进士家借宿之时，发现他家刚刚成婚的儿媳因与外面的男子通奸而谋害金进士之子的事实，在其科举结束后迅速予以解决。之后因朴文秀个人的过失，导致了一位少年的死亡。之后他在庆尚道倾听了一位行商的夙愿，而使他与卖汤饭的寡妇缔结了良缘。其后他在忠州为蒙受强奸有夫之

---

① 황구연 저, 김재권 정리, 2007,《황구연전집1—10》, 연변인민출판사.

② 对朴文秀和包公形象比较的研究有：최향, 2012, “‘암행어사’ 박문수와 ‘청관’ 포공의 형상 비교”,《비교문학》제57 집, 147—179 면.

妇这一不白之冤的洪进士洗清了罪名。然后他受命平定了李麟佐的叛乱（发生于1728年）后，又被国王任命为三南[①]御史。其后他在忠州严惩了想要霸占柳家妻子和儿媳的千氏父子，他在赴罗州时，从背信弃义的郑纯福那里为李正允要回了本属于他的钱财。在平安道时，他原本要捉拿诱惑平安道监司的名妓芦花，但又为芦花讽刺官员的高妙所倾倒，因而与她缔结了一段良缘。在江原道时，他破获了杀害布匹商崔顺七老人的凶手，之后又在全罗道惩治了因贪爱女色而背负三条人命的刑房书吏，其后又到光州将盗贼“千里马”捉拿归案，回京复命时他检举了一大批朝廷大员。他在致仕回乡时，在故乡建造了“三快亭”，在亭中他和村中的老人们分享了他一生的故事。因他个人的过失而致死的那位少年转世投胎为朴文秀的儿子，而出生后三年便离开了人世。得知转世真相的朴文秀选择了一块风水宝地，将自己早夭的幼子埋葬。以上是《黄龟渊全集》第一册中出现的内容，在第四册中还收录了暗行御史朴文秀以朴氏寡妇之弟的名义出道，并号令想要加害朴氏寡妇的李进士，让李进士之女与朴氏寡妇之子成亲。以上故事中涉及的事件类型可具体分为奸情类、贼盗类、婚姻类、人命类和劫夺类（强奸类）等。

在流传至今的朴文秀的故事中，其神探般的判断力和无穷的智慧展露无遗。他常常通过蛛丝马迹就能发现嫌疑人的可疑之处，在与他们的自然对话中便能不知不觉套取他们的犯罪事实。最能表现朴文秀洞察力的故事要数金进士之子被害案了。他在金进士家借宿时，对向自己暗送秋波的新寡妇起了疑心，为掌握她的动向便一路尾随她，他果然发现了其中的猫腻。这位寡妇的丈夫，即金进士之子在新婚后的第四天便离奇死亡。他通过观察，发现与寡妇密会的这名男子的相貌既不像农民，也不像苟且寒酸之人，从而判断这名男子很可能是书堂中人，因此他便秘密探访了整个村子的所有书堂，发现其中一个书堂中果然有男子与寡妇密会。但充满智慧的朴文秀并没有当场揭穿二人，因为他当时仅仅是一名赶考的书生。在赶考的路上，他又遇见了寡妇丈夫的魂魄，魂魄向他透露了他的骨骸藏在水中的这一秘密，他听到后断定被害的进士之子遗骸应该被沉在了池塘里。之后他科举及第而被任命为暗行御史，因此来审理这对奸夫淫妇，此时他

---

① 三南：指忠清道、庆尚道、全罗道位于朝鲜半岛南部的三道。

对犯人说尸体应沉在了池塘里，包括犯人在内的所有在场之人都惊叹朴文秀真乃神人也。

他之所以受到百姓的推崇和爱戴，不仅取决于过人的才智，还与他亲民为民的作风是分不开的。他隐藏自己的御史身份而与朝鲜百姓们展开日常对话，倾听他们的诉求，从而神不知鬼不觉地解决了他们的重大利益关切。如他在和路上偶遇的游商交谈后，得知其年过三十还未能成家。当晚他借宿在这位游商家中，亲眼看见游商对父亲的奉祀一丝不苟，因此被这位游商的人格所打动。他因而决定帮助这名游商解决其终身大事。他问游商有没有意中之人，游商回答说爱慕不远处卖汤饭的寡妇已久。因此朴文秀谎称自己的六寸兄（再从兄）正是这个郡邑的地方官，告诉游商应如何做便能够达到目的。游商第二天依计来到寡妇家的门前，用背货用的背架把寡妇家的门堵住，使得任何人都无法进门吃寡妇做的汤饭，这极大影响了寡妇的生意。寡妇认为游商如此可恨，一气之下便摔坏了游商的背架。游商故意主张背架是自己几十年得以活命的老本儿，于是要求寡妇赔偿损失并向官衙提交了状子。早已收到御史朴文秀密令的地方官认为，是寡妇摔坏了游商过活的老本儿，所以判决寡妇一生都要养活这名游商。游商依照判决，如愿以偿地与寡妇生活在了一起，托朴文秀的福得以和爱慕的寡妇结合。整个过程中，朴文秀从不曾向游商等普通百姓暴露自己的真实身份，但却能使事情得到完满的解决，使普通百姓的诉求得到伸张和满足。

朴文秀神探般的智慧在具体的故事里也有鲜明体现。如他在海印寺①发觉寺中有好色的僧人。因而他在跟这名淫僧交谈时，假装自己从前有过丰富的两性经验而使淫僧产生了共鸣，从而套取淫僧的犯罪事实。淫僧果然上钩，他不自觉地分享起了自己的过往，透露出自己曾强奸过有夫之妇，并让无辜之人顶罪的犯罪行径，朴文秀在知晓后，立即将其逮捕并处斩，蒙冤之人得以释放回家。在另一个案件中，朴文秀在一客栈中窃听到千氏父子欲劫夺柳氏一家的妻子和儿媳，他故意以阿谀和羡慕的语气走到近前，向他们讨教计划如何实施，从而获取了整个阴谋的实施方案。他命令手下的一名将帅身着白巾白衣，手持白虎旗，假扮为玉皇大帝派到人间

① 海印寺：朝鲜半岛名寺，位于今天韩国庆尚道陕川郡伽倻面。

的武士，从而对千氏父子一伙予以恐吓。这群乌合之众看到武士泛着异光的炯炯双眼，都吓得魂飞魄散而作鸟兽散，他们均被朴文秀捕获。而在布匹商人崔顺七老人被害案中，凶手因贪图崔顺七老人的三万两家产，而将之残忍杀害。朴文秀通过装神弄鬼的把戏，成功揪出了幕后的凶手。另有光州盗贼“千里马”为害一方、鱼肉百姓，朴文秀化装成了盲僧，通过引诱的方式终于引蛇出洞，成功找出了盗贼“千里马”的藏身之处，从而捣毁了盗贼一伙的山头。这些案例无不体现出朴文秀有勇有谋、智勇双全的人格魅力，因此深受半岛广大百姓的喜欢和爱戴。而包公故事中的包拯则很少像朴文秀这样通过隐瞒身份而与百姓平等地交心，也很少像朴文秀那样主动发现线索从而自主地开展侦探活动，大多是在被动地受理案件后，通过推理而使真相大白于天下的。因此，相比朴文秀侦探般发现线索的智慧来，包公体现的多是法官破获案情的智慧。

而暗行御史的身份本身就意味着体恤民情和为民众伸张正义，所以在广为流传的朴文秀的历史故事中，他富于同情心和柔情的形象展露无遗，这集中体现在他对年长却未能成家者的悲悯上。除了上面提到的用计让游商与卖汤饭的寡妇结缘外，还有让朴寡妇之子与李进士（欲谋害朴寡妇）之女成亲的故事。另外在《黄龟渊全集》第六册中，还讲述了朴文秀和其妾的故事。朴文秀外婆家的邻居中有一个满脸麻子的丑女，年龄都很大了还是无人敢娶。朴文秀觉得她甚是可怜，便把她变成了一位绝世美女后，纳为自己的妾，以让她体味两性关系带来的幸福感。不但如此，朴文秀多情的一面还体现在他总对自己帮助过的人回访，以确认他们能否一直过得幸福。比如他对那位游商始终放心不下，于是在他再次路过庆尚道时，去游商那里探访。当他看到游商今已变成了客栈的老板，与当年卖汤饭的寡妇过着幸福的生活时，这才欣慰地离去。这些回访的场面在韩国流传朴文秀故事中很少见到，可能是黄龟渊先生为了渲染朴文秀的善心而加入的情节，可以认为是朝鲜民族来到我国定居后，对本民族文化的创造性发展。从反面来看，朴文秀在惩治恶人时，却未表现出冷酷无情的一面，即使是对罪犯他也不失温情。朴文秀认为，不管是善人还是恶人，生命都是可贵的，当其死亡时，无法做到不去感伤，因此朴文秀的故事里很少描写具体的行刑画面，对案犯也很少处以斩刑等残酷的极刑，故事对犯人的处罚多是一笔带过。与之相反的是，包公故事里的包拯则酷爱斩刑，其龙、虎、狗三铡刀“上斩皇亲国戚，中斩文武大臣，下斩刁民恶霸”，因而与包公故事对恶人的冷酷无情，及对行刑场面入木三分的刻画相比，朴文秀的故事就显得温情脉脉了许多，律法严酷无情的一面在朴文秀的故事中体现得不是很明显。也就是说，与包公故事为代表的中国法文化中主要表现的“惩恶”一面不同，朝鲜法文化中主要表现的是“扬善”的一面，从中可见中朝两国法律文化的微妙差异。而法律故事的创作者必然要迎合当时的大众口味，即使未能完全迎合，在流传过程中故事也会变得更符合当地百姓的观感，那么从中是否体现出中朝两国民众在传统法律意识方面的某种差异呢？这是否意味着我国明清时期的民众较朝鲜时期的民众更加冷漠无情，更崇尚以暴制暴呢？又是什么塑造了这种心性上的差异？是否与两国政治体制严酷程度的差异具有某种相关性？

故事中的朴文秀是一个立体的人，充满着喜怒哀乐，有着丰富的情感，是一个多面而又复杂的人物形象。比如他在科考之前，是含冤而死的金进士之子的魂魄告诉了他试卷的题目，魂魄向朴文秀透露试题的原因是希望他及第之后能为自己洗冤，而朴文秀在及第后也感恩图报，他主动请求国王担任暗行御史，从而为金进士之子洗刷了冤屈。而一个真实的人必定不是完美的，是有着这样或那样的缺点或不足，故事中的朴文秀同样如此。某日，被盗贼追赶而匆忙逃命的一位少年请求朴文秀救自己，朴文秀让他去丛林中躲避。而追来的那伙盗贼不分青红皂白对朴文秀就是一通乱打，让他交代那位少年的去向，朴文秀为了自保，供出了这名少年的藏身之处，少年因此被盗贼一伙杀害。这名少年为了复仇，幻生成了朴文秀的儿子降生于世，在他三岁时终于听到当年朴文秀未能救护自己的原因，这才安心离世。从中可见，故事中朴文秀的形象是一个立体多面而非完美无缺的人。流传至今的许多故事中，他还是一位好色之徒。比如在受命去平安道，调查迷惑平安道观察使并阻碍施政的名妓芦花时，反而被芦花所吸引。当芦花列数观察使和六房书吏的种种不端时，他完全被芦花的聪明才智折服而与她共度良宵。他的风流还体现在去外婆家时与名妓一点红的云雨之情上，后来当他再次向一点红求爱时，反而遭到拒绝，从而展现出他是一个有血有肉、有着七情六欲的风流男儿。此外，故事中的朴文秀还是一个不畏强权而充满正义感的人，如他在结束御史之职回京后，向国王举报了以户曹判书为首的各个高官大爵的种种罪状，使朝中的 20 多位大员因而遭受处罚。这些故事刻画出朴文秀丰富而饱满的人物形象。相比之下，包公故事中的包拯则是近乎完美的，他不会犯错，案件的侦破也从未失败过，因而包公的人物形象略显得扁平化和脸谱化，从而使包拯的形象神圣化，不及朴文秀的形象那样真实饱满。

而历史上真实的朴文秀又是怎样的一个人呢？他是否真的出任过暗行御史呢？他的事迹为何被文学化而广为传颂呢？沈载祐教授根据《朴忠宪公年谱》中的记载分析后认为，朴文秀作为国王的御史，一生共有四次派遣到地方的经历，合计共有一年多的时间，但他却从未曾作为暗行御史出使地方。这四次御史的经历分别是 1727 年的“岭南安集御史”、1731 年的“岭南监赈御史”、1741 年的“北道赈恤使”、1750 年的“关东岭南均税使”。前三次御史的经历都是凶年时监督救济饥民等赈恤任务而被派遣的，最后一次则是为了破除良役弊端、厘定赋税而被派遣到地方的。朝鲜时期的御史大致分为一般御史和暗行御史两种，一般御史按出行的任务又可分为巡抚、安集、均田、试才、监赈、按核、督运、监市等，因此也称作“别遣御史”，朴文秀的四次御史生涯均因赈恤或均税而出使，因此应归入一般御史之列。[①] 但是朝鲜后期随着御史制度的不断发展，一般御史和暗行御史间的区分不再那么明显。也就是说，即使朴文秀以一般御史的身份出行，国王也同样赋予了他暗行的权力。当时的普通民众也很难区分两者的区别。但可以推测，朴文秀作为御史出行地方或任职地方时，一定为百姓做过许多好事，当地的百姓深受感动而对他十分感念，这或许就是他的故事广为流传的原因。

事实也的确如此。他在监督赈恤的过程中，比任何人都能体会到饥民的不易，其悲悯和同情之心转化成了全力帮助百姓渡过难关的动力。比如英祖五年（1729）夏天，他在庆尚道观察使任上，朝鲜半岛最北部的咸镜道一带发生了洪涝灾害。他认为人命关天，第一时间救助饥民乃是当务之急，因而他在未得到国王批准的前提下，擅自将庆尚道辖区内济民仓的粮食运往了咸镜道。他处处以百姓为重而不顾自身安危的品质让广大百姓铭感在心。而在英祖八年（1732），朝鲜因凶年而发生全国性饥荒的情况

① 심재우，2010，“역사 속의 박문수와 암행어사로의 형상화”，《역사와실학》41，12—14 면.

下，大量的饥民从朝鲜各地涌入京城汉阳，他在当时救下过许多逃生的饥民。而他四次御史的经历同样以救济百姓为使命，他在救济百姓的过程中被百姓所铭记，他的故事因而不断得到传播和变异。

历史故事中的朴文秀有几次为大龄未婚的男女缔结良缘的情景，而故事的产生必然有其现实根据。英祖六年（1730）时，朴文秀的确曾经上书国王，希望国家帮助未能嫁人的老处女成婚，得到了国王的允准：

> 参赞官朴文秀曰："婚嫁以时，王政之所先，今京外处女，或年过二三十余而未嫁者甚多，怨郁足以感伤和气。以《经国大典》、《典录通考》所载见之，国家之致念于此，不比寻常矣。"上曰："文王之化，必先鳏寡孤独，所达是矣。内则京兆部官搜问，而报于户曹惠厅，各别顾助，外则监司、守令，亦为备给婚需，俾无过时之意，申饬可也。"①

英祖之所以采纳朴文秀的建议，则源于"鳏寡孤独废疾者皆有所养"② 的大同理想。这一政策在实施以后，很可能有很多年长却未能成家之人受益，他们出于对朴文秀恩德的感念，而逐渐生成了他为游商、为满脸麻子的老处女等人结亲的故事，并在朝鲜半岛上长期流传。

此外，历史上真实的朴文秀还是一位有着丰富行政经验的能臣。他熟悉军政和税政等行政实务，在政策的决策与制定过程中常常能发挥建设性的作用，是不可多得的经世之才。比如在他任户曹判书的英祖二十五年（1749）时，就曾受命编纂和制定了缩减不必要的财政开支的《度支定例》，得到了国王的高度肯定。③ 而针对当时王室成员大婚时的奢靡之风，他通过制定出台《国婚定例》加以明确限制。对于英祖在位前期因铜钱流通不足造成的"钱荒"，他于英祖十八年（1742）向国王提出三点建议。一是进口中国铜钱的方案；二是收取在半岛各地广泛使用的鍮器，将之作为铸造铜钱的原料；三是将银钱和铜钱一并流通。他的这些具体的建

---

① 《朝鲜王朝实录》，英祖实录卷28，6年12月24日。

② 《礼记》，礼运。

③ 《朝鲜王朝实录》，英祖实录卷70，25年9月19日。

议虽然未能被采纳，但国王因此要求在朝鲜境内最大力度地采集铜钱铸造的原料，以保证货币的合理流通。朴文秀的这些举措都带有很强的改革意识和现实意义，可以看出他的思想理念是开放而实用的，绝不封闭僵化、故步自封。

另外，历史上的朴文秀本人也带有很强的人格魅力。他刚直的品性、率真的性情、不畏强权的行事风格使百姓们为之吸引。即使在国王面前，他也同样威风凛凛，在“廷臣畏怯，皆鼻贴于地”时，他却“高声仰面，朝仪不肃”,① 因而曾被右议政弹劾。而几年之后，他又在朝堂失礼：

> 兵曹判书朴文秀、训练大将具圣任同入。讲讫，上问阅武时笏记事。文秀对讫，与圣任论节目间事，互主己见，仍以发怒于上前，叱骂尔汝，辞气悖戾，承旨请推，上欲两解之，教曰：“两虎共斗，古语有之。以多气之文秀，粗豪之圣任，互欲角胜，上殿虽无礼，下殿可能相忘乎?”遂缕缕谕释之。两臣犹纷争不已，上曰：“今日事，不可使闻于邻国也。”②

上文中，他因与武将具圣任在节目等事务上的意见不一，二人便在御前相互叱骂，从而尽显他的刚直与霸气。朴文秀顽固而率真的个性虽然在朝堂上有失体统，但在广大百姓看来却与多数官员截然不同，显得如此真实可爱。属于少论派的朴文秀虽然屡次遭到老论势力的攻击，但却始终得到英祖的祖护和重用，他因而得以善终，这出于国王对其性情的理解和宽容。朴文秀在英祖三十二年（1756）去世，《朝鲜王朝实录》对其评价道：“于国事尽心靡懈，兵户两部多所厘改，屡掌兵权，得士卒欢心。然筵席之间，时或滑稽，有粗粗之病。”③ 当时的官方对他评价是较为公允的，而民间流传的朴文秀的形象在故事的流变过程中，已经与历史上真实的朴文秀相去甚远。

---

① 《朝鲜王朝实录》，英祖实录卷33，9年1月25日。

② 《朝鲜王朝实录》，英祖实录卷56，18年8月23日。

③ 《朝鲜王朝实录》，英祖实录卷87，32年4月24日。

第十五章

法学人物

第一节　丁若镛与《钦钦新书》

朝鲜后期的著名学问家——茶山先生丁若镛可谓著作等身（见图54）。他的法律思想集中体现在他后半生的经世之作——《经世遗表》《牧民心书》《钦钦新书》这“一表二书”（也称“政法三篇”）之中。其中《经世遗表》全面论述了国家制度和法规的改革方案，《牧民心书》主要论述了地方官的牧民方略，而《钦钦新书》则综合了历代中朝两国的人命案件和判例，集中体现了丁若镛的刑政思想。

图 54　茶山先生丁若镛的画像

丁若镛的“政法三篇”针对朝鲜后期的弊政提出了许多改革意见。他认为，朝鲜若不能革除弊政，将会有亡国的危险。如他在《经世遗表》中详细考察了作为理想社会的周代官制和井田制等，并在参酌中朝两国法制的流变后，对朝鲜当时的现行法制提出了许多的改革建议，其中最显著的就是他提出的十五项改革纲要了。这些方案主要集中在改编国家机构、改善人事制度、确立国家财政和振兴产业经济四个方面。因为茶山先生认为，国政最重要的就是“用人”和“理财”。因而前两个方面旨在改革用人方式，而后两个方面则集中在理财方式的革新上。他在论述弊政的革除之时，经常援引各类经史典籍的原文，其中《周礼》的原文出现最多，用以佐证其观点的可取和合理性，并结合朝鲜的现实提出了许多折中的办法。比如他关于改革中央官制的意见中，认为在维持周官文武制的前提下，周礼中360员的定额在朝鲜这样的小邦可以缩减为120员。而对于周礼中的井田制，他认为井田制适合旱地，像朝鲜这样以水田居多的地区就未必适合。但他对“耕者有其田”和公田制度的理想设计却加以肯定，在农田的分配上构想出了“闾田制”。

丁若镛的法律思想可以总结为鲜明的民权（民本）思想、区分“礼”“法”的思想、罪刑法定与程序公正高效的刑法观，以及重视预防犯罪等多个方面。先来看他的民权思想。茶山先生认为，天子的位置和权力是由百姓推举而来，即君主执政的合法性来自民众。他在其《汤论》中论述道：

> 夫天子何为而有也？将天雨天子而立之乎，抑涌出地为天子乎？五家为邻，推长于五者为邻长，五邻为里，推长于五者为里长，五鄙为县，推长于五者为县长，诸县长之所共推者为诸侯，诸侯之所共推者为天子，天子者，众推之而成者也。夫众推之而成，亦众不推之而不成，故五家不协，五家议之，改邻长，五邻不协，二十五家议之，改里长，九侯八伯不协，九侯八伯议之，改天子。九侯八伯之改天子，犹五家之改邻长，二十五家之改里长，谁肯曰臣伐君哉？又其改之也，使不得为天子而已，降而复于诸侯则许之。①

① 《与犹堂全书》卷11（文集），论，汤论。

茶山先生认为，作为最高执政者的天子，应是从基层开始，经过层层推举后产生的。即权力是由下到上不断赋权的，而非相反。改换天子应该如改换邻长、里长一样简便，天子若不称职可以降为诸侯，民众可以自由地决定君长的交替和任免，而不应受到君臣大义的羁绊，其对权力世袭和君权神授持否定看法。他的权力思想已不局限于传统的“为民”思想，而是更进一步将百姓置于本位，认可并赋予民众享有正当权利的民权思想。可见他对权力来源的观点已近于现代，体现出他鲜明的主权在民理念。上文中也认为，天子必须来自基层，必须有基层工作的实践经验，需要经过基层的长期考验和磨练后才能胜任。每一位上级长官都是来自下级官员中的佼佼者，比如里长中的优秀者可以任县长，县长中的优秀者可以任诸侯，诸侯中的最优秀者可被推举为天子，这才是理想而稳健的政治体制。茶山先生所推崇的这种政治理想与我国现行的干部选拔机制不谋而合。此处不应将他论述中的推举（“推”）简单等同于现代民主政治中的选举，更不能将其等同于现代西方的资本主义“民主”。茶山先生在他的《原牧》中进一步阐述道：

牧为民有乎？民为牧生乎？民出粟米麻丝，以事其牧；民出舆马驺从，以送迎其牧；民竭其膏血津髓，以肥其牧。民为牧生乎？曰否否，牧为民有也。邃古之初，民而已，岂有牧哉？民于于然聚居，有一夫与邻哄莫之决，有叟焉善为公言，就而正之，四邻咸服，推而共尊之，名曰里正。于是数里之民，以其里哄莫之决，有叟焉俊而多识，就而正之，数里咸服，推而共尊之，名曰党正。数党之民，以其党哄莫之决，有叟焉贤而有德，就而正之，数党咸服，名之曰州长。于是数州之长，推一人以为长，名之曰国君。数国之君，推一人以为长，名之曰方伯，四方之伯，推一人以为宗，名之曰皇王。皇王之本，起于里正，牧为民有也。当是时，里正从民望而制之法，上之党正，党正从民望而制之法，上之州长，州上之国君，国君上之皇王，故其法皆便民。

后世一人自立为皇帝，封其子若弟及其侍御仆从之人以为诸侯。诸侯简其私人以为州长，州长荐其私人以为党正里正。于是皇帝循己欲而制之法，以授诸侯，诸侯循己欲而制之法，以授州

> 长，州授之党正，党正授之里正。故其法皆尊主而卑民，刻下而附上，一似乎民为牧生也。今之守令，古之诸侯也。其宫室舆马之奉，衣服饮食之供，左右便嬖侍御仆从之人，拟于国君。其权能足以庆人，其刑威足以怵人，于是傲然自尊，夷然自乐，忘其为牧也。有一夫哄而就正，则已蹴然曰："何为是纷纷也。"有一夫饿而死，曰："汝自死耳。"有不出粟米麻丝以事之，则挞之棓之，见其流血而后止焉。日取算缗，历记夹注涂乙。课其钱布，以营田宅，赂遗权，贵宰相，以徼后利。故曰民为牧生，岂理也哉？牧为民有也。①

茶山先生在《原牧》中的论述实在太过精彩，因而在此全文引出。其文章的首句便以"牧为民有乎？民为牧生乎？"这样的设问直指问题的核心，即君民（官民）间的关系到底是君（官）为民，还是民为君（官），对这一问题的解答触及其法律思想的核心。他首先明确道"牧为民有"。他认为最初的各级官僚产生于定止百姓间的纠纷之时，因某人的仲裁得到四邻或乡里的认同，因此他被推尊为里正和党正。"政者，正也"，"正"字本身就说明了权力应有的本然面貌。茶山先生认为，官员执政的最初和最终的合法性都是基于对正义的维护。而法律在最初产生时也是由下到上的，"里正从民望而制之法，上之党正，党正从民望而制之法"。法律的制定最初都源于"从民望"，即顺应民意、合乎民心。如此一来，所有行政级别的法令在制定和推行时，都出自下级既有法令在基层成功实践的先例，均源于对基层现实情况的深刻把握。因为制定的法律有牢固的现实基础，所以不会出现较大的偏差，也就没有水土不服或难以推行的情况，新的法律反而因其顺应了百姓的意愿，回应了百姓的利益诉求而广受欢迎。

然而，后世却有一人自立为皇帝，在皇帝出现后原本自下而上的关系变得颠倒，原来自下而上对"俊而多识""贤而有德"之人的推举，变成了自上而下对其"私人"的授命。皇帝和诸侯等人在制定法律时"循己欲"，他们循着自己的私欲自上而下地授权。因为法律制定的主体和服务

---

① 《茶山诗文集》卷10，原，原牧。

的对象由“民”变成了“君”，所以必然导致法律本身也“尊主而卑民，刻下而附上”，君民（官民）关系也自然从“牧为民有”变质为“民为牧生”，并通过权能和刑威来奴役百姓。当百姓希望为民主持正义之时，官员却认为其是制造纷乱的刁民；当百姓穷困到因难以存活而死时，官员却认为这是百姓自身的责任。官员极尽所能搜刮民脂民膏，养肥自己的同时也用来贿赂上司。茶山先生认为，这些现象均源于权力关系（君民关系、官民关系）的颠倒，以及法律的制定主体和服务对象的颠倒。而人才在被任用时，到底是出于公心还是私心，就可以辨别当时的政治是“选贤与能”的贤能政治，还是徇私枉法的帮派政治。可见茶山先生的许多见解已接近同时期哲学家卢梭的“社会契约论”。而茶山先生对“礼”和“法”两者概念的辨析，也有他独到的见解：

> 兹所论者，法也。法而名之曰礼，何也？先王以礼而为国，以礼而道民，至礼之衰，而法之名起焉。法非所以为国，非所以道民也。揆诸天理而合，错诸人情而协者，谓之礼；威之以所恐，迫之以所悲，使斯民兢兢然莫之敢干者，谓之法。先王以礼而为法，后王以法而为法，斯其所不同也。①

茶山先生认为，“法”的本然应是“礼”。而夏禹、商汤、文王等先王理政之时，是以礼治国的，在礼衰落之后，以“法”治国才得以兴起。他将“礼”定义为“揆诸天理而合，错诸人情而协者”，即认为礼源于对天理、人情的顺应与协和。而他将“法”定义为“威之以所恐，迫之以所悲，使斯民兢兢然莫之敢干者”，即让百姓得以恐惧、悲痛和战战兢兢的力量。茶山先生所谓的“法”在这里有两种含义。第一种含义是普遍之规则，即“道”；而第二种含义是商鞅、韩非之法，是手段，是必要之恶。而他认为“以礼而为法”和“以法而为法”是善政与恶政的主要区别。我们可将丁若镛眼中的“礼”理解为近于现代意义的自然法，而将他眼中的“法”理解为现代的制定法，而“礼”是法的本然，是最高层次的“法”。由此可见，他在推崇“天理”等

---

① 《经世遗表》卷1，邦礼草本引。

自然法的同时，对成文法（制定法）是相对贬斥的，自然法（“礼”）先于成文法（“法”）存在，且永远高于成文法（“法”），二者是目的和手段的关系。

除此之外，茶山还有着鲜明的刑法观念。朝鲜中期以后，随着半岛社会的变动和吏治的日渐腐败，朝鲜各级官僚压榨百姓而制造冤狱的情况不断增加，地方官不能谙熟律法而导致误判的事例数不胜数。茶山先生认为人命关天，对百姓的怜悯和同情促使他编成了《钦钦新书》，正如其序文中所言：

> 惟天生人而又死之，人名系乎天。乃司牧，又以其间，安其善良而生之，执有罪者而死之，是显见天权耳！人代操天权，罔知兢畏，不剖毫析芒，乃漫乃昏，或生而致死之，亦死而致生之，尚恬焉安焉？厥或黩货媚妇人，听号嗷惨痛之声，而莫之知恤，斯深孽哉！①

茶山先生认为，人死生有命，人的生死原本由天道决定，但司牧却能惩恶扬善，执掌人的生死，这分明就是“代操天权”的表现，因此不得不万分敬畏、十分小心。《钦钦新书》成书于纯祖十九年（1819）夏天，之后又经过几次修正，在纯祖二十二年（1822）完成了序文。但丁若镛对法制领域的关注可以上溯至正祖年间，且不迟于正祖十八年（1794）。因为在《钦钦新书》成书前，他就已编写过《事案》和《钦刑典书》，其中的许多案例都收录在之后完成的《钦钦新书》中。比如《事案》共有 24 项载有 113 件判例，其中就有 67 件判例被收录于《钦钦新书》的“祥刑追议”篇中。《钦刑典书》分 13 项，记载了 48 件判例，其中的 43 件被《钦钦新书》的“祥刑追议”篇和“剪跋芜词”篇吸收。而于纯祖十八年（1818）完成的 24 卷本《清明录》可被视作《钦钦新书》的初稿，而纯祖十九年（1819）的《钦钦新书》应视为二稿，在纯祖二十二年（1822）方有终稿。因此，《钦钦新书》的成书过程非常漫长，其间历经多次增删，倾注了

---

① 《钦钦新书》，序。

茶山先生毕生的心血，是朝鲜时期宝贵的法制资料。在此书的序言中，丁若镛明确阐明了写作本书的目的：

> 昔子产铸《刑书》，君子讥之；李悝作《法经》，后人易之，然且人命之目不在列。下逮隋唐，与窃盗斗讼，混合不分。世之所知者，唯沛公之约曰“杀人者死”而已。至大明御世，律例大明，而人命诸条，粲然彰显，谋故斗戏过误之分，眉列掌示，斯无昏惑。顾士大夫，童习白纷，唯在诗赋杂艺，一朝司牧，茫然不知所以措手，宁任之奸胥而弗敢知焉？彼崇货贱义，恶能咸中无宁听事之暇。明启此书，以引以翼，为《洗冤录》《大明律》之藩阏，则推类充类，庶亦有裨乎审拟，而天权不误秉矣。[①]

茶山先生通过追溯中国法制的发展历程，认为子产的《刑书》、李悝的《法经》和隋唐时的律法都不及大明的律例。比如这些先前的律法或没有命案的规定，或像《唐律》中人命和盗窃、斗讼的法条混于一处。而《大明律》中关于命案的规定却非常明晰，区分了谋杀、故杀、斗杀、戏杀、过失杀和误杀等各类人命案件性质的差别，[②] 代表了当时东亚刑事立法的最高水平。可见在明亡近二百年后，朝鲜对大明的追慕及对明制的遵从依然不减当年。他认为，由于当时的地方官多是科举出身，自小主要学习诗赋，他们精通诗赋却对司法实务一无所知，因此容易被奸猾的胥吏蒙蔽。因此，他汇编了中朝各代不同类型的刑事判例而编成此书，以佐助《洗冤录》和《大明律》在朝鲜的实践，使官员在审断案件时有所参考，使他们能更加公正地行使职权，从而对朝鲜的刑事司法有所裨益。而他提到的《洗冤录》和《大明律》从立国之初就是朝鲜律科考试必考科目，并贯穿朝鲜王朝五百年，直到茶山编纂《钦钦新书》的19世纪初，《洗冤录》和《大明律》作为朝鲜王朝刑法的核心地位也未曾动摇。而对于将这一著述为什么命名为“钦钦”，茶山先生在序文中解释道：“钦钦，故理刑之本也”，书名出于他认为钦恤

---

① 《钦钦新书》，序。

② 其实《唐律》中已有这种区分，只是朝鲜士人因极度推崇大明而有意贬抑他朝。

是理狱量刑的根本，而“钦恤”二字也正是茶山先生刑法理念的核心。他援引宋代欧阳修的故事，认为行政长官应该在闲暇时多阅览一些陈年旧案，这对提高司法行政的能力和效率都会有很大帮助。这便是他编写《钦钦新书》的初衷。

《钦钦新书》在结构和内容上分为“经史要义”（共3卷130条）、“批详隽抄”（共5卷70条）、“拟律差例”（共4卷188条）、“祥刑追议”（共15卷144条）、“剪跋芜词”（共3卷17条）五部分，共计30卷549条。先来看第一部分“经史要义”。“经史要义”共分3卷，主要考察先秦经典和历代案例（古训古事），以揭示中华法系刑事法的基本准则。其中第1卷分为眚怙钦恤之义、辞德哀敬之义、明慎不留之义、司刺宥赦之议、过杀谐和之义、仇仇擅杀之义、义杀勿仇之义、受诛不复之义、议亲议贵之义、乱伦无赦之义、弑逆绝亲之义、盗贼擅杀之义、狱货降殃之义13条，均出自“五经”等先秦经典和后世的相关注疏，经笔者考证，多间接参考自明代学者丘濬的《大学衍义补》的“慎刑宪”部分，阐释了朝鲜王朝刑政的最高原则。第2、3卷的117条详考了中国和朝鲜历代[①]的犯罪和审判故事，其中中国案例80条，朝鲜案例37条。在“经史要义”篇的近一半条目（130条中的58条）的后面附有丁若镛本人对此条的见解或评论，称作“案”或者“镛案”。“经史要义”广泛引用了各种典籍，不仅包括《疑狱集》《折狱龟鉴》《无冤录》《大明律》《经国大典》《受教辑录》《续大典》《大典通编》《祥刑考》等中朝各类法律典籍，更是包罗了《临官政要》[②]《思斋摭言》[③]《燕翼贻谋录》《西山丛话》[④]《小学》《五伦行实》《东都事略》《玉堂闲话》《本草纲目》《春渚纪闻》《名医类案》《文献备考》等中朝历代著述。经笔者考证，其中源自《疑狱集》的有12例，源自《折狱龟鉴》的有27例之多，意图将东方古典刑事法制文明的精华全部融入其中。

再来看《钦钦新书》的第二部分“批详隽抄”。当时朝鲜的各级官僚

---

① 中国案例的时期是汉代至明代，朝鲜案例的时期是高丽至朝鲜王朝。

② 《临官政要》是朝鲜后期实学家安鼎福（1712—1791）所著，于1738年完成。分为“乾”（“政语”“政绩”两卷）、“坤”（“时措”一卷）两册，是地方官员如何为政的指南。

③ 《思斋摭言》是朝鲜前期文臣金正国于1539年著述完成的杂录集，思斋是作者的号。

④ 《西山丛话》无考，推测是丁若镛援引自己所著的《牧民心书》而写的著述。

对法律实务较为疏忽，因此丁若镛将中国明清时期各级官员的判决文本载入“批详隽抄”，包含有判词、审语、申详、判语、驳议、决词、详驳、回批、复拟、复议等，以作为朝鲜官员写作判决文书的参照，共计70例。这70条多出自李渔（1611—1680）的《资治新书》、余象斗的《皇明诸司廉明奇判公案传》等著作。出自《资治新书》（包括初集、二集）的共有37例左右，出自《廉明公案》的共计19例。经笔者考证，另有6例出自胡衍虞的《居官寡过录》。除此之外，其中有关“检骨图格”的一个条目可能出自清代出版的《洗冤录》的某个版本。因为中朝两国法律用语的差异，这些中国的判词对朝鲜官员来说不易理解，因而茶山先生在其中58条判例的后面附有“解曰”，以解释判词中的中国词语。“批详隽抄”和“经史要义”一样，在其中25条的后面附有“镛案”，以载明丁若镛对该案的见解。

李渔《资治新书》的初集和二集共收录案牍1400余件，其影响远播朝鲜。丁若镛在援用《资治新书》时，收录最多的是张一魁的判词（7例），其次是李嗣京（4例）、毛际可（2例）、马瑞图（2例）、颜尧揆（2例）、王仕云（2例）、王士禛（2例）、周亮工（2例）等明末清初各级地方官的判词。这些官员不仅有出色的文笔，对法律实务也很精通。经笔者考证，《钦钦新书》中所载《资治新书》判例全部出自《资治新书》的“判语部”，并以其中的“人命类”和“奸情类”案例为主，其他类型的案例极少涉猎，这可能与《钦钦新书》主要收录命案的特点有关。

与《资治新书》所载案例均是实际发生的不同，《廉明公案》所载案例因为进行过文学加工而多富于奇幻和荒诞的色彩，在真实性方面不及《资治新书》。“作为文学的法律”（law as literature）和“文学中的法律”（law in literature）并存于《钦钦新书》的“批详隽抄”之中。我们通过对比《廉明公案》的原著和《钦钦新书》中源自《廉明公案》的案例，不仅可以发现两者的对应关系和丁若镛在编纂《钦钦新书》时所作的修改，还会惊讶于文学与法律间的相互渗透。（见表22）

表22　《钦钦新书》"批详隽抄"与《廉明公案》中案例的对应关系①

《钦钦新书》"批详隽抄"		《廉明公案》	
"批详隽抄"中的序位	判例名	公案名	"人命类"中的序位
52	孙知县杀妻审语　愤死图赖	孙侯判代妹申冤	15
53	丁知县讼兄审语　病死图赖	丁府主判累死人命	18
54	吴推官杀弟判语　残弟灭侄	吴推府判谋故侄命	12
55	范县令杀嫂批语　贞妇逼嫁	现行版本中不存	
56	冯知县佃户审语　争水杀妇	冯侯判打死妻命	14
57	夏知县土豪审语　索债殴人	夏侯判打死弟命	13
58	杨清艄工批语　片言折狱	杨评事片言折狱	1
59	苏按院淫僧决词　壁书发奸	苏按院词判奸僧	17
60	张淳杀淫判词　三鬼吓诈	张县尹计吓凶僧	2
61	刘通海杀妻判词　三人强奸	刘县尹判误妻强奸	10
62	谭经杀妻判词　冤魂跟追	谭知县捕以疑杀妻	9
63	洪巡按妻狱判词　鬼告酒楻	洪大巡究淹死侍婢	11
64	舒推府僧狱判词　风吹休字	舒推府判风吹"休"字	6
65	郭子章劫杀判词　义猴报主	郭推官判猴报主	3
66	曹立规劫杀判词　灵蛛告凶	曹察院蜘蛛食卷	8
67	蔡应荣劫杀判词　失帽得尸	蔡知县风吹纱帽	4
68	乐宗禹劫杀判词　买瓜得尸	乐知府买大西瓜	5
69	项德祥劫杀判词　听鸟得尸	项理刑辨鸟叫好	7
70	黄甲劫杀判词　跟鸦得尸	黄县主义鸦诉冤	16

余象斗生活在我国明代商品经济与商业文化大繁荣的时代，他作为有明一代著名的书坊主和出版大家，其所编的《廉明公案》不仅在他生前风行于整个大明，而且远播至朝鲜半岛，对朝鲜的法律文化产生了深刻影响。《廉明公案》中的故事大多源自明代的真实案例，在成书时又增加了编者的文学想象，使故事更具有可读性，也更有趣。在《廉明公案》流传到朝鲜之后，丁若镛又对故事的标题加以修改，并加入名词的注释和个

① 박소현, 2011, "법률 속의 이야기, 이야기 속의 법률: 《흠흠신서》와 중국 판례", 《대동문화연구》77, 437—438 면.

人的见解，使公案中的判词成为朝鲜官员书写判决文书的参考。这种在故事流变时的层累和叠加，使文学和法律两者相互影响渗透而无法全然区分。

《钦钦新书》的第三部分是“拟律差例”。这一部分收录了与作者同时期的清代判例共计188件。判例的绝大多数是乾隆嘉庆两朝（1736—1820）新近发生的案件。丁若镛根据案件的性质将这些案例分为首从之别（2条）、自他之分（11条）、伤病之辨（2条）、故误之辨（27条）、疯狂之察（3条）、谋杀之误（4条）、嬉戏之宥（2条）、威逼之惩（5条）、复雪之原（3条）、卑幼之残（14条）、尊长之犯（14条）、卫尊之犯（8条）、弑逆之变（16条）、伉俪之戕（18条）、奸淫之殪（12条）、奸淫之殃（7条）、强暴之虐（12条）、骗盗之害（12条）、多命之歼（4条）、奴婢之擅（3条）、师弟之核（3条）、邪妄之诛（2条）、私和之禁（2条）、辜限之展（2条），基本囊括了当时人命案件的全部类型。这些清代案件出自何处一直没有定论。经笔者考证，源自乾隆五十八年（1793）、嘉庆十年（1805）出版的《成案所见集》和嘉庆十七年（1812）出版的《新增成案所见集》的可能性较大。在《钦钦新书》编撰之时，这些从中国流入朝鲜的判例集可谓最新资料，与《钦钦新书》的成书年代相距仅有几年，足见这一时期中朝文化交流之繁盛以及清代学术对朝鲜半岛的广泛影响力。这些命案的判决体现出乾隆和嘉庆时期清代司法的系统与高效，为朝鲜提供了不可多得的实战经验。而通过18世纪末19世纪初中朝两国刑事案件的共时比较可以发现，基于两国风土人情的差异，清代的犯罪类型远比朝鲜丰富得多，恶性犯罪也远比朝鲜凶残，因此这一时期清代在刑罚上要比朝鲜严酷很多。正如作者丁若镛在下文所言：

> 杀人者死，法如是足矣。然大明律例，死有五等，一曰凌迟，二曰斩决，三曰斩候，四曰绞决，五曰绞候。生有五等，一曰充军，二曰杖流，三曰杖徒，四曰杖责，五曰征银。故督抚题奏，刑部复议，其原情拟律，毫分缕析，虑有差谬。乃吾东之法，其死者，唯有打杀一法，其生者，唯有发配一法，疏略甚矣。又凡议狱，总分六种，一曰谋杀，二曰故杀，三曰斗杀，四曰戏杀，五曰误杀，六曰过杀。约

而括之，则可为三级，上曰故杀，下曰误杀，而可上可下、疑而难决者，为斗杀耳。近见《清律条例》，附见“抚题部覆”，多剖析中窾，选其精者录之，为差律之考，审拟者或有取焉。然中国专尚法律，而奸淫弑逆之变十倍于吾东，吾东治狱极疏，而柔谨之俗，概无凶悍，其造罪亦不过拳殴足踢之伤而已。然则顺俗循故，亦足以禁民为邪，不必以五等之杀，为驭世之良法，后之掌邦刑者，无以是从事焉，可矣。①

茶山先生在考察《大明律》后认为，当时中国的死刑和非死刑各有五等之分，对人命案件的犯罪性质又细分成六种，很好地说明了当时中国在量刑上的精细和准确。他认为东国朝鲜在死刑和非死刑的执行上相对简略，这是中朝两国法制的显著区别。另外，他认为中国崇尚严刑峻法（法治），奸淫、弑逆等恶性案件的犯罪数量十倍于朝鲜。但考虑到两国人口和体量的差异，笔者认为案件绝对数量的差异难以说明问题。丁若镛认为，朝鲜柔谨而中国凶悍，而正是两国风俗上的这种差异导致了两国律法宽严上的差距。此外，茶山先生在其中 35 条案例的后面附有评点该案的“镛案”或“案”。

《钦钦新书》的第四部分是“祥刑追议”。这一部分收录了朝鲜后期新近发生的各类命案，共计 144 件。跟“拟律差例”一样，作者根据案件的性质将这些案例分为首从之别（21 条）、自他之分（23 条）、伤病之辨（13 条）、故误之劈（7 条）、疯狂之宥（2 条）、图赖之诬（4 条）、别人之诿（6 条）、异物之托（2 条）、豪强之虐（6 条）、威逼之厄（3 条）、复雪之原（5 条）、情理之恕（8 条）、义气之赦（2 条）、公私之判（4 条）、彝伦之残（6 条）、伉俪之戕（12 条）、奴主之际（3 条）、盗贼之御（3 条）、胞胎之伤（5 条）、殺胪之尸（2 条）、经久之验（5 条）、稀异之案（2 条）等类型。这种对人命案件的分类方式在当时十分科学，体现了茶山先生对犯罪性质的分类和把握。茶山先生编纂此书的目的在于“钦恤”和慎刑，所以也就有了首犯和从犯、自杀和他杀、故意和过失间的区分，以及对精神病人犯罪的宽宥和对复仇杀人和义愤杀人的宽恕等。

① 《钦钦新书》，拟律差例，序。

鉴于当时朝鲜是身份制社会，因此作者对家族成员间（尊长和卑幼间、夫妻间）犯罪、主奴间犯罪等纲常类犯罪区别对待。这些案例均出自正祖年间（1775—1800）发生的真实命案，而正祖大王正是茶山先生辅弼的君王，因而书中处处流露出他对正祖大王的忠诚和敬意：

> 粤惟我正宗大王临御二十五年，钦恤之仁，度越百王，服念精深，生死无冤，史臣聚前后御判为《祥刑考》一百卷，旧在馆阁，曾已较阅，流落以来，不复睹记。近有人就《祥刑考》中，选公案数百以示，其中亦有不载御判者，山中翻阅，潸焉感旧，因念按狱之人，或遭疑狱，宜执此案引援如圣经，遂复汇分，或附妄论，为“祥刑追议”，以俟来者。①

茶山先生在“祥刑追议”的序言中清楚表明了他编纂此篇的目的是“念按狱之人，或遭疑狱”，即出于他对刑事案件当事者的悲悯和体恤。此篇的名称源于正祖在位时编纂的《祥刑考》一书，作者被流放之前曾阅览过此书，其后有人从《祥刑考》中选取了数百件案例给他阅览，丁若镛选取的正是这一资料，除此之外，笔者认为其选取地方州县第一手的刑事司法档案的可能性也不能排除。他在依照案件的性质将其重新分类后，加入了个人的评判而编成了“祥刑追议”。

《钦钦新书》的第五部分是“剪跋芜词”。这一部分虽然只有 17 条，但这些案例都出自丁若镛个人的司法实践。从此篇的序言中可知他编纂的目的：

> 古人断狱，烛跋屡剪，如盛吉秉烛垂泣，盖盛德事也。余在西邑，再蒙宪批，查理冤狱，因荷先朝知照，入为刑曹参议，疏理京外之狱，既流落穷荒，犹思宿昔，每闻人命之狱，疑晦不白，辄有拟议，共若干首，今附编次，名之曰“剪跋芜词”，共三卷。②

作者在此篇序言中首先交代了篇名的来历，其来源于我国东汉时盛吉

---

① 《钦钦新书》，祥刑追议，序。

② 《钦钦新书》，剪跋芜词，序。

哀悯囚犯的典故。廷尉盛吉每每在冬节决断囚犯时，他的妻子便为他秉烛，他则手持朱笔，夫妻在相向垂泣后方才决断案犯，以示对人命的慎重和悲悯。茶山先生将这一典故作为此篇的名称，正是为了标榜和高扬这种钦恤、慎刑的司法精神。茶山先生在序言中也大致交代了自己的断狱历程和本篇所载案例的来源。其中前六件案例是他在黄海道任职时所亲自调查的，而后十件案例则是他在流放地全罗道康津县时所听闻的，最后外加“神明掘检之法”这一跋文，共计 17 件。所以此篇收录的案例以茶山先生在流放地——全罗道康津县的案件居多，内容上则以初检和复检的检案跋词为主。

《钦钦新书》一书集中体现丁若镛的法律思想，在朝鲜法制史上占有重要地位。此书汇集了中朝两国的众多案例，因而具有某种中华法系的整体观，可谓朝鲜王朝五百年律学的最高典范。

第二节　朴秉濠教授访谈

朴秉濠教授是韩国著名法律史学家、大韩民国学术院院士，历任首尔大学法学院院长、韩国法史学会会长、韩国古文书学会会长等要职，现为韩国学中央研究院讲座教授。他在耄耋之年仍坚持给研究生们开课，笔者曾经选修过他的课程而受益匪浅。

朴秉濠教授 1931 年生于日据时期朝鲜的全罗南道海南郡，1955 年毕业于首尔大学法学院，1958 年毕业于首尔大学研究生院，并以论文《李朝时代的不动产物权研究》获得硕士学位。1958—1962 年间，他埋头于首尔大学奎章阁的故纸堆里，集中整理了留存至今的朝鲜时期古文书。1963 年起他被任命为首尔大学法学院的专任教师，1975 年以《韩国近世的土地所有权研究》获得首尔大学的博士学位，1996 年从首尔大学法学院退休。1997 年起任韩国学中央研究院（2005 年前称“韩国精神文化研究院”）讲座教授至今。

朴秉濠教授著作等身，其主要代表作有《韩国法制史特殊研究》（1960）、《传统的法体系与法意识》（1972）、《韩国法制史考》（1974）、《韩国的法》（1974）、《韩国的传统社会与法》（1985）、《韩国法制史》（1986，2012）、《法制史料讲读》（1990）、《近世的法与法思想》

（1996）、《家族法论集》（1996）、《湖南地方古文书基础研究》（合著，1999）等，这些论著在韩国法律史学界产生了广泛而深远的影响，为后人的深入研究铺平了道路。

以下是朴秉濠教授的弟子、首尔大学法学院的郑肯植教授2000年时对朴秉濠的访谈记录①，我们就通过朴秉濠教授与其弟子郑肯植教授的谈话来了解这位法史学家。

郑肯植教授（以下简称“郑”）：老师您作为法学与史学，特别是开拓韩国法制史和古文献学等学术领域的泰斗，想请您谈谈是怎样的机缘使您开始学习和研究法制史这一领域的？

朴秉濠教授（以下简称“朴”）：我当时虽然考进了法学专业，但我对法学却不是很感兴趣，反而对韩国文学、法国文学情有独钟。因为当时算是半强制进入法学院的，所以对成文法的学习一直提不起兴趣。对韩国法制史也是如此，开始时自己的意愿只有一半，但在不断学习的过程中逐渐产生了兴趣和使命感。真正开始专攻法制史是源于我能够识读法典等汉文文献，因而得到了田凤德律师（1910—1998，韩国著名法学家、韩国法史学会首任会长）的赏识，这一消息又被我的导师郑光铉教授（1902—1980）得知。当时我正在准备有关家族法的硕士论文，这时却被郑先生突然要求写作关于韩国法制史，特别是其中财产法的硕士论文。而对古文书领域的研究则源于我硕士毕业后在图书馆勤务之际，那四年的时间里我一共整理了五万多件文书，这一经历对我日后的研究帮助很大。当时张之兑先生也在奎章阁做事，他毕业于普成专门学校（高丽大学的前身）法学科，还在日据时期的朝鲜做过官，是位有识之士，他对我帮助很大。

郑：老师是在1963年起任首尔大学法学院的法制史教师的，当时的法学院主要倾向于西方法尤其是德国法，对韩国的传统法制大概并不关心，这种对传统漠不关心的态度在其他专业中也是如此。您可否讲一讲您是如何在当时西方学术一边倒的大环境下成为专任教

① 以下访谈译自정긍식 박병호，2000，“영산 박병호:법학과 역사학의 가교”，《정신문화연구》23（4），239—256면，略有删节。

师的？

朴：之前国史学专业的专任教师金圣七先生曾在法学院讲授韩国法制史，他因朝鲜战争而不幸去世了。在教授们对在韩国和在首尔大学是否可以没有讲授韩国法制史的老师这一问题争论之际，恰巧我研究的是法制史，所以也顺其自然地成了首尔大学的专任教师。但仅讲授韩国法制史满足不了课时的要求，所以我在讲授韩国法制史的同时也讲授西方法制史，主要是德国法制史，还有英文原著讲读等课程。

郑：老师生于1931年，您是在日据时期读的小学，在光复后的混乱时期读的中学，而您在刚进入大学的两周后便又爆发了朝鲜战争。恕我直言，感觉您和您的同辈们都没有得到过正规而系统的学习。虽然如此，但您和您的同辈学人却都取得了令人瞩目的学术成就，并奠定了韩国学术的基石。您能否谈谈取得如此成绩的知识背景和社会背景？

朴：确如你所言，在这一方面我们这代人的确非常不幸。我在初中二年级时半岛就光复了，因而未能完整地接受日式教育。当时中学的学制是六年，有其中几年还算能够安心地学习。我在1950年6月10日进入首尔大学法学院学习，但在两周后的6月25日就爆发了朝鲜战争。因此我没能够系统地读大学，而不得不在釜山、光州等地的战时联合大学学习，当时主要是由法官和律师们给我们学生上课。所以基本不能算作接受过大学教育，而白白虚度了两年时光。等到联合国军收复首尔（汉城）以后，又在首尔学习了一年半就大学毕业了。毕业前曾在光州陆军步兵学校服过一个月的预备役，最后以一等兵的身份退役。因为在大学时没有得到过系统而正规的教育，所以在读研究生以后就开始废寝忘食地学习了。研究生阶段得益于学术氛围的熏陶和指导教授的指引，所以说真正学习的时间也就是研究生这两年，这也是我们那代人的共同经历。

郑：老师于1974年出版的著作《韩国法制史考》受到了学界的广泛好评，我想知道您在撰写书中收录的论文时所持的问题意识。

朴：我硕士论文做的是关于朝鲜时期不动产物权的研究。在准备论文时阅读文献的过程中，我对朝鲜时期的土地是国有还是私有的问题产生了浓厚的兴趣。在获得硕士学位后便开始整理古代文书了，文书中出现的家族是原来课本中不曾见过的，它体现的是我们国家传统的习惯法。比如“分财记”和“别给”，以及大量妇女赠予或分配财产的案例等。这与我之前想象的朝鲜时期的家庭截然不同。在古文书中还有大量的土地文记和所志（诉状），这使我对土地纠纷是所有纠纷还是占有纠纷产生了疑问，也使我对原来学术界公认的直到朝鲜后期才出现土地私有的观点产生了怀疑。而研究土地就必然会涉及家庭，那么家中所有的土地和奴婢到底是家产还是家长或家庭成员的个人财产呢？对这些问题不得不去研究。因此我对传统时期的家族法和土地法也有了研究的兴致。而对我产生直接影响的就是日本法史学家仁井田陞对古代中国和日本私有制的研究了，在读完他的论文后，我了解到中国和日本古代都有土地私有制，因而受此激励，我决心一定要将韩国的土地所有制搞明白。对于和土地有密切关系的家族，到底在当时是否为家父长制的家族，是大家族还是小家族的问题也自然会去关心了。在研究中，我对我们国家儒教式的家族制度从高丽末期就已出现的既存观点产生了怀疑。并对是否只有长子长孙才能继承家系产生了疑问，所以就研究了异姓养子对家系和奉祀的继承、外孙奉祀、庶子的地位和受到歧视等，写出了相关论文。

郑：近来老师所经常提到的“自由和控制”的话题能否再具体说明一下？

朴：如郑教授所知，韩国法制史需要直接通过史料来做研究，因此我更希望更多的学者们一起协作，但现在还不能实现。所以虽然有了问题意识，但许多的工作仅凭一己之力确实难以实现。有关“自由和控制”的话题，我一直对自由的精神是如何随时代的变化而发展成熟的很感兴趣。我个人认为，朝鲜半岛从上古一直到高丽时期都是相对自由的，而自从性理学（朱子学）在朝鲜半岛扎根以后，对于自由的管制也就开始了。所以我们国家的历史是从自由到控制，再从控制到自由，是自由和控制间相互调和的辩证的发展历程，我认为用这一视角来看韩国历史和法制史的发展和变化是较为恰当的。我虽然主要以社会史的视角研究私法领域，但我认为要综合政治史、经济史和思想史的方法和观点来研究，虽然我现在力不能及。只有对历史进行全面而综合的研究，我们学术的研究水平才能进一步提高。

郑：也许老师您的人生也经历了从自由到控制，再从控制重新回到自由的心路历程吧。您的问题意识中很重要的一项就是您曾经提到的对“历史连续性被割断”的克服。这一问题的解决方案之一就是从非制度性的法律意识和法律感情中寻找答案。在今天，传统的生活方式和法律意识仍然影响着韩国民众，这一点想请教老师。

朴：历史连续性的断绝问题一般在韩国史领域很少被提到，我主张对其克服的原因在于我研究的领域是法制史。在继受西洋法后形成的现代法学对以解释法条为中心的教条主义始终难以克服。韩国现代法律在制度上和法律用语上跟传统时期都已完全不同了。所以大部分的法律学者都认为传统的法律制度和法律意识已经不能与现代法律有所联系了。但我认为，虽然在制度方面与传统时期有了区别，但韩国在法律意识和法律观念上并没有多大改变。德国的近代法学也不是从一开始就有的，而是在继受罗马法之后结合日耳曼民族的传统法律，从而形成了近代的法律体系。以德国为鉴，我认为韩国的法律虽然在表面的制度和用语上与以前不同了，但实际上类似的制度和意识仍有所保留，在法律领域韩国是具有某种历史的连续性的。而对历史连续性被割断的克服在法学领域尤为急切。现在的情况是法学家不懂本国的法律传统，而仅仅是了解西方法律传统即可。但近现代法律在我们国家又历经过多少实践上的失误呢？如果不是韩国人的法律意识未能随着制度的改变而现代化的话，那又是什么呢？这都起于对历史，特别是对法律史重要性认识的不足。如果韩国的现当代法律能以历史事实为基础制定的话，我相信我们的传统法律就能重生和复活。

郑：老师所言极是，这一问题从法学内部出发，最终归结于人的意识。我很好奇老师作为一名史学家是如何来看韩国史的。特别是老师您作为从法学这一社会科学出发，并在早期学习西方法制史的学者，我相信您比其他学者更能客观地看待韩国的历史和社会。您对于韩国史的来龙去脉以及作为历史主体的韩国人的特性是如何认识的呢？

朴：这是非常难回答的问题啊！每个历史时期都会有推动历史车轮向前的人物，他们具有哪种思想和意识，当时的民众是如何反应的，等等，都是重要的问题。我对西方成文法以外的其他传统和习惯始终怀有好奇心。以我们国家来说，各个历史时期的主人公持有何种思想，他们如何看待律法，作为被统治阶级的普通民众对律法是如何认识的，统治者和被统治者的普遍人性，即在同一种文化上形成的人性是什么？对于这些我都非常好奇。朝鲜半岛大致在16世纪以前是尊重文化多样性并追求自由思考的。儒教在16世纪以前的朝鲜仅限于统治者和士大夫阶层，普通民众未受到很深的影响而思考相对自由。但从16世纪中叶特别是17世纪之后这种多样性就逐渐丧失了，取而代之的是人们在精神上受到了某种思想理念（新儒学）的束缚，使得社会的融通性和人的自由性丧失，并由此形成了新的人性，无论是统治者还是被统治者都是如此。因此，对法律的认识也就随之改变了，法律本身也因而变得不同。朝鲜在经历了倭乱和胡乱等大的战乱和劫难后，为了重建社会，重视名分论的朱子学占据了核心地位，使得朝鲜民众从之前相对自由的状态转化为逐渐受到团体式的社会控制，在这一过程中社会渐渐变得整齐划一。在朱子学之后实学开始兴盛，之后随着西势东渐，朝鲜半岛又受到了来自中国、日本和西方的干涉。但如果没有来自外部的冲击，而仅靠内部的改革思想或民众革命等动力的话，国家或许不会有大的改善。

郑：我对老师您的阅读经历很是好奇。在您的研究生涯中，对确定研究方向起过帮助或对您个人产生过深刻影响的著作有哪些呢？

朴：当时韩国法制史领域一片空白，因此没有老师对我研究此领域直接引导过，主要还是通过自己找来感兴趣的著作和论文自学。其中对我启发较大的是中国法制史的大家仁井田升先生。我在接触他的著作时受到的冲击实在是太大了。直到今天我对初次接触《唐宋法律文书研究》《唐令拾遗》《支那身份法史》等著作时的感觉仍然记忆犹新。使我感觉到“作为学者至少应有这一高度的业绩啊”，自身的傲骨和抱负由此而生。他在身后出版的《中国法制史研究》中收录的论文对我的影响也很深刻。其次就是马克斯·韦伯的法律社会学的方法论了。另外郑光铉老师和田凤德老师对我研究法制史的半“强制”起过很大帮助。虽然到现在读过许多书，但至今为止还没有像仁井田升先生的三大著作那样对我影响如此之深的书。如果非要说谁是让我进入法律史这一学问领域的师父的话，那非仁井田升先生莫属。非常遗憾的是，我未能在其生前见过他的尊容。

郑：虽然老师未能见到其人，但通过文字也实现了思索和沟通。老师您通过文字也影响了许多学者，使得韩国史学界开始克服实证史学的局限，而用西方提出的史学方法论来重新诠释韩国史。对于史学研究的这一新动向，想必您一定有所指教。

朴：虽然研究中可以用到各种研究方法论和史观，但若以此为依归而将历史做出公式化解读的话，那只能离历史的真实越来越远。对史学理论和方法的接受一定需要慎重。一定要在对实证史料的解读非常坚实的基础上，方可引入新的方法论来辅佐研究。如果拘泥于某种史观，那只能远离历史的真实。可以接受某种史观，但不要受其束缚。

郑：您的高见让我重新认识到了以史料为主的实证研究的基础性。近来学者们对韩国法制史研究渐增，您对学者们的韩国法制史研究有何看法?

朴：以前无论是法学界还是史学界都对法制史很轻视，觉得朝鲜时期能有什么法律，觉得当时即便有法律，它的时效性和合理性又能如何啊，等等，一直以来学界对传统法律都有类似否定性的看法。即使他们研究的是政治史、经济史，不参考当时的法典，也会作出上述的评判。其实当时无论是经济还是政治都是按照法律运作的。在研究法制史时，不能仅仅研究法典编纂和司法制度的历史，制度史、行政史等也都属于法制史的范畴，甚至政治史、经济史和社会史也都应包含在法制史之中。近来史学界开始注意对法制史的研究，如西方就是先有法制史学，而后在其基础上才有史学的，所以历史学者研究法制史也是很自然的事情。之前法制史之所以研究领域狭小，主要是由于研究的人员太少，如果日后研究人员充足了，那么通过法学视角也可以重新发现政治史、经济史和社会史。法制史研究领域的狭窄是源于我们的人力太少，但却不能因此而缩小法制史概念本身。

郑：为了形成真正的法制史学乃至历史研究，一定需要学科间的共同协作。在今天全球化的大背景下，有时却要求学者不得不用英文写作。在向世界介绍韩国学（Korean Studies）时，也会有丧失自身主体性而沦落成为“他者”的学问的忧虑。在这种大的时代潮流下，如何确立韩国研究的主体性和学术根基，我想听听先生您的高见。

朴：我们国家的学问用英文介绍给世界，这当然很好，但也要客观地评价研究者的水平，以确认他能否准确地介绍韩国的学问。韩国近代以来从日本和美国等地引进和接受了许多新的学问和文化，使得西方的学术和文化成了我们唯一的老师，而我们本国的历史传统完全被割断了。从现在起，我们一定要认识到西方并非指引我们的唯一老师，我们的老师要从我们内部和自身的传统中寻找，即要从我们的历史和传统中挖掘可以引导未来发展的精神力量，也就是找回“自我”。而政府要多支持国学等基础学问的研究，并努力构建良好的学术氛围，在这点上确实令人遗憾。21 世纪要认识并确立国学的主体地位，并为之努力。

郑：老师在众多学者中算是惜墨如金的，您的文字中需要反复咀嚼才能理解的部分很多。为了更广泛地传播韩国法制史，或许应该出版有关的大众图书，但在基础研究还不够的情况下出版大众图书有时会对学术性的研究造成妨碍，您如何看待大众图书的出版?

朴：如果要执笔教科书类型的著作，那就要对各领域有全方位的研究才行。我至今还没有正式撰写教科书的原因在于我对各方面的研究还不够。大众图书或教科书的编写最好由多位学者共同执笔完成。

郑：您主要研究的土地、诉讼和家族法等领域，现在弟子们传承您的衣钵也在努力研究。还有什么特别值得研究的主题，请告诉后学们吧。

朴：我在身体允许的情况下，想再多研究一下古代文书，因为古文书的研究是法制史的基础性研究。而法源史、法典的编纂等也有许多的工作要做。也许是我朴素的想法吧，我认为对历史的研究可以归结于对人性的研究。人是历史的创造者，历史的主人公们通过何种思想和哲学推动了历史的车轮呢？在研究时我常常思考韩国人是否具有某种普遍的人性。

郑：作为学者应具备怎样的心志呢？老师一定有可以告知后学的吧。

朴：作为学者，一定要具备“三多”，即“看读多”“著述多”“持论多”。特别是不能固执于自己导师的学说，而应该存有包容的精神和谦逊的态度，在学习时一定要具备批判的视角。韩国法制史研究便是在对日据时期日本学者学说的批判中起步的。现在虽然对象不同了，但批判性的态度仍然不可或缺。然后，在学习时要以近乎自虐的精神来严格要求自己，当然自己在其中会承受极大的压力，这就要摸索出适合自己的释放压力的方法。

郑：现在鉴于司法考试热和主要考虑经济产出等现象，不仅是法学界如此，也造成了整个“人文学的危机”，使得学问在整体上都被动摇了。先生您对现在的学术政策和高等教育的现状是如何看待的呢？对培养年轻学者有什么想法呢？

朴：现在由于不合理的教育政策，使得人文学科等基础学问不被重视，这种现象一定长久不了。而教授们又何时是在经费充足、条件优越的情况下才开始研究的呢？政策归政策，教授们把自己要做的研究做好就可以了。我认为要有在困境中坚忍不拔的精神，并有自己寻找出路的态度和努力。关于青年学者的培养，主要就是招不到优秀学生的问题，这也是时代的原因造成的，在历史相关的领域更严重，让我们一起来想办法。

郑：还记得我读研究生的第一堂课时，当我告诉您说要专攻韩国法制史时，老师您对我说“疯了，简直是疯了”，我当时回答说“那我也要学”。如果现在出现有志于攻读法制史的同学，你还会这样跟他说吗？

朴：这句话我也记得。如果现在有学生要专攻法制史的话，我依然会这样说。但如果那名同学听到这话后，还要坚持研究韩国法制史的话，那我一定是非常欢迎的。

郑：我现在虽然归属法学院，但其实从事的是历史和人文学科的研究，老师您对当下法学院的问题有什么独到见解？

朴：我们国家法学的当务之急就是要从司法考试中解放出来。要有学习作为文化和文明之一部分的法律的意识。当然因为有考试制度，使学生们不得不去准备。另外，有必要在法学院开设一些作为文化和社会学科的相关法律课程。比如努力营造和政治学、经济学、社会学、史学、哲学这些学科相联系的跨学科的学术氛围。各种学问之间应该有更多的交流，特别是像法社会学、法哲学和法史学这些基础法学。

郑：我自己也在向这方面努力，但从其他学科出发，却好像不太容易接近法学。比如像在国学领域若有法学、政治学、经济学领域的学者的话，会不会有更好的发展呢？

朴：我认为以后历史学科或许会消失，因为随着史学领域的不断细分，比起史学作为一门独立的学科领域来，更应被当作一种方法论。比如可先在一处共同讲授史学的方法和理论后，再分领域去学习法制史、经济史、社会史、思想史等。我希望日后史学专业的教授和其他专业教授一同授课。

郑：谢谢老师能抽出这么长的时间访谈。平时许多没来得及问的问题，这次都听到了答案，真的非常高兴。希望您更加健康，并能够继续指导后生。

结　语

制度文明与中华法系

从周边看中国，从而重新发现“中国”；从“小中华”看中华，进而重新发现“中华”。纵观朝鲜王朝五百年的法律史，可以发现其在法律制度的各个层面都受到中华文明的深刻影响。在借鉴中国制度的基础上，朝鲜的法律文明呈现出高度理性而又富于逻辑的特点。朝鲜半岛的面积虽小，却是一面不可多得的“镜子”，其映射的是中华文明的消长盛衰，直到今天依然如此。在相当长的历史时期内，朝鲜半岛的汉化程度远高于我国境内的部分边远地区。笔者研读朝鲜王朝法制资料时，每每会惊叹我国历史上制度文明之科学完备，国人精神世界之丰富饱满，从而使我国周边地区自发形成了如此巨大的向心力。这些域外区域受到中华文明的润泽后，其制度文明和人的精神境界同样达到了相当的高度。

我国创造和主导的制度文明和天下秩序之所以绵延两千余年不绝，其自身必然有其丰富合理的内涵。它反映了当时东亚区域内国家间综合实力的对比。随着朝贡秩序的崩塌，朝鲜半岛经历了从封贡体系时期与中国制度文明“求同”为荣，到民族国家时期为标榜民族特性而以与中国文化“求异”为荣的巨大转变。当今生活在朝鲜半岛上的年轻人大多已不识汉字，在解读其祖先留下的丰富的文化遗产时存在一定的困难。因此，作为中华文明策源地的中国学者，对域外汉文明、特别是制度文明的研究责无旁贷。不无遗憾的是，目前我国各学科领域对域外汉文明的研究都稍显薄弱。

朝鲜半岛法律史作为“小中华”的法律史，是外国法律史领域中最接近中国法律史的一端。甚至可以说，朝鲜半岛法制史是介于中国法制史与外国法制史之间的过渡地带。朝鲜半岛法制史既是中国法制文明的域外延伸，又是域外文明取法中国，深度认同中华文明，进而主动向中华制度文明靠拢的内在体现。历时五百年的朝鲜王朝在其制度和习俗上，始终以与中国古典制度的趋同为荣，与中国古典制度的差异为耻。书写朝鲜半岛的法律史，就如同在写一部域外的中华文明史。

通过研究朝鲜半岛法律史可知，中国法制史和外国法制史之间无法截然二分，而是存在一个谱系。在这一谱系中存在许多过渡地带，这些过渡地带集中体现于朝鲜、日本、越南、琉球等中华法系的外延部分（子法区域）上，而朝鲜半岛这一法域恰恰位于此过渡地带的核心区。在“一带一路”的宏大背景下，对“过渡地带”法律史的研究不仅对增强我国的制度自信和文化自信有所助益，而且对今日我国首创的中国制度、中国经验如何在变通后传播和适用于域外等问题，都有十分重要的参考价值。因此，对中华法系子法的研究有重要的学术意义和现实意义。

笔者认为，对中华法系的研究应包括但不限于以下几个方面。第一，对中华法系母法本身的系统研究；第二，对中华法系各子法本身的系统研究；第三，中华法系内部各法域间的比较研究，包括其母法和子法间的比较研究，以及中华法系各子法间的比较研究；第四，对中华法系国际法（如列国体系、封贡体系、天下秩序等）的系统研究；第五，中华法系与世界各主要法系间的比较研究；第六，对中华法系当代价值的研究，包括中华传统制度文明与原中华法系区域内各国现行法的关系研究，以及传统法制文明借鉴之可能、中华法系（包括国内法和国际法）复活和再造之可能的研究等。而作为外国断代法律史的朝鲜王朝法律史研究，也应至少包括三个方面。首先是对子法及其子法法域本身的研究，这是最基本和最重要的；其次是对母法和子法间继受和比较的研究；再次是对中华法系的母法和子法法域间国际法的研究。而本书仅对子法法域本身做初步的探索。

通过本书可知，历史上的朝鲜半岛因积极吸取中华文明的精髓，因此朝鲜士人对中土的历史、学术、人物、风土都非常熟悉。而作为制度和文化传播者的我国，或许因长期处于这一文明体系的中央，反而对周边区域的各类知识不太关注，这是我们需要克服的。研究包括朝鲜半岛在内的中华法系外延部分的法律史，首先应具备的是一种“平视”的视角，即承认中华法系各子法本身也具有重要意义和价值。而研究中国法律史同样也需要一种外部的视角，广义的“中国法律史”应涵括我国制度文明的域外延伸。因为每当从周边看中国时，所感受到的震撼反而更加强烈。

历史和实践证明，我国首创的制度文明和法律体系，在变通后完全可以广泛适用于境外，许多中国制度和经验在境外地区仍是合理而有效的。域外地区通过引进或模仿中国制度，归依以中国为中心的天下秩序，其文明程度可以接近中国并达到相当的高度。而制度自信与文化自信是互为表里、相辅相成的。中国古代的制度设计和价值体系之所以能在域外得到广泛传播，多半源于域外地区对中华文明的极度钦慕。

曾几何时，中华文明的向心力随着封贡体系的崩塌一去不返。随着我国综合国力的不断增强，相信在不久的将来便能看到此种恢宏景象的复现。我国也必将发展出具有时代内涵的“新中华法系”，创造出新的更符合我国和世界各国人民利益的制度文明和天下秩序。

附 表 一

《大明律》在朝鲜的应用

附表1整理了《大明律》各项条文在《朝鲜王朝实录》中首次被引用的时间，也即首次将该条文适用于朝鲜的时间。引用时间越早则意味该条文在朝鲜的适用性越强，出现时间越晚则意味该条文在朝鲜的适用性越差。多数被引用的条文出现在15世纪的朝鲜，太宗大王、世宗大王、成宗大王在位时是朝鲜法制迅速发展并趋于完备的时期，因此，《大明律》的许多条文在这三个时期内被首次援引。另外，高宗在位时对朝鲜法制近代化改革的19世纪末，执政者们重新“发现”了《大明律》的价值，《大明律》的个别条文竟然在朝鲜末期被首度援引。从附表1可知，《大明律》的460条中，朝鲜有220条左右在实践中真正应用过，约占《大明律》条文的半数。而半数左右的《大明律》条文在《朝鲜王朝实录》中未曾援引和适用，间接证明了这些条文虽在名义上具有法律效力，但由于其并不适合朝鲜的国情，或相应的犯罪情形从未在朝鲜出现而可成为停留在书面上的条文。因《朝鲜王朝实录》卷帙浩繁，因而无法保证附表1完全准确。

序号	编目	条文	《朝鲜王朝实录》中首次出现①的时间
1	名例	五刑	太祖七年（1398）四月二十一日
2	名例	十恶	定宗元年（1399）三月一日
3	名例	八议	定宗二年（1400）五月八日

① 包括提及、引用该律条或在司法实践中适用或比附该条，排除在大赦时罗列赦免范围外罪名时的提及。

续表

序号	编目	条文	《朝鲜王朝实录》中首次出现的时间
4	名例	应议者犯罪	世宗十七年（1435）六月一日
5	名例	职官有犯	×
6	名例	军官有犯	×
7	名例	文武官犯公罪	太祖元年（1392）七月二十八日
8	名例	文武官犯私罪	太祖元年（1392）七月二十八日
9	名例	应议者之父祖有犯	世祖三年（1457）四月二十日
10	名例	军官军人犯罪免徒流	×
11	名例	犯罪得累减	×
12	名例	以理去官	×
13	名例	无官犯罪	世宗十二年（1430）十月二十日
14	名例	除名当差	×
15	名例	流囚家属	正祖十四年（1790）八月二十日
16	名例	当赦所不原	太祖四年（1395）十月五日
17	名例	徒流人在道会赦	世宗三十年（1448）六月十一日
18	名例	犯罪存留养亲	太宗十五年（1415）八月十八日
19	名例	工乐户及妇人犯罪	太宗十年（1410）四月四日
20	名例	徒流人又犯罪	×
21	名例	老小废疾收赎	世宗十一年（1429）十月二十七日
22	名例	犯罪时未老疾	×
23	名例	给没赃物	×
24	名例	犯罪自首	成宗二十五年（1494）八月二十八日
25	名例	二罪俱发以重刑	世宗六年（1424）二月十四日
26	名例	犯罪共逃	×
27	名例	同僚犯公罪	×
28	名例	公事失错	太宗八年（1408）十二月十一日
29	名例	共犯罪分首从	宣祖三十六年（1603）十二月二十八日
30	名例	犯罪事发在逃	中宗三十四年（1539）一月十九日
31	名例	亲属相为容隐	太宗十年（1410）四月四日
32	名例	吏卒犯死罪	×
33	名例	处决叛军	×
34	名例	杀害军人	×

续表

序号	编目	条文	《朝鲜王朝实录》中首次出现的时间
35	名例	在京犯罪军民	×
36	名例	化外人有犯	×
37	名例	本条别有罪名	×
38	名例	加减罪例	高宗三十六年（1899）七月十五日
39	名例	称乘舆车驾	×
40	名例	称期亲祖父母	×
41	名例	称与同罪	高宗三十六年（1899）七月十五日
42	名例	称监临主守	世宗七年（1425）五月二十一日
43	名例	称日者以百刻	宣祖三十六年（1603）十二月二十八日
44	名例	称道士女冠	×
45	名例	断罪依新颁律	×
46	名例	断罪无正条	世宗七年（1425）七月十九日①
47	名例	徒流迁徙地方	世宗十二年（1430）五月十五日
48	吏律・职制	选用军职	×
49	吏律・职制	大臣专擅选官	世宗三十一年（1449）一月二十八日
50	吏律・职制	文官不许封公侯	×
51	吏律・职制	官员袭荫	仁祖四年（1626）三月十三日
52	吏律・职制	滥设官吏	×
53	吏律・职制	贡举非其人	世宗二十一年（1439）四月十四日
54	吏律・职制	举用有过官吏	×
55	吏律・职制	擅离职役	燕山君十年（1504）三月十六日
56	吏律・职制	官员赴任过限	×
57	吏律・职制	无故不朝参公坐	世宗十三年（1431）三月十五日
58	吏律・职制	擅勾属官	×
59	吏律・职制	官吏给由	×
60	吏律・职制	奸党	成宗十九年（1488）十月十九日
61	吏律・职制	交结近侍官员	世宗十六年（1434）一月二十六日
62	吏律・职制	上言大臣德政	×
63	吏律・公式	讲读律令	世宗十一年（1429）四月二十三日
64	吏律・公式	制书有违	太宗四年（1404）九月二十四日

① 但实录中首次记录“引律比附”的实践是在太宗九年（1409）四月一日。

续表

序号	编目	条文	《朝鲜王朝实录》中首次出现的时间
65	吏律・公式	弃毁制书印信1	世宗三十一年（1449）一月二十六日
66	吏律・公式	弃毁制书印信2：遗失制书	×
67	吏律・公式	上书奏事犯讳	×
68	吏律・公式	事应奏不奏	成宗二十二年（1491）五月十四日
69	吏律・公式	出使不复命	太宗十六年（1416）一月三十日
70	吏律・公式	漏泄军情大事	世宗十六年（1434）三月二十一日
71	吏律・公式	官文书稽程	×
72	吏律・公式	照刷文卷	世宗十一年（1429）四月二十三日
73	吏律・公式	磨勘卷宗	世宗二十三年（1441）七月七日
74	吏律・公式	同僚代判署文案	×
75	吏律・公式	增减官文书	太宗十四年（1414）八月十八日
76	吏律・公式	封掌印信	×
77	吏律・公式	漏使印信	×
78	吏律・公式	漏用钞印	×
79	吏律・公式	擅用调兵印信	×
80	吏律・公式	信牌	×
81	户律・户役	脱漏户口	×
82	户律・户役	人户以籍为定	×
83	户律・户役	私创庵院及私度僧道	世宗二十一年（1439）十一月九日
84	户律・户役	立嫡子违法	成宗四年（1473）七月一日
85	户律・户役	收留迷失子女	×
86	户律・户役	赋役不均	世宗二十六年（1444）闰七月十日
87	户律・户役	丁夫差遣不平	×
88	户律・户役	隐蔽差役	世宗七年（1425）十二月十日
89	户律・户役	禁革主保里长	×
90	户律・户役	逃避差役	太宗七年（1407）四月二十八日
91	户律・户役	点差狱卒	×
92	户律・户役	私役部民夫匠	×
93	户律・户役	别籍异财	×
94	户律・户役	卑幼私擅用财	×
95	户律・户役	收养孤老	×

续表

序号	编目	条文	《朝鲜王朝实录》中首次出现的时间
96	户律·田宅	欺隐田粮	世宗二十七年（1445）八月二十七日
97	户律·田宅	检踏灾伤田粮	太宗九年（1409）四月一日
98	户律·田宅	功臣田土	×
99	户律·田宅	盗卖田宅	世宗七年（1425）十二月十日
100	户律·田宅	任所置买田宅	×
101	户律·田宅	典买田宅	成宗十年（1479）七月十九日
102	户律·田宅	盗耕种官民田	成宗九年（1478）五月十七日
103	户律·田宅	荒芜田地	×
104	户律·田宅	弃毁器物稼穑等	×
105	户律·田宅	擅食田园瓜果	×
106	户律·田宅	私借官车船	成宗二十四年（1493）十一月三日
107	户律·婚姻	男女婚姻	成宗十年（1479）闰十月一日
108	户律·婚姻	典雇妻女	×
109	户律·婚姻	妻妾失序	世宗七年（1425）十二月五日
110	户律·婚姻	逐婿嫁女	×
111	户律·婚姻	居丧嫁娶	成宗十五年（1484）十一月二十八日
112	户律·婚姻	父母囚禁嫁娶	×
113	户律·婚姻	同姓为婚	×
114	户律·婚姻	尊卑为婚	×
115	户律·婚姻	娶亲属妻妾	×
116	户律·婚姻	娶部民妇女为妻妾	成宗二十四年（1493）九月二日
117	户律·婚姻	娶逃走妇女	×
118	户律·婚姻	强占良家妻女	成宗八年（1477）十二月十六日
119	户律·婚姻	娶乐人为妻妾	世宗二十七年（1445）
120	户律·婚姻	僧道娶妻	×
121	户律·婚姻	良贱为婚姻	明宗十一年（1556）六月二十日
122	户律·婚姻	蒙古色目人婚姻	×
123	户律·婚姻	出妻	世宗七年（1425）十一月十六日
124	户律·婚姻	嫁娶违律主婚媒人罪	×
125	户律·仓库	钞法	太宗十三年（1413）十月二十一日
126	户律·仓库	钱法	世宗八年（1426）四月十九日

续表

序号	编目	条文	《朝鲜王朝实录》中首次出现的时间
127	户律・仓库	收粮违限	世宗十九年（1437）七月十日
128	户律・仓库	多收税粮斛面	世祖二年（1456）八月十四日
129	户律・仓库	隐匿费用税粮课物	×
130	户律・仓库	揽纳税粮	×
131	户律・仓库	虚出通关朱砂	成宗元年（1470）七月六日
132	户律・仓库	附余钱粮私下补码	×
133	户律・仓库	私借钱粮	世宗五年（1423）九月二十六日
134	户律・仓库	私借官物	×
135	户律・仓库	挪移出纳	世宗六年（1424）六月十四日
136	户律・仓库	库秤雇役侵欺	×
137	户律・仓库	冒支官粮	×
138	户律・仓库	钱粮互相觉察	×
139	户律・仓库	仓库不觉被盗	×
140	户律・仓库	守支钱粮及擅开官封	×
141	户律・仓库	出纳官物有违	×
142	户律・仓库	收支留难	×
143	户律・仓库	起解金银足色	×
144	户律・仓库	损坏仓库财物	世宗七年（1425）五月二十一日
145	户律・仓库	转解官物	世宗七年（1425）五月二十一日
146	户律・仓库	拟断赃罚不当	×
147	户律・仓库	守掌在官财物	×
148	户律・仓库	隐瞒入官家产	×
149	户律・课程	盐法十二条	世宗十九年（1437）五月一日
150	户律・课程		
151	户律・课程		
152	户律・课程		
153	户律・课程		
154	户律・课程		
155	户律・课程		
156	户律・课程		
157	户律・课程		

续表

序号	编目	条文	《朝鲜王朝实录》中首次出现的时间
158	户律·课程	盐法十二条	世宗十九年（1437）五月一日
159	户律·课程		
160	户律·课程		
161	户律·课程	盐临势要中盐	×
162	户律·课程	阻坏盐法	×
163	户律·课程	私茶	世宗十九年（1437）五月一日
164	户律·课程	私矾	世宗十九年（1437）五月一日
165	户律·课程	匿税	×
166	户律·课程	舶商匿卖	×
167	户律·课程	人户亏兑课程	×
168	户律·钱债	违禁取利	世宗十一年（1429）四月三日
169	户律·钱债	费用受寄财产	×
170	户律·钱债	得遗失物	×
171	户律·市廛	私充牙行埠头	×
172	户律·市廛	市司评物价	×
173	户律·市廛	把持行市	×
174	户律·市廛	私造斛斗秤尺	×
175	户律·市廛	器用布绢不如法	中宗十七年（1522）二月三日
176	礼律·祭祀	祭享	世宗十一年（1429）四月二十三日
177	礼律·祭祀	毁大祀丘坛	端宗元年（1453）三月九日
178	礼律·祭祀	致祭祀典神祇	×
179	礼律·祭祀	历代帝王陵寝	×
180	礼律·祭祀	亵渎神明	×
181	礼律·祭祀	禁止师巫邪术	正祖十五年（1791）十一月八日
182	礼律·仪制	合和御药	世宗十六年（1434）四月四日
183	礼律·仪制	乘舆服御物	成宗二十四年（1493）五月四日
184	礼律·仪制	收藏禁书及私习天文	太宗十八年（1418）三月二十四日
185	礼律·仪制	御赐衣物	×
186	礼律·仪制	失误朝贺	×
187	礼律·仪制	失仪	世宗十一年（1429）四月二十三日
188	礼律·仪制	奏对失序	×

续表

序号	编目	条文	《朝鲜王朝实录》中首次出现的时间
189	礼律・仪制	朝见留难	×
190	礼律・仪制	上书陈言	高宗三十四年（1897）四月七日
191	礼律・仪制	见任官辄自立碑	×
192	礼律・仪制	禁止迎送	×
193	礼律・仪制	公差人员欺凌长官	×
194	礼律・仪制	服舍违式	×
195	礼律・仪制	僧道拜父母	×
196	礼律・仪制	失占天象	睿宗元年（1469）一月十五日
197	礼律・仪制	术士妄言祸福	世宗二十一年（1439）四月十五日
198	礼律・仪制	匿父母夫丧	世宗二十八年（1446）六月七日
199	礼律・仪制	弃亲之任	×
200	礼律・仪制	丧葬	成宗五年（1474）四月二十五日
201	礼律・仪制	乡饮酒礼	×
202	兵律・宫卫	太庙门擅入	×
203	兵律・宫卫	宫殿门擅入	太宗十八年（1418）七月七日
204	兵律・宫卫	宿卫守卫人私自代替	世宗二十八年（1446）十月六日
205	兵律・宫卫	从驾稽违	世宗四年（1422）十二月一日
206	兵律・宫卫	直行御道	×
207	兵律・宫卫	内府工作人匠替役	×
208	兵律・宫卫	宫殿造作罢不出	×
209	兵律・宫卫	辄出入宫殿门	×
210	兵律・宫卫	关防内使出入	×
211	兵律・宫卫	向宫殿射箭	×
212	兵律・宫卫	宿卫人兵仗	世宗十六年（1434）四月二十六日
213	兵律・宫卫	禁经断人充宿卫	×
214	兵律・宫卫	冲突仪仗 1	太宗十五年（1415）二月二十九日
215	兵律・宫卫	冲突仪仗 2	太宗十六年（1416）七月二十八日
216	兵律・宫卫	冲突仪仗 3	×
217	兵律・宫卫	行宫营门	×
218	兵律・宫卫	越城	成宗十九年（1488）六月二十九日
219	兵律・宫卫	门禁锁钥	太宗七年（1407）十一月十日

续表

序号	编目	条文	《朝鲜王朝实录》中首次出现的时间
220	兵律·宫卫	悬带关防牌面	成宗八年（1477）闰二月二十四日
221	兵律·军政	擅调官军	太宗二年（1402）十二月二十三日
222	兵律·军政	申报军务	×
223	兵律·军政	飞报军情	世宗二十八年（1446）十月六日
224	兵律·军政	边境申索军需	×
225	兵律·军政	失误军事	中宗十八年（1523）七月七日
226	兵律·军政	从征违期	×
227	兵律·军政	军人替役	×
228	兵律·军政	主将不固守	世宗二十二年（1440）九月二日
229	兵律·军政	纵军掳掠	世宗十二年（1430）六月五日
230	兵律·军政	不操练军士	中宗三十八年（1543）六月二十五日
231	兵律·军政	激变良民	×
232	兵律·军政	私卖战马	×
233	兵律·军政	私卖军器	光海君十年（1618）九月三日
234	兵律·军政	毁弃军器	×
235	兵律·军政	私藏应禁军器	世宗二十九年（1447）四月八日
236	兵律·军政	纵放军人歇役	×
237	兵律·军政	公侯私役官军	×
238	兵律·军政	从征守御官军逃	×
239	兵律·军政	优恤军属	×
240	兵律·军政	夜禁	×
241	兵律·关津	私越冒度关津	成宗十八年（1487）十一月三十日
242	兵律·关津	诈冒给路引	太宗十三年（1413）七月二十八日
243	兵律·关津	关津留难	×
244	兵律·关津	递送逃军妻女出城	×
245	兵律·关津	盘诘奸细	世宗十五年（1433）一月十五日
246	兵律·关津	私出外境及违禁下海	世宗五年（1424）八月二十三日
247	兵律·关津	私役弓兵	×
248	兵律·厩牧	牧养畜产不如法	世宗二十二年（1440）二月十二日
249	兵律·厩牧	孳生马匹	×
250	兵律·厩牧	验畜产不以实	×

续表

序号	编目	条文	《朝鲜王朝实录》中首次出现的时间
251	兵律・厩牧	养疗瘦病畜产不如法	×
252	兵律・厩牧	乘官畜脊破领穿	世宗二十二年（1440）二月十二日
253	兵律・厩牧	官马不调习	×
254	兵律・厩牧	宰杀马牛	世宗二年（1420）十一月七日
255	兵律・厩牧	畜产咬踢人	正祖十二年（1788）六月二十七日
256	兵律・厩牧	隐匿孳生官畜产	×
257	兵律・厩牧	私借官畜产	×
258	兵律・厩牧	公使人等索借马匹	×
259	兵律・邮驿	递送公文 1	×
260	兵律・邮驿	递送公文 2	×
261	兵律・邮驿	递送公文 3	×
262	兵律・邮驿	邀取实封公文	成宗十五年（1484）二月二十日
263	兵律・邮驿	铺舍损坏	×
264	兵律・邮驿	私役铺兵	×
265	兵律・邮驿	驿使稽程	×
266	兵律・邮驿	多乘驿马	太祖七年（1398）三月二十九日
267	兵律・邮驿	多支廪给	×
268	兵律・邮驿	文书应给驿而不给	×
269	兵律・邮驿	公事应行稽程	×
270	兵律・邮驿	占宿驿舍上房	×
271	兵律・邮驿	乘驿马赍私物	×
272	兵律・邮驿	私役民夫抬轿	×
273	兵律・邮驿	病故官家属还乡	×
274	兵律・邮驿	承差转雇寄人	×
275	兵律・邮驿	乘官畜产车船附私物	×
276	兵律・邮驿	私借驿马	×
277	刑律・贼盗	谋反大逆	太宗十一年（1411）十一月十六日
278	刑律・贼盗	谋叛	太宗十五年（1415）四月十五日
279	刑律・贼盗	造妖书妖言	太祖四年（1395）一月六日
280	刑律・贼盗	盗大祀神御物	世宗十八年（1436）六月二十三日
281	刑律・贼盗	盗制书	世宗三十一年（1449）三月二日

续表

序号	编目	条文	《朝鲜王朝实录》中首次出现的时间
282	刑律·贼盗	盗印信	×
283	刑律·贼盗	盗内府财物	世宗五年（1423）二月十七日
284	刑律·贼盗	盗城门钥	×
285	刑律·贼盗	盗军器	成宗六年（1475）六月四日
286	刑律·贼盗	盗园陵树木	中宗二十四年（1529）十月二十六日
287	刑律·贼盗	监守自盗仓库钱粮	太宗十二年（1412）十二月一日
288	刑律·贼盗	常人盗仓库钱粮	世宗六年（1424）九月十七日
289	刑律·贼盗	强盗	太祖七年（1398）六月七日
290	刑律·贼盗	劫囚	世祖十四年（1468）五月十五日
291	刑律·贼盗	白昼抢夺	世宗十二年（1430）十二月二十五日
292	刑律·贼盗	窃盗	太宗六年（1406）闰七月六日
293	刑律·贼盗	盗马牛畜产	×
294	刑律·贼盗	盗田野谷麦	×
295	刑律·贼盗	亲属相盗	×
296	刑律·贼盗	恐吓取财	中宗二十三年（1528）八月十五日
297	刑律·贼盗	诈欺官私取财	文宗元年（1451）九月十一日
298	刑律·贼盗	掠人掠卖人	成宗二十五年（1494）一月三日
299	刑律·贼盗	发冢	世宗十三年（1431）九月二十九日
300	刑律·贼盗	夜无故入人家	世宗十六年（1434）六月三日
301	刑律·贼盗	盗贼窝主	世宗二十九年（1447）三月二十一日
302	刑律·贼盗	共谋为盗	×
303	刑律·贼盗	公取窃取皆为盗	×
304	刑律·贼盗	起除刺字	成宗二十二年（1491）十二月二十一日
305	刑律·人命	谋杀人	太宗十一年（1411）八月十一日
306	刑律·人命	谋杀制使及本管长官	×
307	刑律·人命	谋杀祖父母父母	成宗二十五年（1494）八月二十八日
308	刑律·人命	杀死奸夫	世宗十四年（1432）三月十二日
309	刑律·人命	谋杀故夫父母	×
310	刑律·人命	杀一家三人	世宗十九年（1437）四月二十九日
311	刑律·人命	采生折割人	×
312	刑律·人命	造畜蛊毒杀人	世宗十年（1428）闰四月八日

续表

序号	编目	条文	《朝鲜王朝实录》中首次出现的时间
313	刑律・人命	斗殴及故杀人	太宗四年（1404）九月二十四日
314	刑律・人命	屏去人服食	×
315	刑律・人命	戏杀误杀过失杀伤人	太宗十一年（1411）六月九日
316	刑律・人命	夫殴死有罪妻妾	成宗十三年（1482）九月八日
317	刑律・人命	杀子孙及奴婢图赖人	明宗十年（1555）二月九日
318	刑律・人命	弓箭伤人	×
319	刑律・人命	车马杀伤人	世宗十一年（1429）九月二十七日
320	刑律・人命	庸医杀伤人	正祖十年（1786）六月一日
321	刑律・人命	窝弓杀伤人	×
322	刑律・人命	威逼人致死	太宗四年（1404）九月二十四日
323	刑律・人命	尊长为人杀私和	世宗十二年（1430）三月五日
324	刑律・人命	同行知有谋害	×
325	刑律・斗殴	斗殴	太宗四年（1404）三月三日
326	刑律・斗殴	保辜限期	世宗十六年（1434）八月二十五日
327	刑律・斗殴	宫内忿争	×
328	刑律・斗殴	皇家袒免以上亲被殴	×
329	刑律・斗殴	殴制使及本管长官	世宗二十三年（1441）五月六日
330	刑律・斗殴	佐职统属殴长官	×
331	刑律・斗殴	上司官与统属官相殴	×
332	刑律・斗殴	九品以上官殴长官	×
333	刑律・斗殴	拒殴追摄人	文宗元年（1451）十月一日
334	刑律・斗殴	殴受业师	成宗四年（1473）三月七日
335	刑律・斗殴	威力制缚人	太宗十年（1410）六月十三日
336	刑律・斗殴	良贱相殴	世宗五年（1423）十二月十三日
337	刑律・斗殴	奴婢殴家长	世宗十二年（1430）十二月一日
338	刑律・斗殴	妻妾殴夫	世宗七年（1425）十月十五日
339	刑律・斗殴	同姓亲属相殴	×
340	刑律・斗殴	殴大功以下尊长	×
341	刑律・斗殴	殴期亲尊长	成宗九年（1478）八月九日
342	刑律・斗殴	殴祖父母父母	中宗八年（1413）十月二十四日
343	刑律・斗殴	妻妾与夫亲属相殴	×

续表

序号	编目	条文	《朝鲜王朝实录》中首次出现的时间
344	刑律·斗殴	殴妻前夫之子	×
345	刑律·斗殴	妻妾殴故夫父母	世宗十四年（1432）九月十八日
346	刑律·斗殴	父祖被殴	显宗五年（1664）一月二十日
347	刑律·骂詈	骂人	成宗十五年（1484）五月二十日
348	刑律·骂詈	骂制使及本管长官	世宗二十一年（1439）四月十六日
349	刑律·骂詈	佐职统属骂长官	太宗十五年（1415）十一月二十四日
350	刑律·骂詈	奴婢骂家长	世宗十四年（1432）九月十八日
351	刑律·骂詈	骂尊长	世宗二十年（1438）六月二十一日
352	刑律·骂詈	骂祖父母父母	太宗十八年（1418）七月七日
353	刑律·骂詈	妻妾骂夫期亲尊长	世宗二十一年（1439）九月十四日
354	刑律·骂詈	妻妾骂故夫父母	×
355	刑律·诉讼	越诉	定宗元年（1399）十二月一日
356	刑律·诉讼	投匿名文书告人罪	世宗五年（1423）三月二十一日
357	刑律·诉讼	告状不受理	肃宗三十五年（1709）十月九日
358	刑律·诉讼	听讼回避	×
359	刑律·诉讼	诬告	太祖五年（1396）六月九日
360	刑律·诉讼	干名犯义	太宗十年（1410）一月二十二日
361	刑律·诉讼	子孙违犯教令	世宗十七年（1435）六月五日
362	刑律·诉讼	见禁囚不得告举他事	世宗三十一年（1449）五月二十八日
363	刑律·诉讼	教唆词讼	世宗二十九年（1447）三月七日
364	刑律·诉讼	军民约会词讼	×
365	刑律·诉讼	官吏词讼家人诉	×
366	刑律·诉讼	诬告充军及迁徙	×
367	刑律·受赃	官吏受财	太宗十五年（1415）七月八日
368	刑律·受赃	坐赃致罪	世宗七年（1425）五月八日
369	刑律·受赃	事后受财	×
370	刑律·受赃	有事以财请求	×
371	刑律·受赃	在官求索借贷人财物	×
372	刑律·受赃	家人求索	×
373	刑律·受赃	风宪官吏犯赃	×
374	刑律·受赃	因公擅科敛	成宗九年（1478）十二月二十二日

续表

序号	编目	条文	《朝鲜王朝实录》中首次出现的时间
375	刑律·受赃	私受公侯财物	×
376	刑律·受赃	克留盗赃	×
377	刑律·受赃	官吏听许财物	×
378	刑律·诈伪	诈伪制书	世宗二十六年（1444）二月二十七日
379	刑律·诈伪	诈传诏旨	世宗即位年（1418）十月十四日
380	刑律·诈伪	对制上书诈不以实	太宗五年（1405）十月二十四日
381	刑律·诈伪	伪造印信历日等	太宗十三年（1414）九月三日
382	刑律·诈伪	伪造宝钞	太宗十三年（1413）九月一日
383	刑律·诈伪	私铸铜钱	太宗十五年（1415）六月十六日
384	刑律·诈伪	诈假官	世宗五年（1423）九月二十二日
385	刑律·诈伪	诈称内使等官	太宗八年（1408）八月十七日
386	刑律·诈伪	近侍诈称私行	×
387	刑律·诈伪	诈为瑞应	×
388	刑律·诈伪	诈病死伤避事	×
389	刑律·诈伪	诈教诱人犯法	太宗九年（1409）一月二日
390	刑律·犯奸	犯奸	太宗十二年（1412）十二月十一日
391	刑律·犯奸	纵容妻妾犯奸	×
392	刑律·犯奸	亲属相奸	世宗十八年（1436）四月二十日
393	刑律·犯奸	诬执翁奸	×
394	刑律·犯奸	奴及雇工人奸家长妻	世宗五年（1423）十月二十七日
395	刑律·犯奸	奸部民妻女	×
396	刑律·犯奸	居丧及僧道犯奸	世宗二十一年（1439）九月十二日
397	刑律·犯奸	良贱相奸	太宗元年（1401）九月九日
398	刑律·犯奸	官吏宿娼	世宗六年（1424）一月五日
399	刑律·犯奸	买良为娼	×
400	刑律·杂犯	拆毁申明亭	×
401	刑律·杂犯	夫匠军士病给医药	×
402	刑律·杂犯	赌博	太宗十四年（1414）五月十九日
403	刑律·杂犯	阉割火者	×
404	刑律·杂犯	嘱托公事	世宗十六年（1434）一月二十六日
405	刑律·杂犯	私和公事	×

续表

序号	编目	条文	《朝鲜王朝实录》中首次出现的时间
406	刑律·杂犯	失火	太宗十七年（1417）十一月十日
407	刑律·杂犯	放火故烧人房屋	世宗九年（1427）一月七日
408	刑律·杂犯	搬做杂剧	×
409	刑律·杂犯	违令	太宗十二年（1412）八月六日
410	刑律·杂犯	不应为	太宗四年（1404）三月三日
411	刑律·捕亡	应捕人追捕罪人	成宗二年（1471）五月二十五日
412	刑律·捕亡	罪人拒捕	世宗十六年（1434）六月三日
413	刑律·捕亡	狱囚脱监及反狱在逃	世宗十八年（1436）七月二十一日
414	刑律·捕亡	徒流人逃	成宗二十五年（1494）七月二十四日
415	刑律·捕亡	稽留囚徒	×
416	刑律·捕亡	主守不觉失囚	高宗三十六年（1899）七月十五日
417	刑律·捕亡	知情藏匿罪人	世祖三年（1457）二月二十二日
418	刑律·捕亡	盗贼捕限	世宗十一年（1429）四月二十三日
419	刑律·断狱	囚应禁而不禁	×
420	刑律·断狱	故禁故勘平人	×
421	刑律·断狱	淹禁	×
422	刑律·断狱	凌虐罪囚	世祖二年（1456）十二月七日
423	刑律·断狱	与囚金刃解脱	×
424	刑律·断狱	主守教囚反异	×
425	刑律·断狱	狱囚衣粮	×
426	刑律·断狱	功臣应禁亲人入视	×
427	刑律·断狱	死囚令人自杀	宣祖三十三年（1600）六月二十日
428	刑律·断狱	老幼不拷讯	世宗十一年（1429）七月三十日
429	刑律·断狱	鞫狱停囚待对	×
430	刑律·断狱	依告状鞫狱	×
431	刑律·断狱	原告人事异不放回	×
432	刑律·断狱	狱囚诬指平人	成宗元年（1470）八月三日
433	刑律·断狱	官司出入人罪	太宗四年（1404）十月二十八日
434	刑律·断狱	辩明冤枉	世宗十五年（1433）三月一日
435	刑律·断狱	有司决囚等第	×
436	刑律·断狱	检验尸伤不以实	×

续表

序号	编目	条文	《朝鲜王朝实录》中首次出现的时间
437	刑律·断狱	决罚不如法	世宗七年（1425）八月十七日
438	刑律·断狱	长官使人有犯	×
439	刑律·断狱	断罪引律令	×
440	刑律·断狱	狱囚取服辩	×
441	刑律·断狱	赦前断罪不当	×
442	刑律·断狱	闻有恩赦而故犯	×
443	刑律·断狱	徒囚不应役	×
444	刑律·断狱	妇人犯罪	太宗十年（1410）四月四日
445	刑律·断狱	死囚覆奏待报	成宗三年（1472）五月二十七日
446	刑律·断狱	断罪不当	×
447	刑律·断狱	吏典代写招草	×
448	工律·营造	擅造作	×
449	工律·营造	虚费工力采取不堪用	×
450	工律·营造	造作不如法	世祖五年（1459）八月五日
451	工律·营造	冒破物料	×
452	工律·营造	带造段疋	×
453	工律·营造	织造违禁龙凤文段疋	世宗三十年（1448）五月七日
454	工律·营造	造作过限	×
455	工律·营造	修理仓库	×
456	工律·营造	有司官吏不住公廨	×
457	工律·河防	盗决河防	文宗元年（1451）八月十二日
458	工律·河防	失时不修堤防	文宗元年（1451）八月十二日
459	工律·河防	侵占街道	×
460	工律·河防	修理桥梁道路	×

附 表 二

朝鲜王朝各类法律典籍的编纂历程

附表2译自金伯哲研究员专著《荡平时代法治主义遗产》中的“附表1”①，有所改动。

年度	典（典录）	刑（刑狱）	礼（礼仪）	其他	备注
太祖三年（1394）	《朝鲜经国典》				笔写
太祖四年（1395）		《大明律直解》			刊行
				《经济文鉴》	笔写
太祖六年（1397）	《经济六典》（1次）				刊行
太宗十二年（1412）	《经济六典元集详节》（1次）				刊行
	《经济六典续录详节》（1次）				刊行
太宗十五年（1415）	《元六典》（3次）				刊行
	《续六典》（2次）				刊行
世宗四年（1422）	《续六典》（3次）				刊行
	《誊录》（1次）				刊行
世宗十一年（1429）	《元六典》（4次）				刊行
	《续六典》（4次）				刊行

① 김백철, 2016,《탕평시대 법치주의 유산: 조선후기 국법체계 재구축사》, 경인문화사, 324, 부표 1.

续表

年度	典（典录）	刑（刑狱）	礼（礼仪）	其他	备注
世宗十五年（1433）	《续六典》（5次）				刊行
	《誊录》（2次）				刊行
世宗十七年（1435）	《续六典》（6次）				刊行
世宗二十年（1438）		《新注无冤录》			刊行
端宗二年（1454）			《世宗实录五礼仪》		刊行
世祖二年（1456）	《经国大典》（1次）				笔写
睿宗元年（1469）	《经国大典》（2次）				笔写
成宗五年（1474）	《经国大典》（3次）				笔写
	《大典续录》（1次）				笔写
			《国朝五礼仪》		刊行
成宗十六年（1485）	《经国大典》（4次）				刊行
成宗二十三年（1492）	《大典续录》（2次）				刊行
中宗九年（1514）	《大典后续录》（1次）				笔写
中宗三十八年（1543）	《大典后续录》（2次）				刊行
明宗十年（1555）	《经国大典注解》				刊行
宣祖四年（1571）	《各司受教》				笔写
宣祖十八年（1585）				《词讼类聚》	刊行
仁祖十四年（1636）	《各司受教追录》				笔写
孝宗即位年（1649）				《决讼类聚》	刊行
肃宗二十四年（1698）	《受教辑录》				刊行
肃宗三十二年（1706）	《典律通考》				刊行
肃宗四十六年（1720）				《通文馆志》（1次）	刊行
英祖十九年（1743）	《新补受教辑录》				笔写
英祖年间（?）	《增补典录通考》				笔写
				《东国摠录》	笔写

续表

年度	典（典录）	刑（刑狱）	礼（礼仪）	其他	备注
英祖二十年（1744）			《春官志》		笔写
			《国朝续五礼仪》		刊行
英祖二十二年（1746）	《续大典》				刊行
英祖二十七年（1751）			《国朝续五礼仪补》		刊行
	《续大典补》（1次）				笔写
英祖二十八年（1752）			《国朝丧礼补编》（1次）		笔写
英祖三十二年（1756）	《续大典补》（2次）				刊行
英祖三十三年（1757）			《国朝丧礼补编》（2次）		刊行
正祖即位年（1776）				《谷簿合录》	笔写
正祖二年（1778）		《钦恤典则》			刊行
				《通文馆志》（2次）	刊行
正祖五年（1781）		《秋官志》			笔写
正祖八年（1784）				《奎章阁志》	刊行
				《弘文馆志》	刊行
正祖九年（1785）	《大典通编》				刊行
				《太学志》	笔写
正祖十一年（1787）	《典律通补》				笔写
正祖十二年（1788）			《春官通考》		刊行
				《度支志》	笔写
正祖二十年（1796）		《增修无冤录》			刊行
		《增修无冤录谚解》			刊行
正祖二十一年（1797）				《谷总便考》	笔写

续表

年度	典（典录）	刑（刑狱）	礼（礼仪）	其他	备注
正祖二十三年（1799）		《审理录》			笔写
纯祖八年（1808）				《万机要览》	笔写
纯祖十年（1810）			《国朝五礼通编》		笔写
纯祖二十二年（1822）				《钦钦新书》	刊行
宪宗年间（?）				《银台便考》	笔写
哲宗年间（?）				《银台便考》	笔写
高宗二年（1865）	《大典会通》				刊行
				《两铨便考》	刊行
高宗四年（1867）				《六典条例》	刊行
高宗七年（1870）				《银台条例》	刊行
高宗二十五年（1888）				《通文馆志》（3次）	刊行

附 表 三

奎章阁藏朝鲜时期法律典籍的版本与年代

附表3译自金伯哲研究员专著《荡平时代法治主义遗产》中的“表1”①，略有改动。

年代	资料名	图书资料编号	备注
中宗三十八年（1543）	《大典后续录》	奎 15222，古贵 349.102 - Y97d	甲寅字
明宗十年（1555）	《经国大典注解》	奎贵 1271	甲寅字
宣祖三十六年（1603）	《经国大典》	奎 26608	木板字
光海君五年（1613）	《经国大典》	奎贵 1864，奎 2096	训练都监木活字
	《大典续录》	奎 1044，奎 1940，奎 4002，奎 1517，奎 4629	训练都监木活字
	《大典后续录》	奎 1939，奎 4003	训练都监木活字
显宗九年（1668）	《经国大典》	奎 188，奎 189	木板本（平壤府）
肃宗二十四年（1698）	《受教辑录》	奎 1159，奎 1160，奎 3147，奎 3153，奎 5435	戊申字（甲寅字）
	《受教辑录》	一蓑古 349.102 - Y57s	木板本

① 김백철, 2016,《탕평시대 법치주의 유산：조선후기 국법체계 재구축사》, 경인문화사, 16, 표1.

续表

年代	资料名	图书资料编号	备注
肃宗三十三年（1701）	《典录通考》	奎 1141，奎 1164，奎 5450，古 5120－174	戊申字（甲寅字）
景宗元年（1721）	《经国大典》	奎 1297，奎 1298，奎 1516，奎 3903，奎 12389，奎 15221，古 5120－2，古 5121－4D	甲寅字/芸阁
英祖二十二年（1746）	《续大典》	奎 1150，奎 1546，奎 2344，奎 12387，奎 26610，古 5120－4	木板本
英祖三十二年（1756）	《续大典补》	奎 1547，奎 1926	木板本
正祖八年（1784）	《大典通编》	奎 201，奎 202，奎 203，奎 887，奎 888，奎 1882，奎 1947，奎 2107，奎 2108，奎 2305，奎 2990，奎 12390	木板本
正祖九年（1785）	《大典通编》	古 5120－1	木板本/领营
高宗二年（1865）	《大典会通》	奎 1302，奎 1551，奎 2988，奎 3267，奎 3425，奎 4501，奎 11972，奎 15229，奎 15441，奎 12146 의 1，奎 12146 의 2，奎 12146 의3，奎古 290，古 5120－10，가람古 349.102－D131	木板本
高宗四年（1867）	《六典条例》	奎 4041，奎 5289，奎 5290，奎 12147，奎 6944，古 5120－156，가람古 340.091－Y95	全史字

附表四

清代与朝鲜后期家族成员间犯罪与性犯罪行为类型比较

清代和朝鲜后期是中朝两国案例资料较多的时期。笔者的硕士学位论文①曾选取了18世纪末到19世纪初约五十年左右（1776—1825）中朝两国所发生的犯罪案例，从而比较过同一时期两国家庭成员间犯罪和性犯罪的主要类型。其所参考的主要资料是清代的《刑案汇览》和第一历史档案馆藏刑科题本婚姻奸情类档案②，以及同一时期朝鲜的《钦钦新书》《审理录》《秋官志》中的案例。现制成如下表格，以做参考。

从表格中可以看出，在对尊亲属犯罪、公婆儿媳间犯罪、因家庭琐事的夫妻间犯罪、因妻通奸导致的犯罪、强奸犯罪等类型中，两国虽有较大的相似性，然而，清代与朝鲜各有许多独有的犯罪类型或亚类型。如清代的中国民间，丈夫强迫或默认妻子卖淫、夫妻协商后让妻子卖淫挣钱、近亲相奸、童养媳相关的配偶间犯罪、因妻子通奸而将其嫁卖、因妻子通奸而本人或家人自杀、“招夫养夫”等策略性的一妻多夫现象，以及同性强奸与同性卖淫、同性伴侣间的犯罪等类型都是同时期的朝鲜所没有的，从而表现出清代平民因生存艰难而在两性方面的实用主义立场，以及与朝鲜相比强烈的自杀倾向。而朝鲜因丈夫通奸而导致的犯罪、丈夫怀疑妻子通奸而导致的犯罪、丈夫因妻子的娘家人通奸而犯罪、女性因自己的贞洁受

---

① 장준보，2014，《 조선과 청의 가족범죄 비교연구 》，한국학중앙연구원 한국학대학원 석사학위논문.

② 这里主要是间接参考了“王跃生:《清代中期婚姻冲突透析》，社会科学文献出版社2003年版”专著中的诸多案例，以乾隆四十六年到乾隆五十六年（1781—1791年）为主。

到诬蔑诽谤而导致的犯罪或自杀等是清代案例中所未曾见到的类型，表现出朝鲜女性和其家人在女性贞节与性道德方面的较高要求。此外，朝鲜时期男子所具有的较强的家长制倾向，与清代男子把妇女的身体和性作为生存资源的现象形成了极为鲜明的对照。通过对这一时期两国各类型案件中犯罪类型和判决结果的差异对比，可以看出这一时期中国文化中注重物质与实用，从而体现出较强的功利主义倾向，而朝鲜后期由于程朱理学的影响，使朝鲜文化呈现出注重理念和伦理的约束，从而体现出较强的道德主义倾向，并以此得以窥见同属中华法系的中朝两国间法律文化和犯罪亚文化的细微差异。

犯罪类型或当事人的行为类型	清	朝鲜
对父母的犯罪①	○	?②
对父母外其他尊亲属的犯罪	○	?
因救护父母等尊亲属而导致的犯罪	○	○
与婆媳或翁媳相关的犯罪	○	○
1）因婆媳或翁媳矛盾引发的配偶间犯罪	○	○
2）婆媳间的犯罪	○	○
3）翁媳间的犯罪	○	○
继父母对继子女的犯罪	○	×
与奸情无关的配偶间犯罪	○	○
1）由琐事引发的配偶间犯罪	○	○
2）丈夫因贫穷而无法掌控妻子而引发的配偶间犯罪	○	○
3）因妻子提出离婚而引发的配偶间犯罪	○	×
4）因一夫多妻或妻妾关系引发的配偶间犯罪	○	○
5）童养引发的配偶间犯罪	○	×
妻妾间的犯罪	○	○
杀婴	○	?
由丈夫通奸引发的犯罪	×	○

① 这里所述的“犯罪”主要指伤害、伤害致死、过失致死、故意杀人、威逼人致死等，以命案为主。

② 朝鲜相关史料在经过当时官方的删改过滤后，这一时期对父母等尊亲属犯逆伦大罪的案例被隐去，因而史料中找不出相应的案例，但可推定应存在这一类型的犯罪。

续表

犯罪类型或当事人的行为类型	清	朝鲜
妻子通奸	○	○
1）本夫忍气吞声或仅仅警告妻子	○	○
2）本夫仅要求奸夫赔罪或做出补偿	○	?
3）本夫因妻通奸而告官	○	×
4）本夫对妻犯罪	○	○
5）本夫对奸夫犯罪	○	○
6）本夫同时对奸夫和妻子的犯罪	○	○
7）本夫对奸夫之家庭成员的犯罪	○	○
8）本夫因奸卖妻	○	×
9）丈夫对使妻子通奸的媒介之人的犯罪	×	○
10）丈夫或妻子因此自杀	○	×
11）通奸妻子独自谋害本夫	○	×
12）妻子与奸夫合伙谋害本夫	○	○
13）通奸男女间的犯罪	○	×
14）奸夫对本夫的犯罪	○	○
15）奸夫诱拐犯奸之妻	○	×
16）奸夫两名以上时，奸夫甲、乙与本夫之间的犯罪	○	×
疑妻症	○	○
1）丈夫因怀疑妻子通奸而对相关男子犯罪	×	○
2）丈夫因怀疑妻子通奸而对妻子犯罪	○	○
妻子外家中女性通奸	○	○
1）父兄等家庭成员对家中通奸女性的犯罪	○	○
2）奸夫与通奸女性的家庭成员间的犯罪	○	○
3）家庭成员对使家中女性通奸的媒介之人的犯罪	×	○
4）家族成员因此自杀	○	×
5）已出嫁妇女的本家家庭成员因女性通奸所行的犯罪	×	○
因奸怀孕	○	○
近亲相奸	○	?
家庭内的性买卖	○	×
1）丈夫因贪财而放任妻子通奸	○	×
2）夫妻合议后妻子卖淫（通奸）养家	○	×

续表

犯罪类型或当事人的行为类型	清	朝鲜
3）丈夫强迫妻子卖淫（通奸）	○	×
4）丈夫以外的家庭成员要求或放任家中女性卖淫（通奸）	○	×
策略性的一妻多夫①导致的犯罪	○	×
性骚扰（戏谑）与性暴力	○	○
1）女性因遭受性骚扰或性侵而自杀	○	○
2）女性为不被性侵而对性侵者犯罪	○	○
3）性侵者对被害女性的犯罪	○	○
4）女性的家族（亲族）成员与性侵者之间的犯罪	○	○
对妇女贞洁的污蔑	×	○
1）因污蔑妇女失贞而导致的妇女自杀	×	○
2）女性对污蔑自身失贞之人的犯罪	×	○
同性间的性犯罪	○	×
1）同性性买卖与同性性犯罪	○	×
2）男性为不被性侵而对性侵者的犯罪	○	×
3）同性性关系暴露或同性性骚扰而引发的自杀	○	×
4）同性伴侣（性买卖对象）间的犯罪	○	×
对儿童的性侵	○	×
1）成人男子性侵幼童	○	×
2）成人男子性侵幼女	○	×

① ［美］苏成捷：《作为生存策略的清代一妻多夫现象》，李霞译，黄东兰主编：《身体·心性·权力》，浙江人民出版社 2005 年版。

附 录 一

常用吏读疏解

吏读又称吏道、吏吐，是近代以前在朝鲜半岛广泛使用的一种文字形式，朝鲜半岛古代书面语通用汉文，但语言却为朝鲜语，吏读试图解决的正是文字与语言不一致的问题，从而借用汉字的音和训（义）来标记作为黏着语一种的朝鲜语，特别是语尾和助词等朝鲜语语法的一种书写方法。朝鲜半岛文字的表现形式共分为四种。第一种是纯汉文文言形式，其与我国古代的文言完全相同；第二种是汉文的吏读形式，其在表面看来虽全是汉文，但其中的许多部分我国人无法读懂，因为这些部分是借助汉字标识朝鲜语词尾等语法；第三种是汉文和谚文（朝鲜文字）并用的形式，即朝鲜语中的汉字词使用汉文，纯朝鲜语的单词和语法等内容使用谚文；第四种是纯谚文的形式，即将朝鲜语中的所有汉字词均替换为谚文的朝鲜语发音，相当于将汉语拼音替代汉字。从中可知，吏读是介于纯用汉文文言标记和夹杂谚文标记文字的折中形式，即在表面上维持了文字的一致性，只使用汉字一种文字，从而维护了朝鲜半岛“文物礼乐，比拟中华”的自尊，同时又充分考虑和包容了朝鲜半岛的语言和文字并不一致的现实。朝鲜半岛在长期应用吏读的过程中产生了一些自造的汉字，这些汉字仅在朝鲜专用，我国并不使用。吏读是朝鲜半岛的各类文字形式中最难以理解的一种，但吏读却又是朝鲜王朝的各类法律典籍和法律文书中所常常出现的一种文字形式，所以就要求专治朝鲜法制史的学者粗通吏读。以下对吏读的疏解主要参照韩国语言学家张志暎（1887—1976）博士所著，由其子在整理遗稿后，于其父去世一个月后出版的《吏读辞典》①，与此

---

① 장지영 장세경, 1976,《이두사전》, 정음사.

同时也参考了多种现代韩语语法专著、韩国出版的《汉韩大辞典》（即"玉篇"）及《韩语语尾助词辞典》等。

借用汉字标记朝鲜语时大体上只有两种形式，一种是借用汉字的音加以标记，另一种是借用汉字的义来标记。吏读所借用的汉字音多为我国中古时期的汉字发音，与现代汉语发音有所区别。吏读早在新罗时期就已产生，在朝鲜半岛的历史源远流长，笔者在此主要解读与朝鲜时期相关的，特别是与法制资料有密切关联的各类吏读用法三十余例。

我们先来看借用汉字发音或部分发音来标记朝鲜语的常用类型。

（1）吏读汉字"乙"，用来标记朝鲜语的宾格词尾"을"（를），发音为"eul"[1]，出现在宾语之后，最主要的功能就是表示前面的单词是句子的宾语，包括直接宾语、间接宾语、转成宾语。此外它还表示手段（或材料），行动的目的或内容，时间或数量等。

（2）吏读汉字"矣"，用来标记朝鲜语的属格词尾"의"，发音为"ui"，用在体词之后，作定语而表示所属关系，与汉语"的"的意思大致相同；此外，汉字"矣"也用来标记朝鲜语的与格助词"에"，发音为"e"，用在非活动体名词之后，用来表示地点、场所、时间等。

（3）吏读汉字"果"，用来标记朝鲜语的连格词尾"과"（와），发音为"gwa"，相当于汉语的"和""与""同"等，表示并列的对象、共同行动的对象、相关的对象或比较的对象。

（4）吏读汉字"亦"，用来标记朝鲜语的主格词尾"이"（가），发音为"i"，出现在主语之后，最主要的功能就是表示前面的单词是句子的主语。

（5）吏读汉字"所志"，用来标记朝鲜语单词"소지"，发音为"so－ji"，汉语"诉状"的意思。

（6）吏读汉字"次"，用来标记朝鲜语单词"때""번""차례""즈음에"，汉语"时候""次""回"的意思。

（7）吏读汉字"次知"，用来标记朝鲜语单词"차지"，发音为"cha－ji"，汉语"责任""责任人"的意思。

---

① 朝鲜语的拉丁字母注音主要依照韩国国立国语院提供的"国语罗马字标记法"，笔者根据我国习惯有所修正，下同。

（8）吏读汉字“行移”，用来标记朝鲜语单词“행이”，发音为“haeng－i”，表示官府间公文的移送。

（9）吏读汉字“行状”，用来标记朝鲜语单词“행장”，发音为“haeng－jang”，表示旅行所用的证明文书、通关文牒等。

（10）吏读汉字“行下”，用来标记朝鲜语单词“행하”，发音为“haeng－ha”，表示上级对下级的指示或命令，或表示上级赐予下级财物之事等。

（11）吏读汉字“段”，用来标记古代朝鲜语“딴”，发音为“dan”，相当于现代朝鲜语的添意词尾“는”（은），用于体词之后，主要表示强调、提示。包括着重指出需要加以陈述的对象，或是带有对比性的强调；在双重主语的句子中表示大主语等。

（12）吏读汉字“昆”，用来标记古代朝鲜语“곤”，是吏读“去乎”（거온）的缩写，发音为“gon”，相当于现代朝鲜语中表原因的连接词尾“므로”（으므로）“기에”“니까”（으니까），表示前面的内容是事情的原因，相当于汉语的“因为”“由于”等。

（13）吏读汉字“沙”，用来标记古代朝鲜语“사”，发音为“sa”，相当于现代朝鲜语表条件的连接词尾“야”“아야”（어야）“아야（어야）만”，其基本含义是强调前面的内容为“必须具备的条件”，相当于汉语的“必须（只有）……才能”。

（14）吏读汉字“别音”，对应朝鲜语“별음”“벼름”，发音为“byeol－eum”，源于朝鲜语单词“벼르다”，汉语“分配”“分成几份”之意。

（15）吏读汉字“叱”，该字的朝鲜语发音是“질”，后来仅取其收音“ㄹ（－l）”，用来作为朝鲜语的宾格词尾“을”（를），见吏读汉字“乙”的注解。

（16）吏读汉字“旀”（或“弓尒”）①，其本字原为“彌”（弥），至朝鲜初期已经简写为“弓尒”，后来又转写为“旀”，用来标记朝鲜语中表并列的连接词尾“며”（으며），发音为“myeo”，基本的含义是“并连”。吏读汉字“良”的用法有时与“旀”相同，也表并连。

---

① 旀（弓尒）：两字均为朝鲜自造汉字，与我国写法不同。

我们再来看借用汉字的义来标记朝鲜语的常用类型。

（17）吏读汉字“向”，语义对应朝鲜语单词“안”，本意为“内”“里”，语义延伸后用来表示“想法”“心计”等。

（18）吏读汉字“以”，用来标记朝鲜语造格词尾“로”（으로），表示行动的手段、工具或材料，相当于汉语的“以”“用”等；也表示资格，相当于汉语的“作为”“为”。另外还表示原因、限定的时间或次序、用作转成宾语、行动的方式等，并与许多辅助动词结合使用，其用法非常广泛。

（19）吏读汉字“并以”，“并”字用来表示朝鲜语单词“아울러”“아우르다”，“并且”“同时”“结合”之意，尾音“러”用“以”字训读，用法同上。

（20）吏读汉字“乎”，模仿“乎”在汉语中的用法，用来标记朝鲜语各类语尾中的“온”（on）音，相当于现代朝鲜语词尾“은”；有时也用来标记词尾中与之相似的“올”（ol）音和“오”（o）音。

（21）吏读汉字“色”，语义对应朝鲜语单词“빗”，意为官府中的一个部门；“빗리”，训读为“色吏”，类似于我国历史上的“胥吏”。

（22）吏读汉字“衿”，语义对应朝鲜语单词“깃”，意为分割或分配之时每人所得的那一份。在分割遗产的文书常出现此字。

（23）吏读汉字“叱”，语义对应古代朝鲜语单词“구즞다”，现代朝鲜语为“꾸짖다”，“叱责”之意，仅取其尾音“ㅅ”，用来标记朝鲜语辅音“ㅅ”（s/x），其中在标记朝鲜语收音“ㅅ”（d/t）时极为常用。

（24）吏读汉字“卧”，语义对应朝鲜语单词“눕다”，“躺”“卧”之意，吏读时仅取“눕다”的部分发音“누”，用来标记朝鲜语词尾中“누”（nu）的发音。

（25）吏读汉字“可”，语义对应古代朝鲜语单词“하얌즉하다”，吏读时仅取其部分发音“즉”，用来标记朝鲜语词尾中“즉”（jeuk）的发音。

（26）吏读汉字“良”，语义对应朝鲜语单词“어질다”，“纯良”“善良”之意，吏读时仅取“어질다”的部分发音“어”，用来标记朝鲜语词尾中“어”（eo）的发音。延伸后也用来标记词尾中与之相似的“여”（yeo）音、“아”（a）音和“야”（ya）音，在副词中常出现。

（27）吏读汉字“卜”，语义对应朝鲜语单词“점”（汉字词“占”），“占卜”之意，用来标记语尾中与“점”（jeom）发音相似的“짐”（jim）“진”（jin）“지”（ji）等音。“卜”也用来表示朝鲜土地的计量单位。

在吏读时，有时也用两个以上汉字合成一个朝鲜语的音节，合音时，首个吏读汉字用其全音，第二个汉字用其部分音素。

（28）吏读汉字“庫叱”，对应朝鲜语单词“곳”，“地方”“处所”之意，汉字“库”的朝鲜语发音为“고”（go），“叱”对应朝鲜语收音“ㅅ”（d/t），其具体演化同上，二者合成音即为单词“곳”（got）。后来将“库叱”合成朝鲜的自造汉字“廤”，从而为朝鲜语单词“곳”量身定做，使之完全有了与之对应的汉字。从而使“廤”字的音义合一，均为“곳”（got）。

（29）吏读汉字“去乎”，“去”字的朝鲜语发音是“거”（geo），“乎”字训读为“온”，其具体演化同上，“去乎”即对应古代朝鲜语的连接词尾“거온”。其缩写为“곤”（gon）时与“昆”字的用法相同，相当于现代朝鲜语中表原因的连接词尾“므로”（으므로）“니까”（으니까）等，表示前面的内容是事情的原因，相当于汉语的“因为”“由于”等。此外，“去乎”也用来标记现代朝鲜语中表方式的连接词尾“고서”“고는”，表先后，相当于汉语“……了以后”，或表示带着前一个行动形成的样态去进行后一个行动。

（30）吏读汉字“加隐”，“加”字的语义对应朝鲜语单词“더”，“隐”字则取其尾音“ㄴ”（n），二字合成朝鲜语中动词和形容词的规定词尾“던”。词尾“던”表示过去持续，即直到某项动作发生前为止还在进行着另一动作，或曾有过某种状况但现在已有所改变，带有中途转折的意思，类似汉语中的“曾经”“本来”。

另外，尾音的添记也是朝鲜语吏读的重要方法，可视为音读与训读结合的方法。

（31）吏读汉字“题音”，对应朝鲜语单词“제김”，意为官员在诉状上所题写的意见，源于朝鲜语动词“제기다”，官员在诉状或请愿书上题写（处理意见或简易判决）之意，其名词则为“제김”（je－gim），取其义而训读为“题”字，而后取单词中“m”的尾音而音读为“音”字，单词的音和训融合为“题音”二字。

（32）吏读汉字“侤音”：对应朝鲜语单词“다짐”，意为当事人的供词或呈堂证供，源于朝鲜语动词“다지다”，“下决心”“保证”“拿定（主意）”之意，其名词则为“다짐”（da－jim），朝鲜语取“考”字之义而自造了专门指称供词的汉字“侤”[①]，而后取单词中“m”的尾音而音读为“音”字，单词的音和训融合为“侤音”二字。

当然，还有许多无法明确解释其来源的吏读汉字，这些用法在朝鲜半岛漫长的吏读史中形成并广泛加以使用。

（33）吏读汉字“遣”，该汉字的朝鲜语发音为“견”（gyeon）但却吏读为“고”（go），用来标记朝鲜语中表并列的连接词尾“고”，其基本含义是“平列”（平行列出），有时也表示两个以上的动作是先后进行，或者前者为后者的方式、状态或原因等。

（34）吏读汉字“矣”，其除了用于表示朝鲜语的属格词尾“의”以外，还吏读为“되”（doe），这与该字的朝鲜语发音“의”（ui）相去甚远。吏读为“되”时用来标记朝鲜语中表对立的连接词尾“되”，其基本作用是提出引子以引出对立的内容，带有轻微的转折，或提出引子以便后文做进一步的说明。

（35）吏读汉字“教”，用来标记朝鲜语的尊称词尾“이시”（“이신”“이샨”）。用于体词之后，用来表示对该人的尊敬；或用于谓词词干或体词的谓词形之后，用来表示说话之人对该动作发出者或该状态的保有者的尊敬。笔者推测这一用法可能源于对“教”字中“教导”之意的延伸，即“受教于尊者”可能是其本意。

（36）吏读汉字“白”，用来标记古代朝鲜语中的尊称词尾“삽”或“옵”，用于谓词词干或体词的谓词形之后，用来表示说话之人对该动作发出者或该状态的保有者的尊敬。

---

① 侤：该字朝鲜语发音为“go”，而我国却将这一朝鲜专用汉字依照“다짐”（da－jim）的首音发音为“ta”。

附 录 二

常用吏读释义

以下是常用吏读用语所对应的现代朝鲜语语意，包括朝鲜语中常见的语尾和助词。

教是乎旀　이옵시며，하옵시며

同　위의，같이，같은

旀　며

並以　아울러

並只　모두，같이，아울러

分叱　뿐

分叱不喩　뿐 아닌지

分叱除良　뿐더러

是去等　이거든

是去乙　이거늘

是遣　이고

是乃　이나

是良置　이라도

是旀　이며

是白加尼　이옵더니

是白加喩　이옵든지

是白去等　이옵거든，이옵는데

是白去乙　이옵거늘

是白遣　이옵고

是白良置　이옵셔도

是白如可　이옵다가

是白如乎　이옵다는，이옵다고 하므로

是白为白乎所　이라 하옵는바

是白喻　이옵지，이올지

是白在果　이옵거니와

是白在如中　이옵건대，이옵는 때에

是白齐　입니다，이어라

是白置　이옵니다，이옵기도

是白乎　이온，이온바

是白乎乃　이사오나

是白乎等以　이온들로

是白乎旀　이며，이오며

是白乎所　이옵는바

是白乎喻　이온지

是白乎乙喻　이올지

是白乎矣　이되，이오되

是白乎则　이온즉

是如　이라고

是如可　이다가

是如是遣　이라는 것이고

是如是白遣　이라 하옵고

是如是置　이라는 것이다

是如是乎等以　이라 하오므로

是如是乎所　이라 하온바

是如是乎矣　이라 하오되

是如为旀　이라 하며

是如为白遣　이라 하옵고

是如为白卧乎所　이라 하옵는바

是如为白置　이라 하옵니다

是如为白乎旀　이라 하옵시며

是如为白乎所　이라 하옵신바

是如为白乎矣 이라 하옵시되
是如为是置 이라 합니다, 이라 하더니
是如为卧乎所 이라 하는바
是如为有在果 이라 하였거니와
是如为有置 이라 하였다
是如为置 이라 하다, 이라 하여도
是如为乎乃 이라 하오나
是如为乎旀 이라 하오며
是如为乎所 이라 하온바
是如为乎矣 이라 하오되
是如乙仍于 이라고 함을 말미암아
是如乎 이라 하는, 이라 하므로
是喻 인지
是隐乃 이나
是隐喻 인지
是乙喻 일지
是在 인
是在果 인 것과, 이거니와
是在如中 인 때에, 인 터에, 이건대
是置 이다, 이어도
是置有亦 이라고 하였기에
是乎 인, 이니
是乎加尼 이더니, 이옵더니
是乎遣 이고, 이시고
是乎乃 이나, 이오나
是乎等用良 이옴으로써
是乎等以 이오므로
是乎旀 이며, 이오며
是乎所 이온바
是乎喻 이온지
是乎乙 이올

是乎乙遣　이고，이옵고
是乎乙喻　이올지
是乎矣　이되，이오되
是乎则　인즉，이온즉
良　에，—아（—여，—어）
良中　에
亦教是如乎　라고 하시더니，라고 하시는
亦为有等以　라고 하였으므로
亦为有如乎　라고 하였다는
为去乎　하므로，하니，한，하곤
为等如　함께，모두，같이
为良如教　하여라 하신
为旀　하며
为白去乎　하오므로，하오니
为白遣　하시므로，하시니
为白如乎　하신다는，하신다고 하므로
为白齐　한다，하거라
为白只为　하도록…，하기 위하여…
为白乎旀　하오며
为白乎喻　하온지
为有等以　하였으므로，한 것으로
为有如乎　하였다는，하였다 하므로
为有矣　하였으되
为只为　하도록…
为在果　하거니와
为乎旀　하며，하오며
为乎矣　하되，하오되
乙　을（를）
乙良　을랑
乙仍于　을 말미암아
矣　저

矣身 의몸，저몸

而渠等 이거든，인데

而事 할 일

耳亦 뿐

除良 덜어，하지 말고

向事 할 일，한 일

参考文献

原始资料

先秦经典·正史·实录等

中国:《诗经》《礼记》《尚书》《春秋》《战国策》《史记》《唐六典》《唐语林》《朱子语类》

朝鲜:《高丽史》《朝鲜王朝实录》《承政院日记》《日省录》《备边司誊录》《增补文献备考》

法政类

中国:《唐律疏议》《折狱龟鉴》《吏学指南》《无冤录》《大明令》《大明律》《大明律集解附例》《律解辨疑》《律条疏议》《律条解颐》《大清律例》

朝鲜:《大明律直解》《经济六典》《经国大典》《大典续录》《大典后续录》《经国大典注解(前集)》《经国大典注解(后集)》《各司受教》《词讼类聚》《大典词讼类聚》《受教辑录》《新补受教辑录》《续大典》《大典通编》《典录通考》《典律通补》《钦恤典则》《推案与鞫案》《审理录》《刑典事目》《受教定例》《大典会通》《刑法大全》《义禁府誊录》《受教定例》《六典条例》《新注无冤录》《增修无冤录谚解》《秋官志》《牧民心书》《经世遗表》《钦钦新书》《检考》《治君要诀》《临官政要》《牧纲》《儒胥必知》《刑政图帖》《刑政风俗图》《大韩民国刑法》

文集类

《三峯集》《重峰集》《沙溪先生遗稿》《栗谷全书》《二乐亭集》《台山集》《星湖僿说》《星湖先生全集》《瓶窝先生文集》《修岩集》《与犹

堂全书》《武陵杂稿》。

野史杂纂·日记类

《择里志》《兴夫传》《清坡剧谈》《天倪录》《青城杂记》《青庄馆全书》《容斋随笔》《磻溪随录》《眉岩日记》《锁尾录》《默斋日记》《清台日记》《颐斋乱稿》《北迁日记》《胜聪明录》《卢尚枢日记》。

古文书类

韩国学中央研究院藏书阁藏古文书 首尔大学奎章阁藏古文书 韩国国立中央图书馆藏古文献 全北大学博物馆藏古文书

整理与研究资料

中国资料

［加］卜正民等:《杀千刀：中西视野下的凌迟处死》，张光润等译，商务印书馆 2013 年版。

宦伟:《“华化”与“土俗”背景下的朝鲜王朝奴婢制度》，南京大学，硕士学位论文，2013 年。

李银河:《福柯与性：解读福柯〈性史〉》，山东人民出版社 2001 年版。

陆建泉:《朝鲜王朝“杀狱”审断程序研究——以“恤刑”为视角》，南京大学，硕士学位论文，2012 年。

［法］米歇尔·福柯:《规训与惩罚：监狱的诞生》，刘北成、杨远婴译，生活·读书·新知三联书店 1999 年版。

［美］娜塔莉·泽蒙·戴维斯:《马丁·盖尔归来》，刘永华译，北京大学出版社 2009 年版。

［美］苏成捷:《作为生存策略的清代一妻多夫现象》，李霞译，黄东兰主编:《身体·心性·权力》，浙江人民出版社 2005 年版。

杨鸿烈:《中国法律在东亚诸国之影响》，商务印书馆 1937 年版。

杨柳青:《纲常下的犯罪：朝鲜王朝妇女犯罪问题研究》，南京大学，硕士学位论文，2015 年。

杨一凡等主编:《中国珍稀法律典籍续编·第 4 册：明代法律文献（下）》，黑龙江人民出版社 2002 年版。

［朝］尹世平编:《春香传》，张友鸾译，作家出版社 1956 年版。

尤陈俊:《中国法系研究中的“大明道之言”——从学术史角度品读杨鸿

烈的中国法律史研究三部曲》,《中国法律评论》2014 年第 3 期。
王宏治:《唐代张瑝张琇复仇杀人案》,《中国审判》2014 年第 6 期。
王跃生:《清代中期婚姻冲突透析》,社会科学文献出版社 2003 年版。
王子尧:《论朝鲜王朝的伦理化司法 ——以〈秋官志〉为中心的考察》,南京大学,硕士学位论文,2012 年。
张春海:《论唐律对朝鲜王朝前期法制之影响 ——以“华化”与“土俗”之关系为核心》,《中外法学》2010 年第 4 期。
张春海:《论朝鲜前期的“华化”与“土俗”之争》,《暨南学报》2012 年第 11 期。
[日] 滋贺秀三等:《明清时期的民事审判与民间契约》,王亚新,梁治平编,法律出版社 1998 年版。
朱云飞:《论朝鲜王朝妇女的财产权利》,南京大学,硕士学位论文,2013 年。
(民文) 황구연 저, 김재권 정리, 2007,《황구연전집 1—10》, 연변인민출판사.

日本与朝鲜日据时期资料

法典調查局(倉富勇三郎等),1911—1913,《慣習調查報告書》,朝鮮總督府中樞院。
淺見倫太郎,1922,《朝鮮法制史稿》,岩松堂書店。
吉武繁,1931,《朝鮮親族相續法要論》,岩松堂書店。
朝鮮總督府中樞院,1933/1945,《民事慣習回答彙集》(初集・續集)。
朝鮮總督府,1935,《大典續錄・大典後續錄・經國大典注解》。
朝鮮總督府,1935,《續大典》。
麻生武龜,1936,《李朝法典考》,朝鮮總督府中樞院。
喜頭兵一,1936,《李朝の財產相續法》,朝鮮總督府中樞院。
中橋政吉,1936,《朝鮮舊時の刑政》,朝鮮總督府。
朝鮮總督府中樞院,1938,《朝鮮“習慣”制度調查事業概要》。
朝鮮總督府,1938,《經國大典》。
朝鮮總督府,1939,《校注大典會通》。
野村調太郎,1940,《朝鮮祭祀相續法論序說》,朝鮮總督府中樞院。
朝鮮總督府,1943,《各司受教・受教輯錄・新補受教輯錄》。

韩国资料

고성훈, 1993,《조선후기 변란연구》, 동국대학교 박사학위논문.

고성훈, 2012, "조선 후기 유언비어 사건의 추이와 성격",《정신문화연구》35—4, 55—85 면.

김경숙, 2002,《조선후기 산송과 사회갈등 연구》, 서울대학교 대학원 박사학위논문. 김경숙, 2004, "조선시대 유배길",《역사비평》67, 262—282 면.

김경숙, 2008, "조선후기 산송과 상언 · 격쟁",《고문서연구》33, 253—280 면.

김경숙, 2012,《조선의 묘지 소송: 산송, 옛사람들의 시시비비》, 문학동네.

김백철, 2007, "조선후기 숙종대《수교집록》편찬과 그 성격",《동방학지》140, 131—194 면.

김백철, 2007, "조선후기 영조대《속대전》위상의 재검토",《역사학보》194, 75—126 면.

김백철, 2008, "조선후기 숙종대 국법체계와《전록통고》의 편찬",《규장각》32, 63—107 면.

김백철, 2008, "조선후기 정조대 법제정비와《대전통편》체제의 구현",《대동문화연구》64, 337—382 면.

김백철, 2008, "조선후기 영조대 법전정비와《속대전》의 편찬",《역사와 현실》68, 189—236 면.

김백철, 2016,《법치국가 조선의 탄생: 조선 전기 국법체계 형성사》, 이학사.

김백철, 2016,《탕평시대 법치주의 유산: 조선후기국법체계 재구축사》, 경인문화사.

김운태, 1983,《조선왕조행정사 (근세편)》, 박영사.

김재문, 1983,《조선왕조의 담보제도에 관한 연구》, 동국대학교 대학원 박사학위논문

김호, 1998, "규장각 소장 '검안'의 기초적 검토",《조선시대사학보》4, 155—229 면.

김호, 2001, "100 년 전 살인사건, 검안을 통해 본 사회사",《역사비평》

56, 272—350 면.
김호, 2012, "의살의 조건과 한계—다산의 《흠흠신서》를 중심으로", 《역사와 현실》 84, 331—362 면.
김호, 2013, "조선후기 '인간위핍률' 의 이해와 다산 정약용의 비판", 《진단학보》 117, 119—145 면.
김호, 2015, "조선후기의 '도뢰' 와 다산 정약용의 비판", 《한국학연구》 37, 447—477 면.
문용식 역주, 2014, 《추안급국안 22》, 흐름출판사.
박병호, 1974, 《한국법제사고》, 법문사.
박병호, 1994, 《세종시대의 법률》, 세종대왕기념사업회.
박병호, 1996, 《가족법논집》, 진원.
박병호, 1996, 《근세의 법과 법사상》, 진원.
박병호, 2006, 《전통적 법체계와 법의식》, 서울대학교출판부.
박병호, 2012, 《한국법제사》, 민속원.
박소현, 2011, "법률 속의 이야기, 이야기 속의 법률: 《흠흠신서》와 중국 판례", 《대동문화연구》 77, 413—450 면.
박소현, 2013, "18 세기 동아시아의 성 정치학: 《흠흠신서》의 배우자 살해사건을중심으로", 《대동문화연구》 82, 301—333 면.
서울대학교도서관, 1986, 《古文書 1: 國王文書, 王室文書》, 서울대학교도서관.
서정민, 2012, 《조선초기 무고죄와 반좌률에 관한 연구》, 서울대학교 대학원 박사학위논문.
송병기, 1970—1972, 《한말근대 법령자료집》, 국회도서관.
심재우, 2003, "조선후기 형벌제도의 변화와 국가권력", 《국사관논총》 102, 101—118 면.
심재우, 2005, 《〈심리록〉 연구: 정조대 사형범죄 처벌과 사회통제의 변화》, 서울대학교 대학원 박사학위논문.
심재우, 2007, "조선말기 형사법 체계와 《대명률》의 위상", 《역사와 현실》 65, 121—153 면.
심재우, 2010, "영조대 정치범 처벌을 통해 본 법과 정치: 을해옥사를 중심으로", 《정신문화연구》 121, 41—68 면.

심재우, 2010, “역사 속의 박문수와 암행어사로의 형상화”, 《역사와 실학》 41, 5—36 면.
심재우, 2011, “조선시대 연좌제의 실상:《연좌안》분석을 중심으로”, 《한국문화》 55, 87—113 면.
심재우, 2011, “조선시대 능지처사형 집행의 실상과 그 특징”, 《사회와 역사》 90, 147—174 면.
심재우, 2013, “조선시대의 법과 여성의 몸”,《역사화 실학》 51, 147—179 면.
심재우, 2016, “조선의 유배형과 다산 정약용”, 《다산과 현대》 9, 357—369 면.
심재우, 2016, “조선시대 소송제도와 외지부의 활동”, 《명청사연구》 46, 107—137 면.
심희기, 1997,《한국법제사강의》, 삼영사.
심희기, 2001, “16 세기 이문건가의 노비에 대한 체벌의 실태분석”, 《국사관논총》 97, 151—174 면.
심희기, 2012, “조선시대 지배층의 재판규범과 관습: 흠흠신서와 목민심서를 소재로 한 검증”,《법조》 61—2, 5—36 면.
심희기, 2012, “동아시아 전통사회의 관습법 개념에 대한”, 《법사학연구》 46, 205—246 면.
안길정, 2000,《관아 이야기》 상권 · 하권, 사계절.
양진석 외 편, 2007,《최승희서울대명예교수소장 조선시대 고문서 I: 탈초본 1》, 다운샘.
오갑균, 1995,《조선시대사법제도연구》, 삼영사.
왕여 저, 최치운 외 주석, 김호 역, 2003,《신주무원록: 억울함을 없게 하라》, 사계절.
이남희, 2011, “《안동권씨성화보》를 통해 본 조선 초기 여성의 재가 문제”,《조선시대사학보》 57, 39—72 면.
이성무, 2009, 《조선은 어떻게 부정부패를 막았을까: 목숨 걸고 직언하고 가차 없이 탄핵하다》, 청아.
이항복, 1994,《白沙集》, 경인문화사.
이헌홍, 1987, 《조선조송사소설연구》, 부산대학교대학원 국어국문학과 박사학위논문.
이훈상, 2003, "전근대 한국과 중국의 지방 통치와 이서집단의 종족 문제",《중국사연구》27, 83—128 면.
임방 저, 정환국 옮김, 2005,《천예록》, 성균관대학교출판부.
임상혁, 2000,《조선전기 민사소송과 소송이론의 전개》, 서울대학교 대학원 박사학위논문.
임상혁, 2007, "1586 년 이지도 · 다물사리의 소송으로 본 노비법제와 사회상",《법사학연구》36, 5—38 면.
임상혁, 2010,《나는 노비로소이다: 소송으로 보는 조선의 법과 사회》, 너머북스.
임상혁, 2013, "1583 년 김협 · 고경기의 소송으로 나타나는 법제와 사회상",《고문서연구》43, 131—155 면.
임재표, 2001,《조선시대 인본주의 형사제도에 관한 연구》, 단국대학교 대학원 박사학위논문
장병인, 2001, "조선시대 성범죄에 대한 국가규제의 변화",《역사비평》56, 228—250 면.
장병인, 2003, "조선 중 · 후기 간통에 대한 규제의 강화",《한국사연구》121, 83—116 면.
장준보, 2014,《조선과 청의 가족범죄 비교연구》, 한국학중앙연구원 한국학대학원 석사학위논문.
장지영 장세경, 1976,《이두사전》, 정음사.
전경목, 1996,《조선후기 산송 연구: 18, 19 세기 고문서를 중심으로》, 전북대학교 대학원 박사학위논문.
전경목, 1998, "조선후기 산송의 한 사례 (I): 전라남도 영광군 입석리 세거 '독배기신씨' 송송을 중심으로",《고문서연구》14, 69—98 면.
전경목, 2006,《유서필지: 고문서이해의첫걸음》, 사계절.
전경목, 2006, "19 세기《유서필지》편간의 특징과 의의",《장서각》15, 131—170 면.
전경목, 2013,《고문서, 조선의역사를 말하다》, 휴머니스트.
전경목, 2013, "조선후기노비의속량과 생존전략",《남도민속연구》26, 353—382 면.

전경목, 2014, "숨은 그림 찾기: 유희춘의얼녀방매명문",《장서각》32, 78—107 면.

전봉덕, 1968,《한국법제사연구》, 서울대학교 출판부.

전봉덕, 1981,《한국근대법사상사》, 박영사.

전봉덕, 1993,《〈경제육전〉 습유》, 아세아문화사.

정긍식, 2000, "《유연전》에 나타난 상속과 그 갈등", 《법사학연구》21, 83—100 면.

정긍식, 2002,《한국근대법사고》, 박영사.

정긍식, 2009, "조선전기 중국법서의 수용과 활용", 《서울대학교 법학》50—4, 35—80 면.

정긍식, 2010, "조선시대의 가계계승법제", 《서울대학교 법학》51—2, 69—101 면.

정긍식, 2016, "법의 시각에서《춘향전》의 독해 시도", 《국문학연구》34, 157—167 면.

정긍식 田中俊光 김영석, 2009,《역주〈경국대전주해〉》, 한국법제 연구원.

정긍식 박병호, 2000, "영산 박병호: 법학과 역사학의 가교",《정신문화연구》23 (4), 239—256 면.

정긍식 조지만 田中俊光, 2012,《잊혀진 법학자 신번: 역주〈대전사송유취〉》, 민속원.

조지만, 2007,《조선시대의형사법:〈대명률〉과 국전》, 경인문화사.

지승종, 1995,《조선전기노비신분 연구》, 일조각.

최병조, 2011, "15 세기 후반 조선의 법률논변: 사비 근비 사건을 중심으로",《서울대학교 법학》52—1, 1—53 면.

최병조, 2012, "조선 전기 노비와 주인 관계에 대한 지배층의 관념: 성종 8 년 (1477) 주인 모해 사건을 중심으로", 《서울대학교 법학》53—1, 215—265 면.

최재천 한영우 김호 외 저, 2003,《살인의진화심리학: 조선후기의가족살해와 배우자 살해》, 서울대학교출판부.

최종고, 1989,《한국 법사상사》, 서울대학교 출판부.

최종고, 1990,《한국 법학사》, 박영사.

최종고, 2008,《한국의법학자》, 서울대학교 출판부.
최종고, 1982,《한국의서양법수용사》, 박영사.
최종성, 2012, "무당에게 제사 받은 생불:《요승처경추안》을 중심으로", 《역사민속학》40, 7—35 면.
최향, 2012, "'암행어사' 박문수와 '청관' 포공의 형상 비교", 《비교문학》57, 147—179 면.
펠릭스 클레르 리델 저, 유소연 역, 2008, 《나의 서울 감옥 생활 1878: 프랑스 선교사 리델의19 세기조선 체험기》, 살림출판사.
한국고문서학회, 2013,《조선의일상, 법정에서다》, 역사비평사.
韓國精神文化研究院編, 1983, 《古文書集成·第 2 卷: 扶安金氏篇》, 韓國精神文化研究院出版部。
韓國精神文化研究院編, 1986, 《古文書集成·第 3 卷: 海南尹氏篇》, 韓國精神文化研究院出版部。
韓國精神文化研究院編, 1989, 《古文書集成·第 6 卷: 義城金氏篇》, 韓國精神文化研究院。
韓國精神文化研究院編, 1994, 《古文書集成·第 16 卷: 河回豐山柳氏篇》, 韓國精神文化研究院出版部。
韓國精神文化研究院編, 1996, 《古文書集成·第 27 卷: 靈光寧越辛氏篇》, 韓國精神文化研究院出版部。
韓國精神文化研究院編, 1996,《古文書集成·第28 卷: 靈光寧越辛氏篇2》, 韓國精神文化研究院出版部。
한국학문헌연구소, 1983,《추안급국안8》, 아세아문화사.
韓國學中央研究院編, 2011,《古文書集成·第 1 卷: 禮安光山金氏後彫堂篇》, 韓國學中央研究院出版部。
韓國學中央研究院編, 2007,《至正條格》(校注本·影印本), 휴머니스트.
한상권, 1993, "조선시대 소원제도의 발달과정",《한국학보》19—4, 65—105 면.
한상권, 1996,《조선후기시회와 소원제도: 상언·격쟁연구》, 일조각.